교과세특
추천 도서
300

한승배
박유진
배정숙
오규찬
이명주
이선주
이현규
최윤희
지음

계열별

교과세특
추천 도서
300

CampusMentor
캠퍼스멘토 × 포르체

저자 소개

한승배 | 경기 양평전자과학고등학교 진로전담교사

집필 이력
· 2009, 2015 개정 교육과정 중학교, 고등학교 진로와 직업 교과서
· 《교과세특 탐구활동 솔루션》,《교과세특 탐구주제 바이블》,《교과연계 독서탐구 바이블》
· 《학과 바이블》,《학생부 바이블》,《면접 바이블》,《특성화고 학생을 위한 진학 바이블》,《취업 바이블》,
  《미디어 진로탐색 바이블》,《고교학점제 바이블》
· 《10대를 위한 직업 백과》,《유망 직업 사전》,《미리 알려주는 미래 유망직업》,《나만의 진로 가이드북》

기타 이력
· 네이버 카페 '꿈샘 진로수업 나눔방' (https://cafe.naver.com/jinro77) 운영자

박유진 | 경기 한백고등학교 진로전담교사

집필 이력
· 《교과세특 탐구활동 솔루션》

기타 이력
· 경기도중등진로교육연구회
· 진로전담교사 코칭전문가 지역선도교원
· 다문화교육 지역선도교원

배정숙 | 충북 보은고등학교 진로전담교사

집필 이력
· 행복한 진로 항해 일지 드림서핑
· 미래형 교수학습 운영 자료집(충북교육청), 미래를 여는 진로교육 수업 나눔 자료집(충북교육청),
  교과별 혼합수업 운영 사례집(충북교육청)

기타 이력
· 고교학점제 전문가 양성 과정, 교실 속 학습코칭 전문가 과정 이수
· 미래형 교수학습 핵심교원
· 충북진학지원단

오규찬 | 대구 대구남부교육지원청 중등교육지원과장

집필 이력
· 2007 개정 교육과정 중학교 기술·가정 교과서
· 2005, 2009 개정 교육과정 고등학교 기술·가정 교과서
· 《Basic 중학생을 위한 기술·가정 용어사전》,《테크놀로지의 세계 플러스》,《10대를 위한 유망직업 사전》,
  《미리 알려주는 미래 유망직업》, 삼양미디어 '10대를 위한 과학기술 T시리즈'

기타 이력
· 기술사랑연구회 회장 및 연구위원
· 대구광역시교육청 청렴교육 기본 강사

이명주 | 경기 무원고등학교 진로전담교사

집필 이력 · 《교과세특 탐구주제 바이블》, 《학생부 바이블》, 미디어 진로탐색 바이블 Ver.3

이선주 | 경기 광교호수중학교 진로전담교사

집필 이력 · 2022 개정 교육과정 중학교 진로와 직업 교과서

기타 이력 · 수원시 진로교사협의회 부회장, 수원시 청소년 희망등대 진로진학상담지원단, 수원시 진로체험지원센터
　　　　　성과공유 평가단, 수원시 청소년 희망등대 자문위원
· 커리어넷 직업흥미검사(K형) 개정 연구 협력진(문항 개발 및 자문)
· 커리어넷 직업흥미검사(H형) 개정 연구 문항 이해도 검토 및 자문

이현규 | 경남 창원경일고등학교 진로전담교사

기타 이력 · 경상남도 대학전문위원단

최윤희 | 경기 가운고등학교 진로전담교사

집필 이력 · 일반 고등학교 진로 워크북

기타 이력 · 경기도 중등진로진학상담교육연구회
· 구리 남양주 대입진학지도 리더교사

《교과세특 추천 도서 300: 계열별》
활용상 유의점

이 책은 학생들이 독서를 통하여 융합적 사고 능력을 계발하고, 학교생활기록부의 교과 세부능력 및 특기사항을 잘 관리하여 성공적으로 입시를 치를 수 있도록 도움을 주고자 집필되었습니다. 학생뿐만 아니라 학교생활기록부를 직접 작성해야 하는 교사들에게도 교과연계 독서 탐구활동의 기획과 운영에 대한 방향성을 제시하고, 교과 세부능력 및 특기사항 기록 예시를 통해 학교생활기록부 작성에 도움이 되는 내용을 담았습니다.

☑ 이렇게 구성되어 있습니다.

1. 학과(전공)를 인문·사회·자연·공학·의약·예체능·교육 계열로 분류하였으며, 계열별로 43권의 도서를 안내하였습니다.
2. 제시된 모든 도서는 다음과 같은 형식으로 서술되어 있습니다.
   책 소개 – 탐구 주제 – 학생부 기록 예시(교과세특) – 관련 논문 – 관련 도서 – 관련 계열 및 학과 – 관련 교과
3. 관련 교과는 2015 개정 교육과정의 교과목뿐 아니라 2022 개정 교육과정의 교과목을 함께 제시하여 지속적인 활용이 가능하도록 하였습니다.
4. 교사와 학생이 탐구 주제를 설정하는 데 도움을 받을 수 있도록 탐구 주제를 구체적인 예시와 함께 담았으며, 탐구 주제를 바탕으로 교과 세부능력 및 특기사항 기록을 위한 예시를 함께 제공함으로써 교사의 고민을 덜어 주고자 하였습니다.
5. 관련 논문을 제시함으로써 교과연계 독서 탐구활동을 더욱 깊이 있게 할 수 있도록 하였습니다.
6. 관련 논문은 최신 논문을 활용하였으며, QR코드를 함께 넣어 접근의 용이성을 확보하였습니다.
7. 깊이 있는 탐구활동과 연계 독서활동이 가능하도록 관련 도서 목록을 제시하였습니다.

☑ 이렇게 활용할 수 있습니다.

1. 학생은 관심 계열의 도서 목록과 관련 교과, 관련 학과 등을 참고하여 자신의 진로와 연계한 독서 탐구활동을 수행할 수 있습니다.
2. 학생은 교과에서 학습한 내용을 바탕으로 관련 도서를 읽고 제시된 탐구 주제를 활용하여 탐구활동을 하거나 자신만의 탐구 주제를 설정하여 탐구활동을 할 수 있습니다.
3. 학생은 관련 논문 및 관련 도서 탐독을 통해 깊이 있는 연구와 융합적 사고 능력을 배양할 수 있습니다.
4. 학생은 교과, 독서, 계열, 학과 연계를 통해 성공적인 입시를 위한 방향성을 정립할 수 있습니다.
5. 교사는 교과연계 독서 탐구활동 수업을 위한 기획과 운영에 대한 아이디어를 얻을 수 있습니다.
6. 교사는 독서 탐구활동을 위한 탐구 주제 설정에 대한 아이디어를 얻고 학생들의 탐구활동 방향에 대한 도움을 줄 수 있습니다.
7. 교사는 학교생활기록부 교과 세부능력 및 특기사항 기록 예시를 통해 교과연계 독서 탐구활동 기록에 대한 참고 자료로 활용할 수 있습니다.
8. 교사는 심화 연구 또는 연계 독서를 하고자 하는 학생들에게 관련 논문 및 관련 도서에 대한 정보를 제공할 수 있습니다.

목차

인문계열

순번	도서명	저자명	출판사명
1	10대에 작가가 되고 싶은 나, 어떻게 할까?	김은재	오유아이
2	10대와 통하는 평화통일 이야기	정주진	철수와영희
3	MT 심리학	손강숙	청어람주니어
4	가볍게 꺼내 읽는 사피엔스	장바티스트 드 파나피외	북스힐
5	강인욱의 고고학 여행	강인욱	흐름출판
6	거꾸로 읽는 철학이야기	강성률	글로벌콘텐츠
7	고난과 웃음의 나라	정병호	창비
8	고대에서 도착한 생각들	전호태	창비
9	국보, 역사의 명장면을 담다	배한철	매일경제신문사
10	군중심리	귀스타브 르 봉	현대지성
11	그동안 나는 너무 많이 참아왔다	강현식, 최은혜	생각의길
12	그들은 왜 문화재를 돌려주지 않는가	김경민	을유문화사
13	그래서, 프랑스	김미연	씽크스마트
14	나는 독일인입니다	노라 크루크	엘리
15	나는 심리치료사입니다	메리 파이퍼	위고
16	나쓰메 소세키 인생의 이야기	나쓰메 소세키	시와서
17	나의 직업 방송 작가	임선경	푸른들녘
18	내 마음의 도서관 비블리오테카	최정태	한길사
19	내 친구 압둘와합을 소개합니다	김혜진	원더박스
20	다시, 책으로	매리언 울프	어크로스
21	로쟈의 한국 현대문학 수업	이현우	추수밭
22	먹고 마시고 요리하라	강재호	나무를심는사람들
23	문명으로 읽는 종교 이야기	홍익희	행성B
24	미국 영어 문화 수업 합하고 더한 책	김아영	사람in
25	미드 번역을 위한 공부법	박윤슬	더라인북스
26	베를린, 베를린	이은정	창비
27	사춘기를 위한 맞춤법 수업	권희린	생각학교
28	상담자가 건네는 말	하혜숙	에피스테메
29	스웨터로 떠날래	안나 니콜스카야	바람의아이들
30	스토리, 꼭 그래야 할까?	양혜석, 문아름	시공아트
31	역사의 쓸모	최태성	다산초당
32	열일곱 살에 읽는 논어	김태진	메멘토
33	요즘 중국	곤도 다이스케	세종서적
34	우리말의 탄생	최경봉	책과함께
35	중국 문화 알기	한중인문학교류연구소	시사중국어사
36	지극히 사적인 프랑스	오헬리엉 루베르, 윤여진	틈새책방
37	지금은 일본을 읽을 시간	심형철 외	도서출판민규
38	진화하는 언어	닉 채터, 모텐 H 크리스티안센	웨일북
39	청소년을 위한 매력적인 글쓰기	이형준	하늘아래
40	청소년을 위한 천일야화	앤드루 랭	서해문집
41	톨스토이 대표단편선	레프 니콜라예비치 톨스토이	백만문화사
42	하버드 논리학 수업	윌러드 밴 오먼 콰인	유엑스리뷰
43	한번쯤, 큐레이터	정명희	사회평론

10대에 작가가 되고 싶은 나, 어떻게 할까?

김은재 | 오유아이 | 2020

이 책은 소설, 웹소설, 동화, 시나리오 등 다양한 장르의 창작 아이디어 발상부터 투고에 이르기까지의 과정을 알기 쉽게 설명해 놓은 책으로 글쓰기의 시작을 돕는 실용적인 입문서이다. 작가라는 직업에 대한 현실적인 시선과 작가가 되기 위해 준비해야 할 것에 대한 실질적인 조언을 담고 있다. 책의 흐름을 따라가면서 시놉시스 짜기, 플롯으로 글 뼈대 잡기, 매력적인 캐릭터 만들기 등을 직접 해 보며 자신만의 작품을 창작할 수 있다.

탐구 주제

주제1 건축가가 원하는 건물을 짓기 위해 설계도를 잘 그려야 하듯이, 작가가 글을 잘 쓰기 위해서는 시놉시스(원고를 소개하는 기획서)와 트리트먼트(시나리오를 위한 구체적인 줄거리)를 잘 써야 한다. '학교'를 주제로 자신의 생각과 가치관이 드러나도록 시놉시스를 작성해 보자.

주제2 디지털 미디어 시대를 맞이하여 누구나 제약 없이 글을 쓰고 공유할 수 있는 사회 관계망 서비스(SNS) 공유 플랫폼이 활성화되고 있다. 이로 인해 발생할 수 있는 윤리적 문제와 이를 해결할 수 있는 방안에 대해 토론해 보자.

주제3 애니어그램을 활용한 소설 속 캐릭터 분석

주제4 인공지능 시대, 글쓰기 윤리에 대한 고찰

학생부 기록 예시 (교과세특)

창의적이고 논리적인 학생으로 '10대에 작가가 되고 싶은 나, 어떻게 할까?(김은재)'를 읽고 다문화 배경 학습자, 느린 학습자 등이 교실에서 함께 배우며 서로를 이해하고 배려하는 가슴 따뜻하고 감동적인 내용의 시놉시스를 작성함. 시놉시스를 기반으로 완성된 글의 문장 표현이나 어법 수준이 높으며 평범한 일상의 학교 경험을 토대로 개성적인 캐릭터를 창작하여 많은 공감을 끌어냄.

글쓰기를 좋아하고 작가를 희망하는 학생으로 '10대에 작가가 되고 싶은 나, 어떻게 할까?(김은재)'를 읽고 디지털 미디어 시대의 창작에 대해 깊은 고민을 갖고 문제점을 탐색함. 다른 사람의 생각이나 자료를 무단으로 베끼거나 공유하기 쉬운 현실을 비판하고, 타인의 자료를 활용할 때는 원저자의 허락을 받거나 출처를 명확하게 밝혀야 한다는 의견을 논리적으로 제시함. 토론 활동 시 상대방을 존중하는 태도가 돋보임.

관련 논문
디지털서사 창작교육의 필요성과 사례 소개(장노현, 2023)

관련 도서
《생생하게 살아 있는 캐릭터 만드는 법》, 키라앤 펠리컨, 아날로그
《작가는 어떻게 읽는가》, 조지 손더스, 어크로스

관련 계열 및 학과
- 인문계열: 국어국문학과, 문예창작학과, 문헌정보학과, 미디어문예창작과, 웹문예학과
- 사회계열: 문화콘텐츠학과, 미디어커뮤니케이션학과, 신문방송학과, 미디어출판학과
- 교육계열: 국어교육과, 윤리교육과, 컴퓨터교육과, 플랫폼교육공학과, 초등교육과

관련 교과

2022 개정 교육과정: 공통국어, 독서와 작문, 독서 토론과 글쓰기, 진로와 직업, 문예 창작의 이해

2015 개정 교육과정: 국어, 화법과 작문, 독서, 문학, 실용 국어, 심화 국어, 언어와 매체, 진로와 직업

인문계열

사회계열

자연계열

공학계열

의약계열

예체능계열

교육계열

10대와 통하는 평화통일 이야기

정주진 | 철수와영희 | 2019

군사적 긴장과 대화가 반복되는 한반도의 현 상황에서 남북 관계를 어떻게 바라봐야 하는지에 대한 저자의 견해가 드러나는 책이다. 저자는 미래를 이끌어갈 청소년들이 일상의 평화와 안전의 중요성을 깨닫고 바람직한 남북 관계를 위해 어떤 태도와 관점을 가져야 하는지를 전달하고자 한다. 책 전반에 걸쳐 남북한의 평화적 공존, 국가안보와 인간안보, 한반도 평화와 세계 평화, 평화적 통일에 대해 고찰한다.

탐구 주제

주제1 저자는 남북이 서로에게 총부리를 겨누고 군사적으로 위협함으로써 무력 충돌이 일어나지 않게 하여 평화를 이루는 방법을 비판하고 있다. 이에 대한 자신의 의견을 제시하고, 한반도에서 평화와 안전을 도모할 수 있는 구체적 방안에 대해 토론해 보자.

주제2 뉴스, 광고, 영상물 등 여러 매체와 각종 문헌을 활용하여 한반도의 평화를 증진시켰던 사례를 찾아보자. 이를 바탕으로 평화로운 공존과 바람직한 남북 관계를 위해 청소년으로서 갖추어야 할 태도와 관점에 대한 에세이를 작성해 보자.

주제3 다른 나라의 통일 방식에 관한 비교 분석

주제4 한국 전쟁이 한반도의 평화와 평화적 통일에 미치는 영향 탐구

학생부 기록 예시 (교과세특)

'10대와 통하는 평화통일 이야기(정주진)'를 읽고 한반도에서의 평화와 안전의 문제는 우리가 직면한 일상의 문제임을 인식하게 되었다는 소감문을 작성함. 남북이 군사적으로 위협함으로써 평화를 이루는 방법을 비판함. 대화, 경제 협력, 체육·예술 등 여러 분야에서의 교류가 필요하며 신뢰와 협력으로 평화와 안전을 이루어야 한다고 강조함. 구체적 대안을 제시하며 논리적으로 자신의 의견을 피력한 점이 돋보임.

정치, 외교, 남북 관계 등에 관심이 많아 '10대와 통하는 평화통일 이야기(정주진)'를 읽고 한반도의 평화와 우리의 삶에 대해 고찰함. 한반도의 평화에 기여했던 사례로 2018년 남북정상회담을 제시하고, 대화가 가져올 수 있는 평화와 안전에 대해 발표함. 바람직한 남북 관계를 위해서 청소년들은 남북 관계의 상호의존성을 이해하고 남북 관계를 평화적 관점에서 바라볼 필요성이 있다는 의견을 담은 에세이를 작성함.

관련 논문

청소년 통일의식과 통일교육에 대한 반성적 고찰(문경호, 2023)

관련 도서

《베를린에서 DMZ로》, 이영기, 명지대학교출판부
《통일한국 제1고등학교》, 전성희, 자음과 모음

관련 계열 및 학과	• 인문계열: 북한학과, 인류학과, 문화인류학과, 역사학과, 사학과, 한국역사학과
	• 사회계열: 국제통상학과, 군사학과, 군사과, 정치외교학과, 국방기술과, 디지털군사학과
관련 교과	• 교육계열: 국어교육과, 사회교육과, 역사교육과, 윤리교육과, 교육학과, 초등교육과

2022 개정 교육과정: 한국사, 통합사회, 현대 사회와 윤리, 정치, 국제 관계의 이해, 사회와 문화

2015 개정 교육과정: 한국사, 통합사회, 동아시아사, 정치와 법, 사회·문화, 생활과 윤리, 사회문제 탐구

인문계열

사회계열

자연계열

공학계열

의약계열

예체능계열

교육계열

MT 심리학

손강숙 | 청어람주니어 | 2020

심리학에 관심이 있는 사람, 전공하고 싶거나 자신의 마음을 알고 싶은 사람들에게 심리학에 입문할 수 있도록 도와주는 책이다. 일상생활의 사례를 통해 심리학 이론을 쉽게 이해할 수 있다. 다양한 심리학 관련 직업과 심리학과에서 배우는 과목 등 실질적인 정보를 제공해 줌으로써 심리학이 삶의 여러 분야에 영향을 미치고 있음을 알려 준다. 상담학 전공 교수가 직접 쓴 심리학 이야기를 통해 심리학에 조금 더 가까이 다가갈 수 있다.

탐구 주제

주제1 심리학은 인간의 행동과 심리 과정을 과학적으로 연구하는 학문으로, 인문과학에서부터 자연과학, 공학, 예술에 이르기까지 많은 학문의 발달에 영향을 미치고 공헌을 하고 있다. 이처럼 심리학이 다른 학문과 융합할 수 있는 사례를 탐구하여 발표해 보자.

주제2 《MT 심리학》에서는 심리학과에서 배우는 과목, 심리학의 분야, 심리학 관련 직업 등 실질적인 정보와 심리학 이론을 함께 소개하고 있다. 책을 읽고 자신이 심리학을 학습했을 때 일상생활에 어떤 변화가 생기고 성장할 수 있을지와 자신의 가치관을 담은 자전적 에세이를 써 보자.

주제3 다양한 심리학 이론들의 교육적 시사점 비교 분석

주제4 뇌 연구와 심리학의 미래 고찰

학생부 기록 예시 (교과세특)

'MT 심리학(손강숙)'을 읽고 심리학과 졸업 후 진로는 특정 분야나 직종으로 제한되지 않으며 다양한 진로 탐색이 가능함을 알게 되었다는 소감문을 작성함. 심리학이 경영학과 융합할 수 있는 사례를 탐구하여 발표함. 상품 기획부터 판매에 이르기까지의 일을 하는 마케팅 전문가가 고객의 마음을 이용하는 과정에서 소비 심리학 지식이 활용된 사례를 발표함. 일상생활과 연계한 사례 제시와 흡입력 있는 발표력이 돋보임.

'MT 심리학(손강숙)'을 읽고 자신의 일상생활과 심리학을 접목하여 자전적 에세이를 작성함. 광고기획자가 꿈인 학생으로 광고는 사람들의 눈길을 끌고 마음을 변화시키는 것이 중요하므로 사람들의 마음을 사로잡는 방법에 대한 탐구를 통해 성장하고자 하는 자신의 가치관을 담음. 심리학 학습으로 인해 일상생활에서 타인을 바라보는 시선이 달라지고 삶이 더욱 풍성해졌음을 느끼는 등의 변화가 이루어졌음을 밝힘.

관련 논문

대학생들의 그릿이 회복탄력성, 진로준비행동에 미치는 영향에 관한 연구(서명선 외, 2023)

관련 도서

《마음의 지혜》, 김경일, 포레스트북스
《파리의 심리학 카페》, 모드 르안, 클랩북스

관련 계열 및 학과

- 인문계열: 심리학과, 상담심리학과, 산업심리학과, 상담학과, 뇌인지과학과, 사회심리학과
- 사회계열: 경영학과, 경제학과, 문화콘텐츠학과, 소비자학과, 신문방송학과, 언론정보학과
- 예체능계열: 방송연예과, 뷰티디자인학과, 산업디자인학과, 시각디자인학과, 패션디자인학과

관련 교과

2022 개정 교육과정: 인간과 심리, 인간과 철학, 논리와 사고, 교육의 이해, 삶과 종교, 인간과 경제활동

2015 개정 교육과정: 심리학, 교육학, 논리학, 철학, 실용 경제, 진로와 직업, 통합사회, 경제

가볍게 꺼내 읽는 사피엔스

장바티스트 드 파나피외 |
북스힐 | 2020

인류 역사의 시발점은 언제일까? 장바티스트 드 파나피외는 인류의 진화 과정을 꼼꼼히 짚어 진화론의 논리성을 보여 준다. 현재까지 밝혀진 바에 따르면, 현생 인류는 10만 년 전 아프리카에 살던 호모 사피엔스의 후손이다. 호모 사피엔스는 어떻게 등장하게 되었으며, 다른 인류들은 왜 사라지게 되었을까? 아프리카를 떠난 호모 사피엔스가 다른 대륙을 점령하고 새로운 환경에 적응하며 진화한 과정이 매우 흥미롭다.

탐구 주제

주제1 《가볍게 꺼내 읽는 사피엔스》에서 저자는 인류의 진화는 생존에 맞춰 발달한 것이라고 말하며, 진화 과정을 논리적이고 과학적으로 설명하고 있다. 인류의 진화 역사에서 자신이 생각하는 가장 획기적인 변화를 한가지 선택하고, 그 변화가 가져온 긍정적인 결과를 정리하여 발표해 보자.

주제2 호모 사피엔스는 진화하며 전 세계로 뻗어 나갔으며, 그 과정에서 다른 인류들을 만났고 새로운 환경에 적응하며 살아왔다. 우리는 인류의 역사를 통해 현재의 우리를 이해할 수 있고, 미래를 내다보는 힘을 기를 수 있다. 미래의 인류는 어떤 모습일지 예측하고 토의해 보자.

주제3 문화와 인간 진화의 관련성 연구

주제4 인류의 진화에서의 과학의 역할과 방향성 탐구

학생부 기록 예시 (교과세특)

역사에 관심이 많은 학생으로 인류의 기원에 호기심을 갖고 관련 서적인 '가볍게 꺼내 읽는 사피엔스(장바티스트 드 파나피외)'를 탐독함. 인류의 진화 역사에서 가장 획기적인 변화로 직립 보행을 꼽고, 직립 보행이 가져온 긍정적인 결과를 조사하여 보고서로 작성함. 직립 보행으로 인해 네 발로 걸을 때보다 에너지 소비가 적으며, 양손의 자유로운 사용이 가능해 인류가 발전할 수 있었을 것이라는 자신의 생각을 발표함.

'가볍게 꺼내 읽는 사피엔스(장바티스트 드 파나피외)'를 읽고 인류가 새로운 환경에 적응하며 발전해 온 사실에 주목함. 의과학, 나노 기술, 생명과학 등의 발달로 달라질 미래의 환경을 예상하고, 새로운 환경에 적응하기 위해 우리에게는 어떠한 변화가 예상되는지 탐구하고 토론 활동에 활발하게 참여함. 미래 인류의 모습을 예측함으로써 새로운 환경에 대한 적응력을 높이기 위한 역량을 키워야 한다는 의견을 제시함.

관련 논문
대학의 일반생물학 수업에서 인간 진화의 내용과 의미 (윤혜섭, 장수철, 2021)

관련 도서
《사피엔스》, 유발 하라리, 김영사
《코스모사피엔스》, 존 핸즈, 소미미디어

관련 계열 및 학과	• 인문계열: 고고학과, 문화재학과, 사학과, 인류학과, 문화인류학과, 고고인류학과
	• 자연계열: 유전공학과, 생명과학과, 생명환경공학과, 생명환경학과, 생물학과
관련 교과	• 교육계열: 역사교육과, 과학교육과, 초등교육과, 생물교육과, 교육학과, 사회교육과

2022 개정 교육과정 : 한국사, 세계사, 동아시아 역사 기행, 사회와 문화, 역사로 탐구하는 현대 세계

2015 개정 교육과정 : 한국사, 세계사, 동아시아사, 사회·문화, 생활과 윤리, 여행지리, 사회문제 탐구

인문계열

사회계열

자연계열

공학계열

의약계열

예체능계열

교육계열

강인욱의 고고학 여행

강인욱 | 흐름출판 | 2019

고고학자 강인욱 교수가 발굴 현장에서 겪은 체험을 기록한 고고학 에세이이자 교양서이다. 인류의 삶과 죽음에서 만나는 여러 주제를 유적과 유물로 쉽고 흥미롭게 풀어 내고 있다. 저자는 죽음을 통하여 삶의 의미를 찾아가는 것이 고고학이라고 말한다. 현재의 인류를 있게 한 빛바랜 유물에 숨어 있는 이야기를 통해 독자로 하여금 과거를 느끼고 현재 삶의 의미에 대해 깊이 사색하도록 만든다.

탐구 주제

주제1 도서 《강인욱의 고고학 여행》에서 저자는 과거의 유물은 눈으로만 보아서는 결코 진실을 알 수 없으며 마음으로 깊이 들여다보아야 제대로 볼 수 있다고 말한다. 자신이 살고 있는 지역의 대표적인 유물이나 문화유산을 마음으로 깊이 들여다보고 그 의미와 가치를 탐색해 보자.

주제2 《강인욱의 고고학 여행》에서는 고고학을 '과거와 미래를 잇는 현재라는 다리'로 표현하고 있다. 책을 읽고 우리가 지혜로운 삶을 살고 인류의 미래가 더 풍성해지기 위해 직업인으로서 고고학자의 의무와 책무가 무엇인지 탐색하여 보고서를 작성해 보자.

주제3 우리나라의 문화재 보존의 실태와 나아갈 방향 연구

주제4 헤이그 문화재 보호 조약과 한계점 고찰

학생부 기록 예시 (교과세특)

상상력이 풍부하고 끈기가 있으며 호기심이 많은 학생임. '강인욱의 고고학 여행(강인욱)'을 읽고 수원화성의 역사적 의미와 가치를 탐색하여 보고서를 작성함. 디지털 매체를 이용하여 자신이 상상하는 과거의 수원화성과 그 속에서 살고 있는 옛 사람들의 모습을 생동감 있게 재현하여 큰 호응을 얻고 찬사를 받음. 특히 꼼꼼한 자료 수집과 관련 도서 탐독 등 탐구 과정에서 수준 높은 탐구력을 보임.

'강인욱의 고고학 여행(강인욱)'을 읽고 '고고학은 과거와 미래를 잇는 현재라는 다리이다.'라는 표현에 감동을 받음. 고고학을 통해 과거 사람들로부터 지혜를 얻어 미래를 살아갈 통찰력을 키울 수 있음을 발표함. 고고학자의 의무와 책무를 발굴과 보존의 시각에서 바라보고 보고서를 작성함. 한번 발굴한 것은 되돌릴 수 없기에 발굴에 신중해야 하며, 제대로 된 보존을 통해 후세에 물려 주어야 함을 강조함.

관련 논문
사회관계망분석의 발전과 고고학에서의 네트워크분석 동향 (홍은경, 2023)

관련 도서
《일상이 고고학, 나 혼자 국립중앙박물관》, 황윤, 책읽는고양이
《낭만 고고학》, 김선, 홍림스

관련 계열 및 학과

- 인문계열: 고고학과, 문화재학과, 사학과, 문화재관리과, 고고문화인류학과, 역사학과
- 사회계열: 관광학과, 문화콘텐츠학과, 지리학과, 문화관광경영학과, 문화관광학과

관련 교과

- 교육계열: 역사교육과, 윤리교육과, 초등교육과, 사회교육과, 일반사회교육과

2022 개정 교육과정: 한국사, 세계사, 사회와 문화, 동아시아 역사 기행, 역사로 탐구하는 현대 세계

2015 개정 교육과정: 한국사, 세계사, 동아시아사, 사회·문화, 세계지리, 생활과 윤리, 여행지리

거꾸로 읽는 철학이야기

강성률 | 글로벌콘텐츠 | 2020

철학자들의 인간적인 모습을 통해 그들의 사상을 엿보고 흥미로운 주제로 구성되어 철학을 보다 쉽게 이해할 수 있도록 한다. 대중화된 명언에 대한 숨겨진 이야기, 궤변은 언어유희일까 논리일까, 철학자들의 탄생 설화, 부모로부터 영향을 받은 철학자들의 이야기, 위대한 철학자들의 가정 및 교육 환경 등을 그들의 일화와 함께 담고 있다. 철학자들의 삶을 통해 자신의 삶을 성찰하고 삶의 의미를 깊이 있게 탐색하는 습관을 익힐 수 있다.

탐구 주제

주제1 강성률의 《거꾸로 읽는 철학이야기》는 세계적인 철학자들과 관련된 흥미로운 이야기를 통해 그들의 사상을 엿보고 철학에 한 발짝 가까이 다가갈 수 있도록 한다. 이 책을 읽고 가장 인상 깊은 사상을 선택하여 현대 세계시민으로서의 삶에 어떠한 기여를 할 수 있는지 탐구해 보자.

주제2 도서 《거꾸로 읽는 철학이야기》에서는 동서양 철학자들의 사상과 인생 이야기를 담고 있다. 철학적 사유의 핵심이 되는 비판적·창의적·배려적 사고의 의미를 탐구하고, 일상의 구체적인 문제 상황에 철학적 사고를 적용할 수 있는 방안을 제시해 보자.

주제3 행복 추구에 관한 쾌락주의와 금욕주의 입장 비교 고찰

주제4 동양 윤리사상의 핵심 개념의 의미와 일상생활에서의 실천 방안

학생부 기록 예시 (교과세특)

'거꾸로 읽는 철학이야기(강성률)'를 읽고 세계적인 철학자들의 사상이 세계시민으로서의 삶에 어떠한 기여를 할 수 있는지에 대해 탐구함. 특히 '겸애'를 중요시 여긴 묵자의 사상에 감명을 받고, 전쟁이나 난민 문제 등 국제 사회에서 발생하는 다양한 갈등을 평화적으로 해결하기 위한 방안으로 겸애사상의 실천을 제시함. 일상생활에서 겸애를 실천할 수 있는 방안을 학급에 게시하는 등 배움을 실천하려는 자세가 돋보임.

동서양 철학자들의 사상과 인생 이야기를 담고 있는 '거꾸로 읽는 철학이야기(강성률)'를 읽고 비판적·창의적·배려적 사고의 의미를 알기 쉽게 설명함. 학급에서 발생하는 문제 상황을 해결하는 과정에서 비판적 토론, 창의적 사고, 공감과 배려의 태도를 실천할 수 있도록 '철학하는 교실 공동체'를 구성하자는 의견을 제시함. 자신의 생각뿐 아니라 다른 사람의 생각도 중요함을 알고 있는 학생으로 주체적 성장이 매우 기대됨.

관련 논문

겸애와 별애, 공동체를 위한 새로운 해석-관계의 윤리를 중심으로(손미애, 2023)

관련 도서

《미치게 친절한 철학》, 안상헌, 행성B
《소르본 철학 수업》, 전진, 나무의철학

관련 계열 및 학과	• 인문계열: 종교학과, 철학과, 종교문화학과, 동양철학과, 유학·동양학과, 역사학과
	• 사회계열: 경영학과, 정치외교학과, 산업경영과, 비즈니스경영학과, 사회복지학과
관련 교과	• 교육계열: 교육학과, 사회교육과, 윤리교육과, 초등교육과, 역사교육과, 교육학과

2022 개정 교육과정: 인간과 철학, 윤리와 사상, 통합사회, 논리와 사고, 인간과 심리, 인문학과 윤리

2015 개정 교육과정: 철학, 윤리와 사상, 통합사회, 고전과 윤리, 생활과 윤리, 논리학, 심리학

인문계열

사회계열

자연계열

공학계열

의약계열

예체능계열

교육계열

고난과 웃음의 나라

정병호 | 창비 | 2020

이 책은 남북 관계를 평화와 공존의 시선으로 바라보며 저자의 풍부한 대북 접촉 경험을 기반으로 북한 사람들이 사는 모습을 생생하게 보여 준다. 오랜 분단으로 인해 생긴 남북의 문화적 이질성을 극복하고 문화 교류를 위해서 우리가 어떤 준비를 해야 하는지 알려준다. 평화와 공존을 가능하게 하기 위해서는 문화상대주의의 시선과 역지사지의 태도로 서로를 이해하고 교류하며 사회문화적 동질성을 늘려 가야 한다는 것을 강조한다.

탐구 주제

주제1 남북의 평화로운 공존을 위해서는 서로를 이해하고 끊임없는 대화를 통해 쌓은 신뢰를 바탕으로 다양한 분야에서 교류해야 한다. 남북한의 문화 교류 사례와 경제 교류 사례를 각각 한 가지씩 조사하여 탐구하고, 그 결과와 영향을 정리하여 보고서로 작성해 보자.

주제2 도서 《고난과 웃음의 나라》에서는 남북 분단의 배경을 설명하고 평화통일을 향한 양국의 노력이 필요함을 강조한다. 북한의 핵 위협이 세계 평화와 안전에 어떤 영향을 미치는지 조사하고, 우리나라가 세계 평화와 안전에 기여할 수 있는 방안을 모색해 보자.

주제3 분단으로 인한 문화적 이질성을 극복할 수 있는 방안 모색

주제4 북한에 대한 현실주의적 전략과 자유주의적 전략의 장단점 비교 분석

학생부 기록 예시 (교과세특)

정치 외교에 관심이 많은 학생으로 평소 국제 관계에 대한 다양한 책을 많이 읽음. '고난과 웃음의 나라(정병호)'를 읽고 남북의 평화로운 공존을 위한 현실적인 방안을 탐구함. 남북한의 대표적인 문화 교류 사례로 남과 북이 공동으로 편찬하는 '겨레말큰사전'을, 경제 교류 사례로 개성공단을 제시함. 겨레말큰사전과 개성공단이 남북한의 평화로운 공존과 통일에 미치는 영향을 조사하여 보고서로 작성함.

'고난과 웃음의 나라(정병호)'를 읽고 남북 분단의 배경과 평화통일을 향한 남북의 노력을 조사하여 정리함. 북한의 핵 위협이 국제 사회의 평화와 안전을 위협하고 있음을 파악하고, 북한 핵 위협의 원인과 배경, 사회적 영향 등을 분석함. 해결 방안으로 북한의 현재 정치, 경제, 국제 관계 등의 상황을 이해함으로써 그들의 말 속에 담긴 의미를 파악하고 지속적인 대화가 필요함을 강조함.

관련 논문

스마트그린 산업단지를 활용한 남북 산업협력 방안(김수정 외, 2022)

관련 도서

《북한의 후계자 왜 김정은인가》, 후지모토 겐지, 맥스미디어
《판문점의 협상가 정세현 회고록》, 정세현 외, 창비

관련 계열 및 학과

- 인문계열 : 북한학과, 사학과, 인류학과, 문화인류학과, 역사학과, 한국역사학과
- 사회계열 : 경제학과, 군사학과, 문화콘텐츠학과, 정치외교학과, 디지털군사학과
- 교육계열 : 역사교육과, 교육학과, 사회교육과, 윤리교육과, 초등교육과, 일반사회교육과

관련 교과

2022 개정 교육과정 : 한국사, 통합사회, 정치, 경제, 역사로 탐구하는 현대 세계, 국제 관계의 이해

2015 개정 교육과정 : 한국사, 통합사회, 경제, 정치와 법, 사회·문화, 동아시아사, 사회문제 탐구

고대에서 도착한 생각들

전호태 | 창비 | 2020

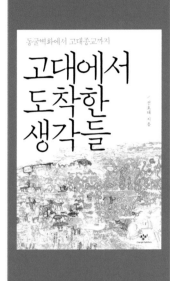

고대 사람들의 생각과 그들의 삶에 깊게 뿌리내린 신앙을 이해할 수 있도록 다양한 유물에 담긴 이야기들을 전한다. 박물관에서 아버지와 아들이 함께 유물을 살펴보고 대화를 나누거나, 고대인이 되어 유물과 사상이 생겨날 당시의 상황을 1인칭 시점으로 서술하는 독특하고 재미있는 방식을 취하고 있다. 특히 한반도에 전파되어 영향력을 행사했던 종교인 불교, 도교, 유교 사상에 음양오행론이 어떻게 유입되어 활용되었는지를 상세히 설명한다.

탐구 주제

주제1 구석기 시대의 동굴 미술 작품은 매우 많다. 대표적인 작품으로 프랑스의 라스코 동굴벽화와 스페인의 알타미라 동굴벽화가 잘 알려져 있다. 이 두 작품을 인터넷과 서적 등을 통해 살펴보고, 비교 분석하여 특징과 유사점 및 차이점을 탐구해 보자.

주제2 도서《고대에서 도착한 생각들》의 저자 전호태는 선사 시대부터 삼국 시대에 이르기까지 동서양의 신화, 미술, 종교를 넘나들며 설명하고 있다. 이 중 가장 흥미로운 것을 하나 골라 자신의 관심 분야나 진로와 연계한 탐구 활동을 하고 발표해 보자.

주제3 유물을 통해 보는 선사 시대 사람들의 삶과 신앙 연구

주제4 시대에 따른 왕과 제사장의 관계 변화 비교 분석

학생부 기록 예시 (교과세특)

미술 분야에 많은 관심과 재능을 보이는 학생으로 '고대에서 도착한 생각들(전호태)'을 읽고 원시 미술의 대표작인 라스코 동굴벽화와 알타미라 동굴벽화에 대해 깊이 있게 탐구함. 두 작품을 비교 분석하고 차이점과 공통점을 조사하여 보고서를 작성하고, 프레젠테이션 프로그램을 활용하여 발표함. 두 작품 모두에서 말, 들소 등 동물들이 매우 세밀하게 표현되어 있으며 색까지 입혀져 사실감이 두드러진다고 설명함.

고고학자와 역사학자에 대해 학습한 뒤 호기심이 생겨 '고대에서 도착한 생각들(전호태)'을 읽고 독후감상문을 작성함. 고대의 유물과 사상이 생겨날 당시의 상황을 당시를 살아가는 고대인의 시각으로 서술하는 새로운 형식이 생동감 넘치고 흥미로웠다고 밝힘. 평소 글쓰기를 좋아하는 학생으로 이 책을 읽고 '내가 구석기인이라면'을 주제로 당시 사람들의 사상과 생활 모습 등을 생생하게 담아낸 글을 작성하여 발표함.

관련 논문

선사시대 암각화를 통한 고구려 고분벽화 미의식의 기원에 관한 연구(김윤주, 2022)

관련 도서

《한국고고학 이해》, 장용준 외, 진인진
《박물관을 쓰는 직업》, 신지은, 마음산책

관련 계열 및 학과
- 인문계열: 고고학과, 문화재학과, 사학과, 인류학과, 종교학과, 고고미술사학과, 역사학과
- 사회계열: 관광학과, 문화콘텐츠학과, 문화관광경영학과, 문화관광학과

관련 교과
- 교육계열: 역사교육과, 초등교육과, 미술교육과, 사회교육과, 교육학과

2022 개정 교육과정: 한국사, 세계사, 동아시아 역사 기행, 역사로 탐구하는 현대 세계, 삶과 종교

2015 개정 교육과정: 한국사, 세계사, 동아시아사, 사회·문화, 윤리와 사상, 미술 감상과 비평

국보, 역사의 명장면을 담다

배한철 | 매일경제신문사 | 2020

국보는 우리 선조가 거쳐 온 삶의 자취이자 역사적 징표이다. 백제 금동대향로, 금동미륵반가사유상, 고려청자, 무령왕릉 출토품, 석굴암 등 이름만 들어도 가슴 떨리는 대한민국 대표 국보의 제작 이유, 역사적 배경 등을 흥미롭게 풀어내는 책이다. 뿐만 아니라 국보 신고와 보상금, 국보 지정 번호의 의미와 문제점, 보수와 복원 문제, 국보 도난의 역사까지 폭넓게 다룸으로써 현재를 살아가는 우리에게 시사점을 던진다.

탐구 주제

주제1 대한민국의 국보 제68호 '청자 상감운학문 매병'은 한국 도자기 중에서도 최고의 걸작으로, 우리의 독창적인 기술인 상감기법을 써서 운학문을 새긴 고려의 전형적인 청자 매병이다. 책을 읽고, 고려청자 기술의 발전 과정을 요약·정리하고 고려청자의 우수함을 조사하여 발표해 보자.

주제2 국보의 지정 여부는 문화재위원회의 심의를 통해 결정한다. 이렇게 결정된 국보 중 영구 결번된 것의 사례를 찾고 그 원인을 조사해 보자. 자신이 조사한 사례를 통해 국보 지정 과정의 문제점을 파악하고, 해결 방안을 모색하여 보고서를 작성해 보자.

주제3 안견의 〈몽유도원도〉를 통해 본 문화재 반환 문제에 대한 고찰

주제4 문화재의 불법적인 도굴과 유통, 국외반출을 막기 위한 방안 모색

학생부 기록 예시 (교과세특)

'국보, 역사의 명장면을 담다(배한철)'를 읽고 우리 선조들이 지켜낸 소중한 문화재들의 가치를 알게 되었고 후손에게 온전히 물려주는 것의 중요함을 깨닫게 되었다는 소감문을 작성함. 특히 '청자 상감운학문 매병'에 담긴 이야기를 읽고 감명을 받아 고려청자 기술의 발전 과정을 요약 정리. 우리의 독창적인 기술인 상감기법을 통해 만들어진 고려청자의 아름다운 빛깔과 회화적 화려함을 극찬함.

역사 의식이 매우 높으며 우리 문화재에 대한 자부심이 강한 학생임. '국보, 역사의 명장면을 담다(배한철)'를 읽고 국보의 지정 과정에 호기심을 갖고 탐구함. 국보 제274호로 지정되었던 '귀함별황자총통'의 국보 지정 해제 사례의 원인을 깊이 있게 탐색함. 국보 지정 당시 문화재위원회에 전통 무기 전문가가 단 한 명도 참여하지 않았던 사실을 비판하고, 이러한 문제를 해결하기 위해서는 문화재 위원의 전문성을 확보해야 함을 강조함.

관련 논문

국보 287호 백제 금동대향로를 위한 ARCore 기반의 증강 현실 서비스(윤영석, 서재원, 2021)

관련 도서

《무관의 국보》, 배한철, 매일경제신문사
《우리 품에 돌아온 문화재》, 국외소재문화재재단, 눌와

관련 계열 및 학과

- 인문계열: 고고학과, 문화재학과, 사학과, 인류학과, 문화재관리과, 문화재보존과학과
- 사회계열: 관광학과, 문화콘텐츠학과, 문화관광경영학과, 문화관광학과
- 교육계열: 사회교육과, 역사교육과, 초등교육과, 교육학과, 일반사회교육과

관련 교과

2022 개정 교육과정: 한국사, 역사로 탐구하는 현대 세계, 주제 탐구 독서, 사회와 문화, 진로와 직업

2015 개정 교육과정: 한국사, 세계사, 동아시아사, 사회·문화, 윤리와 사상, 통합사회, 진로와 직업

군중심리

귀스타브 르 봉 | 현대지성 | 2021

귀스타브 르 봉은 군중은 특정 감정이나 신념에 따라 결합되어 있으며, 군중에 속한 개인은 고유의 특성을 잃고 충동적으로 사고하며 본능에 따라 움직인다고 말한다. 성품과 학식을 갖춘 개인이 군중 속에서 개성을 잃고 완전히 다른 존재가 되는 이유는 무엇일까? 약 130여 년 전에 출간된 이 책이 여전히 영향력을 미치고 있는 이유는 무엇일까? 르 봉은 책 속에서 군중의 특성을 분석하고 그들의 마음을 얻는 방법을 알려 준다.

탐구 주제

주제1 귀스타브 르 봉은 《군중심리》에서 현명한 개인은 군중의 일원이 되는 순간 지성과 이성을 상실하며 군중 속의 개인은 바람결에 이리저리 흩날리는 무수한 모래알과 같다고 말한다. 저자가 바라보는 군중 속의 개인의 특성에 대한 자신의 생각을 정리하여 토론해 보자.

주제2 《군중심리》에서 귀스타브 르 봉은 당시 암기 위주의 프랑스 교육 제도가 실업자를 양산하고 사회 불안을 조장한다고 비판하면서 실용적인 직업교육의 중요성을 강조하였다. 현 우리나라의 교육 제도를 고찰하고 저자가 현 우리나라의 교육제도에 던져주는 시사점을 탐구해 보자.

주제3 군중심리가 활용되는 사례 탐구

주제4 디지털 미디어 시대의 군중심리의 영향력에 대한 고찰

학생부 기록 예시 (교과세특)

'군중심리(귀스타브 르 봉)'를 읽고 군중 속의 개인을 바라보는 저자의 시각을 비판하고, 군중 속의 개인이 이성적이고 논리적인 판단을 함으로써 사회를 긍정적으로 변화시키는 힘이 될 수 있다는 생각을 발표함. 이를 위해서는 군중 속에 있을 때 개인으로서 합리적인 사고를 하고 있는 것인지에 대한 끊임없는 자기성찰이 필요함을 강조함. 저자의 시각을 무조건적으로 수용하지 않고 비판적 사고를 하며 책을 읽는 태도가 돋보임.

'군중심리(귀스타브 르 봉)'를 읽고 여전히 많은 지식을 교과서 암기를 통해 습득하고 있는 틀에 박힌 현 우리나라 교육 제도의 문제점을 인식함. 다양한 체험을 통한 직업교육, 인성교육, 도전정신 고취, 문제해결 능력 향상 등을 위한 교육이 매우 중요함을 알게 되었다는 소감문을 작성함. 책을 읽고 현재 당면하고 있는 사회 문제와 연계하여 관련 내용을 고찰하고 해결 방안을 탐구하는 역량이 돋보이는 학생임.

관련 논문
루쉰과 르봉-문명, 전통, 군중(김양수, 2022)

관련 도서
《군중의 망상》, 윌리엄 번스타인, 포레스트북스
《집단 착각》, 토드 로즈, 21세기북스

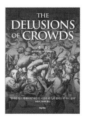 

관련 계열 및 학과
- 인문계열: 상담심리학과, 심리학과, 산업심리학과, 사회심리학과, 상담학과
- 사회계열: 경영학과, 광고홍보학과, 언론정보학과, 미디어마케팅경영과, 마케팅학과

관련 교과
- 교육계열: 교육학과, 교육심리학과, 사회교육과, 역사교육과, 일반사회교육과

2022 개정 교육과정: 인간과 심리, 논리와 사고, 교육의 이해, 인간과 철학, 윤리와 사상, 인문학과 윤리

2015 개정 교육과정: 심리학, 논리학, 교육학, 철학, 윤리와 사상, 고전과 윤리, 사회문제 탐구

그동안 나는 너무 많이 참아왔다

강현식, 최은혜 | 생각의길 | 2020

'화'라는 감정은 불과 같아서 잘 사용하면 매우 유용하지만 잘못 사용하면 관계에 있어 독이 될 수 있다. 화는 참고 숨기는 것이 아니라 적절히 표현해야 한다. 이 책은 감정이 적절한 수준으로 표현될 때 인간관계에 도움이 된다는 사실을 생생한 상담 현장의 이야기를 통해 알려 준다. 자신의 감정에 집중하고 표현하는 방법을 배움으로써 스스로를 이해하고 사랑하며 심리적으로도 건강하게 살아갈 힘을 주는 책이다.

탐구 주제

주제1 사람들은 일상생활에서 무의식적으로 감정 분리, 억압, 부정, 투사, 전치, 합리화 등 여러 가지 방어 기제를 사용한다. 사람들이 방어 기제를 사용하는 이유를 분석하고, 이러한 방어 기제의 사용이 개인의 삶에 미치는 영향에 대해 탐구해 보자.

주제2 심리학자 엘리자베스 뉴턴은 실험을 통해 자신이 알고 있는 것을 상대방도 자연스럽게 알 거라고 착각하는 현상을 보여 주었다. 그는 이것을 '지식의 저주'라고 불렀다. '지식의 저주'가 초래할 수 있는 문제점과 이를 해결하기 위해 갖추어야 할 올바른 태도가 무엇인지 토의해 보자.

주제3 학습된 무기력의 위험성과 극복 방안 모색

주제4 인간의 마음에 유전과 기질이 미치는 영향 탐구

학생부 기록 예시 (교과세특)

또래 상담 도우미로서 학급 친구들의 이야기를 잘 들어주고 공감 능력이 뛰어난 학생임. 상담에 관심이 많아 '그동안 나는 너무 많이 참아왔다(강현식 외)'를 읽고 감정 표현의 중요성을 느꼈다는 소감문을 작성함. 사람들은 불안과 슬픔, 분노 등 온갖 부정적 감정에 대처하기 위해 방어 기제를 사용하고 있음을 분석함. 방어 기제를 사용하면 자신의 감정에 솔직하지 못함으로써 대인 관계에 어려움을 겪을 수 있음을 탐구하여 발표함.

'그동안 나는 너무 많이 참아왔다(강현식 외)'를 읽고 심리학자 엘리자베스 뉴턴이 진행하였던 흥미로운 실험에 호기심이 생겨 '지식의 저주'라는 개념을 탐구함. 자신이 아는 것을 다른 사람이 모른다고 해서 무시하면 오해와 갈등을 불러일으킬 수 있으며 이로 인해 소통에 어려움이 생길 수 있음을 지적함. 자기중심적 관점에서 벗어나 타인을 이해하고 관계 속에서 감정을 적절히 표현해야 한다는 의견을 피력함.

관련 논문

예술치료에 참여한 한 위기 청소년의 자기표현 경험에 대한 내러티브 탐구(최재숙, 구자경, 2023)

관련 도서

《감정 연습을 시작합니다》, 하지현, 창비
《감정은 잘못이 없다》, 류페이쉬안, 유노북스

관련 계열 및 학과
- 인문계열 : 상담학과, 심리학과, 상담심리학과, 아동심리상담학과, 상담심리치료학과
- 의약계열 : 미술치료학과, 심리상담치료학과, 놀이심리치료학과, 재활심리치료학과
- 교육계열 : 교육학과, 미술교육과, 유아교육과, 음악교육과, 체육교육과

관련 교과

2022 개정 교육과정 : 인간과 심리, 인간과 철학, 화법과 언어, 아동발달과 부모, 진로와 직업

2015 개정 교육과정 : 심리학, 교육학, 철학, 진로와 직업, 기술·가정, 생활과 윤리, 윤리와 사상

그들은 왜 문화재를 돌려주지 않는가

김경민 | 을유문화사 | 2019

문화재는 한 국가와 민족의 현재를 정당화하고 미래를 구축하는 유물로서 귀중한 가치를 지닌다. 그래서 지금도 문화재를 빼앗은 국가와 뺏긴 국가 사이에는 끊임없는 논쟁이 벌어지고 있다. 이 책은 문화재 약탈의 역사부터 반환을 둘러싼 국제 사회의 논쟁에 대해 상세히 설명하고 있다. 약탈 문화재를 전시하는 박물관은 과연 도덕적으로 옳은 공간인가? 약탈된 문화재 반환을 둘러싼 강국의 논리와 윤리적 문제에 대한 성찰을 제공한다.

탐구 주제

주제1 문화재는 국가와 민족의 역사와 문화를 담고 있는 소중한 가치를 지닌 물건이다. 이러한 문화재의 약탈과 반환 문제로 전 세계는 총성 없는 전쟁을 치르고 있다. 약탈당한 문화재의 정식 반환을 위해서 할 수 있는 노력을 개인적, 국가적, 세계적 차원에서 모색해 보자.

주제2 영국은 문화재를 약탈당한 국가의 반환 요구에 지속적으로 반환 불가라는 단호한 입장을 고수하며 갈등을 야기하고 있다. 영국의 주장을 문화국제주의 관점에서 요약하고, 그들의 문화재 문제에 대한 태도를 자신만의 관점에서 해석하여 에세이를 작성해 보자.

주제3 문화민족주의와 문화국제주의 비교 분석 및 한계점 고찰

주제4 문화재는 소유하는 것인가, 공유하는 것인가에 대한 토론

학생부 기록 예시 (교과세특)

'그들은 왜 문화재를 돌려주지 않는가(김경민)'를 읽은 뒤 문화재의 약탈과 반환 문제의 심각성을 깨닫고, 개인적·국가적·세계적 차원에서 이를 해결하기 위해 노력해야 한다는 글을 작성함. 문화재 반환을 위해서는 감정적 호소보다 논리적 설득이 필요하며 이를 위해 문화재 약탈의 경위와 과정을 정확히 알고 있어야 함을 주장함. 국가 간 역사적 이해와 공감을 바탕으로 양보와 타협을 통해 반환이 이루어질 수 있음을 강조함.

약탈당했던 우리나라의 외규장각 의궤가 145년 만에 프랑스에서 돌아온 것이 진정한 반환이 아니라는 사실을 알고 문화재 반환에 대해 관심을 갖고 탐구함. '그들은 왜 문화재를 돌려주지 않는가(김경민)'를 읽고 문화재는 세계적인 박물관에 놓여 많은 사람이 보아야 한다는 영국의 문화국제주의 관점을 비판하는 에세이를 작성함. 문화재는 단순 물건이 아니라 국가의 역사적 가치를 갖고 있으니 돌려 주어야 한다는 관점을 제시함.

관련 논문

국가 주권과 문화재 반환의 절차적 정당성 : 메리만 관점의 비판적 접근(구진영, 최은봉, 2021)

관련 도서

《약탈 문화재는 누구의 것인가》, 아라이 신이치, 태학사
《약탈 문화재의 세계사》, 김경임, 홍익출판사

관련 계열 및 학과

- 인문계열: 문화재학과, 고고학과, 사학과, 인류학과, 문화재보존학과, 문화재보존과학과
- 사회계열: 정치외교학과, 정치국제학과, 정치·언론학과, 법학과, 법률실무과

관련 교과

- 교육계열: 역사교육과, 사회교육과, 윤리교육과, 교육학과, 초등교육과

2022 개정 교육과정: 한국사, 세계사, 현대사회와 윤리, 국제 관계의 이해, 주제 탐구 독서

2015 개정 교육과정: 한국사, 통합사회, 세계사, 동아시아사, 정치와 법, 생활과 윤리, 독서

그래서, 프랑스

김미연 | 씽크스마트 | 2023

샤를 드골 공항, 에투알 광장의 개선문, 몽마르트 등 프랑스의 지역과 건축물은 과거와 따로 떼어 놓고는 이야기할 수 없을 정도로 역사로 가득 차 있다. 샹젤리제 거리부터 수많은 관광객이 찾는 유명 관광지에 대한 저자의 생생한 체험까지 프랑스어 선생님이 들려주는 이야기가 매우 흥미롭다. 이 책을 통해 세계적인 문화유산과 미술관, 박물관으로 가득 차 있는 낭만적인 나라 프랑스의 현재 속에서 과거의 흔적을 찾아볼 수 있다.

탐구 주제

주제1 프랑스는 루브르 박물관, 오르세 미술관 등 세계적인 박물관과 미술관을 보유하고 있다. 우리나라도 박물관 수가 증가하면서 창의적인 문화예술교육을 위한 박물관의 역할이 대두되고 있다. 프랑스 박물관의 프로그램 사례 연구를 진행하고 우리나라 박물관 프로그램 제안서를 작성해 보자.

주제2 도서《그래서, 프랑스》를 읽으면서 프랑스 문화를 통해 그들의 삶을 들여다보자. 자신의 관심 분야와 연계하여 프랑스의 정치, 경제, 사회, 예술, 요리, 건축물 등을 조사하고 PPT로 작성하여 발표해 보자.

주제3 알베르 까뮈의 문학 작품 속에 담긴 삶의 태도 고찰

주제4 프랑스 혁명이 프랑스의 사회와 문화에 미친 영향에 대한 탐구

학생부 기록 예시 (교과세특)

'그래서, 프랑스(김미연)'를 읽고 프랑스는 루브르 박물관, 로댕 미술관 등 세계적인 박물관과 미술관을 보유하고 있으며 이러한 박물관이 중요한 교육적 역할을 하고 있음에 영감을 받음. 프랑스 박물관의 문화예술 프로그램 사례 연구를 토대로 우리나라 박물관의 프로그램 제안서를 작성함. 상상력 교육 프로그램부터 학교와 박물관 연계 프로그램, 작가 참여 프로그램 등 다양한 주제로 구성된 프로그램을 제안함.

제과제빵사가 꿈인 학생으로 다양한 진로 체험과 독서를 통해 자신의 진로 목표를 이루기 위한 노력을 주도적으로 함. '그래서, 프랑스(김미연)'를 읽고 평소 관심 있는 프랑스의 빵에 대한 탐구활동을 진행함. 다양한 프랑스 빵의 종류, 역사, 요리법, 한국에 미친 영향에 대해 조사하고 PPT로 작성하여 발표함. 탐구활동을 통해 알게 된 빵을 조리법대로 직접 만들어 보고, 여러 번의 시도 끝에 자신만의 특색 있는 모양의 빵을 만듦.

관련 논문
샤를 드골의 위대한 프랑스와 앙드레 말로(조성연, 2020)

관련 도서
《카뮈》, 최수철, 아르테
《나의 프랑스식 샐러드》이선혜, 브레드

관련 계열 및 학과
- 인문계열: 불어불문학과, 프랑스언어문화학과, 프랑스어문학과, 프랑스어과, 한불과
- 사회계열: 관광학과, 국제관광과, 문화관광학과, 국제관광서비스과, 관광외국어학과
- 예체능계열: 미술학과, 패션디자인학과, 패션콘텐츠과, 화장품뷰티과, 모델패션아트학과

관련 교과

2022 개정 교육과정: 프랑스어권 문화, 프랑스어, 프랑스어 회화, 심화 프랑스어, 세계사, 진로와 직업

2015 개정 교육과정: 프랑스어I, 프랑스어II, 문학, 통합사회, 사회·문화, 세계사, 여행지리, 진로와 직업

인문계열
사회계열
자연계열
의학계열
약학계열
예체능계열
교육계열

나는 독일인입니다
노라 크루크 | 엘리 | 2020

이 책은 '아우슈비츠교육'이라고 불리는 과거 청산교육을 받은 독일의 최초 세대에게 나치 과거가 어떻게 이해되고 수용되었는지를 보여 준다. 독일인 노라 크루크는 역사의 진실을 마주할 용기를 갖고 나치 정권 시절에 얽힌 비극적인 가족사를 찾아간다. 아프고 불편한 진실을 기억하고 싶지 않아서 침묵을 선택하는 것은 옳은 일일까? 슬프고도 아픈 기억으로 가득 찬 과거를 받아들이고 성찰하는 이야기는 우리의 마음속에 경종을 울린다.

탐구 주제

주제1 '과거 청산'이란 지나간 것을 진지하게 정리하고, 밝은 의식으로 과거의 미몽을 깨부수는 것이다. 이러한 관점에서 《나는 독일인입니다》는 과거청산에 충실한 작품으로 평가받고 있다. 과거사 청산은 왜 필요한지, 이를 위해 어떤 노력을 기울여야 하는지 탐구하여 발표해 보자.

주제2 과거 독일은 전쟁 범죄뿐만 아니라 반인륜 범죄에 의해 세계의 평화를 교란하는 위협적인 국가라고 평가되었다. 독일이 국제 평화를 위해 어떠한 노력을 기울였는지에 대해 조사하고, 오늘날 다원주의적 사회에 주는 시사점이 무엇인지 분석하여 발표해 보자.

주제3 나치즘과 홀로코스트에 대한 독일의 역사 교육 방향 탐구

주제4 독일의 과거사 청산 노력이 한국 사회에 주는 시사점 분석

학생부 기록 예시 (교과세특)

'나는 독일인입니다(노라 크루크)'를 읽고 독일인들이 과거의 전쟁과 나치 독일 시대를 어떻게 바라보고 성찰하는지에 대해 깊은 울림을 받았다는 감상문을 작성하고 발표함. 역사를 올바르게 이해하고 책임 있는 자세로 과거사를 청산함으로써 발전적인 미래가 만들어질 수 있음을 강조함. 과거사 청산을 위해서는 지나온 역사에 대한 올바른 인식과 과거를 성찰하고 반성할 수 있는 용기와 노력이 필요하다는 자신의 생각을 발표함.

도서 '나는 독일인입니다(노라 크루크)'를 읽고 나치 독일이 행했던 반인륜적 범죄들과 홀로코스트에 대해 깊이 있게 탐구하여 보고서를 작성함. 독일은 내부적으로 지속적인 교육을 통한 도덕적 성찰을 하였으며, 유럽의 통합 연대를 통해 주변국들과 함께 협력하고 노력했음을 알게 됨. 이러한 독일의 노력은 국제 사회의 협력을 통한 공존공영이 매우 중요한 현대의 다원주의적 사회에 큰 시사점을 준다고 발표함.

관련 논문
독일사회가 생각하는 지구촌 시대의 기억문화와 인권교육 : 보편주의적 윤리를 중심으로(김동조, 2021)

관련 도서
《독일은 어떻게 1등 국가가 되었나》, 김종인, 오늘산책
《제3제국사》, 윌리엄 L. 샤이러, 책과함께

관련 계열 및 학과	• 인문계열 : 독어독문학과, 독일어과, 독일언어문학과, 독일언어문화학과, 사학과, 인류학과
	• 사회계열 : 정치외교학과, 국제관계학과, 국제학과, 국제문화학과, 정치국제학과
관련 교과	• 교육계열 : 역사교육과, 윤리교육과, 사회교육과, 독일어교육과, 교육학과

2022 개정 교육과정 : 독일어, 독일어권 문화, 세계사, 정치, 독서와 작문, 문학, 주제 탐구 독서

2015 개정 교육과정 : 독일어I, 독일어II, 세계사, 독서, 문학, 통합사회, 정치와 법, 교육학

인문계열

사회계열

자연계열

공학계열

의약계열

예체능계열

교육계열

나는 심리치료사입니다

메리 파이퍼 | 위고 | 2019

이 책은 저자의 오랜 상담 경험을 바탕으로 한 많은 임상 사례가 담긴 책으로 편지 형식으로 되어 있다. 한 인간이 처한 상황은 다채롭고, 다면적이며, 특별하다. 심리치료사로서 어떻게 도움을 주어야 할까? 메리 파이퍼는 책 속에서 다양한 방식으로 좋은 심리치료사란 무엇인가에 관한 조언을 던진다. 심리치료사로 일하면서 얻은 관계와 삶에 대한 통찰을 통해 의미와 희망을 만들어 내는 과정이 심리치료의 과정임을 이해할 수 있다.

탐구 주제

주제1 심리치료는 사람들이 여러 가지 일들에 대해 이야기를 나누며 고통과 혼란을 탐색하여 의미와 희망을 만들어 내는 과정이다. 이 과정에서 심리치료사의 역할은 매우 중요하다. 심리치료사에게 필요한 핵심 역량은 무엇인지 심리치료사의 역할과 관련하여 탐구해 보자.

주제2 저자는 행복에 대해 이렇게 말한다. '행복은 행운과 거의 아무 관계가 없다. 부유한 사람들이 가난한 사람들보다 더 행복하지는 않다. 대부분의 사람들은 자신이 마음먹은 만큼 행복하다.' 자신이 생각하는 행복의 의미는 무엇인지 저자의 관점과 비교하여 에세이를 작성해 보자.

주제3 인공지능 시대 심리치료사의 직업 전망과 역할 변화 탐구

주제4 대면과 비대면 심리치료의 효과 비교 및 원인 분석

학생부 기록 예시 (교과세특)

마음이 열려 있고 가슴이 따뜻한 학생으로 친구들의 고민을 공감해 주고 실질적 조언을 해 주는 역량이 우수함. '나는 심리치료사입니다(메리 파이퍼)'를 읽고 심리치료사에 관심과 호기심이 생겨 역할과 역량에 대해 탐구함. 심리치료사는 체계적인 지식과 직관, 친절을 통해 내담자와 강한 유대감을 맺고 성장할 수 있도록 도와야 한다는 의견을 제시함. 이를 위해 다른 사람을 존중하는 태도, 에너지, 집중력이 필요하다고 분석함.

'나는 심리치료사입니다(메리 파이퍼)'를 읽고 책에서 언급된 행복에 대해 친구들과 토론함. 자신의 삶에서 진정한 행복이란 무엇인지에 대한 고민을 하고 에세이를 작성함. 가족, 친구들과 시간을 보낼수록 삶이 행복함을 느끼고, 자신이 세운 목표를 성취해 갈 때 보람을 느낀다는 사실을 파악함. 행복한 삶을 위해 진로 목표를 설정하고 이를 이루기 위해 노력하고 싶다는 포부를 밝힘. 삶을 성찰하는 태도가 우수함.

관련 논문

윤리적 민감성에 관한 상담자들의 인식 : 개념도 연구(이은정, 서영석, 2023)

관련 도서

《우아하게, 고독하게, 행복하게》, 한은정, 미다스북스
《심리치료 그 30년 후의 이야기》, 로버트 U. 아케렛, 탐나는책

관련 계열 및 학과	• 인문계열: 불어불문학과, 프랑스언어문화학과, 프랑스어문학과, 프랑스어과, 한불과
	• 사회계열: 관광학과, 국제관광과, 문화관광학과, 국제관광서비스과, 관광외국어학과
관련 교과	• 예체능계열: 미술학과, 패션디자인학과, 패션콘텐츠과, 화장품뷰티과, 모델패션아트학과

2022 개정 교육과정: 프랑스어권 문화, 프랑스어, 프랑스어 회화, 심화 프랑스어, 세계사, 진로와 직업

2015 개정 교육과정: 프랑스어I, 프랑스어II, 문학, 통합사회, 사회·문화, 세계사, 여행지리, 진로와 직업

나쓰메 소세키 인생의 이야기

나쓰메 소세키 | 시와서 | 2019

나쓰메 소세키는 근현대 일본 문학에서 가장 위대한 작가 중 한 명으로 알려져 있으며 일본뿐 아니라 전 세계적으로 많은 사랑을 받고 있는 작가이다. 이 책은 그의 기고, 수필, 담화, 강연, 서간 등을 모은 산문집이다. 저자의 인생관, 인간관, 문학관을 알 수 있는 책으로 저자의 소설을 읽을 때와는 또 다른 감동과 울림을 준다. 독자들에게 산다는 것은 무엇인지, 어떻게 살아가야 하는지에 대해 생각할 수 있는 성찰의 시간을 선사한다.

탐구 주제

주제1 도서 《나쓰메 소세키 인생의 이야기》에서 들려주는 저자의 진솔한 이야기는 100년이 훌쩍 넘은 지금도 현재를 살아가는 우리에게 큰 울림을 주고 있다. 책을 읽고 저자의 사상과 인생관을 분석해 보고, 현대 사회의 문제를 극복할 수 있는 교훈을 찾아 발표해 보자.

주제2 저자 나쓰메 소세키의 소설 속에는 그의 경험과 사상이 반영되어 있다. 나쓰메 소세키의 소설을 한 편 읽고 소설 속에서 그의 삶이 어떻게 반영되어 있는지 살펴보자. 당시 시대상에 비추어 볼 때, 소설을 통해 저자가 전하고자 하는 의미가 무엇인지에 대해 토론해 보자.

주제3 메이지 시대의 문학을 통해 보는 일본의 사회 변화 탐구 고찰

주제4 나쓰메 소세키의 사상이 일본 근현대 작가들에 미친 영향 탐구

학생부 기록 예시 (교과세특)

'나쓰메 소세키 인생의 이야기(나쓰메 소세키)'를 읽고 저자의 글이 100년도 이전에 쓰여졌다는 사실이 놀랍다는 소감을 발표함. 겉치레와 허례허식보다는 삶을 살아가는 자세가 중요하다는 저자의 사상과 인생관을 분석하여 보고서로 작성함. 특히 그의 기고문 중 '사람을 보라. 옷을 보지 마라. 도둑은 우리보다 더 멋진 옷을 입는 사람이다.'에 감명을 받고 보여 주는 것에 관심이 많은 행태를 비판하고 내적 성장의 중요성을 강조함.

'나쓰메 소세키 인생의 이야기(나쓰메 소세키)'를 읽고 저자의 삶에 호기심이 생겨 깊이 있게 탐구하고자 소설 '도련님(나쓰메 소세키)'을 읽음. 소설에 저자의 교사 시절 경험이 반영되어 있으며, 당시 메이지 시대의 일본 문학의 주류와는 다르게 권선징악을 주제로 하고 있음을 파악함. 저자는 인간의 부조리에 대항하는 사회 초년생 도련님을 통해 정의와 옳은 것을 실천할 줄 아는 주관의 중요성을 전하고 있다는 자신의 생각을 발표함.

관련 논문

나쓰메 소세키의 작품을 통해서 본 병(病)에 대한 수용자세 (신윤주, 2018)

관련 도서

《나는 고양이로소이다》, 나쓰메 소세키, 현암사
《마음》, 나쓰메 소세키, 현암사

관련 계열 및 학과

- 인문계열: 일어일문학과, 일본어문학과, 일본어과, 일본어통역과, 일본언어문화학과
- 사회계열: 공공교육복지학과, 사회학과, 사회복지학과, 융합인재학과, 정책학과, 행정학과
- 교육계열: 일어교육과, 교육심리학과, 교육학과, 윤리교육과, 국어교육과

관련 교과

2022 개정 교육과정: 독일어, 독일어권 문화, 세계사, 정치, 독서와 작문, 문학, 주제 탐구 독서

2015 개정 교육과정: 독일어I, 독일어II, 세계사, 독서, 문학, 통합사회, 정치와 법, 교육학

인문계열

사회계열

자연계열

공학계열

의약계열

예체능계열

교육계열

나의 직업 방송 작가

임선경 | 푸른들녘 | 2017

'여의도 해는 더 빨리 뜬다.' 자료를 찾아 정리하고, 밤을 꼬박 새우며 탐구하고, 구성안을 짜고, 대본을 쓰다 보면 일을 마치기도 전에 해가 떠오르기 때문에 방송 작가들 사이에 도는 말이다. 저자는 드라마 작가, 구성 작가, 예능 작가, 라디오 작가, 번역 작가 등 다양한 분야의 방송 작가의 활동을 자세히 소개하고 있다. 방송 작가가 되려면 무엇을 어떻게 준비해야 하는지, 갖춰야 할 자질은 무엇인지 살펴보고 작가의 꿈을 키워 보자.

탐구 주제

주제1 도서《나의 직업 방송 작가》에서는 방송 작가의 '협업' 중요성에 대해 언급하고 있다. 협업 능력은 미래 사회에 필요한 핵심 역량 중 하나로 거의 모든 분야에서 강조되고 있다. 자신의 관심 분야에서 협업이 가져올 수 있는 긍정적인 효과에 대해 탐구해 보자.

주제2 《나의 직업 방송 작가》 속 '나는 10년 차 드라마 작가입니다'라는 글은 10년 차 드라마 작가의 일상을 1인칭 시점으로 서술하고 있다. 이를 읽고 드라마 작가의 어려움과 열악한 근무 환경을 조사하고, 이를 해결할 수 있는 방안을 모색하여 보고서를 작성해 보자.

주제3 방송 작가가 될 수 있는 다양한 진로 경로 탐색

주제4 4차 산업 혁명 시대, 방송 작가의 미래 직업 전망에 대한 토론

학생부 기록 예시 (교과세특)

'나의 직업 방송 작가(임선경)'를 읽고 '함께 일하는 삶'에 대해 생각하고 자신의 관심 분야인 우주·항공 분야에서 협업의 역할에 대해 고찰함. 인공위성 설계부터 발사에 이르기까지 수많은 직업인들이 참여하고 있으며, 이들이 공동체 의식을 갖고 협업 역량을 발휘한다면 성공 확률을 높일 수 있다는 의견을 피력함. 모둠 프로젝트 진행 과정에서 탁월한 의사소통 능력을 기반으로 협업 역량을 발휘해 완성도 높은 결과물을 제출함.

글쓰기와 방송 분야에 관심이 많아 자신의 진로 분야로 방송 작가를 선택하고, 관련 정보를 찾고 도서를 탐독하는 등 노력을 기울임. '나의 직업 방송 작가(임선경)'를 읽고 오랜 근무 시간, 밤샘 작업, 낮은 임금 등 드라마 작가의 현실적인 어려움을 알게 됨. 이를 해결하기 위한 대책으로 주 40시간 근무, 시간 외 근무 수당, 4대 보험 적용, 드라마 사전 제작으로 근무 환경 개선하기 등의 의견을 제시하고 관련 내용을 보고서로 작성함.

관련 논문

김수현 가족드라마의 1대 고령자 캐릭터 재현 방식을 통해 본 김수현 작가론-「그래, 그런 거야」를 중심으로(유진희, 2022)

관련 도서

《스탠바이, 방송 작가》, 강이슬, 크루
《제주에서 먹고 살려고 책방 하는데요》, 강수희, 인디고

관련 계열 및 학과
- 인문계열: 문예창작학과, 미디어창작과, 웹소설과, 미디어콘텐츠학과, 국어국문학과
- 사회계열: 신문방송학과, 방송극작과, 미디어문예창작과, 방송문예창작학과
- 예체능계열: 방송연예과, 연극영화과, 웹툰창작과, 방송연예·미디어과, 엔터테인먼트학과

관련 교과

2022 개정 교육과정: 독서와 작문, 독서 토론과 글쓰기, 논술, 공통국어, 화법과 언어, 문학과 영상

2015 개정 교육과정: 언어와 매체, 독서, 진로와 직업, 논술, 국어, 화법과 작문, 문학

내 마음의 도서관 비블리오테카

최정태 | 한길사 | 2021

세계의 도서관에 얽힌 역사 이야기가 매우 흥미롭다. 이 책을 통해 우리는 인류의 역사와 함께 암흑기와 부흥기를 겪으며 진화하고 발전해 온 도서관의 역사를 알 수 있다. 보스턴 공공도서관, 미국 의회도서관, 오스트리아 국립도서관에서 미네르바의 형상을 만날 수 있는 이유는 무엇일까? 눈에 보이지 않는 것을 기록하고 소중한 가치를 담아 보관하는 도서관은 앞으로 다양한 형태로 발전하며 인류의 자산이 되어 줄 것이다.

탐구 주제

주제1 도서《내 마음의 도서관 비블리오테카》를 통해 도서관에는 역사가 살아 숨 쉬고 있음을 알 수 있다. 앞으로 우리가 만들어 갈 역사 속 미래의 도서관은 어떤 모습일지 예측해 보고, 미래의 도서관에 방문한 자신의 모습을 상상하여 1인칭 시점으로 도서관 체험 일기를 써 보자.

주제2 사회 변화에 따라 직업 세계도 변화한다. 조선 시대에는 '세책가'라는 책 대여업을 하는 가게가 한양 도성에 많았고, 여인들을 중심으로 책을 들고 가서 직접 책을 읽어 주는 '책비'라는 직업도 있었다. 디지털미디어 시대 도서관을 이끄는 대표 직업인 사서의 역할과 역량을 탐구해 보자.

주제3 학교 도서관 챗GPT 도입에 대한 고찰과 활용 방안 모색

주제4 국내 '사람책 도서관'의 운영 현황과 활성화 방안 연구

학생부 기록 예시 (교과세특)

'내 마음의 도서관 비블리오테카(최정태)'를 읽고 미래의 도서관은 어떤 모습일지 예측해 봄. 디지털 미디어 시대를 맞아 도서관을 직접 방문하지 않고 메타버스 도서관을 방문하여 책을 읽고 다양한 체험을 하는 자신의 모습을 상상하여 1인칭 시점으로 '미래 도서관 체험 일기'를 작성함. 디지털 활용 능력이 뛰어나고 독서를 좋아하는 학생으로 미래에 자신이 꿈꾸는 메타버스 도서관을 직접 만들어 보고 싶다는 포부를 밝힘.

도서부원으로 학교 도서관의 다양한 행사를 이끌고 독서 퀴즈 대회를 주도적으로 기획함. '내 마음의 도서관 비블리오테카(최정태)'를 읽고 미래 도서관의 변화와 그에 따른 사서의 역할 변화에 대해 탐구함. 미래의 사서는 이용자들의 수요에 맞추어 다양한 콘텐츠를 개발하는 기획력을 길러야 하며, 시대의 흐름에 맞춰 도서관의 변화를 주도하는 주역이 되어야 함을 느끼고 자신이 탐구한 내용을 보고서로 작성하여 발표함.

관련 논문

4차 산업혁명 시대 도서관 사서의 핵심업무에 관한 연구(박태연 외, 2018)

관련 도서

《뉴욕 정신과 의사의 사람 도서관》, 나종호, 아몬드
《사서, 고생》, 김선영, 문학수첩

관련 계열 및 학과

- 인문계열: 문헌정보학과, 아동문헌정보과, 도서관미디어정보과, 국어국문학과, 인류학과
- 공학계열: 정보통신공학과, 컴퓨터공학과, 정보보안학과, 컴퓨터시뮬레이션학과

관련 교과

- 교육계열: 문헌정보교육과, 국어교육과, 컴퓨터교육과, 교육공학과, 초등교육과

2022 개정 교육과정: 독서와 작문, 주제 탐구 독서, 독서 토론과 글쓰기, 한국사, 세계사, 진로와 직업

2015 개정 교육과정: 독서, 문학, 고전 읽기, 역사, 세계사, 동아시아사, 교육학, 진로와 직업

인문계열

사회계열

자연계열

공학계열

의약계열

예체능계열

교육계열

내 친구 압둘와합을 소개합니다

김혜진 | 원더박스 | 2021

중학교 국어 교사인 저자는 시리아 청년을 만난 후 무슬림, 난민, 이주민 등 사회적 소수자에 대한 차별과 편견의 시선을 깨닫게 된다. 압둘와합이라는 시리아 청년과 친구가 되면서 시리아의 내전에 관심을 갖고 그들이 처한 상황을 이해하게 되며 구호단체도 설립한다. 고국에 돌아가지 못하고 난민이 될 수밖에 없는 사람들이 살아가는 이야기는 가슴 아프고도 감동적이다. 최근 이슈가 되는 사회적 소수자에 대한 생각의 창을 열 수 있다.

탐구 주제

주제1 국내뿐 아니라 전 세계적으로 성별, 연령, 인종, 국적, 장애 등을 이유로 차별받는 사회적 소수자가 존재한다. 우리는 그들의 인권을 존중하고 모두가 공존하는 삶을 살기 위해 노력해야 한다. 세계 인권 문제의 양상과 해결 방안을 모색하여 보고서를 작성해 보자.

주제2 다문화·세계화 시대를 살아가는 우리에게 다른 나라나 민족의 문화를 배우고 받아들이는 자세는 필수불가결의 요소이다. 자신의 관심 진로 분야에서 다른 나라나 민족의 문화를 배우는 것이 어떤 장점이 있을지 예상해 보고, 이를 위해 노력할 수 있는 구체적인 방안을 발표해 보자.

주제3 세계 각국의 난민 정책 비교 분석

주제4 시리아 내전의 원인을 정치·종교 등 다각도로 분석한 후 토론

학생부 기록 예시 (교과세특)

'내 친구 압둘와합을 소개합니다(김혜진)'를 읽고 사회적 소수자로 살아가는 삶의 어려움에 공감하고, 세계 인권 문제의 양상과 해결 방안을 탐구함. 인종, 성, 이주민, 외국인 노동자, 장애인, 난민 등의 문제가 빈번히 발생하고 있음을 알게 되었으며 특히 내전으로 고통을 겪고 있는 난민 문제에 관심을 가짐. 난민의 어려움과 현실적 상황에 대한 공감을 토대로 그들의 인권보장을 위해 전 세계적으로 노력을 기울여야 함을 강조함.

'내 친구 압둘와합을 소개합니다(김혜진)'를 읽고 시리아 내전과 이슬람 문화에 호기심이 생겨 다양한 매체를 조사하고 분석함. 세계의 음식 문화와 레시피 개발에 관심이 많은 학생으로 자신의 진로 분야에 이슬람 문화를 학습해서 적용할 수 있는 방법을 탐구함. 자신이 개발한 음식을 상품화해 이슬람 문화권으로 수출할 때 그들의 식생활 문화에 대한 이해가 필수임을 깨닫게 되었다고 발표함. 할랄 식품에 대한 후속 탐구를 진행함.

관련 논문

한국의 대 사우디아라비아 문화공공외교 현황과 발전 방향: 문화예술행사를 중심으로(박건희, 윤은경, 2023)

관련 도서

《아랍》, 유진 로건, 까치
《이토록 매혹적인 아랍이라니》, 손원호, 부키

관련 계열 및 학과	• 인문계열: 아랍어과, 아랍지역학과, 종교학과, 중동학부, 사학과, 중동언어문화학과
	• 사회계열: 정치외교학과, 국제학과, 국제관계학과, 정치국제학과, NGO사회혁신학과
관련 교과	• 교육계열: 사회교육과, 윤리교육과, 교육학과, 역사교육과, 초등교육과

2022 개정 교육과정: 아랍어, 아랍 문화, 삶과 종교, 문학, 통합사회, 현대사회와 윤리, 국제 관계의 이해

2015 개정 교육과정: 아랍어I, 아랍어II, 종교학, 국어, 독서, 문학, 세계사, 정치와 법, 윤리와 사상

다시, 책으로

매리언 울프 | 어크로스 | 2019

기술이 인간에게 무엇을 하는지 관심을 기울이지 않으면 많은 것을 잃게 될 것이다. 이 책은 읽기와 뇌의 상관관계를 보여 주며, 사회가 변화함에 따라 우리의 읽기가 어떻게 변화하고 있는지를 심도 있게 연구한 결과를 담았다. 쉴 새 없이 디지털 기기에 접속하며 순간 접속의 시대를 살아가는 현대인들이 깊이 읽기 능력을 회복하고 현명하게 살아가기 위해서는 어떻게 해야 하는지를 알려 주는 책이다.

탐구 주제

주제1 전자책은 뛰어난 휴대성과 기록성으로 빠르게 우리 사회에 유입되었다. 매체를 통한 읽기는 거스를 수 없는 시대의 흐름이며 필연적인 것으로 보여진다. 디지털 매체를 통한 읽기의 긍정적인 면과 부정적인 면을 탐구하고 시대의 흐름에 맞춘 효율적인 읽기 방안을 모색해 보자.

주제2 《다시, 책으로》는 디지털 매체로 인한 순간 접속 시대의 독서와 깊이 있는 사고의 중요성, 부모와 아이 사이의 책 읽기 등과 같은 문제를 다루고 있다. 책의 전반적인 내용을 바탕으로 제목《다시, 책으로》가 의미하는 바와 이를 통해 저자가 전하고자 하는 것은 무엇인지 발표해 보자.

주제3 독서활동이 자기주도적 학습 역량에 미치는 영향 탐구

주제4 읽기 능력에 영향을 미치는 인지유연성에 관한 연구

학생부 기록 예시 (교과세특)

전자책이 휴대가 편하고 메모나 공유 등의 장점이 있음에도 불구하고 종이책을 선호하는 자신의 모습에 호기심을 느껴 디지털 매체를 통한 읽기의 긍정적인 면과 부정적인 면을 탐구함. '다시, 책으로(매리언 울프)'를 읽고 디지털 매체는 개인의 상황에 맞게 읽기를 배우는 학습 도구가 될 수 있으나, 주의 집중과 사고력 증진을 위해서는 사용 여부를 스스로 판단하여 보조 도구로 활용할 필요성이 있다는 의견을 제시함.

'다시, 책으로(매리언 울프)'를 읽고 호기심이 생겨 종이에 인쇄된 글과 스마트폰에서 글을 읽을 때 집중력의 차이를 직접 실험해 봄. 스마트폰에서 글을 읽을 때는 게임, 쇼핑 등 무의식적으로 시선이 다른 곳으로 옮겨 가는 자신을 발견함. 반면 종이책을 읽을 때는 글에만 집중할 수 있다는 사실을 직접 탐구하여 확인함. 깊이 있는 사고를 위해 책을 읽음으로써 디지털 시대를 현명하게 보내자는 저자의 의도를 파악하여 발표함.

관련 논문

독자 집단에 따른 독서량과 상위인지의 종단적 효과 연구 (오규설, 김혜정, 2021)

관련 도서

《나는 어떻게 삶의 해답을 찾는가》, 고명환, 라곰
《책을 읽으면 왜 뇌가 좋아질까? 또 성격도 좋아질까?》, 한상무, 푸른사상

관련 계열 및 학과

- 인문계열: 문헌정보학과, 아동문헌정보과, 도서관미디어정보과, 국어국문학과
- 사회계열: 디지털미디어학과, 디지털콘텐츠창작학과, 미디어영상광고학과, 미디어커뮤니케이션학과

관련 교과

- 교육계열: 문헌정보교육과, 국어교육과, 컴퓨터교육과, 유아교육과, 초등교육과

2022 개정 교육과정: 독서와 작문, 공통국어, 주제 탐구 독서, 독서 토론과 글쓰기, 논리와 사고

2015 개정 교육과정: 독서, 국어, 언어와 매체, 논리학, 논술, 교육학, 사회문제 탐구

인문계열

사회계열

자연계열

공학계열

의약계열

예체능계열

교육계열

로쟈의 한국 현대문학 수업

이현우 | 추수밭 | 2020

"한국문학에서 '현대'는 완성되었는가?"

1950년대 손창섭에서 1990년대 이승우까지
10인의 작가로 읽는 미완의 한국 사회

※개정판이 출시되었습니다.
《로쟈의 한국문학 수업: 여성작가 편》,
《로쟈의 한국문학 수업: 남성작가 편》

이 책은 전후 한국 문학을 이끌었던 대표 작가 10인의 소설을 통해 한국인과 한국 사회의 정체를 탐구한다. 각 작품의 내용만을 소개하는 것을 넘어 시대의 문제 의식을 포착한 작가의 작품 세계를 폭넓게 들여다보고 있다. 서평가인 저자가 반영론적 관점에서 작품을 읽고 평가한 내용을 기반으로 한국 현대문학에 대해 진행한 강의를 묶은 책이다. 당시 한국 문학의 역사적 의미와 가치를 깨달을 수 있으며 한국 문학의 방향성도 제시한다.

탐구 주제

주제1 《비오는 날》은 손창섭의 초기 대표작으로 전쟁 직후 부산을 배경으로 한 남매의 이야기를 그린 작품이다. 작품 속에서는 비가 추적추적 내리는 풍경이 계속 반복된다. 당시 시대를 비추어 보았을 때, 소설의 제목과 장마가 계속되는 배경이 의미하는 바를 해석하여 감상문을 작성해 보자.

주제2 문학 작품은 작가의 개인적인 경험뿐 아니라 당대 사회 현실에 대한 비판론적 시각도 담겨 있다.《로쟈의 한국 현대문학 수업》속에 담겨있는 한국 현대문학 작품 중 한 가지를 골라 읽고, 작품의 역사적·사회적 배경과 작가가 비판하고자 했던 당시 사회의 문제점을 탐구해 보자.

주제3 세계화 시대에 한국 문학이 나아갈 방향 모색

주제4 한국 문학 작품의 외국어 번역의 문제점과 문학 번역가의 과제 연구

학생부 기록 예시 (교과세특)

'로쟈의 한국 현대문학 수업(이현우)'을 읽고 후속 탐구활동으로 손창섭의 초기 대표작인 '비오는 날'을 읽고 감상문을 작성함. 전쟁 직후 부산이 배경인 작품으로 작품 속 계속되는 장마는 우울한 인물들의 심경을 대비하고, 전쟁 직후 우리나라의 암울한 현실을 있는 그대로 보여 준다고 해석함. 책을 읽고 후속 탐구를 진행하고 작품의 시대적 배경을 토대로 작가가 표현하고자 하는 주제를 해석하는 능력이 뛰어남.

'로쟈의 한국 현대문학 수업(이현우)'을 읽고 문학 작품 속에는 작가의 개인적 경험과 사회 현실에 대한 비판론적 시각이 담겨 있음을 이해함. 이청준의 '당신들의 천국'을 읽고 이를 분석하기 위한 탐구활동을 진행함. 오마도 간척사업과 관련된 '소록도의 반란'이라는 르포 기사를 기반으로 당시 사회를 비판하기 위해 쓴 작품임을 탐구활동을 통해 조사하여 발표함. 작품 속 숨어 있는 작가의 의도 파악 능력이 우수함.

관련 논문

세계문학으로서의 한국문학 현황과 전망(곽효환, 2022)

관련 도서

《K 문학의 탄생》, 조의연 외, 김영사
《소설로 읽는 한국 현대문학 100년》, 김종회, 창조문예사

관련 계열 및 학과

· 인문계열: 국어국문학과, 한국어문학과, 문예창작학과, 한국언어문학과, 국어국문창작학과

· 사회계열: 신문방송학과, 방송극작과, 미디어문예창작과, 미디어출판학과

관련 교과

· 교육계열: 국어교육과, 교육학과, 초등교육과, 문헌정보교육과, 역사교육과

2022 개정 교육과정: 문학, 공통국어, 독서와 작문, 문학과 영상, 주제 탐구 독서, 진로와 직업

2015 개정 교육과정: 문학, 국어, 독서, 화법과 작문, 실용 국어, 심화 국어, 고전 읽기, 진로와 직업

먹고 마시고 요리하라

강재호 | 나무를심는사람들 | 2019

인류는 끊임없이 먹고 마시고 요리해 왔으며 다양한 문화를 창출해 왔다. 세계의 대표적인 음식과 그에 얽힌 이야기로 지리, 역사, 문화를 배울 수 있고 그 안에 담겨 있는 재미와 감동도 함께 느낄 수 있게 해 주는 책이다. 각 나라의 음식 문화가 발달한 이유를 기후와 지형, 역사적인 배경 등을 통해 살펴볼 수 있으며, 세계 여러 나라의 음식을 집에서도 직접 만들어 볼 수 있도록 간단한 조리법도 소개하고 있다.

탐구 주제

주제1 각 나라의 대표 음식은 기후, 지형, 종교, 역사적 배경과 관련이 있다. 이탈리아의 포도주와 올리브유는 지중해성 기후, 로마 제국의 번성, 크리스트교 전파의 영향이 크다. 이처럼 각 나라의 음식 문화가 발달한 이유를 다양한 측면에서 살펴보고 구체적인 사례를 조사하여 발표해 보자.

주제2 푸아그라는 캐비어, 트러플과 더불어 세계 3대 진미로 꼽힌다. 하지만 거위에게 강압적으로 모이를 먹여 간을 살찌우는 동물 학대가 이루어진다는 사실이 알려지면서 논란이 일고 있다. 인간의 먹는 행복을 위해 동물 학대가 이루어지는 것이 정당화될 수 있는 것인지에 대해 토론해 보자.

주제3 음식이 인간 진화와 세계사 발전 과정에 끼친 영향 탐색

주제4 교역을 통한 문물 교류가 인류의 음식 문화에 미친 영향 탐구

학생부 기록 예시 (교과세특)

세계의 음식을 통해 문화와 역사를 이해하는 것에 흥미를 느껴 '먹고 마시고 요리하라(강재호)'를 읽고 감상문을 작성함. 인류의 음식 문화는 지리, 종교, 역사와 매우 관련이 깊음을 배우고 대표적인 사례로 이슬람의 할랄 식품에 대해 조사함. 할랄 식품은 이슬람 교도가 먹을 수 있는 것으로 돼지고기와 알코올 성분이 있으면 할랄 식품으로 인정받지 못함을 알게 됨. 종교가 음식 문화에 지대한 영향을 미칠 수 있음을 발표함.

세계의 음식 문화를 학습하면서 '먹고 마시고 요리하라(강재호)'를 읽고 프랑스의 푸아그라의 동물 학대 논란에 대해 탐구함. 푸아그라에 담긴 역사를 조사하고, 수요가 늘면서 인위적인 사육법이 개발되었음을 알게 됨. 인간의 행복을 위해 동물 학대가 이루어지는 것은 이기심에서 비롯된 것이며 비윤리적이라고 지적함. 우리나라의 역사와 문화에서 비윤리적 동물 학대의 사례에 대해 탐구활동을 이어가는 등 적극성을 보임.

관련 논문
고추의 확산과 매운맛의 세계화 (주경철, 2023)

관련 도서
《인류 역사에 담긴 음식문화 이야기》, 린다 시비텔로, 린
《동물, 채소, 정크푸드》, 마크 비트먼, 그러나

관련 계열 및 학과
- 인문계열: 인류학과, 사학과, 문화인류학과, 문화콘텐츠학과, 역사문화콘텐츠학과
- 사회계열: 관광학과, 지리학과, 국제관광과, 국제관광서비스과, 글로벌관광학과
- 교육계열: 역사교육과, 사회교육과, 가정교육과, 지리교육과, 초등교육과

관련 교과

2022 개정 교육과정: 통합사회, 사회와 문화, 현대사회와 윤리, 기술·가정, 삶과 종교, 인간과 경제활동

2015 개정 교육과정: 통합사회, 사회·문화, 생활과 윤리, 세계사, 사회문제 탐구, 기술·가정, 종교학

인문계열
사회계열
자연계열
공학계열
의약계열
예체능계열
교육계열

문명으로 읽는 종교 이야기

홍익희 | 행성B | 2019

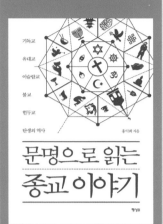

250만 년 전 인류가 수렵 채취 생활을 할 때부터 이미 종교는 시작되었다. 인류의 문명과 역사 속에서 제국들의 흥망과 종교의 역사가 함께했다는 사실이 흥미롭다. 이 책은 종교의 탄생 배경 및 과정과 각 종교가 서로 어떻게 영향을 주고받았는지를 알기 쉽게 설명해 놓은 책이다. 인류의 종교 발자국을 따라가며 책을 읽다 보면 현대 사회의 갈등과 분쟁을 없애고 평화 공존을 유지할 수 있는 자세는 무엇일지 성찰하게 될 것이다.

탐구 주제

주제1 유대교, 기독교, 이슬람교는 모두 유일신을 섬기는 종교이자, 유대교의 히브리 성서가 세 종교의 근본이라는 공통점이 있다. 한 뿌리에서 나온 종교가 갈라지면서 생긴 차이점을 조사하고 '갈등과 대립에서 벗어나 평화 공존의 관계를 위해 할 수 있는 일'을 주제로 글을 써 보자.

주제2 세계의 다양한 종교는 서로 영향을 주고받으면서 발전해 왔으며, 지금의 유일신 종교의 기반은 조로아스터교에 뿌리를 두고 있다. 조로아스터교가 유대교, 기독교, 이슬람교, 불교 등 다른 종교의 형성 과정과 성장에 미친 영향을 탐구하여 보고서를 작성하고 발표해 보자.

주제3 현대 사회에서 종교의 개인적·사회적·국가적 역할 고찰

주제4 이스라엘과 미국의 사례를 통한 종교와 국가의 탄생 관계 탐구

학생부 기록 예시 (교과세특)

'문명으로 읽는 종교 이야기(홍익희)'를 읽고 서로 달라 보이는 종교지만 추구하는 이념은 크게 다르지 않다는 사실을 깨닫고 유대교, 기독교, 이슬람교의 공통점과 차이점을 조사하여 분석함. 세 종교의 관계를 고찰하고, 종교 간 갈등과 대립에서 벗어나 평화 공존의 관계를 위해 노력해야 한다는 글을 작성함. 다름과 차이를 인정하고 존중하는 자세를 통해 서로를 이해할 필요성이 있다는 의견을 설득력 있게 제시함.

인류의 문명과 종교의 관계에 대해 학습하고, 종교의 역사에 대한 호기심으로 '문명으로 읽는 종교 이야기(홍익희)'를 읽음. 조로아스터교가 유대교, 기독교, 이슬람교, 불교 등 다른 종교의 형성 과정과 이념에 영향을 미쳤음을 알고 후속 탐구활동을 진행함. 서적과 디지털 매체를 활용해 교리와 의식에 영향을 미친 구체적인 사례를 찾고 보고서를 작성함. 종교에 대한 열린 마음과 객관적 시선으로 탐구활동을 진행하고 발표함.

관련 논문

생태적 전환 문명과 종교: 제2의 기축시대 테제와 연관해(송재룡, 2022)

관련 도서

《샤먼 바이블》, 김정민, 글로벌콘텐츠
《세계 종교의 역사》, 리처드 할러웨이, 소소의책

관련 계열 및 학과
- 인문계열 : 종교학과, 인류학과, 사학과, 종교문화학과, 종교문화재학과, 역사문화학과
- 사회계열 : 정치외교학과, 국제관계학과, 정치안보국제학과, 정치국제학과, 국제개발협력학과
- 교육계열 : 역사교육과, 사회교육과, 윤리교육과, 교육학과, 초등교육과, 지리교육과

관련 교과

2022 개정 교육과정: 삶과 종교, 인간과 철학, 세계사, 사회와 문화, 윤리와 사상, 현대사회와 윤리

2015 개정 교육과정: 종교학, 철학, 세계사, 윤리와 사상, 사회·문화, 생활과 윤리, 사회문제 탐구

미국 영어 문화 수업 합하고 더한 책

김아영 | 사람in | 2022

영어 속 살아 숨 쉬는 미국 문화를 이해하면, 구사하는 영어의 질을 높일 수 있다. 미국 플로리다 주립대에서 미국인 예비 영어 교사들에게 문법을 강의하는 저자는 미국 문화를 통해 영어를 학습하는 영어 학습의 새로운 방향을 제시한다. 단어와 문법 지식만으로는 알 수 없는 언어 속 숨은 뜻을 분석함으로써 미국 문화와 영어의 상관관계를 쉽게 이해할 수 있다. 언어를 공부할 때 문화에 대한 이해가 왜 필요한지 저자의 이야기를 들어 보자.

탐구 주제

주제1 도서 《미국 영어 문화 수업 합하고 더한 책》에서는 미국 문화를 알면 영어를 더 쉽게 이해할 수 있다는 것을 다양한 사례를 통해 제시하고 있다. 언어와 문화는 어떤 관계이며, 언어 학습에 있어서 그 나라의 문화를 이해하는 것은 왜 중요한지 분석하여 보고서를 작성해 보자.

주제2 메릴 스웨인은 언어 교육에 있어서 쓰기와 말하기 같은 출력, 아웃풋(output)을 늘려야 한다고 말했다. 도서 《미국 영어 문화 수업 합하고 더한 책》을 읽고 메릴 스웨인의 아웃풋 이론이 영어 학습 효율에 미치는 긍정적 측면을 분석하고 그의 이론을 토대로 자신만의 영어 학습 방법을 만들어 보자.

주제3 언어 학습에 대한 학습자의 신념이 학습 결과에 미치는 영향 탐구

주제4 메타버스를 활용한 문화교육 연계 영어 학습 방법 연구

학생부 기록 예시 (교과세특)

'미국 영어 문화 수업 합하고 더한 책(김아영)'을 읽고 언어와 문화의 긴밀한 관련성을 깨닫고, 언어 학습에 있어서 문화적 배경 이해가 매우 중요하다는 감상문을 제출함. 언어 속에는 그 나라의 문화가 스며들어 있어서 단어와 문법만으로 이해하기 힘든 부분이 있으며, 서로 다른 문화적 배경을 가진 학습자가 원활한 의사소통을 하기 위해서는 문화적 측면에 관한 폭넓은 이해가 필수적임을 밝히는 사례 중심 보고서를 작성함.

영어를 좋아하여 영어 학습법에 관심이 많음. '미국 영어 문화 수업 합하고 더한 책(김아영)'을 읽고 메릴 스웨인의 아웃풋 이론을 토대로 자신의 영어 학습 방법에 변화를 시도함. 알고 있는 것을 말하고 쓰는 출력 활동은 자신의 부족한 점을 알게 해 동기부여가 될 수 있음을 깨달음. 또한 생각을 더 논리적으로 만들 수 있다는 저자의 시각을 수용하여 자신만의 영어 학습법을 만들고 출력 기회를 늘리는 연습을 함.

관련 논문

문화 수업이 영어 학습자의 불안과 텍스트 공감능력에 미치는 영향(방지현, 2023)

관련 도서

《진짜 미국식 영어표현》, 김유현, 동양북스
《조이스박의 챗GPT 영어공부법》, 조이스 박, 스마트북스

관련 계열 및 학과	• 인문계열: 영어영문학과, 영어학과, 영어통번역학과, 관광영어과, 영미어문화학과
	• 사회계열: 문화콘텐츠학과, 관광학과, 무역학과, 정치외교학과, 국제통상학과
관련 교과	• 교육계열: 영어교육과, 사회교육과, 역사교육과, 유아교육과, 초등교육과

2022 개정 교육과정: 세계 문화와 영어, 실생활 영어 회화, 영어 발표와 토론, 심화 영어, 미디어 영어

2015 개정 교육과정: 영어권 문화, 영어, 기본 영어, 실용 영어, 진로 영어, 영어 독해와 작문

인문계열

사회계열

자연계열

공학계열

의약계열

예체능계열

교육계열

미드 번역을 위한 공부법

박윤슬 | 더라인북스 | 2019

미드와 영화를 좋아하는 저자가 미드 번역을 직업으로 삼으면서 '덕업일치의 삶'을 살게 된 비결을 소개한다. 영어 공부를 위한 방법, 미드 장르별 공부법, 저자의 100일 번역 일기 이렇게 총 3개의 장으로 영상번역가라는 직업에 대해 알려 준다. 단어, 문법, 듣기, 말하기, 작문 등 저자의 영어 학습 비결과 슬럼프, 영상번역가로서의 삶 등을 구체적으로 보여 준다. 진정한 덕업일치의 삶에 대해 생각해 보는 시간을 제공하는 책이다.

탐구 주제

주제1 도서《미드 번역을 위한 공부법》의 저자는 자신이 좋아하는 일이 직업이 된 '덕업일치'를 이루고 있는 삶을 살고 있다. 자신에게 있어서 덕업일치의 삶이란 무엇이며, 진정한 덕업일치의 삶을 살기 위해 어떤 노력을 기울여야 하는지에 대한 글을 쓰고 발표해 보자.

주제2 도서《미드 번역을 위한 공부법》에서는 다양한 영어 공부를 위한 저자만의 실질적인 학습 방법을 소개하고 있다. 효과적인 영어 학습을 위해 자신의 영어 공부 방법을 점검하고, 저자가 소개한 학습 방법을 시도·적용하여 자신에게 맞는 학습 방법을 찾아보자.

주제3 AI 번역의 발전과 윤리적 기준 정립의 필요성 고찰

주제4 인공지능 시대 영상번역가가 나아가야 할 방향에 대한 연구

학생부 기록 예시 (교과세특)

운동과 외국어 학습을 좋아하는 학생으로 진로 탐색과 설계에 주도적임. '미드 번역을 위한 공부법(박윤슬)'을 읽고 행복한 삶이란 무엇이며 어떻게 살아야 하는지에 대해 고민하고 성찰함. 자신에게 있어서 덕업일치의 삶은 외국인 용병 선수 통역가로서 일하며 행복하게 사는 것이라 밝히고, 꿈을 이루기 위해 좋아하는 운동을 더 열성적으로 즐기고 외국어 실력 향상을 위해 열심히 공부하겠다고 다짐하는 글을 작성함.

영어 원서를 즐겨 읽고 영작 실력이 좋으며 통역가와 번역가에 관심이 많음. '미드 번역을 위한 공부법(박윤슬)'을 읽고 자신에게 맞는 영어 학습 방법을 찾기 위한 노력을 기울임. 문법과 영작 실력이 부족함을 느끼고 부족한 부분을 향상하기 위한 계획을 세우고 실천함. 수업 시간에 배운 문법 내용을 토대로 문법 노트를 만들고, 교과서 본문을 우리말로 번역하는 등 다양한 방법을 시도하는 도전 정신과 적용력이 뛰어남.

관련 논문
통번역대학원 번역 전공 학습자의 기계번역 활용 양상 및 인식에 대한 질적연구 (이지민, 2023)

관련 도서
《영상번역가로 산다는 것》, 함혜숙, 더라인북스
《하지 말라고는 안 했잖아요?》, 안톤 허, 어크로스

관련 계열 및 학과
- 인문계열: 영어통번역학과, 영어영문학과, 실무영어과, 실용영어학과, 영미어문학과
- 사회계열: 신문방송학과, 문화콘텐츠학과, 미디어커뮤니케이션학과, 디지털미디어학과
- 교육계열: 영어교육과, 글로벌영어교육학과, 아동영어교육학과, 국어교육과, 교육학과

관련 교과

2022 개정 교육과정: 공통영어, 기본영어, 영어 독해와 작문, 심화 영어 독해와 작문, 미디어 영어

2015 개정 교육과정: 영어, 영어 회화, 영어 독해와 작문, 실용 영어, 영어권 문화, 진로 영어

베를린, 베를린
이은정 | 창비 | 2019

이 책은 독일의 분단부터 통일에 이르기까지의 역사적 순간을 이야기 형식으로 풀어내고 있다. 우편통신, 대중교통, 출퇴근 등 당시 베를린 사람들이 마주했던 실생활의 일화를 생생하게 소개하고 있다. 아픈 역사를 딛고 분단의 상징에서 세계 문화의 중심이 된 도시 베를린의 변화를 통해 역사는 과거와 현재, 미래로 이어진다는 것을 보여 준다. 분단도시 베를린을 통해 한반도의 평화 구축과 남북 관계의 접근 방향을 찾아보자.

탐구 주제

주제1 1989년 11월 9일 베를린 장벽이 붕괴되었다. 도서 《베를린, 베를린》에서는 분단과 대결이 지속되는 상황에서도 현실적인 문제에 대한 협력을 지속한 베를린 이야기를 들려준다. 책을 읽고 독일 통일이 우리에게 주는 교훈과 시사점을 도출하여 통일 정책 방향을 제시해 보자.

주제2 독일의 분단과 통일 과정에서 베를린 장벽은 분단의 상징에서 통일의 상징으로 변모했다. 독일의 분단에서 통일까지의 과정을 탐색하고, 베를린 장벽의 붕괴가 독일 통일에 있어서 어떤 의미를 갖고 있는지 조사해 보자.

주제3 통일 독일의 사례를 통해 본 통일 교육의 방향성 고찰

주제4 분단 상황에서 독일의 정치·경제·문화 교류 사례 탐구

학생부 기록 예시 (교과세특)

'베를린, 베를린(이은정)'을 읽고 우리나라의 분단 현실과 과거 독일의 분단 상황을 비교하여 보고서를 작성함. 독일 통일의 사례를 통해 우리나라의 남북 관계의 방향성을 고찰함. 분단이라는 상황은 같았으나 문제해결 과정이 달랐음을 직시하고, 이념과 정치 논쟁보다는 국민이 겪는 고통과 현실적인 문제해결을 위한 노력이 필요하다는 의견을 제시함. 남북이 지속적인 만남을 갖고 서로 신뢰하는 관계를 구축해야 한다고 강조함.

'베를린, 베를린(이은정)'을 읽고 독일의 분단 과정과 통일 과정을 탐색하여 정리함. 특히 독일의 통일에 있어 베를린 장벽의 붕괴가 중요한 역할을 했음을 알게 됨. 독일 주민들의 통일에 대한 염원이 베를린 장벽의 붕괴에 큰 공헌을 하였으며, 이것이 통일을 가속하는 역할을 했음을 조사. 위로부터의 통일이 아닌 독일 국민과 베를린 주민이 중심이 되었다는 것은 우리나라 국민들에게 큰 시사점을 준다는 보고서를 작성함.

관련 논문
'독일 통일 30년' 바로미터 고찰(이완호, 2022)

관련 도서
《독일은 왜 잘하는가》, 존 캠프너, 열린책들
《베를린 함락 1945》, 앤터니 비버, 글항아리

관련 계열 및 학과	• 인문계열: 독어독문학과, 독일어과, 독일언어문학과, 독일언어문화학과, 사학과, 역사문화학과
	• 사회계열: 정치외교학과, 국제관계학과, 국제학과, 국제문화학과, 정치국제학과
관련 교과	• 교육계열: 역사교육과, 윤리교육과, 사회교육과, 독일어교육과, 교육학과

2022 개정 교육과정: 세계사, 정치, 도시의 미래 탐구, 경제, 역사로 탐구하는 현대 세계, 사회와 문화

2015 개정 교육과정: 세계사, 정치와 법, 한국사, 통합사회, 사회·문화, 경제, 사회문제 탐구

인문계열

사회계열

자연계열

공학계열

의약계열

예체능계열

교육계열

사춘기를 위한 맞춤법 수업

권희린 | 생각학교 | 2021

디지털 미디어 플랫폼을 활용하여 소통하는 시대, 한글 맞춤법은 의사소통의 핵심이자 문해력의 기본이다. 이 책에서는 교사인 저자가 경험을 통해 학생들이 자주 틀리는 맞춤법 사례들을 제시하고 틀리는 이유, 암기 방법, 적용 방법 등을 알려 준다. 학생들의 고민과 자주 틀리는 맞춤법을 연결해 어렵게 느껴지는 맞춤법을 재미있게 설명하고 있다. 저자는 누구나 글을 쓰고 공유하는 시대에 일상에서 당당한 한글 사용자가 되자고 제안한다.

탐구 주제

주제1 맞춤법이란 글을 쓸 때 지켜야 할 일정한 규칙이다. 도서《사춘기를 위한 맞춤법 수업》을 읽고, 자주 틀리는 맞춤법의 올바른 표기법을 익힌 뒤 잘못된 맞춤법 사용의 사례를 일상생활, 광고, 뉴스, 노래 가사, 신문, 온라인 등에서 조사하여 보고서를 작성해 보자.

주제2 디지털 미디어가 발달하고 플랫폼이 다양화되면서 누구나 글을 쓰는 글쓰기의 주체가 될 수 있으며 쉽게 공유가 가능해졌다. 맞춤법은 이러한 디지털 시대의 핵심 능력인 문해력의 기본이라고 할 수 있다. 맞춤법에 맞게 글을 써야 하는 이유에 대해 에세이를 써 보자.

주제3 온라인에서의 한글 사용의 문제점과 해결 방안 모색

주제4 올바른 한글 맞춤법 사용이 의사소통에 미치는 영향에 대해 탐구

학생부 기록 예시 (교과세특)

국어 시간에 한글 맞춤법에 대해 학습한 후 '사춘기를 위한 맞춤법 수업(권희린)'을 읽고 한글 맞춤법 표기법에 맞춰 감상문을 작성함. 일상생활과 대중가요의 노래 가사에서 잘못된 맞춤법 사용 사례를 찾아 보고서를 작성함. 우리나라의 문화가 전 세계로 뻗어나가는 상황에서 올바른 맞춤법의 사용이 더욱 필요한 시기라는 의견을 제시하여 공감을 얻음. 학급 친구들과 함께 올바른 맞춤법의 생활화를 위한 캠페인을 계획함.

'사춘기를 위한 맞춤법 수업(권희린)'을 읽고 온라인을 통해 친구들과 소통하고 일상을 기록하여 공유하는 현대 사회에서 한글 맞춤법의 중요성을 공감함. 문해력의 기본이 맞춤법임을 깨닫고 맞춤법에 맞게 글을 써야 하는 이유에 대한 에세이를 작성함. 정확한 맞춤법의 사용으로 다른 사람과 원활한 소통이 가능하며, 자신이 쓴 글에 대한 자신감을 가질 수 있다고 설명함. 완벽한 맞춤법과 띄어쓰기로 글의 신뢰도와 완성도를 높임.

관련 논문

한글 맞춤법 띄어쓰기의 실용성 증진 방안 연구(민현식, 2019)

관련 도서

《우리말 맞춤법 수업》, 배상복, 사람in
《안녕? 나의 한글 맞춤법》, 엄지인, 다락원

관련 계열 및 학과

- 인문계열: 국어국문학과, 언어학과, 한국어학과, 한국어지도학과, 국어국문창작학과
- 사회계열: 미디어커뮤니케이션학과, 광고홍보학과, 방송극작과, 미디어문예창작과

관련 교과

- 교육계열: 국어교육과, 초등교육과, 교육학과, 유아교육과, 아동교육과, 문헌정보교육과

2022 개정 교육과정: 공통국어, 화법과 언어, 독서 토론과 글쓰기, 매체 의사소통, 언어생활 탐구

2015 개정 교육과정: 국어, 화법과 작문, 언어와 매체, 실용 국어, 심화 국어, 논술, 진로와 직업

상담자가 건네는 말

하혜숙 | 에피스테메 | 2020

이 책은 자기 자신을 들여다보고 조금씩 변화하는 과정을 거쳐 진정한 관계를 맺는 방법을 알려 준다. 저자는 나를 보기, 변화하기, 관계 맺기를 통해 진정한 기쁨은 함께함을 즐거워하는 것에서 나온다고 설명한다. 우리의 마음을 치유하고 변화하기 위해서는 상담에서 가장 기본적인 나를 들여다보고, 있는 그대로를 수용하는 자세가 필요하다. 다양한 사례와 이야기를 통해 진정한 기쁨과 삶의 의미를 찾는 방법을 제시한다.

탐구 주제

주제1 더크워스는 '그릿(grit)'을 매우 장기적인 목표를 향해 관심과 노력을 지속적으로 지탱하는 경향이라고 정의했다. 자신의 진로 목표를 이루기 위해 어떻게 해야 하는지에 대해 더크워스가 말한 그릿의 개념을 활용하여 서술하고, 구체적인 노력 방안을 발표해 보자.

주제2 쇼펜하우어의 고슴도치 우화에 따르면 고슴도치들은 추운 겨울밤을 지혜롭게 견디기 위해 '적당한 거리'를 유지한다고 한다. 사람은 올바른 대인관계를 맺고 진정한 관계를 유지함으로써 기쁨을 느낀다. 고슴도치 우화를 인간관계에 적용해 보고 시사점에 대해 토의해 보자.

주제3 또래상담 프로그램이 교우관계에 미치는 영향에 대한 탐구

주제4 상담이 인간관계와 행복에 미치는 긍정적 효과 탐색

학생부 기록 예시 (교과세특)

상담자라는 진로 목표를 갖고 있으며 상담자가 되기 위한 역량을 기르기 위해 관련 책을 탐독함. '상담자가 건네는 말(하혜숙)'을 읽고 그릿의 개념을 이해해 진로 목표 달성을 위해 그릿을 키워야겠다는 소감문을 작성함. 상담자가 되는 과정에서 어려움이 생겨도 포기하지 않고 노력해서 꼭 이루고 싶다는 포부를 밝힘. 내담자에게 목표를 위해 노력하는 과정의 가치와 의미를 전하는 상담자가 되고 싶다고 발표함.

'상담자가 건네는 말(하혜숙)'을 읽고 인간관계의 궁극적인 목표는 혼자 잘 사는 것이 아니라 타인과 함께함으로써 즐거움을 느끼는 것이라는 소감문을 작성함. 특히 고슴도치들이 추운 겨울을 견디기 위해 시행착오를 거쳐 적당한 거리를 유지하는 이야기에 감명을 받고 인간관계에서 적당한 거리를 유지하는 방법을 탐구함. 친구 사이에서도 예의를 갖추고 적당한 거리를 유지하는 것이 관계에 도움을 준다고 발표하여 공감을 얻음.

관련 논문

'관계'와 '소통'의 철학상담적 고찰(홍경자, 2020)

관련 도서

《매우 예민한 사람들을 위한 상담소》, 전홍진, 한겨레출판
《챗GPT는 심리상담을 할 수 있을까?》, 박정혜, 오도스

관련 계열 및 학과	• 인문계열: 상담심리학과, 심리학과, 상담학과, 사회심리학과, 뇌인지과학과
	• 의약계열: 심리상담치료학과, 심리재활치료과, 재활심리학과, 미술치료학과, 의예과
관련 교과	• 교육계열: 교육학과, 미술교육과, 음악교육과, 초등교육과, 유아교육과, 아동교육과

2022 개정 교육과정: 인간과 심리, 인간과 철학, 진로와 직업, 생애 설계와 자립, 아동발달과 부모

2015 개정 교육과정: 심리학, 철학, 교육학, 진로와 직업, 기술·가정, 생활과 윤리, 윤리와 사상, 국어

인문계열

사회계열

자연계열

공학계열

의약계열

예체능계열

교육계열

스웨터로 떠날래

안나 니콜스카야 | 바람의아이들 | 2019

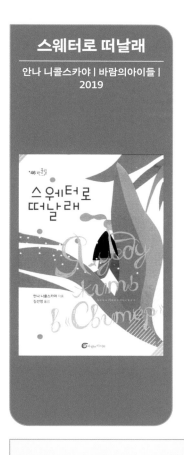

진정한 소통이란 무엇일까? 너무나 다른 환경 속에서 자란 두 여자아이가 서로에게 진정으로 필요한 것은 자신의 이야기에 귀 기울여 줄 누군가였음을 깨닫는 과정을 그린 작가의 자전적 이야기이다. '스웨터'라는 공간과 작품의 제목이 주는 상징적 의미마저도 가슴 따뜻하다. 소설 속에 등장하는 등장인물들의 이름과 음식 등 러시아 문화를 이해하고 알아가는 과정도 흥미롭다. 대화가 사라져 가는 세상에 소통의 의미를 일깨우는 작품이다.

탐구 주제

주제1 《스웨터로 떠날래》의 주인공 율랴와 친구들은 카페 '스웨터'에서 함께 만나 자신의 이야기를 하고 상대방의 말에 귀를 기울이기도 한다. 제목에서 느껴지는 것처럼 소설 속에서 '스웨터'는 매우 중요한 장소로 등장한다. '스웨터'라는 공간이 지니는 상징적 의미가 무엇인지 토의해 보자.

주제2 소설《스웨터로 떠날래》속 아이들은 잠시 동안 인터넷과 모든 기기의 사용을 중단하자는 약속을 하면서 이를 '디지털 디톡스(digital detox)'라고 부르기로 한다. 이것이 디지털 소통에 익숙한 세대에게 던지는 시사점이 무엇인지 발표해 보자.

주제3 러시아 문학 작품 속에 드러난 러시아 문화에 대한 탐구

주제4 디지털식 소통과 아날로그식 소통의 비교 분석을 통한 진정한 소통의 의미 고찰

학생부 기록 예시 (교과세특)

'스웨터로 떠날래(안나 니콜스카야)'를 읽고 국가와 성별, 세대와 상관없이 누구나 자신의 삶에 대한 고민이 있으며 함께 대화하고 소통함으로써 행복한 삶을 살 수 있다는 감상문을 작성함. 카페 '스웨터'는 다른 어떤 것에도 방해받지 않고, 얼굴을 마주하며 오로지 서로에게 집중하는 공간이라고 설명함. 저자는 '스웨터'라는 공간을 통해 서로의 말에 귀 기울이고 진심을 꺼냄으로써 갈등 해결이 가능함을 보여 주고 있다고 해석함.

'스웨터로 떠날래(안나 니콜스카야)'를 읽고 많은 것을 디지털에 의존하는 사회를 비판함. 특히 소설 속에 등장하는 '디지털 디톡스'라는 개념은 우리 사회의 소통 방법에 시사하는 바가 크다고 발표함. 디지털 매체를 통한 소통이 시간과 장소에 구애받지 않는다는 장점이 있지만, 주의집중에 취약함이 있어 소통에 방해가 될 수 있음을 지적함. 서로의 말에 귀 기울이는 자세가 진정한 소통의 기본이 될 수 있다고 덧붙임.

관련 논문

나보코프의 카프카 문학 강의 : 문학적 리얼리티에 관한 고찰(박혜경, 2020)

관련 도서

《지극히 사적인 러시아》, 벨랴코프 일리야, 틈새책방
《러시아 지정학 아틀라스》, 델핀 파팽, 서해문집

관련 계열 및 학과

• 인문계열: 노어노문학과, 러시아어과, 러시아언어문화학과, 러시아학과, 한노과

• 사회계열: 문화콘텐츠학과, 정신건강복지학과, 사회학과, 청소년학과, 문화관광학과

관련 교과

• 교육계열: 국어교육과, 사회교육과, 역사교육과, 일반사회교육과

2022 개정 교육과정: 러시아문화, 러시아어, 러시아어 회화, 심화 러시아어, 문학, 인간과 심리

2015 개정 교육과정: 러시아어I, 러시아어II, 문학, 고전 읽기, 언어와 매체, 사회·문화, 심리학

스토리, 꼭 그래야 할까?

양혜석, 문아름 | 시공아트 | 2022

이 책은 스토리텔링을 오랫동안 연구한 저자들이 소개하는 웹툰, 웹소설 등 연재형 스토리텔링 콘텐츠를 위한 작법서이다. 스토리 창작자들이 고민하는 질문에 대한 답을 제공해 주는 형식을 취하고 있다. 발상과 기획, 집필, 연재, 계약에 이르기까지 실제로 작가들이 이야기를 만들어 가는 순서에 따라 구성되어 있다. 창작과 연재를 거듭하며 겪어온 시행착오를 토대로 웹툰, 웹소설 지망생이나 초보 작가에게 도움을 주는 가이드이다.

탐구 주제

주제1 디지털 시대의 대중들은 온라인 공간에서 콘텐츠를 창작하고 소비한다. 웹 소설은 웹을 통해서 창작, 소비, 유통되는 소설로 과거의 인쇄문학 소설과는 형식적인 측면에서 크게 다르다. 웹 소설과 인쇄문학 소설을 비교 분석하여 보고서를 작성해 보자.

주제2 시대의 흐름에 따라 웹툰은 초·중·고등학생뿐 아니라 성인에 이르기까지 독자층이 광범위하다. 성공한 작품은 영화나 드라마로 2차 생산되는 사례도 늘고 있다. 웹툰 작가에 대해 조사하고, 웹툰 작가가 되는 진로 경로를 탐색하여 진로 로드맵을 만들어 보자.

주제3 웹 소설 선택과 구독에 영향을 미치는 요인 분석을 통한 성공적 연재 방안 제언

주제4 해외 웹 소설 현황과 장단점을 토대로 국내 웹 소설 성장방안 연구

학생부 기록 예시 (교과세특)

그림 그리기와 글쓰기를 좋아함. 웹툰 작가와 웹 소설 작가에 대한 높은 관심과 호기심으로 '스토리, 꼭 그래야 할까?(양혜석 외)'를 읽고 웹 소설과 인쇄문학 소설의 형식을 비교 분석하여 보고서를 작성함. 언어중심적 단일 형식의 인쇄문학 소설과는 다르게 웹 소설은 아이콘, 사진 등과 언어를 결합한 멀티모드 형식이라는 점에서 차이가 있다고 밝힘. 책을 읽고 자신의 경험을 토대로 이야기를 구성하여 실제 창작에 도전함.

웹툰으로 성공한 작품이 영화나 드라마로 2차 생산되는 사례를 통해 웹툰 작가의 미래가 밝을 것이라고 예상하는 칼럼을 작성함. '스토리, 꼭 그래야 할까?(양혜석 외)'를 읽고 평소 관심 있었던 주제로 이야기와 캐릭터를 만들고 집필 계획을 세움. 온라인 진로 정보망을 활용하여 웹툰 작가가 하는 일, 필요한 역량, 관련 학과 등을 조사하여 정리함. 탐색한 정보를 토대로 웹툰 작가 진로 로드맵을 만들어 친구들과 공유함.

관련 논문

웹소설 연구의 현황과 전망: 학술연구정보서비스 국내학술논문을 중심으로(오태영, 2022)

관련 도서

《웹소설의 신》, 이낙준, 비단숲
《스토리텔링 우동이즘의 잘 팔리는 웹툰, 웹소설 이야기 만들기》, 우동이즘, 한빛미디어

관련 계열 및 학과

- 인문계열 : 문예창작학과, 스토리텔링학과, 미디어콘텐츠학과, 문예콘텐츠창작학과
- 사회계열 : 미디어문예창작과, 매체예술과, 미디어출판학과, 디지털콘텐츠창작학과

관련 교과

- 교육계열 : 국어교육과, 문헌정보교육과, 교육학과, 초등교육과, 미술교육과

2022 개정 교육과정 : 독서와 작문, 공통국어, 문학과 영상, 문학, 독서 토론과 글쓰기, 미술과 매체

2015 개정 교육과정 : 화법과 작문, 독서, 국어, 문학, 언어와 매체, 미술, 미술 창작, 진로와 직업

인문계열

사회계열

자연계열

공학계열

의약계열

예체능계열

교육계열

역사의 쓸모

최태성 | 다산초당 | 2019

어떻게 하면 역사 앞에서 떳떳한 삶을 살 수 있을 것인가? 사람들의 고민과 사회의 뜨거운 이슈를 해결하는 데 역사는 무엇보다 완벽한 해설서이다. 저자는 역사가 삶이라는 문제에 대한 교훈을 줄 수 있으며, 우리보다 앞서 살았던 수많은 사람의 선택과 결과를 보며 인생에 대한 실마리를 찾을 수 있다고 말한다. 수백 년 전 이야기를 통해 오늘의 고민을 해결하는 방법과 지혜를 얻을 수 있는 통찰력을 길러 주는 책이다.

탐구 주제

주제1 구텐베르크의 인쇄기, 스마트폰, 한글의 발명에는 공통점이 있다. 존재하는지도 몰랐던 대중의 욕구를 발견해 충족시켰다는 것이다. 이들의 발명이 역사적으로 위대하다고 평가받는 이유에 근거하여 기술이 급격히 발전하는 사회에서 창조적 발명이란 무엇인지 토의해 보자.

주제2 신라의 선덕여왕은 관습에 얽매이지 않고 혁신을 통해 당시 신라에 닥친 위기를 극복하고자 하였다. 선덕여왕은 어떻게 위기를 극복하고 삼국통일에 기여했는지 조사하고, 이를 통해 현대 사회에 닥친 위기가 무엇인지 탐색하여 극복 방안을 모색해 보자.

주제3 역사를 학습해야 하는 이유와 역사교육의 방향에 대한 고찰

주제4 조선의 예송이 대립과 갈등의 현대 사회에 주는 시사점 탐구

학생부 기록 예시 (교과세특)

‘역사의 쓸모(최태성)’를 읽고 역사를 통해 삶의 지혜를 얻을 수 있다는 사실을 깨닫고 역사 학습의 진정한 의미를 찾았다는 소감을 발표함. 구텐베르크의 인쇄기, 스마트폰, 한글은 소수가 아닌 다수와 대중을 위한 발명이었으며 이로 인해 인간의 자유가 확대되었다고 분석함. 역사 속 인간의 삶을 변화시킨 발명을 통해 오랜 시간 사람들에게 영향을 미치며 세상을 바꾸어 나갈 창조적 발명에 대한 지혜를 얻을 수 있다고 발표함.

‘역사의 쓸모(최태성)’를 읽고 신라의 선덕여왕이 당시 신라에 닥친 위기를 어떻게 극복하고자 하였는지를 조사하여 정리함. 황룡사 9층 목탑에서 볼 수 있는 선덕여왕의 비전과 신분의 한계를 뛰어넘은 인재 등용에서 볼 수 있는 혁신은 오랜 시간이 지난 지금도 여전히 통찰력을 제공해 준다고 발표함. 위기를 겪고 있는 많은 기업들은 공동의 목표를 공유하고 발상의 전환을 통한 혁신으로 위기를 극복해야 함을 논리적으로 주장함.

관련 논문

중등 세계사 교육의 목적에 관한 논의(박소연, 2019)

관련 도서

《최소한의 한국사》, 최태성, 프린트페이지
《썬킴의 거침없는 세계사》, 썬킴, 지식의숲

관련 계열 및 학과	· 인문계열: 사학과, 역사문화학과, 역사학과, 한국사학과, 한국역사학과, 국사학과
	· 사회계열: 경영학과, 경제학과, 정치외교학과, 기업경영학과, 벤처경영학과, 산업경영학과
관련 교과	· 교육계열: 역사교육과, 윤리교육과, 교육학과, 초등교육과, 특수교육과, 유아교육과

2022 개정 교육과정: 한국사, 세계사, 통합사회, 사회와 문화, 정치, 역사로 탐구하는 현대 세계

2015 개정 교육과정: 한국사, 세계사, 통합사회, 동아시아사, 정치와 법, 사회·문화, 사회문제 탐구

열일곱 살에 읽는 논어

김태진 | 메멘토 | 2017

나의 성장을 도모함과 동시에 세계시민으로서 타인과 더불어 살아가는 능력을 갖추려면 어떤 덕목을 지닌 사람이 되어야 할까? 이 책은 논어를 읽어야 하는 이유, 공자가 말하는 좋은 사람이 되기 위해 갖추어야 할 덕목, 공동체를 이루고 살아가기 위해 갖추어야 할 덕목을 사례와 이야기를 통해 알기 쉽게 설명하고 있다. 공자가 말하는 핵심인 '좋은 사람이 되는 길'은 무엇인지에 대해 논어가 주는 지혜를 만날 수 있는 책이다.

탐구 주제

주제1 《열일곱 살에 읽는 논어》에서는 공자 학교의 풍경을 묘사하고 있다. 제자들은 공자를 통해 더 좋은 사람이 되는 길을 배웠다. 공자의 학교에서 나눈 대화와 사건을 토대로 공자가 교육을 바라보는 시각을 해석하여 오늘날 학교 교육이 나아갈 방향을 모색해 보자.

주제2 현재 우리 사회는 외국인 이주노동자, 국제 결혼 등으로 다문화 가정이 늘어나고 있고 이로 인한 갈등은 사회 문제로 대두되고 있다. 《논어》에서 언급한 공자의 '인(仁)' 개념을 활용하여 다문화 사회에서 나타날 수 있는 여러 가지 사회 문제 해결 방안을 제시해 보자.

주제3 논어를 통해 보는 자기주도학습의 진정한 의미와 방법 모색

주제4 공자의 사상이 오늘날 인성교육에 주는 시사점 탐구

학생부 기록 예시 (교과세특)

'열일곱 살에 읽는 논어(김태진)'를 읽고 공자 학교의 풍경 속에서 오늘날 학교 교육이 나아갈 방향을 모색함. 스승과 제자는 끊임없이 질문과 답을 하고, 이해할 때까지 친구들끼리 대화하는 모습을 통해 공자는 학생의 자발성과 능동성을 중요시하였다고 해석함. 오늘날 학교는 주입식 교육에서 벗어나 교학상장을 통해 배움을 굳건히 하고, 세계시민으로서 갖추어야 할 덕목을 학습할 수 있는 곳이어야 한다는 의견을 제시함.

'열일곱 살에 읽는 논어(김태진)'를 읽고 공자의 '인(仁)'의 개념이 오늘날 우리 사회의 다문화로 인한 갈등 문제를 해결할 수 있다는 의견을 제시함. 서로의 문화만을 중요하게 여기고 우월하다고 생각하는 시각을 비판하고, 서로의 문화에 대한 교육을 받고 상호 간의 이해와 배려가 수반된다면 사회 문제를 줄일 수 있다고 주장함. 세계의 여러 문화에 대한 열린 마음으로 다양한 종교, 문화 등에 대한 연구를 후속 탐구활동으로 이어감.

관련 논문

『논어』에 나타난 공자의 '화(和)'의 세계관과 상생에 관한 소고(차민경, 2020)

관련 도서

《나는 논어를 만나 행복해졌다》, 판덩, 미디어숲
《나는 공부 대신 논어를 읽었다》, 김범주, 바이북스

관련 계열 및 학과

- 인문계열: 철학과, 동양철학과, 철학·윤리문화학과, 유학·동양학과, 동양사학과, 윤리문화학과
- 사회계열: 경영학과, 공공인재학과, 사회복지학과, 사회학과, 정치외교학과
- 교육계열: 윤리교육과, 사회교육과, 교육학과, 초등교육과, 유아교육과

관련 교과

2022 개정 교육과정: 인간과 철학, 논리와 사고, 현대사회와 윤리, 윤리와 사상, 인문학과 윤리, 통합사회

2015 개정 교육과정: 철학, 논리학, 고전 읽기, 생활과 윤리, 윤리와 사상, 고전과 윤리, 사회문제 탐구

인문계열
사회계열
자연계열
공학계열
의약계열
예체능계열
교육계열

요즘 중국

곤도 다이스케 | 세종서적 | 2023

사람들이 사용하는 언어 중 신조어는 현재 그 사회의 본질을 파악할 수 있는 귀중한 정보이다. 저자는 중국인들이 쓰는 요즘 말 속에 담긴 중국인의 취업 현실, 부모에게 의지해 살려는 청년들의 모습, 중국의 정책 등을 에피소드와 함께 전한다. 신조어 34개의 탄생 배경과 뜻풀이는 생생하고 살아있는 중국을 접하고 중국을 이해하는 시각을 넓혀 준다. 이 책을 통해 우리의 이웃 나라 중국의 현재를 살펴보자.

탐구 주제

주제1 도서《요즘 중국》에서는 중국의 문화와 새로운 사회 흐름을 반영한 신조어들을 통해 중국 사회를 살펴보고 있다. 신조어는 사회 변화에 따라 생겨나는 필연적인 결과이기도 하다. 한국 문화가 중국의 신조어 등장에 영향을 미친 사례를 조사하여 그 의미를 분석해 보자.

주제2 사회 현상이 달라짐에 따라 많은 사회적 언어들이 쏟아지고 있다. 이러한 사회 변화는 새로운 사물, 현상, 가치관의 변화를 반영한 신조어의 등장을 야기한다. 우리나라의 신조어 사례를 탐구하고, 신조어의 등장에 영향을 미친 사회 변화를 분석하여 보고서를 작성해 보자.

주제3 중국의 신조어에서 찾을 수 있는 중국인의 심리 분석

주제4 중국 소수민족의 언어 정책과 효율적인 언어교육 방법 고찰

학생부 기록 예시 (교과세특)

'요즘 중국(곤도 다이스케)'을 읽고 가장 인상 깊은 이야기를 만화 형식으로 표현함. 한류 열풍이 한때 중국 대륙을 휩쓸었던 것과 연계하여 한류의 영향으로 등장한 중국의 신조어를 조사함. 한국 드라마의 인기로 인해 중국에서는 '우리', '친구', '국민'이라는 신조어가 등장했음을 파악함. 문화는 다른 나라의 언어, 경제, 정치까지에도 영향을 미치는 힘을 갖는 중요한 요소로서 의미를 갖는다는 견해를 제시함.

'요즘 중국(곤도 다이스케)'을 읽고 언어와 사회 변화가 긴밀한 관계임을 알게 되었다는 소감문을 작성함. 우리나라의 신조어 사례 탐구를 통해 우리나라 사람들의 가치관 변화와 사회 변화를 살펴보고자 후속 탐구를 진행함. 탐구를 통해 자신이 일상에서 사용하는 신조어 '소확행'은 사람들의 가치관 변화에 따라 등장했으며, 언어는 자신이 지향하는 삶의 태도를 이끌어 주는 역할을 하고 있음을 깨달았다는 보고서를 작성함.

관련 논문

중국어 속의 일본문화와 우리의 중국어 교육(김시아, 송지현, 2020)

관련 도서

《슬픈 중국: 대륙의 자유인들 1976~현재》송재윤, 까치
《사진으로 보고 배우는 중국 문화》, 김상균 외, 동양북스

관련 계열 및 학과
- 인문계열: 중어중문학과, 중국어문화학과, 언어학과, 중국어학과, 실무중국어학과
- 사회계열: 관광학과, 국제통상학과, 사회학과, 문화콘텐츠학과, 미디어커뮤니케이션학과
- 교육계열: 중국어교육과, 한문교육과, 사회교육과, 일반사회교육과, 교육학과

관련 교과

2022 개정 교육과정: 중국 문화, 중국어, 중국어 회화, 심화 중국어, 언어생활 탐구, 사회와 문화

2015 개정 교육과정: 중국어I, 중국어II, 언어와 매체, 사회·문화, 생활과 윤리, 사회문제 탐구

우리말의 탄생

최경봉 | 책과함께 | 2019

우리말 사전이 있기에 우리는 정확한 언어로 효율적인 의사소통을 할 수 있다. 우리말 사전은 왜, 어떻게 만들어졌을까? 우리 겨레가 남긴, 사라져 가는 우리말과 글을 모아 우리말 사전을 만들기 위해 모인 사람들의 이야기를 들어 보자. 우리말 사전 편찬사를 통해 우리 역사에서 우리말 사전의 의미와 중요성을 되새겨 볼 수 있는 깊은 울림을 주며 앞으로 우리말 연구와 정책이 나아가야 할 방향을 제시하는 책이다.

탐구 주제

주제1 도서《우리말의 탄생》에서는 우리말 사전이 왜, 어떻게 만들어졌는지에 대해 설명한다. 일제의 탄압이 한창이던 시기에도 사전을 편찬하고자 했던 선조들의 사례를 통해 우리 역사에서 우리말 사전이 가지는 의미와 중요성을 정리하고 발표해 보자.

주제2 도서《우리말의 탄생》을 통해 우리말 연구와 정책의 시작, 우리말 사전의 편찬사 등을 알 수 있다. 사전은 시대의 흐름에 따라 지속적으로 수정·개편되고 있다. 국립국어원은 시대의 흐름에 발맞춰《표준국어대사전》웹 사전을 개통했다.《표준국어대사전》의 향후 개편 방안을 제안해 보자.

주제3 일제강점기 조선어학회 활동의 역사적 의미에 대한 고찰

주제4 주시경 선생이 한글의 대중화와 근대화에 끼친 영향에 대한 탐구

학생부 기록 예시 (교과세특)

'우리말의 탄생(최경봉)'을 읽고 일제의 탄압이 한창이던 시기에도 사전을 편찬하고자 했던 우리 선조들의 이야기에 감동을 받음. 그들에게 있어서 우리말과 글을 지키고 사전을 편찬하는 것은 곧 독립운동의 의미를 가졌음을 파악함. 우리가 사용하는 말의 역사적 의미를 아는 것은 올바른 우리말 사용을 위한 기본 자세라는 견해를 밝히고 자신이 조사한 자료를 정리하여 학급 게시판에 게시하고 우리말 역사 알리기에 앞장섬.

'우리말의 탄생(최경봉)'을 읽고 우리말 사전의 편찬사에 대해 이해한 후, 시대의 흐름에 따라 지속적으로 개편되는 '표준국어대사전'의 향후 개편 방향을 제안하는 글을 작성함. 이용자의 편의를 확대하여 사람들이 더 쉽게 사전을 이용할 수 있도록 해야 하며, 지면의 제약이 없다는 웹 사전의 특성을 활용하여 풍부한 용례 제시를 통해 학생들의 학습과 실생활에 도움이 되는 방향으로 개선될 필요성이 있다고 제안함.

관련 논문
앞으로 계속 다시 쓰여야 할 우리말 사전 편찬의 역사-최경봉, 『우리말의 탄생』 (오새내, 2021)

관련 도서
《한국어, 그 파란의 역사와 생명력》, 백낙청 외, 창비
《우리말이 국어가 되기까지》, 최경봉 외, 푸른역사

관련 계열 및 학과	• 인문계열: 언어학과, 국어국문학과, 언어정보학과, 언어인지과학과, 국제어학과
	• 공학계열: 컴퓨터인공지능과, 컴퓨터코딩과, 인공지능학과, 컴퓨터공학과, 인공지능응용학과
관련 교과	• 교육계열: 국어교육과, 컴퓨터교육과, 교육공학과, 교육학과, 수학교육과

2022 개정 교육과정: 공통국어, 화법과 언어, 언어생활 탐구, 정보, 인공지능 기초, 데이터 과학

2015 개정 교육과정: 국어, 화법과 작문, 언어와 매체, 실용 국어, 정보, 공학 일반, 사회·문화

인문계열

사회계열

자연계열

공학계열

의약계열

예체능계열

교육계열

중국 문화 알기

한중인문학교류연구소 |
시사중국어사 | 2020

과거부터 현재까지 중국은 우리나라와 떼려야 뗄 수 없는 관계를 맺어 왔다. 불필요한 갈등을 줄이고 진정한 이웃이 되기 위해서는 중국을 정확하게 알 필요가 있다. 이 책은 중국의 역사와 문화, 지리와 민족, 언어와 문자, 사상과 종교, 명절과 풍속, 대중문화, 먹거리, 그리고 화교에 이르기까지 중국과 관련된 광범위한 주제를 다룬다. 중국이 개척해 온 과거에서 현재까지의 모습을 살펴봄으로써 중국 문화에 대한 이해도를 높여 주는 책이다.

탐구 주제

주제1 도서《중국 문화 알기》에서는 현대 중국과 중국인의 삶의 모습, 중국의 역사와 문화, 대중문화, 언어와 문자 등의 내용을 담고 있다. 이 중 관심 있는 분야의 정보를 다양한 매체를 통해 조사하여 정리하고, 자신의 관심 분야와 연계하여 정리한 내용을 발표해 보자.

주제2 1990년대 말 한국 대중문화는 세계적인 인기를 끌기 시작했다. 중국에서도 한국의 대중문화가 확산되기 시작하였으며, 중국 내 한국 문화 수용층을 확대해 가고 있다. 이와 같은 중국 내 한국 대중문화 확산의 효과를 조사하고 양국 관계에 미치는 긍정적인 면에 대해 토론해 보자.

주제3 중국의 문화 및 산업 정책이 우리나라 경제에 미치는 영향 탐구

주제4 한국과 중국 문화의 공통점과 차이점 비교 분석

학생부 기록 예시 (교과세특)

세계 여러 나라의 문화와 언어에 관심이 많으며 특히 중국어 학습에 흥미가 높은 학생임. '중국 문화 알기(한중인문학교류연구소)'를 읽고 중국의 언어와 문자에 대해 조사하여 정리함. 자신의 관심 진로 분야인 중국어 교사로서 갖추어야 할 역량에 대해 탐구하여 발표함. 원활한 의사소통에 도움이 될 수 있도록 중국 문화를 이해하고 존중하는 방법을 학생들에게 가르쳐 주고 싶다는 포부를 밝힘.

'중국 문화 알기(한중인문학교류연구소)'를 읽고 중국에서 인기를 끌고 있는 한국 대중문화의 사례를 조사함. 한국 대중문화의 중국 내 확산은 특히 중국의 젊은 세대에게 한국에 대한 인지도와 호감도를 높이는 데 기여하고 있음을 알게 됨. 또한 한국과 중국의 문화 교류를 통해 두 국가의 우호관계를 증진시킬 수 있으며 대중문화뿐 아니라 산업 전반적으로 교류가 확대되어 긍정적인 효과를 얻을 수 있다는 견해를 발표함.

관련 논문
애니메이션 「雄獅少年(웅사소년)」을 통해서 엿본 중국문화(배주애, 2023)

관련 도서
《썬킴의 거침없는 중국사》, 썬킴, 지식의숲
《쉽게 이해하는 중국문화》, 김태만 외, 다락원

관련 계열 및 학과

• 인문계열: 중어중문학과, 관광중국어과, 중국어문화학과, 관광중국어통역과, 한문학과

• 사회계열: 관광학과, 국제통상학과, 문화콘텐츠학과, 신문방송학과, 언론정보학과

관련 교과

• 교육계열: 중국어교육과, 한문교육과, 역사교육과, 사회교육과, 교육학과, 초등교육과

2022 개정 교육과정: 중국어, 중국어 회화, 심화 중국어, 중국 문화, 한문, 언어생활과 한자, 사회와 문화

2015 개정 교육과정: 중국어I, 중국어II, 한문I, 한문II, 사회·문화, 경제, 동아시아사, 세계사

지극히 사적인 프랑스

오헬리엉 루베르, 윤여진 |
틈새책방 | 2023

프랑스인의 사고방식과 정체성, 교육, 미식 문화, 정치, 경제, 사회 문제에 이르는 풍부한 이야기가 담겨 있는 프랑스 해설서이자 인문서이다. 코로나 시기 프랑스의 풍경, 대학 교육 개혁, 기후 변화 위기의식 등 과거가 아닌 현재의 프랑스에 초점이 맞추어져 있다. 우리와는 다른 독특한 문화는 우리를 더욱 끌어당긴다. 그럼에도 불구하고 우리와 비슷한 문제를 안고, 비슷한 고민을 하는 프랑스와의 동질감이 느껴지는 책이다.

탐구 주제

주제1 도서 《지극히 사적인 프랑스》를 통해 프랑스 문화와 프랑스인의 사고방식에 대한 이해도를 높일 수 있다. 한국 사회 속 프랑스 공동체 사례를 통해 이들이 문화가 다른 한국 사회에 어떻게 적응하고 살아가는지 파악하고 사회문화적 의미에 대해 탐구해 보자.

주제2 《지극히 사적인 프랑스》에서는 프랑스 사회와 문화에 대한 전반적인 내용을 담고 있다. 프랑스에 대해 더 궁금한 점을 추려 매체와 도서를 통해 후속 탐구를 진행한 후, 자신이 가장 관심 있는 주제를 선정하여 프랑스를 소개하는 팸플릿을 만들어 전시해 보자.

주제3 문화 보수적인 나라인 프랑스에서 한류 열풍의 상징적 의미 고찰

주제4 프랑스의 가족 정책이 한국의 저출산 문제에 던지는 시사점 연구

학생부 기록 예시 (교과세특)

'지극히 사적인 프랑스(오헬리엉 루베르 외)'를 읽고 한국 사회 속 프랑스 공동체 사례가 있는지 조사하고, 서래마을 프랑스 공동체에 대한 탐구를 진행함. 서로 다른 문화와 사고방식을 갖고 있지만 자신의 문화 정체성을 고집하지 않고 서로 소통하고 교류하며 살아가고 있음을 파악함. 추석 전통놀이 한마당이나 한불 음악 축제 등 다양한 문화적 접촉을 통해 서로의 문화를 공유하는 모습은 문화 교류의 중요성을 보여 준다고 분석함.

'지극히 사적인 프랑스(오헬리엉 루베르 외)'를 읽고 프랑스 문화에 대한 호기심이 생겨 매체와 도서를 통해 후속 탐구를 진행함. 관광 가이드에 관심이 있는 학생으로 자신의 진로와 연계하여 프랑스 여행 안내 팸플릿을 만들고 전시함. 프랑스 국기, 인사말, 여행지, 박물관 등에 대한 자료 조사를 통해 사진과 그림, 글의 적절한 조화를 이루어 팸플릿을 제작하여 큰 호응을 얻음. 탐구 과정에서 진로에 대한 열정이 엿보임.

관련 논문
교육의 무상성과 의무교육에 관한 제도보장의 비교연구-한국과 프랑스를 중심으로(권세훈, 2021)

관련 도서
《파리에서 만난 말들》, 목수정, 생각정원
《미술관을 빌려드립니다: 프랑스》, 이창용, 더블북

관련 계열 및 학과	• 인문계열: 프랑스어과, 불어불문학과, 프랑스어문학과, 프랑스어문화학과, 문화예술학과
	• 사회계열: 문화콘텐츠학과, 관광학과, 사회복지학과, 지리학과, 정치외교학과
관련 교과	• 교육계열: 프랑스어교육과, 불어교육과, 사회교육과, 지리교육과, 평생교육복지과

2022 개정 교육과정: 프랑스어권 문화, 프랑스어, 프랑스어 회화, 심화 프랑스어, 사회와 문화, 여행지리

2015 개정 교육과정: 프랑스어I, 프랑스어II, 사회·문화, 여행지리, 사회문제 탐구, 통합사회

인문계열

사회계열

자연계열

공학계열

의약계열

예체능계열

교육계열

지금은 일본을 읽을 시간

심형철 외 | 도서출판민규 | 2022

현직 교사들이 알려 주는 우리의 영원한 이웃 나라 일본과 일본인에 대한 지침서이자 종합 안내서이다. 일본의 언어, 사회, 역사, 정치, 경제, 문화 등에 대해 재미있고 흥미로운 주제로 호기심을 자극한다. 한국 사회는 일본을 어떻게 바라보고 있는지에 대한 한국인의 시각도 이해할 수 있다. 나아가 일본 문화에 대한 기본 배경과 지식을 쌓아 우리나라 문화 발전에 기여할 방법을 연계하여 탐구하는 방향을 제시한다.

탐구 주제

주제1 일본은 우리나라와 가장 가까운 나라로 많은 관계를 맺어 왔다. 그러나 우리는 역사적 요인으로 일본을 생각할 때 이성보다 감정이 앞서기도 한다. 《지금은 일본을 읽을 시간》을 통해 객관적인 시각으로 일본을 바라보고, '일본 문화로부터 배울 점'을 주제로 칼럼을 작성해 보자.

주제2 일본은 우리보다 먼저 성장하고 발전하였으며 세계에서 가장 잘 사는 나라 중 하나이다. 그러나 빠른 성장을 이룬 일본이 당면한 여러 가지 사회 문제는 우리나라의 미래에 시사점을 던지고 있다. 일본의 사회 문제를 탐구하고, 한국 사회의 문제점과 해결 방법을 고찰해 보자.

주제3 일상에 스며들어 있는 일본어 사용 실태에 대한 고찰

주제4 일본어와 한국어 비교를 통한 효율적인 일본어 학습 전략 연구

학생부 기록 예시 (교과세특)

문화감수성이 높은 학생으로 '지금은 일본을 읽을 시간(심형철 외)'을 읽고 한일 관계 개선과 양국의 발전을 위해서는 서로의 문화를 이해하고 존중하는 자세가 필요하다는 견해를 밝힘. 객관적 시선으로 일본을 바라보고 '일본 문화로부터 배울 점'을 주제로 칼럼을 작성함. 전통을 중시하고 계승 발전시키려는 일본의 장인 정신과 법과 질서를 지키는 준법정신을 배워 우리 문화에 수용하는 자세가 필요하다고 강조함.

'지금은 일본을 읽을 시간(심형철 외)'을 읽고 일본 사회와 문화를 통해 우리 사회의 문제점과 해결 방안에 대한 탐구를 진행함. 낮은 출산율과 높은 기대 수명으로 고령화 사회에 일찍 돌입한 일본의 사례는 한국 사회의 미래에 시사점을 준다는 보고서를 작성함. 낮은 출산율과 고령화 사회는 국가 재정에 심각한 문제를 초래할 수 있기에 일본의 출산장려 정책 등 다양한 정책에 대한 국가 차원의 체계적 분석이 필요함을 주장함.

관련 논문

일본의 외국인 정책과 법제: 다문화공생 정책을 중심으로(유혁수, 2023)

관련 도서

《아는데 모르는 나라, 일본》, 박탄호, 따비
《일본의 굴레》, 태가트 머피R, 글항아리

관련 계열 및 학과	• 인문계열: 일어일문학과, 일본문화콘텐츠학과, 일본지역문화학과, 일본언어문화학과
	• 사회계열: 관광학과, 국제통상학과, 무역학과, 문화콘텐츠학과, 정치외교학과
관련 교과	• 교육계열: 일어교육과, 사회교육과, 일반사회교육과, 역사교육과, 초등교육과, 교육학과

2022 개정 교육과정: 일본문화, 일본어, 일본어 회화, 심화 일본어, 사회와 문화, 사회문제 탐구

2015 개정 교육과정: 일본어I, 일본어II, 사회·문화, 사회문제 탐구, 통합사회, 동아시아사, 정치와 법

진화하는 언어

닉 채터, 모텐 H 크리스티안센 |
웨일북 | 2023

언어의 기원은 여전히 풀리지 않은 불가사의 중 하나다. 인류의 가장 위대한 발명이라고 여겨지는 언어는 어떻게 탄생하게 되었을까? 인지과학자이자 언어과학 분야를 선도하는 두 저자는 인류의 언어가 어떻게 탄생했는지부터 의사소통은 어떻게 이루어져 왔는지 등 언어가 발명되고 발전해 온 과정에 대한 통찰력 넘치는 이야기를 들려준다. 다양한 실험과 사례들, 연구 결과를 근거로 언어에 대한 새로운 관점을 제시하는 책이다.

탐구 주제

주제1 인간과 여타의 다른 생물과 가장 큰 차이점은 언어를 사용한다는 것이다. 도서 《진화하는 언어》에서는 인류의 가장 위대한 발명품 중 하나가 언어라고 말한다. 인간의 언어 사용이 인류의 역사에서 어떤 의미를 갖고 있는지 고찰하고 자신의 견해를 담아 논술해 보자.

주제2 도서 《진화하는 언어》에서는 인류의 언어가 어떻게 탄생하고 발전해왔는지에 대해 저자의 시각으로 서술하고 있다. 과학 기술의 발전으로 부각된 인공지능 시대의 언어 문제는 인류가 풀어야 할 마지막 과제일지도 모른다. 인공지능 시대 언어 연구의 방향에 대해 고찰해 보자.

주제3 언어의 기원과 진화를 바라보는 언어학자들의 시각 비교 분석

주제4 인공 지능은 언어로 인간을 이길 수 있을 것인지에 대한 고찰

학생부 기록 예시 (교과세특)

언어의 기원에 대한 호기심으로 '진화하는 언어(닉 채터 외)'를 읽고 언어의 탄생에 대한 다양한 시각이 있음을 알게 되었다는 감상문을 작성함. 언어 사용으로 인간은 상호 간 협력적 체제를 구축하고 논리적 사고가 가능하게 되었음을 고찰함. 언어 사용은 인류 문명을 가져다 준 핵심 요소이며 인류의 세계 지배를 가능하게 한 결정적인 특징이라는 자신의 견해를 담은 글을 논리적이고 체계적으로 작성함.

'진화하는 언어(닉 채터 외)'를 읽고 언어의 진화에 관심을 갖고 인공지능 시대 챗봇을 활용한 언어 연구는 사회 흐름상 필연적임을 깨달음. 대화형 인공지능 챗봇의 언어 처리 능력을 높이기 위해서는 언어를 단순히 분석하기보다는 인간이 언어를 어떻게 이해하는지를 연구해야 한다는 의견을 피력함. 시스템이 인간처럼 언어를 이해하도록 만들어야 인공지능 챗봇의 정확도와 효과성이 높아질 것이라는 탐구 내용을 발표함.

관련 논문

인문학과 신경과학의 통합적 고찰을 통한 언어의 복잡계적 진화 (최인령 외, 2022)

관련 도서

《언어의 역사》, 데이비드 크리스털, 소소의책
《빌 브라이슨 언어의 탄생》, 빌 브라이슨, 유영

관련 계열 및 학과
- 인문계열: 언어학과, 국어국문학과, 인류학과, 영어영문학과, 사학과, 철학과
- 자연계열: 유전생명공학과, 뇌인지과학부, 생명과학과, 생명공학과, 생명유전공학부
- 교육계열: 국어교육과, 사회교육과, 생물교육과, 역사교육과, 과학교육과, 영어교육과

관련 교과

2022 개정 교육과정: 언어생활 탐구, 화법과 언어, 매체 의사소통, 생물의 유전, 논리와 사고, 공통국어

2015 개정 교육과정: 언어와 매체, 국어, 화법과 작문, 실용 국어, 논리학, 철학, 교육학, 생명과학

인문계열

사회계열

자연계열

의학계열

의약계열

예체능계열

교육계열

청소년을 위한 매력적인 글쓰기

이형준 | 하늘아래 | 2020

이 책은 현직 고등학교 국어교사인 저자가 학생들에게 글쓰기 지도를 하면서 느껴 왔던 다양한 경험을 토대로 글을 잘 쓰고 싶은 학생들에게 도움을 주고자 펴낸 책이다. 글쓰기의 의미, 글쓰기의 기술, 독서의 방법, 자기소개서 쓰는 법, 독서 감상문 쓰는 법 등을 알기 쉽게 소개하고 있다. 학생들은 자신의 생각과 감정을 표현하는 방법을 배우고 독서와 글쓰기를 통해 한 단계 성장할 수 있다.

탐구 주제

주제1　도서 《청소년을 위한 매력적인 글쓰기》에서 소개한 책을 읽는 두 가지 방법은 즐기기 위한 독서(취미독서)와 공부하기 위한 독서(공부독서)이다. 자신의 진로와 관련된 책 한 권을 읽고, 어떤 방법으로 책을 읽었는지 자신의 독서 방법을 소개해 보자.

주제2　《청소년을 위한 매력적인 글쓰기》에서는 좋은 글쓰기란 '쉽고, 짧게, 재미있게 자기 감정의 표현과 주제를 명확히 하는 것'이라고 하였다. '생성형 인공지능 시대에 글쓰기가 필요할까?'를 주제로 자신의 견해를 밝히고, 칼럼을 작성해 보자.

주제3　인공지능이 과제를 대신해 주는 것의 문제점과 해결 방안

주제4　독서가 글쓰기에 미치는 영향에 대한 탐구

학생부 기록 예시 (교과세특)

'청소년을 위한 매력적인 글쓰기(이형준)'를 읽고, 글을 잘 쓰기 위해서는 독서가 중요함을 깨달음. 취미독서와 공부독서의 방법이 다른 것을 이해하고 공부 독서를 위해 '코스모스(칼 세이건)'를 읽음. 책을 읽으며 새롭게 알게 된 부분이나 의문이 생기는 부분에 밑줄을 치고, 밑줄 친 부분을 옮겨 쓰면서 공부했던 자신의 독서 방법을 소개함. 책을 읽고 배운 점을 진로 연계 독서를 통해 적용하고 활용하는 역량이 돋보임.

도서 '청소년을 위한 매력적인 글쓰기(이형준)'를 읽고, '생성형 인공지능 시대에 글쓰기가 필요할까?'를 주제로 칼럼을 작성함. 인공지능을 통해 손쉽게 과제를 해결함으로써 생각하고 고민하는 과정이 축소되거나 사라져 사고력을 키울 수 없다는 것을 문제점으로 지적함. 인공지능이 생성한 결과물을 비판 없이 그대로 받아들이는 것의 위험성을 언급하고 비판력과 논리력을 키우기 위해 글쓰기가 필요함을 강조함.

관련 논문

창의성과 인성 함양을 위한 청소년 글쓰기 연구 (오영훈, 2016)

관련 도서

《청소년을 위한 글쓰기 에세이》, 장선화, 해냄출판사
《1%의 글쓰기》, 니시오카 잇세이, 생각정거장

관련 계열 및 학과	• 인문계열: 국어국문창작학과, 동화미디어콘텐츠학과, 문예창작학과, 미디어창작과, 미디어콘텐츠학과
	• 사회계열: 디지털콘텐츠창작학과, 미디어문예창작학과, 미디어커뮤니케이션학과, 신문방송학과
관련 교과	• 교육계열: 교육심리학과, 교육학과, 국어교육과, 아동교육학과, 유아교육과, 초등교육과, 특수교육과

2022 개정 교육과정: 공통국어, 독서와 작문, 주제 탐구 독서, 독서 토론과 글쓰기, 매체 의사소통, 논술

2015 개정 교육과정: 국어, 화법과 작문, 독서, 언어와 매체, 논술

청소년을 위한 천일야화

앤드루 랭 | 서해문집 | 2020

'천일야화' 또는 '아라비안나이트'라고 알려진 이야기는 설화문학으로 이슬람 세계와 아랍인들의 정서를 이해하는 데 빼놓을 수 없는 세계 고전문학이다. 이 책은 청소년의 눈높이에 맞추어 생동감 넘치는 삽화와 함께 흥미진진한 이야기 12편을 담고 있다. 우리에게 이미 잘 알려져 있는 알라딘과 요술 램프, 항해자 신드바드의 모험, 바그다드의 상인 등 아랍인들의 종교관, 가치관, 삶에 대한 인식을 들여다볼 수 있는 이야기로 가득 차 있다.

탐구 주제

주제1 '천일야화' 또는 '아라비안나이트'라고 알려진 이야기 모음은 이슬람 세계에서 전해지는 옛이야기가 담긴 설화집이다. 아랍 민중들의 입에서 입으로 전해져 내려오던 이야기들이 세계 설화문학의 으뜸이자 세계 고전문학이 된 이유를 생각하며 이 책을 읽고 감상문을 작성해 보자.

주제2 앤드루 랭의《청소년을 위한 천일야화》는 알려진 여러 이야기 중 12편의 흥미진진한 이야기를 담고 있다. 아라비아반도와 서아시아 지역의 역사와 지리를 염두에 두고 이 책을 읽어 보자. 천일야화가 갖는 문학사적 위치와 의미를 생각하면서 서평을 작성해 보자.

주제3 아랍문학에 담긴 사회·문화적 의미에 대한 고찰

주제4 천일야화가 근대 유럽문학에 끼친 영향과 사례 조사

학생부 기록 예시 (교과세특)

'청소년을 위한 천일야화(앤드루 랭)'를 읽고 아랍의 문화와 당시 사람들이 중요하게 여긴 가치관을 이해할 수 있었다는 감상평을 발표함. 천일야화는 아랍 민중들의 입에서 입으로 전해 내려오던 설화였으나 유럽인들로 인해 세계 고전문학이 된 이유를 아라비아반도의 지리적 위치와 상업적 요소에서 찾아 분석하고 감상문을 작성함. 애니메이션으로 제작되면서 달라진 내용을 비교 분석하고 그 이유에 대한 후속 탐구를 진행함.

아라비아반도와 서아시아 지역의 역사와 지리를 학습한 후 '청소년을 위한 천일야화(앤드루 랭)'를 읽음. 입에서 입으로 전해지던 이야기는 쉽게 끊기고 전해지지 않는다는 단점이 있으나, 천일야화는 다양한 언어로 번역되고 많은 사람에게 사랑받으면서 현재까지 이어진 설화문학이라는 점에서 큰 의미를 갖는다는 서평을 작성함. 이슬람과 유럽 간의 교류가 문학의 발전에도 영향을 미쳤음을 알게 되었다는 소감을 발표함.

관련 논문

보카치오의 「데카메론」에 나타난 아랍 이슬람 문화 (이승수, 2022)

관련 도서

《아라비안나이트》, 작자 미상, 현대지성
《아랍인의 희로애락》, 김능우, 서울대학교출판문화원

관련 계열 및 학과
- 인문계열: 아랍어과, 아랍어통번역학과, 아랍학과, 중동학부, 종교학과, 사학과, 인류학과
- 사회계열: 관광학과, 국제통상학과, 국제무역학과, 국제문화학과, 지리학과
- 교육계열: 역사교육과, 지리교육과, 윤리교육과, 사회교육과, 사회과교육과, 교육학과

관련 교과

2022 개정 교육과정: 아랍 문화, 아랍어, 아랍어 회화, 삶과 종교, 인간과 철학, 문학, 세계사

2015 개정 교육과정: 아랍어I, 아랍어II, 문학, 고전 읽기, 세계사, 종교학, 고전과 윤리, 생활과 윤리

인문계열

사회계열

자연계열

공학계열

의약계열

예체능계열

교육계열

톨스토이 대표단편선

레프 니콜라예비치 톨스토이 | 백만문화사 | 2016

19세기 러시아 문학을 대표하는 작가이자 사상가인 레프 니콜라예비치 톨스토이의 대표 단편선을 모은 책이다. 〈사람은 무엇으로 사는가〉, 〈바보 이반〉, 〈사람에겐 얼마만큼의 땅이 필요한가〉 등 총 19편의 작품이 실려 있다. 톨스토이는 작품을 통해 삶과 인간 내면에 대한 깊은 통찰을 제공한다. 책을 읽으며 저자가 전달하고자 하는 세계관과 사상을 이해하고, 그의 작품이 영원한 명작으로 기억되는 이유를 고찰해 보자.

탐구 주제

주제1 　레프 니콜라예비치 톨스토이의 〈바보 이반〉은 러시아의 민속 동화를 재구성한 작품으로 사회비판소설이자 러시아 문학사에서 중요한 단편소설로서 평가받고 있다. 톨스토이가 작품 속에서 비판하고자 했던 것은 무엇인지 찾아보고 보고서를 작성해 보자.

주제2 　톨스토이의 철학은 기독교, 불교, 힌두교 등 다양한 사상에서 영향을 받았다. 톨스토이의 작품 속에서 볼 수 있는 인간의 내면 심리와 사회 문제를 통해 그의 세계관을 분석하고 톨스토이의 세계관에 영향을 미친 성장 과정, 작품, 영향력 등을 조사하여 마인드맵으로 정리해 보자.

주제3 　톨스토이의 작품 속에서 찾을 수 있는 리얼리즘에 대한 탐구

주제4 　문학 작품의 비교 분석을 통한 러시아 문학 사조와 장르 연구

학생부 기록 예시 (교과세특)

'톨스토이 대표단편선(레프 니콜라예비치 톨스토이)'을 읽고 러시아의 민속 동화 바보 이반을 재구성한 사실에 흥미로움을 느낌. 일을 하지 않고 농민들을 착취하는 러시아 귀족들의 탐욕을 비판하고 땀 흘려 정직하게 일하는 사람이 훨씬 더 행복할 수 있음을 보여 주는 작품이라고 분석함. 그 옛날 평등과 비폭력을 이야기한 톨스토이의 사상에 감명을 받고 주요 저서를 찾아 읽는 등 심화·융합 탐구활동 역량이 우수함.

러시아의 역사와 문화에 대해 학습한 후 '톨스토이 대표단편선(레프 니콜라예비치 톨스토이)'을 읽고 톨스토이의 작품 속에서 엿볼 수 있는 세계관을 분석하여 발표함. 기독교, 불교, 힌두교 등 다양한 사상에 영향을 받아 평화, 사랑, 자비의 가치관을 강조하는 톨스토이의 사상이 다문화 시대에 시사점을 준다는 감상평을 작성함. 톨스토이의 성장 과정, 작품, 영향력 등을 조사하여 마인드맵으로 정리하고 발표하여 큰 호응을 얻음.

관련 논문
러일전쟁 전후 똘스또이(톨스토이)의 반전사상과 공동체방안(김영수, 2023)

관련 도서
《나보코프의 러시아 문학 강의》, 블라디미르 나보코프, 을유문화사
《줌 인 러시아》, 이대식, 삼성경제연구소

관련 계열 및 학과
- 인문계열: 노어노문학과, 러시아어과, 러시아어언어문화학과, 러시아학과, 한노과
- 사회계열: 공공교육복지학과, 사회복지학과, 사회학과, 사회혁신리더학과, 정책학과, 행정학과

관련 교과
- 교육계열: 국어교육과, 사회교육과, 역사교육과, 일반사회교육과

2022 개정 교육과정: 러시아어, 러시아 문화, 공통국어, 문학, 문학과 영상, 세계사, 인문학과 윤리

2015 개정 교육과정: 러시아어I, 러시아어II, 국어, 독서, 문학, 세계사, 윤리와 사상, 철학, 종교학

하버드 논리학 수업

월러드 밴 오먼 콰인 | 유엑스리뷰 | 2020

서양 철학계에서 가장 영향력 있는 학자 중 한 명으로 손꼽히는 월러드 밴 오먼 콰인의 논리학 입문서이다. 개정을 거듭하면서 20년이 넘는 시간 동안 스테디셀러로 자리 잡을 만큼 논리학 필독서로 널리 알려져 있다. 논리학의 핵심 개념들을 간단명료한 예제와 함께 살펴봄으로써 일상에서 마주할 수 있는 다양한 종류의 논증에 대한 타당성을 합리적으로 평가하고 증명할 수 있는 능력을 기를 수 있다.

탐구 주제

주제1 월러드 밴 오먼 콰인의 《하버드 논리학 수업》에서는 논리학의 핵심 개념들을 예제를 들어 강의하듯 설명하면서 논리학에 조금 더 쉽게 접근할 수 있도록 하고 있다. 책에서 언급된 여러 가지 개념 중 한 가지를 골라 논리학 강사가 되어 '논리학 5분 특강'을 해 보자.

주제2 도서 《하버드 논리학 수업》에서 저자는 논리학은 비판적 사고와 논리적 사고를 증진시키며 다른 학문에 적용할 수 있다고 말하고 있다. 자신의 관심 분야에서 진로 목표와 연계하여 논리학을 어떻게 적용할 수 있을지 탐구하여 보고서를 작성하고 발표해 보자.

주제3 논리적 사고와 비논리적 사고 비교 분석

주제4 귀납논리와 과학적 탐구 방법이 문제해결 과정에 적용되는 사례 연구

학생부 기록 예시 (교과세특)

'하버드 논리학 특강(월러드 밴 오먼 콰인)'을 읽고, 일일 논리학 강사가 되어 '명제인가 아닌가'를 주제로 논리학 5분 특강을 진행함. '이것은 물이다'라는 문장이 명제가 아님을 설명하기 위해 물이 담긴 불투명한 컵을 준비함. 컵 속에 있는 것이 무엇인지 추측하도록 친구들에게 질문을 하고 다양한 답이 나오도록 이끌었으며, '이것'이 무엇인지 명확하게 알 수 없으므로 명제가 아니라는 설명을 명쾌하게 함.

도서 '하버드 논리학 특강(월러드 밴 오먼 콰인)'을 통해 논리학의 핵심 개념을 배우고, 자신의 관심 분야인 수학에서 논리학이 사용되는 예를 탐구함. 집합과 명제 등 수학의 주요 개념들을 논리학을 활용하여 설명하고 기호화하는 과정을 구체적으로 제시하여 보고서를 작성하고 발표함. 수학 교사가 되어 학생들에게 명확하고 논리적으로 수학 개념을 설명하고 가르치기 위해 논리학을 더 배우고 싶다는 소감문을 작성함.

관련 논문
귀납적 탐구 과제와 연역적 탐구 과제 수행에서 나타난 뇌 활성 차이 분석(정진수, 김용성, 2022)

관련 도서
《더 좋은 삶을 위한 철학》, 마이클 슈어, 김영사
《소크라테스 익스프레스》, 에릭 와이너, 어크로스

관련 계열 및 학과

- 인문계열: 철학과, 윤리학과, 국어국문학과, 문예창작학과, 언어학과, 동양철학과
- 공학계열: 소프트웨어공학과, 소프트웨어학과, 정보통신공학과, 컴퓨터공학과, 인공지능학과

관련 교과

- 교육계열: 과학교육과, 국어교육과, 수학교육과, 윤리교육과, 컴퓨터교육과, 교육학과

2022 개정 교육과정: 논리와 사고, 인간과 철학, 윤리와 사상, 인문학과 윤리, 윤리문제 탐구, 통합사회

2015 개정 교육과정: 논리학, 생활과 윤리, 윤리와 사상, 철학, 통합사회, 교육학, 논술, 인공지능 수학

한번쯤, 큐레이터
정명희 | 사회평론 | 2021

국립중앙박물관의 큐레이터가 들려주는 생생한 박물관의 일과 전시, 우리가 알지 못하는 박물관의 숨겨진 이야기가 담겨 있는 책이다. 우주에 블랙홀이 있다면 박물관에는 수장고가 있다. 수장고 안에서 이루어지는 큐레이터의 일과 유물이 수장고에서 전시실로 옮겨 대중과 만나기까지의 이야기 등 큐레이터에 관심 있는 사람들은 한 번쯤 읽어 볼 만하다. 문화 예술 기획의 시대, 대중과 진정성 있는 소통을 꿈꾸는 큐레이터를 만나 보자.

탐구 주제

주제1 북큐레이션이란 책(book)과 추천(curation)의 합성어로서 특정한 주제에 맞는 여러 책을 선별하여 독자에게 제안하는 것을 의미한다. 자신의 인생철학이나 관심 진로 분야와 연계하여 주제를 선정하고, 사서 선생님과의 협업을 통해 학교 도서관에서 북큐레이션을 진행해 보자.

주제2 오늘날 박물관은 지역 사회와 협업하고 우호적인 관계를 통해 열린 장소로서의 기능을 해야 한다는 인식이 강조되고 있다. 이러한 사회적 역할을 수행하기 위한 박물관의 방향성과 박물관을 이끌어가는 큐레이터에게 필요한 역량을 탐색하여 보고서를 작성해 보자.

주제3 디지털 시대의 새로운 박물관의 형태와 큐레이터의 역할 모색

주제4 인공지능 기술을 활용한 미술품의 정당화 토론

학생부 기록 예시 (교과세특)

'한번쯤, 큐레이터(정명희)'를 읽고 대중과의 소통을 통해 직업의 의미를 찾아가는 큐레이터라는 직업에 매력을 느끼게 되었다는 소감문을 작성함. 자신의 관심 진로 분야인 건축 분야와 연계하여 '안토니 가우디의 작품과 그의 가치관'을 주제로 도서관에서 북큐레이션을 진행함. 진행 과정에서 안토니 가우디의 삶과 작품에 대한 깊이 있는 탐구를 진행하고 관련 도서를 선정함. 사서 선생님과의 협업 과정에서 소통 능력이 돋보임.

'한번쯤, 큐레이터(정명희)'를 읽고 박물관은 지역 사회에서 사회적 역할을 수행할 수 있으며 이 과정에서 큐레이터의 역량이 중요함을 알게 됨. 박물관이 시민 참여 프로그램과 전시 등을 통해 대중과 소통하기 위해서는 큐레이터에게 전시 기획 능력과 뛰어난 안목이 필요하며, 자신이 하고 싶은 전시가 아닌 이 전시가 얼마나 많은 사람에게 이로운 것인가를 먼저 생각해야 한다는 자신의 견해를 담은 보고서를 작성함.

관련 논문
메타버스 플랫폼을 활용한 암각화박물관 전시와 문화콘텐츠 스토리텔링(전호태, 2023)

관련 도서
《소소하게, 큐레이터》, 남애리, 문학수첩
《박물관 큐레이터로 살다》, 최선주, 주류성

관련 계열 및 학과
· 인문계열 : 고고문화인류학과, 문화재관리과, 문화재과, 고고미술사학과, 문화재보존과학과
· 사회계열 : 문화콘텐츠학과, 국제문화학과, 문화예술경영학과, 문화콘텐츠경영학과
· 예체능계열 : 미술학과, 서양화과, 공간연출과, 전시디자인과, 디지털미디어디자인과

관련 교과
2022 개정 교육과정 : 한국사, 세계사, 사회와 문화, 동아시아 역사 기행, 미술 감상과 비평, 미술과 매체
2015 개정 교육과정 : 한국사, 세계사, 동아시아사, 사회·문화, 통합사회, 미술 감상과 비평, 미술

사회계열

순번	도서명	저자명	출판사명
1	2024 콘텐츠가 전부다	노가영 외	미래의창
2	강한 이스라엘 군대의 비밀	노석조	메디치미디어
3	공정 이후의 세계	김정희원	창비
4	국제분쟁, 무엇이 문제일까?	김미조	동아엠앤비
5	그냥 하지 말라	송길영	북스톤
6	금융 오디세이	차현진	메디치미디어
7	기후를 위한 경제학	김병권	착한책가게
8	나는 감이 아니라 데이터로 말한다	신현호	한겨레출판
9	나는 게임한다 고로 존재한다	이동은	자음과모음
10	나는 멈춘 비행기의 승무원입니다	우은빈	애플북스
11	내가 검찰을 떠난 이유	이연주	포르체
12	돈이 먼저 움직인다	제현주	어크로스
13	똑똑하게 생존하기	칼 벅스트롬, 제빈 웨스트	안드로메디안
14	무조건 팔리는 카피 단어장	간다 마사노리, 기누타 준이치	동양북스
15	미디어 읽고 쓰기	이승화	시간여행
16	미래를 위한 새로운 생각	마야 괴펠	나무생각
17	밥은 먹고 다니냐는 말	정은정	한티재
18	범죄심리 해부노트	이수정, 이은진	김영사
19	법정의 얼굴들	박주영	모로
20	사이보그가 되다	김초엽, 김원영	사계절
21	세계미래보고서 2035-2055	박영숙, 제롬 글렌	교보문고
22	세금의 흑역사	마이클 킨, 조엘 슬렘로드	세종서적
23	세속의 철학자들	로버트 L 하일브로너	더테라스
24	순서파괴	콜린 브라이어, 빌 카	다산북스
25	숫자로 경영하라 5	최종학	원앤북스
26	스무 살에 알았더라면 좋았을 것들	티나 실리그	웅진지식하우스
27	아픔이 길이 되려면	김승섭	동아시아사
28	애덤 스미스	다카시마 젠야	에이케이커뮤니케이션즈
29	어떤 호소의 말들	최은숙	창비
30	이름이 법이 될 때	정혜진	동녘
31	이상하고 아름다운 밥벌이의 경제학	류동민	빚은책들
32	인간 섬	장 지글러	갈라파고스
33	인구 미래 공존	조영태	북스톤
34	인플루언서 (인문잡지 한편 2)	이유진 외	민음사
35	저렴한 것들의 세계사	라즈 파텔, 제이슨 W. 무어	북돋움
36	중간착취의 지옥도	남보라 외	글항아리
37	지금 여기, 무탈한가요?	오찬호	북트리거
38	지리의 힘 2	팀 마샬	사이
39	착한 소비는 없다	최원형	자연과 생태
40	최소한의 선의	문유석	문학동네
41	파타고니아, 파도가 칠 때는 서핑을	이본 쉬나드	라이팅하우스
42	프로보커터	김내훈	서해문집
43	호모루덴스	요한 하위징아	연암서가

인문계열

사회계열

자연계열

공학계열

의약계열

예체능계열

교육계열

2024 콘텐츠가 전부다

노가영 외 | 미래의창 | 2022

이 책은 미디어 트렌드북이자 콘텐츠 산업의 바이블과 같은 책으로, 콘텐츠 산업의 화두는 무엇이고 관련 비즈니스는 어떻게 흘러가고 있는지 파악하는 데 유용하다. 글로벌 OTT산업에서 일어나고 있는 커다란 변화부터 K-게임만의 오리지널리티를 통해 새로운 비상을 꿈꾸는 게임산업과 소셜 메타버스 세계의 이야기까지, 더 넓고 더 깊어진 시각으로 시시각각 변화하는 콘텐츠·미디어 세계를 자세히 살펴볼 수 있다.

탐구 주제

주제1 새로운 소셜미디어 플랫폼이 등장함에 따라 브랜드 마케팅 전략도 변화하고 있다.《콘텐츠가 전부다》를 읽고 최근 등장한 소셜미디어 플랫폼은 어떤 것이 있으며, 이를 활용한 성공적인 브랜드 마케팅 사례는 무엇이 있는지 조사해서 카드뉴스로 제작하여 발표해 보자.

주제2 4차 산업 혁명 시대를 맞아 디지털 대전환이 가속화되고 있는 상황 속에서 미디어 산업 구조적 변화의 핵심은 OTT 플랫폼 산업의 세계화라고 해도 과언이 아니다.《콘텐츠가 전부다》를 읽고 한국 OTT 플랫폼 현황을 분석하고 세계 미디어 시장에서의 경쟁력 확보 방안을 탐구해 보자.

주제3 소셜미디어의 인기 있는 밈(meme) 사례 조사 및 공통점 분석

주제4 한국 OTT 플랫폼의 성공적인 마케팅 전략 연구

학생부 기록 예시 (교과세특)

매체를 통한 마케팅 방안에 관심이 많아 '콘텐츠가 전부다(노가영 외)'를 읽고, 소셜미디어 플랫폼을 활용한 성공적인 브랜드 마케팅 사례를 조사하여 발표함. 소셜미디어를 통한 마케팅은 빠르고 적극적으로 소비자들과 소통하고 인기 있는 콘텐츠를 제작하여 홍보 효과를 높일 수 있다는 점에서 필수적인 마케팅 전략이라고 주장함. 탐구 주제를 조사하면서 다양한 사례를 찾아 분석하는 등 과제분석력이 매우 뛰어난 학생임.

K콘텐츠의 경쟁력 원천에 대한 호기심으로 '콘텐츠가 전부다(노가영 외)'를 읽고 한국 OTT 플랫폼의 콘텐츠 다양성 확보를 위한 전략'이라는 탐구를 수행함. 현재 한국의 OTT 플랫폼 문제점을 통찰력 있게 분석하였고, 해결 방안으로 자체 제작 콘텐츠 확대, 다양한 장르의 콘텐츠 확보, 해외 콘텐츠 확보 등을 제안함. 깊이 있는 지적 역량을 발휘하여 문화 콘텐츠 분야에 대한 높은 수준의 이해력과 자료 분석력을 보여 주었음.

관련 논문

K-culture의 확장성에 대한 검토(정태일, 김연희, 2022)

관련 도서

《All About, 문화콘텐츠》, 나송희 외, 나무자전거
《콘텐츠의 미래》, 바라트 아난드, 리더스북

관련 계열 및 학과

- 사회계열: 광고홍보학과, 문화콘텐츠학과, 미디어커뮤니케이션학과, 신문방송학과
- 공학계열: 멀티미디어공학과, 산업공학과, 소프트웨어학과, 정보보안학과, 정보통신공학과
- 인문계열: 미디어광고콘텐츠학과, 미디어문예창작학과, 미디어영상학과

관련 교과

2022 개정 교육과정: 통합사회 1, 사회와 문화, 현대 사회와 윤리, 윤리와 사회, 인문학과 윤리

2015 개정 교육과정: 통합사회, 정치와 법, 사회·문화, 생활과 윤리, 윤리와 사상, 사회문제 탐구

강한 이스라엘 군대의 비밀

노석조 | 메디치미디어 | 2018

한국과 안보 환경이 유사한 이스라엘의 국방 전략과 병영 혁신 정책을 노석조 기자가 취재하여 담은 책이다. 이스라엘의 군대 혁신, 핵 개발과 예방전쟁, 미사일 방어 시스템, 자주 국방 전략, 전쟁 영웅들과 역사 의식 등을 다루고 있으며, 한국이 직면한 안보 문제를 해결하는 데 도움이 될 지혜와 방향을 제시한다. 국방, 외교 정책, 무기체계, 중동 정책 등에 관심이 있는 학생들과 군사경찰 계열로 진학을 희망하는 학생들에게 추천한다.

탐구 주제

주제1 국제 사회는 북한을 사실상 핵무기 보유국으로 인정하지 않고, 북한이 핵 실험을 할 때마다 유엔을 통해 강도 높은 대북 제재를 가하고 있다. 북한이 핵 실험을 포기하지 않은 상태에서 우리나라가 북한에 대한 인도적 지원을 무조건 허용해야 하는지에 관해 찬반 토론해 보자.

주제2 정보통신 기술의 발달은 새로운 전쟁 양식, 즉 '미래전'으로의 진화를 가속할 것으로 예상된다.《강한 이스라엘 군대의 비밀》을 읽고, 기술의 발전이 가져올 전투 방식과 전쟁 양상의 변화를 분석한 후 우리 군이 미래전을 어떻게 선도하고 상대적 우위를 달성할 것인지에 대한 전략을 제안해 보자.

주제3 인간 안보가 국가 안보에 미치는 영향에 대한 분석

주제4 국방 분야 인공지능 기술 도입의 주요 쟁점과 활용 방안 조사

학생부 기록 예시 (교과세특)

세계사 수업에서 한국과 이스라엘은 지정학적이나 기타 이유로 주변 국가와의 갈등과 분쟁이 많이 일어난다는 점에서 공통점이 있다는 것을 배우고 난 후 어떻게 이스라엘은 군사 강국으로 성장하게 되었는지 알고 싶어서 '강한 이스라엘 군대의 비밀(노석조)'을 읽음. 한국과 이스라엘 군대를 비교해 보면서 이스라엘 군대로부터 배워야 하는 점과 불안정한 안보 환경에서 우리 군대가 발전하기 위한 미래상을 제시함.

'강한 이스라엘 군대의 비밀(노석조)'을 읽고 '북한에 대한 인도적 지원은 북한의 핵 포기 선언 이후에 해야 한다.'라는 논제에 대해 찬반 토론을 함. 인도적 지원은 북한의 태도 변화를 전제로 해야 하므로 찬성한다는 주장을 펼침. 남한과 국제 사회는 북한의 극심한 경제난에 고통을 받는 주민을 위해 인도적 지원을 해 왔으나, 이것이 핵 개발에 전용된다는 우려가 있다는 근거를 들어 논리적으로 설명하여 반대 측 토론자의 공감을 얻음.

관련 논문

4차 산업혁명에 따른 군사보안 발전방안 연구(김두한, 박호정, 2020)

관련 도서

《군사전략론》, 박창희, 플래닛미디어
《전쟁에서 살아남기》, 메리 로치, 열린책들

관련 계열 및 학과	• 사회계열 : 군사학과, 군사안보학과, 국가안보학과, 국방인재개발학과, 해병대군사학과
	• 공학계열 : 정보통신군사학과, 사이버드론봇군사학과, 신소재공학과
관련 교과	• 전 계열 : 육군사관학교, 해군사관학교, 공군사관학교

2022 개정 교육과정 : 통합사회 1, 사회와 문화, 세계지리, 정치, 법과 사회, 국제 관계의 이해

2015 개정 교육과정 : 통합사회, 세계지리, 정치와 법, 사회·문화, 생활과 윤리, 여행지리, 사회문제탐구

인문계열

사회계열

자연계열

공학계열

의약계열

예체능계열

교육계열

공정 이후의 세계

김정희원 | 창비 | 2022

이 책은 한국 사회의 뜨거운 이슈인 '공정'에 대한 심도 있는 분석과 함께, 공정이 어떻게 능력주의와 만나 차별과 혐오를 조장하고 누가 이를 적극적으로 이용하는지에 대해 자세하게 분석하고 있다. 공정 담론에 함축된 구조적 맥락과 사상적 배경을 파악하며, 소모적인 공정 논란을 넘어서는 대안적 비전을 제시한다. 우리 사회의 절대적 기준이 되어버린 '공정'의 한계를 지적하고 진정한 공정이 무엇인지를 생각해 볼 수 있다.

탐구 주제

주제1 최근 공정이 우리 사회의 가장 중요한 화두로 등장하고 있다. 《공정 이후의 세계》에서 저자는 '공정은 단순히 개인의 능력이나 노력에 따라 보상을 받는 것이 아니라, 사회적으로 인정받고 존중받는 것이다.'라고 말하고 있다. 우리 사회의 진정한 '공정성'과 '평등'에 대해 토의해 보자.

주제2 《공정 이후의 세계》는 공정과 정의, 불평등과 차별을 핵심 주제로 다루고 있다. '공정은 단순히 불평등을 줄이는 것이 아니라, 불평등이 어떻게 만들어지고 유지되는지에 대한 이해와 비판을 요구한다.'라는 저자의 견해에 공감할 수 있는지 생각해 보고, 자신의 견해를 발표해 보자.

주제3 청년 세대의 한국 사회 공정에 대한 인식과 경험 탐구

주제4 차별적 공정 담론 연구: 성격과 형성 과정 그리고 사회적 경향

학생부 기록 예시 (교과세특)

'공정 이후의 세계(김정희원)'을 읽고 능력에 따른 차별은 공정하다는 생각이 잘못되었다는 것을 깨달았고 획일적인 잣대로 모두를 줄 세우기보다는 다원적 가치와 능력을 받아들이고 존중하는 공동체를 만들기 위해 노력해야 한다는 소감문을 작성함. 특히 능력에 따른 결과나 보상이 가장 공정하다는 생각은 잘못되었다는 것을 알게 되어, 능력주의를 벗어나 사회에 만연한 불평등에 대해 관심을 가져야겠다는 소감을 밝힘.

'공정 이후의 세계(김정희원)'를 읽고 진정한 공정과 정의에 대해 생각해 봄. 현재 우리 사회의 공정 담론은 차별과 불평등, 사회적 불평등을 정당화하는 논리로 쓰이고 있으며, 특히 공정이 능력주의와 결부되어 '정규직과 비정규직의 처우는 당연히 달라야 한다' 등으로 차별과 불평등을 조장하고 있다는 의견을 제시함. 사회 이슈를 다양한 관점에서 근거를 들어 분석하는 능력이 뛰어나며, 자신의 의견을 설득력 있게 발표함.

관련 논문
닫힌 '공정'의 세계, 그 '너머'를 상상하는 질문들(임정연, 2022)

관련 도서
《한국 사회에서 공정이란 무엇인가》, 김범수, 아카넷
《공정한 리더》, 베로니카 후케, 마일스톤

관련 계열 및 학과

- 사회계열: 공공인재학과, 공공행정학과, 법학과, 사회복지학과, 사회학과, 정치외교학과
- 인문계열: 문헌정보학과, 상담심리학과, 심리학과, 인류학과, 철학과

관련 교과

- 교육계열: 교육공학과, 교육학과, 문헌정보교육학과, 사회교육과, 윤리교육과

2022 개정 교육과정: 통합사회 1, 사회와 문화, 현대사회와 윤리, 기후변화와 지속가능한 세계

2015 개정 교육과정: 통합사회, 경제, 정치와 법, 사회·문화, 생활과 윤리, 윤리와 사상, 사회문제탐구

국제분쟁, 무엇이 문제일까?

김미조 | 동아엠앤비 | 2021

이 책은 국제분쟁에 대한 간단한 분류와 함께 이스라엘-팔레스타인 내전부터 시리아 난민까지 총 일곱 가지의 국제분쟁의 원인과 현황에 대해 이야기하고 있다. 세계 곳곳에서 빈번히 발생하는 분쟁의 역사와 현재 상황을 이해하고 인류가 평화를 위해 이러한 갈등을 어떻게 해결해야 할지 고민하는 데 도움이 된다. 또한 시시각각 변하는 국제정세와 관계에 대한 이해를 통해 국제분쟁에 대한 폭넓은 지식을 갖출 수 있는 기회가 될 것이다.

탐구 주제

주제1 국제분쟁은 국가 간의 이해관계 충돌, 문화적 차이, 경제적 불평등, 정치적 불안정 등 다양한 원인으로 발생한다.《국제분쟁, 무엇이 문제일까?》를 읽고, 책에서 제시한 8개의 분쟁 중 관심 분야에 맞는 분쟁을 골라 해결 방안을 토론한 후 카드뉴스로 제작해 보자.

주제2 국제연합기구(UN)와 국제사법재판소(ICJ, International Court of Justice)는 국제분쟁에 대응하는 기구이지만 안타깝게도 강제력이 없는 기구라 오히려 강대국들의 눈치를 살피는 모습도 존재한다. 국제분쟁 해결을 위한 국제기구의 역할과 중요성에 관해 탐구해 보자.

주제3 이스라엘 팔레스타인 분쟁 원인과 한국의 분단 문제 탐구

주제4 국제분쟁 사례분석과 대응 방안에 관한 연구

학생부 기록 예시 (교과세특)

인문학적 소양이 풍부한 학생으로 평소 국제분쟁에 관한 책을 열심히 읽음. '국제분쟁, 무엇이 문제일까(김미조)'를 읽고, '미얀마 사태 분쟁의 영향과 해결 방안'이라는 탐구를 수행함. 미얀마 사태 분쟁의 근본적인 원인을 조사한 후, 인근 국가 및 국제 사회에 미치는 영향을 분석하며 자료 분석력을 발휘함. 해결을 위해서는 국제 사회의 관심과 개입, 미얀마 국민의 민주화 의지가 필요하다고 주장하는 수준 높은 보고서를 작성함.

국제기구에 관심이 높아 유엔지원봉사단 활동을 목표로 하는 학생임. '국제분쟁, 무엇이 문제일까(김미조)'를 읽고, '국제분쟁 해결을 위한 국제기구의 역할과 중요성'을 주제로 탐구보고서를 작성함. 국제기구의 역할을 중재자, 평화유지군 파견, 분쟁 예방과 해결 등 다양한 측면에서 조명하였고, 이를 통해 세계 평화와 지속 가능한 평화 구축에 이바지한다고 주장함. 국제분쟁과 관련된 국제기구의 중요성에 대한 통찰력을 보임.

관련 논문
한국의 주요 영토분쟁과 해결 방향: 총론적 이해(김강녕, 2021)

관련 도서
《차이나는 클라스: 국제정치 편》, 김원중 외, 중앙북스
《10대를 위한 세계 분쟁지역 이야기》, 프란체스카 만노키, 롤러코스터

관련 계열 및 학과
- 사회계열: 공공인재학과, 공공행정학과, 법학과, 사회복지학과, 사회학과, 소비자학과
- 인문계열: 인류고고학과, 문헌정보학과, 상담심리학과, 심리학과, 인류학과, 철학과

관련 교과
- 교육계열: 교육공학과, 교육학과, 문헌정보교육과, 사회교육과, 윤리교육과

2022 개정 교육과정: 통합사회 1, 사회와 문화, 현대 사회와 윤리, 윤리와 사회, 인문학과 윤리

2015 개정 교육과정: 통합사회, 정치와 법, 사회·문화, 생활과 윤리, 윤리와 사상, 사회문제 탐구

인문계열

사회계열

자연계열

공학계열

의약계열

예체능계열

교육계열

그냥 하지 말라
송길영 | 북스톤 | 2021

대한민국 최고의 데이터 분석가 송길영이 20여 년간 분석해 온 빅데이터를 바탕으로 사람들의 일상이 어떻게 달라졌고, 생각이 어떻게 변화했는지 추적함으로써 앞으로 일어날 변화의 주요 축, 우리 사회의 가치관, 그에 맞는 개인과 조직의 성장 방안을 제시한 책이다. 미래에서도 나만의 전문성이 있는 삶, 주도권을 잃지 않는 삶을 살기를 희망하는 사람들에게 현재의 사회적 변화에 대한 인식과 대처 능력을 키워 주는 유용한 책이 될 것이다.

탐구 주제

주제1 《그냥 하지 말라》표지의 노란색 동그라미 부분을 읽으면 'DON'T JUST DO IT! YOUR EVERY MOVE IS THE MESSAGE'라는 문장이 완성된다. 이것은 빅데이터 전문가 송길영의 메시지를 잘 나타낸다. 자신의 진로와 연관 지어 미래의 트렌드를 탐구하는 보고서를 작성해 보자.

주제2 빅데이터는 거대한 양의 정보를 분석하여 통찰력 있는 결정을 내리는 데 도움을 주며, 이는 기업의 신제품 개발과 마케팅 전략에 중요한 역할을 한다. 빅데이터가 어떻게 신제품 개발과 마케팅 전략에 활용되며, 이것이 기업 경영에 어떤 영향을 미치는지에 관해 탐구보고서를 작성해 보자.

주제3 빅데이터 분석을 통한 온라인 마케팅 활용에 관한 연구

주제4 빅데이터 활용 고객 선호도 예측 및 맞춤형 마케팅 전략 탐구

학생부 기록 예시 (교과세특)

미래 트렌드와 기업가 정신 함양 진로 캠프에 참여하여 빠르게 변화하는 사회에서 개인은 끊임없이 재사회화를 시도하는 것이 중요함을 알게 됨. '그냥 하지 말라(송길영)'를 읽고, 진로와 연관지어 '미래 경영인과 기업가 정신'에 대한 탐구보고서를 작성함. 혁신, 창조, 위험 감수 등의 기업가 정신을 바탕으로 미래 트렌드 분석을 통해 미래가 어떻게 변화할지 방향을 먼저 생각하고 실천하는 전문 경영인이 되겠다는 포부를 밝힘.

평소 빅데이터를 활용한 마케팅에 관심이 높아 '그냥 하지 말라(송길영)'를 읽고 '빅테이터를 활용한 신제품 개발 및 마케팅 전략 연구'를 주제로 보고서를 작성함. 빅데이터를 신제품 개발과 마케팅 전략에 활용한 기업을 예시로 제시하며 빅데이터 분석은 기업의 성공에 결정적인 영향을 미치므로 기업들은 빅데이터 활용 능력을 강화함으로써 고객 중심 비즈니스 모델을 구축하고 지속 가능한 경쟁력을 확보해야 한다고 설명함.

관련 논문
빅데이터를 이용한 기업 마케팅과 고객만족에 관한 연구(서무경, 정이상, 2019)

관련 도서
《제로 투 원》, 피터 틸, 블레이크 매스터스, 한국경제신문
《1%를 읽는 힘》, 메르, 토네이도

관련 계열 및 학과
- 사회계열: 경영학과, 경영정보학과, 문화콘텐츠학과, 미디어커뮤니케이션학과
- 인문계열: 문화인류고고학과, 문헌정보학과, 상담심리학과, 심리학과, 인류학과, 철학과
- 교육계열: 교육공학과, 교육학과, 문헌정보교육학과, 사회교육과, 윤리교육과

관련 교과

2022 개정 교육과정: 통합사회 1, 통합사회 2, 사회와 문화, 도시의 미래 탐구, 사회문제 탐구

2015 개정 교육과정: 통합사회, 경제, 정치와 법, 사회·문화, 생활과 윤리, 윤리와 사상, 사회문제탐구

금융 오디세이

차현진 | 메디치미디어 | 2021

이 책은 돈, 은행, 사람을 중심으로 하여 금융의 역사와 발전에 대해 다루고 있다. 한국은행에서 오랫동안 근무한 중앙은행 전문가인 저자가 돈과 은행과 사람에 대해 일반 경제학자들과는 다른 시각에서 이야기를 풀어 나감으로써 금융에 대한 이해를 넓힐 수 있다. 금융이 다루는 돈의 정체와 가치에 관한 논쟁을 이야기하고, 현대 경제에서 중요한 축을 맡고 있는 개념들이 역사 속에서 어떻게 다듬어졌는지를 다룬다.

탐구 주제

주제1 《금융 오디세이》에서 저자는 돈의 발생부터 그 가치와 기능, 그리고 은행 및 금융 시스템의 역할에 이르기까지 다양한 주제를 탐구한다. 이 책을 읽고 현대 경제에서 디지털화가 금융 및 회계 분야에 어떤 변화를 가져왔는지 생각해 보고, 그에 따른 장단점과 효과적인 대응 전략에 대해 고찰해 보자.

주제2 《금융 오디세이》는 우리가 일상에서 당연하게 사용하는 돈이 어떻게 발생하였는지, 그리고 그것이 어떻게 사회와 경제를 구성하는 중추적인 요소로 자리 잡았는지 설명한다. 책을 읽고 가장 인상 깊었던 부분을 중심으로 독서 보고서를 작성한 후 친구들과 의견을 공유해 보자.

주제3 디지털 통화와 통화 주권을 둘러싼 논쟁

주제4 예금자 보호 제도의 문제점과 개선 방안에 대한 연구

학생부 기록 예시 (교과세특)

'금융 오디세이(차현진)'를 읽고 '디지털화 시대에 따른 금융 분야 변화의 장단점 및 대응 전략'을 주제로 탐구보고서를 발표함. 장점은 업무의 효율성과 정확도를 높이고 데이터 분석 결과로 타당한 결정 지원한다는 점이며, 단점은 일자리 감소와 디지털 환경의 보안 위협이 존재한다고 설명함. 경제 수업에서 배운 금융 및 회계 지식을 바탕으로 책의 내용을 재구조화해서 해석하여 수준 높은 보고서를 작성함.

경영 및 경제 분야에 관심이 많아 진로 연계 독서 활동을 통해 금융 지식을 확장하는 모습이 인상적임. '금융 오디세이(차현진)'를 읽고, 작가가 동전 하나로 시작하여 현대의 복잡한 금융 시스템까지 전개되는 과정이 인상 깊었다고 독서보고서를 작성함. 더 나아가 책 내용 중 은행사에서 유명한 인물 J.P.모건에 대한 이야기에 흥미를 느껴 '금융황제 J.P.모건(진 스트라우스)'을 읽고 금융 시스템과 자본주의의 진화 과정을 고찰함.

관련 논문

ESG 경영환경에서 지역은행의 역할과 금융상품(임태산, 2023)

관련 도서

《돈의 흐름을 포착하라》, 백미르, 다온길
《부자의 그릇》, 이즈미 마사토, 다산북스

관련 계열 및 학과

- 사회계열: 경영학과, 경영정보학과, 문화콘텐츠학과, 미디어커뮤니케이션학과
- 인문계열: 문화인류고고학과, 문헌정보학과, 상담심리학과, 심리학과, 인류학과, 철학과
- 교육계열: 교육공학과, 교육학과, 문헌정보교육학과, 사회교육과, 윤리교육과

관련 교과

2022 개정 교육과정: 통합사회 1, 통합사회 2, 사회와 문화, 도시의 미래 탐구, 사회문제 탐구

2015 개정 교육과정: 통합사회, 경제, 정치와 법, 사회·문화, 생활과 윤리, 윤리와 사상, 사회문제탐구

인문계열

사회계열

자연계열

공학계열

의약계열

예체능계열

교육계열

기후를 위한 경제학
김병권 | 착한책가게 | 2023

이 책은 기후 위기 시대, 성장을 최우선의 가치로 삼았던 경제를 바꾸고 정의로운 분배 개혁에 도전하여 지구 한계 안에서 좋은 삶을 모색하는 생태경제학에 관한 책이다. 지구 생태계와 인간 경제를 연결하고 지구 한계 안에서 필요를 모색하며, 어떻게 좋은 사회를 만들지에 대한 해답을 제시한다. 생태경제학의 이론들을 쉽고 간결하게 요약하고 있어 기후 위기에 관심 있는 사람들이 생태경제학에 입문하는 데 도움이 될 것이다.

탐구 주제

주제1 기후 위기를 염려하면서도 경제 침체를 걱정하는 사람들은 기술혁신이 경제성장을 촉진하면서도 지구 생태계를 위협하지 않을 것이라는 기술 낙관주의를 믿고 있다. '기술혁신으로 경제성장을 지속하고 기후 위기도 막을 수 있을까'를 토의한 후 시사점을 도출해 보자.

주제2 생태경제학이 어떤 문제의식으로 출발했으며 기존 경제학과 어떻게 다른지, 그것이 제시하는 주요 이론과 다양한 주장들을 살펴보자. 특히 '정상상태 경제', '도넛 경제', '잘 설계된 성장 없는 경제', '탈성장 경제', '생태사회주의'는 어떻게 다른지 비교 분석해 보자.

주제3 생태경제학의 경제 개혁 전략과 정책에 대한 탐구

주제4 에너지 절약이 경제에 미치는 효과에 대한 조사 연구

학생부 기록 예시 (교과세특)

'기후를 위한 경제학(김병권)'을 읽으면서 '기후 위기는 해결해야하지만 경제성장은 어떻게 하지?'라는 의문을 가지고 책의 내용을 살펴봄. 내 삶을 바꾸는 독후활동 발표에서 의도적으로 성장 없는 경제로 진입하는 경우와 성장을 추구하다가 실패해서 경기 침체에 빠지는 경우는 전혀 다르다는 의견을 정리해서 발표함. 관심 분야인 경제학의 지식을 확장하기 위해 주체적인 관점으로 책 내용을 분석하는 모습이 매우 인상적임.

'기후를 위한 경제학(김병권)'을 읽고 기술 혁신으로 경제 성장을 지속하고 기후 위기도 막을 수 있을까에 의문을 가지게 되었으며, 희망 진로인 경제학과 관련된 생태경제학에 관심을 가짐. 내 삶을 바꾸는 독후활동 발표에서 기후 위기에 대처하기 위해서는 경제 성장이 아닌 분배와 탈성장이 중요하다는 작가의 의견에 공감하게 되어, 앞으로 기후 위기 극복을 위한 생태경제학과 탈성장에 대해 탐구하고 싶다는 포부를 밝힘.

관련 논문
기후변화교육 관련 2022 개정 교육과정 내용 분석(신영준, 2023)

관련 도서
기후위기 부의 대전환(홍종호, 다산북스)
녹색 성장 말고 기후정의(박재용, 뿌리와 이파리)

관련 계열 및 학과
- 사회계열: 경제학과, 경영학과, 경영정보학과, 농업경제학과, 식품자원경제학과
- 자연계열: 그린스마트시티학과, 미래농업융합학부, 식품생명공학과, 환경학과
- 공학계열: 식물·환경신소재공학과, 신소재공학과, 에너지공학과, 재료공학과

관련 교과

2022 개정 교육과정: 통합사회 1, 사회와 문화, 경제, 금융과 경제생활, 기후변화와 지속가능한 세계

2015 개정 교육과정: 통합사회, 경제, 정치와 법, 사회·문화, 생활과 윤리, 사회문제탐구

나는 감이 아니라 데이터로 말한다

신현호 | 한겨레출판 | 2019

우리 주변에서 일어나고 있는 다양한 현상을 데이터에 근거한 각종 자료를 통해 설명하는 책이다. 이 책은 데이터 분석의 필요성과 효과를 이해하는 데 도움을 주며, 데이터가 어떻게 우리의 삶과 사회, 경제, 기업의 의사결정에 영향을 미치는지를 설명한다. 또한, 데이터 분석을 통해 얻을 수 있는 통찰력과 이를 활용한 사례들을 다양하게 소개하고 있다. 이 책을 통해 데이터를 통한 분석과 의사결정의 중요성을 이해할 수 있다.

탐구 주제

주제1 《나는 감이 아니라 데이터로 말한다》는 데이터 분석을 통한 의사결정의 중요성을 설명하는 책이다. 데이터 기반 의사결정이 항상 옳은 것일까? 아니면 상황에 따라 다른 접근 방식이 필요할 수도 있을까? 데이터 기반 의사결정의 장단점을 탐구한 후 친구들과 의견을 공유해 보자.

주제2 《나는 감이 아니라 데이터로 말한다》는 대부분 일상에서 접하는 주제를 다루면서 그 주제와 관련된 전문기관의 조사나 학계의 연구 결과를 소개한다. 책에서 언급된 데이터 분석 사례를 바탕으로, 인플레이션 지표로서의 소비자물가지수(CPI)의 정확성과 잠재적 단점을 탐구해 보자.

주제3 환율 변동이 국가 경제에 미치는 영향 분석

주제4 빅데이터 활용이 현대 사회와 산업에 미치는 영향 조사

학생부 기록 예시 (교과세특)

'나는 감이 아니라 데이터로 말한다(신현호)'를 읽고 토론 주제로 '데이터 기반 의사결정의 장단점'을 제안함. 비교분석력을 발휘하여 데이터 기반 의사결정 방식의 장단점을 제시함. 데이터 기반 정보 분석이 올바른 의사결정에 도움을 주기도 하지만, 또 다른 한편으로는 데이터를 통해 사실을 왜곡하는 데에도 활용될 수도 있다고 주장함. 정보의 홍수에서 제대로 된 데이터 읽기가 선행되어야 함을 설득력 있게 발표함.

경제 이슈에 관심이 많은 학생으로, 교내 신문에 매달 경제 관련 기사를 정리하여 게시함. '나는 감이 아니라 데이터로 말한다(신현호)'를 읽고, '인플레이션을 측정하는 주요 지표 중 하나인 소비자물가지수(CPI)는 정확한 것인가?'를 주제로 기사를 작성함. 소비자물가지수는 인플레이션을 측정하는 중요한 도구이지만 계산의 복잡성과 실제 인플레이션 반영에 영향을 미칠 수 있는 내재된 편향을 이해하는 것이 중요하다고 설명함.

관련 논문

뉴스 댓글 빅데이터 분석을 통한 청소년 정책에 대한 연구(박현진, 2023)

관련 도서

《모두의 데이터 분석 with 파이썬》, 송석리 외, 길벗
《세상을 읽는 새로운 언어, 빅데이터》, 조성준, 21세기북스

관련 계열 및 학과	• 사회계열: 경영학과, 경영정보학과, 문화콘텐츠학과, 미디어커뮤니케이션학과
	• 공학계열: 멀티미디어공학과, 산업공학과, 소프트웨어학과, 정보보안학과, 정보통신공학과
관련 교과	• 교육계열: 교육공학과, 교육학과, 문헌정보교육학과, 사회교육과, 윤리교육과

2022 개정 교육과정: 통합사회 1, 통합사회 2, 사회와 문화, 도시의 미래 탐구, 사회문제 탐구

2015 개정 교육과정: 통합사회, 경제, 정치와 법, 사회·문화, 생활과 윤리, 윤리와 사상, 사회문제탐구

인문계열

사회계열

자연계열

공학계열

의약계열

예체능계열

교육계열

나는 게임한다 고로 존재한다

이동은 | 자음과모음 | 2021

이 책은 청소년들이 좋아하는 게임에 대해 인문학적으로 생각하게 하는 책이다. 저자는 게임이 청소년의 학업을 방해하고 잔인성과 폭력성 같은 나쁜 영향을 준다는 오해와 편견을 풀고 청소년에게 진짜 게임을 한다는 것이 무엇인지 알려 주고자 이 책을 썼다. 게임 스토리텔링을 통해 인문학적 가치를 찾는 방법을 안내하며, 게임이 어떤 문화로 자리 잡았는지를 소개하고 게임의 역사와 문화, 현대 기술 발전에 미친 영향 등을 다루고 있다.

탐구 주제

주제1 오늘날 청소년들은 '디지털 네이티브(digital native)'로서 디지털 환경 속에서 자신을 표현하고 타인과 교류하며, 디지털 환경을 통해 우리가 살고 있는 사회를 이해한다. 해외 국가들은 디지털 환경에서의 청소년 경험과 보호 대책이 어떻게 이루어지고 있는지 살펴보고 시사점을 도출해 보자.

주제2 디지털 게임은 오늘날 청소년들의 일상생활과 떼려야 뗄 수 없는 중요한 부분이 되었다. 그러나 게임에 대한 논쟁은 대부분 부정적인 측면, 예를 들어 중독성이나 폭력성 등에 초점을 맞추고 있다. 다른 시각에서 접근하여 디지털 게임이 청소년들에게 가져다 주는 장점에 대해 논의해 보자.

주제3 게임의 교육적 활용 가능성과 한계에 관한 연구

주제4 e스포츠와 청소년의 놀이 문화 탐구

학생부 기록 예시 (교과세특)

교육과 미디어에 관심이 많은 학생으로, '나는 게임한다 고로 존재한다(이동은)'를 읽고 문헌 연계 활동으로 '디지털 환경에서의 청소년 경험과 보호 대책'을 심화 탐구함. 탁월한 자료분석력을 발휘하여 해외 국가들의 사례를 비교 분석하고, 청소년을 위한 디지털 리터러시 및 시민의식 교육이 필수적임을 인지함. 또한 우리나라 청소년의 디지털 미디어 활용에 대한 다양한 보호 대책을 제안하고, 카드뉴스로 제작하여 발표함.

'나는 게임한다 고로 존재한다(이동은)'를 읽고 '청소년들에게 게임의 장점이 무엇인가'에 관한 의견 조사를 한 후 온라인으로 결과를 공유하여 소통 능력을 발휘함. 게임 자체가 좋거나 나쁜 것이 아니라 사용하는 방법에 따라 결과가 달라지므로 올바르게 사용하도록 게임 리터러시 교육이 필요하다는 내용으로 캠페인 활동을 진행함. 탐구 주제에 대해 자기 주도적 방법으로 심화활동을 수행하여 수준 높은 결과물을 도출해 냄.

관련 논문

스토리텔링이 디지털 게임 개발에 미치는 영향에 관한 연구(박찬익, 2018)

관련 도서

《가르치지 말고 플레이하라》, 김상균, 플랜비디자인
《문기주의 e스포츠 세상》, 문기주, 새론북스

관련 계열 및 학과

- 사회계열: 공공인재학과, 공공행정학과, 법학과, 사회복지학과, 행정학과
- 인문계열: 상담심리학과, 심리학과, 인류학과, 종교학과, 철학과, 특수학과
- 공학계열: 멀티공학과, 멀티미디어학과, 산업공학과, 소프트웨어공학과, 정보통신공학과

관련 교과

2022 개정 교육과정: 통합사회 1, 사회와 문화, 경제, 금융과 경제생활, 기후변화와 지속가능한 세계

2015 개정 교육과정: 통합사회, 경제, 정치와 법, 사회·문화, 생활과 윤리, 사회문제 탐구

나는 멈춘 비행기의 승무원입니다

우은빈 | 애플북스 | 2022

"이 책에는 화려하고 우아한 승무원은 없습니다. 승객에게 머리채까지 잡힐 뻔했던 승무원의 직업 이야기에 가깝기 때문이죠. 그 속에는 공항도 있고, 비행기 속 공간도 있고, 함께 일하는 동료도 있고, 무엇보다 저를 울고 웃게 해 주었던 여행자도 있습니다." 저자가 승무원으로 근무하며 썼던 비행일지를 토대로 쓴 책이다. 생생한 비행 이야기를 통해 승무원이라는 직업에 대해 깊이 이해하고 프로 승무원의 자질이 무엇인지 배울 수 있다.

탐구 주제

주제1 항공사 승무원 직업체험 활동을 통해 승무원 업무를 이해하고 승무원 업무를 실제로 체험하고 실습할 수 있다. 이미지 메이킹, 유니폼 착용, 기내 서비스 실습, 다양한 기내 상황 체험 등을 통해 비행 승무원의 업무 개선을 위해 어떤 훈련과 교육이 필요한지 탐구해 보자.

주제2 비행 승무원의 역할은 승객들에게 편안한 비행을 제공하는 것뿐만 아니라, 항공 안전을 유지하는 중요한 책임도 포함하고 있다. 《나는 멈춘 비행기의 승무원입니다》를 읽고, 비행 승무원은 항공 안전을 유지하기 위해 어떤 역할과 책임이 있는지를 주제로 3분 동안 영어 발표를 해 보자.

주제3 승무원으로서의 삶과 직무 스트레스 관리 방법 탐구

주제4 승무원의 커뮤니케이션이 항공 서비스 품질에 미치는 영향 분석

학생부 기록 예시 (교과세특)

항공사 승무원을 진로 목표로 하는 학생으로, 늘 품행이 단정하고 친절이 몸에 배어 있음. '나는 멈춘 비행기의 승무원입니다(우은빈)'를 읽고, 승객 서비스의 핵심인 '승무원 의사소통역량'에 대해 탐구함. 승무원의 비언어적 커뮤니케이션은 고객과 우호적 관계를 형성해 서비스 품질에 긍정적인 평가로 이어진다는 것을 알게 됨. 봉사와 서비스 정신을 바탕으로 사람들과 따뜻하게 소통하는 승무원이 되고 싶다는 포부를 밝힘.

'나는 멈춘 비행기의 승무원입니다(우은빈)'를 읽고, 항공사 승무원이라는 꿈을 갖게 된 계기, 승무원이 하는 일, 승무원으로서 갖추어야 할 역량 등을 3분간 자연스럽게 영어로 발표함. 또한 생활과 윤리 시간에 윤리적인 소비와 관련하여 지역 관광지 중 서해안 갯벌 공정 여행 상품을 개발하는 보고서를 작성함. 봉사 여행의 다양한 사례를 조사하는 과정에서 공감적 사고력을 발휘하여 여행의 의미를 확장하는 계기가 되었음.

관련 논문

항공사객실승무원의 비언어적 커뮤니케이션이 서비스품질에 미치는 영향(한미정, 2023)

관련 도서

《파일럿의 진로탐색비행》, 최재승, 누벨끌레
《뜨는 관광에는 이유가 있다》, 한국관광공사, 그래비티북스

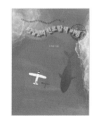

관련 계열 및 학과
- 사회계열: 공공인재학과, 관광학과, 미디어커뮤니케이션학과, 항공서비스학과, 호텔경영학과
- 공학계열: 교통공학과, 자동차공학과, 항공우주공학과, 항공운항학과
- 인문계열: 문헌정보학과, 상담심리학과, 심리학과, 인류학과, 언어학과, 영어학과

관련 교과

2022 개정 교육과정: 통합사회 1, 사회와 문화, 현대 사회와 윤리, 윤리와 사회, 인문학과 윤리

2015 개정 교육과정: 통합사회, 정치와 법, 사회·문화, 생활과 윤리, 윤리와 사상, 사회문제 탐구

인문계열

사회계열

자연계열

공학계열

의약계열

예체능계열

교육계열

내가 검찰을 떠난 이유

이연주 | 포르체 | 2020

이 책은 엘리트로 인정받던 검사가 검찰 내부의 불공정 인사, 전관예우, 여성 차별, 스폰서 문화, 언론 유착, 사건 조작 등을 폭로하며 한국 사회의 어두운 그늘을 들여다보고 검찰 개혁의 당위성을 강조하는 책이다. 책 내용은 검사로 일한 한 개인의 역사적 기록이자 대한민국 사회의 시대적 외침으로, 변화를 갈망하는 이의 목소리를 담고 있다. 저자 자신의 경험을 바탕으로 한국의 법질서와 사회에 대한 비판적인 시각을 제시하고 있다.

탐구 주제

주제1 《내가 검찰을 떠난 이유》에서 저자는 검찰의 역할과 그 한계에 대해 깊이 있게 탐구하고 있다. 정치와 법 시간에 법 집행 기관이 사회에서 어떤 역할을 해야 하며, 현재 검찰이 직면한 도전과 한계는 무엇인지 등에 대해 모둠별로 토의한 후 의견을 공유해 보자.

주제2 법률은 우리 사회에서 굉장히 중요한 역할을 하며, 법과 정의를 실현하기 위한 도구로 작용한다. 그러나 《내가 검찰을 떠난 이유》에서 저자는 종종 법률이 항상 정의를 실현하지 못한다고 지적한다. '법률은 항상 공정한가?'를 주제로 법률과 정의, 그리고 '공정함'에 대해 토론해 보자.

주제3 법적 판단에서 확률 판단의 중요성에 대한 탐구

주제4 검찰시민위원회의 의의와 역할, 과제에 대한 분석

학생부 기록 예시 (교과세특)

'내가 검찰을 떠난 이유(이연주)'를 읽고 '법 집행 기관의 역할과 한계'에 대해 탐구함. 법 집행 기관은 국가 안전과 공공의 안녕을 지키기 위해 법률을 시행하고 유지하는 역할을 하지만, 실제로는 자원과 인력 부족으로 모든 일에 관여하지 못하기도 하고 때로는 편견이나 차별적인 관점으로 인해 일부 사람들에게 공정하지 못한 대우를 할 수도 있다고 분석함. 수준 높은 자료를 친구들의 수준에 맞게 재구성하여 전달력 높게 발표함.

정치와 법 수업에서 정의로운 입법과 공정한 법 집행에 관해 배운 후 법학에 관심이 높아짐. '내가 검찰을 떠난 이유(이연주)'를 읽고, '법률은 항상 공정한가?'를 생각해 봄. 법률이 어떻게 작동하는지, 그것이 어떻게 공정성과 정의에 영향을 미치는지에 대한 심화 자료를 읽음으로써 다양한 관점을 파악함. 비판적 사고력과 예리한 분석력으로 법률과 정의, 공정함에 대한 깊이 있는 이해를 도출하였고, 이를 통해 법 지식을 확장하였음.

관련 논문
수사환경 변화에 따른 검찰수사관 제도개선에 관한 연구(김태경, 2020)

관련 도서
《오늘의 법정을 열겠습니다》, 허승, 북트리거
《법은 얼마나 정의로운가》, 폴커 키츠, 한스미디어

관련 계열 및 학과
- 사회계열: 경찰행정학과, 공공인재학과, 공공행정학과, 법학과, 정치외교학과, 행정학과
- 인문계열: 상담심리학과, 심리학과, 인류학과, 종교학과, 철학과

관련 교과
- 교육계열: 교육공학과, 교육학과, 사회교육과, 윤리교육과

2022 개정 교육과정: 통합사회 1, 사회와 문화, 현대사회와 윤리, 정치, 법과 사회, 윤리문제 탐구

2015 개정 교육과정: 통합사회, 정치와 법, 사회·문화, 생활과 윤리, 사회문제 탐구

돈이 먼저 움직인다
제현주 | 어크로스 | 2021

미래 사회를 예측하는 가장 좋은 방법이 무엇일까? 돈이 흘러가는 방향을 보면 미래의 세상이 어디로 움직일지 예상할 수 있다고 한다. 이 책은 '대체 투자란 무엇일까요?'라는 질문으로 시작한다. 저자가 말하는 돈이 움직이는 곳은 ESG 투자, 그중에서도 임팩트 투자이다. 1부는 임팩트 투자가 무엇이고, 그것이 왜 중요해졌는지에 대한 설명하고, 2부는 그래서 어떤 영역이 각광받고 있는지 설명하고 있다.

탐구 주제

주제1 기존의 투자는 경제 및 재무적인 성과에 집중하였던 반면, 임팩트 투자는 경제 및 재무적 성과를 넘어 사회적·환경적 성과를 추구하는 투자를 말한다. 임팩트 투자의 정의와 그 중요성에 대해 설명하고, 전통적인 투자와 임팩트 투자가 어떻게 다른지 비교 분석해 보자.

주제2 임팩트 투자는 기후 위기 시대에 사회 양극화 문제 및 정부 재정에 기반한 복지 정책의 한계를 넘어설 수 있는 해결책으로 부상하고 있다. 현재 전 세계에서 얼마나 많은 자금이 임팩트 투자로 유입되고 있는지, 그리고 가장 활발하게 활동하는 지역과 산업 분야는 무엇인지에 관해 탐구해 보자.

주제3 임팩트 투자의 성과와 과제 분석

주제4 사회적 가치와 임팩트 투자에 대한 탐구

학생부 기록 예시 (교과세특)

새로운 기술 개발과 글로벌 기업 환경에 대한 지속적인 관심을 가진 학생임. '돈이 먼저 움직인다(제현주)'를 읽고 임팩트 투자에 대한 단순한 호기심에 그치지 않고 자료 검색을 통해 학문적인 탐구를 진행함. 임팩트 투자는 수익 추구 외에도 사회적 가치 창출과 지속 가능한 발전을 중요하게 생각하는 투자 전략이며, 기업의 사회적 책임을 강조하고 지속 가능한 경제활동을 촉진하는 데 중요한 역할을 한다고 설명함.

평소 통계나 경제 등 세상 돌아가는 것에 대한 관심이 높아 경제 잡지를 정독하며 세계 경제의 흐름을 파악하는 데 적극적인 태도를 보임. '돈이 먼저 움직인다(제현주)'를 읽고, 임팩트 투자 시장에 대한 탐구 주제를 제안함. 현재 전 세계에서 얼마나 많은 자금이 임팩트 투자로 유입되고 있는지 조사하고, 가장 활발하게 활동하는 지역과 산업 분야를 파악하여 친구들이 이해하기 쉬운 시각 자료로 제작하여 발표함.

관련 논문
빅데이터를 활용한 임팩트투자의 국내외 연구 동향(최재원 외, 2020)

관련 도서
《한 권으로 끝내는 ESG 수업》, 신지현, 중앙북스
《우리가 세상을 바꿀 수 있다면》, 모건 사이먼, 알에이치코리아

관련 계열 및 학과
- 사회계열: 경영학과, 경영정보학과, 경제학과, 글로벌비즈니스학과, 사회학과, 소비자학과
- 인문계열: 인류고고학과, 문헌정보학과, 상담심리학과, 심리학과, 인류학과, 철학과

관련 교과
- 공학계열: 소프트웨어공학과, 인공지능공학과, 정보통신공학과, 컴퓨터공학과

2022 개정 교육과정: 통합사회 1, 사회와 문화, 현대 사회와 윤리, 윤리와 사회, 인문학과 윤리

2015 개정 교육과정: 통합사회, 정치와 법, 사회·문화, 생활과 윤리, 윤리와 사상, 사회문제 탐구

인문계열

사회계열

자연계열

공학계열

의약계열

예체능계열

교육계열

똑똑하게 생존하기

칼 벅스트롬, 제빈 웨스트 |
안드로메디안 | 2021

"세상에는 헛소리가 넘쳐나고 우리는 그 속에서 익사 지경에 처했다." 위와 같은 말로 시작하는 이 책은 가짜 뉴스나 편향된 정보가 넘쳐나는 현대 사회에서 어떻게 진실을 파악하고 똑똑하게 살아남을 수 있는지를 가르쳐 준다. 두 저자는 그 방안으로 헛소리 까발리기를 제안한다. 헛소리 까발리기 기술은 넘쳐나는 헛소리의 본질을 알고 제대로 비판할 줄 아는 사고, 즉 정보 리터러시를 갖추는 것이다.

탐구 주제

주제1 생성형 인공지능(AI) 기술은 텍스트, 이미지, 비디오 등 다양한 매체의 콘텐츠를 생성할 수 있어 많은 이점을 제공하지만, 동시에 가짜 뉴스를 만드는 데 사용될 수도 있다. 생성형 인공지능 기술로 만들어진 가짜 뉴스 사례를 조사하고 가짜 뉴스 피해를 예방하기 위한 대책을 토의해 보자.

주제2 디지털 시대에는 소셜미디어가 중요한 정보 교류의 플랫폼으로 자리 잡았다. 그러나 이런 편리함 속에도 소셜미디어에서 제공되는 정보의 신뢰성에 대한 의문도 존재한다. 소셜미디어에서 제공되는 정보의 신뢰성을 평가하는 방법을 조사하고 친구들과 의견을 공유해 보자.

주제3 가짜 뉴스 법적 처벌 필요한가에 대한 찬반 토론하기

주제4 가짜 뉴스와 팩트 체크 효과 연구

학생부 기록 예시 (교과세특)

'똑똑하게 생존하기(칼 벅스트롬 외)'를 읽고, 소셜미디어 시대에 정보 과부하와 가짜 뉴스에 대응하기 위해서는 사용자의 정보 리터러시가 중요하다고 강조함. 또한 소셜미디어에서 제공되는 정보의 신뢰성을 평가하는 방법으로 정보 출처 확인하고 여러 출처 비교하기, 팩트 체크하기, 비판적 사고방식 유지하기 등의 방법을 제안함. 다양한 관련 자료를 확충하여 문제해결 방안을 제시하며 공감을 이끌어 내는 소통 역량을 발휘함.

디지털 콘텐츠와 미디어 리터러시에 관심이 많아 관련 독서를 풍부하게 함. '똑똑하게 생존하기(칼 벅스트롬 외)'를 읽고, 생성형 인공지능(AI) 기술로 만들어진 가짜 뉴스 사례를 조사해 가짜 뉴스를 판별법을 설명함. 공식 방송사, 신문사 등에서 제공된 정보를 활용하고, AI가 생성한 뉴스 내용에 대해 팩트 체크 사이트를 활용하여 검증하는 방법을 제안함으로써 친구들부터 발표의 내용이 실질적인 도움이 되었다는 평가를 받음.

관련 논문
뉴스와 소셜 데이터를 활용한 텍스트 분석 기반 가짜 뉴스 탐지 방안(현윤진, 2019)

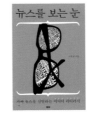 

관련 도서
《뉴스를 보는 눈》, 구본권, 풀빛
《포스트트루스》, 리 매킨타이어, 두리반

관련 계열 및 학과
- 사회계열: 공공인재학과, 공공행정학과, 법학과, 사회복지학과, 사회학과, 소비자학과
- 인문계열: 인류고고학과, 문헌정보학과, 상담심리학과, 심리학과, 인류학과, 철학과
- 교육계열: 교육학과, 사회교육과, 유아교육과, 윤리교육과, 초등교육과

관련 교과

2022 개정 교육과정: 통합사회 1, 사회와 문화, 현대 사회와 윤리, 윤리와 사회, 인문학과 윤리

2015 개정 교육과정: 통합사회, 정치와 법, 사회·문화, 생활과 윤리, 윤리와 사상, 사회문제 탐구

무조건 팔리는 카피 단어장

간다 마사노리, 기누타 준이치 |
동양북스 | 2021

이 책은 1인 미디어 시대를 살아가는 독자들에게 미디어 마케팅에 관해 실질적인 도움을 제공하는 책으로, 유튜버, 인스타그램 운영자, 마케팅팀 직원, 자영업자 등이 필요로 하는 홍보 및 마케팅 지식을 제공한다. 또한, 행동경제학과 심리학, 소비자 심리학에서 말하는 인간 본성의 법칙을 실제 카피의 예시와 함께 제시하고 있다. 디지털 시대에 사람의 마음을 움직이는 카피라이팅 기술에 대한 지식을 습득하는 데 도움이 된다.

탐구 주제

주제1 《무조건 팔리는 카피 단어장》에는 PASPNA법칙이 제시되어 있다. PASPNA법칙은 '고객이 안고 있는 고통을 친근한 언어로 해결하기 위해 좋은 조건을 제안하고 딱 맞는 바로 그 고객이 지금 구입하게 만드는 것'이다. PASPNA법칙을 활용하여 광고문을 카드 뉴스로 제작해서 발표해 보자.

주제2 《무조건 팔리는 카피 단어장》은 광고와 마케팅 분야에서 어떻게 하면 고객의 주의를 끌고, 그들로 하여금 우리의 제품이나 서비스에 관심을 가지게 할 수 있는지에 관한 메시지를 전달하는 방법을 알려 주고 있다. 다양한 예시 중 하나를 선택하여 해당 광고문의 전략을 분석해서 보고서를 작성해 보자.

주제3 광고 카피에 대한 소비자 선호도 조사 연구

주제4 국내 대표 기업의 브랜드 전략 탐구

학생부 기록 예시 (교과세특)

'무조건 팔리는 카피 단어장(간다 마사노리 외)'을 읽고, 사람의 마음을 움직이는 카피에 대해 알고 직접 광고문을 작성함. 저자가 제시한 광고 법칙에 따라 문제를 제기하는 카피, 공감하는 카피, 해결책을 제시하는 카피, 조건을 제시하는 카피, 특정한 고객을 대상으로 삼은 카피, 행동을 촉구하는 카피의 사례를 각각 시각적 자료를 제시하며 설명함. 또한 설득의 기술로 의류를 홍보하는 광고문을 발표하여 친구들로부터 호응을 얻음.

'무조건 팔리는 카피 단어장(간다 마사노리 외)'을 읽고, 광고와 마케팅 분야에서 효과적인 메시지를 전달하는 방법에 대한 지식을 습득함. 특히 긍정적이고 희망찬 메시지 사용의 중요성을 인식하고, 긍정적인 언어 사용 전략이 제품에 대한 고객의 호감을 높이는 데 효과적이라는 것을 알게 됨. 배운 앎을 응용하여 '당신의 최고 기록을 깨뜨릴 수 있는 운동화'라는 운동화 광고문을 발표하여 뛰어난 창의적 사고 역량을 발휘함.

관련 논문
인공지능을 활용한 창의적 광고 문구의 생성 (박수근, 2019)

관련 도서
《광고의 8원칙》, 오두환, 대한출판사
《지금 팔리는 것들의 비밀》, 최명화 외, 리더스북

관련 계열 및 학과	• 사회계열: 광고홍보학과, 문화콘텐츠학과, 미디어커뮤니케이션학과, 신문방송학과
	• 공학계열: 멀티미디어공학과, 산업공학과, 소프트웨어학과, 정보보안학과, 정보통신공학과
관련 교과	• 인문계열: 미디어광고콘텐츠학과, 미디어문예창작학과, 미디어영상학과

2022 개정 교육과정: 통합사회 1, 사회와 문화, 현대 사회와 윤리, 윤리와 사회, 인문학과 윤리

2015 개정 교육과정: 통합사회, 정치와 법, 사회·문화, 생활과 윤리, 윤리와 사상, 사회문제 탐구

인문계열

사회계열

자연계열

공학계열

의약계열

예체능계열

교육계열

미디어 읽고 쓰기

이승화 | 시간여행 | 2021

이 책은 팬데믹을 거치며 미디어 의존성이 높아진 현대 사회에서 미디어를 주체적으로 해석하고 창의적으로 표현하는 능력인 미디어 리터러시의 중요성을 강조하고 있다. 미디어 리터러시의 의미를 '읽기'와 '쓰기'로 구성하여 쉽게 읽을 수 있고, 디지털 소외, 조작 방송, 악성 댓글, 가짜 뉴스, 미디어 중독 등의 최신 이슈를 포함하고 있다. 미디어의 영향력이 커짐에 따라 미디어 리터러시를 배우고자 하는 학생들에게 도움이 되는 책이다.

탐구 주제

주제1 플라스틱이라는 소재에 대해서 과학적으로 접근해 보고, 우리 생활에서 어떻게 사용되는지를 알아본 후에 플라스틱과 관련한 다양한 뉴스나 기사를 직접 검색하여 읽어 보자. 그 내용을 바탕으로 플라스틱 사용이 환경에 미치는 영향에 대해서 영어로 된 카드 뉴스로 제작해서 발표해 보자.

주제2 지구과학 시간에 섬유 쓰레기가 지구환경에 미치는 영향에 관한 다양한 기사를 통해서 분석해 보고, 국어 시간에는 일부 패스트 패션 브랜드들이 헌 옷을 도로 구매하는 부분이 사회적으로 어떤 의미가 있는지 의견을 나누어 본 후 우리의 소비 문화를 주제로 토론해 보자.

주제3 과학적 사고로 뉴스를 분석하여 미디어 비평 보고서 작성하기

주제4 뉴스의 비판적 이해와 분석에 관한 고찰

학생부 기록 예시 (교과세특)

미디어를 습관적으로 접하면서 시간을 낭비하는 느낌이 들었는데, '미디어 읽고 쓰기(이승화)'를 읽고 좀 더 유익하게 미디어를 활용하는 방법을 알게 됨. 또한 평소 미디어 습관을 점검해 보면서 건전한 미디어 생활을 해야겠다는 다짐을 함. '미디어를 왜 의미를 찾으며 봐야 해?'라는 친구의 질문에 매일 접하는 미디어의 의미만 찾아도 삶이 달라질 수 있기 때문이라는 현명한 답을 제시하여 뛰어난 의사소통 능력을 보여 줌.

환경 문제에 관심이 높아 '미디어 읽고 쓰기(이승화)'를 읽고, 영어 뉴스 탐구활동 시간에 플라스틱 사용이 환경에 미치는 영향에 관한 뉴스를 찾아 읽음. 이를 바탕으로 '미세 플라스틱 오염, 환경과 건강을 위협하고 있다'라는 제목의 수준 높은 영어 표현을 활용한 카드 뉴스를 제작함. 미세 플라스틱이 공기, 물, 음식물을 오염시켜 우리의 건강과 환경을 위협하는 것에 대한 정보를 분명하게 전달하여 동료 학생들의 많은 공감을 받음.

관련 논문

뉴미디어 광고, 제품의 소비자를 광고의 생산자로 만들다(김혜원 외, 2018)

관련 도서

《미디어 리터러시》, 이현주 외, 북스타
《팩트체크》, JTBC 뉴스룸 팩트체크 제작팀, 중앙북스

관련 계열 및 학과
- 사회계열: 문화콘텐츠학과, 미디어커뮤니케이션학과, 사회학과, 신문방송학과, 언론정보학과
- 인문계열: 국어국문학과, 문예창작학과, 문헌정보학과, 심리학과, 인류학과, 철학과

관련 교과
- 교육계열: 교육학과, 사회교육과, 지리교육과, 유아교육과, 윤리교육과

2022 개정 교육과정: 통합사회 1, 통합사회 2, 사회와 문화, 현대사회와 윤리, 인문학과 윤리

2015 개정 교육과정: 통합사회, 경제, 정치와 법, 사회·문화, 생활과 윤리, 윤리와 사상, 사회문제탐구

미래를 위한 새로운 생각

마야 괴펠 | 나무생각 | 2021

지구의 환경과 인간의 행복이 공존할 수 있는 방법은 무엇일까? 경제, 환경, 생태, 과학, 가치와 윤리 등, 인류는 다양한 관점에서 완전히 새로운 생각으로 미래를 설계해야 한다. 지구를 고갈시키는 방법으로는 우리의 살길을 찾을 수 없다. 이 책은 우리가 지구와의 공존을 위해 어떤 삶의 방식을 선택해야만 하는가에 대해 고민하며, 부와 자원의 공정한 분배, 사회 공동체 가치의 회복, 그리고 생태적인 균형과 안정이 해결 방법임을 말한다.

탐구 주제

주제1 지속 가능성을 연구하는 경제학자 마야 괴펠 박사는 《미래를 위한 새로운 생각》에서 현재 우리가 직면한 환경 문제를 해결하기 위한 혁신적인 접근법과 전략을 네 가지로 제시하고 있다. 그 중 개인 행동 변화와 관련하여 친환경 에코스쿨 프로젝트를 실천한 후 결과를 공유해 보자.

주제2 《미래를 위한 새로운 생각》에서 작가는 기후 변화, 자원 고갈, 오염 등 현대 사회의 주요 환경 문제들을 분석하고, 이러한 문제들이 어떻게 우리의 미래에 영향을 미치는지 설명한다. 지속 가능한 성장을 위한 기업의 ESG 경영 방식이 중요한 이유를 조사하고, 친구들과 의견을 나누어 보자.

주제3 공정무역과 ESG 경영의 관계 및 대안 탐구

주제4 메기효과가 기업 경영에 시사하는 점 조사

학생부 기록 예시 (교과세특)

통합사회 수업에서 환경 문제 해결을 위한 다양한 노력에 대해 탐구하기 위해 '미래를 위한 새로운 생각(마야 괴펠)'을 읽고 독서보고서를 작성함. 저자는 기술 혁신, 정책 변화, 지속 가능한 비즈니스 모델, 개인 행동 변화 등 다양한 방안을 통해 환경 문제를 해결하는 방법을 제시함. 그 중 일상생활에서 실천할 수 있는 개인행동 변화의 방법으로 오프라인에서 온라인 구매, 육류 소비 줄이기, 재활용 및 재사용 실천하기 등을 제안함.

지속 가능한 발전 프로젝트 탐구활동에서의 기업 ESG 경영을 조사함. '미래를 위한 새로운 생각(마야 괴펠)'을 읽고 ESG 정의와 기업에 ESG 중요성에 대해 설명함. 재무적 성과(재무제표)와 비재무적 성과(ESG) 통합으로 패러다임 변화를 주장하며, 기업이 ESG 경영을 할 수밖에 없는 이유를 논리적으로 제시하여 예비 경제학자로서의 면모를 보여 줌. ESG 경영에 대한 통찰력과 미래지향적인 사고가 돋보이는 학생임.

관련 논문

세계 기업들의 ESG 경영실태 조사: 세계적 기업들의 경영사례 비교(김기원, 2023)

관련 도서

《AI시대 ESG 경영전략》, 김영기 외, 브레인플랫폼
《생태적 전환, 슬기로운 지구 생활을 위하여》, 최재천, 김영사

관련 계열 및 학과	· 사회계열: 공공인재학과, 공공행정학과, 법학과, 사회복지학과, 사회학과, 소비자학과
	· 인문계열: 인류고고학과, 문헌정보학과, 상담심리학과, 심리학과, 인류학과, 철학과
관련 교과	· 교육계열: 교육공학과, 교육학과, 문헌정보교육과, 사회교육과, 윤리교육과

2022 개정 교육과정: 통합사회 1, 통합사회 2, 사회와 문화, 사회문제 탐구, 기후변화와 지속가능한 세계

2015 개정 교육과정: 통합사회, 정치와 법, 사회·문화, 생활과 윤리, 윤리와 사상, 사회문제탐구

인문계열

사회계열

자연계열

공학계열

의약계열

예체능계열

교육계열

밥은 먹고 다니냐는 말

정은정 | 한티재 | 2021

이 책은 '밥은 먹었느냐'는 말과 '밥은 먹고 다니느냐'는 말, 그 사이 어디쯤에서 서성이는 이들에게 전하는 밥과 노동, 사람과 세상에 관한 이야기이다. 먹거리를 둘러싼 사회적 관계, 농업 문제와 외식 자영업자의 애환, 학교 급식 노동의 이면에 대한 취재를 바탕으로 집필한 이 책은 사회학자의 리포트이면서도 인문학적인 성찰이 담겨 있다. 골고루 갖춘 밥상을 함께 받는 세상을 만들기 위해 이 책을 읽으며 다른 이들의 밥상을 살펴 보자.

탐구 주제

주제1 필수노동자는 국민의 생명·안전과 사회 기능 유지를 위해 핵심적인 서비스를 제공하는 노동자로 보건의료, 돌봄, 배달 및 택배, 환경미화 노동자 등이 이에 포함된다. 필수노동자가 사회에서 어떤 역할을 하는지, 그리고 그들의 노동이 우리 일상생활과 어떻게 연결되어 있는지 탐구해 보자.

주제2 노동인권은 모든 노동자가 존중받아야 하는 기본적인 인간의 권리로, 공정한 임금, 안전한 작업 환경, 차별 금지 등을 포함한다. 그러나 현실에서는 여러 원인으로 인해 기본적인 노동인권이 침해받는 경우가 많다. 노동인권 침해 사례를 조사하고, 노동인권 보호 방안을 토론해 보자.

주제3 노동자의 근로 시간 단축을 위한 정책과 그 효과에 관한 연구

주제4 인권의 중요성과 존중을 바탕으로 한 사회적 포용 탐구

학생부 기록 예시 (교과세특)

'밥은 먹고 다니냐는 말(정은정)'을 읽고 필수노동자의 역할과 중요성에 대해 발표함. 필수노동자가 사회에서 어떤 역할을 하는지, 그들의 노동이 우리 일상과 어떻게 연결되어 있는지 설명함. 보건의료, 돌봄, 배달 및 택배, 환경미화 등 다양한 분야에서 활동하는 필수노동자들의 노동이 없으면 일상생활과 사회 구조가 원활하게 작동하지 못하므로, 이들에 대한 적절한 보호와 지원을 해야 한다는 주장을 통해 공감적 사고력을 발휘함.

사회 복지에 관심이 많아 '정치와 법' 교과서에서의 노동 인권 교육 내용을 분석함. 노동 인권 단원의 분량이 절대적으로 적으며 실제 근로자 권리, 집단적 노사 관계 영역 및 사회적 약자와 관련한 노동 문제 영역을 소홀하게 다룬다고 주장함. 친구들의 노동 인권에 대한 이해를 돕기 위해 '밥은 먹고 다니냐는 말(정은정)'이라는 책을 추천함. 인권 관련 독서를 즐겨 하며, 발표할 때 자신이 읽었던 책을 예로 설명하는 모습이 인상적임.

관련 논문

한국 노동권의 현실과 역사: '노동존중'과 노동인권에서 노동의 시민권으로 (권영숙, 2020)

관련 도서

《가짜 노동》, 데니스 뇌르마르크, 아네르스 포그 옌센, 자음과모음
《인권도 차별이 되나요?》, 구정우, 북스톤

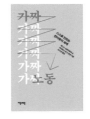

관련 계열 및 학과	• 사회계열: 공공인재학과, 공공행정학과, 법학과, 사회복지학과, 사회학과, 소비자학과
	• 인문계열: 인류고고학과, 문헌정보학과, 상담심리학과, 심리학과, 인류학과, 철학과
관련 교과	• 교육계열: 교육공학과, 교육학과, 문헌정보교육과, 사회교육과, 윤리교육과

2022 개정 교육과정: 통합사회 1, 사회와 문화, 현대 사회와 윤리, 윤리와 사회, 인문학과 윤리

2015 개정 교육과정: 통합사회, 정치와 법, 사회·문화, 생활과 윤리, 윤리와 사상, 사회문제 탐구

범죄심리 해부노트

이수정, 이은진 | 김영사 | 2021

이 책은 심리학의 관점에서 범죄자의 마음을 분석하고, 그들이 왜 그런 행동을 했는지를 탐구하는 내용이다. 범죄심리 전문가와 상담심리 전문가인 두 저자가 성격 장애와 관련된 희귀 범죄 사례들을 다루며, 범죄심리 프로파일링을 하나하나 살펴보고 비극을 만든 원인을 집중적으로 분석했다. 저자들은 범죄 행위를 이해하고 면죄부를 주자는 것이 아니라, 인간 심리의 극단적 성향과 복잡성을 이해하고자 집필했다.

탐구 주제

주제1 《범죄심리 해부노트》에서는 여러 가지 사례를 통해 심리적 트라우마가 범죄 행동에 어떤 영향을 미치는지를 설명한다. 심리적 트라우마가 범죄 행동에 어떻게 영향을 미치는지, 그리고 그 연관성이 어떻게 프로파일링에 활용될 수 있는지를 탐구해 보자.

주제2 《범죄심리 해부노트》를 읽고, 책에서 소개하는 총 10개의 성격 장애와 관련된 범죄 사례들 중 하나를 선택하여, 해당 범죄자들이 보여 주는 심리적 패턴을 깊게 분석하고, 그 원인과 결과에 대해 탐구해 자신의 의견을 친구들과 공유해 보자.

주제3 국내 범죄 수사 과정에서 인공지능 기술이 적용된 사례 조사

주제4 우리나라 범죄자 프로파일링의 문제점 및 개선점에 관한 연구

학생부 기록 예시 (교과세특)

사회문제와 심리에 관심이 많아 프로파일러가 되기를 희망함. '범죄심리 해부노트(이수정 외)'를 읽고 심리적 트라우마와 범죄 행동 간의 연관성을 탐구함. 심리적 트라우마가 범죄 행동에 미치는 영향을 이해하였으며, 성격장애와 범죄 수사에서 가해자의 행동 예측하고 분석할 때 프로파일링이 중요하다는 것을 알게 됨. 유능한 프로파일러가 되기 위해 범죄심리학과 행동심리학을 깊이 있게 공부하고 싶다는 포부를 밝힘.

경찰행정학에 진학하여 디지털포렌식 수사관이 되기를 희망하여 'FBI 행동의 심리학(조 내버로 외)', '프로파일링 케이스 스터디(권일용)', '과학수사로 보는 범죄의 흔적(유영규)' 등 관련 분야의 독서를 통해 지식을 확장하고 있음. 사회문제 탐구 시간에는 '범죄심리 해부노트(이수정 외)'를 읽고 최근 이슈가 된 성격 장애 범죄와 관련하여 범죄자의 심리적 패턴을 분석하여 그 원인과 결과에 대해 분석하는 보고서를 작성함.

관련 논문

총기 범죄자의 심리적 문제에 관한 고찰 (나상필, 2019)

관련 도서

《FBI 행동의 심리학》, 조 내버로 외, 리더스북
《프로파일링 케이스 스터디》, 권일용, EBS BOOKS

관련 계열 및 학과	• 사회계열: 경찰행정학과, 공공인재학과, 공공행정학과, 법학과, 정치외교학과, 행정학과
	• 인문계열: 상담심리학과, 심리학과, 인류학과, 종교학과, 철학과
관련 교과	• 교육계열: 교육공학과, 교육학과, 사회교육과, 윤리교육과

2022 개정 교육과정: 통합사회 1, 사회와 문화, 현대 사회와 윤리, 정치, 법과 사회, 인문학과 윤리

2015 개정 교육과정: 통합사회, 정치와 법, 사회·문화, 생활과 윤리, 윤리와 사상, 사회문제 탐구

인문계열

사회계열

자연계열

공학계열

의약계열

예체능계열

교육계열

법정의 얼굴들

박주영 | 모로 | 2021

형사 법정에 올라온 사건들은 주로 '구속, 무죄, 유죄, 선고, 징역, 재판, 형량' 등 한 단어나 문장으로 정리된다. 법정 밖 사람들에게 형사 법정은 유무죄를 가리는 곳에 지나지 않지만, 형량 너머 법정에는 뭉개지고 흐려진 얼굴들이 존재한다. 이 책은 박주영 판사가 기록한 우리 시대 고통과 슬픔, 아동 학대, 가정 폭력, 산업 재해, 청소년 범죄 등 법정에서 만난 사람들의 사연과 이를 판결하며 느낀 고민과 아픔이 생생하게 담겨 있다.

탐구 주제

주제1 법률은 우리 생활의 많은 부분을 규제하고 있다.《법정의 얼굴들》을 읽고, 이 책에서 소개하는 다양한 사례를 바탕으로 법률이 우리 사회, 특히 개인의 생활에 어떤 영향을 미치는지를 탐구한 후 사례별로 모둠을 구성하여 친구들과 의견을 공유해 보자.

주제2 《법정의 얼굴들》에서 박주영 판사는 법정에서의 다양한 사례와 경험을 통해 판사의 역할과 그에 따른 도전, 판사로서의 윤리에 대해 솔직하게 이야기하고 있다. 판사가 공정한 판결을 내리기 위해 필요한 요소와 윤리적 고민 등에 대해 탐구한 후 보고서를 작성하여 발표해 보자.

주제3 형기를 마쳐 출소하는 잔혹 범죄자에 대한 뉴스 보도 시청 후 찬반토론하기

주제4 디지털 기술이 사회와 법률에 미치는 변화에 대한 연구

학생부 기록 예시 (교과세특)

'법정의 얼굴들(박주영)'을 읽고, 청소년 범죄 사례와 관련하여 법률이 개인의 생활에 미치는 영향을 탐구함. 청소년 범죄는 청소년 삶에 큰 영향을 미치고 미래를 직접적으로 좌우할 수 있으므로 책임감을 가지고 정의롭게 처리해야 한다고 제안함. 또한 최근 소년 범죄에 대한 처벌 강화 여론에 대해 언급하며, 촉법소년들이 범죄를 저지를 만한 환경을 극복할 수 있도록 사회적인 지원을 제공하는 것이 더 중요하다는 의견을 주장함.

'법정의 얼굴들(박주영)'을 읽고 판사가 공정한 판결을 내리기 위해 필요한 요소와 윤리적 고민 등을 탐구함. 판사가 공정한 판결을 내리기 위해서는 법률 지식 외에도 끊임없는 윤리적 고민과 자기 계발이 필요하다는 것을 인식함. 또한 법학 전공을 희망하는 학생으로서 자신도 법률 전문가로서 계속해서 성장하려면 변화하는 사회와 기술에 대응하기 위해 법 지식을 업데이트하고 올바른 윤리 의식을 가져야겠다는 의지를 보여 줌.

관련 논문

법조윤리 딜레마 상황의 윤리적 함의와 해결 원칙 (김인회, 2020)

관련 도서

《친애하는 나의 민원인》, 정명원, 한겨레출판
《내가 만난 소년에 대하여》, 천종호, 우리학교

관련 계열 및 학과

- 사회계열: 경찰행정학과, 공공인재학과, 공공행정학과, 법학과, 정치외교학과, 행정학과

- 인문계열: 상담심리학과, 심리학과, 인류학과, 종교학과, 철학과

관련 교과

- 교육계열: 교육공학과, 교육학과, 사회교육과, 윤리교육과

2022 개정 교육과정: 통합사회 1, 사회와 문화, 현대사회와 윤리, 정치, 법과 사회, 윤리문제 탐구

2015 개정 교육과정: 통합사회, 정치와 법, 사회·문화, 생활과 윤리, 사회문제 탐구

사이보그가 되다
김초엽, 김원영 | 사계절 | 2021

이 책은 청각 장애인 작가 김초엽과 지체 장애인 변호사 김원영의 공동 저술로, 장애인의 관점에서 바라보는 인간의 몸을 주제로 하고 있다. 저자들은 '사이보그'라는 상징을 통해 자신들의 경험과 자기 정체성을 반추해 보고, 과학 기술과 의학이 장애를 바라보는 시선을 비판한다. 오늘의 과학 기술과 의학이 다양한 신체와 감각을 지닌 개인들의 구체적인 경험을 충분히 고려하지 않고 진행되고 있다는 문제 의식을 공유한다.

탐구 주제

주제1 《사이보그가 되다》에서는 '기술의 발전이 장애인의 모든 불편함을 해결해 줄 수 있을지도 의문이지만, 기술에 대한 지나친 기대가 오히려 현실적으로 장애인의 삶을 더 낫게 만드는 것을 방해한다.'라고 이야기한다. 과학 기술과 장애인의 관계에 대해 다양한 측면으로 논의해 보자.

주제2 《사이보그가 되다》를 읽고, '장애를 교정과 치료의 대상이 아니라, 다른 정체성을 가진 존재로 바라보고 있는 그대로의 몸을 가지고 살아갈 수 있도록 사회적 인식이 변해야 한다.'라는 저자들의 주장에 대해 어떻게 생각하는지 친구들과 의견을 공유해 보자.

주제3 사이보그 담론과 관련된 사례 연구

주제4 장애인 차별 금지 및 인권 보장에 관한 담론 분석

학생부 기록 예시 (교과세특)

'사이보그가 되다(김초엽 외)'를 읽고 과학 기술이 장애를 극복하거나 제거하는 데 도움을 준다는 생각이 고정관념이라는 것을 알게 됨. 기술이 인간의 삶을 편리하게 할 수는 있지만, 우리 모두를 인간적으로 만들지는 않는다는 점을 인식하고 인공지능 기술이 개별화된 인간의 요구에 섬세하게 맞추어 적용되어야 한다고 주장함. 공감적 사고력을 발휘하여 과학 기술이 지금 장애인의 삶을 존중하며 발전해야 한다는 주장이 인상적임.

사회적 약자를 배려한 생활디자인에 관심이 많은 학생임. '사이보그가 되다(김초엽 외)'를 읽고 장애인의 장애를 치료나 극복의 대상으로만 보는 시선은 비장애인의 편견이라는 것을 깨달으며, 이 세상에 살아가는 인간으로서 당연히 누려야 할 권리에 대해 생각해 보고 지원하는 것이 옳다는 것을 알게 되어, 장애인들이 생활에서 당연히 누려야 할 권리를 보장해 주는 최적화된 생활 설계에 관심을 가지게 되었음.

관련 논문
포스트휴먼과 사이보그, 이념과 경험 (김휘택, 2021)

관련 도서
《급진적으로 존재하기》, 앨리스 셰퍼드 외, 가망서사
《휠체어를 탄 소녀를 위한 동화는 없다》, 어맨다 레덕, 을유문화사

관련 계열 및 학과
- 사회계열: 공공인재학과, 공공행정학과, 법학과, 사회복지학과, 행정학과
- 인문계열: 상담심리학과, 심리학과, 인류학과, 종교학과, 철학과, 특수학과

관련 교과
- 공학계열: 멀티공학과, 멀티미디어학과, 산업공학과, 소프트웨어공학과, 정보통신공학과

2022 개정 교육과정: 통합사회 1, 통합사회 2, 사회와 문화, 현대 사회와 윤리, 법과 사회, 인문학과 윤리

2015 개정 교육과정: 통합사회, 경제, 정치와 법, 사회·문화, 생활과 윤리, 사회문제 탐구

인문계열

사회계열

자연계열

공학계열

의약계열

예체능계열

교육계열

세계미래보고서 2035-2055

박영숙, 제롬 글렌 | 교보문고 | 2020

이 책은 미래 예측의 변화와 첨단 기술의 발전에 대해 종합적으로 다루고 있으며, 인공지능, 드론, 로봇 등의 첨단 기술이 코로나19 위기 상황에서 효과를 발휘한 사례들을 소개하고 있다. 뿐만 아니라 유전자 편집 기술과 양자컴퓨터 등 미래 기술에 대한 전망도 다룬다. 포스트 코로나 시대를 맞아 현대인들에게 넓은 시야를 가지고 미래를 공부하는 것이 중요하다는 메시지를 전하며, 세계의 변화에 대해 생각해 볼 수 있는 기회를 제공하는 책이다.

탐구 주제

주제1 《세계미래보고서 2035-2055》에서 저자는 '모든 사람이 가는 길을 가기보다는 자신의 욕구, 사명에 따라 길을 개척하는 사람이 미래의 리더가 된다.'라고 제안하고 있다. 관심 진로 계열과 연관지어 미래 인재가 갖추어야 할 핵심 역량을 탐구하여 발표해 보자.

주제2 미래학자들은 코로나19로 인해 한창 부상하고 있는 신기술들의 도입이 5~10년씩 앞당겨졌다고 이야기한다. 《세계미래보고서 2035-2055》를 읽고, 미래 10년을 이끌어 갈 20가지 메타 트렌드 중 자신의 진로에 영향을 줄 핵심 기술을 선정하여 미래 직업 보고서를 작성해 보자.

주제3 미래 신기술 발전의 일자리에 대한 영향 전망 및 시사점 고찰

주제4 포스트 코로나 시대, 뉴노멀과 미래 사회 변화에 대한 탐구

학생부 기록 예시 (교과세특)

'세계미래보고서 2035-2055(박영숙 외)'를 읽고 미래전망과 기술의 발전에 대해 생각해 보는 시간을 가짐. 특히 3세대 유전자 '크리스퍼'와 유전자 편집 기술, 유전자 요법을 소개하며 이 기술들이 인간의 질병을 최소화할 것이라는 의견을 제시함. 자신의 진로 희망 분야인 바이오 메디컬 공학 분야를 소개할 때 해박한 지식으로 학급 친구들에게 부연 설명하는 모습에서 깊이 있는 지적 역량과 관심 전공에 대한 열정을 보여 줌.

'세계미래보고서 2035-2055(박영숙 외)'를 읽고 미래 기술이 농업에 끼치는 영향에 대해 탐구함. 자신의 진로 희망 분야인 바이오 생명공학과 관련지어 전 지구적 농업 변화에 대응하는 혁신으로 애그리테크를 소개함. 애그리테크의 개념과 애그리테크를 일찍이 활용해 왔던 외국의 사례를 사진과 기사 스크랩을 활용하여 발표하고, 이를 통해 친구들이 교과 수업 내용을 확장하여 정보를 얻는 데 도움을 주었음.

관련 논문

인공지능(AI) 기반 지능정보사회 시대의 노동시장 변화: 경제사회학적 접근을 중심으로(엄효진, 이명진, 2020)

관련 도서

《프로페셔널 스튜던트》, 김용섭, 퍼블리온
《코로나 사피엔스》, 최재천 외, 인플루엔셜

관련 계열 및 학과	• 사회계열: 경영학과, 경영정보학과, 문화콘텐츠학과, 미디어커뮤니케이션학과
	• 인문계열: 문화인류고고학과, 문헌정보학과, 상담심리학과, 심리학과, 인류학과, 철학과
관련 교과	• 교육계열: 교육공학과, 교육학과, 문헌정보교육학과, 사회교육과, 윤리교육과

2022 개정 교육과정: 통합사회 1, 통합사회 2, 사회와 문화, 도시의 미래 탐구, 사회문제 탐구

2015 개정 교육과정: 통합사회, 경제, 정치와 법, 사회·문화, 생활과 윤리, 윤리와 사상, 사회문제탐구

세금의 흑역사

마이클 킨, 조엘 슬렘로드 |
세종서적 | 2022

경제사의 핵심 중에 하나는 세금의 역사이며, 고령화가 심화되고 복지가 강조되는 미래에 세금은 무엇보다도 중요한 이슈가 될 것이다. 이 책은 경제학자인 두 저자가 세금이라는 사회적 이슈를 역사적인 관점에서 다루며, 열한 가지 세금의 원칙을 통해 경제와 부의 흐름을 전망한다. 주요 내용은 공정의 문제, 조세 귀착, 효율성과 최적 과세, 세금 징수자, 조세 정책과 미래 과제 등의 주제를 흥미로운 에피소드로 풀어내고 있다.

탐구 주제

주제1 조세는 국가의 재정수요를 위한 자금의 조달이라는 일차적인 기능 외에 경제 정책적 기능 및 소득 재분배 기능을 함께 수행한다. 《세금의 흑역사》를 읽고, 디지털 경제 시대에 조세 정책은 어떻게 변화해야 미래의 사회와 경제에 더욱 적합한지 탐구해 보자.

주제2 부가가치세(VAT)는 상품이나 서비스의 생산과 유통 과정에서 창출되는 가치에 대해 세금을 부과하는 간접세이다. 국가별 부가가치세 제도 현황을 살펴보고, 다양한 국가에서 적용되고 있는 부가가치세 정책의 차이점 및 장단점에 대해 탐구해 보자.

주제3 탄소 중립을 위한 친환경 자동차 세재 및 재정 지원 동향 분석

주제4 기본소득세 도입에 대한 경제적 효과 분석

학생부 기록 예시 (교과세특)

경제 신문을 읽고 경제, 금융 관련 쟁점을 토론하거나 경제 관련 독서를 통해 교과서에서 배운 지식을 확장하는 등 깊이 있는 지적 역량을 갖춘 학생임. '베트남 부가가치세 인하 정책, 경제 활성화에 긍정적 영향 전망'이라는 기사를 읽고 부가가치세가 국가 경제에 미치는 영향을 탐구함. 또한 독서 탐구활동으로 '세금의 흑역사(마이클 킨 외)'를 읽고 부가가치세의 역사, 장단점, 현대적 의의 등을 조사하여 보고서로 작성함.

재테크에 관심이 많은 학생으로 논리적이고 분석적인 능력이 탁월함. '세금의 흑역사(마이클 킨 외)'를 읽고 4차 산업 혁명과 조세 정책에 관심이 생겨 '디지털 경제 시대에 따른 조세 정책 변화'를 주제로 탐구함. 기존의 조세 체계가 디지털 시대에 대응하기 어려운 이유를 제시하고 디지털 서비스 세금, 데이터 생성 및 사용에 대한 세금, 암호화폐 세금 등 디지털 경제의 특성을 반영한 세금 체계 도입이 필요하다고 주장함.

관련 논문

디지털경제 시대의 조세제도에 관한 연구: 디지털세(Digital Tax) 도입을 중심으로(이현범, 2020)

관련 도서

《세금의 세계사》, 도미닉 프리스비, 한빛비즈
《세무톡 회계톡》, 정소라 외, 씽크스마트

관련 계열 및 학과	• 사회계열: 경영학과, 경영정보학과, 문화콘텐츠학과, 미디어커뮤니케이션학과
	• 인문계열: 문화인류고고학과, 문헌정보학과, 상담심리학과, 심리학과, 인류학과, 철학과
관련 교과	• 교육계열: 교육공학과, 교육학과, 문헌정보교육학과, 사회교육과, 윤리교육과

2022 개정 교육과정: 통합사회 1, 통합사회 2, 사회와 문화, 도시의 미래 탐구, 사회문제 탐구

2015 개정 교육과정: 통합사회, 경제, 정치와 법, 사회·문화, 생활과 윤리, 윤리와 사상, 사회문제탐구

세속의 철학자들

로버트 L 하일브로너 | 더테라스 |
2023

출간 후 반세기 넘게 경제사상의 대표적인 입문서로 꼽히는 경제사의 고전으로, 경제학자 스물두 명의 생애와 사상을 통해 경제사의 큰 흐름을 이해하게 해 주는 책이다. 저자는 시대 상황과 경제학자의 생애를 통해 그들이 경제학 이론을 창안하게 된 동기와 그 이론이 역사에 어떻게 기여했는지 등 각 이론을 포괄하는 경제학 지식을 서술하고 있다. 오늘날 우리가 겪고 있는 경제 현실과 경제학 간의 괴리를 메우는 데 도움을 주는 책이다.

탐구 주제

주제1 《세속의 철학자들》을 읽고, 책에서 제시한 스물두 명의 경제학자 중 가장 관심 있는 경제학자를 한 명 선정해 보자. 선정한 경제학자의 이론을 깊이 있게 살펴보고, 그 이론이 현재 우리 사회와 경제에 어떤 영향을 미쳤는지 분석한 후 친구들과 의견을 나누어 보자.

주제2 《세속의 철학자들》은 로버트 L. 하일브로너가 저술한 경제학에 대한 책이다. 이 책에서는 경제학의 역사를 중심으로 대표적인 경제학자들의 이론과 그들이 사회와 경제에 미친 영향을 다룬다. 하일브로너가 제시하는 경제사관을 자신만의 관점에서 분석하고 평가하여 보고서를 작성해 보자.

주제3 경제 역사의 중요성과 경제 지식의 필요성 탐구

주제4 기후 변화 대응을 위한 지속 가능한 경제 정책과 전략 분석

학생부 기록 예시 (교과세특)

'세속의 철학자들(로버트 L. 하일브로너)'을 읽고 하일브로너의 경제사관을 자신만의 관점에서 분석하고 평가하는 독서비평문을 작성함. 하일브로너는 도덕성과 정당성 문제를 중요하게 생각하며, 경제 발전은 단지 재산 증가뿐만 아니라 공정한 분배, 기회 균등 등도 고려해야 한다고 주장했던 점이 인상 깊었다고 발표함. 경제학적 분석력과 논리력을 바탕으로 설득력 있게 자신의 의견을 전달하는 의사소통 능력이 탁월함.

'세속의 철학자들(로버트 L. 하일브로너)'을 읽고, 애덤 스미스의 이론이 현재 우리 사회와 경제에 미친 영향을 분석함. 수요와 공급에 따라 결정되는 상품과 서비스 가격이 자유 시장 경제 원칙을 반영하는 것이지만, 완전한 자유시장 경제에서는 모두가 동등한 출발선에서 시작하지 않기 때문에 부당성 문제가 발생할 수 있다는 것을 설명함. 풍부하고 깊이 있는 경제 지식을 바탕으로 한 유창한 발표를 하여 친구들의 호응을 얻음.

관련 논문

호모 에코노미쿠스의 합리성 비판과 대안 모색: '목적적 합리성'을 포괄하는 '광의의 경제적 합리성'(오진성, 2023)

관련 도서

《경제학이 필요한 순간》, 김현철, 김영사
《죽은 경제학자의 살아있는 아이디어》, 토드 부크홀츠, 김영사

관련 계열 및 학과

- 사회계열: 경영학과, 경영정보학과, 경제학과, 글로벌비즈니스학과, 사회학과, 소비자학과

- 인문계열: 인류고고학과, 문헌정보학과, 상담심리학과, 심리학과, 인류학과, 철학과

관련 교과

- 교육계열: 교육공학과, 교육학과, 문헌정보교육학과, 사회교육과, 윤리교육과

2022 개정 교육과정: 통합사회 1, 통합사회 2, 사회와 문화, 도시의 미래 탐구, 사회문제 탐구

2015 개정 교육과정: 통합사회, 경제, 정치와 법, 사회·문화, 생활과 윤리, 윤리와 사상, 사회문제탐구

인문계열
사회계열
자연계열
의학계열
예체능계열
교육계열

순서파괴

콜린 브라이어, 빌 카 | 다산북스 |
2021

'순서파괴'란 개발자의 판단에 따라 순서대로 계획을 세워 제품을 만드는 대신, 고객의 시선에 따라 고객이 누릴 효용을 먼저 설계한 다음 그에 적합한 제품을 만드는 '아마존식 역방향 작업 혁명'을 말한다. 두 저자는 이 같은 '아마존식 역방향 작업 혁명'이 어떻게 시장을 장악하고 고객의 기쁨을 극대화하는지 수많은 성공 사례를 들어 설명한다. '일단 해 보자'라는 이 방법은 아마존을 빠르고 단단한 기업으로 성공시킨 원칙이다.

탐구 주제

주제1 아마존의 창업자인 제프 베조스는 지속적인 혁신과 고객 중심의 서비스로 아마존을 세계 최대 이커머스 기업으로 만들었다. 세계적 위기 속에서도 승승장구하는 제프 베조스의 경영 철학과 원칙을 살펴보고, 자신의 생활에서 적용할 부분이 있는지 탐구해 보자.

주제2 아마존은 미국에서 시작된 이커머스 기업으로, 현재는 글로벌 다양한 분야에서 사업을 확장하며 엄청난 성장을 이룩하였다. 제프 베이조스의 경영은 아마존의 성공을 이끈 핵심 요소 중 하나이다.《순서파괴》를 읽고 아마존의 시스템이 남다른 이유를 분석해 보자.

주제3 아마존 닷컴의 성공 사례에 관한 연구

주제4 기업의 창의적 조직 문화 구축을 위한 방안 연구

학생부 기록 예시 (교과세특)

경영과 조직 관리에 관심이 많아 학급 활동에 적극 참여하고 리더십을 발휘함. '순서파괴(클린 브라이어)'를 읽고 '제프 베조스의 경영 전략을 학생회 조직에 적용하기'라는 보고서를 작성함. 제프 베조스의 경영 전략은 고객 중심, 변화와 혁신을 추구하는 것이 특징인데, 이러한 원칙들은 큰 기업뿐만 아니라 작은 조직인 학생회에서도 유효하며, 이를 통해 학생회가 더욱 성장하고 발전할 수 있을 것이라는 의견을 자신감 있게 발표함.

글로벌 기업 창업자의 경영 철학에 관심이 많아 관련 도서를 다양하게 읽으며 전문 지식을 익히고자 노력하였음. '순서파괴(클린 브라이어)'와 '제프 베조스, 발명과 방황(제프 베조스)'을 읽고 제프 베조스의 경영 전략과 성공 원칙을 분석함. 아마존의 시스템이 남다른 이유는 고객 중심적인 기업 문화를 강조하고 고객 만족도를 최우선으로 두었다는 점이라고 주장함. 책의 핵심 내용을 파악하는 통찰력이 매우 뛰어난 학생임.

관련 논문
전자상거래 경쟁력 확보를 위한 플랫폼과 물류 혁신 : 아마존 사례 (빈창현, 전병준, 2019)

관련 도서
《제프 베조스, 발명과 방황》, 제프 베조스, 위즈덤하우스
《일론 머스크》, 월터 아이작슨, 21세기북스

관련 계열 및 학과
- 사회계열: 경영학과, 경영정보학과, 경제학과, 글로벌비즈니스학과, 사회학과, 소비자학과
- 인문계열: 인류고고학과, 문헌정보학과, 상담심리학과, 심리학과, 인류학과, 철학과

관련 교과
- 공학계열: 소프트웨어공학과, 인공지능공학과, 정보통신공학과, 컴퓨터공학과

2022 개정 교육과정: 통합사회 1, 통합사회 2, 사회와 문화, 사회문제 탐구, 기후변화와 지속가능한 세계

2015 개정 교육과정: 통합사회, 세계지리, 정치와 법, 사회·문화, 생활과 윤리, 사회문제탐구

인문계열

사회계열

자연계열

공학계열

의약계열

예체능계열

교육계열

숫자로 경영하라 5

최종학 | 원앤북스 | 2022

우리나라 최고의 경영학자인 서울대 최종학 교수가 쓴 책으로, 경영과 회계에 대한 전문적인 지식을 토대로 한 경영 서적이다. 회계 지식의 중요성과 경영 방식의 합리성에 관해 설명하며, 기업 지배 구조 문제에 대한 고민과 교훈을 제시한다. 숫자와 회계라는 객관적 잣대와 저자 특유의 통찰력으로 기업 경영을 날카롭게 분석하고, 회계 숫자의 진정한 가치에 관해 이야기한다. 경영에 대한 깊은 이해와 논리적인 사고를 돕는 책이다.

탐구 주제

주제1 《숫자로 경영하라 5》에서 저자는 데이터 기반 의사결정의 중요성을 강조한다. 숫자와 데이터 분석만으로 모든 결정을 내릴 수 있는 것일까? 아니면 인간의 직관이나 창조성도 필요할까? 이 두 가지 접근 방식 간에 어떤 균형이 필요한지 조사해 보자.

주제2 디지털 시대에서는 어떤 종류의 경영전략이 요구될까? AI, 빅데이터 등 최신 디지털 기술이 경영전략에 어떻게 반영될 수 있을까?《숫자로 경영하라 5》를 읽고, 디지털 시대의 기업 경영 전략을 탐구해 보고 디지털 기반 비즈니스 사례를 조사해서 발표해 보자.

주제3 디지털 전환기 기업 혁신 활동 변화와 대응 전략 탐구

주제4 글로벌 경영의 실패 사례분석

학생부 기록 예시 (교과세특)

정보 기술을 활용하여 비즈니스를 혁신하는 것에 관심이 많은 학생임. '숫자로 경영하라 5(최종혁)'를 읽고, 데이터 기반 의사결정의 중요성을 깨달음. 그러나 기업이 직면하는 복잡한 문제들을 해결하기 위해서는 인간의 직관과 데이터 분석을 균형 있게 활용하는 의사결정 방식이 필요하다고 주장함. 분석적인 사고력과 과제 분석력으로 책의 핵심 내용을 파악하고 더 나아가 독창적인 자신의 의견을 제시하여 지적 역량을 보여 줌.

'숫자로 경영하라 5(최종혁)'를 읽고 디지털 시대의 경영 전략을 모둠 탐구 주제로 제안함. 해박한 경영학 지식을 바탕으로 현대 기업들이 사용하는 디지털 기반 경영 전략을 조사하고, 이러한 전략이 기업의 성공에 어떻게 영향을 미치는지 분석함. 또한 AI와 빅데이터를 활용하여 실제로 비즈니스 모델을 혁신하거나 새로운 시장을 개척한 기업 사례를 제시함. 어려운 과제를 주도하며 구성원 간의 협업을 도출해 내는 모습이 인상적임.

관련 논문

지속가능경영을 위한 ESG경영전략과 정부 정책: 글로벌 ESG선도기업 비교를 중심으로(이정은, 2023)

관련 도서

《프로세스 이코노미》, 오바라 가즈히로, 인플루엔셜
《읽으면 진짜 재무제표 보이는 책》, 유흥관, 위즈덤하우스

관련 계열 및 학과
- 사회계열: 경영학과, 경영정보학과, 경제학과, 글로벌비즈니스학과, 사회학과, 소비자학과
- 인문계열: 인류고고학과, 문헌정보학과, 상담심리학과, 심리학과, 인류학과, 철학과
- 교육계열: 교육공학과, 교육학과, 문헌정보교육학과, 사회교육과, 윤리교육과

관련 교과

2022 개정 교육과정: 통합사회 1, 통합사회 2, 사회와 문화, 도시의 미래 탐구, 사회문제 탐구

2015 개정 교육과정: 통합사회, 경제, 정치와 법, 사회·문화, 생활과 윤리, 윤리와 사상, 사회문제탐구

스무 살에 알았더라면 좋았을 것들

티나 실리그 | 웅진지식하우스 | 2020

세계적으로 유명한 스탠퍼드 대학의 명강의 '기업가정신과 혁신'을 정리한 책으로, 인생 설계의 요령과 새로운 아이디어를 제공한다. 특히 아직 하고 싶은 것을 못 찾았거나 인생의 목표를 이루기 위해 필요한 것이 무엇인지 고민하는 10대들에게 자신의 인생을 주도적으로 살아가는 데 필요한 역량으로 창의력과 혁신성을 개발하는 방법을 알려 준다. 목표 의식과 열정, 도전 정신을 일깨워 자기 계발에 도움이 되는 책이다.

탐구 주제

주제1 창업가 정신은 외부 환경 변화에 민감하게 대응하면서 항상 기회를 추구하고, 그 기회를 잡기 위해 혁신적인 사고와 행동을 하여 시장에 새로운 가치를 창조하고자 하는 생각과 의지이다. 창업가 사례를 탐색한 후 그들이 만들어 낸 긍정적인 사회 변화 사례를 고찰해 보자.

주제2 스탠퍼드 대학교 5달러 프로젝트는 티나 교수가 강연 중 14개 팀에게 5달러가 든 봉투를 나눠 주며 2시간 이내에 최대 수익을 낼 수 있는 아이디어를 발굴하라는 미션이다. 5달러 프로젝트를 벤치마킹하여 '5달러 프로젝트 교내 공모전'을 실시한 후 결과보고서를 작성해 보자.

주제3 스타트업의 기업가 정신과 혁신 활동에 대한 탐구

주제4 내 주변 문제 찾기 및 불편함 개선 활동을 통한 가치 창출

학생부 기록 예시 (교과세특)

금융계열로 진로를 희망하고 있으며 평소 경제 관련 도서를 즐겨 읽음. '스무 살에 알았더라면 좋았을 것들(티나 실리그)'을 읽고 창업가 정신의 중요성을 깨달아 CEO 인물 탐구와 창업가 정신을 주제로 탐구활동을 함. 가장 인상 깊은 창업가로 무하마드 유누스를 선택함. 그 이유로 저소득층을 대상으로 금융 서비스를 하는 사회적 기업을 만들어서 새로운 가치를 창출하고 사회의 변화를 시도한 점이 본받을 만하다는 소감을 밝힘.

'스무 살에 알았더라면 좋았을 것들(티나 실리그)'을 읽고, 5달러 프로젝트를 벤치마킹하여 '만원 프로젝트 학급 공모전'을 활동을 진행함. 모둠 활동으로 야간 레저 활동을 하는 청소년의 안전을 위한 야광 뱃지 '캣츠아이'를 제작, 친구들에게 130개를 판매하여 높은 수익을 창출함. 주위의 사소한 문제를 살펴 기회를 찾아 내는 아이디어가 돋보이며, 창의력과 혁신성을 발휘하여 실생활에 응용하는 역량이 매우 뛰어남.

관련 논문

사회적기업가정신, 시장지향성이 사회적 성과·경제적 성과에 영향을 미치는 요인에 관한 연구(김은희, 2020)

관련 도서

《미래인재 기업가정신에 답이 있다》, 김미란 외, 2018
《천 원을 경영하라》, 박정부, 쌤앤파커스

관련 계열 및 학과	• 사회계열: 경제금융학과, 경제학과, 경찰학과, 금융보험학과, 법학과, 부동산학과
	• 인문계열: 문헌정보학과, 상담심리학과, 심리학과, 인류학과, 철학과
관련 교과	• 교육계열: 교육공학과, 교육학과, 문헌정보교육학과, 사회교육과, 윤리교육과

2022 개정 교육과정: 통합사회 1, 통합사회 2, 사회와 문화, 생활과 윤리, 사회문제 탐구, 윤리문제 탐구

2015 개정 교육과정: 통합사회, 정치와 법, 사회·문화, 생활과 윤리, 윤리와 사상, 사회문제탐구

인문계열

사회계열

자연계열

공학계열

의약계열

예체능계열

교육계열

아픔이 길이 되려면
김승섭 | 동아시아사 | 2017

이 책은 사회역학을 활용하여 혐오, 차별, 고용불안 등 사회적 상처가 어떻게 우리 몸을 아프게 하는지, 개인의 몸에 사회가 어떻게 투영되는지를 이야기하고 있다. 질병의 원인을 개인에게서만 찾지 않고 사회와 공동체의 책임을 묻고, 나아가 건강한 사회를 만들기 위해 우리가 어떤 생각을 가지고 어떻게 행동해야 하는지에 대한 고민을 풀어낸다. '우리 이기심을 뛰어넘는 삶을 살아요'라는 에필로그의 제목이 저자의 메시지를 전달해 준다.

탐구 주제

주제1 지속 가능 발전 목표란 UN 총회에서 2030년까지 달성하기로 합의한 인류 공동의 목표이다.《아픔이 길이 되려면》을 읽고, 자신의 진로와 연계하여 관심이 있는 지속 가능 발전 목표를 설정한 후 문제점을 도출하고 이를 해결하기 위한 실천 계획을 작성해 보자.

주제2 자신의 진로와 연계하여 관심 있는 사회복지 분야의 문제(노인, 장애인, 어린이, 난민, 저소득층, 성소수자, 여성 등) 한 가지를 선택한 다음, 해당 분야에 있어서 중요하다고 생각되는 탐구 문제를 선정해서 보고서를 작성한 후 친구들과 공유해 보자.

주제3 사회복지 서비스의 효과와 그 평가 방법에 대한 탐구

주제4 사회적 배제를 경험하는 취약계층에 대한 효율적인 지원 방안 연구

학생부 기록 예시 (교과세특)

'아픔이 길이 되려면(김승섭)'을 읽고 한 사람도 소외되지 않는 지속 가능한 발전에 대해 다양한 관점에서 생각해 보는 시간을 가짐. 질병의 원인을 개인에게서만 찾지 않고 사회와 공동체의 책임을 묻고, 나아가 건강한 사회를 만들기 위해 타인의 고통에 관심을 기울여야 한다는 점이 인상 깊었다고 발표함. 특히 '우리 이기심을 뛰어넘는 삶을 살아요'라는 작가의 메시지를 전달하여 친구들에게 깊은 울림을 남기는 모습이 인상적임.

성장을 위한 독서 활동에서 '아픔이 길이 되려면(김승섭)'을 읽고 사회역학의 중요성을 알게 되어 국가가 소외 계층에게 삶의 질을 높일 수 있는 기회를 주어야 한다고 주장함. 특히 '쏟아지는 비를 멈추게 할 수 없을 때는 함께 비를 맞아야 한다.'라는 문구가 인상 깊었다고 밝히며 개인의 부족한 부분을 사회적 연대로 해결할 수 있다는 희망을 느꼈기 때문이라고 말함. 마음이 따뜻하고 타인에 대한 이해와 공감 능력이 매우 뛰어난 학생임.

관련 논문
취약한 몸들과 능력주의 교육 너머 : 혐오, 장애, 동물을 경유하여 (박지원, 2023)

관련 도서
《바디 : 우리 몸 안내서》, 빌 브라이슨, 까치글방
《사회를 보는 새로운 눈》, 강명숙 외, 한울

관련 계열 및 학과
- 사회계열: 공공인재학과, 공공행정학과, 법학과, 사회복지학과, 사회학과, 소비자학과
- 인문계열: 인류고고학과, 문헌정보학과, 상담심리학과, 심리학과, 인류학과, 철학과

관련 교과
- 교육계열: 교육공학과, 교육학과, 문헌정보교육과, 사회교육과, 윤리교육과

2022 개정 교육과정: 통합사회 1, 통합사회 2, 사회와 문화, 사회문제 탐구, 기후변화와 지속가능한 세계

2015 개정 교육과정: 통합사회, 정치와 법, 사회·문화, 생활과 윤리, 윤리와 사상, 사회문제탐구

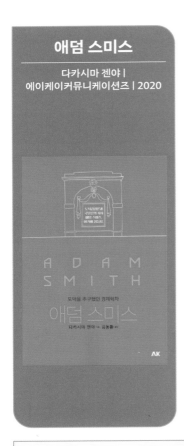

애덤 스미스

다카시마 젠야 |
에이케이커뮤니케이션즈 | 2020

이 책은 애덤 스미스의 대표 도서인 《도덕감정론》과 《국부론》에 대해 분석하고 그가 추구한 사상의 본뜻을 살펴보고 있다. 《도덕감정론》은 단순한 윤리학이 아닌 더 넓은 의미에서 사회적 인간의 행위 원리와 그 원칙을 연구한 책이었다. 《국부론》은 경제를 중심으로 정치, 법, 교육, 역사, 문명 등 근대 사회의 전체상을 다방면에 걸쳐 해설하였다. 두 도서의 관계를 조명하며, 그 속에 담긴 애덤 스미스의 진정한 의도를 살펴본다.

탐구 주제

주제1 애덤 스미스는 자유방임주의와 국부론으로 유명한 경제학자이지만 《도덕감정론》을 쓴 훌륭한 도덕철학자였다. 《애덤 스미스》를 읽고, 애덤 스미스의 대표작인 《도덕감정론》과 《국부론》의 관계를 살펴보며 그가 추구한 사상의 본뜻을 깊이 있게 이해하여 보고서를 작성해 보자.

주제2 근대화가 진행됨에 따라 애덤 스미스의 이론은 여러 사상가에게 영향을 미치면서 한편으로 강한 비판도 받았다. 맬서스, 리스트, 마르크스 등 이 애덤 스미스의 사상을 어떻게 계승하고 비판하면서 발전시켜 왔는지 비교 분석한 후, 애덤 스미스의 사상이 근대화에 미친 영향을 토론해 보자.

주제3 애덤 스미스의 경제 사상에 관한 연구

주제4 애덤 스미스 사상 체계의 구조 및 함의에 대한 분석

학생부 기록 예시 (교과세특)

철학 및 경제에 대한 전문 서적을 읽고 경제 흐름을 파악함. '국부론'의 저자 애덤 스미스를 단순히 경제학자라고 생각했는데 윤리 수업에서 애덤 스미스의 '도덕감정론'을 배운 후 '애덤 스미스(다카시마 젠야)'라는 책을 읽음. 애덤 스미스의 생애를 살펴보며 애덤 스미스가 인간의 이기심에도 불구하고 인간이 어떻게 도덕적으로 행동할 수 있는지에 대해 가졌던 고찰이 확장되는 과정을 알 수 있었다고 설명함.

애덤 스미스의 사상을 경제학의 출발 사상으로만 논하는 것은 지엽적이라고 생각하여 도덕철학자로서의 사상을 살펴보는 데 관심을 가짐. '도덕감정론'의 핵심 개념인 동감과 '국부론'에 나오는 이기심은 어떻게 연결되는가를 고찰하기 위해 '도덕감정론 및 국부론 요약(에이먼 버틀러)', '애덤 스미스(다카시마 젠야)' 등 다양한 읽기 자료를 통해 지적 호기심을 해결하는 과제 집착력을 보여 줌.

관련 논문
애덤 스미스의 경제발전 이론체계와 불균등성장(김광수, 2023)

관련 도서
《진보와 빈곤》, 헨리 조지, 현대지성
《한 권으로 읽는 국부론》, 애덤 스미스, 박영사

관련 계열 및 학과	• 사회계열: 문화콘텐츠학과, 미디어커뮤니케이션학과, 사회학과, 신문방송학과, 언론정보학과
	• 인문계열: 국어국문학과, 문예창작학과, 문헌정보학과, 심리학과, 인류학과, 철학과
관련 교과	• 교육계열: 글로벌교육학부, 교육학과, 문헌정보교육과, 사회교육과, 윤리교육과

2022 개정 교육과정: 통합사회 1, 사회와 문화, 현대 사회와 윤리, 윤리와 사회, 인문학과 윤리

2015 개정 교육과정: 통합사회, 정치와 법, 사회·문화, 생활과 윤리, 윤리와 사상, 사회문제 탐구

인문계열

사회계열

자연계열

공학계열

의약계열

예체능계열

교육계열

어떤 호소의 말들

최은숙 | 창비 | 2022

'인권위 조사관이 만난 사건 너머의 이야기'라는 부제에서 알 수 있듯이, 이 책은 국가인권위원회에서 일하는 조사관인 저자 최은숙이 20여 년간 만난 인권 침해 사건들과 피해자들의 이야기를 다룬 책이다. 법률과 제도의 사각지대에 놓인 이들을 따스한 시선으로 돌아보는 한편 조사관 개인으로서 느끼는 한계 역시 솔직하게 털어놓는다. 소수와 약자를 향한 저자의 용감하고 솔직한 목소리가 읽는 사람의 마음을 뭉클하게 만든다.

탐구 주제

주제1 인권 감수성은 '인권'과 '감수성'의 합성어로, 일상생활에서 마주하는 인권적인 요소에 나 자신이 얼마나 예민하게 받아들이고, 얼마나 인권을 고려하고 있는지를 말한다. 일상생활에서 실천할 수 있는 인권 감수성 사례를 조사한 후 실천 사례를 친구들과 공유해 보자.

주제2 최근 복지 사각지대에 놓인 취약계층에 대한 문제는 중요한 사회 이슈가 되고 있다. 현재 우리 사회에서 복지 사각지대에 놓인 취약계층들이 겪고 있는 상황과 문제점을 살펴보고 복지 사각지대 문제가 생기는 원인을 분석한 후 그것을 바탕으로 구체적인 해결 방안을 제안해 보자.

주제3 미디어가 인권 감수성에 미치는 영향에 대한 탐구

주제4 역사적인 사건(전쟁, 집단 학살 등)이 현 세대의 인권 감수성에 미친 영향 탐구

학생부 기록 예시 (교과세특)

'어떤 호소의 말들(최은숙)'을 읽고, 지속 가능 발전 목표와 관련해 모두가 접근 가능한 환경을 만들기 위해 학교 건물을 장애인이 쉽게 이용할 수 있도록 장애인 친화적 설계를 해야 한다고 주장함. 이러한 공감적 사고력을 발휘하여 실제로 휠체어 이용자들이 이용할 수 있는 공공장소를 찾아내고, 학교 건물에서 통합교육 교실의 배치를 출입구 가까운 곳으로 옮겨야 한다고 제안함.

'어떤 호소의 말들(최은숙)'을 읽고, 복지 사각지대에 놓인 취약계층에 대한 문제 해결 방안에 대해 탐구활동을 수행함. 복지 사각지대가 생기는 원인을 분석한 후, 기존 복지 제도에서 문제가 되는 부분을 파악하여 해결 방안을 제시함. 복지 혜택을 받기 위한 기준을 낮추고 절차를 간소화하여 취약계층의 복지 혜택 수급을 쉽게 하며, 더 나아가 복지 사각지대에 놓인 취약계층을 위한 맞춤형 복지 서비스를 제공해야 한다고 주장함.

관련 논문

사회적 약자와 소수자의 사회정의와 인권에 대한 한국인의 인식 (윤인진, 송영호, 2018)

관련 도서

《인권의 최전선》, 조효제, 교양인
《학교 가는 길》, 김정인 외, 책폴

관련 계열 및 학과	• 사회계열 : 공공인재학과, 공공행정학과, 법학과, 사회복지학과, 행정학과
	• 인문계열 : 상담심리학과, 심리학과, 인류학과, 종교학과, 철학과
관련 교과	• 교육계열 : 교육공학과, 교육학과, 사회교육과, 윤리교육과

2022 개정 교육과정 : 통합사회 1, 사회와 문화, 현대 사회와 윤리, 정치, 법과 사회, 윤리문제 탐구

2015 개정 교육과정 : 통합사회, 정치와 법, 사회·문화, 생활과 윤리, 사회문제 탐구

이름이 법이 될 때
정혜진 | 동녘 | 2021

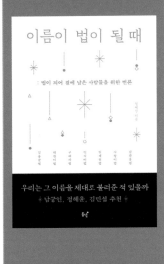

이 책은 김용균 법, 태완이 법, 구하라 법, 민식이 법, 임세원 법, 사랑이 법, 김관홍 법 등 누군가의 죽음 이후 그 원인이나 상황이 사회적 반향을 일으켜 법 제정이나 개정으로 이어진 사례들을 상세히 알 수 있는 책이다. 사건 당사자에겐 개정되거나 보완된 법이 효력을 미치진 못했지만, 이들의 희생을 디딤돌 삼아 앞으로는 이런 아픔들이 더 이상 나오지 않도록 '법이 되어 우리 곁에 남은 사람들'의 이름을 잊지 말아야 할 것이다.

탐구 주제

주제1 《이름이 법이 될 때》에는 '누군가의 이름이 붙은 법을 들여다보는 건 양면 거울을 보는 것과 같았다. 한쪽으로는 이름을 가진 이, 다른 쪽으로는 그 이름의 법을 만든 우리 사회의 모습이 보였다.'라고 서술되어 있다. 책에 나오는 일곱 가지 법 중 하나를 선정하여 그 법이 사회에 끼친 영향을 탐구해 보자.

주제2 네이밍법안은 법안 발의자 등 입법 과정에서 기여도가 높은 인물의 이름(오세훈 법, 김영란 법 등) 또는 법안 추진 배경이 됐던 특정 사건의 피해자나 가해자의 이름(정인이 법, 조두순 법 등)이 붙는다. 네이밍법 사례를 조사한 후 긍정적 또는 부정적 영향에 대해 찬반 토론을 해 보자.

주제3 법 개정에 관한 시민 참여의 중요성과 영향력 분석

주제4 특정 법률 개정의 필요성과 예상되는 효과에 대한 탐구

학생부 기록 예시 (교과세특)

정치와 법 수업에서 '법 제정 과정의 이해'를 배운 후, 이름으로 된 법에 관심이 생겨 탐구를 진행함. '이름이 법이 될 때(정혜진)'를 읽고 민식이 법에 대해 논문과 뉴스 기사를 조사하여 균형 잡힌 시각으로 분석함. 민식이 법이 도입된 배경을 살펴보고, 민식이 법이 가져온 긍정적인 변화와 부정적인 영향을 비교 분석함. 또한 민식이 법 개정에 관한 사회적 논란을 토론 주제로 제안하며 민식이 법의 한계와 개선 방안에 대해 논의함.

'이름이 법이 될 때(정혜진)'를 읽고 최근 사회적 이슈가 되는 네이밍법에 관해 관심이 생겨 '네이밍법을 어떻게 생각하십니까?'라는 주제로 의견 조사를 함. 네이밍법에 관한 친구들의 다양한 찬반 의견을 정리해서 많은 사람이 직관적으로 알아볼 수 있도록 포스터 보고서로 작성해서 급식소 앞에 게시함. 친구들을 대상으로 네이밍법에 대한 인식을 높이는 데 기여하였으며, 활동 과정에서 자료 분석력과 지식 정보 처리 역량을 발휘함.

관련 논문

네이밍법이 해당 사건 관련 일반인의 법 적용 판단에 미치는 영향(김수진, 2023)

관련 도서

《판결을 다시 생각한다》, 김영란, 창비
《어떤 양형 이유》, 박주영, 모로

관련 계열 및 학과
- 사회계열: 경찰행정학과, 공공인재학과, 공공행정학과, 법학과, 정치외교학과, 행정학과
- 인문계열: 상담심리학과, 심리학과, 인류학과, 종교학과, 철학과

관련 교과
- 교육계열: 교육공학과, 교육학과, 사회교육과, 윤리교육과

2022 개정 교육과정: 통합사회 1, 사회와 문화, 현대사회와 윤리, 정치, 법과 사회, 윤리문제 탐구

2015 개정 교육과정: 통합사회, 정치와 법, 사회·문화, 생활과 윤리, 사회문제 탐구

이상하고 아름다운 밥벌이의 경제학

류동민 | 빛은책들 | 2022

이 책은 숫자와 효용으로 '일'을 판단하는 경제학의 맹점을 파헤쳐 일과 삶, 일과 나의 관계를 재정의할 수 있도록 돕는 책이다. '일은 왜 힘들까?', '공정한 경쟁이 가능할까?', '임금은 정말 일한 대가일까?' 등 아홉 가지 질문을 던지며 일의 본질과 의미를 찾고, AI, 비대면, 플랫폼 경제, ESG 등의 키워드로 삶에서 일을 어떻게 받아들여야 할지 방향을 제시한다. 경제학 개념을 현실에 적용하고 싶은 학생들에게 권한다.

탐구 주제

주제1 《이상하고 아름다운 밥벌이의 경제학》은 취업, 자영업자, 월급, 소비자, 공정과 같이 평소 사람들이 생각하는 내용을 경제학의 관점에서 질문하고 답한 책이다. 저자가 제시하는 아홉 가지 질문 중 관심 있는 질문 한 가지를 선정하여 탐구한 후, 같은 질문을 고른 친구들과 함께 토론해 보자.

주제2 디지털화와 함께 플랫폼 경제가 빠르게 확산되면서 플랫폼 노동자의 처우 문제나 소상공인과의 상생 문제 등이 새로운 사회 이슈로 제기되고 있다.《이상하고 아름다운 밥벌이의 경제학》을 읽고, 플랫폼 노동자들의 인권 상황을 살펴 이에 대한 개선 방안을 제시해 보자.

주제3 유연근무제의 장단점 및 문제점 해결방안 탐구

주제4 일의 의미가 직장인의 삶의 만족에 미치는 영향 분석

학생부 기록 예시 (교과세특)

'이상하고 아름다운 밥벌이의 경제학(류동민)'을 읽고 '대학생들의 청소노동자 집회 고소 논란'을 토론 주제로 제안함. 학생들의 학습권은 노동자들의 생존권인 노동권보다 우선시 될 수 없으며, 청소 노동자들의 시위가 학습권을 침해한다는 고소인의 주장은 능력주의에 바탕을 둔 잘못된 공정 감각이라고 비판함. 관심 분야에 대한 비판적 문제 의식을 느끼고 사회적 가치 실현을 위한 대안을 제시하는 등 수준 높은 발표함.

사회 문제와 공정에 관심이 많아 지속 가능한 해결책을 탐구하여 발표함. '이상하고 아름다운 밥벌이의 경제학(류동민)'을 읽고, 플랫폼 노동자의 인권 찾기를 주제로 캠페인을 진행함. 플랫폼 노동자들의 노동 조건 문제 사례를 사진으로 소개하고 개선 방안에 관한 의견을 수렴하여 8컷의 카드 뉴스로 제작함. 친구들이 노동의 의미와 인권의 가치에 대해 함께 생각해 보는 계기를 제공하였고, 공동체 의식 향상에도 이바지함.

관련 논문

감정노동 근로자 보호 제도 실효성에 관한 연구(민경환, 2021)

관련 도서

《피로사회》, 한병철, 문학과지성사
《미디어, 노동인권을 말하다》, 진선미, 메이킹북스

관련 계열 및 학과
- 사회계열 : 경영학과, 경영정보학과, 경제학과, 글로벌비즈니스학과, 사회학과, 소비자학과
- 인문계열 : 인류고고학과, 문헌정보학과, 상담심리학과, 심리학과, 인류학과, 철학과

관련 교과
- 교육계열 : 교육공학과, 교육학과, 문헌정보교육학과, 사회교육과, 윤리교육과

2022 개정 교육과정 : 통합사회 1, 통합사회 2, 사회와 문화, 도시의 미래 탐구, 사회문제 탐구

2015 개정 교육과정 : 통합사회, 경제, 정치와 법, 사회·문화, 생활과 윤리, 윤리와 사상, 사회문제탐구

인문계열

사회계열

자연계열

공학계열

의약계열

예체능계열

교육계열

인간 섬

장 지글러 | 갈라파고스 | 2020

《인간 섬》은 망명권과 난민 문제를 다루고 있는 책으로, 그리스의 난민 핫 스폿이라 불리는 '인간 섬'에서 난민들이 희망 없이 비참함을 이어가는 삶의 모습과 이 과정에 이르기까지 발생하는 부패와 비인도적 행위에 대한 고발을 담고 있다. 난민 캠프 안에서 비극이 어떤 모습을 하고 있는지, 방관과 공포는 얼마나 전략적일 수 있는지, 이 비극은 어떻게 이용되어 이익으로 치환되는지를 사실적으로 보여 준다.

탐구 주제

주제1 2021년 아프가니스탄 난민의 수용 여부에 관한 논란이 커지면서 난민 문제는 국가적 이슈가 되었다. 난민 수용을 거부하는 국민 청원의 수가 급속하게 늘어날 정도로 난민 수용을 거부하는 국민 여론도 높았다. 난민 수용에 대한 의견을 고찰한 후, 난민 수용에 대한 찬반 토론을 해 보자.

주제2 인종차별, 난민, 정치적 억압, 아동 학대, 집단 학살 등 현대 사회의 인권 침해의 유형과 실태를 사례 중심으로 조사하고, 조사한 인권 침해 문제 중 하나를 골라 해당 문제의 해결과 예방을 위해 우리가 할 수 있는 노력을 구체적으로 이야기해 보자.

주제3 국내외 난민 관련 법과 정책 비교 및 우리나라 난민 문제 고찰

주제4 세계 난민 문제의 실태와 문제해결 방안에 대한 탐구

학생부 기록 예시 (교과세특)

정치와 법 수업에서 현대 사회의 인권 침해 유형 중 난민 문제를 골라 '난민을 수용하는 것이 옳은가'에 대한 찬반 토론을 함. 2018년 제주도 예멘 난민과 2021년 아프가니스탄 난민의 국내 수용은 인도주의적 입장에서 바람직한 결정이었으며, 우리나라는 국제적 선진국으로서 난민의 인간 존엄성을 보전할 의무가 있다는 점에서 난민 수용을 찬성한다고 주장함. 근거를 들어 논리적으로 자신의 의견을 설득하는 모습이 매우 인상적임.

사회적 약자의 인권 문제에 관심이 많은 학생으로, 장 지글러의 '인간 섬'을 읽고 난민 문제의 실태와 해결 방안에 관해 탐구함. 난민 문제의 어려운 점은 정치적 박해를 피해 생존을 하기 위한 난민인지 혹은 경제적 이유로 인해 난민의 지위를 누리기 위한 것인지를 판단하는 것이며, 결국 난민 문제도 인권 차원에서 인도적으로 해결해야 한다고 주장함. 폭넓은 안목을 토대로 난민 문제의 본질적인 해결책을 모색하는 통찰력이 돋보임.

관련 논문
난민 수용의 경제적 효과와 난민 정착을 위한 정책 제언(류지호, 2020)

관련 도서
《난민, 멈추기 위해 떠나는 사람들》, 하영식, 뜨인돌
《사람, 장소, 환대》, 김현경, 문학과지성사

 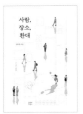

관련 계열 및 학과
- 사회계열: 공공인재학과, 공공행정학과, 법학과, 사회복지학과, 사회학과, 정치외교학과
- 인문계열: 문헌정보학과, 상담심리학과, 신학과, 심리학과, 인류학과, 철학과

관련 교과
- 교육계열: 교육공학과, 교육학과, 문헌정보교육학과, 사회교육과, 윤리교육과

2022 개정 교육과정: 통합사회 1, 사회와 문화, 현대사회와 윤리, 기후변화와 지속가능한 세계

2015 개정 교육과정: 통합사회, 정치와 법, 사회·문화, 생활과 윤리, 윤리와 사상, 사회문제탐구

인구 미래 공존

조영태 | 북스톤 | 2021

2030년대 이후 한국 사회의 문제를 이해하는 데 있어 인구 문제는 가장 중요한 화두로 떠오를 것이다. 인구학 권위자인 저자는 이 책에서 우리나라의 인구 문제가 해결될 기미가 보이지 않는 근본적 이유와 이를 해결하기 위해 지금부터 해야 할 방안들을 제시한다. 아울러 축소될 것만 같은 인구와 경제를 걱정하기보다는 인구학적 시야를 바탕으로 나와 가족의 안정적인 미래, 세대와 집단이 공존하는 미래를 기획하고 설계하라고 조언한다.

탐구 주제

주제1 경제협력개발기구(OECD) 38개 회원국 가운데 합계 출생률이 한 명 아래인 국가는 한국이 유일하다. 정부는 저출생 문제를 해결하기 위해 여러 가지 사회복지 정책 및 서비스를 실행하고 있지만, 출생률은 증가하지 않고 있다.《인구 미래 공존》을 읽고, 저출생 문제해결 방안을 토의해 보자.

주제2 인구 문제는 국가의 경제성장, 사회 안정, 지속 가능한 미래 등에 큰 영향을 미치는 중요한 요인이다. 특히 최근에는 저출생과 고령화 문제가 전 세계적으로 심각해 이에 대한 효과적인 대응이 필요하다.《인구 미래 공존》을 읽고, 지속 가능한 인구 정책의 중요성을 탐구해 보자.

주제3 저출생, 고령화의 경제적 영향 분석과 정책 시사점 연구

주제4 지속 가능한 고령화 사회를 위한 사회적 연대 정책과 프로그램 조사

학생부 기록 예시 (교과세특)

사회 문제에 대한 폭넓은 안목을 바탕으로 사회 이슈 탐구활동에서 뛰어난 발휘력을 발휘함. '인구 미래 공존(조영태)'을 읽고, 정부의 저출생 지원 정책의 문제점을 지적하고 출생률 증가를 위한 대책을 제안함. 통계청 자료를 근거로 여성의 사회 진출은 보편적인 일이 되었지만 여전히 출산과 육아 때문에 일을 포기하는 여성이 많으므로, 저출생 지원 정책이 일·가정 양립 대책과 사회문화적 인식 개선에 중점을 두어야 한다고 강조함.

'인구 미래 공존(조영태)'을 읽고 지속 가능한 인구 정책의 중요성을 깨달아 다양한 국가의 인구 정책 사례를 조사하고 분석하는 보고서를 작성함. 인구 정책은 국가의 경제적, 사회적 안정성을 유지하고 지속 가능한 미래를 구축하는 데에 중요하므로 이를 위해 여성의 사회 참여 지원, 교육비 부담 완화, 사회 보장체계 개선 등 다양한 정책을 통해 저출생과 고령화 문제를 해결하고 지속 가능한 미래를 준비할 수 있다고 발표함.

관련 논문

한국의 초저출산 극복을 위한 정책조합 연구 (양재진, 장우윤, 2023)

관련 도서

《붕괴하는 세계와 인구학》, 피터 자이한, 김앤김북스
《인구 대역전》, 찰스 굿하트 외, 생각의힘

관련 계열 및 학과	• 사회계열: 공공인재학과, 공공행정학과, 경제학과, 사회복지학과, 소비자학과, 정책학과
	• 인문계열: 인류고고학과, 문헌정보학과, 상담심리학과, 심리학과, 인류학과, 철학과
관련 교과	• 교육계열: 교육공학과, 교육학과, 문헌정보교육과, 사회교육과, 윤리교육과

2022 개정 교육과정: 통합사회 1, 사회와 문화, 현대 사회와 윤리, 윤리와 사회, 인문학과 윤리

2015 개정 교육과정: 통합사회, 정치와 법, 사회·문화, 생활과 윤리, 윤리와 사상, 사회문제 탐구

인문계열
사회계열
자연계열
공학계열
의약계열
예체능계열
교육계열

인플루언서
(인문잡지 한편 2)

이유진 외 | 민음사 | 2020

이 책은 열 명의 다양한 분야의 학자들이 새로운 매체를 통해 영향력을 행사하는 개인을 일컫는 인플루언서를 다양한 각도로 다루고 있는 책이다. 이른바 'SNS 유명인'이라 불리는 인플루언서를 중심으로 한 각종 현상들을 분석하고, 이들이 가진 영향력의 의미와 그 힘의 본질을 이해함으로써 '팔이피플'의 현실과 '선한 영향력'의 이상 사이에서 인플루언서의 진정성과 영향력의 본질, 그리고 방향성을 모색하고 있다.

탐구 주제

주제1 《인플루언서》에서 인플루언서는 새로운 매체를 통해서 영향력을 행사하는 개인이라고 했다. 특정 분야 인플루언서가 가져오는 사회문화적 변화, 예를 들어 '건강 및 운동' 혹은 '음식 및 요리' 관련 인플루언서가 사회 문화에 어떻게 영향을 미치는지 토론해 보자.

주제2 최근 몇 년 동안 인플루언서 마케팅은 브랜드가 목표 고객에게 도달하고 참여를 유도하는 전략으로 급부상하고 있다. 인플루언서를 활용한 광고가 전통적인 광고 방식에 비해 얼마나 효과적인지 다양한 사례를 통해 분석한 후 보고서를 작성해서 발표해 보자.

주제3 SNS에서 활동하는 인플루언서들이 직면하는 윤리적 이슈 탐구

주제4 인플루언서의 특성이 소비자 제품 태도와 구매 의도에 미치는 영향에 관한 연구

학생부 기록 예시 (교과세특)

인간의 사고와 행동에 관심이 높아 '인플루언서(이유진 외)'를 읽고, '인플루언서의 특성이 소비자 제품 태도와 구매 의도에 미치는 영향'을 토론 주제로 제안함. 특정 분야의 인플루언서는 그들의 전문 지식과 경험, 팔로워들과의 상호작용을 통해 사회적으로 큰 영향력을 발휘하므로 소비자들은 항상 비판적인 시각으로 정보를 평가하고 자신의 판단에 따라 선택해야 한다는 의견을 탁월한 소통 능력을 발휘하여 논리적으로 전달함.

미디어를 통한 사회 참여에 관심이 많고 사회의 문제점을 해결하기 위해 무엇을 할 수 있을까를 고민하고 실천하는 학생임. '인플루언서(이유진 외)'를 읽고 '인플루언서의 사회문화적 영향'을 주제로 탐구함. 인플루언서 마케팅의 부상, 소비자 행동 변화, 성공적인 캠페인 전략 등 쇼핑 트렌드에 대한 인플루언서 마케팅의 영향에 대해 분석함. 탐구 주제를 조사하며 다양한 사례를 찾아보는 등 지식을 확장하는 능력이 매우 탁월함.

관련 논문

정보특성과 정보원천특성의 효과: SNS 패션 인플루언서를 중심으로(류현재, 이경탁, 2021)

관련 도서

《필립 코틀러 마켓 5.0》, 필립 코틀러 외, 더퀘스트
《인플루언서 마케팅》, 테드 라이트, 리더스북

관련 계열 및 학과

- 사회계열: 광고홍보학과, 문화콘텐츠학과, 미디어커뮤니케이션학과, 신문방송학과
- 공학계열: 멀티미디어공학과, 산업공학과, 소프트웨어학과, 정보보안학과, 정보통신공학과
- 인문계열: 미디어광고콘텐츠학과, 미디어문예창작학과, 미디어영상학과

관련 교과

2022 개정 교육과정: 통합사회 1, 사회와 문화, 현대 사회와 윤리, 윤리와 사회, 인문학과 윤리

2015 개정 교육과정: 통합사회, 정치와 법, 사회·문화, 생활과 윤리, 윤리와 사상, 사회문제 탐구

인문계열

사회계열

자연계열

공학계열

의약계열

예체능계열

교육계열

저렴한 것들의 세계사

라즈 파텔, 제이슨 W. 무어 |
북돋움 | 2020

이 책은 자본주의가 어떻게 시작해 어떻게 발전해 왔는지, 그리고 현재까지 어떤 영향을 미치고 있는지를 설명한다. 또한 자본주의에 대한 깊은 이해를 바탕으로 기후 위기, 극단적 불평등, 금융 불안 등 현재 우리가 직면하고 있는 문제들을 다루고 있다. 자본주의에 대한 맹목적인 비난이 아닌 자본주의가 성장해 온 과정을 조명하고 있어 인류가 당면한 현실적인 과제를 살펴볼 수 있다.

탐구 주제

주제1 경제 불황으로 자산 양극화가 심화되고 20대 내에서도 빈부격차가 심해지면서 청년 세대의 빈곤이 사회 문제로 부각되고 있다. 청년 빈곤은 단순한 소득 부족을 넘어 다양한 사회적 요인이 복합적으로 얽힌 문제이다. 청년 빈곤의 실태를 다원적 빈곤의 문제로 접근해서 탐구해 보자.

주제2 《저렴한 것들의 세계사》는 자본세의 시각에서 자본주의 등장 이후 인간과 환경이 겪은 급격한 변화를 알아보고, 무한한 발전의 신화가 오늘날 기후 위기와 극단적인 불평등이라는 결과를 초래하는 과정을 이야기하고 있다. 자본세의 조정이 소득 불평등에 어떤 영향을 미치는지 심화 탐구해 보자.

주제3 기업의 사회적 책임(CSR)에 대한 토론

주제4 기후 변화 대응을 위한 탄소 중립 전략 연구

학생부 기록 예시 (교과세특)

관심 분야에 관한 탐구를 통해 생각을 확장하는 모습이 인상적인 학생임. '저렴한 것들의 세계사(라즈 파텔)'를 읽고, '청년 빈곤'을 토론 주제로 제안함. 청년 빈곤의 실태를 조사한 후 청년 빈곤은 소득 부족을 넘어 다양한 사회적 요인이 복합적으로 얽힌 문제임을 깨닫고 다원적 빈곤 문제로 접근하여 고찰함. 현재 청년 빈곤 실태를 진단하며 해결 방안에 관한 자기 생각을 논리적으로 전달하는 능력이 돋보임.

사회 문제에 관한 관심을 바탕으로 관련 도서와 시사 뉴스를 챙겨 보며 생각의 관점을 확장하고자 노력함. '저렴한 것들의 세계사(라즈 파텔)'를 읽고, '자본세 조정이 소득 불평등에 미치는 영향'을 탐구함. 자본세 인상은 소득 재분배를 통해 불평등을 완화할 수 있으며, 자본세 감소는 투자 촉진과 경제 성장을 끌어내지만 소득 불평등을 심화시킬 수 있다는 점을 고려하여 각 국가는 자본세 정책을 결정하고 조정해야 한다고 주장함.

관련 논문
인류세 시대 지구공학적 대응과 환경 윤리(김대영, 2020)

관련 도서
《인류세 윤리》, 몸문화연구소, 필로소픽
《두 번째 지구는 없다》, 타일러 라쉬, 알에이치코리아

관련 계열 및 학과
- 사회계열: 경영학과, 경영정보학과, 문화콘텐츠학과, 미디어커뮤니케이션학과
- 인문계열: 문화인류고고학과, 문헌정보학과, 상담심리학과, 심리학과, 인류학과, 철학과

관련 교과
- 교육계열: 교육공학과, 교육학과, 문헌정보교육학과, 사회교육과, 윤리교육과

2022 개정 교육과정: 통합사회 1, 통합사회 2, 사회와 문화, 도시의 미래 탐구, 사회문제 탐구

2015 개정 교육과정: 통합사회, 경제, 정치와 법, 사회·문화, 생활과 윤리, 윤리와 사상, 사회문제탐구

중간착취의 지옥도

남보라 외 | 글항아리 | 2021

김훈 소설가 강력 추천

청년 노동자 고 김용균의 몫으로 원청이 책정했던 522만 원과 그의 통장에 마지막으로 입금된 211만 원 사이에는 어떤 착취의 구조가 숨어 있을까? 이 책은 한국일보 마이너리티 팀이 백 명의 간접고용 노동자들을 인터뷰한 내용을 바탕으로 쓰인 책으로, 저자들은 백 명의 간접고용 노동자를 인터뷰하며 찾아낸 답을 '중간착취의 지옥도'로 묘사한다. 경비, 청소, 사무 보조 등 우리 사회 어디에나 있는 간접 고용의 부당함을 고발하는 책이다.

탐구 주제

주제1 불공정한 노동 환경으로 인해 생명을 잃은 김용균 씨의 이름을 붙여 만든 김용균 법은 과도한 노동 시간과 부당한 노동 환경에 대한 문제를 제기하고 개선을 목표로 하는 법률이다. 김용균 법이 왜 필요한지, 그리고 이 법이 어떤 변화를 가져올 수 있는지를 토론해 보자.

주제2 사업주 등에게 산업 재해 예방을 위한 의무를 부과하고 이를 이행하지 않아 산업 재해 등이 발생하면 처벌하는 법으로 산업안전보건법, 중대재해처벌법 등이 있다. 두 법의 제정 배경, 개정과정 및 보호 대상과 의무 이행 주체를 살펴본 후 문제점을 분석해 보자.

주제3 기업의 이윤과 노동자의 안전, 양립 가능한가에 대한 토론

주제4 간접 고용을 통한 경제 발전 방안 탐구

학생부 기록 예시 (교과세특)

사회적인 현상을 탐구하고 고찰하는 것을 즐기는 학생임. 사회문제 탐구 교과에서 노동법의 개념과 노동 인권의 중요성에 관해 탐구함. 지식을 확장하여 '중간착취의 지옥도(남보라 외)'라는 책을 읽고, 김용균 법의 필요성과 효과적인 활용 방안을 제안함. 김용균 법의 효과적인 시행과 감독을 통해 더 나은 근로 조건과 노동 문화를 만들어 나갈 수 있다고 주장함. 어려운 내용의 책도 분석적으로 읽는 지적 역량을 갖추었음.

'중간착취의 지옥도(남보라 외)'라는 책을 읽고, 노동 관련 법에 관한 관심이 높아져 산업안전보건법과 중대재해처벌법을 비교 분석함. 산업안전보건법은 일상적인 작업 환경에서의 안전성을 갖추는 조치와 기준 설정에 초점을 맞추지만, 중대재해처벌법은 특히 중대한 재해에 대한 예방과 그에 따른 책임을 명확히 하는 데 초점을 맞춘 법이라고 설명함. 지식을 확장하여 중대재해처벌법 찬반 쟁점을 토론 주제로 제안함.

관련 논문

산업 재해 예방 실효성 확보를 위한 산업안전보건법 처벌 규정 개선방안 연구(정상은, 2023)

관련 도서

《오늘도 2명이 퇴근하지 못했다》, 신다은, 한겨레출판사
《찰리와 초콜릿 공장이 말해주지 않는 것들》, 공윤희, 샌들코어

관련 계열 및 학과	• 사회계열: 공공인재학과, 공공행정학과, 법학과, 사회복지학과, 사회학과, 소비자학과
	• 인문계열: 인류고고학과, 문헌정보학과, 상담심리학과, 심리학과, 인류학과, 철학과
관련 교과	• 교육계열: 교육공학과, 교육학과, 문헌정보교육과, 사회교육과, 윤리교육과

2022 개정 교육과정: 통합사회 1, 사회와 문화, 현대 사회와 윤리, 윤리와 사회, 인문학과 윤리

2015 개정 교육과정: 통합사회, 정치와 법, 사회·문화, 생활과 윤리, 윤리와 사상, 사회문제 탐구

인문계열

사회계열

자연계열

공학계열

의약계열

예체능계열

교육계열

지금 여기, 무탈한가요?

오찬호 | 북트리거 | 2020

이 책은 부동산, 교육, 소득 불평등, 정치 등 연일 뉴스에 오르내리는 이슈부터 나오는 멀게만 느껴졌던 난민, 장애인, 환경 등 현재의 사회 문제를 열네 가지 키워드로 다양하게 다룬다. 저자는 평소 간과해 왔던 문제점들을 돌아보면서 우리 사회의 구조를 보는 눈을 길러야 우리 현실을 제대로 볼 수 있다고 강조한다. 평소 생각해 보지 못한 문제를 새로운 시각에서 돌아보면서 공감하는 기회를 가질 수 있다.

탐구 주제

주제1 2020년 모 고등학교 학생들이 가나 장례 문화를 패러디한 이른바 '관짝소년단' 코스프레가 인종차별 논란에 휩싸였다. 모둠별로 관짝소년단 인종차별 논란 이슈와 관련된 기사를 검색한 후 이 이슈에 대한 옹호와 비판이 극명하게 드러난 기사를 한 가지씩 선정해서 의견을 공유해 보자.

주제2 《지금 여기, 무탈한가요?》는 불평등을 주제로 환경, 인권, 정치, 교육 등 우리 사회의 논쟁거리를 제시하고 있다. 진로와 연계하여 관심 있는 주제를 선정해서 인터넷 뉴스에서 비슷한 주제의 기사를 수집하여 읽고, 비판적으로 이해하고 분석한 후 미디어 비평 보고서를 작성해 보자.

주제3 미디어 활용과 관련된 일상적 문제들을 인식하고 토의해 보기

주제4 '가짜 뉴스 분별하기' 프로젝트 활동 수행하기

학생부 기록 예시 (교과세특)

'지금 여기, 무탈한가요?(오찬호)'를 읽고, 국어 시간에 혐오와 차별 표현에 대한 독서 토론에 적극적으로 참여함. 우리 사회에서 일어나는 불평등을 외면하지 않고 비판적으로 바라보는 시각을 가져야 하며, 건전한 비판적 사고력을 갖춘 시민과 진일보한 사회 정책이 조화를 이룰 때 우리 사회는 견고해진다는 주장을 펼침. 또한 책의 내용 중에서 동물권과 연관 지어 동물원의 비윤리적인 형태를 비판하여 친구들의 공감을 끌어 냄.

'지금 여기, 무탈한가요?(오찬호)'를 읽고, '미디어 리터러시'와 연결 지어 뉴스 기사에 대한 비판적 사고력의 중요성을 탐구함. '관짝소년단 코스프레 인종차별 논란'에 대한 기사를 검색한 후 사건의 본질과 관련 있는 기사와 그렇지 않은 기사, 이 이슈에 대한 옹호와 비판이 극명하게 드러난 기사를 선정하여 기사에서 사실과 의견을 구분하는 활동을 함. 독서에서 배운 지식을 확장해서 일상생활에 적용할 수 있는 능력을 갖추었음.

관련 논문
미디어 리터러시 관련 연구 동향 분석 (장소영, 김경이, 2022)

관련 도서
《유튜브에 빠진 너에게》, 구본권, 북트리거
《말하기를 말하기》, 김하나, 콜라주

관련 계열 및 학과	• 사회계열: 문화콘텐츠학과, 미디어커뮤니케이션학과, 사회학과, 신문방송학과, 언론정보학과
	• 인문계열: 국어국문학과, 문예창작학과, 문헌정보학과, 심리학과, 인류학과, 철학과
관련 교과	• 교육계열: 글로벌교육학부, 교육학과, 문헌정보교육과, 사회교육과, 윤리교육과

2022 개정 교육과정: 통합사회 1, 사회와 문화, 현대사회와 윤리, 정치, 법과 사회, 인문학과 윤리

2015 개정 교육과정: 통합사회, 정치와 법, 사회·문화, 생활과 윤리, 윤리와 사상, 사회문제탐구

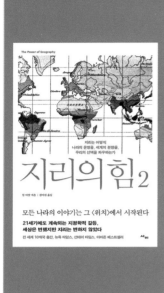

지리의 힘 2

팀 마샬 | 사이 | 2022

모든 나라의 이야기는 그 〈위치〉에서 시작된다

21세기에도 계속되는 지정학적 갈등, 세상은 변했지만 지리는 변하지 않았다

전 세계 10개국 출간, 뉴욕 타임스, 선데이 타임스, 아마존 베스트셀러

이 책은 저자가 30개 이상의 분쟁 지역을 직접 취재하며 쓴 책으로, 지리가 우리 개인의 삶과 세계의 정치, 경제를 어떻게 좌우하는지를 알려 주는 책이다. 전 세계를 10개 지역으로 나누어 '지리의 힘'이 급변하는 21세기 현대사에 미치는 영향을 집중적으로 파헤치며, 지리가 세계사를 결정하는 주요 요소 중 하나임을 보여 준다. 특히 한국의 위치와 지리적 특성, 남중국해를 둘러싼 영유권 분쟁, 북극의 부상 등 최근 이슈들도 다루고 있다.

탐구 주제

주제1 《지리의 힘 2》는 국제문제 전문 저널리스트로 활동해온 팀 마샬이 지리가 역사, 문화, 정치에 어떻게 영향을 미치는지 설명하는 책이다. 이 책을 읽고, 전 세계의 지리적 요소가 국가들의 경제, 정치, 군사 전략 등에 어떻게 영향을 미쳤는지를 모둠별 독서 토론을 진행해 보자.

주제2 《지리의 힘 2》한국 편에는 한국의 위치와 한반도의 지리적 특성 때문에 한국이 강대국들의 경유지 역할을 할 수밖에 없음을 지적하고 있다. 현재 세계 정세를 고려했을 때, 앞으로 한반도가 맞닥뜨릴 수 있는 여러 가능성에 대해 탐색하고 그에 따른 대응 전략을 생각해 보자.

주제3 지리의 관점에서 본 동아시아 정세 분석

주제4 지정학적 세계관의 발전에 관한 탐구

학생부 기록 예시 (교과세특)

'지리의 힘 2(팀 마샬)'을 읽고 지리가 정치, 경제, 군사 전략에 미치는 영향을 주제로 모둠별 독서 토론을 진행함. 모둠 소주제로 전략적 위치와 군사력을 선정해 전략적 위치가 군사력과 외교에 어떻게 영향을 미치는지 토론함. 파나마 운하나 수에즈 운하 같은 중요한 해협의 소유권과 관리권은 그 지역의 군사적 중요성을 크게 증대시킨다고 주장함. 탐구 주제와 관련 자료를 폭넓게 탐색하고 교과 수업 내용을 확장하는 모습이 인상적임.

평소 지리와 역사에 관심을 가지고 책을 읽으면서 지식의 폭을 넓혀 가고 있음. '지리의 힘 2(팀 마샬)'을 읽고 한반도의 지정학적 중요성과 주변국 관계에 관해 심화 탐구함. 미·중 갈등, 북한의 핵 문제와 인권 문제, 기후 변화 등 앞으로 우리나라가 직면할 수 있는 도전을 고려하여 외교, 안보, 환경 등 다양한 분야에서 전략적이고 균형 잡힌 시각으로 접근해야 한다는 주장을 펼침. 미래 국제문제 저널리스트로서의 면모를 보여 줌.

관련 논문

한국의 지정학적 국가전략과 과제: 인도-태평양 전략과 희생양 가설 (주동진, 2023)

관련 도서

《눈물의 땅, 팔레스타인》, 김재명, 미지북스
《다가오는 유럽의 위기와 지정학》, 조지 프리드먼, 김앤김북스

관련 계열 및 학과
- 사회계열: 국제통상학과, 문화콘텐츠학과, 사회학과, 법학과, 정치외교학과, 행정학과
- 인문계열: 상담심리학과, 심리학과, 인류학과, 종교학과, 지리학과, 철학과
- 교육계열: 교육공학과, 교육학과, 사회교육과, 윤리교육과, 지리교육과

관련 교과

2022 개정 교육과정: 통합사회 1, 세계시민과 지리, 한국지리 탐구, 동아시아 역사 기행, 여행지리

2015 개정 교육과정: 통합사회, 한국지리, 세계지리, 세계사, 동아시아사, 여행지리, 사회문제 탐구

인문계열

사회계열

자연계열

공학계열

의약계열

예체능계열

교육계열

착한 소비는 없다
최원형 | 자연과생태 | 2020

이 책은 우리의 소비 방식을 바꾸는 것이 우리 생존을 위협하는 환경, 사회 문제를 해결하는 첫걸음이라는 것을 알려 준다. 무분별한 소비 방식이 어떻게 폭염과 한파, 미세 먼지, 빙하 감소, 물과 식량 부족, 생물 멸종, 방사성 물질 피폭, 노동 착취, 성 테러 등과 이어지는지를 일상 속 사례를 들어 차근히 짚어 준다. 조금이라도 덜 쓰고, 여러 번 다시 쓰고, 꼼꼼하게 살펴보는 방식이 어떻게 '똑똑한 소비'로 이어지는지 이야기하고 있다.

탐구 주제

주제1 최근 MZ 세대를 중심으로 자신의 가치관을 적극적으로 표현하는 미닝아웃(소신 소비) 현상이 나타나고 있다. 이와 더불어 상품이 사회에 미치는 영향을 고려해 구매하는 윤리적 소비가 중요한 소비 트렌드로 자리잡았다.《착한 소비는 없다》를 읽고 윤리적 소비에 대해 탐구해 보자.

주제2 《착한 소비는 없다》에서 저자는 기업들이 환경, 사회 및 지배 구조(ESG) 이슈에 대해 점점 더 고려하게 되면서, MZ 세대 등의 소비자들도 그러한 가치를 중요시하는 경향이 있다고 주장한다. 이 책을 읽고, 자신의 진로와 연계하여 윤리적 소비 사례를 조사해 보자.

주제3 윤리적 소비를 촉진하기 위한 교육 프로그램 탐구

주제4 '합리적 소비'와 '윤리적 소비'의 관계 분석

학생부 기록 예시 (교과세특)

환경에 관심이 높아 환경 캠페인을 통해 미닝아웃과 윤리적 소비의 중요성을 알리는 등 앎을 실천으로 행하는 학생임. '착한 소비는 없다(최원형)'를 읽고, 합리적 소비와 윤리적 소비의 차이를 설명함. 윤리적인 소비는 단순히 착한 선택만을 의미하는 것이 아니며 복잡하고 다양한 요소들을 고려하여 개인의 가치와 사회 전체의 이익 사이에서 균형을 찾고, 소비할 때 우선순위를 설정해 균형 잡힌 결정을 할 필요가 있다고 주장함.

평소 환경과 시민 운동에 관심이 많아 지속 가능 발전 목표 프로젝트에서 '공정 여행의 사회적 영향과 지속 가능한 변화'를 주제로 보고서를 작성함. 공정 여행이 지역 사회와 환경에 어떤 변화를 가져오는지를 설명하고 세계적으로 인정받는 공정 여행 사례를 소개함. 특히 공정 여행자들의 선택으로 여행지의 환경을 보호하고 사회 경제적 발전에 기여할 수 있다는 의견을 설득력 있게 발표하여 공감적 소통 능력을 발휘함.

관련 논문
윤리적 소비에 관한 의향 및 실천 연구(김재원, 2023)

관련 도서
《최원형의 청소년 소비 특강》, 최원형, 철수와영희
《위장환경주의》, 카트린 하르트만, 에코리브르

관련 계열 및 학과
- 사회계열: 경영학과, 경영정보학과, 경제학과, 글로벌비즈니스학과, 사회학과, 소비자학과
- 인문계열: 인류고고학과, 문헌정보학과, 상담심리학과, 심리학과, 인류학과, 철학과
- 교육계열: 교육공학과, 교육학과, 문헌정보교육학과, 사회교육과, 윤리교육과

관련 교과

2022 개정 교육과정: 통합사회 1, 사회와 문화, 현대 사회와 윤리, 윤리와 사회, 인문학과 윤리

2015 개정 교육과정: 통합사회, 정치와 법, 사회·문화, 생활과 윤리, 윤리와 사상, 사회문제 탐구

최소한의 선의

문유석 | 문학동네 | 2021

최소한의 선의

문유석 지음

"지금 우리에게 필요한 건, 인류가 공유해온 타협의 기술이다"

『개인주의자 선언』 문유석 작가
공존을 위한 '최소한의 선의'에 대해 말하다
문학동네

이 책은 인간의 존엄성을 보장하는 수단으로서의 법치주의를 이야기하며, 공존을 위해 우리가 어떤 태도를 지녀야 할지 신중하게 제안한다. 법 해설이 중심이 아닌 우리가 헌법을 바로 알고 기본권을 지키며 살 수 있도록 조언하고 성찰하게 한다. 또한 건강한 가치 판단과 공존을 위한 타협이 그 어느 때보다 절실한 요즘, 만인의 만인에 대한 '오징어 게임'이 아닌, 지혜로운 공존을 위한 전략을 제시한다.

탐구 주제

주제1 사형제도는 20세기부터 인권 의식의 증가와 그 효과성에 대한 회의로 많은 국가에서 폐지되고 있고, 우리나라 역시 사형을 선고하기는 하지만 실질적으로 사형을 집행하고 있지는 않다. 사형제도 집행 부활에 대한 찬반 토론 후 의견을 정리해서 보고서를 작성해 보자.

주제2 1인당 2m²도 안 되는 좁은 방에서 수감자를 수용하는 것은 수용자의 존엄과 가치를 침해한 것이라며 위법이라는 대법원의 판단이 나왔다. 법조계는 수감자 생활환경 개선이 필요하다고 조언했다. 수감자들의 인권은 어느 정도로 지켜 주어야 하는지에 대해 친구들과 의견을 나누어 보자.

주제3 국내외 수감자 인권 침해 사례 조사 및 분석

주제4 사형제도 폐지와 대체 형벌에 관한 고찰

학생부 기록 예시 (교과세특)

'최소한의 선의(문유석)'를 읽고 '사형제도 집행 부활 찬반 토론'에 참여하여 뛰어난 의사소통 능력을 보여 줌. 인권의 토대인 생명은 어떤 경우에도 침해할 수 없다는 헌법 정신을 강조하며 반대의 주장을 펼침. 특히 흉악 범죄 예방 및 감소에 효과가 있다는 상대편의 주장에 대해 사형과 범죄 감소율의 연관성에 대한 연구는 많지만 그 연관성은 입증하기 어렵다는 연구 결과를 제시하며 반박함.

사회적 약자의 인권 보호에 관심이 높아 '최소한의 선의(문유석)'를 읽고 수감자들의 인권을 토론 주제로 제안함. 사회를 유지하고 보호하기 수단으로 범죄자의 인권이나 자율권을 제한할 수 있지만, 범죄자의 인권을 박탈해선 안된다고 설득함. 특히 범죄자의 인권을 왜 생각해 줘야 하느냐는 상대 주장에 대해 감정적인 대응보다는 거시적 관점에서 교화와 범죄율 재발을 낮추는 것이 더 중요하다는 통찰력을 보여 준 점이 인상적임.

관련 논문
한국 집단수용시설의 법제도화와 인권침해, 그리고 국가 책임 (김재형, 2023)

관련 도서
《타인을 듣는 시간》, 김현우, 반비
《사람이 사는 미술관》, 박민경, 그래도봄

관련 계열 및 학과
- 사회계열: 경찰행정학과, 공공인재학과, 공공행정학과, 법학과, 정치외교학과, 행정학과
- 인문계열: 상담심리학과, 심리학과, 인류학과, 종교학과, 철학과

관련 교과
- 교육계열: 교육공학과, 교육학과, 사회교육과, 윤리교육과

2022 개정 교육과정: 통합사회 1, 사회와 문화, 현대 사회와 윤리, 정치, 법과 사회, 인문학과 윤리

2015 개정 교육과정: 통합사회, 정치와 법, 사회·문화, 생활과 윤리, 윤리와 사상, 사회문제 탐구

인문계열

사회계열

자연계열

공학계열

의약계열

예체능계열

교육계열

파타고니아, 파도가 칠 때는 서핑을

이본 쉬나드 | 라이팅하우스 | 2020

'옳은 것을 선택하고 좋아하는 일을 하면서 압도적으로 성공하는 법'이라는 프롤로그의 제목처럼, 이 책은 이본 쉬나드가 세운 파타고니아의 경영 철학과 환경 보호에 대한 신념을 담은 책이다. 그는 우리가 실현 불가능하다고 생각했던 모든 것들, 일과 삶, 이윤 추구와 사회적 책임, 사업 확장과 환경 보호 같은 조화되기 어려운 가치들이 얼마든지 공존할 수 있음을 훌륭하게 증명해 냈고 그것이 어떻게 가능했는지를 설명한다.

탐구 주제

주제1 《파타고니아, 파도가 칠 때는 서핑을》을 읽고 파타고니아의 사회적 책임 전략(CSR), 친환경 제품 개발 및 생산 방법, 사회 공헌 활동 등에 관해 조사하고, 해당 전략이 회사의 경제 성과와 이미지에 어떤 영향을 미치는지 분석하여 보고서를 작성해 보자.

주제2 파타고니아는 환경 보호와 사회적 책임을 중요시하는 기업으로 알려져 있다.《파타고니아, 파도가 칠 때는 서핑을》을 읽고 파타고니아가 어떻게 환경 문제와 관련된 비즈니스 모델을 구축하였으며, 이를 통해 어떤 사회적 영향력을 발휘하고 있는지 조사해 보자.

주제3 파타고니아의 경영 철학에 대한 탐구

주제4 파타고니아의 마케팅 전략이 소비자에게 끼친 영향 연구

학생부 기록 예시 (교과세특)

패션과 사회 참여에 관심이 많아 패션 산업을 지속 가능한 발전 목표와 관련지어 고민해 봄. '파타고니아, 파도가 칠 때는 서핑을(이본 쉬나드)'를 읽고 '패션 산업에서의 지속 가능성: 파타고니아 사례 연구'를 주제로 탐구함. 패션 산업은 자원 낭비와 환경 오염 문제로 비난받지만, 파타고니아는 오래도록 입을 수 있는 아름다운 제품으로 소비자들의 마음을 사로잡아 패션 산업 내에서 지속 가능성 원칙을 준수하였다는 의견을 제시함.

기업의 ESG 경영에 관심이 많아 '기업이 우선시해야 할 것은? 수익 vs ESG'를 토론 주제로 제안함. 기후 위기 시대에 사업을 할 수 있는 지구가 없으면 물건을 팔 수 없다는 점을 강조하여 기업은 ESG 경영을 우선 실천해야 한다고 주장함. 친구들에게 '파타고니아, 파도가 칠 때는 서핑을(이본 쉬나드)'라는 책을 추천하여 ESG 경영에 대한 공감적 사고력을 기르는 데 도움을 주었음.

관련 논문

뉴스 빅데이터 분석을 통한 ESG경영 동향 연구(양찬열, 2022)

관련 도서

《왜 파타고니아는 맥주를 팔까》, 신현암, 전성률, 흐름출판
《리얼밸류 빅샷 20》, 박용삼 외, 원앤원북스

관련 계열 및 학과
- 사회계열: 경영학과, 경영정보학과, 경제학과, 글로벌비즈니스학과, 사회학과, 소비자학과
- 인문계열: 인류고고학과, 문헌정보학과, 상담심리학과, 심리학과, 인류학과, 철학과

관련 교과
- 자연계열: 의류학과, 의상학과, 환경생명화학과, 환경공학과, 패션디자인과

2022 개정 교육과정: 통합사회 1, 통합사회 2, 사회와 문화, 사회문제 탐구, 기후변화와 지속가능한 세계

2015 개정 교육과정: 통합사회, 세계지리, 정치와 법, 사회·문화, 생활과 윤리, 사회문제탐구

프로보커터

김내훈 | 서해문집 | 2021

'그들'을 도발해 '우리'를 결집하는 자들

프로보커터
PROVOCATEUR

주목경제 시대의 문화정치와
관종 멘털리티 연구

김내훈 지음

디지털미디어와 소셜미디어의 성장으로 주목 경제가 부각되면서, 사람들의 주목을 끌어들인 콘텐츠나 제품이 경제적 가치를 창출하고 있다. 이 책은 주목 경제 시대의 문화, 정치, 경제적 변동 양상을 짧은 보고서 형식으로 소개하며 한국의 프로보커터들에 대한 비판을 담고 있다. 대중의 주목을 받기 위해 도발적인 콘텐츠를 만들고 여론 시장에서 영향력을 행사해 정치적 관종이라는 비판을 받는 프로보커터에 대해 알아보자.

탐구 주제

주제1 '에코체임버'란 일종의 인지 편향으로, 자신의 가치관과 다르거나 반대되는 관점을 차단하고 스스로 선호하는 관점만을 반복적으로 수용하고 소비하는 것을 뜻한다.《프로보커터》를 읽고 '에코체임버 효과'를 최소화하기 위한 해결 방안에 대해 토의하고 포스터 보고서를 만들어 보자.

주제2 《프로보커터》에서 '프로보커터는 강한 반응을 유도하기 위해 특정한 문제나 사건에 대해 도발적인 발언이나 행동하는 사람이다.'라고 되어 있다. '주목 경제 시대의 프로보커터가 만드는 자극적인 콘텐츠가 항상 나쁜 것일까'를 주제로 토론해 보자.

주제3 '프로보커터의 활동은 어디까지 허용되어야 할까?'에 대한 찬반 토론

주제4 프로보커터의 정보가 공공 의사 결정에 미치는 영향에 대한 탐구

학생부 기록 예시 (교과세특)

'프로보커터(김내훈)'를 읽고, 필터버블과 에코체임버 사례를 다양하게 살펴봄. 필터버블과 에코체임버의 차이를 설명하고, 초중등학교에서 미디어 리터러시 교육이 꼭 필요하다고 제안함. 교과 수업 내용을 확장하여 통합사회 시간에는 '유튜브서 정치 뉴스 보는 고령층, 편향적 알고리즘에 취약'이라는 뉴스 보도를 분석한 후 미디어 시대에는 이용자의 비판적 사고력과 정보 판별력이 중요하다는 것을 강조하여 발표함.

'프로보커터(김내훈)'를 읽고, '주목 경제 시대의 프로보커터: 자극적인 콘텐츠가 항상 나쁜 것일까?'를 주제로 토론을 함. 프로보커터의 콘텐츠가 항상 부정적인 영향을 미치는 것은 아니며, 때때로 긍정적인 변화나 중요한 문제 인식 등을 촉진한다고 주장함. 특히 소외된 집단의 권리나 환경 문제 같은 중요한 이슈에 대해 사람들의 관심을 유발하여 변화를 유도할 수 있다는 점을 논리적으로 설명하여 상대편의 동의를 이끌어 냄.

관련 논문

소셜미디어의 부정적 정보와 리터러시에 대한 연구(배지혜, 2022)

관련 도서

《유튜버들》, 크리스 스토클 워커, 미래의창
《미디어 리터러시 교육 어떻게 할 것인가?》, 권영부, 지식프레임

관련 계열 및 학과
- 사회계열: 광고홍보학과, 문화콘텐츠학과, 미디어커뮤니케이션학과, 신문방송학과
- 공학계열: 멀티미디어공학과, 산업공학과, 소프트웨어학과, 정보보안학과, 정보통신공학과
- 인문계열: 미디어광고콘텐츠학과, 미디어문예창작학과, 미디어영상학과

관련 교과

2022 개정 교육과정: 통합사회 1, 사회와 문화, 현대 사회와 윤리, 윤리와 사회, 인문학과 윤리

2015 개정 교육과정: 통합사회, 정치와 법, 사회·문화, 생활과 윤리, 윤리와 사상, 사회문제 탐구

인문계열

사회계열

자연계열

공학계열

의약계열

예체능계열

교육계열

호모 루덴스

요한 하위징아 | 연암서가 | 2018

저자 요한 하위징아는 모든 문화 현상의 기원을 '놀이'에 두고, 인류의 미래를 '놀이하는 인간(Homo Ludens)'에서 찾아 냈다는 결론을 내리며, 인간은 호모 루덴스라고 주장한다. 이 책은 인류의 문화를 놀이적 관점에서 고찰하며, 놀이 개념을 문화의 개념과 통합시키고 있다. 인간 사회의 중요한 원형적 행위들은 처음부터 놀이의 요소가 가미되어 있었으며, 진정한 문명은 특정 놀이 요소가 없는 곳에서는 존재할 수 없다는 것을 강조한다.

탐구 주제

주제1 '놀이하는 인간(Homo Ludens)'라는 개념은 네덜란드의 문화 역사학자 요한 하위징아에 의해 제시되었다. 그는 인간을 '놀이하는 존재'로 보고, 이 놀이가 문화와 사회를 형성하는 중요한 요소라고 주장했다. 놀이는 어떻게 인간의 사회적 상호작용에 영향을 미치는지 토론해 보자.

주제2 《호모 루덴스》는 모든 문화 현상의 기원을 '놀이'에 두고 인류의 문화를 놀이적 관점에서 고찰한 책이다. 특히 저자는 인간의 성장 과정에서 가장 중요한 것이 놀이라고 강조한다. 이 책을 읽고, 놀이가 유아 발달에 미치는 영향과 그 효과에 대해 토론해 보자.

주제3 세계 각국의 전통 놀이와 그 놀이에 담긴 문화 연구

주제4 모두를 위한 놀이와 놀이공간 디자인 연구

학생부 기록 예시 (교과세특)

독서를 통해 삶의 방식과 세계관을 이해하고 다양한 생각을 표현하는 역량을 기르기 위해 노력함. '놀이하는 인간, 호모 루덴스(요한 하위징아)'를 읽고, 놀이가 즐거움을 제공하는 것뿐 아니라 사회적 기술과 이해를 발전시키는 중요한 매개체임을 깨달았음. 특히 학교에서 놀이를 통해 학생들이 다양한 역할을 수행하면서 의사소통 및 협력 역량이 길러진다고 주장함. 책에서 알게 된 내용을 자신의 경험과 연결하는 응용력이 뛰어남.

인간의 사고와 행동에 관심이 많아 관련 도서를 폭넓게 읽고 친구들과 생각을 나누는 열린 사고를 가진 학생임. '놀이하는 인간, 호모 루덴스(요한 하위징아)'를 읽고 관심 분야인 유아교육과 연계하여 '놀이가 유아교육에 미치는 영향과 효과'를 주제로 발표함. 놀이는 아이들의 발달에 도움을 주며 학습 동기부여, 사회성 발달, 문제해결 능력 향상 등 유익한 효과를 가져오므로 유아교육에서 놀이가 매우 중요하다고 강조함.

관련 논문

유아의 놀이성과 자아존중감이 창의적 인성에 미치는 영향(한주영, 2023)

관련 도서

《호모 루덴스, 놀이하는 인간을 꿈꾸다》, 노명우, 사계절
《놀이의 힘》, EBS 놀이의 힘 제작진, 성안당

관련 계열 및 학과

- 사회계열: 공공인재학과, 공공행정학과, 법학과, 사회복지학과, 사회학과, 소비자학과
- 인문계열: 인류고고학과, 문헌정보학과, 상담심리학과, 심리학과, 인류학과, 철학과

관련 교과

- 교육계열: 교육학과, 사회교육과, 유아교육과, 윤리교육과, 초등교육과

2022 개정 교육과정: 통합사회 1, 사회와 문화, 현대 사회와 윤리, 윤리와 사회, 인문학과 윤리

2015 개정 교육과정: 통합사회, 정치와 법, 사회·문화, 생활과 윤리, 윤리와 사상, 사회문제 탐구

자연계열

순번	도서명	저자명	출판사명
1	강민지의 패션 일러스트 클래스	강민지	루비박스
2	거의 모든 물질의 화학	김병민	현암사
3	곽재식의 세균 박람회	곽재식	김영사
4	기후 변화 시대의 사랑	김기창	민음사
5	나는 풍요로웠고, 지구는 달라졌다	호프 자런	김영사
6	내 속엔 미생물이 너무도 많아	에드 용	어크로스
7	대한민국 돼지 이야기	최승철, 김태경	pannpen(팬앤펜)
8	동물 윤리 대논쟁	최훈	사월의책
9	동물과 함께하는 삶	아이샤 아크타르	가지
10	동물의 감정에 관한 생각	프란스 드 발	세종서적
11	떨림과 울림	김상욱	동아시아
12	랩 걸	호프 자런	알마
13	미래를 바꾸는 탄소 농업	허북구	중앙생활사
14	미생물 노트	사마키 다케오	시그마북스
15	분자 조각가들	백승만	해나무
16	새빨간 거짓말, 통계	대럴 허프	청년정신
17	생물학의 쓸모	김응빈	더퀘스트
18	생애주기 영양학	이연숙 외	교문사
19	섬유지식 기초	안동진	한울
20	수상한 생선의 진짜로 해부하는 과학책1: 바다 생물	김준연	arte(아르테)
21	수학은 어떻게 문명을 만들었는가	마이클 브룩스	브론스테인
22	수학의 쓸모	닉 폴슨, 제임스 스콧 벨	더퀘스트
23	숲은 고요하지 않다	마들렌 치게	흐름출판
24	시간은 흐르지 않는다	카를로 로벨리	쌤앤파커스
25	시그널 기후의 경고	안영인	엔자임헬스
26	식물의 책	이소영	책읽는수요일
27	식물학자의 노트	신혜우	김영사
28	아무도 본 적 없던 바다	에디스 위더	타인의사유
29	알기 쉬운 대기과학	한국기상학회	시그마프레스
30	엔드 오브 타임	브라이언 그린	와이즈베리
31	역노화	세르게이 영	더퀘스트
32	열두 발자국	정재승	어크로스
33	외식서비스 마케팅	김태희 외	파워북
34	웃음이 닮았다	칼 짐머	사이언스북스
35	이어 쓰는 조경학개론	이규목 외	한숲
36	이토록 굉장한 세계	에드 용	어크로스
37	정석근 교수의 되짚어보는 수산학	정석근	베토
38	정원사를 위한 라틴어 수업	리처드 버드	궁리
39	정원의 세계	제임스 나르디	돌배나무
40	천문학 이야기	팀 제임스	한빛비즈
41	통계101×데이터 분석	아베 마사토	프리렉
42	현장 중심의 영양교육과 상담	서정숙 외	교문사
43	흙, 생명을 담다	게이브 브라운	리리

강민지의 패션 일러스트 클래스

강민지 | 루비박스 | 2020

이 책은 패션 일러스트레이터 강민지가 자신의 노하우를 담아 낸 패션 일러스트 입문서이다. 인체 그리기의 기본부터 패션 일러스트의 기초, 그리고 실전 응용까지 단계별로 차근차근 알려 준다. 기존 일러스트 책의 복잡하고 비실용적인 내용은 모두 제외하고 패션 일러스트의 핵심적인 요소만을 책에 담았다. 다양한 일러스트가 있어서 보는 재미도 있고, 각종 패션 명칭들도 알게 되어 즐거운 책이다.

탐구 주제

주제1 이 책은 패션 일러스트의 기초부터 실전까지의 노하우를 다루는 책이다. 작가 자신의 경험과 실습을 바탕으로 누구나 할 수 있게 안내하고 있다. 작가가 어떻게 패션 디자인 요소(실루엣, 선호하는 스타일 등)와 원리(비대칭성, 균형 등)를 활용하여 작업하는지 탐구해 보자.

주제2 패션 일러스트는 패션의 디자인을 표현하는 그림으로 패션 잡지, 패션쇼, 의류 매장 등 다양한 분야에서 사용되고 있다. 패션 일러스트의 기원과 함께 그 발전 과정을 살펴보자. 어떻게 패션 일러스트가 현재의 형태로 진화해 왔는지, 이를 통해 어떤 변화와 영향을 받았는지 탐구해 보자.

주제3 작가의 독특한 시각적 표현 방식, 컬러 사용에 대한 탐구

주제4 패션 일러스트의 핵심 요소와 명칭에 대한 조사

학생부 기록 예시 (교과세특)

수업에서 배운 패션 디자인의 원리에 대해 좀 더 탐구하고자 '강민지의 패션 일러스트 클래스(강민지)'를 읽고 보고서를 작성함. 개성적이고 감각적인 스타일이 특징인 작가의 감각적인 표현, 자유로운 상상력, 강렬한 색감, 독특한 구도에 대해 탐구함. 이에 그치지 않고 실루엣과 색상을 조합하여 선명한 색상과 대비를 이용한 자신만의 스타일을 표현해 작업물을 제출하여 창의적이고 섬세한 디자인 감각을 보여 줌.

'강민지의 패션 일러스트 클래스(강민지)'를 읽고 패션 일러스트의 기원과 발전 과정에 대해 탐구함. 과거엔 주로 수채화나 연필 위주로 패션을 표현했지만 지금은 디지털 기술의 발전으로 컴퓨터를 이용해 다양한 일러스트를 표현하게 되어 일러스트의 역할이 더욱 중요함을 강조하고 앞으로 증강 현실 등으로 새로운 경험을 제공할 수 있을 것이라고 함. 이를 통해 패션 일러스트의 중요성과 미래에 대해 깊이 있는 이해를 보여 줌.

관련 논문

감성이미지를 활용한 패션일러스트레이션 표현 경향 연구: 블러그 일러스트 작가 중심으로(이희경, 2020)

관련 도서

《패션의 탄생》, 강민지, 루비박스
《패션 일러스트 바이블》, 비나 어블링, 한스미디어

관련 계열 및 학과

- 자연계열 : 의류학과, 의류산업학과, 의류상품학과, 의류환경학과, 의상학과, 패션산업학과
- 예체능계열 : 모델과, 미술학과, 뷰티디자인학과, 의상디자인학과, 패션디자인학과

관련 교과

- 교육계열 : 가정교육과, 미술교육과, 실과교육과, 아동보육학과, 유아교육과, 초등교육과

2022 개정 교육과정 : 사회문제 탐구, 미술, 미술 창작, 미술 감상과 비평, 미술과 매체. 기술·가정, 가정과학

2015 개정 교육과정 : 사회문제 탐구, 미술, 미술 창작, 미술 감상과 비평, 기술·가정, 가정과학, 진로와 직업

거의 모든 물질의 화학

김병민 | 현암사 | 2022

이 책은 우리가 살고 있는 세상을 만든 화학 물질에 대한 거의 모든 것을 담은 종합적이고 포괄적인 책이다. 화학 물질의 본질과 정체, 그리고 그것과 관련해 널리 퍼져 있는 오해와 진실을 밝힘으로써 화학을 바라보는 시선을 바꾸고 화학 물질에 올바로 접근하게 하면서 세상을 새로이 이해하게 하는 책이기도 하다. 화학에 대한 전문 지식을 바탕으로, 화학물질의 다양한 측면을 쉽고 재미있게 설명한 책으로 평가받고 있다.

탐구 주제

주제1 이 책은 화학 물질의 다양한 종류와 특성을 소개하고 있다. 유기 화합물과 무기 화합물은 모두 우리 생활과 밀접한 관련이 있는 화합물이다. 유기 화합물과 무기 화합물의 차이점을 조사하고 각 분류에 속한 화학 물질의 예시를 찾아서 그 중요성에 대해 탐구해 보자.

주제2 이 책은 화학 물질의 역사와 발전 과정을 살펴보고 있다. 화학 물질은 산업혁명과 의학 발전에 핵심적인 역할을 했으며 오늘날 우리 삶의 모든 측면에서 중요한 역할을 하고 있다. 화학 물질이 산업 혁명과 의학 발전에 기여한 바를 조사하고 그 역할과 중요성을 탐구해 보자.

주제3 화학 물질의 독성으로 인한 환경오염 문제 및 해결 방안 연구

주제4 화학 물질을 재활용하고 순환하는 방법 조사

학생부 기록 예시 (교과세특)

화학 수업 중 유기 화합물과 무기 화합물에 대해 배우고 이에 호기심을 느껴 조사함. 조사 과정에서 '거의 모든 물질의 화학(김병민)'을 읽고 유기 화합물과 무기 화합물의 차이점을 명확히 이해하여 각 분류에 대한 예시를 찾아 실생활에서 어떤 화학물질이 사용되는지를 파악해 보고서를 작성함. 또한, 생명체의 화학에 사용되는 화학 물질을 조사하고, 그 역할과 중요성을 분석하여 수업 중 발표함.

'거의 모든 물질의 화학(김병민)'을 읽고 화학 물질이 산업 혁명과 의학 발전에 끼친 영향을 조사하고 그 의의를 분석하여 발표함. 화학 연료의 발견과 활용이 산업 혁명을 어떻게 이끌었는지, 화학 제품이 인류 생활을 얼마나 풍요롭게 만들었는지에 대해 다양한 자료를 이용해 발표하여 호응을 얻음. 특히, MRI 촬영에 사용되는 조영제가 의학 발전에 기여한 사례를 설명하며 화학이 인류 건강 증진에 크게 공헌한 부분을 강조함.

관련 논문
화학물질이 환경에 미치는 영향(오윤근, 1988)

관련 도서
《모든 것에 화학이 있다》, 케이트 비버도프, 문학수첩
《화학으로 이루어진 세상》, K. 메데페셀헤르만 외, 에코리브르

관련 계열 및 학과
- 자연계열: 화학과, 농생명화학과, 수산생명의학과, 생화학과, 응용화학과, 환경학과
- 공학계열: 신소재공학과, 에너지공학과, 원자력공학과, 재료화학공학과, 환경공학과

관련 교과
- 교육계열: 과학교육과, 유아교육과, 초등교육과, 화학교육과, 화학공학교육과, 환경교육과

2022 개정 교육과정: 통합과학 2, 과학탐구실험 2, 화학, 화학 반응의 세계, 과학의 역사와 문화, 융합과학 탐구

2015 개정 교육과정: 통합과학, 과학탐구실험, 화학 I, 화학 II, 과학사, 생활과 과학, 융합과학, 환경

인문계열

사회계열

자연계열

공학계열

의약계열

예체능계열

교육계열

곽재식의 세균 박람회

곽재식 | 김영사 | 2020

이 책은 세균의 과거, 현재, 미래, 우주에 대한 이야기로 세균에 대한 과학적 지식을 흥미롭고 재미있게 전달하고 있다. 또한, 세균이 인간과 어떻게 연결되어 있는지, 세균이 우리 삶에 어떤 영향을 미치고 있는지에 대해 이야기한다. 세균에 관심이 있는 사람이라면 누구나 재미있게 읽을 수 있는 책이다. 이 책이 세균에 대한 이해를 넓히고, 세균이 인간과 우리 삶에 미치는 영향을 새롭게 인식할 수 있도록 도와줄 것이다.

탐구 주제

주제1 이 책은 세균의 과거, 현재, 미래, 우주에 대한 이야기를 흥미롭게 다루고 있다. 세균은 지구상에서 가장 오래된 생명체 중 하나로 지구 생태계에 다양한 영향을 미쳤다. 세균의 기원과 진화 과정을 조사하고, 세균이 지구 생태계에 미친 영향을 분석해 보자.

주제2 세균은 우리 생활과 밀접한 관련이 있는 생명체이다. 세균의 역할과 상호작용을 이해함으로써 우리는 지구 환경을 더 잘 이해하고 이를 보호하기 위한 노력을 할 수 있을 것이다. 세균이 지구 환경에서 어떤 역할을 하는지 조사하고, 세균과 다른 생물의 상호작용을 분석해 보자.

주제3 세균을 이용한 새로운 기술과 응용 분야 탐구

주제4 세균을 이용한 환경 정화, 에너지와 식량 생산 등의 방법 조사

학생부 기록 예시 (교과세특)

'곽재식의 세균 박람회(곽재식)'를 읽고 세균의 다양한 종류와 특성을 조사하여 보고서를 작성하여 발표함. 세균 분류를 시각적인 색상과 도형을 활용하여 다양한 군집을 표현해 세균의 다양성을 친구들에게 명확하게 전달함. 특히 세균의 모양을 그대로 따라 만든 도형을 사용하거나, 세균의 특성을 나타내는 그림을 그리는 등 매우 독창적이고 창의적인 접근으로 다른 학생들에게 영감을 주어 큰 호응을 얻음.

생명과학 수업 중 세균에 대한 호기심을 느끼고 탐구활동을 함. '곽재식의 세균 박람회(곽재식)'를 읽고 세균의 대사 과정과 질병 치료제 개발에 관한 내용을 정리하여 발표함. 세균이 인체 내에서 어떻게 도움과 해를 주는지에 대해 명확히 설명을 하였고 세균의 생태계와 다른 생물 간 상호작용에 대해 구체적인 사례를 들어 설명함. 특히 식물과 세균의 공생 관계를 이용한 고 수확 작물 개발에 대한 탐구를 더 해 보고 싶다고 함.

관련 논문

해양 미생물을 활용한 생명과학 및 생명공학 기술 개발(윤용준 외, 2023)

관련 도서

《세균과 바이러스 이야기》, 윤상석, 초록서재

《세균, 두 얼굴의 룸메이트》, 마르쿠스 에커트, 프랑크 타데우스, 책밥

관련 계열 및 학과

• 자연계열 : 수산생명의학과, 농생물학과, 미생물학과, 분자생물학과, 생명과학과, 축산학과

• 공학계열 : 산업공학과, 생명공학과, 생명산업공학과, 식품공학과, 화장품공학과

관련 교과

• 교육계열 : 과학교육과, 생물교육과, 수해양산업교육과, 유아교육과, 초등교육과

2022 개정 교육과정 : 통합과학 1, 통합과학 2, 과학탐구실험 1, 생명과학, 세포와 물질대사, 융합과학탐구, 생태와 환경

2015 개정 교육과정 : 통합과학, 과학탐구실험, 생명과학 I, 생명과학 II, 과학사, 생활과 과학, 융합과학, 환경

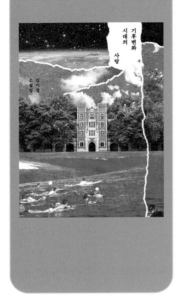

기후 변화 시대의 사랑

김기창 | 민음사 | 2021

이 책은 오늘날 전 인류의 핵심 과제로 손꼽히는 기후 변화를 테마로 쓴 단편소설 모음집으로, 이상 기후에서 촉발된 다양한 상황과 그에 따른 변화를 사실적이고 환상적인 이야기로 그린다. 10편의 이야기는 인식하는 앎이 아닌 감각하는 앎을 제공한다. 기후 위기 시대가 만들어 낸 필독서이자 같은 방향으로 한 발짝 나아가기 위한 지침서로 기후 변화에 대한 인식을 높이고, 기후 변화에 대응하기 위한 노력을 기울이는 계기가 될 것이다.

탐구 주제

주제1 이 책에 실린 소설 중 〈소년만 알고 있다〉는 발리에서 어업으로 살아가던 소년이 기후 변화로 인해 생존에 위기를 겪는 내용이다. 기후 변화가 우리 지역의 식물과 동물에 어떤 영향을 미치는지 조사한 뒤 특정 종이 위협을 받는 경우의 원인과 해결책에 대해 연구해 보자.

주제2 10편 중 3편은 기후 안전 도시 '돔시티'에서 펼쳐지는 사람들의 신념과 생존을 위한 투쟁, 그럼에도 남아 있는 연민과 사랑, 그리고 배신을 다뤘다. 모든 사람들이 이런 기후 안전 도시의 혜택을 받을 수 있게 하려면 어떻게 해야 하는지에 대해 토론해 보자.

주제3 다양한 재생 에너지 소스에 대해 연구하고 그 활용에 관한 탐구

주제4 기후 변화가 가장 취약한 인구층에 미치는 영향에 대해 조사

학생부 기록 예시 (교과세특)

'기후 변화 시대의 사랑(김기창)'을 읽고 기후 변화가 우리나라의 식물과 동물에 미치는 영향에 대해 탐구활동을 함. 기후 변화로 인해 온도와 강수량의 변화가 식물의 생장과 동물의 서식지에 어떤 영향을 미치는지 조사하고 이로 인해 위험에 처한 동식물을 찾아 이들을 보호하기 위한 구체적인 대책을 보고서로 작성함. 생태계의 변화를 시각적으로 보여주기 위해 사진, 도표, 그래프 등 다양한 자료를 활용한 것이 인상적임.

'기후 변화 시대의 사랑(김기창)'을 읽고 책 속의 기후 안전 도시 '돔시티'에서 사람들의 불공평성에 대한 대책에 대해 탐구활동을 함. 돔 시설의 차별 없는 접근성, 소득 기반의 비용 분담, 필수 서비스의 공정한 이용, 주민 참여, 법률과 정책의 법적 보호막 형성 등 모든 사람이 돔시티의 시설을 동등하게 이용할 수 있는 환경을 만들기 위한 현실적인 제안을 발표하여 친구들의 큰 호응을 얻음.

관련 논문
윤리적 문제로서의 기후 위기와 실천적 문제들(김완구, 2022)

관련 도서
《쓰레기책》, 이동학, 오도스
《반드시 다가올 미래》, 남성현, 포르체

관련 계열 및 학과	• 자연계열: 환경학과, 대기과학과, 생명과학과, 수산생명의학과, 지구환경과학과
	• 공학계열: 기후환경에너지공학과, 생명공학과, 에너지공학과, 환경시스템공학과
관련 교과	• 교육계열: 사회교육과, 유아교육과, 윤리교육과, 지구과학교육과, 초등교육과, 환경교육과

2022 개정 교육과정: 과학탐구실험 2, 지구과학, 기후변화와 환경생태, 기후변화와 지속가능한 세계, 사회문제 탐구

2015 개정 교육과정: 통합과학, 과학탐구실험, 지구과학 I, 지구과학 II, 생활과 과학, 융합과학, 사회문제 탐구, 환경

인문계열

사회계열

자연계열

공학계열

의약계열

예체능계열

교육계열

나는 풍요로웠고, 지구는 달라졌다

호프 자런 | 김영사 | 2020

이 책은 과학자의 관점에서 현대 사회의 소비 주도 성장이 어떻게 지구의 기후 변화를 초래하게 되었는지를 설명하고 있다. 과학적 데이터와 개인적인 이야기를 결합하여 복잡한 환경 문제를 이해하기 쉽게 전달하고 있다. 실제 숫자와 통계를 제공하여 우리가 지금처럼 계속 진행한다면 지구가 어떤 상태로 바뀔 것인지에 대한 경고도 함께 전달하고 있으며 미래의 기후 변화 문제에 대처하기 위해 필요한 일련의 행동들도 제안하고 있다.

탐구 주제

주제1 이 책에서는 인구 증가에 따른 식량 문제가 언급되고 있다. 인구 증가는 식량 수요 증가로 이어지며, 이는 식량 문제를 야기할 수 있다. 식량 문제에 따른 농업은 기후 변화와 긴밀하게 연결되어 있는데 현대 농업 시스템의 문제점과 지속 가능한 농업 방법에 대해 탐구해 보자.

주제2 인류가 에너지를 얻기 위해 사용한 방법은 다양하다. 기후 변화의 주요 원인 중 하나는 화석 연료 사용이다. 재생 가능 에너지 소스(태양, 풍력, 수력 등)의 장점과 한계, 그리고 이러한 에너지 소스를 보다 효율적으로 활용하기 위한 기술과 정책에 대해 연구해 보자.

주제3 덜 소비하고 더 많이 나누기 위한 방법 탐구

주제4 경제 성장을 지속하면서 환경 문제를 해결하기 위한 방안 탐구

학생부 기록 예시 (교과세특)

'나는 풍요로웠고, 지구는 달라졌다(호프 자런)'를 읽고 식량 문제에 대한 관심을 가지고, 농업 시스템의 문제점과 지속 가능한 농업 방법에 대해 조사함. 이를 통해 과학적 사고력을 발휘하고 과학적인 문제 해결력을 갖춤. 유기농법, 수경재배, 풍력 발전을 활용한 태양광 팜, 식물 공장 등 현실적인 대안을 제시함. 앞으로 이에 대해 더 공부하여 기후 변화에 따른 인류의 식량 문제에 도움을 주고 싶다고 함.

기후 변화에 따른 인류의 미래에 호기심을 가지고 '나는 풍요로웠고, 지구는 달라졌다(호프 자런)'를 읽은 뒤 보고서를 작성함. 재생가능에너지 소스의 다양한 장점들을 소개할 뿐 아니라 재생가능에너지 소스의 한계를 탐구한 뒤 이를 극복하기 위한 새로운 기술과 정책에 대해 조사함. 특히 바이오매스 에너지를 보다 효율적으로 생산하고 사용하기 위한 기술과 정책을 제안하는 등 과학적 문제 해결력과 과학적 의사소통 능력을 보임.

관련 논문

식량안보 중심의 신흥안보와 지속가능발전목표(SDGs) 간 연계성 분석(이다선 외, 2023)

관련 도서

《희망의 밥상》, 제인 구달 외, 사이언스북스
《꿀벌의 예언》, 베르나르 베르베르, 열린책들

관련 계열 및 학과	• 자연계열: 지구환경과학과, 농생물학과, 수산생명의학과, 식물자원학과, 환경학과
	• 사회계열: 농업경제학과, 사회학과, 사회복지학과, 소비자학과, 환경자원경제학과
관련 교과	• 공학계열: 기후에너지환경공학과, 식품공학과, 신소재공학과, 에너지공학과, 환경공학과

2022 개정 교육과정: 통합과학 2, 기후변화와 지속가능한 세계, 기후변화와 환경생태, 융합과학 탐구, 생태와 환경

2015 개정 교육과정: 통합과학, 과학탐구실험, 생활과 과학, 사회문제 탐구, 융합과학, 환경, 실용 경제, 논술

내 속엔 미생물이 너무도 많아
에드 용 | 어크로스 | 2017

이 책은 미생물과 동물 간의 놀라운 공생의 사례들부터 미생물과 인간이 화기애애한 동반자 관계를 확립할 수 있는 방법들까지, 또 공생의 질서가 파괴되어 인간의 건강이나 생태계가 위태로워지는 과정과 이를 되돌리기 위한 과학자들의 처방전까지 두루 살피며 독자들에게 흥미진진한 가이드를 제공한다. 미생물에 대한 이해를 높이고, 미생물과 인간이 공존하기 위한 방법을 모색하는 데 도움이 될 것이다.

탐구 주제

주제1 이 책은 우리 몸에 존재하는 미생물, '마이크로바이옴'에 대한 흥미로운 이야기를 담고 있다. 우리 몸에는 약 100조 마리의 미생물이 살고 있다. 미생물이 우리 몸에 어떤 영향을 미치는지, 우리 몸의 다양한 부위에서 어떤 종류의 미생물이 살고 있는지에 대해 탐구해 보자.

주제2 미생물은 우리의 건강에 다양한 영향을 미친다. 음식을 소화하고 영양분을 흡수하는 데 도움을 주며, 면역력을 강화하고 질병을 예방하는 데에도 중요한 역할을 한다. 장내 미생물이 면역력에 미치는 영향과 같은 미생물이 질병에 미치는 영향을 탐구해 보자.

주제3 미생물이 우리의 기분과 행동을 조절하는 데 끼치는 영향 탐구

주제4 미생물을 이용한 다양한 치료법 조사

학생부 기록 예시 (교과세특)

우리 몸속의 미생물에 대한 수업을 듣고 심화활동을 함. '내 속엔 미생물이 너무도 많아(에드 용)'를 읽고 장내 미생물이 소화와 영양소 흡수에 어떤 역할을 하는지, 장내 미생물의 종류와 기능에 대해 조사함. 특히 구강 미생물에 대해 조사하고, 그들이 치아 건강에 어떤 역할을 하는지에 대해 상세히 작성함. 우리 몸의 건강을 유지하기 위해 어떻게 구강 미생물을 관리해야 하는지에 대해 자신의 의견을 구체적으로 제시함.

수업 중 미생물이 면역 체계를 강화하고 질병을 예방하는 데 도움이 되는 것에 호기심을 가지고 심화활동을 함. '내 속엔 미생물이 너무도 많아(에드 용)'를 읽은 뒤 실제 미생물 배양 실험을 세심하게 관찰하고 기록하여 보고서를 제출함. 미생물의 다양한 기능을 잘 정리하고 설명하는 능력이 돋보임. 이를 바탕으로 자신의 건강을 지키는 방법을 찾아낼 수 있었고 더 공부하여 많은 사람이 건강할 수 있도록 하고 싶다는 포부를 밝힘.

관련 논문
장내미생물과 인지기능은 서로 연관되어 있는가?(최정현 외, 2019)

관련 도서
《내 장은 왜 우울할까》, 윌리엄 데이비스, 북트리거
《우리 몸 미생물을 말하다》, 이재열, 써네스트

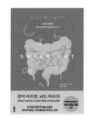 

관련 계열 및 학과	• 자연계열: 미생물학과, 농생물학과, 생명과학과, 수산생명의학과, 식품영양학과, 의생명화학과
	• 공학계열: 보건안전학과, 생명공학과, 생명산업공학과, 식품공학과, 제약공학과, 화장품공학과
관련 교과	• 교육계열: 가정교육과, 과학교육과, 생물교육과, 유아교육과, 초등교육과, 체육교육과

2022 개정 교육과정: 통합과학 1, 통합과학 2, 과학탐구실험 2, 생명과학, 세포와 물질대사, 융합과학 탐구, 보건

2015 개정 교육과정: 통합과학, 과학탐구실험, 생명과학 I, 생명과학 II, 과학사, 생활과 과학, 융합과학, 보건

인문계열

사회계열

자연계열

의학계열

의약계열

예체능계열

교육계열

대한민국 돼지 이야기

최승철, 김태경 |
pannpen(팬앤펜) | 2021

이 책은 우리와 함께 살아온 돼지의 시간을 선사 시대부터 지금에 이르기까지 순서대로 정리했다. 돼지와 돼지고기를 통해 바라본 한민족의 색다른 역사를 만나볼 수 있다. 돼지라는 가축이 하나의 산업으로 자리 잡아 나가는 과정을 짚어 가며, 당시의 다양한 기록과 사료 등을 함께 수록했다. 지금 대한민국이 가장 즐겨 먹고, 많이 먹는 식품으로 자리 잡기까지 어떤 변화가 있었는지 상세히 확인할 수 있다.

탐구 주제

주제1 이 책은 돼지 산업과 그것이 우리 사회와 문화에 미치는 영향에 대해 다루고 있다. 돼지 산업은 우리나라의 주요 축산 산업 중 하나이다. 한국의 축산 산업은 어떤 규모, 어떤 구조를 가지고 있으며 어떻게 발전해 왔을까에 대해 탐구하여 미래를 예측해 보자.

주제2 돼지고기는 한국인의 식탁에서 빠질 수 없는 음식이다. 다양한 영양소를 함유하고 있고 다양한 방법으로 요리할 수 있어 한국인의 사랑을 받고 있다. 돼지고기에 함유되어 있는 영양소, 요리 방법, 한국 돼지고기 요리의 종류에 대해 연구해 보자.

주제3 돼지고기의 생산과 소비의 윤리적 문제 탐구

주제4 다양한 변화 요인을 고려한 미래 축산 산업 모델 제안

학생부 기록 예시 (교과세특)

'대한민국 돼지 이야기(최승철 외)'를 읽고 한국 축산 산업에 대해 보고서를 작성함. 축산 산업의 규모와 구조, 발전 과정 등을 체계적으로 분석하고, 이를 바탕으로 미래의 발전 방향을 자신만의 생각으로 제시함. 그래프와 도표를 사용하여 한국 축산업의 구조를 시각적으로 잘 설명한 점이 인상적임. 이러한 분석을 통해 경제적인 측면에서의 중요성을 파악하였고, 축산 산업의 발전에 대한 관심과 열정이 보임.

자신이 좋아하는 돼지고기가 어떤 영양소를 함유하고 있으며, 어떻게 요리할 수 있는지, 그리고 한국의 돼지고기 요리에는 어떤 종류가 있는지에 탐구활동을 함. '대한민국 돼지 이야기(최승철 외)'를 읽고 보고서를 작성함. 특히 돼지고기를 먼저 구워서 소스와 함께 먹는 것보다, 먼저 소스를 만들고 돼지고기를 넣어 함께 조리하는 방법을 소개하는 등 독특한 아이디어로 창의성을 보인 것이 인상적임.

관련 논문

돼지고기 부위별 수요함수 추정 - 수도권 소비자를 중심으로(남국현 외, 2016)

관련 도서

《대한민국 돼지산업사》, 김재민 외, 팜커뮤니케이션
《훔친 돼지만이 살아남았다》, 향기 외, 호밀밭

관련 계열 및 학과	• 자연계열: 축산학과, 동물자원과학과, 생물학과, 식품영양학과, 축산과학과, 축산생명학과
	• 인문계열: 국어국문학과, 고고학과, 사학과, 윤리학과, 윤리문화학과, 인류학과, 철학과
관련 교과	• 사회계열: 경영학과, 경제학과, 산업경영학과, 사회학과, 소비자학과, 외식사업경영학과

2022 개정 교육과정: 통합과학 2, 생명과학, 생물의 유전, 기술·가정, 한국사 1, 한국사 2, 경제, 사회문제 탐구

2015 개정 교육과정: 통합과학, 생명과학 I, 생명과학 II, 생활과 과학, 기술·가정, 한국사, 경제, 사회문제 탐구

동물 윤리 대논쟁

최훈 | 사월의책 | 2019

이 책은 동물의 도덕적 지위와 기본권, 육식과 포식, 동물 실험, 동물 장기 이식, 동물원과 감금, 반려동물과 공생 등을 둘러싼 논쟁이 어떤 맥락에서 어떤 주장을 통해 이루어지는지 친절하게 이야기한다. 인간 중심의 시각을 넘어 동물의 권리와 가치를 인정하는 방향으로 생각의 전환을 제안하며, 비록 동물의 이익이라도 우리는 그것을 존중해야 한다는 시각을 제시한다. 동물을 둘러싼 모든 논쟁에 대한 철학적인 답변을 들려주는 책이다.

탐구 주제

주제1 동물 실험의 윤리에 대해 탐구해 보자. 과학 연구를 위한 동물 실험은 어디까지 허용되어야 하는가, 동물 실험은 인간의 건강과 복지를 위해 불가피한가, 동물 실험은 동물의 고통을 정당화할 수 있는가 등 동물 실험의 윤리적 문제를 논리적으로 분석하고 대안을 제시해 보자.

주제2 동물원과 반려동물의 윤리에 대해 탐구해 보자. 동물원은 동물의 자유를 침해하는가, 반려동물은 동물의 복지를 위협하는가, 반려동물 및 보호소 등에서 발생하는 문제들을 어떻게 해결할 수 있는가 등 동물원과 반려동물의 윤리적 문제를 논리적으로 분석하고 대안을 제시해 보자.

주제3 인간이 동물을 먹는 행위에 대한 윤리적 고찰

주제4 생명 공학에 의해 창조된 새로운 생명에 대한 윤리적 문제점 탐구

학생부 기록 예시 (교과세특)

'동물 윤리 대논쟁(최훈)'을 읽고 동물 실험의 윤리적 문제에 관해 친구들과 토론활동을 함. 각국에서 시행하고 있는 동물 보호 법률 및 관련 정책을 조사하여, 그 효과와 한계를 설명하는 등 열정적으로 참여함. 동물 실험은 인간의 건강과 복지를 위해 불가피하지만, 발생하는 윤리적 문제를 해결하기 위해 인공지능과 같은 대안을 제시함. 동물 실험의 윤리에 대해서 캠페인을 실시해 학급 전체에 생명 존중 문화를 일깨워 주었음.

'동물 윤리 대논쟁(최훈)'을 읽고 반려동물을 키우는 것에 대한 윤리적 문제에 대해 탐구하여 보고서를 작성함. 반려동물을 키우기 전에 충분한 정보를 수집하고 적절한 사육 환경을 제공하는 것이 중요하다고 강조하며, 반려동물을 유기하는 것을 방지하기 위해 보호소에서 입양을 고려하는 것이 좋은 대안이라는 것을 제시함. 생명윤리에 대한 깊이 있는 사고력과 애완동물에 대한 정성을 보임.

관련 논문
철학의 관점으로 본 시대별 동물윤리와 태도변화의 고찰(이경주 외, 2019)

관련 도서
《동물 실험, 무엇이 문제일까?》, 전채은, 한진수, 동아엠앤비
《미래를 위한 환경철학》, 김완구 외, 연암서가

관련 계열 및 학과

・자연계열: 동물자원과학과, 반려동물학과, 반려생물학과, 생명과학과, 생물학과

・인문계열: 사회심리학과, 산업심리학과, 상담심리학과, 심리학과, 윤리문화학과, 철학과

관련 교과

・교육계열: 과학교육과, 교육학과, 생물교육과, 유아교육과, 윤리교육과, 초등교육과

2022 개정 교육과정: 통합과학 1, 통합과학 2, 생명과학, 생물의 유전, 융합과학탐구, 현대사회와 윤리, 윤리문제탐구

2015 개정 교육과정: 통합과학, 과학탐구실험, 생명과학 I, 생명과학 II, 융합과학, 생활과 윤리, 사회문제탐구

인문계열

사회계열

자연계열

과학계열

의약계열

예체능계열

교육계열

동물과 함께하는 삶
아이샤 아크타르 | 가지 | 2021

이 책은 인간과 동물의 복지가 서로 얼마나 깊숙이 얽혀 있는지를 의사의 입장에서 저술한 책이다. 흥미롭고 심오하며 감동적인 이야기들을 통해 우리가 동물과 유대를 맺거나 끊을 때 어떤 일이 생기는지 생생하게 보여 준다. 또한 다양한 사례 연구를 통해 동물들이 우리의 건강에 어떻게 영향을 미치는지 설명하고 있다. 인간과 동물 간의 상호 의존성 및 연결성에 대해 탐구하는 역동적이고 감동적인 작품이다.

탐구 주제

주제1 반려동물과 함께 지내는 사람을 대상으로 설문조사나 인터뷰하여 동물의 치유 효과에 대한 경험을 수집해 보고 동물과 관련된 과학 연구 논문을 조사하여 동물의 치유 효과에 대한 과학적 근거를 확인한 뒤 동물과 함께 지내는 것이 인간의 삶에 어떤 영향을 미치는지 탐구해 보자.

주제2 동물을 단순한 도구나 재산으로 보는 인식에서 벗어나, 존중과 배려의 대상으로 바라보는 것이 필요하다고 작가는 주장한다. 동물 학대, 식용 동물, 동물 실험 등 동물에 대한 인식이 왜곡된 사례를 조사하고, 이를 개선하기 위한 방안을 모색해 보자.

주제3 동물과 인간이 조화롭게 살아 갈 수 있는 방법 탐구

주제4 동물이 인간의 문화에서 차지하는 역할과 의미 탐구

학생부 기록 예시 (교과세특)

'동물과 함께하는 삶(아이샤 아크타르)'을 읽고 인간과 동물 사이의 상호작용이 어떻게 우리의 삶에 영향을 미치는지에 대해 탐구활동을 함. 학급에서 반려동물을 키우는 친구들 대상으로 설문 조사를 하여 다양한 자료를 수집하고 과학적 근거를 찾아 보고서를 작성함. 반려동물이 인간에게 미치는 긍정적, 부정적인 영향 모두를 공정하게 평가하였고 앞으로 반려동물의 종류에 따른 영향의 차이를 좀 더 연구해 보고 싶다고 말함.

평소 동물에 대해 관심이 많은 학생으로 '동물과 함께하는 삶(아이샤 아크타르)'을 읽고 동물에 대한 존재와 가치를 존중하는 태도를 갖추어야 한다고 주장함. 특히, 동물은 인간의 생존과 삶의 질을 향상하는 데 중요한 역할을 하므로 동물에 대한 인식을 왜곡된 관점에서 벗어나 존중과 배려의 대상으로 바라보는 것이 필요하며 이를 위해서는 교육과 홍보, 법과 제도의 정비, 개인의 실천 등 다양한 노력이 필요하다고 발표함.

관련 논문
반려동물이 인간에 미치는 영향에 관한 연구: 홍성 의견(義犬) 설화를 중심으로(김석은, 2020)

관련 도서
《반려견 행동심리학》, 재지 토드, 동글디자인
《동물은 인간에게 무엇인가》, 마고 드멜로, 공존

관련 계열 및 학과
- 자연계열: 동물자원과학과, 반려동물학과, 반려생물학과, 생명과학과, 생물학과
- 인문계열: 사회심리학과, 산업심리학과, 상담심리학과, 심리학과, 윤리문화학과, 철학과

관련 교과
- 교육계열: 과학교육과, 교육학과, 생물교육과, 유아교육과, 윤리교육과, 초등교육과

2022 개정 교육과정: 통합과학 1, 통합과학 2, 생명과학, 생물의 유전, 융합과학탐구, 현대사회와 윤리, 윤리문제탐구

2015 개정 교육과정: 통합과학, 과학탐구실험, 생명과학 I, 생명과학 II, 융합과학, 생활과 윤리, 사회문제 탐구

동물의 감정에 관한 생각

프란스 드 발 | 세종서적 | 2019

동물의 감정에 대한 연구를 종합하고 정리한 책이다. 과학적 근거를 바탕으로 동물이 인간과 마찬가지로 다양한 감정을 느낀다는 사실을 설득력 있게 주장한다. 저자는 이러한 증거들을 바탕으로 동물이 인간과 마찬가지로 감정을 느낄 수 있는 능력을 가지고 있다고 말한다. 이 책을 통해 동물이 감정을 느낀다는 사실을 인식함으로써 우리는 동물을 더 존중하고, 동물의 권리를 보호하기 위한 노력을 기울일 수 있을 것이다.

탐구 주제

주제1 이 책은 동물의 감정 연구에 관한 책이다. 동물의 감정을 보다 정확하고 객관적으로 연구하기 위해서는 다양한 방법을 종합적으로 활용하는 것이 중요하다. 책에서 소개하고 있는 동물의 감정을 연구하는 다양한 방법을 조사하고, 그 방법의 장단점을 분석해 보자.

주제2 동물이 다양한 감정을 가진다면 동물들 중에서도 특히 사회적인 동물들은 복잡한 감성 지능을 가질 가능성이 높다. 반려동물이 인간의 감정에 어떤 영향을 미치는지, 반대로 인간이 반려동물의 감정 상태에 어떻게 영향을 미치는지를 연구해 보자.

주제3 환경 변화가 동물들의 정서적 반응 및 행동 패턴에 미치는 영향

주제4 동물을 이용한 실험과 같은 행위의 윤리적 문제에 대한 고찰

학생부 기록 예시 (교과세특)

'동물의 감정에 관한 생각(프란스 드 발)'을 읽고 동물의 감정에 대해 관찰보고서를 작성함. 개와 고양이의 행동 관찰을 통해 행복, 슬픔, 공격성 등의 감정을 표현하는 방식을 비교 분석함. 개와 고양이가 행복을 표현하는 방법, 슬픔을 표현하는 방법 등의 감정 표현 방식의 유사점과 차이점을 정리하였고 동물의 감정을 표현하는 방식이 동물의 종류에 따라 다르기도 하지만 종종 문화나 환경에 따라 다를 수 있다고 주장함.

'동물의 감정에 관한 생각(프란스 드 발)'을 읽고 반려동물과 인간의 정서적 교감이 서로에게 미치는 영향에 대해 자신의 집에 있는 반려동물의 감정 변화를 관찰하고 기록하여 보고서를 작성함. 고양이가 새로운 장난감을 받았을 때의 기쁨과 만족감을 어떻게 느끼는지 고양이의 몸 언어, 표정, 소리 등 다양한 신호를 관찰하여 고양이의 감정 변화와 인간과의 정서적 교감 사이의 관계를 작성하는 등 자세한 관찰 일지가 인상적임.

관련 논문

AI 기법을 이용한 반려동물의 행동 및 감정 탐지 (이정우 외, 2022)

관련 도서

《동물의 생각에 관한 생각》, 프란스 드 발, 세종서적
《애니멀카인드》, 잉그리드 뉴커크 외, 리리

관련 계열 및 학과
- 자연계열: 축산학과, 동물자원과학과, 동물생명과학과, 생물학과, 수산생명의학과, 해양학과
- 인문계열: 뇌기반감정코칭학과, 심리상담치료학과, 심리학과, 영어영문학과, 철학과

관련 교과
- 교육계열: 가정교육과, 교육학과, 생물교육과, 아동보육학과, 유아교육과, 초등교육과

2022 개정 교육과정: 통합과학 2, 과학탐구실험 2, 생명과학, 현대사회와 윤리, 사회문제 탐구, 윤리문제 탐구

2015 개정 교육과정: 통합과학, 과학탐구실험, 생명과학 I, 생명과학 II, 생활과 윤리, 사회문제 탐구, 심리학

인문계열

사회계열

자연계열

공학계열

의약계열

예체능계열

교육계열

떨림과 울림

김상욱 | 동아시아 | 2018

이 책은 빛, 시공간, 원자, 전자부터 최소 작용의 원리, 카오스, 엔트로피, 양자역학, 단진동까지 물리에서 다루는 핵심 개념들을 차분히 소개하면서 '물리'라는 과학의 언어를 통해 우리 존재와 삶, 죽음의 문제부터 타자와의 관계, 세계에 관한 생각까지 새로운 틀에서 바라볼 수 있게 안내하고 있다. 어려운 수학적 개념이나 공식을 사용하지 않고, 일상적인 언어와 비유를 통해 물리학의 개념을 설명하는 책이다.

탐구 주제

주제1 우주에는 다양한 힘이 존재한다. 중력은 서로를 끌어당기는 힘이고 전자기력은 전하를 띤 입자를 서로 밀거나 당기는 힘이다. 질량에 의해 발생하는 중력과 전하에 의해 발생하는 전자기력 사이의 기본적인 원리와 특성을 분석해 작용 원리를 비교하고 그들 간의 차이점을 연구해 보자.

주제2 이 책의 2부는 시공간에 대해 이야기하고 있다. 시공간은 절대적인 것이 아니라 상대적이다. 아인슈타인의 상대성 이론에 따르면 시간과 공간은 관찰자의 속도와 중력에 따라 달라진다. 실제 우주에서 관측되는 현상들이 상대성 이론과 어떻게 일치하는지 조사해 보자.

주제3 우주를 구성하는 존재들의 움직임에 대한 탐구

주제4 인간이 우주에서 차지하는 위치와 역할 탐구

학생부 기록 예시 (교과세특)

'떨림과 울림(김상욱)'을 읽은 뒤 중력과 전자기력에 대해 호기심을 가지고 탐구활동을 함. 두 물체 사이의 중력을 측정하고 전하를 띤 입자를 이용해 전자기력을 측정해 보는 등 다양한 실험을 수행한 후 보고서를 작성하여 두 힘의 작용 원리를 비교하여 발표함. 지구의 중력으로 인해 우리가 땅에 붙어서 걷고 물체가 떨어지는 것, 전자기력으로 전기 제품이 작동하거나 자석이 붙는 것 등을 이해하기 쉽게 설명하여 친구들의 호응을 얻음.

시공간의 상대성에 대해 호기심을 가지고 '떨림과 울림(김상욱)'을 읽은 뒤 심화활동을 함. 다양한 우주 탐사 기록을 조사하고, 이를 토대로 상대성 이론과 어떻게 일치하는지 분석하여 보고서를 제출함. 1919년 영국의 천문학자 아서 에딩턴의 별빛의 굴절 관측, 1971년 미국의 천문학자 레이먼드 브라질의 중력에 의해 시간이 지연되는 현상 등 다양한 자료를 친구들이 이해하기 쉽게 동영상을 이용해 설명하여 큰 호응을 얻음.

관련 논문

우주에서 88년 만에 상대성이론 검증(류동은, 2004)

관련 도서

《처음 떠나는 시공간 여행》, 스테판 다스콜리, 아르튀르 투아티, 북스힐
《다정한 물리학》, 해리 클리프, 다산사이언스

관련 계열 및 학과

- 자연계열 : 물리학과, 생명과학과, 생물학과, 수학과, 우주과학과, 천문우주학과, 화학과
- 공학계열 : 기계공학과, 생명공학과, 전기공학과, 컴퓨터공학과, 항공우주공학과

관련 교과

- 교육계열 : 과학교육과, 물리교육과, 생물교육과, 수학교육과, 초등교육과, 컴퓨터교육과

2022 개정 교육과정 : 통합과학 1, 통합과학 2, 과학탐구실험 2, 물리학, 지구과학, 융합과학 탐구, 삶과 종교

2015 개정 교육과정 : 통합과학, 과학탐구실험, 물리학 I, 물리학 II, 지구과학 I, 지구과학 II, 과학사, 융합과학, 철학

랩 걸

호프 자런 | 알마 | 2017

이 책은 한 여성 과학자가 자기 청춘의 시간을 나무의 성장에 빗대어 그녀의 과학자, 여자, 엄마로서의 삶을 풀어 놓은 책이다. 소녀가 아버지의 실험실에서 키워 왔던 꿈을 성장시켜 나가는 자전적 이야기와 그녀가 사랑하는 모든 것을 담은 이야기가 담겨 있다. 나무를 사랑하는 저자의 서술을 따라가다 보면 자신도 모르게 나무를 응원하고 기특해 하는 모습을 발견할 수 있게 될 것이다.

탐구 주제

주제1 식물에 대한 깊은 애정을 가지고 있는 저자의 시선을 통해 우리는 식물이 어떻게 성장하고 생존하는지, 그리고 그 과정에서 어떤 놀라운 적응 전략을 사용하는지를 배울 수 있다. 직접 식물을 키워서 식물이 어떻게 성장하고 생존하는지 탐구해 보자.

주제2 이 책은 여성 과학자의 경험, 식물 생물학, 과학 연구의 도전과 보람에 대한 이야기를 담고 있다. 여성 과학자들의 성공은 과학 발전에 중요한 역할을 한다. 여성이 과학 분야에서 겪는 도전과 기회에 대해 조사하고 성별이 과학자로서의 경력 발전에 어떤 영향을 미치는지 탐구해 보자.

주제3 과학자의 삶에 대한 탐구

주제4 과학과 삶의 관계에 대한 탐구

학생부 기록 예시 (교과세특)

‘랩 걸(호프 자런)’을 읽고 식물이 어떻게 성장하고 생존하는지, 그리고 인간과 환경에 어떤 영향을 미치는지 등에 대해 탐구 활동을 함. 교실에서 직접 콩 식물을 키워 그 성장 과정을 관찰함. 콩 식물에 물과 빛을 주는 동안 식물의 뿌리, 줄기, 잎이 어떻게 자라는지 기록한 뒤 식물의 광합성 작용이 지구의 기후나 식물의 종 다양성에 어떤 영향을 미치는지에 대해 조사하여 보고서를 작성함.

‘랩 걸(호프 자런)’을 읽고 여성이 과학 분야에서 겪는 도전과 기회에 대해 조사하여 보고서를 작성함. 성 차별과 양육 부담은 여성 과학자들의 경력 발전을 제한하고 있으며, 정부와 기업이 성 차별 근절을 위한 정책과 프로그램을 시행하여야 하고 사회 전반적으로 성 평등 인식을 개선하기 위한 노력이 필요하다고 주장함. 또한, 여성 과학자들을 위한 네트워크를 구축하고, 서로의 경험을 공유하여야 한다는 구체적 방안을 제시함.

관련 논문

한국 과학자 사회의 성차별 양상과 기제에 대한 탐색적 연구(이은실, 2007)

관련 도서

《파브르 식물기》, 장 앙리 파브르, 휴머니스트
《사라진 여성 과학자들》, 펜드리드 노이스, 다른

관련 계열 및 학과

- 자연계열: 산림학과, 농생물학과, 산림과학과, 생물학과, 식물자원학과, 환경과학과
- 인문계열: 산림치유학과, 산업심리학과, 상담심리학과, 심리학과, 인류학과, 철학과

관련 교과

- 공학계열: 산림바이오소재공학과, 산림조경학과, 생명공학과, 식품공학과, 환경공학과

2022 개정 교육과정: 사회문제탐구, 통합과학 1, 통합과학 2, 생명과학, 과학의 역사와문화, 융합과학탐구, 진로와 직업

2015 개정 교육과정: 사회문제탐구, 통합과학, 과학탐구실험, 생명과학 I, 생명과학 II, 과학사, 융합과학, 진로와 직업

인문계열

사회계열

자연계열

공학계열

의약계열

예체능계열

교육계열

미래를 바꾸는 탄소 농업

허북구 | 중앙생활사 | 2022

농업에서 배출되는 탄소의 양은 전 세계에서 배출되는 온실가스의 3분의 1을 차지한다. 이 책은 농업에서 배출되는 탄소를 감축시킬 여러 방안을 설명하고, 저탄소 농업을 뛰어넘어 지속 가능한 환경 재생형 미래 농업 패러다임을 갖출 수 있도록 하는 세계적 흐름을 사례와 함께 설명하는 책이다. 탄소 농업의 정의에서부터 높은 생산성과 유통, 판매에 이를 수 있는 온실가스 배출 감축과 지속 가능한 농업, 환경 문제를 폭넓게 다루고 있다.

탐구 주제

주제1 이 책은 탄소 농업과 지속 가능한 농업에 대한 내용을 다루고 있다. 탄소 중립은 기후 변화 시대의 최대 화두이다. 지구 탄소 순환에 의하면 토양에서 배출되는 이산화탄소가 중요한 온실가스 배출원임을 알 수 있다. 탄소 농업을 통한 지구 온난화 완화 효과에 대해 탐구해 보자.

주제2 전 세계가 농업에서의 탄소 중립을 시도하고 있는 지금, 우리 정부도 2021년에 '2050 농식품 탄소 중립 추진전략'을 발표했으며, 탄소 중립 농업 실천 농가 지원을 위한 선택형 직불 제도를 국정 과제에 포함했다. 우리나라의 정책을 분석하고 다른 나라의 정책과 비교해 보자.

주제3 탄소 농업 기술의 개발 및 보급 방안

주제4 탄소 농업의 미래 전망

학생부 기록 예시 (교과세특)

기후 변화에 따른 농업 방식에 관심이 많은 학생으로 '미래를 바꾸는 탄소 농업(허북구)'을 읽고 탐구활동을 함. 친구들과 탄소 중립의 의미와 중요성에 대한 토의활동을 통해 기후 변화의 심각성을 인식하고 탄소 농업이 어떤 것인지, 지구 온난화에 어떤 영향을 미치는지를 조사하여 보고서를 작성함. 탄소 농업의 다양한 방법을 영상 자료로 찾아 수업 중 발표함. 탄소 농업 활성화를 위한 다양한 방안을 제시한 것이 인상적임.

'미래를 바꾸는 탄소 농업(허북구)'을 읽고 우리나라의 탄소 농업 정책에 대해 탐구활동을 함. 우리나라의 '2050 농식품 탄소 중립 추진전략'을 분석하고 미국, 유럽연합, 브라질, 일본의 농업 분야 온실가스 감축 전략과 비교하여 보고서를 작성함. 정부의 정책 외에도 탄소 중립 농업 실천에 대한 농업인의 인식 개선과 기술·인프라 구축이 필요하며 탄소 중립 농업 실천에 대한 평가 및 관리 시스템이 마련되어야 한다는 의견을 밝힘.

관련 논문

탄소중립시대, 농업분야의 이행 과제 (이승헌, 2023)

관련 도서

《스마트 농업혁명》, 정환묵, 리빙북스
《대지에 입맞춤을》, 조시 티켈, 눌민

관련 계열 및 학과	· 자연계열 : 농생물학과, 대기과학과, 생명과학과, 식품영양학과, 지구환경과학과, 환경학과
	· 공학계열 : 바이오에너지공학과, 생명공학과, 식품공학과, 에너지공학과, 환경공학과
관련 교과	· 교육계열 : 과학교육과, 사회교육과, 생물교육과, 지구과학교육과, 초등교육과, 환경교육과

2022 개정 교육과정 : 통합과학 2, 화학, 생명과학, 지구과학, 기후변화와 환경생태, 기후변화와 지속가능한 세계

2015 개정 교육과정 : 통합과학, 화학 I, 생명과학 I, 지구과학 I, 융합과학, 사회문제 탐구, 농업 생명 과학, 환경

미생물 노트

사마키 다케오 | 시그마북스 | 2020

이 책은 인간에게 유익한 미생물부터 전 세계를 공포로 몰아넣은 코로나 바이러스까지 다양한 미생물의 세계를 다루고 있다. 우리는 세균이나 바이러스 같은 아주 작은 생물, 바로 미생물과 함께 살고 있다. 이 책은 인간과 미생물의 공생 관계부터 우리 주위에 가득한 미생물 정보, 실용적이고 재미있는 미생물 상식까지 과학을 잘 모르는 어린이들이 한눈에 이해할 수 있도록 그림, 도표, 그래프 등과 사례를 이용해 쉽게 설명하고 있다.

탐구 주제

주제1 이 책의 세 번째 장은 '맛있는 식품을 만들어 주는 미생물이 있다'를 주제로 맛있는 식품을 만드는 데 미생물이 중요한 역할을 한다는 것을 말하고 있다. 맛있는 식품을 만들어 주는 미생물을 조사하고 그들이 식품 제조 과정에서 어떻게 작용하는지 연구해 보자.

주제2 이 책의 여섯 번째 장은 '병을 일으키는 미생물이 있다'를 다루고 있다. 결핵은 많은 사람의 삶에 영향을 미치는 심각한 질병이지만 조기에 발견하고 치료하면 완치가 가능한 질병이다. 결핵균의 생물학적 구조와 특성, 감염 경로, 그리고 예방 및 치료 방법 등에 대해 탐구해 보자.

주제3 미생물을 이용한 의약품 개발 기술 탐구

주제4 우리 몸에 존재하는 상재균의 역할과 중요성 탐구

학생부 기록 예시 (교과세특)

생명과학 수업을 듣고 미생물은 우리 생활과 밀접한 관련이 있는 존재라는 사실에 호기심을 가짐. '미생물 노트(사마키 다케오)'를 읽고 맛있는 식품을 만들어 주는 미생물에 대해 조사한 뒤 식품 제조 과정에서 어떻게 작용하는지 탐구하여 보고서를 작성함. 이를 통해 유산균, 효모, 곰팡이, 발효, 부패 등이 식품에 끼치는 영향에 대해 이해하였고 미생물을 이용한 식품의 영양가 향상 방법에 대해 더 알고 싶다는 포부를 밝힘.

전 세계적으로 가장 흔한 전염병 중 하나인 결핵에 대해 호기심이 많은 학생으로 '미생물 노트(사마키 다케오)'를 읽고 결핵균의 생물학적 특성, 감염 경로, 그리고 예방 및 치료 방법 등에 대해 보고서를 작성함. 결핵 감염의 전파 경로를 알기 쉽게 도표로 나타내었고 개인 위생의 중요성을 강조함. 특히 결핵 그 자체뿐만 아니라 결핵 환자의 사회 복귀를 위한 지원 프로그램에도 관심을 보이는 모습이 인상적임.

관련 도서

《그림으로 읽는 잠 못들 정도로 재미있는 이야기 : 미생물》, 야마가타 요헤이, 성안당
《세상을 놀라게 한 미생물과 감염병 이야기》, 사마키 다케오 외, 북스힐
《100개의 미생물, 우주와 만나다》, 플로리안 프라이슈테터, 헬무트 융비르트, 갈매나무

관련 계열 및 학과
- 자연계열: 미생물학과, 농생물학과, 생명과학과, 수산생명의학과, 식품영양학과, 의생명과학과
- 공학계열: 보건안전학과, 산업공학과, 생명공학과, 식품공학과, 제약공학과, 환경공학과

관련 교과
- 교육계열: 가정교육과, 과학교육과, 생물교육과, 유아교육과, 초등교육과, 환경교육과

2022 개정 교육과정: 통합과학 1, 통합과학 2, 과학탐구실험 2, 생명과학, 세포와 물질대사, 융합과학 탐구, 보건

2015 개정 교육과정: 통합과학, 과학탐구실험, 생명과학 I, 생명과학 II, 과학사, 생활과 과학, 융합과학, 보건

인문계열

사회계열

자연계열

공학계열

의약계열

예체능계열

교육계열

분자 조각가들
백승만 | 해나무 | 2023

신약을 개발하는 화학자들은 분자를 조각하는 현대의 연금술사들이다. 이 책은 신약 개발의 최전선에서 연구 활동을 하는 과학자가 새로운 약이 창조되는 과정을 상세하게 소개한다. 이 책에서 말하는 분자 조각가는 약을 만드는 화학자로, 보통은 의약화학자라고 불린다. 신약 개발의 과정과 과학자들의 노력을 생생하게 전달하고 있으며 신약 개발의 과거와 현재를 흥미로운 스토리텔링으로 소개하는 책이다.

탐구 주제

주제1　약물이 개발되는 과정은 크게 기초연구, 전임상연구, 임상연구, 허가, 상용화의 단계로 나눌 수 있다. 새로운 약물이 개발되는 과정과 그에 따른 최신 기술 변화를 조사하고, 이러한 변화가 어떻게 약물 개발 및 의료 분야에 영향을 미치는지 탐구해 보자.

주제2　이 책에서 소개된 화학자들의 연구와 발견에 대해 더 깊게 파고들어 보자. 이러한 화학자들의 연구와 발견은 인류의 삶을 보다 풍요롭고 건강하게 만드는 데 크게 기여했다. 그들이 어떻게 중요한 발견을 하게 되었는지, 그 결과가 우리 생활에 어떤 영향을 미치고 있는지 연구해 보자.

주제3　인공 지능 기술이 신약 개발에 어떤 역할을 하는지 탐구

주제4　신약 개발의 윤리적 문제 고찰

학생부 기록 예시 (교과세특)

수업 중 약물 개발 과정에 대한 설명을 듣고 각 단계에서 어떤 작업이 이루어지는지, 어떤 기술이 사용되는지에 대해 탐구활동을 함. '분자 조각가들(백승만)'을 읽고 인공지능 기술, 유전체학, 바이오 인포매틱스, 나노 기술 등의 활용 사례를 구체적인 약물 개발 과정과 연계하여 보고서를 작성함. 인공지능 기술과 데이터 분석 기법을 활용하여 약물의 효능 예측 모델을 개발하는 연구를 해 보고 싶다는 포부를 밝힘.

화학자가 되기를 꿈꾸는 학생으로 '분자 조각가들(백승만)'을 읽고 수업 중 발표함. 화학자들이 식품 보존, 의약품 개발, 환경 보호 등 다양한 분야에서 중요한 발견을 하였으며, 이러한 발견이 우리 생활에 큰 영향을 미치고 있다는 것을 강조함. 이후 화학의 현재 발전 상황을 조사하고 화학이 미래에 영향을 미칠 요인을 분석하여 화학의 발전에 대한 전망 제시, 미래 사회에 미칠 영향 등에 대한 자신의 의견을 보고서로 작성하여 제출함.

관련 논문

신약개발에서의 AI 기술 활용 현황과 미래(정명희 외, 2021)

관련 도서

《세상을 바꾼 항생제를 만든 사람들》, 고관수, 계단
《전쟁과 약, 기나긴 악연의 역사》, 백승만, 동아시아

관련 계열 및 학과	• 자연계열: 화학과, 미생물학과, 바이오의학학과, 분자생물학과, 생명과학과, 생물학과
	• 공학계열: 생명공학과, 식품공학과, 제약공학과, 컴퓨터공학과, 화학공학과, 환경공학과
관련 교과	• 교육계열: 과학교육과, 유아교육과, 윤리교육과, 초등교육과, 컴퓨터교육과, 화학교육과

2022 개정 교육과정: 윤리문제 탐구, 통합과학 2, 과학탐구실험 2, 화학, 화학 반응의 세계, 과학의 역사와 문화, 보건

2015 개정 교육과정: 사회문제 탐구, 통합과학, 과학탐구실험, 화학 I, 화학 II, 과학사, 생활과 과학, 융합과학, 보건

새빨간 거짓말, 통계
대럴 허프 | 청년정신 | 2022

통계를 이용하여 어떻게 사람들을 속일 수 있는지를 설명하는 책이다. 일상생활에서 흔히 사용되는 통계의 오용과 오해에 대해 경고하는 이 책을 통해 독자들은 통계 자료를 비판적으로 평가하고 해석할 수 있는 능력을 기를 수 있다. 다양한 예시와 유머러스한 그림을 사용하여 복잡한 통계 개념과 기법을 이해하기 쉽게 설명하여 통계학에 대한 기본 지식이 없는 사람들도 읽기 쉽게 쓰인 재미있는 책이다.

탐구 주제

주제1 여론조사는 특정 모집단에 대한 의견이나 태도를 조사하기 위해 실시하는 조사이다. 여론조사의 결과를 올바르게 해석하는 것이 중요하다. 여론조사의 표본 추출 방법이나 질문 방식에 따른 오류, 광고나 마케팅에서의 통계적 오용 등을 실제 사례를 통해 분석해 보자.

주제2 통계에서 평균값은 데이터를 요약하는 가장 일반적인 도구 중 하나이다. 평균값은 데이터를 간단하게 요약하는 효과적인 도구이지만 잘못 사용하면 데이터를 왜곡할 수 있다. 평균값이 어떻게 잘못 사용되고 있는지, 어떻게 더 정확한 평균값을 찾을 수 있는지에 대해 탐구해 보자.

주제3 통계를 조작하는 것과 같은 통계의 윤리적 문제 해결책 연구

주제4 거짓 통계를 찾아내는 방법에 대한 탐구

학생부 기록 예시 (교과세특)

통계의 오용에 대해 호기심을 가지고 탐구활동을 함. '새빨간 거짓말, 통계(대럴 허프)'를 읽고 여론조사에서 표본 추출 방법이나 질문 방식에 따른 오류, 광고나 마케팅에서의 통계적 오용 등을 실제 사례를 통해 분석하여 보고서를 작성함. 이런 오류를 피하기 위해서는 데이터의 출처와 방법을 확인하여 데이터의 신뢰성을 평가해야 하고 통계적 용어를 정확하게 이해하여 데이터를 올바르게 해석할 수 있어야 함을 강조함.

'새빨간 거짓말, 통계(대럴 허프)'를 읽고 통계의 오용에 대해 관심을 가짐. 특히 평균값이 어떻게 잘못 사용되고 있는지, 그리고 어떻게 더 정확한 평균값을 찾을 수 있는지에 대해 탐구하여 발표함. 데이터가 분산을 고려하지 않거나 전체적인 모습을 반영하지 못해 일어나는 오용의 사례를 설명하였고 이런 평균값의 오용을 피하기 위한 중앙값이나 최빈값 사용, 분산이나 표준편차 고려, 데이터의 수를 늘리는 방법 등에 대해 설명함.

관련 논문
통계 그래프 해석 과정에서의 오류 발견 활동 교수·학습 자료 개발(염준일, 2022)

관련 도서
《통계의 거짓말》, 게르트 보스바흐, 엔스 위르겐 코르프, 지브레인
《숫자는 거짓말을 한다》, 알베르토 카이로, 웅진지식하우스

관련 계열 및 학과	• 자연계열: 통계학과, 물리학과, 빅데이터학과, 생명과학과, 수학과, 정보통계학과, 화학과
	• 사회계열: 경영학과, 경제학과, 미디어커뮤니케이션학과, 사회학과, 언론정보학과
관련 교과	• 공학계열: 소프트웨어공학과, 소프트웨어학과, 정보보안학과, 정보통신공학과, 컴퓨터공학과

2022 개정 교육과정: 확률과 통계, 실용 통계, 수학과제 탐구, 경제 수학, 경제, 금융과 경제생활, 인간과 경제생활

2015 개정 교육과정: 수학, 확률과 통계, 경제 수학, 수학과제 탐구, 통합사회, 경제, 사회문제 탐구, 실용 경제

인문계열

사회계열

자연계열

공학계열

의약계열

예체능계열

교육계열

생물학의 쓸모

김응빈 | 더퀘스트 | 2023

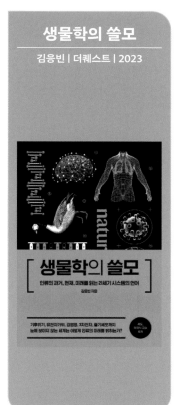

이 책은 생명체 구성 요소의 기능을 알려 주는 것에 그치지 않고, 해당 기능들이 연결된 각각의 시스템을 연구하고 그 지식을 활용하는 생물학의 최신 연구들을 쉽게 풀어 준다. 눈에 보이지 않는 세계가 어떻게 인간을 비롯한 전 지구적 생태계를 움직이는지 알 수 있으며 더불어 노화, 감염병, 기후 위기 등과 관련하여 미래를 바꾸기 위한 과학자들의 노력을 엿볼 수 있다. 이 책을 통해 최전선에서 세상을 움직이는 새로운 생물학을 만나 보자.

탐구 주제

주제1 이 책의 2장은 '지구상 모든 존재를 살리는 숨쉬기의 과학-호흡'에 대한 내용이다. 산소를 이용하여 에너지를 만드는 과정인 세포 호흡에 대해 조사하고 이것이 생명체의 생존에 어떻게 기여하는지 탐구하여 에너지 생성과 생명체의 동작 사이의 관계를 알아보자.

주제2 이 책의 5장은 '바이오가 환경위기시계를 되돌릴 수 있을까?-생태계'에 대한 내용이다. 바이오 기술, 특히 미생물 활용 방안들(생명 연료 개발 등)이 환경 위기 해결에 도움을 줄 수 있는 방법들을 조사하고 분석하여 바이오 기술과 미생물의 역할과 잠재력에 대해 이해해 보자.

주제3 뇌세포의 기능과 커넥톰의 역할 조사

주제4 유전자 가위와 그 응용분야 탐구

학생부 기록 예시 (교과세특)

생물학에 관심이 많은 학생으로 '생물학의 쓸모(김응빈)'를 읽고 과학적 호기심을 해결하려고 함. 특히 세포 호흡에 대해 호기심을 가지고, 이것이 생명체의 생존에 어떻게 기여하는지 탐구하여 수업 중 발표. 세포 호흡의 전체 과정을 그림으로 이해하기 쉽게 설명하였고 세포 호흡이 세포의 성장과 분열, 근육의 수축, 생식 세포의 형성, 생명체의 체온 유지 등을 통해 생명체가 살아가는 데 필수적인 과정임을 강조함.

'생물학의 쓸모(김응빈)'를 읽고 바이오 기술을 통해 미생물을 이용하여 폐기물을 분해하는 방법에 호기심을 느끼고 탐구활동을 함. 미생물을 이용하여 오염된 토양이나 물을 정화하거나 대기 중의 미세 먼지를 제거하는 연구에 대한 자료, 미생물을 이용하여 생산할 수 있는 바이오가스와 바이오매스가 어떻게 사용되고 있는지, 미생물을 이용해 어떻게 질소 비료를 생산하는지 등의 구체적인 사례를 조사하여 보고서를 제출함.

관련 논문

인간 게놈 프로젝트의 기원과 역사 (이한음, 2000)

관련 도서

《미생물에게 어울려 사는 법을 배운다》, 김응빈, 샘터
《내 몸 안의 생명원리 인체생물학》, 요시다 구니히사, 전나무숲

관련 계열 및 학과
- 자연계열 : 생물학과, 미생물학과, 분자생물학과, 생명과학과, 식품제약학과, 환경학과
- 공학계열 : 생명공학과, 식품공학과, 유전공학과, 조선해양공학과, 화장품공학과, 환경공학과

관련 교과
- 의약계열 : 간호학과, 보건관리학과, 약학과, 의료공학과, 의예과, 임상병리학과, 제약학과

2022 개정 교육과정 : 통합과학 1, 통합과학 2, 생명과학, 세포와 물질대사, 생물의 유전, 융합과학 탐구, 생태와 환경

2015 개정 교육과정 : 통합과학, 과학탐구실험, 생명과학 I, 생명과학 II, 과학사, 생활과 과학, 융합과학, 환경

생애주기 영양학
이연숙 외 | 교문사 | 2021

이 책은 인간의 생애 주기별로 필요한 영양소와 영양 관리에 대해 설명하고 있다. 각 생애 주기별로 흔히 발생하는 영양 문제를 소개하고, 이를 예방하기 위한 방법을 제시한다. 생애 주기별로 변화하는 신체적, 생리적 특성과 이에 따른 영양 요구량, 각 생애 주기별로 흔히 발생하는 영양 문제와 예방 방법, 영양소의 종류와 기능, 건강한 식생활을 위한 식사 지침 등을 다루고 있어 의학관련 진로를 희망하는 학생들에게 유용할 책이다.

탐구 주제

주제1 인간은 생애 주기별로 필요한 영양소와 영양 요구량이 다르다. 생애 주기별 영양 결핍이 건강에 미치는 영향, 균형 잡힌 영양 섭취가 건강에 미치는 영향 등을 탐구하여 적절한 영양 섭취의 중요성과 실제 문제 상황에서 발생할 수 있는 건강 문제들에 대해 알아보자.

주제2 영양교육 및 홍보는 영양 상태 개선에 효과적일 수 있다. 영양교육 및 홍보가 영양 불균형 개선에 미치는 효과, 만성질환 예방에 미치는 효과, 건강 증진에 미치는 효과 등을 조사하여 영양교육 및 홍보의 효과를 높이기 위한 방법에 대해 토론해 보자.

주제3 영양과 질병의 상관관계 조사

주제4 생애 주기별 영양 요구량의 차이 조사

학생부 기록 예시 (교과세특)

'생애주기 영양학(이연숙 외)'을 읽고 생애 주기별로 필요한 영양소와 영양 요구량이 달라 적절한 영양을 섭취하지 못하면 건강에 문제가 발생할 수 있음을 알고 탐구활동을 함. 연령대에 맞는 영양소를 찾아 보고, 그것을 토대로 자신의 식습관을 분석해 자신만의 균형 잡힌 식단을 구성하여 그것이 건강에 미치는 영향을 탐구해 보고서를 제출함. 식단 외에 규칙적인 식사, 충분한 수분 섭취, 적절한 운동의 중요성도 강조함.

'생애주기 영양학(이연숙 외)'을 읽고 영양교육 및 홍보는 국민의 영양 상태 개선에 효과적임을 알게 됨. 탄수화물, 단백질, 지방 등 영양소의 기능과 섭취량 지침을 이해하기 쉽게 정리한 포스터를 만들어 학급 게시판에 게시하여 급우들의 균형 잡힌 식생활을 도우려 하였고 영양교육 및 홍보의 효과를 높이기 위해서는 대상별 맞춤형 교육 및 홍보, 지속적인 교육 및 홍보, 다양한 방법의 교육 및 홍보를 고려해야 한다고 주장함.

관련 논문
생애주기에 따른 식사의 질이 삶의 질에 미치는 영향-2013년~2016년 국민건강영양조사 자료이용(허은실 외, 2021)

관련 도서
《현장 중심의 영양교육과 상담》, 서정숙 외, 교문사
《고급 영양학》, 변기원 외, 교문사

관련 계열 및 학과
- 자연계열 : 식품영양학과, 생명과학과, 수산생명의학과, 식품과학과, 외식산업학과, 축산학과
- 의약계열 : 간호학과, 보건관리과, 보건환경학과, 의료공학과, 의예과, 재활학과, 헬스케어학과

관련 교과
- 교육계열 : 가정교육과, 과학교육과, 아동보육학과, 유아교육과, 체육교육과, 초등교육과

2022 개정 교육과정: 통합과학 1, 통합과학 2, 과학탐구실험 1, 생명과학, 세포와 물질대사, 아동 발달과 부모, 보건

2015 개정 교육과정: 통합과학, 과학탐구실험, 생명과학 I, 생명과학 II, 융합과학, 생활과 과학, 가정과학, 보건

인문계열

사회계열

자연계열

공학계열

의약계열

예체능계열

교육계열

섬유지식 기초

안동진 | 한울 | 2020

이 책은 저자가 언론에 기고했던 칼럼들을 모아 엮은 것으로, 과학적인 사실을 근거로 하여 섬유에 대한 기본적인 개념과 지식을 쉽게 이해할 수 있도록 설명하고 있다. 섬유의 구조와 성질, 섬유의 종류와 용도, 섬유의 가공과 제조, 섬유의 표준과 품질 관리, 원단의 검사 방법, 의류 소재 기획에 이르기까지 섬유에 대한 전반적인 내용을 이야기하고 있다. 이 책을 읽은 디자이너와 읽지 않은 디자이너는 정말 다를 것이다.

탐구 주제

주제1 섬유의 성능은 의류의 특성에 영향을 미친다. 예를 들어, 흡습성이 좋은 섬유로 만든 옷은 시원한 느낌을 주며, 보온성이 좋은 섬유로 만든 옷은 따뜻한 느낌을 준다. 다양한 섬유(면, 마, 모, 견 등)의 특성을 분석하고, 이들이 어떻게 의류 소재로 사용되는지 연구해 보자.

주제2 섬유는 일상생활에서 의류, 침구, 가구, 자동차, 건축 등 다양한 분야에서 사용되고 있지만, 버려지는 섬유의 양도 상당하다. 섬유의 재활용과 업사이클링은 환경 보호에 도움이 되는 중요한 방법이다. 섬유의 재활용과 업사이클링에 대한 연구를 탐구하여 환경 보호에 도움이 되어 보자.

주제3 섬유의 생산과 가공 과정 탐구

주제4 염색 공정에서 발생하는 환경 문제와 이를 해결하기 위한 방법

학생부 기록 예시 (교과세특)

섬유의 성능이 의류의 특성에 어떻게 영향을 미치는지에 대해 호기심을 느껴 '섬유지식 기초(안동진)'를 읽고 보고서를 작성함. 면, 마, 모, 견, 합성섬유, 기능성 섬유의 특성과 섬유의 성질이 섬유의 종류, 제조 방법, 가공 방법 등에 따라 달라짐을 조사함. 소비자들이 각각의 소재가 제공하는 느낌과 경험에 대해 어떻게 생각하는지 알아보기 위해 반 친구들을 대상으로 설문 조사하여 보고서를 작성한 것이 인상적임.

섬유는 의류, 침구, 가구, 건축 등 다양한 용도로 사용되며 그 양도 상당하지만, 사용 후 버려지는 섬유의 양도 많아 환경에 심각한 문제가 있음을 알고 이에 대해 탐구함. '섬유지식 기초(안동진)'를 읽고 섬유 재활용과 업사이클링이 폐기물 감축, 자원 절약, 환경 오염 감소에 도움이 된다는 사실을 수업 중 발표함. 섬유 재활용과 업사이클링의 기술 개발과 제도적 지원, 국민의 인식 개선을 통해 활성화되어야 한다고 주장함.

관련 논문

순환패션 유형별 가치와 위험 지각(김인화, 2020)

관련 도서

《Designer에게 꼭 필요한 섬유지식 3》, 안동진, 한울
《디자이너를 위한 섬유소재》, 이순재, 김선미, 교문사

관련 계열 및 학과
- 자연계열 : 의류학과, 의류산업학과, 의상학과, 지구환경과학과, 화학과, 환경학과
- 공학계열 : 산업공학과, 섬유시스템공학과, 신소재공학과, 화학공학과, 환경공학과

관련 교과
- 예체능계열 : 뷰티디자인학과, 섬유패션디자인학과, 의류디자인학과, 패션디자인학과

2022 개정 교육과정 : 통합과학 1, 통합과학 2, 과학탐구실험 2, 물리학, 화학, 융합과학 탐구, 기술·가정, 생활과학 탐구

2015 개정 교육과정 : 통합과학, 물리학 I, 물리학 II, 화학 I, 화학 II, 생활과 과학, 융합과학, 기술·가정, 가정과학

수상한 생선의 진짜로 해부하는 과학책1: 바다 생물

김준연 | arte(아르테) | 2023

전직 생물 교사, 한국과학창의재단 소속 과학 커뮤니케이터인 김준연 작가의 유튜브 채널 '수상한 생선'의 내용을 바탕으로 출간된 책으로, 바다 생물에 대한 다양한 정보를 담고 있다. 바다 생물의 분류, 구조, 특징, 생태 등 다양한 주제를 다루고 있는 이 책의 저자는 직접 바다 생물을 해부하며 그 과정을 사진과 동영상으로 기록하였다. 이 책을 읽으면 마치 직접 해부에 참여하는 것과 같은 생생한 경험을 할 수 있을 것이다.

탐구 주제

주제1 바다 생물은 크게 물고기, 갑각류, 연체동물, 어류 등으로 분류되며 각 분류군마다 고유한 특징을 가지고 있다. 예를 들어 물고기는 지느러미를 가지고 헤엄을 치며, 갑각류는 껍질을 가지고 있다. 바다 생물의 분류와 특징을 조사하고, 각 분류군의 대표적인 생물을 비교 분석해 보자.

주제2 바다 생물은 다양한 방식으로 생활한다. 어떤 생물은 바닥에서 생활하고, 어떤 생물은 바다 표면에서 생활한다. 또한, 어떤 생물은 무리를 지어 생활하고, 어떤 생물은 단독으로 생활한다. 바다 생물의 생활 방식에 따른 먹이 사슬에 대해 연구해 보자.

주제3 바다 생물의 진화와 현재 생태계에 미치는 영향에 대해 연구

주제4 바다 생물의 위협 요인을 조사하고, 보호 방안 모색

학생부 기록 예시 (교과세특)

'수상한 생선의 진짜로 해부하는 과학책1(김준연)'을 읽고 바다 생물의 주요 분류군인 물고기, 갑각류, 연체동물, 어류 등을 조사하여 보고서를 작성함. 각각의 생물들의 특징을 정리하고 대표 생물을 비교, 분석하는 과정에서 외형, 생태계 내 위치, 생활 방식 등 여러 관점에서 그 차이와 유사성을 조사하였으며 바다 생물의 생김새, 서식 환경, 특징 등을 도표와 사진으로 잘 정리하고 분류군 간 차이점을 명확히 제시한 점이 인상적임.

'수상한 생선의 진짜로 해부하는 과학책1(김준연)'을 읽고 바다 생물의 생활 방식에 따른 먹이사슬을 조사내 발표함. 바다 생물들을 그들의 생활 방식에 따라 분류하였고 각 생활 방식에서 대표적인 종을 하나씩 선택해 대표 종들이 참여하는 먹이사슬을 분석함. 그들의 주요 먹이와 포식자, 그리고 다른 종과의 상호작용 등을 다양한 예를 들어 설명해 친구들의 이해를 도움. 앞으로 더 많은 바다 생물을 공부하고 싶다는 생각을 밝힘.

관련 논문

기후변화가 해양에 미친 영향: 고기후학의 관점에서(이희일 외, 2010)

관련 도서

《바다 생물 콘서트》, 프라우케 바구쉐, 흐름출판
《해양 대백과사전》, DK『해양』편집 위원회 외, 사이언스북스

관련 계열 및 학과
- 자연계열: 수산생명의학과, 생명과학과, 생물학과, 해양학과, 해양생명과학과, 환경학과
- 공학계열: 생명공학과, 식품공학과, 조선해양공학과, 해양환경공학과, 환경공학과

관련 교과
- 교육계열: 과학교육과, 생물교육과, 아동보육학과, 유아교육과, 초등교육과, 환경교육과

2022 개정 교육과정: 통합과학 1, 통합과학 2, 과학탐구실험 1, 과학탐구실험 2, 생명과학, 융합과학 탐구, 생태와 환경

2015 개정 교육과정: 통합과학, 과학탐구실험, 생명과학 I, 생명과학 II, 융합과학, 해양 문화와 기술, 환경

인문계열

사회계열

자연계열

공학계열

의약계열

예체능계열

교육계열

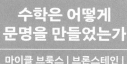

수학은 어떻게 문명을 만들었는가

마이클 브룩스 | 브론스테인 | 2022

이 책은 산술, 기하학, 대수학, 미적분학, 로그, 허수, 통계, 정보 이론이라는 여덟 가지의 중요한 수학 분야를 통해 인간의 문명이 발전하는 역사의 큰 흐름을 흥미진진하게 소개한다. 광대한 인류 역사를 누비며 수학이 우리가 사는 세상을 만들었고 오늘도 이끌고 있다는 유익한 사실을 재미있게 설명하고 있다. 오늘날 세상을 이끄는 중요한 원동력인 수학을 색다른 시각으로 바라보며 수학의 중요성을 알려 주는 책이다.

탐구 주제

주제1 수학은 고대부터 현대까지 지속적으로 발전해 왔으며, 그 과정에서 다양한 수학적 개념과 원리가 개발되었다. 산술, 기하학, 대수학, 미적분학, 로그, 허수, 통계, 정보 이론 등 각 장에서 소개된 수학 개념들이 인류의 문명 발전에 어떠한 역할을 했는지 탐구해 보자.

주제2 수학은 다양한 분야에서 응용되고 있고 인류 문명의 발전에 있어 없어서는 안 될 필수적인 도구이다. 책에서 소개된 수학적 개념들이 실제 생활에서 어떻게 응용되었는지, 그리고 이로 인해 우리 생활이 어떻게 변화했는지 탐구하여 수학의 실용성과 중요성을 명확하게 이해해 보자.

주제3 수학이 현대 사회에 미치는 영향 탐구

주제4 수학적 사고가 인간의 삶에 어떤 영향을 미치는지에 대한 토론

학생부 기록 예시 (교과세특)

'수학은 어떻게 문명을 만들었는가(마이클 브룩스)'를 읽고 수학 개념들이 인류의 문명 발전에 어떠한 역할을 했는지 탐구활동을 함. 수학적 개념이 발견되거나 사용된 시기와 그때의 사회 및 문화적 배경 등을 조사하여 발표함. 피타고라스 정리가 발견된 시기의 그리스 문화, 페르마 소정리가 사용된 유럽 사회 등을 재밌게 친구들에게 설명하였고 수학은 단순한 학문이 아닌 인류 문명의 발전에 핵심적인 역할을 하는 학문임을 강조함.

'수학은 어떻게 문명을 만들었는가(마이클 브룩스)'를 읽고 책에서 소개된 수학적 개념들이 실제 생활에서 어떻게 응용되었는지, 이로 인해 우리 생활이 어떻게 변화했는지 탐구함. 핸드폰 앱 설계 과정에서 사용된 수학적 알고리즘에 대해 조사하고, 이를 바탕으로 앱이 우리 생활에 미치는 영향과 은행 예금 이자 계산 과정을 분석해 이자율 변동이 실생활 경제에 미치는 영향을 보고서로 작성하여 수학의 중요성을 더욱 깨달음.

관련 논문
현대수학이 인류 삶에 기여한 업적에 관한 연구 (구정연, 2015)

관련 도서
《미치도록 기발한 수학 천재들》, 송명진, 블랙피쉬
《역사를 품은 수학, 수학을 품은 역사》, 김민형, 21세기북스

관련 계열 및 학과	· 자연계열: 수학과, 물리학과, 생명과학과, 빅데이터학과, 응용수학과, 통계학과, 화학과
	· 사회계열: 경영학과, 경제학과, 금융보험학과, 문화콘텐츠학과, 회계학과, IT경영학과
관련 교과	· 교육계열: 교육공학과, 교육학과, 수학교육과, 아동교육과, 유아교육과, 초등교육과

2022 개정 교육과정: 공통수학 I, 대수, 미적분 I, 미적분 II, 확률과 통계, 기하, 수학과 문화, 수학과제 탐구

2015 개정 교육과정: 수학, 수학 I, 수학 II, 미적분, 확률과 통계, 실용수학, 인공지능 수학, 기하, 수학과제 탐구

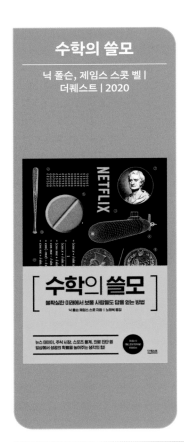

수학의 쓸모

닉 폴슨, 제임스 스콧 벨 |
더퀘스트 | 2020

두 교수가 마음을 합쳐 수학적 사고와 그 유용성에 관해 설명하는 모범 사례 같은 책이다. 매력적이고 역사적인 인물들이 수학을 이용함으로써 어떻게 문제를 해결하고 역사를 바꿨는지 이야기한다. 어려운 수식이 아닌 동전 던지기와 각종 다이어그램에 빗대어 수학을 어떻게 활용할 수 있는지 설명하여 수학에 문외한인 사람도 이해할 수 있을 정도로 쉽게 설명하고 있어 수학적 사고력을 키우는 데 도움이 될 것이다.

탐구 주제

주제1 넷플릭스 추천 시스템의 수학적 원리는 수학적 알고리즘이 우리 삶에 어떻게 밀접하게 연결되어 있는지를 보여주는 좋은 사례이다. 넷플릭스 추천 시스템의 기본 원리와 구성요소를 조사해 보고, 다른 플랫폼들의 추천 시스템과 차이점을 비교 분석해 보자.

주제2 공중보건 분야에서 데이터 과학은 매우 중요한 역할을 한다. 다양한 데이터를 분석하고 이해하는 것은 질병의 확산을 막고, 효과적인 치료법을 개발하며, 보건 정책을 수립하는 데 필수적이다. 공중보건에서 데이터 과학이 어떻게 활용되는지에 대해 조사해 보자.

주제3 잘 세운 가정의 중요성에 대한 탐구

주제4 다양한 분야에서 베이즈 규칙이 사용되는 사례 조사

학생부 기록 예시 (교과세특)

'수학의 쓸모(닉 폴슨 외)'를 읽고 넷플릭스 추천 시스템의 협업 필터링, 콘텐츠 기반 추천 방식에 대해 조사한 후 넷플릭스 외에도 유튜브, 아마존 등 다른 플랫폼들의 추천 시스템을 조사해 각각의 차이점과 특징을 비교 분석하여 보고서를 제출함. 이후 다양한 취향을 가진 사용자를 모두 만족시킬 수 있고 사용자의 취향과 관심사를 더 면밀하게 분석할 수 있는 알고리즘을 개발하고 싶다는 포부를 밝힘.

데이터 과학에 관심이 많아 '수학의 쓸모(닉 폴슨 외)'를 읽고 공중 보건에서 데이터 과학이 어떻게 활용되는지에 대해 보고서를 작성함. 질병 감시 및 예측, 보건 서비스 배치나 보건 예산 배분 등 정책 결정의 근거 제공, 임상 연구 데이터 분석 등 다양한 분야에 데이터 과학이 활용됨을 조사하여 중요성을 강조함. 이외에도 개인정보 보호, 차별 등 데이터 과학의 활용으로 인해 발생할 수 있는 윤리적 문제도 고려해야 함을 주장함.

관련 논문
4차 산업혁명을 이끄는 보건 의료 빅데이터의 활용과 전망 (송윤섭 외, 2017)

관련 도서
《우리에게는 수학적 사고가 필요하다》, 후카사와 신타로, 앤페이지
《수학이 일상에서 이렇게 쓸모 있을 줄이야》, 클라라 그리마, 하이픈

관련 계열 및 학과	• 자연계열: 수학과, 데이터과학과, 빅데이터학과, 생명과학과, 정보통계학과, 통계학과
	• 사회계열: 경영학과, 경제학과, 미디어커뮤니케이션학과, 사회학과, 언론정보학과
관련 교과	• 공학계열: 소프트웨어공학과, 소프트웨어학과, 정보보안학과, 정보통신공학과, 컴퓨터공학과

2022 개정 교육과정: 확률과 통계, 실용 통계, 수학과 문화, 수학과제 탐구, 사회문제 탐구, 인공지능 수학, 보건

2015 개정 교육과정: 수학, 확률과 통계, 경제 수학, 수학과제 탐구. 사회문제 탐구, 인공지능 수학, 보건

인문계열

사회계열

자연계열

공학계열

의약계열

예체능계열

교육계열

숲은 고요하지 않다
마들렌 치게 | 흐름출판 | 2021

비슷한 책을 찾을 수 없을 정도로 독창적이다!
- 최재천(이화여대 에코과학부 석좌교수)

국립과천과학관
이정모 관장 추천

나무의사
무용영 추천

식물세밀화가
이소영 추천

숲의 생물들이 서로 소통하며 정보를 교환할 수 있도록 하는 자연의 비밀은 무엇일까, 숲으로부터 우리 인간은 어떤 일상의 이익을 얻을까 등에 대한 이야기를 담은 책이다. 행동생물학자인 저자는 이 질문의 해답을 찾아가며 얻은 지식과 경험을 바탕으로 경이로운 자연의 이야기를 들려준다. 숲속에서 들려 오는 이야기에 귀 기울이고 결코 '고요하지 않은' 숲을 거닐며 각자의 소통 방식에 대해 생각하는 시간을 가져 보기를 바란다.

탐구 주제

주제1 생명체는 다양한 방식으로 정보를 발신하고 수신한다. 일반적으로 사용되는 정보 전달 방식에는 시각, 청각, 후각, 촉각 및 화학 감지 등이 있다. 다양한 생명체의 소통 방식을 조사하고, 그중에서 가장 효율적인 방식과 어떤 상황에서 적합한지 탐구해 보자.

주제2 인간은 자연의 일부로서 다른 생명체들과 소통한다. 인간과 다른 생명체들 간의 소통 방식은 크게 차이가 있다. 인간의 소통 방식과 다른 생명체의 소통 방식의 차이점을 조사하여 인간이 다른 생명체의 소통 방식을 이해하고 활용하는 방법을 연구해 보자.

주제3 특정 생명체의 소통 방식에 대한 연구

주제4 소셜 네트워크와 동물 사회 구조 비교 연구

학생부 기록 예시 (교과세특)

동식물의 소통에 대한 호기심이 많아 다양한 생명체의 소통 방식을 조사하고, 그중 어떤 상황에서 어떤 방식이 가장 효율적인지에 대해 탐구활동을 함. '숲은 고요하지 않다(마들렌 치게)'를 읽고 빛, 소리, 냄새, 전기, 화학 등을 이용한 다양한 생명체의 소통 방식을 조사하였고 상황에 따라 적절한 소통 방식들의 예들을 들어 보고서를 작성함. 또한 생명체의 소통 방식을 모방한 새로운 기술이나 지식을 개발해 보고 싶다는 포부를 밝힘.

'숲은 고요하지 않다(마들렌 치게)'를 읽고 인간과 다른 생명체의 소통 방식의 차이점에 대해 탐구하여 수업 중 발표함. 책 속에 등장하는 다양한 생명체들이 어떻게 소통하는지를 이해한 후 인간과의 차이점에 대해 실제로 관찰할 수 있는 동물들의 행동, 식물들의 화학적인 상호작용 등을 예시로 들어 설명함. 앞으로 인간과 다른 생명체들이 공통으로 사용하는 신호나 행동 패턴 등에 대해 더 공부해 보고 싶다는 포부를 밝힘.

관련 논문
곤충의 의사소통: 개념, 채널 및 상황(장이권, 2011)

관련 도서
《식물, 세계를 모험하다》, 스테파노 만쿠소, 더숲
《숲, 다시 보기를 권함》, 페터 볼레벤, 더숲

관련 계열 및 학과
- 자연계열: 산림학과, 동물보건학과, 반려동물학과, 생물학과, 생명과학과, 환경학과
- 인문계열: 상담심리학과, 심리학과, 언어학과, 언어정보학과, 언어인지학과, 철학과
관련 교과
- 공학계열: 멀티미디어공학과, 인공지능학과, 정보통신공학과, 컴퓨터공학과, IT응용공학과

2022 개정 교육과정: 통합과학 1, 통합과학 2, 과학탐구실험 2, 생명과학, 생물의 유전, 사회문제 탐구, 생태와 환경

2015 개정 교육과정: 통합과학, 과학탐구실험, 생명과학 I, 생명과학 II, 융합과학, 사회문제 탐구, 환경

시간은 흐르지 않는다

카를로 로벨리 | 쌤앤파커스 |
2019

이 책은 시간의 본질에 대한 새로운 관점을 제시하고 있다. 시간은 과거에서 미래로 흐르는 것이 아니라, 모든 순간이 동일하게 존재하는 시공간의 한 지점이라고 주장한다. 1부에서는 지금까지 인류가 시간에 대해 알아낸 진실들을 설명한다. 2부에서는 시간이 없는 세상에는 무엇이 남는지 설명한다. 3부에서는 1부에서 설명한 시간이라는 개념을 다시 돌아보며 무엇이 우리가 시간이라는 개념을 믿게 만들었는지 설명한다.

탐구 주제

주제1 시간은 인간의 삶에서 가장 중요한 요소 중 하나이다. 인간은 시간에 대한 주관적인 인식을 가지고 있으며, 이러한 인식은 우리의 삶에 다양한 영향을 미친다. 우리가 시간을 어떻게 인식하는지, 그것이 우리의 생활에 어떤 영향을 미치는지 조사해 보자.

주제2 알버트 아인슈타인의 특수 상대성 이론은 시간과 공간이 관찰자의 운동 상태에 따라 상대적이라는 것을 주장하고, 일반 상대성 이론은 중력이 시공간의 곡률을 통해 발생한다는 것을 주장한다. 로벨리의 접근 방식과 아인슈타인의 상대성 이론 사이에서 공통점 및 차이점을 찾아보자.

주제3 일상에서 시간의 개념과 물리학에서 다루는 시간의 개념 비교

주제4 서양 문화와 동양 문화의 시간 차이점 탐구

학생부 기록 예시 (교과세특)

'시간은 흐르지 않는다(카를로 로벨리)'를 읽고 로벨리가 제안한 시간의 개념과 주관적인 시간 인식에 대해 발표함. 시간에 대한 철학적 사고 중 '시간이 빨리 가는 경우'와 '시간이 느리게 가는 경우'를 자신의 경험을 토대로 발표하여 시간 인식의 주관성에 대해 잘 설명함. 또한 이러한 주관적 시간 인식이 학습 태도, 인간관계 등 우리 삶의 다양한 영역에 영향을 미칠 수 있으며 시간 활용이 얼마나 중요한지에 대해서 강조함.

'시간은 흐르지 않는다(카를로 로벨리)'를 읽고 카를로 로벨리와 알버트 아인슈타인의 공통점과 차이점을 조사하여 발표함. 시간과 공간의 상대성을 강조한다는 공통점이 있지만 시간의 절대성 여부, 시공간의 구조, 중력의 발생 원인에 대해서는 서로 다른 들의 주장을 친구들이 이해하기 쉽게 설명함. 로벨리는 실험적 검증이 어렵고 아인슈타인은 시간의 절대성에 대한 논란이 있는데 이 부분을 좀 더 공부해 보고 싶다고 함.

관련 도서

《보이는 세상은 실재가 아니다》, 카를로 로벨리, 쌤앤파커스
《리 스몰린의 시간의 물리학》, 리 스몰린, 김영사
《만약 시간이 존재하지 않는다면》, 카를로 로벨리, 쌤앤파커스

관련 계열 및 학과

• 자연계열 : 물리학과, 뇌인지과학과, 심리뇌과학과, 응용과학부, 응용물리학과, 전자물리학과

• 인문계열 : 문예창작학과, 상담심리학과, 심리학과, 인류학과, 인문문화학부, 철학과

관련 교과

• 교육계열 : 과학교육과, 교육학과, 국어교육과, 물리교육과, 윤리교육과, 초등교육과

2022 개정 교육과정 : 통합과학 2, 과학탐구실험 2, 물리학, 전자기와 양자, 과학의 역사와 문화, 문학, 인간과 철학

2015 개정 교육과정 : 통합과학, 과학탐구실험, 물리학 I, 물리학 II, 과학사, 융합과학, 문학, 철학, 심리학

시그널, 기후의 경고
안영인 | 엔자임헬스 | 2021

기후 변화가 생태계 및 인간 생활에 미치는 영향과 대책을 깊이 있게 다루는 책이다. 이 책은 기후 변화, 환경 파괴, 대기 오염 등과 같은 현대 사회에서 중요한 이슈들을 집중적으로 조명하며, 과학적인 연구 결과와 데이터를 바탕으로 설명하고 있다. 특히 이러한 주제들이 모두 우리 생활과 밀접한 관련이 있음을 설명하며 제시된 문제에 대해 어떻게 해결할 수 있는지에 대한 방안도 제시하고 있다.

탐구 주제

주제1 기후 변화로 인해 바이러스와 세균이 더 잘 번식하고, 더 멀리 이동할 수 있다는 우려가 제기되고 있다. 이러한 우려가 사실인지 확인하기 위해 특정 지역의 기후 데이터와 그 지역에서 발생한 감염병 사례의 상관 관계를 조사하고 다른 요인들도 함께 고려해 과학적 해석을 해 보자.

주제2 기후 변화는 미세 먼지 발생을 높이는 주요 원인 중 하나이다. 미세 먼지 발생 원인을 조사하고, 미세 먼지 농도가 높은 지역과 낮은 지역의 심혈관 질환 발병률을 비교하여 미세 먼지가 건강에 어떤 영향을 미치는지 인구 특성, 생활 습관, 의료 시스템 등 다른 요인을 고려해 분석해 보자.

주제3 해수면 상승의 원인과 그로 인한 생태계 변화 조사

주제4 전기자동차의 친환경성 분석

학생부 기록 예시 (교과세특)

'시그널 기후의 경고(안영인)'를 읽고 지역별 기후 데이터와 감염병 발생률을 조사하여 두 변수 간의 상관관계를 탐구함. 특히 온도 상승과 감염병 확산 사이의 인과관계를 구체적 수치를 들어 설득력 있게 제시한 점이 인상적임. 이후 기후 변화에 따른 생태계 변화가 감염병 확산과 어떻게 연관되는지를 생동감 있게 발표하였으며 감염병 예방을 위해서는 환경 보호의 중요성을 인식하는 것이 필요하다는 점을 설득력 있게 전달함.

'시그널 기후의 경고(안영인)'를 읽고 미세 먼지 증가 이유와 감소 방안을 제시하여 보고서를 제출함. 이후 미세 먼지 농도와 심혈관 질환 사이의 관계에 호기심을 가지고 그 상관관계를 조사함. 미세 먼지는 혈관을 손상하고, 혈액 응고를 촉진하며, 혈압을 상승시키는 등의 작용을 통해 심혈관 질환을 유발할 수 있다는 다양한 근거 자료를 만들어 학급 게시판에 게시하여 친구들을 대상으로 계몽운동을 실시함.

관련 논문
기후변화를 통한 코로나바이러스감염증-19 추정 및 분류: 2018년도 이후 기상데이터를 중심으로(김윤수 외, 2021)

관련 도서
《기후 책》, 그레타 툰베리, 김영사
《파란하늘 빨간지구》, 조천호, 동아시아

관련 계열 및 학과
• 자연계열: 지구환경과학과, 농생물학과, 생명과학과, 수산생명의학과, 해양학과, 환경학과
• 공학계열: 건축학과, 도시공학과, 생명공학과, 신소재공학과, 에너지공학과, 환경공학과

관련 교과
• 교육계열: 과학교육과, 사회교육과, 생물교육과, 지구과학교육과, 초등교육과, 환경교육과

2022 개정 교육과정: 통합과학 1, 통합과학 2, 과학탐구실험 2, 생명과학, 지구과학, 기후변화와 환경생태, 생태와 환경

2015 개정 교육과정: 통합과학, 과학탐구실험, 생명과학 I, 생명과학 II, 지구과학 I, 지구과학 II, 사회문제탐구, 환경

국립수목원, 농촌진흥청 등 국내외 연구기관과 협업해 식물학 그림을 그리며 식물을 가까이에서 관찰해 온 식물 세밀화가인 저자가 소나무, 은행나무, 개나리, 몬스테라, 딸기 등 늘 가까이에 있지만 제대로 알지 못했던 도시 식물들에 관한 여러 흥미로운 이야기를 세밀화와 함께 담아낸 책이다. 크리스마스 트리의 기원, 꽃을 피우지 않는 식물, 노벨상을 받은 잡초처럼 꽃과 나무들에 담긴 다양한 사연들이 책 읽는 재미를 더한다.

탐구 주제

주제1 책에는 식물의 다양한 효능에 대한 내용이 실려 있다. 민들레는 이뇨제, 소염제, 항암제 등의 효능이 있으며, 알로에는 피부 트러블을 진정시키고 상처를 치유하는 데 효과적이고 쑥은 소화를 돕고 라벤더는 스트레스와 불안 감소에 도움이 된다. 이러한 식물의 효능을 조사해 보자.

주제2 책에는 식물의 문화적 의미에 대한 내용이 실려 있다. 소나무는 장수와 번영을 상징하며 월계수는 승리와 영광을 상징하는 것처럼, 식물의 문화적 의미를 조사하여 그 역사적 맥락을 이해하고 다양한 문화에서 같은 식물들의 문화적 의미와 차이를 탐구해 보자.

주제3 식물의 역할과 인간의 삶에 미치는 영향 조사

주제4 식물의 진화 과정을 조사하고, 그에 따른 특징 분석

학생부 기록 예시 (교과세특)

'식물의 책(이소영)'을 읽고 식물의 다양한 효능에 대해 탐구활동을 함. 민들레 잎과 꽃의 구조를 관찰하여 민들레가 소화를 돕고 간 기능을 개선하는 등 이뇨제와 소염제로 쓰일 수 있는 이유와 쑥이 소화 기능 개선, 염증 및 월경 증상 완화에 도움을 주는 이유를 조사함. 수업 중 직접 민들레차와 쑥차를 만들어 반 친구들에게 맛보여 주며 효능을 설명해 찬사를 받음. 이 외에 다양한 식물의 효능을 공부하고 싶다는 포부를 밝힘.

'식물의 책(이소영)'을 읽고 식물에 담긴 문화적 의미에 관심이 생겨 탐구활동을 함. 중국에서는 복숭아가 오랫동안 장수와 행운의 상징으로 여겨졌고, 일본에서는 소나무가 '수레타'로 불리며 일본인들의 삶과 밀접한 관련이 있음을 찾아 수업 중 발표함. 식물은 인간의 삶과 밀접한 관련이 있으며, 다양한 문화권에서 여러 의미를 지니고 있어 식물의 문화적 의미를 이해하면 식물과 인간의 관계를 더 깊이 이해할 수 있음을 강조함.

관련 논문

시경(詩經)에 나타난 식물 소재의 문화적 해석–상징요소와 경관조성요소의 관점에서 (윈쟈옌 외, 2014)

관련 도서

《식물이 좋아지는 식물책》, 김진옥, 궁리
《세계사를 바꾼 13가지 식물》, 이나가키 히데히로, 사람과나무사이

관련 계열 및 학과
- 자연계열: 원예학과, 농생물학과, 산림학과, 생물학과, 식물자원학과, 조경학과, 환경학과
- 공학계열: 도시공학과, 생명공학과, 식품공학과, 에너지공학과, 토목공학과, 환경공학과

관련 교과
- 교육계열: 과학교육과, 미술교육과, 생물교육과, 지리교육과, 초등교육과, 환경교육과

2022 개정 교육과정: 문학, 통합과학 1, 통합과학 2, 과학탐구실험 1, 생명과학, 미술, 미술 창작, 생태와 환경

2015 개정 교육과정: 문학, 통합과학, 과학탐구실험, 생명과학 I, 생명과학 II, 미술, 미술 창작, 농업 생명과학, 환경

인문계열

사회계열

자연계열

공학계열

의약계열

예체능계열

교육계열

식물학자의 노트
신혜우 | 김영사 | 2021

이 책은 씨앗부터 기공, 뿌리, 줄기, 꽃, 열매까지 각각의 역할과 의미를 살피는 한편, 연약한 줄기의 애기장대, 물 위에서 사는 개구리밥부터 곰팡이와 공생하는 난초, 5천 년 이상 살고 있다고 추정되는 므두셀라 나무까지, 식물이 자신의 생존을 스스로 지키기 위해 얼마나 치열하고 담대하게 살아가는지를 아름다운 그림과 함께 전한다. 주변에 있는 식물에 관심을 기울여 보자. 식물에게 위로받고 함께 행복한 순간을 가질 수 있을 것이다.

탐구 주제

주제1 1장의 제목은 '빛나는 시작'이다. 식물은 빛을 이용하여 광합성을 통해 양분을 만들어 낸다. 빛의 양과 파장은 식물의 광합성에 중요한 영향을 미친다. 식물이 어떻게 빛을 에너지로 변환하는지, 이 과정이 식물의 성장과 발달에 어떤 영향을 미치는지 탐구해 보자.

주제2 2장의 제목은 '들녘에 홀로 서서'이다. 물 위에 떠 있는 개구리밥, 사막의 식물이 물을 아끼는 방법 등에 대해 이야기하고 있다. 특정 환경(건조한 환경, 수중 환경 등)에서 살아남기 위해 식물들이 개발한 독특한 적응 전략에 대해 탐구해 보자.

주제3 식물의 이동 방법 연구

주제4 식물의 공생 관계 연구

학생부 기록 예시 (교과세특)

식물이 빛을 에너지로 변환하는 과정을 배우고, 이 과정이 식물의 성장과 발달에 미치는 영향에 대해 탐구함. 식물의 광합성 과정에 대한 기본적인 개념과 원리를 이해하기 위해 '식물학자의 노트(신혜우)'를 읽고 빛의 양과 파장에 따라 어떤 반응을 보이는지 직접 다양한 환경에서 식물을 키워 관찰 일지를 만든 뒤 보고서로 작성함. 빛의 양과 파장을 어느 정도의 조합으로 하면 성장에 더 좋을지 연구해 보고 싶다는 포부를 밝힘.

'식물학자의 노트(신혜우)'를 읽고 식물들이 극단적인 환경에서 살아남기 위해 개발한 독특한 적응 전략에 대해 호기심을 가짐. 책에서 나온 식물들 외의 수생 식물, 사막 식물들의 적응 전략을 조사하여 보고서를 작성함. 다양한 환경에서 서식하는 식물의 특징을 조사하여 특정 환경에서 살아남기 위해 식물들이 개발한 독특한 적응 전략을 잘 정리하였음. 식물의 환경 적응 전략이 진화에 미치는 영향에 대해 더 공부해 보고 싶다고 함.

관련 도서

《싸우는 식물》, 이나가키 히데히로, 더숲
《수상한 식물들》, 와일리 블레빈스, 다른
《식물의 역사》, 이상태, 지오북

관련 계열 및 학과	• 자연계열: 식물자원학과, 농생물학과, 산림학과, 생물학과, 원예학과, 조경학과, 환경학과
	• 공학계열: 도시공학과, 생명공학과, 식품공학과, 에너지공학과, 토목공학과, 환경공학과
관련 교과	• 교육계열: 과학교육과, 미술교육과, 생물교육과, 지리교육과, 초등교육과, 환경교육과

2022 개정 교육과정: 통합과학 1, 통합과학 2, 과학탐구실험 1, 생명과학, 미술, 미술 창작, 생태와 환경

2015 개정 교육과정: 통합과학, 과학탐구실험, 생명과학 I, 생명과학 II, 미술, 미술 창작, 농업 생명과학, 환경

아무도 본 적 없던 바다

에디스 위더 | 타인의사유 | 2023

이 책은 빛조차 닿지 않는다고 알려진 깊은 바닷속의 비밀을 다루고 있다. 야광충부터 거대한 훔볼트오징어까지 중층수 이하 심해에서 스스로 빛을 내며 사는 해양 생물과 그들의 행동을 상세히 설명했다. 특히 과학적 사실만을 나열한 것이 아니라 탐험가이기도 한 저자가 경험한 모험을 함께 풀어내고 있어 소설처럼 술술 읽을 수 있다. 바다 생물에 관한 여러 흥미로운 이야기와 함께 한 과학자의 인생 여정이 담긴 회고록 성격의 탐사기다.

탐구 주제

주제1 깊은 바다는 지구 표면의 약 70%를 차지하는 거대한 공간이지만, 빛이 거의 없는 어둡고 차가운 환경으로 인해 생명체가 살기에는 매우 어려운 곳이다. 심해에서 살아남기 위한 다양한 생물들의 적응 전략에 대해 조사하고, 이런 전략이 진화 과정에서 어떻게 발전했는지 분석해 보자.

주제2 심해 탐사에 사용되는 기술과 장비는 매우 다양하다. 이런 기술과 장비들은 심해에서의 탐사, 연구, 자료 수집 등을 가능하게 하며 해양 생태계 및 자원 탐사 등 다양한 목적으로 활용된다. 심해 탐사에 사용되는 다양한 기술과 장비에 대해 조사하고 개발 과정 및 발전 가능성을 탐구해 보자.

주제3 심해 환경의 중요성과 그 보호 필요성에 대해서 조사

주제4 심해에서 빛을 이용하는 생물 조사 후 빛을 이용하는 방법 연구

학생부 기록 예시 (교과세특)

'아무도 본 적 없던 바다(에디스 위더)'를 읽고 심해 생물의 대표적인 적응 전략을 조사하여 발표함. 빛을 내는 생물, 압력에 견디는 생물, 온도 변화에 적응하는 생물, 에너지를 천천히 소비하는 생물 등 다양한 사례를 구체적으로 조사하였고 심해 생물의 발광 능력은 새로운 조명 기술 개발에 활용될 수 있으며, 심해 생물의 압력 저항 능력은 새로운 방위 기술 개발에 활용될 수 있어 이 부분을 좀 더 공부해 보고 싶다고 함.

'아무도 본 적 없던 바다(에디스 위더)'를 읽고 심해 탐사의 역사와 발전에 대해 발표함. 많은 심해 장비의 역사와 용도에 관해 다양한 자료를 조사하였고 인공지능과 로봇 기술의 발전이 심해 탐사를 크게 발전시키겠지만 이외에도 심해 환경에서의 통신 및 네트워킹 개선, 장기간 작동할 수 있는 에너지 등에 대한 연구도 병행되어야 하고 해양 생태계 피해, 해양 오염과 같은 부정적인 측면도 고려해야 한다고 강조함.

관련 논문
무인잠수정 해미래 활용 동해 저서환경 심해탐사 (민원기 외, 2016)

관련 도서
《심해》, 클레르 누비앙, 궁리
《과학자들은 왜 깊은 바다로 갔을까?》, 김동성 외, 교보문고

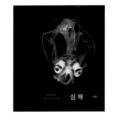

관련 계열 및 학과	• 자연계열: 해양학과, 생명과학과, 생물학과, 수산생명의학과, 해양생명과학과, 환경학과
	• 공학계열: 생명공학과, 식품공학과, 조선해양공학과, 해양환경공학과, 환경공학과
관련 교과	• 교육계열: 과학교육과, 생물교육과, 아동보육학과, 유아교육과, 초등교육과, 환경교육과

2022 개정 교육과정: 통합과학 2, 과학탐구실험 2, 생명과학, 지구과학, 생물의유전, 기후변화와 환경생태, 생태와환경

2015 개정 교육과정: 통합과학, 생명과학 I, 생명과학 II, 지구과학 I, 지구과학 II, 해양 문화와 기술, 환경

알기 쉬운 대기과학

한국기상학회 | 시그마프레스 |
2020

이 책은 한국기상학회에서 만든 대기과학 입문서이다. 대기의 이해와 설명을 위한 기본 지식, 대기순환과 날씨 현상, 기후와 기후 변화, 대기오염, 대기광학 등의 내용으로 구성되어 있다. 장마다 읽을거리를 삽입하여 흥미로운 주제나 대기현상 또는 대기과학의 역사, 중대한 사건 등에 대한 추가적인 지식 습득과 흥미 유발을 돕고 있으며, 연습 문제도 있어 본문 내용을 확인하고 실력 향상을 위한 학습 도구로 활용할 수 있다.

탐구 주제

주제1 자신이 사는 지역의 과거 10년 동안의 평균 기온, 강수량 등의 데이터를 수집하여 이 데이터를 바탕으로 그래프를 작성해 보자. 작성한 그래프를 바탕으로 기후 변화 추세를 분석하여 이런 변화가 발생한 원인과 그로 인한 지역적 영향에 대해 조사하고, 미래도 예측하여 기후 변화에 대한 대응을 해 보자.

주제2 공개된 기상 데이터베이스를 이용해서 최근 10년간 태풍 발생 데이터를 수집하여 태풍의 경로, 강도, 발생 시기 등을 분석해 보자. 태풍 발생 패턴을 찾아서 이러한 패턴이 어떤 요인(해수면 온도 등)에 의해 결정되는지 탐구하고 태풍 피해를 줄이기 위한 대책을 고민해 보자.

주제3 습도가 다른 날씨 변수와 어떻게 상호작용하는지 분석

주제4 대기 오염의 원인과 종류 조사 후 우리 생활에 미치는 영향 분석

학생부 기록 예시 (교과세특)

'알기 쉬운 대기과학(한국기상학회)'을 읽고 우리 지역의 기후에 대해 심화활동을 함. 우리 지역의 과거 10년 동안의 평균 기온, 강수량 등의 데이터를 수집하여 이를 바탕으로 그래프를 작성하고 수업 중 발표함. 우리 지역의 평균 기온과 강수량이 증가하고 있는데 앞으로 폭염과 가뭄, 홍수와 태풍이 더 증가할 것으로 예측하였고 기후 변화에 대비한 다양한 대책을 제시하여 친구들의 호응을 얻음.

'알기 쉬운 대기과학(한국기상학회)'을 읽고 10년간 태풍 발생 데이터를 수집하여 태풍의 경로, 강도, 발생 시기 등을 그래프와 표로 작성함. 태풍의 강도와 경로가 해수면 온도의 변화와 관련이 있음을 발견하고 열대 저기압이 발달하기 쉬운 따뜻한 해수면이 태풍의 강도를 결정짓는 주요 인자임을 설명함. 기후 변화로 인한 해수면 온도 상승으로 태풍 발생 시기가 점차 빨라지고 있는데 이에 대한 대책을 마련하자고 주장함.

관련 논문

최근 70년간(1940~2009) 광주지방의 기온 및 강수량 변화(정석호, 2011)

관련 도서

《대기환경과학》, C. Donald Ahrens 외, 북스힐
《숨쉬는 과학》, 마크 브룸필드, 빛은책들

관련 계열 및 학과	• 자연계열 : 대기과학과, 수산생명의학과, 지구환경과학과, 지리학과, 해양학과, 환경학과
	• 공학계열 : 건축학과, 도시공학과, 에너지공학과, 토목공학과, 항공운항학과, 환경공학과
관련 교과	• 교육계열 : 과학교육과, 유아교육과, 지구과학교육과, 지리교육과, 초등교육과, 환경교육과

2022 개정 교육과정 : 통합과학 1, 통합과학 2, 과학탐구실험 2, 지구과학, 지구시스템과학, 기후변화와 환경생태

2015 개정 교육과정 : 통합과학, 과학탐구실험, 지구과학 I, 지구과학 II, 과학사, 생활과 과학, 융합과학, 환경

엔드 오브 타임

브라이언 그린 | 와이즈베리 |
2021

이 책은 우주는 말할 것도 없고 생명, 의식, 언어, 종교, 예술, 죽음을 포함한 세상 모든 것을 주제로 쓴 책이다. 초끈 이론을 선두에서 이끈 최고의 물리학자인 저자는 빅뱅부터 우주 마지막 순간까지의 여정으로 안내하면서 어떻게 이러한 구조가 지속되어 왔는지, 어떻게 생명과 정신이 탄생했는지 생각해 보고 내러티브, 신화, 종교, 창조적 표현, 과학을 통해 인간 스스로 존재 의미를 깨달아 나가는 과정을 체험하게 한다.

탐구 주제

주제1 우주의 기원과 종말은 인류가 오랫동안 탐구해 온 주제이다. 빅뱅 이론이나 열 사멸, 플랑크 시간 등 우주의 시작과 끝에 대한 기본적인 이론들을 조사하고 각각의 이론이 주장하는 바를 정리, 비교하여 우주의 기원과 종말에 대한 과학적 이해를 넓혀 보자.

주제2 언어와 문화는 서로 밀접하게 연결되어 있다. 특정 문화나 지역에서 사용되는 언어는 그곳의 사람들의 사고방식이나 행동에 영향을 미친다. 한국어와 영어 등 서로 다른 언어를 사용하는 사람들이 같은 상황을 어떻게 인식하고 설명하는지 비교 분석해 보자.

주제3 시간의 본질에 대한 과학적 연구 결과 분석

주제4 우주의 구조와 엔트로피의 관계 분석

학생부 기록 예시 (교과세특)

우주의 기원과 종말에 대해 호기심을 가지고 탐구활동을 함. '엔드 오브 타임(브라이언 그린)'을 읽고 빅뱅 이론, 열 사멸, 플랑크 시간 등의 이론을 조사하여 장단점을 정리한 후 자신의 견해를 밝혀 보고서를 작성함. 각 이론이 어떤 가정들 위에 세워졌는지, 어떤 현상들을 설명하려고 하는지를 잘 조사함. 현재로서는 우주의 기원과 종말에 대한 완전한 해답을 제시하는 이론은 없지만 앞으로 이를 공부해 해답을 밝히고 싶다고 함.

'엔드 오브 타임(브라이언 그린)'을 읽고 우주의 구조와 엔트로피에 대한 탐구활동을 함. 빅뱅 이론과 인플레이션 이론 등 다양한 우주론적 이론을 조사하고 우주의 구조와 엔트로피의 관계를 시간의 흐름에 따라 표로 작성해 발표함. 우주의 엔트로피가 계속 증가한다면, 결국 우주는 모든 것이 붕괴하는 말기 우주에 도달하게 될 것이므로 이에 대해 더 공부해 우주의 미래를 더 정확하게 예측하고 싶다는 포부를 밝힘.

관련 논문
우주 상수 문제와 생명의 기원(김덕진, 2020)

관련 도서
《우주는 계속되지 않는다》, 케이티 맥, 까치
《우주, 상상력 공장》, 권재술, 특별한서재

관련 계열 및 학과

· 자연계열: 천문우주학과, 물리천문학과, 물리학과, 생명과학과, 생물학과, 우주과학과

· 인문계열: 국어국문학과, 문예창작학과, 심리학과, 언어학과, 인류학과, 종교학과, 철학과

관련 교과

· 교육계열: 과학교육과, 물리교육과, 생물교육과, 윤리교육과, 지구과학교육과, 초등교육과

2022 개정 교육과정: 통합과학 1, 통합과학 2, 과학탐구실험 1, 물리학, 지구과학, 행성우주과학, 삶과 종교, 논술

2015 개정 교육과정: 통합과학, 과학탐구실험, 물리학 I, 물리학 II, 지구과학 I, 지구과학 II, 과학사, 철학, 논술

인문계열

사회계열

자연계열

공학계열

의약계열

예체능계열

교육계열

역노화

세르게이 영 | 더퀘스트 | 2023

이 책은 과학, 기술, 의료 분야에서 노화를 지연시키거나 심지어 역전시킬 수 있는 최신 발견들을 탐구하고 있다. 100살을 훌쩍 넘어 200살까지, 혹은 더 오래 살 수 있는 우리의 미래에 대해 과학적인 논거에 대해 상세하게 다룬다. 저자가 이 책을 통해 생생하게 안내하는 진단 과학·정밀의학·유전공학·재생의학의 발전상은 '노화는 피할 수 없는 운명'이라는 고정 관념을 깨뜨리고 새로운 삶의 패러다임을 준비하게 할 것이다.

탐구 주제

주제1 재생의학은 손상된 조직이나 장기를 재생시키는 의학 분야이다. 줄기세포 치료나 장기 교체 등 재생의학 기술이 인간의 생명 연장 및 삶의 질 향상에 얼마나 중요한 역할을 할 수 있는지 조사하고, 현재 이러한 기술들이 직면한 도전과 앞으로 가능성을 탐구해 보자.

주제2 인공지능은 건강 데이터를 분석하여 질병을 예측하고 관리하는 데 다양한 방법으로 활용될 수 있다. 인공지능이 건강 데이터를 분석하여 질병 예측 및 관리에 어떻게 활용될 수 있는지 조사하고, 이런 기술 발전이 사람들의 건강관리 방식에 어떻게 영향을 미칠 것인지 예상해 보자.

주제3 노화의 원인과 과정에 대한 다양한 이론 조사, 토론

주제4 장수가 인류 사회와 경제에 미치는 영향, 윤리적 문제 탐구

학생부 기록 예시 (교과세특)

'역노화(세르게이 영)'를 읽고 재생의학에 대해 탐구활동을 함. 줄기세포 치료가 어떻게 발전해 왔는지, 어떻게 동작하는지와 암, 파킨슨병, 심장병 등에서 줄기세포 치료가 어떻게 사용되고 있는지, 장기 이식이 처음 시작된 배경부터 현재까지의 발전 과정 등을 조사하여 보고서를 작성함. 이후 태아 줄기세포 사용과 관련된 윤리적 논쟁을 정리하여 이것이 왜 문제가 되는지 설명한 후 친구들과 토론활동을 함.

'역노화(세르게이 영)'를 읽고 인공지능이 어떻게 건강 데이터를 분석하는지, 질병 예측 및 관리에 어떻게 활용되고 있는지, 인공지능 기술이 발전함에 따라 사람들이 자신의 건강을 관리하는 방식이 어떻게 변화하고 있는지를 조사하여 보고서를 작성함. 이후 데이터 보호와 개인 정보 유출, 소수자 이용 문제에 대한 문제점을 지적하고 앞으로 이런 문제점들을 해결하여 어떻게 발전해 나갈 것인지 친구들과 토론 후 수업 중 발표함.

관련 논문

헬스케어산업에서의 인공지능 활용 동향(이새봄 외, 2020)

관련 도서

《죽음의 죽음》, 호세 코르데이로, 데이비드 우드, 교보문고
《노화의 종말》, 데이비드 A. 싱클레어, 매슈 D. 러플랜트, 부키

관련 계열 및 학과	• 자연계열 : 생명과학과, 분자생명과학과, 생명과학정보학과, 식품영양학과, 의생명과학과
	• 공학계열 : 바이오시스템공학과, 유전공학과, 융합생명공학과, 의약생명공학과, 제약공학과
관련 교과	• 의료계열 : 간호학과, 물리치료학과, 보건관리하과, 약학과, 의예과, 작업치료학과

2022 개정 교육과정 : 통합과학 1, 통합과학 2, 과학탐구실험 1, 과학탐구실험 2, 생명과학, 생물의 유전, 보건

2015 개정 교육과정 : 통합과학, 과학탐구실험, 생명과학 I, 생명과학 II, 과학사, 생활과 과학, 융합과학, 보건

열두 발자국

정재승 | 어크로스 | 2023

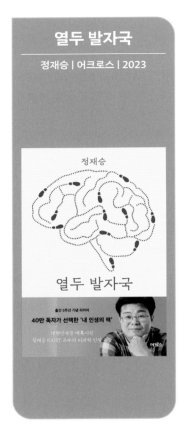

뇌과학에 대한 복잡하고 어려운 개념을 흥미롭고 이해하기 쉽게 설명하며 일상생활에서 우리의 뇌가 어떻게 작동하는지를 알려 주는 책이다. 책의 제목인 '열두 발자국'은 인간의 생각과 행동, 감정 등이 어떻게 뇌에서 생성되는지를 이해하는 여정을 의미한다. 장마다 최신 연구 결과를 바탕으로 다양한 주제를 다루며 독자들이 자신의 뇌와 그 기능에 대해 심도 있게 탐구할 수 있는 기회를 제공한다.

탐구 주제

주제1 이 책의 주제는 뇌과학의 관점에서 '인간은 과연 어떤 존재인가?'이다. 인간의 뇌는 복잡한 구조와 기능을 가지고 있으며, 이러한 뇌의 작용에 의해 인간의 행동, 감정, 의식이 발생한다고 볼 수 있다. 인간의 의식이란 무엇이며 그것이 우리의 뇌에서 어떻게 발생하는지에 대한 탐구활동을 해 보자.

주제2 책에 따르면 후회란 단순히 부정적인 감정만을 의미하는 것이 아니라 자신의 행동과 결정에 대해 다시 생각하고 평가하는 중요한 학습 메커니즘이라고 볼 수 있다. 후회를 통해 다양한 선택지 중에서 최선의 선택을 할 수 있도록 도와주는 뇌의 작동 원리를 탐구해 보자.

주제3 인공지능과 뇌과학의 결합에 관한 탐구

주제4 신경 과학적 접근을 통한 학습 향상 방법 탐구

학생부 기록 예시 (교과세특)

'열두 발자국(정재승)'을 읽고 뇌과학의 관점에서 본 인간의 의식과 그 발생 메커니즘에 대한 보고서를 작성함. 인간의 의식이 '자아'와 밀접한 관계이고 인간의 의식은 뇌 내 여러 부위 간의 네트워크 활동 결과로 생각될 뿐 정확한 메커니즘은 해결되지 않은 문제임을 설명함. 특히 '어떤 신경 활동 패턴이 특정한 의식 경험이 되는 건지'와 같은 아직 해결되지 않은 문제들에 대해 더 탐구해 보고 싶다는 포부를 밝힘.

인공지능이 우리의 세상을 이해하지 못해 일어날 수 있는 문제점들에 대해 호기심을 가지고 탐구활동을 함. '열두 발자국(정재승)'을 읽고 인공지능과 뇌과학의 유사점 및 차이점을 조사하여 인공지능이 뇌과학의 연구에 어떻게 도움을 줄 수 있는지에 대해 보고서를 작성함. 또한 인공지능이 우리의 세상을 이해하지 못해 데이터에 따른 편향성, 안전성, 의사 결정의 불투명성 등의 문제점을 제시하고 이에 대한 다양한 대안을 제시함.

관련 논문

정서지능의 뇌과학적 이해와 교육적 적용 방안(유상권, 2021)

관련 도서

《정재승의 과학콘서트》, 정재승, 어크로스
《이토록 뜻밖의 뇌과학》, 리사 펠트먼 배럿, 더퀘스트

관련 계열 및 학과	• 자연계열 : 생명과학과, 뇌과학과, 물리학과, 생물학과, 수학과, 의생명과학전공, 화학과
	• 인문계열 : 뇌인지과학과, 사회심리학과, 상담심리학과, 상담학과, 심리학과, 인류학과
관련 교과	• 공학계열 : AI학과, 뇌공학과, 생명공학과, 인공지능학과, 정보보안학과, 컴퓨터공학과

2022 개정 교육과정 : 생명과학, 융합과학 탐구, 인공지능 수학, 인공지능 기초, 인간과 심리, 인간과 철학, 논술

2015 개정 교육과정 : 통합과학, 과학탐구실험, 생명과학 I, 생명과학 II, 융합과학, 인공지능 수학, 철학, 심리학, 논술

인문계열

사회계열

자연계열

공학계열

의약계열

예체능계열

교육계열

외식서비스 마케팅

김태희 외 | 파워북 | 2022

이 책은 외식서비스 마케팅의 기본 개념과 이론을 체계적으로 정리하고, 국내외 외식산업의 트렌드와 사례를 풍부하게 수록하여 외식서비스 마케팅을 이해하고 실무에 적용할 수 있도록 도와준다. 총 14장으로 구성되어 외식서비스의 기본적인 개념부터 서비스 품질과 고객 만족, 혁신적인 서비스 개발, 내·외부 마케팅 커뮤니케이션과 미래 등 다양한 주제를 다루며 '고객이 정의한 혁신 서비스' 개발의 중요성을 강조하고 있다.

탐구 주제

주제1 외식업체는 타깃 시장을 잘 파악하고 그에 맞는 마케팅 전략을 수립해야 한다. 특정 외식업체나 프렌차이즈 체인의 성공적인 운영 및 경영 전략에 대해서 연구해 보자. 그들이 어떻게 역량 개발에 주력하며, 창조적인 아이디어와 혁신적인 접근법으로 시장에서 성공하는지 분석해 보자.

주제2 소셜미디어는 외식업체가 고객들과 소통하고 마케팅 활동을 전개하는 데 있어 중요한 역할을 한다. 소셜미디어를 활용한 외식서비스 마케팅의 효과에 대해 알아보고 소셜미디어를 활용한 외식서비스 마케팅의 효과적인 방법을 조사해 자신만의 소셜미디어 마케팅 전략을 제안해 보자.

주제3 신메뉴 개발 프로세스와 신메뉴 성공 요인 탐구

주제4 오프라인과 온라인 외식 서비스 경험에 대해 비교

학생부 기록 예시 (교과세특)

외식업 마케팅 전략에 대해 관심이 많아 '외식서비스 마케팅(김태희 외)'을 읽고 세계적인 커피 전문점의 역사, 비전, 전략 등에 대해 조사하여 그들이 어떻게 시장에서 성공했는지 분석해 발표함. SWOT 분석을 이용해 설명하여 친구들의 이해를 쉽게 도운 것이 인상적임. 이 회사와 경쟁하는 다른 외식업체와의 차별화를 분석해 각기 다른 소비자 층을 대상으로 서비스를 제공하여 시장에서 각자 경쟁력을 유지하고 있음을 강조함.

'외식서비스 마케팅(김태희 외)'을 읽고 외식업 마케팅 전략 중 소셜미디어의 역할에 대해 탐구활동을 함. 소셜미디어 마케팅이 성공적으로 이루어진 외식업체들의 사례를 분석하고 외식업체의 소셜미디어 계정에서 고객들의 반응을 분석한 뒤 해당 업체들이 어떻게 소셜 미디어 마케팅을 진행하고 있는지까지 조사하여 보고서를 작성함. 인기 있는 해시태그를 사용해 콘텐츠 운영을 해 보자는 자신만의 의견도 제시함.

관련 논문

외식 소비자의 가치관 변화에 따른 소비패턴 동향에 관한 연구 (전수지, 2022)

관련 도서

《외식산업의 이해》, 임현철, 강승묵, 한올출판사
《외식산업의 경영과 마케팅》, 정용주, 백산출판사

관련 계열 및 학과
- 자연계열 : 외식산업학과, 바이오식품공학과, 소비자가족학과, 식품영양학과, 외식조리학과
- 사회계열 : 경영학과, 경제학과, 광고홍보학과, 소비자학과, 호텔경영학과, 회계학과

관련 교과
- 교육계열 : 가정교육과, 과학교육과, 사회교육과, 영어교육과, 초등교육과, 환경교육과

2022 개정 교육과정 : 경제 수학, 직무 영어, 경제, 금융과 경제생활, 기술·가정, 진로와 직업, 인간과 경제활동

2015 개정 교육과정 : 경제 수학, 실용 영어, 진로 영어, 생활과 과학, 가정과학, 심리학, 진로와 직업, 실용 경제

웃음이 닮았다

칼 짐머 | 사이언스북스 | 2023

이 책은 유전학의 발전을 통해 인간이 자신과 세상을 어떻게 이해해 왔는지, 그리고 유전학이 우리 삶에 어떤 영향을 미치고 있는지를 흥미롭고 유익하게 전달하고 있다. 총 5부로 이루어져 있으며 지은이가 이야기해 주듯 생생하게 작성된 점이 특징이다. 유전학의 기초 개념과 역사, DNA의 구조와 기능, 유전학이 인간의 건강과 질병에 미치는 영향, 유전학의 다양한 응용 분야, 유전학의 미래를 다루고 있다.

탐구 주제

주제1 책에서는 유전자와 염색체의 개념을 설명한다. 이를 바탕으로 유전자와 염색체가 어떻게 상호작용하는지 탐구해 보자. 예를 들어, 유전자가 염색체에 어떻게 존재하는지, 멘델의 유전 법칙을 바탕으로 유전자와 염색체의 상관관계가 어떻게 되는지 탐구해 보자.

주제2 유전학의 발전은 인류에게 많은 혜택을 가져다 주었지만 동시에 인종주의, 사회 계급 차별, 개인 정보 보호와 같은 윤리적 문제를 일으킬 수도 있다. 유전학의 발전으로 인해 발생할 수 있는 윤리적 문제를 탐구하고 이를 해결하기 위한 방법을 모색해 보자.

주제3 DNA의 구조와 기능에 대한 탐구

주제4 유전학의 응용 분야에 대한 탐구

학생부 기록 예시 (교과세특)

'웃음이 닮았다(칼 짐머)'를 읽고 멘델의 유전 법칙을 바탕으로 유전자와 염색체가 어떻게 상호작용하는지 탐구활동을 함. 유전자와 염색체의 기본 개념을 이해하여 유전자의 위치와 역할을 조사한 후 멘델의 법칙과 연결해 보고서를 작성함. 특히 유전자 변이로 인해 혈액형이 결정되는 경우를 조사해 이를 토대로 혈액형에 따른 건강 관리 방법을 제안하는 등 창의적인 아이디어를 제시한 것이 인상적임.

유전학의 윤리적 문제를 탐구하여 보고서를 작성함. '웃음이 닮았다(칼 짐머)'를 읽고 과거의 사례를 찾아 그것들이 어떻게 잘못되었는지 분석한 후 개인의 유전 정보를 이용한 차별, 유전자 편집 기술에 대한 논란, 디자이너 베이비 등 현재 우리가 직면하고 있는 문제들까지 조사함. 이후 이를 해결하기 위해 유전 정보 보호 프레임워크 개발, 공개 토론회와 시민 참여 활성화, 기존 의료 서비스와의 통합 등의 아이디어를 제시함.

관련 논문
CRISPR 유전자 가위를 통한 인간 배아 유전자 편집에 대한 인격주의 생명윤리적 고찰(손정우, 2019)

관련 도서
《경험은 어떻게 유전자에 새겨지는가》, 데이비드 무어, 아몬드
《인간은 왜 인간이고 초파리는 왜 초파리인가》, 이대한, 바다출판사

관련 계열 및 학과

• 자연계열 : 분자생물학과, 농생물학과, 미생물학과, 생명과학과, 생물학과, 환경학과

• 공학계열 : 분자생명공학과, 생명공학과, 유전공학과, 의료생명공학과, 환경공학과

관련 교과

• 의약계열 : 간호학과, 보건관리학과, 약학과, 의료공학과, 의예과, 임상병리학과, 한의예과

2022 개정 교육과정 : 통합과학 1, 통합과학 2, 과학탐구실험 1, 과학탐구실험 2, 생명과학, 생물의 유전, 생태와 환경

2015 개정 교육과정 : 통합과학, 과학탐구실험, 생명과학 I, 생명과학 II, 과학사, 융합과학, 보건, 환경, 논술

인문계열

사회계열

자연계열

공학계열

의약계열

예체능계열

교육계열

이어 쓰는 조경학개론

이규목 외 | 한숲 | 2020

조경학이라는 학문에 대한 안내자 역할을 하는 책으로, 단순한 소개보다는 주요 개념과 원리의 이해, 전문적 지식의 토대가 되는 기초학문과의 연계성 탐색, 조경문화로서의 철학적 성찰 등에 중점을 두고 있다. 조경학의 최신 동향과 실무에 적용 가능한 내용을 담고 있을 뿐 아니라 장마다 두 저자의 글이 서로 다른 관점에서 조경학을 바라보고 있어 조경학에 대한 다양한 시각을 접할 수 있다.

탐구 주제

주제1 조경학은 환경을 디자인하고 조화롭게 가꾸어 자연과 인간의 삶을 조화롭게 연결하는 학문이다. 조경학의 개념, 역사, 시대별 변화에 대해 탐구하여 과거와 현재의 조경 디자인 사이에서 발생한 변화와 그 원인에 대해 이해한 후 조경학의 발전 방향에 대한 자신의 생각을 제시해 보자.

주제2 조경 공간은 인간의 심리에 다양한 영향을 미치는 중요한 요소이다. 조경 공간이 인간의 심리에 미치는 영향을 조사하여 조경 공간을 통해 인간의 삶의 질을 향상시킬 수 있는 방법을 모색하고 환경 심리 계획의 원리를 적용하여 조경 공간을 조성하는 방안을 제시해 보자.

주제3 생태계의 개념과 원리, 환경 보전을 위한 조경의 역할 탐구

주제4 한국의 전통조경과 현대조경 비교분석

학생부 기록 예시 (교과세특)

'이어 쓰는 조경학개론(이규목 외)'을 읽고 보고서를 작성함. 고대부터 현대까지 시기별 조경 양식의 특징, 각 시대의 사회문화적 배경이 조경 디자인에 끼친 영향 등을 자세히 기술함. 특히 조선 시대 정원과 현대 공원의 디자인 차이를 구체적인 사례를 들어 설명하였고 산업화로 인한 도시화가 조경 디자인에 미친 영향에 대해서도 분석함. 친환경과 지속 가능성 측면을 강조하여 미래 조경 디자인의 방향성을 제안한 것이 인상적임.

'이어 쓰는 조경학개론(이규목 외)'을 읽고 조경 공간이 우리의 정서적 안정감에 미치는 영향에 대해 보고서를 작성함. 아파트 단지 내 조경 설계가 어린이와 노인의 정서적 안정감에 미치는 영향을 조사하여 연령대별 맞춤형 휴게공간 조성을 제안함. 학교 내에서는 잔디밭 조성이 정서 안정에, 나무 그늘이 학업 집중도 향상에, 정원이 창의력과 문제해결 능력 향상에 도움이 됨을 강조함.

관련 논문

4차 산업혁명의 실태와 조경학 분야 적용방안 연구(이종성, 2019)

관련 도서

《처음 만나는 조경학》, 김아연 외, 일조각
《조경학개론》, 안영희, 광일문화사

관련 계열 및 학과

- 자연계열: 조경학과, 산림학과, 생명과학과, 식물자원학과, 원예학과, 환경조경학과, 환경학과
- 사회계열: 도시계획학과, 도시행정학과, 부동산학과, 사회학과, 지리학과, 호텔경영학과
- 공학계열: 건축공학과, 건축학과, 도시공학과, 조경도시학과, 토목공학과, 환경공학과

관련 교과

2022 개정 교육과정: 기하, 생명과학, 한국지리 탐구, 사회문제 탐구, 미술, 생태와 환경, 인간과 심리, 인간과 철학

2015 개정 교육과정: 기하, 통합과학, 생명과학 I, 생명과학 II, 통합사회, 동아시아사, 미술, 철학, 심리학, 환경

이토록 굉장한 세계
에드 용 | 어크로스 | 2023

이 책은 다양한 동물들의 감각을 통해 세상을 바라본다. 시각이 아닌 후각으로 지형을 파악하는 새, 광자 하나의 통과를 감지할 수 있을 정도로 민감한 털을 가진 귀뚜라미, 인간의 손끝보다 섬세한 돌기를 가진 악어 등 우리의 직관에서 벗어나는 수많은 동물을 소개한다. 동물의 시각을 통해 세상을 바라봄으로써 인간의 한계를 이해하고, 자연과 인간의 관계를 이해할 수 있는 새로운 통찰을 제공하는 책이다.

탐구 주제

주제1 인간과 다른 동물들 간의 감각 기능은 생존 및 번식 전략, 환경 적응, 사회적 상호작용 등 다양한 이유로 발달되어 있다. 인간의 시각과 청각을 다른 동물과 비교해 보고 특정 동물(개미, 가리비, 독수리 등)의 감각 기능을 조사해 이를 인간의 해당 감각과 비교해 보자.

주제2 인간 활동은 동물의 감각 환경을 변화시켜 왔다. 자연환경 변화(빛 오염, 소음 오염 등)가 특정 동물의 감각에 어떤 영향을 미치는지 조사해 보자. 예를 들어 야간 조명으로 인한 박쥐의 먹이 찾기 어려움, 환경 오염으로 인한 동물의 후각 상실 등을 탐구해 보자.

주제3 동물들이 사용하는 커뮤니케이션 방식 탐구

주제4 특정 동물 종에서 발견되는 고유한 감각 기능 연구

학생부 기록 예시 (교과세특)

'이토록 굉장한 세계(에드 용)'를 읽고 개미의 후각과 독수리의 시각에 대해 보고서를 작성함. 특히 개미의 특별한 향기 감지 능력을 활용하여 인간이 사용하는 디지털 기술에 '향기' 요소를 추가해 새로운 커뮤니케이션 방식을 제안하였고 독수리의 시력 원리를 모방하여 초고해상도 및 광범위한 필드 카메라 설계 혹은 드론 등에 적용해 보다 넓은 범위와 세부적인 이미지 캡처가 가능하면 좋겠다는 창의적인 의견을 제시함.

인간 활동이 동물의 감각 환경에 미치는 영향에 대해 궁금함을 느껴 '이토록 굉장한 세계(에드 용)'를 읽고 보고서를 작성함. 도시의 소음이나 야간 조명이 동물의 행동과 생활 방식에 영향을 미치므로 건축물과 도로 구조를 조절하여 자연환경에서 발생하는 소리와 인간이 만드는 소리가 조화롭게 공존할 수 있는 환경을 만들어야 하며 조명 역시 스마트 라이팅 시스템을 사용해 동물의 스트레스를 줄여야 한다고 주장함.

관련 논문

질병 냄새를 맡는 동물들의 능력에 관하여 (최종욱, 2017)

관련 도서

《은밀하고 거대한 감각의 세계》, 마틴 스티븐스, 반니
《이토록 놀라운 동물의 언어》, 에바 메이어르, 까치

관련 계열 및 학과

• 자연계열: 생물학과, 농생물학과, 동물자원과학과, 생명과학과, 심리뇌과학과, 환경학과

• 인문계열: 뇌인지과학과, 언어인지과학과, 상담심리학과, 심리학과, 철학과, 철학상담학과

관련 교과

• 공학계열: 동물생명공학과, 생명공학과, 생물학과, 환경공학과, 환경생명공학과

2022 개정 교육과정: 통합과학 1, 통합과학 2, 생명과학, 화학, 지구과학, 융합과학 탐구, 인간과 심리, 생태와 환경

2015 개정 교육과정: 통합과학, 생명과학 I, 생명과학 II, 지구과학 I, 지구과학 II, 융합과학, 철학, 심리학, 환경

인문계열

사회계열

자연계열

공학계열

의약계열

예체능계열

교육계열

정석근 교수의 되짚어보는 수산학

정석근 | 베토 | 2022

이 책은 우리 바다의 어류 수확량, 기후 변화와 어업, 우리나라 수산 정책 문제점 등 잘못 알려진 수산 상식, 기후 변화에 따른 어장 이동, 총 허용 어획량, 혼획, 수산 자원량 문제 등을 깊이 있게 다루고 있다. 그에 더해 잘못된 수산 정책을 해결할 방향과 그 대안까지 제시한다. 자연과학자로서 연구한 저자가 학자로서 양심을 걸고 기존에 잘못 알려진 상식과 빗나간 정부 정책을 되짚어 명쾌하게 답하는 책이다.

탐구 주제

주제1 기후 변화는 해수 온도 상승, 해수면 상승, 해류 변화, 산성화 등을 일으켜 우리나라 연근해 어족자원에 다양한 영향을 미치고 있다. 이러한 기후 변화가 우리나라 연근해 어족 자원에 미치는 영향을 탐구하고 어족자원 보호를 위한 방안을 제시해 보자.

주제2 우리나라 수산 정책은 수산 자원의 남획, 어업인의 소득 불안정 등과 같은 다양한 문제점을 가지고 있다. 우리나라 수산 정책(금어기 지정, TAC 시스템 등)에 대한 자료를 수집하고 분석하여 우리나라 수산 정책의 문제점을 도출하고 개선 방안을 제시해 보자.

주제3 중국의 불법 조업에 대한 대응 방안

주제4 국내외 수산 자원 회복 사례 비교 분석

학생부 기록 예시 (교과세특)

'정석근 교수의 되짚어보는 수산학(정석근)'을 읽고 기후 변화가 우리나라 연근해 어족자원에 미치는 영향에 대해 보고서를 작성함. 기후 변화가 해수 온도, 해수면, 해류 등에 영향을 끼쳐 어류, 해조류의 분포가 변화함에 대한 탐구활동을 함. 양식업을 확대하여 어족 자원의 공급을 늘리고 학교 교육과정 내 자원 보호와 지속 가능성 관련 내용 강화, 온라인 교육 플랫폼 구축 등 구체적인 어족자원 보호를 위한 방안을 제시함.

'정석근 교수의 되짚어보는 수산학(정석근)'을 읽고 우리나라 수산 정책의 문제점에 대해 보고서를 작성함. 문제점뿐만 아니라 그에 대한 대응 방안을 제시한 것이 인상적임. 기후 변화에 따른 어족 자원 이동을 예측하여 이에 대비한 정책 수립, 금어기의 기간과 구간 조정, 어민들이 어획량을 준수할 수 있도록 지원책 마련, 수산 정책의 실효성을 평가하여 그 결과를 반영한 정책 개선 등의 현실적이고 다양한 대응 방안을 제시함.

관련 논문
정부의 수산자원관리 역량에 영향을 미치는 연근해어업 정책 요인 분석(권용찬, 2021)

관련 도서
《어업의 품격》, 서종석, 지성사
《기후변화와 바다》, 이재학, 지성사

관련 계열 및 학과

• 자연계열: 해양학과, 생물학과, 수산생명의학과, 식품영양학과, 해양수산자원학과, 환경학과

• 사회계열: 경제학과, 법학과, 사회학과, 수산경영학과, 해양경찰학과, 해양행정학과

관련 교과

• 공학계열: 생명공학과, 식품공학과, 조선해양공학과, 해양시스템공학과, 환경공학과

2022 개정 교육과정: 정치, 법과 사회, 경제, 사회문제 탐구, 통합과학 2, 생명과학, 기후변화와 환경생태, 생태와환경

2015 개정 교육과정: 통합사회, 경제, 정치와 법, 사회문제 탐구, 통합과학, 생명과학 I, 생명과학 II, 융합과학, 환경

정원사를 위한 라틴어 수업

리처드 버드 | 궁리 | 2019

같은 식물이라도 나라와 장소에 따라 각기 다르게 부른다면 어떨까? 소통의 차원에서 혼란스럽고 그 이름이 무색해질지 모른다. 이를 방지하기 위해 언어와 국경을 넘어 전 세계적으로 소통 가능한 식물의 고유한 이름, '학명'이 만들어졌다. 식물 학명은 한글도, 영어도, 아프리카어도 아닌 '라틴어'로 되어 있다. 이 책은 식물학의 기본 지식이 없는 초보 정원사들도 쉽게 이해할 수 있도록 식물의 이름에 숨겨진 라틴어의 의미를 설명해 준다.

탐구 주제

주제1 식물의 학명은 식물의 분류를 나타내는 데 사용된다. 예를 들어 'rosa chinensis'라는 학명은 '중국의 장미'를 의미한다. 따라서 이 식물은 장미과에 속하는 장미의 일종이며, 중국이 원산지임을 알 수 있다. 식물의 학명을 통해 식물의 분류에 대해 탐구해 보자.

주제2 식물의 학명은 식물의 서식지, 생태적 역할 등을 나타낼 수도 있다. 'rosa canina'라는 학명은 '개 장미'를 의미한다. 이 식물은 장미과에 속하는 장미의 일종이며, 털이 많고 가시가 있는 특성을 가지고 있음을 알 수 있다. 식물의 학명을 통해 식물의 생태적 특성을 탐구해 보자.

주제3 라틴어와 현대 언어의 관계 탐구

주제4 식물의 학명을 통해 식물의 문화적 의미 탐구

학생부 기록 예시 (교과세특)

식물의 어원에 대해 호기심이 많아 '정원사를 위한 라틴어 수업(리처드 버드)'을 읽고 식물의 학명이 어떻게 구성되는지, 같은 속 내에서 다른 종들과 비교, 학명 변경 사례 등을 탐구하여 보고서를 작성함. 식물의 학명에 사용되는 라틴어는 일반적으로 식물의 특성을 나타내는 단어로 이루어져 있고 식물의 학명을 분석하면 분류군을 파악할 수 있음을 이해함. 식물의 분류군별 지역적 차이에 대해 더 탐구해 보고 싶다는 포부를 밝힘.

'정원사를 위한 라틴어 수업(리처드 버드)'을 읽고 식물의 학명을 통한 생태적 특성을 탐구하여 보고서를 작성함. '개 장미'를 뜻하는 'rosa canina' 학명의 특성에 대해 분석하며 학명에 나타난 특성인 털과 가시가 많다는 것만 조사하지 않고, 이렇게 진화된 이유가 건조한 환경에서 자라는 식물이며, 포식자가 많은 환경에서 자라는 식물이어서 그럴 가능성이 높다며 이 식물의 실제 환경을 조사해 검증한 것이 인상적임.

관련 논문

한·중 식물명 대조 연구(LIAN JING, 2023)

관련 도서

《식물의 이름이 알려주는 것》, 정수진, 다른
《한국 식물 이름의 유래》, 조민제 외, 심플라이프

관련 계열 및 학과
- 자연계열: 조경학과, 농생물학과, 생명과학과, 생물학과, 식물자원학과, 원예학과, 환경학과
- 인문계열: 독어독문학과, 문예창작학과, 불어불문학과, 언어학과, 영어영문학과, 철학과

관련 교과
- 교육계열: 과학교육과, 생물교육과, 영어교육과, 유아교육과, 초등교육과, 환경교육과

2022 개정 교육과정: 영어I, 영어II, 세계 문화와 영어, 통합과학 2, 생명과학, 융합과학 탐구, 생태와 환경, 논술

2015 개정 교육과정: 영어, 영어권 문화, 통합과학, 생명과학 I, 생명과학 II, 융합과학, 농업 생명 과학, 환경, 논술

인문계열

사회계열

자연계열

공학계열

의약계열

예체능계열

교육계열

정원의 세계

제임스 나르디 | 돌배나무 | 2021

정원에서 관찰할 수 있는 작은 현상들을 포착하고 정원 안 다양한 생물들의 상호작용을 엿볼 수 있는 책이다. 꽃을 피우고 열매를 맺는 식물의 생장 과정, 식물과 식물 사이의 상호작용 등 다양한 현상을 면밀히 관찰하고, 단세포 동물에서부터 딱정벌레에 이르기까지 '정원사' 역할을 하는 생물들의 관계를 파헤쳐 보기도 한다. 자세하게 묘사된 그림을 보고 있으면 어려운 설명 부분도 누구나 쉽게 이해할 수 있을 것이다.

탐구 주제

주제1 식물 번식은 식물의 개체 수를 늘리고 새로운 환경에 적응하는 데 중요한 역할을 한다. 식물은 씨앗, 뿌리, 줄기, 잎 등을 통해 다양한 방법으로 번식한다. 각각의 방법에는 장단점이 있다. 다양한 식물의 번식 방법을 조사하고, 그 차이점을 비교해 보자.

주제2 정원에서 발견되는 다른 생명체들과 식물은 다양한 방식으로 상호작용한다. 예를 들어 식물은 동물에게 먹이를 제공하고, 동물은 식물에게 수분을 제공하고 해충을 제거해 주는 역할을 한다. 다른 생명체들과 식물 간의 상호작용을 관찰하고, 그 중요성을 밝혀내는 탐구를 해 보자.

주제3 식물의 색상과 환경에 대한 탐구

주제4 식물의 냄새와 기능에 대한 탐구

학생부 기록 예시 (교과세특)

'정원의 세계(제임스 나르디)'를 읽고 식물의 번식에 대해 보고서를 작성함. 식물의 번식에는 어떤 것이 있는지, 각각의 장단점은 무엇인지 등에 대해 예시를 들어 이해하기 쉽게 표로 작성하는 정성을 보임. 이에 그치지 않고 번식을 통한 종의 다양성 유지, 유전적 다양성 유지, 지역의 생태계 안정화, 분포 범위 확대 등 식물의 번식이 생태계에서 아주 중요한 역할하는 것에 대해 조사하여 수업 중 발표함.

정원 생태계에 대해 호기심이 많아 '정원의 세계(제임스 나르디)'를 읽고 탐구활동을 함. 정원에서 발견되는 다양한 생명체들을 조사하고 그들이 어떻게 상호작용하는지를 파악하여 수업 중 발표함. 식물과 동물 상호 간에 먹이 제공, 수분 제공, 해충 제거 등 다양한 상호작용에 대한 예를 알기 쉽게 설명하여 큰 호응을 얻음. 시간대, 계절 등 다양한 조건에서 이러한 상호작용이 어떻게 변하는지 더 공부해 보고 싶다고 함.

관련 도서

《식물학자의 정원 산책》, 레나토 브루니, 초사흘달
《실은 나도 식물이 알고 싶었어》, 안드레아스 바를라게, 애플북스
《정원의 철학자》, 케이트 콜린스, 다산초당

관련 계열 및 학과

• 자연계열: 식물자원학과, 농생물학과, 산림학과, 생물학과, 원예학과, 조경학과, 환경학과

• 공학계열: 생명공학과, 식물·환경신소재공학과, 식품공학과, 화공생명공학과, 환경학과

관련 교과

• 교육계열: 과학교육과, 생물교육과, 유아교육과, 지구과학교육과, 초등교육과, 환경교육과

2022 개정 교육과정: 통합과학 2, 화학, 생명과학, 지구과학, 기후변화와 환경생태, 융합과학 탐구, 생태와 환경

2015 개정 교육과정: 통합과학, 생명과학 I, 생명과학 II, 지구과학 I, 지구과학 II, 융합과학, 농업 생명 과학, 환경

천문학 이야기

팀 제임스 | 한빛비즈 | 2023

천문학은 인류 역사에서 가장 오래된 과학 중 하나이며, 그 시간만큼이나 우리가 파고들수록 흥미로움이 가득한 학문이다. 이 책은 과학 교사인 저자가 독자를 우주의 기이함 속으로 끌어들인 뒤 고대 그리스로부터 현대에 이르기까지 천문학의 변화에 대해 누구나 이해할 수 있게 설명한다. 시간 순으로 천문학의 역사를 읊어 주는 전개를 따라가다 보면 웃음을 짓고 있는 자신을 발견하게 될 것이다.

탐구 주제

주제1 이 책의 저자는 빅뱅 이론은 우주의 기원과 구조에 대한 가장 잘 알려진 설명이지만, 아직 해결되지 않은 몇 가지 한계점이 있다고 말한다. 빅뱅 이론은 무엇이며 그 한계점엔 어떤 것이 있는지, 이를 대신한 이론에는 어떤 것이 있는지에 대해 탐구해 보자.

주제2 우주에 대한 인류의 상상력은 과학 소설, 영화, 미술 등 다양한 매체를 통해 표현되어 왔다. 과학 소설, 영화, 미술 등에서 보여지는 우주에 대한 인류의 상상력을 조사해서 이러한 상상력이 어떻게 실제 과학 및 기술 발전에 영향을 미치는지 탐구해 보자.

주제3 우주 탐사의 역사와 발전에 대한 탐구

주제4 외계 생명체 존재 가능성 탐구

학생부 기록 예시 (교과세특)

우주의 기원에 대해 호기심이 많은 학생으로 '천문학 이야기(팀 제임스)'를 읽고 빅뱅 이론에 대한 보고서를 작성함. 빅뱅 이론과 인플레이션 이론, 문자열 이론, 다중우주 이론, 루프 양자 중력 이론의 문제점들을 표로 만들어 알기 쉽게 작성함. 각 이론은 우주에 대한 이해를 발전시키는 데 기여했지만, 아직 해결되지 않은 한계점이 있는데 앞으로 이 부분을 좀 더 연구해 이런 한계점들을 해결해 보고 싶다는 포부를 밝힘.

'천문학 이야기(팀 제임스)'를 읽고 과학 소설, 영화, 미술 등에서 보여지는 우주에 대한 상상력이 실제 우리에게 어떤 영향을 미쳤는지에 대해 탐구활동을 함. 과학 소설, 영화, 미술 등에 나타난 주요 개념이나 사례를 분석해 우주에 대한 인류의 상상력이 어떻게 표현되어 왔는지, 어떤 새로운 아이디어 또는 기술이 소개되었는지 정리해 수업 중 발표함. 이런 내용을 웹 시리즈로 만들어 많은 사람에게 도움이 되고 싶다고 함.

관련 논문
외계행성과 생명가능성(Sungwook E. Hong 외, 2023)

관련 도서
《90일 밤의 우주》, 김명진 외, 동양북스
《우리 우주의 첫 순간》, 댄 후퍼, 해나무

관련 계열 및 학과
- 자연계열: 천문우주학과, 물리학과, 생명과학과, 수학과, 우주과학과, 지구환경과학과, 화학과
- 공학계열: 기계공학과, 전기공학과, 전자공학과, 항공기계공학과, 항공우주공학과, 화학공학과

관련 교과
- 교육계열: 과학교육과, 물리교육과, 생물교육과, 지구과학교육과, 초등교육과, 화학교육과

2022 개정 교육과정: 기하, 통합과학 1, 물리학, 화학, 생명과학, 지구과학, 행성우주과학, 과학의 역사와 문화

2015 개정 교육과정: 통합과학, 물리학 I, 물리학 II, 화학 I, 생명과학 I, 지구과학 I, 지구과학 II, 과학사, 융합과학

통계 101×데이터 분석

아베 마사토 | 프리렉 | 2022

이 책은 체계적인 통계 지식을 익히고 싶지만 그것에 시간과 노력을 본격적으로 투자하기에는 곤란한 사람들을 위해 쓰였다. 데이터 분석에 꼭 필요한 폭넓은 주제를 딱 알맞은 수준으로 망라했다. 개념 소개는 쉽게, 수학 공식이나 설명은 적게, 예시 그림과 그래프는 풍부하게 싣고, 친숙한 사례도 여럿 소개하여 비전공자가 데이터 분석을 하기 위해 꼭 알아야 하는 여러 통계 기초 지식과 핵심을 빠짐없이 알차게 담은 책이다.

탐구 주제

주제1 학급 친구들의 학업 성적과 학습 습관 간의 관계를 조사하여 어떤 요인이 좋은 성적에 영향을 미치는지 분석해 볼 수 있다. 공부 시간, 자기 계획 수립, 수면의 질, 학습 동기, 학습 방법 등과 같은 요소들을 분석하여 성적에 어떤 영향을 미치는지 알아보자.

주제2 학급 친구들의 스마트폰 사용량과 학업 성취도 사이의 관계를 조사하여 스마트폰 사용이 학업에 미치는 영향을 분석해 보자. 예를 들어, 스마트폰 사용 시간, SNS 사용 패턴, 공부 시간 등을 조사하고 데이터를 분석하여 상관관계를 확인해 보자.

주제3 학교 시설에 대한 데이터 분석 후 시설 개선 방안 제시

주제4 학교 급식에 대한 데이터 분석 후 급식 개선 방안 제시

학생부 기록 예시 (교과세특)

'통계 101×데이터 분석(아베 마사토)'을 읽고 학급 친구들의 학업 성적과 학습 습관 간의 관계를 조사하여 어떤 요인이 좋은 성적에 영향을 미치는지에 대해 보고서를 작성함. 공부 시간, 자기 계획 수립, 수면의 질, 학습 동기, 학습 방법 등에 대한 설문지를 만들어 조사한 뒤 개개인의 성향을 분석해 개개인의 학업 성적 향상을 위한 방안을 제시하여 친구들의 큰 호응을 얻음.

'통계 101×데이터 분석(아베 마사토)'을 읽고 친구들의 스마트폰 사용 시간을 조사하여 성적과의 상관관계를 분석함. 스마트폰 사용 시간이 많아도 성적이 높은 학생들이 있음에 의문을 품고 추가 탐구활동을 하여 성적은 스마트폰 사용 시간 외에 다양한 요인들의 영향도 고려해야 함을 알게 됨. 이후 자료 분석도 중요하지만 자료 수집 과정에서 편향이나 오류를 방지하는 것도 중요함을 강조함.

관련 논문

청소년의 스마트폰중독이 학업참여도에 미치는 영향: 자기효능감의 조절효과(손동우, 2022)

관련 도서

《수학보다 데이터 문해력》, 정성규, EBS BOOKS
《문과 출신도 쉽게 배우는 통계학》, 다카하시 신, 고 가즈키, 지상사

관련 계열 및 학과	• 자연계열: 통계학과, 빅데이터응용학과, 수학과, 정보통계학과, 통계데이터사이언스학과
	• 사회계열: 경영학과, 경제금융학과, 경제학과, 비즈니스통계학과, 빅데이터경영학과, 사회학과
관련 교과	• 공학계열: AI·빅데이터학과, 데이터사이언스학과, 데이터정보학과, 컴퓨터통계학과

2022 개정 교육과정: 확률과 통계, 경제 수학, 실용 통계, 수학과제 탐구, 경제, 금융과 경제생활, 사회문제 탐구

2015 개정 교육과정: 수학, 확률과 통계, 경제 수학, 수학과제 탐구, 통합사회, 경제, 사회문제 탐구, 실용 경제

현장 중심의 영양교육과 상담

서정숙 외 | 교문사 | 2021

이 책은 현장에서 실시되는 영양교육과 영양상담에 도움이 되도록 실제로 적용하기 쉬운 예시가 많이 수록되어 있다. 영양교육이 무엇인지, 영양교육은 어떻게 해야 하는지, 상담할 때에는 어떤 태도로 어떤 방식으로 진행해야 하는지와 같은 내용이 자세하게 쓰여 있어 현장에서 영양교육 및 상담 업무를 수행하는 사람들뿐만 아니라 영양학 학생들이나 관련 분야에서 관심 있는 사람들에게 유용한 책이 될 것이다.

탐구 주제

주제1 학교에서 진행될 수 있는 영양교육 프로그램을 개발해 보자. 예를 들어 건강한 간식 선택 및 준비법에 대한 워크숍, 재미있는 게임 형태로 제공되는 영양 정보 스테이션 등 다양한 방법으로 학생들에게 영양 지식을 전달하고 독립적인 의사 결정력을 키울 수 있는 프로그램을 제시해 보자.

주제2 고등학생의 음식 섭취 습관과 학업 성취도 사이의 관계를 조사하고 분석해 보자. 예를 들어, 아침 식사 유무와 시험 점수 간의 연관성 등을 알아보며, 건강한 음식 섭취가 학업 성적에 미치는 영향에 대한 상관 관계가 있는지 탐구하여 건강한 식습관의 중요성을 친구들에게 알려 주자.

주제3 영양교육과 상담을 통한 비만 예방 효과 방안 연구

주제4 고등학생의 영양 지식 수준과 식습관 변화 간의 관계 탐구

학생부 기록 예시 (교과세특)

학교 내에서 진행될 수 있는 영양교육 프로그램을 개발하기 위해 탐구활동을 함. '현장 중심의 영양교육과 상담(서정숙 외)'을 읽고 영양교육에 대해 이해한 뒤 학생들의 건강한 식생활의 중요성을 인식함. 건강한 식습관을 형성하는 데 도움이 되는 방안으로 건강한 간식 선택 및 준비법에 대한 워크숍, 재미있는 게임 형태로 제공되는 영양 정보 스테이션 도입 등을 학교에 제안하여 학교 관계자들로부터 큰 칭찬을 받음.

학교 친구들을 대상으로 아침 식사 유무, 과일 섭취 횟수, 탄산음료 섭취 횟수 등을 조사하고 이를 시험 성적과 비교 분석해 수업 중 발표함. 건강한 식생활이 학업 성취도에 긍정적인 영향을 미친다는 사실을 알아냄. 이후 '현장 중심의 영양교육과 상담(서정숙 외)'을 읽고 영양교육의 중요성에 대해 강조하였고, 학교에서 학생들의 올바른 식습관을 지원할 수 있는 교육과 프로그램을 제공해야 한다고 주장함.

관련 논문

영양교육이 청소년기 학생의 식사섭취 행동 및 영양지식에 미치는 효과(김세원, 2016)

관련 도서

《이해하기 쉬운 영양교육과 상담 이론과 실제》, 구재옥 외, 파워북
《영양교육과 상담》, 강현주 외, 창지사

관련 계열 및 학과
- 자연계열: 식품영양학과, 생명과학과, 영양조리과학과, 외식산업학과, 외식조리영양학과
- 사회계열: 보건의료복지학과, 보건상담복지학과, 사회복지학과, 심리학과, 아동복지학과

관련 교과
- 교육계열: 가정교육과, 교육학과, 아동보육학과, 유아교육과, 초등교육과, 특수교육과

2022 개정 교육과정: 현대사회와 윤리, 통합과학 2, 화학, 생명과학, 기술·가정, 생활과학 탐구, 진로와 직업, 보건

2015 개정 교육과정: 생활과 윤리, 통합과학, 화학, 생명과학, 생활과 과학, 기술·가정, 가정과학, 진로와 직업, 보건

인문계열

사회계열

자연계열

공학계열

의약계열

예체능계열

교육계열

흙, 생명을 담다

게이브 브라운 | 리리 | 2022

이 책은 미국에서도 농사 짓기에 유리하지 않은 노스다코타주에서 실제 농장을 경영하는 농부 게이브 브라운이 직접 경험하고 실천하여 느낀 점에 대해 쓴 책이다. 지속 가능한 농업과 토양 복원에 대한 내용을 다루고 흙의 중요성과 건강한 토양 생태계를 구축하는 방법에 대해 이야기하고 있다. 저자는 오히려 자연의 힘을 활용해 영양분 밀도 높은 음식을 생산함으로써 그것을 높은 수익으로 연결하는 방법을 알려 준다.

탐구 주제

주제1 건강한 흙은 농업에서도 중요하지만 최근 도시인들이 맨발 걷기를 하며 더욱 중요성이 강조되고 있다. 흙의 중요성, 건강한 흙의 개념, 건강한 흙을 만드는 방법 등에 대해 조사하고 흙의 건강을 물리적, 화학적, 생물학적 방법으로 측정하는 방법을 탐구해 보자.

주제2 지속 가능한 농업은 농업 활동이 환경, 경제, 사회에 미치는 영향을 최소화하면서 식량 생산을 지속할 수 있는 농업을 의미한다. 책에 나오는 재생 농업 외에도 지속 가능한 농업은 여러 가지 형태와 방법이 있다. 다양한 형태의 지속 가능한 농업을 조사하여 비교 분석해 보자.

주제3 흙과 기후 변화와 같은 환경과의 관계 탐구

주제4 현대 농업 방식의 문제점과 개선 방안

학생부 기록 예시 (교과세특)

'흙, 생명을 담다(게이브 브라운)'를 읽고 흙의 중요성과 건강한 흙의 개념을 이해한 뒤 건강한 흙 만드는 방법과 흙의 건강을 측정하는 방법에 대해 탐구하여 발표함. 특히 흙의 건강 측정 방법을 물리적, 화학적, 생물학적 방법으로 나눠 조사한 것이 인상적임. 건강한 흙이 맨발 걷기에 얼마나 좋은지 설명하였고 최소한의 비용으로 학교 운동장에 맨발 걷기 장소를 만드는 방법을 구체적으로 제안하여 친구들의 큰 호응을 얻음.

'흙, 생명을 담다(게이브 브라운)'를 읽고 유기농업, 생태농업, 자연 친화적인 농업, 융복합 작물 재배, 회복력 있는 농업, 지속 가능한 가축 관리, 지속 가능한 수경재배, 도시 농업, 지역 농업, 소농 농업 등 다양한 형태의 지속 가능한 농업의 장단점을 비교하여 보고서를 작성함. 앞으로 지속 가능한 농업 방법들을 비용적 관점, 생산적 관점에서 분석하여 경제적인 측면에서 어떤 차이가 있는지 더 탐구해 보고 싶다고 함.

관련 논문

지속가능한 농업에 대한 국제개발협력 접근 연구: 농생태학, 유기농, 기후스마트농업을 중심으로 (정수빈, 2020)

관련 도서

《지킬박사 농업 하이드도 샘낸다》, 김육곤, 글나무
《농사는 땅심이다》, 석종욱, 들녘

관련 계열 및 학과	• 자연계열: 농생물학과, 농산업학과, 농생명과학과, 농업식물과학과, 생명과학과, 환경과학과
	• 공학계열: 농화학식품공학과, 생명공학과, 식품공학과, 환경공학과, 환경에너지공학과
관련 교과	• 교육계열: 과학교육과, 생물교육과, 유아교육과, 지구과학교육과, 초등교육과, 환경교육과

2022 개정 교육과정: 경제, 통합과학 2, 생명과학, 지구과학, 지구시스템과학, 기후변화와 환경생태, 생태와 환경

2015 개정 교육과정: 경제, 통합과학, 생명과학 I, 생명과학 II, 지구과학 I, 지구과학 II, 생활과 과학, 융합과학, 환경

공학계열

순번	도서명	저자명	출판사명
1	개인맞춤 영양의 시대가 온다	김경철 외	클라우드나인
2	건축과 객체	그레이엄 하먼	갈무리
3	공대생을 따라잡는 자신만만 공학 이야기	한화택	플루토
4	공업화학	정찬문	자유아카데미
5	공학자의 세상 보는 눈	유만선	시공사
6	구글 엔지니어는 이렇게 일한다	타이터스 윈터스 외	한빛미디어
7	기계비평들	전치형 외	워크룸프레스
8	기후 책	그레타 툰베리	김영사
9	기후변화와 에너지산업의 미래	에너지고위경영자과정 변화와 미래 포럼	아모르문디
10	김기사의 e-쉬운 전기	김명진	성안당
11	나는 플랜트 엔지니어입니다	박정호	플루토
12	내 코드가 그렇게 이상한가요?	센바 다이야	인사이트
13	다시 생각하는 원자력	어근선	엠아이디
14	데이터통신과 네트워킹	조성호	인피니티북스
15	도시는 왜 불평등한가	리처드 플로리다	매일경제신문사
16	로봇의 지배	마틴 포드	시크릿하우스
17	로켓의 과학적 원리와 구조	데이비드 베이커	하이폰
18	모터의 테크놀로지	김응채 외	HJ골든벨타임
19	무엇을 먹을 것인가	콜린 캠벨, 토마스 캠벨	열린과학
20	배터리의 미래	M. 스탠리 위팅엄 외	이음
21	사이버네틱스	노버트 위너	ITTA
22	생명과학, 공학을 만나다	유영제	나녹
23	세계사를 바꾼 12가지 신소재	사토 겐타로	북라이프
24	시간과 공간의 연결, 교통이야기	대한교통학회	씨아이알
25	신소재 이야기	김영근, 안진호	자유아카데미
26	어둠 속의 추적자들	앤디 그린버그	에이콘출판
27	언제나 파일럿	정인웅	루아크
28	에너지가 바꾼 세상	후루타치 고스케	에이지21
29	연금술개론	브라이언 코트노어	좋은글방
30	오늘날 우리는 컴퓨터라 부른다	마틴 데이비스	인사이트
31	올 댓 코스메틱	김동찬	이담북스
32	요즈음 건축	국형걸	효형출판
33	유체역학	Yunus A. Cengel 외	McGraw-Hill
34	음식의 영혼, 발효의 모든 것	샌더 엘릭스 카츠	글항아리
35	인공지능시대의 건축: 건축가들을 위한 AI 입문	Neil Leach	시공문화사
36	자연과 문명의 조화 토목공학	대한토목학회 출판위원회	KSCE PRESS
37	재생에너지와의 공존	안희민	크레파스북
38	처음 읽는 2차전지 이야기	시라이시 다쿠	플루토
39	최리노의 한 권으로 끝내는 반도체 이야기	최리노	양문
40	플라잉	임재한	어크로스
41	향수 A to Z	콜렉티프 네	미술문화
42	AI 2041	리카이푸, 천치우판	한빛비즈
43	AI는 인문학을 먹고 산다	한지우	미디어숲

인문계열

사회계열

자연계열

공학계열

의약계열

예체능계열

교육계열

개인맞춤 영양의 시대가 온다
김경철 외 | 클라우드나인 | 2022

이 책은 학계, 산업계, 의료계 전문가들이 모여 개인 맞춤 영양에 관한 최신 연구와 적용 사례를 알려 주는 책이다. 사람마다 다른 유전자, 후생 유전학, 대사체, 생활 방식 등에 따라 필요한 영양과 식단이 다르기 때문에 개인 맞춤 영양은 개개인의 질병 예방과 치료에 중요한 역할을 한다. 예방의학과 미래 의학의 핵심 주제를 다루고 있어, 개인의 건강과 복지에 관심이 있는 현대인들에게 도움이 되는 책이다.

탐구 주제

주제1 '특수 의료용 식품'으로 분류되는 메디푸드는 영양 성분의 제한 또는 보충이 필요한 사람에게 제공되는 환자식으로도 불린다. 최근에는 개인의 체질이나 건강 정보를 기반으로 개발된 음식물이나 밀키트를 제공해 주기도 한다. 메디푸드의 발달 과정과 산업 분야에 대하여 탐구해 보자.

주제2 동물뿐만 아니라 사람에게 유전자는 매우 중요한 역할을 한다. 유전자에 따라 개인의 특성이 나타나게 되고, 나쁜 유전자를 갖고 태어난 사람은 그 유전자가 발현되기 시작하며 질병이 발생하기도 한다. 음식이나 영양 상태를 조절하여 사람의 유전자 발현이 조절되는 방안을 토의해 보자.

주제3 스트레스 관리에 도움이 되는 자율신경 검사에 관한 탐구

주제4 피로감을 줄이고 기억력을 높여 줄 개인 맞춤 영양에 대한 조사

학생부 기록 예시 (교과세특)

'개인맞춤 영양의 시대가 온다(김경철 외)'를 읽고 사람이 먹는 음식이 신체에 미치는 영향에 대해 섬세하게 탐구함. 개인의 건강에 맞춘 메디푸드의 중요성을 깨닫고, 메디푸드의 다양한 산업 분야에 대한 정보를 일목요연하게 조사함. 정보 통신 공학과 인공지능의 접목으로 성장 가능성 높은 메디푸드 관련 다양한 산업 분야에 도전할 포부를 밝힘. 평소 관심이 있던 인공지능의 활용 분야를 더 알게 되어 뿌듯하다는 마음을 표현함.

'개인맞춤 영양의 시대가 온다(김경철 외)'를 읽고 인간의 유전적 배경, 미생물, 대사 능력 등의 영향에 따라 건강한 삶을 유지하고 질병을 예방하는 개인 맞춤 영양에 대해 탐구함. 자신의 유전적 특징과 식습관을 사례로 들면서 영양유전체학의 개념을 넘어, 개인이 필요로 하는 영양소를 파악하고 이에 대한 반응을 디지털화하여 유전자의 발현을 조절할 수 있다는 의견을 제시함. 유전자 관련 연구를 하고 싶다는 포부를 밝힘.

관련 논문
정밀영양: 개인 간 대사 다양성을 이해하기 위한 접근(김양하, 2022)

관련 도서
《여성과 맞춤영양》, 장남수 외, 교문사
《국내외 메디푸드 관련 산업분석보고서》, 비피기술거래 외, 비티타임즈

관련 계열 및 학과
- 공학계열: 산업공학과, 식품공학과, 생명공학과, 정보보안학과, 화학공학과
- 자연계열: 동물자원과학과, 생명과학과, 식물자원학과, 식품영양학과, 외식산업학과
- 의약계열: 간호학과, 보건관리학과, 약학과, 의예과, 한의예과

관련 교과

2022 개정 교육과정: 생명과학, 화학, 생물의 유전, 기술·가정, 사회문제 탐구

2015 개정 교육과정: 생명과학 I, 생활과 과학, 운동과 건강, 기술·가정, 가정과학

건축과 객체

그레이엄 하먼 | 갈무리 | 2023

이 책은 객체지향 존재론을 통해 건축에서의 형태와 기능에 대한 새로운 실재론적 개념을 탐구하고, 독자적이고 자율적인 미학적 객체로서의 건축을 위한 객체지향 존재론과 준칙들을 제시해 준다. 또한 건축과 철학 사이의 대화를 심화하며 형태와 기능 사이의 관계에 대한 새로운 구상을 제시한다. 건축 분야에 가장 깊은 자국을 남긴 철학자들의 비판으로 시작하여, 기능의 '제로화'를 통해 건축이 미학적으로 고갈된 부분까지 다룬다.

탐구 주제

주제1 우리 주변에는 예술적 가치나 문화재로서 보존 가치가 높은 건축물이 존재한다. 예술 작품인 건축물에 거주하는 사람과 감상하는 사람들 간의 상호작용은 매우 중요한 문제이다. 예술풍경 설계나 공공 공간 디자인 등에서 거주자와 감상자의 역할 및 상호작용 등 고려 사항을 조사해 보자.

주제2 건축물이나 구조물을 설계할 때 중요하게 다루는 요소가 있다. 건축물을 설계하면서 각 공간이나 구조물의 기능을 중심으로 접근하는 기능주의와 예술성과 심미성을 강조하며 디자인 중심으로 접근하는 형식주의가 있다. 기능주의와 형식주의의 장단점을 탐구하고 토론해 보자.

주제3 철학적인 개념이 건축 디자인과 이론에 미치는 영향에 관한 조사

주제4 건축에서 객체지향 존재론의 개념을 적용할 수 있는 방안 탐구

학생부 기록 예시 (교과세특)

'건축과 객체(그레이엄 하먼)'를 읽은 뒤 다양한 건축물들의 사례를 조사하고 거주자와 감상자의 상호작용에 대해 탐구함. 공공 공간 디자인에서 거주자와 감상자가 어떻게 상호작용하는지 조사하고 그 결과를 분석하여 설계 시 참고 자료로 활용할 수 있는 내용을 발표함. 다양한 사례 연구를 통해 거주자와 감상자 사이 상호작용의 패턴을 분석하는 능력이 향상되었고, 예술적 가치가 높은 건축물들에 대한 인식이 매우 좋아짐.

건축물을 설계할 때 기능주의와 형식주의, 두 가지 접근 방식이 있다는 것에 주목해 두 접근 방식의 장단점을 다양하게 탐구함. 공간과 구조물이 어떻게 최적화되고 사용자의 요구를 충족시키는지, 건축물이 어떻게 시각적으로 매력적이며 문화적 가치를 전달하는지 등을 분석함. 앞으로 실제 건축 영역의 기능성, 실용성 외에도 디자인 요소나 예술 풍경 등 종합적인 패러다임 전환 가능성까지 포괄적으로 공부하겠다는 포부를 밝힘.

관련 논문

상호작용 공공디자인에 관한 선행 연구 분석(김소현, 이진숙, 2021)

관련 도서

《구마 겐고, 나의 모든 일》, 구마 겐고, 나무생각
《대중의 시대 보통의 건축》, 서윤영, 궁리

관련 계열 및 학과
- 공학계열: 건축학과, 건축공학과, 도시공학과, 토목공학과, 환경공학과
- 인문계열: 문화재학과, 사학과, 심리학과, 인류학과, 철학과

관련 교과
- 예체능계열: 공예학과, 미술학과, 사진학과, 산업디자인학과, 시각디자인학과

2022 개정 교육과정: 기하, 기후변화와 환경생태, 미술과 매체, 창의 공학 설계, 인간과 철학

2015 개정 교육과정: 기하, 사회문화, 공학 일반, 철학, 환경

인문계열

사회계열

자연계열

공학계열

의약계열

예체능계열

교육계열

공대생을 따라잡는 자신만만 공학 이야기

한화택 | 플루토 | 2021

이 책은 공대생이라면 반드시 배워야 하는 수학, 과학, 모델링, 실험과 실습, 설계에 대해 다루고 있으며, 이러한 기초 지식을 견고하게 쌓을 수 있도록 도움을 주어 장래 훌륭한 엔지니어의 길라잡이 역할을 한다. 국민대학교 기계공학부에서 30여 년간 가르친 공대 교수님이 공대에서 배우는 기본적인 5개 과목을 소개하며 공대를 지망하는 학생들에게 공대 강의실에서 배우는 내용을 전달하고 있다.

탐구 주제

주제1 수학, 과학, 모델링, 실험과 실습, 공학 설계 등 공대생이라면 기본적으로 배우는 분야는 다양하다. 책에서 언급된 다섯 가지 분야 이외에 기본적인 공학 분야에는 어떤 것이 있을까? 내게 관심 있는 공학 분야와 직업을 조사하고 이 분야에서 요구되는 지식과 기술 등을 조사해 보자.

주제2 문제해결이나 발명에서는 주로 사용하는 기법이 있다. 공학 설계 분야에서도 일반적으로 많이 사용하는 단계가 있다. 많이 사용하는 여러 가지 공학 설계 과정을 조사하여 하나의 과정으로 정리해 보자. 또한 설계 과정의 각 단계에서 발생할 수 있는 윤리적인 문제를 토론해 보자.

주제3 공대생이 필수로 배워야 할 과목으로 구성된 교육과정 연구

주제4 공학 분야별 모델링에 사용되는 기본 프로그램에 관한 탐구

학생부 기록 예시 (교과세특)

'공대생을 따라잡는 자신만만 공학 이야기(한화택)'를 읽고 자신이 특히 관심 있는 전기·전자공학 분야와 직업을 선택하여 전공과목과 교육과정을 탐구하고 기본적으로 요구되는 지식을 정리함. 연구 결과를 바탕으로 자신만의 학습 계획 및 진로 설정이 가능해졌으며, 해당 분야로 나아가기 위한 준비 단계를 설정함. 앞으로도 전기·전자공학 분야와 관련된 공부를 계속해 나갈 예정이며 관련 직업인으로 인정받겠다는 포부를 밝힘.

'공대생을 따라잡는 자신만만 공학 이야기(한화택)'를 읽고 다양한 전공 및 분야에서 사용되는 설계 단계들을 탐구하여 하나의 공학 설계 과정으로 정리함. 각 공학 설계 과정에서 일어날 수 있는 윤리 문제와 해결 방안을 다양하게 조사하고 탐구하여 제시함. 공학 윤리의 문제에 대하여 깊게 인식하고 있으며 이를 줄이기 위하여 범국가적 차원에서 접근해야 한다는 의견을 밝힘. 공학 윤리를 위해 앞장서는 공학도가 되겠다고 다짐함.

관련 논문

공학교육을 위한 블렌디드 러닝의 운영사례 및 교육효과 연구(박형근, 2023)

관련 도서

《공학을 생각한다》, 헨리 페트로스키, 반니
《공학이란 무엇인가》, 성풍현, 살림

관련 계열 및 학과

- 공학계열: 기계공학과, 산업공학과, 자동차공학과, 컴퓨터공학과, 토목공학과

- 자연계열: 물리학과, 생물학과, 수학과, 통계학과, 화학과

- 의약계열: 물리치료학과, 안경광학과, 의료공학과, 의예과, 치기공학과

관련 교과

2022 개정 교육과정: 공통수학 1, 공통수학 2, 통합과학 1, 통합과학 2, 역학과 에너지

2015 개정 교육과정: 수학, 실용 수학, 통합과학, 공학 일반, 정보

공업화학

정찬문 | 자유아카데미 | 2020

이 책은 공업화학의 개념을 소개하며 전통적인 분야와 최근의 발전 동향을 함께 다루고 있다. 대학의 화학과, 공업화학과, 응용화학과, 고분자 관련학과, 화학공학과 등에서 교재로 사용하기도 한다. 석유 화학 공업, 산·알칼리 공업, 암모니아·비료 공업, 전기 화학 공업, 실리콘 소재, 반도체 등의 분야를 다루며, 공업화학의 성과를 풍요로운 인간 생활을 위하여 어떻게 응용할 것인가를 다루고 있다.

탐구 주제

주제1 석유 화학 공업, 석탄 화학 공업 등 유기 화학 공업은 우리 생활에서 매우 중요한 분야이다. 하지만 유기 화학 공업은 환경 오염이나 기후 위기 문제와 매우 밀접하게 얽혀 있다. 석유 정제 과정에서 발생하는 환경 오염 문제를 해결하기 위한 친환경적인 방법을 조사해 보자.

주제2 세제, 화장품 등은 우리 생활과 밀접한 관련이 있다. 특히 피부에 직접 바르는 화장품은 안전하고 친환경적이어야 한다. 최근에는 자연에서 채취한 천연 성분을 화장품 원료로 사용하는 추세이다. 몇 가지의 대표적인 화장품을 선택하여 주로 사용하는 성분을 조사하여 토론해 보자.

주제3 실리콘 소재를 활용한 첨단 친환경 기술에 관한 고찰

주제4 특정 반응에 사용되는 촉매의 종류와 조건에 따른 반응속도 탐구

학생부 기록 예시 (교과세특)

'공업화학(정찬문)'을 읽고 석유 화학 공업과 유기 화학 공업이 우리 일상생활과 산업 분야에 어떻게 기여하는지에 관해 조사함. 석유 정제 과정에서 발생하는 환경 오염 문제를 해결하기 위한 에너지 저감, 탄소 배출, 재활용 및 재순환 등 다양한 친환경 기술과 방법을 일목요연하게 조사하여 친구들과 공유하고 토론 주제를 함께 탐구함. 대학의 화학 관련 전공학과에 진학하여 석유 화학 공업을 꾸준하게 연구하겠다고 포부를 밝힘.

'공업화학(정찬문)'을 읽고 화장품의 종류와 역할에 대한 기초 지식을 체계적으로 조사하여 평소 관심이 많은 화장품에 대한 탐구를 이어 옴. 여러 가지 화장품의 사용법이나 순서를 전문가 이상으로 파악하고 있으며, 화장품은 피부에 닿는 만큼 우리 몸에 안전한 식품과 동일하게 취급되어야 한다고 주장함. 특히 자연 속 원료나 천연 성분의 화장품에 대하여 관심이 많아 앞으로도 꾸준하게 연구해 나가겠다고 계획을 밝힘.

관련 논문
정유 산업에서의 온실가스 포집 (홍연기, 2021)

관련 도서
《채영복과 정밀화학의 개척자들》, 이임광, 현자의숲
《무기화학》, Gary L. Miessler 외, 자유아카데미

관련 계열 및 학과
- 공학계열: 반도체공학과, 산업공학과, 신소재공학과, 화장품공학과, 화학공학과
- 자연계열: 공업화학과, 응용화학과, 정밀화학과, 화학과, 환경학과

관련 교과
- 의약계열: 보건관리학과, 안경광학과, 약학과, 의예과, 임상병리학과

2022 개정 교육과정: 통합과학 1, 통합과학 2, 화학, 화학반응의 세계, 생활과학 탐구

2015 개정 교육과정: 통합과학, 화학 I, 화학 II, 생활과 과학, 공학 일반

인문계열

사회계열

자연계열

공학계열

의약계열

예체능계열

교육계열

공학자의 세상 보는 눈
유만선 | 시공사 | 2020

이 책은 우리 일상에서 접하는 우리 주변의 물건들에 담긴 공학적 발명과 성과를 소개하며, 최신 기계들에 적용된 기초 물리학을 멈춰 있는 것(정역학), 움직이는 것(동역학), 흐르는 것(유체역학), 뜨거운 것(열역학)의 주제로 다룬다. 과학자와는 다른 생활 속 공학자의 시선으로 실제 쓰임을 궁리하며 원리를 적용해 결과를 도출하는 기계공학자의 관점을 통해, 일상을 낯설게 느끼게 하는 즐거움과 풍부한 지식을 제공한다.

탐구 주제

주제1 유압은 우리 주변의 기계나 장치에서 손쉽게 찾아볼 수 있다. 자동차나 각종 기계의 문에도 사용되지만, 충격 흡수를 위한 곳에도 쓰이고 있다. 또한 기중기, 굴착기, 로봇팔 등에도 사용되고 있다. 유압 시스템이 힘과 압력을 정확하게 전달하는 원리에 관하여 탐구해 보자.

주제2 일반 자전거에 사용되는 체인처럼 동력을 전달하는 장치는 매우 다양하다. 기어, 마찰차, 벨트, 로프 등의 동력 전달 장치는 생활 주변에서 쉽게 볼 수 있다. 동력이나 회전수를 정확하게 전달하는 곳에는 기어나 체인이 사용된다. 동력 전달 장치의 종류를 탐색하고 비교해 보자.

주제3 선풍기 바람의 효율성과 소음을 줄일 수 있는 날개 모양 탐구

주제4 냉난방 겸용 장치의 기본 원리와 에너지 변환에 대한 연구

학생부 기록 예시 (교과세특)

'공학자의 세상 보는 눈(유만선)'을 읽고 유압 시스템이 사용되는 다양한 기계 및 장치들의 사례와 원리를 조사함. 유압 시스템에서 사용되는 액체와 실린더, 밸브 등의 구성 요소들을 분석하여 힘과 압력 전달 원리를 연구함. 평소 로봇 팔에 관심이 많은 학생답게 유압 시스템에서 힘과 압력이 어떻게 정확하게 전달되는지에 대한 핵심 원리를 이해하고 정확하게 설명하며, 대학에서 전문적으로 깊게 공부하길 희망함.

'공학자의 세상 보는 눈(유만선)'을 읽고 기계에 대하여 깊은 관심을 가짐. 기어, 마찰차, 벨트, 로프, 링크, 캠 등 여러 장치를 다양하게 조사하여 각각의 구조, 원리, 특징을 일목요연하게 정리하여 설명함. 각 동력 전달 장치의 효율성, 정확성, 에너지 소비율 등을 비교 분석하여 효율성과 정확성 등을 평가하는 방법도 친구에게 설명해 줌. 기계에 관한 관심으로 그치지 않고 더욱 깊이 있게 공부할 수 있길 희망함.

관련 논문

유압식 로봇의 힘 제어를 위한 유압 서보 시스템의 특성에 관한 연구(김효곤 외, 2015)

관련 도서

《수학은 어떻게 문명을 만들었는가》, 마이클 브룩스, 브론스테인
《공학의 미래》, 김정호, 쌤앤파커스

관련 계열 및 학과

• 공학계열: 기계공학과, 메카트로닉스공학과, 산업공학과, 에너지공학과, 자동차공학과

• 자연계열: 대기과학과, 물리학과, 응용화학과, 화학과, 환경학과

관련 교과

• 의약계열: 물리치료학과, 방사선학과, 안경광학과, 의료공학과, 임상병리학과

2022 개정 교육과정: 통합과학 1, 통합과학 2, 역학과 에너지, 융합과학 탐구, 기술·가정

2015 개정 교육과정: 통합과학, 생활과 과학, 융합과학, 기술·가정, 공학 일반

이 책은 소프트웨어 엔지니어링의 발전과 중요성을 소개하는 전문 서적이다. 프로그램을 효과적으로 짜는 방법과 코드 베이스를 완벽하게 만들어 주는 엔지니어링을 소개하며, 소프트웨어 엔지니어링 프로세스를 익히도록 도와준다. 구글에서 수많은 엔지니어가 쌓아 온 노하우도 함께 담고 있어, 품질 좋은 소프트웨어 제품을 신속하게 개발하고 싶거나 구글의 소프트웨어 관리 방법을 알고 싶다면 반드시 읽어야 할 길라잡이 책이다.

탐구 주제

주제1 프로그램을 개발하는 데는 최소 몇 개월 이상이 필요하다. 프로그램을 개발하는 과정을 프로그래밍이라 하고, 프로그램을 개발하고 수정하며 유지 보수까지 하는 것을 소프트웨어 엔지니어링이라고 한다. 프로그램을 개발하는 데 그치지 않고 유지보수까지 실천하는 이유를 탐구해 보자.

주제2 우리 사회에서 소프트웨어나 인터넷 사용의 공정은 중요한 가치이다. 하지만 모든 일에는 편견이 뒤따르게 되어 있다. 획일화나 단일한 접근 방법보다는 다양한 접근 방법과 같은 다름의 인정이 매우 중요하다. 공정한 사회를 위한 소프트웨어 엔지니어링의 조건을 탐색하고 토론해 보자.

주제3 소프트웨어 엔지니어링 방법론에 관한 조사 및 비교

주제4 구글의 소프트웨어 개발 및 관리 방법에 관한 탐구

학생부 기록 예시 (교과세특)

'구글 엔지니어는 이렇게 일한다(타이터스 윈터스 외)'를 읽고 프로그램을 개발하는 단계뿐만 아니라 프로그램을 개발하고 수정, 기능 추가 등의 유지보수 작업까지 포함된 소프트웨어 엔지니어링 과정을 조사. 완성된 프로그램이 사용되는 동안 발생할 수 있는 오류 수정, 새로운 요구사항에 대한 대응 등을 통해 유지보수의 필요성과 중요성을 분석하고 토론함. 관심 분야인 소프트웨어에 관하여 지속적으로 공부하길 희망함.

'구글 엔지니어는 이렇게 일한다(타이터스 윈터스 외)'를 읽고 소프트웨어 개발 과정에서의 참여와 의사소통, 장애물 제거 및 포용성 등이 공정한 사회를 위한 소프트웨어 엔지니어링의 조건과 작용에 대해 분석함. 특히 다문화 역량, 다양성 함양, 관점의 다양성 등에 대하여 집중적으로 탐색하고 친구들과 진지하게 토론함. 앞으로도 다양한 분야의 공적인 가치와 윤리적 책임에 대해 지속적으로 발전시켜 나갈 포부를 밝힘.

관련 논문

협력적 문제해결력 증진을 위한 팀 기반 소프트웨어 교육 모델 개발(임경희, 2023)

관련 도서

《관찰 가능성 엔지니어링》, 알렉스 보텐, 한빛미디어
《소프트웨어 아키텍처 101》, 마크 리처즈, 닐 포드, 한빛미디어

관련 계열 및 학과
- 공학계열: 소프트웨어공학과, 소프트웨어학과, 정보보안학과, 정보통신공학과, 컴퓨터공학과
- 사회계열: 경영학과, 공공행정학과, 국제통상학과, 문화콘텐츠학과, 소비자학과

관련 교과
- 교육계열: 과학교육과, 교육공학과, 기술교육과, 수학교육과, 컴퓨터교육과

2022 개정 교육과정: 인공지능 수학, 로봇과 공학세계, 인공지능 기초, 데이터 과학, 소프트웨어와 생활

2015 개정 교육과정: 인공지능 수학, 융합과학, 정보, 기술·가정, 공학 일반

인문계열

사회계열

자연계열

공학계열

의약계열

예체능계열

교육계열

기계비평들

전치형 외 | 워크룸프레스 | 2019

기계비평들

이 책은 인간과 기계의 실패와 위기를 다룬 책으로, 2006년 기계와 인간을 성찰하며 시선을 끌었던 이영준의 《기계비평》의 확장판이다. 세월호 참사, 구의역 사고, KT 통신망 화재, KTX 열차 탈선, 태안 화력발전소 사고 등 다양한 현장에서의 기계 문제와 사고를 다루고 있다. 기계의 실패를 넘어 사회 시스템 자체가 붕괴된 인간과 사회의 실패를 진단하며 고장 난 기계의 경고를 무시하지 말라는 교훈을 알려 주고자 한다.

탐구 주제

주제1 기계는 인간의 생활을 편리하게 돕거나 대신 일을 해 주기도 하고 인간이 위험한 환경에 노출되지 않도록 대리자 역할을 하기도 한다. 하지만 낡아 못 쓰게 된 기계나 완벽하지 않은 상태의 기계는 이상 신호를 보낸다. 사고가 나기 전 기계가 보내는 이상 신호를 조사하고 분석해 보자.

주제2 자동차, 엘리베이터, 스쿠터, 스마트폰 등 우리가 평소 무심코 사용하며 지나치는 기계는 매우 다양하다. 기계와 인간, 기계와 사회의 관계에서 우리가 기계에 과다하게 의존하지 않고 기계와 인간이 조화롭게 살아가는 방법에는 무엇이 있는지 조사하고 토론해 보자.

주제3 우리나라에서의 기계와 관련된 사고 사례와 원인 분석

주제4 외국의 통신망 및 데이터센터 화재 사고 사례와 대책 탐구

학생부 기록 예시 (교과세특)

'기계비평들(전치형 외)'을 읽고 '기계비평(이영준)'과 접목하여 기계의 노후화, 고장, 부품 결함 등으로 인해 발생할 수 있는 이상 신호들을 조사하고, 발생하는 원인과 그로 인한 위험 요소를 분석하여 기계 안전성에 대한 인식을 함께 공유하고자 함. 기계의 안전한 사용에 대하여 호기심이 많으며, 특히 산업 재해와 예방에 관한 관심이 높아 이 분야 전문 지식인으로 진로 방향을 잡아 깊이 있게 공부하기를 희망함.

'기계비평들(전치형 외)'을 읽고 기계와 인간 사이의 상호작용을 탐구하여 양방향 소통과 협력을 강조하는 방법을 조사하고, 기계 사용으로 인한 사회적 영향에 대해 분석해 이를 해결하기 위한 사회적인 정책을 탐구함. 기계와 인간 사이의 상호작용에 대한 이해도가 높고, 기계에 과다하게 의존하는 문제에 대해서 논리적으로 비판하며 친구들에게 설명함. 기계공학에 관한 관심을 더욱 확장하여 다양하게 공부해 나갈 포부를 밝힘.

관련 논문

안전인증 대상 유해·위험기계·기구의 적정성에 관한 연구(신용우, 2019)

관련 도서

《기계비평》, 이영준, 워크룸프레스
《더티 워크》, 이얼 프레스, 한겨레출판사

관련 계열 및 학과

· 공학계열: 교통공학과, 기계공학과, 산업공학과, 자동차공학과, 화학공학과

· 사회계열: 경영학과, 공공행정학과, 도시행정학과, 사회학과, 언론정보학과

관련 교과

· 교육계열: 과학교육과, 기술교육과, 물리교육과, 사회교육과, 윤리교육과

2022 개정 교육과정: 확률과 통계, 사회와 문화, 역학과 에너지, 과학의 역사와 문화, 로봇과 공학세계

2015 개정 교육과정: 언어와 매체, 생활과 윤리, 물리학 I, 공학 일반, 심리학

기후 책

그레타 툰베리 | 김영사 | 2023

이 책은 2003년생의 스웨덴 환경운동가 그레타 툰베리가 전하는 세계 기후 위기에 대한 경고서이다. 그레타 툰베리와 세계 지성들이 함께 과학적 통계 자료를 기반으로 기후 위기에 관하여 설명한다. 지구 온도 상승을 시각화한 그래픽의 표지 디자인이 한 번 더 생각할 여지를 준다. 과학적 사실들을 기록으로 남겨 인류에게 미래를 바꿀 기회가 열려 있다는 메시지를 전달하고 있다.

탐구 주제

주제1 기후 위기로 인해 세계적으로 이산화탄소에 관한 관심은 매우 높다. 특히 지구에서 발생하는 이산화탄소는 지구의 기후에 많은 영향을 미친다. 기후 변화와 관련하여 이산화탄소, 질소산화물 등 환경 오염 자료를 조사·분석하고 이산화탄소 배출과 기후 변화 사이의 관계를 탐구해 보자.

주제2 식량을 생산하거나 식품을 제조하는 과정에서도 지구의 기후나 환경에 영향을 미친다. 식품 소비 과정에서 물과 에너지를 사용하고 탄소와 쓰레기를 배출하며 기후 변화에 일조하게 된다. 식습관 변화가 온실가스 배출량 감소에 어떤 영향을 주는지 탐구해 보자.

주제3 사회적·경제적 차원의 인식 격차가 기후 위기 대응에 미치는 영향 탐구

주제4 학생이 기후 위기 대응에서 할 수 있는 실천적 역할에 관한 탐구

학생부 기록 예시 (교과세특)

'기후 책(그레타 툰베리)'을 읽고 기후 위기와 관련된 이산화탄소, 질소산화물 등 환경 오염 물질에 대한 자료를 수집하고 분석함. 이산화탄소 배출량이 기후 변화에 어떤 영향을 미치는지 연구하며, 에너지 생산, 산업활동 및 교통 등 다양한 부문에서 발생하는 배출량을 분석함. 기후 변화와 이산화탄소 배출 사이의 상관 관계를 통해 지속 가능한 개발 및 대응 방안을 조사하고, 환경운동 실천가가 되겠다고 포부를 밝힘.

'기후 책(그레타 툰베리)'을 읽고 식량 생산 및 제조 과정에서 발생하는 에너지 사용, 물 소비, 탄소 배출 등을 조사하고 분석함. 개인의 식습관 변화가 온실가스 배출량 감소에 어떤 역할을 할 수 있는지 연구하고, 다양한 식습관 변화와 관련된 내용을 조사하고 분석하여 개인적인 선택이 기후 변화 대응에 어떻게 이바지할 수 있는지 친구들에게 논리적으로 설명함. 앞으로 환경 보호와 관련된 실천 전문가로 성장하겠다고 다짐함.

관련 논문

기후는 이산화탄소 증가에 얼마나 민감한가?(최용상, 2011)

관련 도서

《기후위기 행동사전》, 김병권 외, 산현재
《지구 파괴의 역사》, 김병민, 포르체

관련 계열 및 학과
- 공학계열: 도시공학과, 산업공학과, 에너지공학과, 화학공학과, 환경공학과
- 자연계열: 대기과학과, 생물학과, 지구환경과학과, 화학과, 환경학과

관련 교과
- 교육계열: 과학교육과, 기술교육과, 윤리교육과, 지구과학교육과, 환경교육과

2022 개정 교육과정: 도시의 미래 탐구, 물질과 에너지, 생태와 환경, 생활과학 탐구

2015 개정 교육과정: 통합사회, 통합과학, 융합과학, 공학 일반, 환경

인문계열

사회계열

자연계열

공학계열

의약계열

예체능계열

교육계열

기후변화와 에너지산업의 미래

에너지고위경영자과정 변화와 미래 포럼 | 아모르문디 | 2021

이 책은 에너지 업계 최고 전문가들이 제시하는 기후 위기 대응과 지속 가능한 성장을 위한 분석과 전망, 그리고 대응 방안을 다룬 책이다. 2050년까지 탄소 중립을 실현하기 위해 우리가 해야 할 일과 에너지 산업이 어떻게 변화하고 있는지를 설명하고 있다. 총 3부 14편으로 구성되어 있으며, 에너지 환경의 변화, 에너지 전환, 관련 기술과 미래 등의 내용으로 구성된다. 에너지 산업에 관심이 있는 사람들에게 적극적으로 추천하는 책이다.

탐구 주제

주제1 신에너지의 등장과 재생에너지 활용의 발전으로 신재생에너지에 관한 관심이 전 세계적으로 뜨겁다. 수소에너지, 태양에너지, 풍력에너지, 해양에너지 등 신재생에너지를 활용한 발전의 종류와 특성을 탐색하고 지속 가능한 친환경의 에너지 공급 전략을 탐구해 보자.

주제2 정보 통신 기술과 디지털 관련 시스템의 비약적인 발전으로 전력산업에도 많은 영향을 주고 있다. 인공지능, 사물인터넷, 스마트그리드 등 디지털 시스템의 발전이 기후 위기 극복의 관점에서 전력산업에 어떤 변화와 영향을 줄 수 있는지 조사하고 토론해 보자.

주제3 한국의 기후 변화 대응을 위한 한국판 뉴딜에 대한 조사 및 분석

주제4 유럽 연합이 추진하는 에너지 전환 전략에 관한 연구

학생부 기록 예시 (교과세특)

'기후변화와 에너지산업의 미래(에너지고위경영자과정 변화와 미래 포럼)'를 읽고 수소에너지, 태양에너지, 풍력에너지, 해양에너지 등 다양한 신재생에너지의 특성과 전력 발전 방식을 조사하고 그 특징들을 일목요연하게 분석함. 지속 가능한 친환경 에너지 공급 전략을 개발하기 위하여 사회 정책, 기술 개발, 시장 동향 등을 분석하고 친구들과 토론함. 자신의 진로 희망인 에너지공학을 깊이 있게 공부하는 계기가 됨.

'기후변화와 에너지산업의 미래(에너지고위경영자과정 변화와 미래 포럼)'를 읽고 전력산업과 관련된 인공지능, 사물인터넷, 스마트그리드 등에 대한 현황을 조사함. 디지털 기술이 전력 생산 및 사용 패턴 변경, 에너지효율 개선, 재생에너지 통합 등에 어떻게 이바지할 수 있는지 탐구하고 에너지 생산 및 사용 패턴 변화 등 다양한 측면에서 디지털 시스템의 장점과 한계를 분석하여 발표하며 친구들과 정보를 공유함.

관련 논문

원자력 및 신재생에너지 발전의 CO2 감축 비용 효율성 비교(이용성, 김현석, 2021)

관련 도서

《전력기술의 미래전망》, 한국전력공사 전력연구원, 진한엠앤비
《과학의 쓸모》, 전승민, 체인지업북스

관련 계열 및 학과

• 공학계열: 도시공학과, 산업공학과, 에너지공학과, 전기공학과, 환경공학과

• 자연계열: 대기과학과, 물리학과, 지구환경과학과, 화학과, 환경학과

관련 교과

• 교육계열: 과학교육과, 기술교육과, 물리교육과, 지구과학교육과, 환경교육과

2022 개정 교육과정: 도시의 미래 탐구, 역학과 에너지, 물질과 에너지, 로봇과 공학세계, 창의 공학 설계

2015 개정 교육과정: 경제 수학, 통합사회, 통합과학, 융합과학, 공학 일반

김기사의
e-쉬운 전기

김명진 | 성안당 | 2023

이 책은 전기에 대한 어려운 이론과 실무를 쉽게 이해할 수 있도록 구성된 책이다. 전기에 대한 호기심을 불러 일으키고 전기에 대한 기초 지식이 없더라도 쉽게 이해할 수 있도록 사진과 그림이 풍부하다. 한국 전기 설비 규정을 알기 쉽게 정리하여 전기 관련 전문 자격을 갖추는 데도 도움이 된다. 전기에 대한 관심이 많은 일반인, 전기 관련 분야를 선택하고자 하는 예비 전문 전기인 등에 적극적으로 추천하는 도서이다.

탐구 주제

주제1 발전소에서 생산된 전기는 가정, 학교, 기업 등 전력이 필요한 모든 곳으로 보내진다. 우리나라 전기의 역사를 보면 우리가 흔하게 사용하는 교류 전압이 110V에서 220V로 바뀌었다. 발전과 전기의 기본 원리에 대하여 살펴보고 역사적 배경을 조사하여 분석해 보자.

주제2 우리가 일반적으로 사용하는 전기는 직류(DC)와 교류(AC)로 분류할 수 있다. 가정에서 사용하는 가전제품은 콘센트에 바로 꽂아 사용하기도 하지만, 배터리가 들어 있어 선 없이 사용할 수 있는 제품도 있다. 직류와 교류 시스템의 특징과 차이점을 탐구하고 토론해 보자.

주제3 가전제품의 에너지 소비 원리 및 사용량에 대한 분석

주제4 가정과 공장의 전기사용량 및 에너지 절약에 대한 탐구

학생부 기록 예시 (교과세특)

'김기사의 e-쉬운 전기(김명진)'를 읽고 발전과 전기의 기본 원리를 조사하고 우리나라의 전력 공급 체계 변화와 국내외의 관련 자료를 분석하여 110V에서 220V로 교류 전압이 바뀌게 된 배경을 탐구함. 전압, 전력량, 전력 손실 등을 공부하고 우리나라의 전력 공급 체계 변화, 기술 발전, 안전성 및 효율성 등의 분야까지 조사함. 과거 사례를 통해 현재와 미래에 대한 인식도 개선되었고, 전기공학을 꾸준하게 공부하겠다고 밝힘.

'김기사의 e-쉬운 전기(김명진)'를 읽고, 직류와 교류 시스템의 작동 원리, 사용되는 장소 및 용도, 장단점 등을 조사하여 비교 분석함. 탐구한 정보를 바탕으로 직류와 교류 시스템에 대한 의견을 분석적으로 제시하며 논리적으로 설명함. 특히 단짝인 친구와 함께 공부하며 의견을 교환하고 정보를 공유하며 폭넓은 시각으로 주제를 탐구하는 데 이바지함. 앞으로도 전기와 관련하여 전문적으로 연구하겠다는 포부를 밝힘.

관련 논문
전력산업의 구조개편을 통한 국제경쟁력 강화(김인호, 2017)

관련 도서
《전기전자공학개론》, Giorgio Rizzoni, James Kearns, McGraw-Hill
《전기해결사 여수낚시꾼의 전기는 보인다》, 김인형, 성안당

관련 계열 및 학과	• 공학계열: 에너지공학과, 원자력공학과, 전기공학과, 제어계측공학과, 화학공학과
	• 자연계열: 물리학과, 수학과, 통계학과, 화학과, 환경학과
관련 교과	• 교육계열: 과학교육과, 기술교육과, 물리교육과, 수학교육과, 화학교육과

2022 개정 교육과정: 경제수학, 확률과 통계, 물리학, 역학과 에너지, 로봇과 공학세계

2015 개정 교육과정: 물리학 I, 물리학 II, 통합과학, 융합과학, 공학 일반

나는 플랜트 엔지니어입니다
박정호 | 플루토 | 2020

이 책은 하고 싶은 것이 없던 대학생이 거제도에서 인턴으로 일하며 자신의 꿈을 찾아가는 이야기를 다룬다. 공대생이었던 주인공은 취업을 위해 영어 점수를 올리고 취업 준비생의 대열에 올라타지만, 여전히 하고 싶은 것이 없는 삶을 살아가고 있었다. 그러던 중 거제도에서 인턴 모집 공고를 보고 지원하고, 그 경험을 통해 자신의 꿈을 찾아가게 된다. 자신의 꿈을 찾는 사람의 도전과 성장을 보며 용기를 얻을 수 있는 도서이다.

탐구 주제

주제1 플랜트 산업은 기계·장비 등의 공급은 물론 시공, 감리, 시험 운전에 이르는 유지·보수 분야의 기술을 융합하는 고도의 지식 산업이자 고부가가치 산업이다. 우리나라의 플랜트 산업의 현황을 조사하고, 수출 품목으로서의 중요성과 한국 경제에 어떤 영향을 미치는지 분석해 보자.

주제2 우리나라는 해외 플랜트 시장에서 글로벌 기업들과 어깨를 나란히 하며 고부가가치의 플랜트 건설 성과를 거두고 있다. 해외 플랜트 건설 사례를 조사하고 우리나라의 기술력과 경쟁력 등을 탐구하여 해외 플랜트 건설에 대한 한국 기업의 역할과 가능성을 연구해 보자.

주제3 플랜트 건설에서 분야별 엔지니어의 실무와 역할 탐구

주제4 플랜트 산업에 관한 엔지니어링 교육 시스템 분석

학생부 기록 예시 (교과세특)

'나는 플랜트 엔지니어입니다(박정호)'를 읽고 우리나라에서 어떤 종류의 플랜트가 생산되고 있는지와 관련 기술 및 장비 공급, 시공 및 유지 보수 등을 조사함. 우리나라에서 해외에 수출되는 주요 플랜트 제품들에 관해 탐구하고 중요성을 친구들과 공유함. 플랜트 산업이 한국 경제에 미치는 영향을 기억하며 대학과 대학원에서 폭넓은 전문 지식을 쌓아 해외에서 인정받는 플랜트 엔지니어가 되겠다고 포부를 밝힘.

'나는 플랜트 엔지니어입니다(박정호)'를 읽고 우리나라 기업이 참여하거나 수행한 해외 플랜트 건설 사례를 조사하고 분석함. 우리나라 기업의 기술력, 혁신성, 해외 경쟁력 등을 정리하고 비교하여 해외 시장에서의 역할을 탐구함. 해외 플랜트의 건설 규모가 대규모로 수주되고 유지·보수되는 점에서 관리의 중요성을 탐구하고, 플랜트 엔지니어의 전문성에 대하여 인식하며 자신의 진로 방향성에 대해 더욱 고민하는 계기를 가짐.

관련 논문
플랜트 핵심시스템 산업 성장 전략(곽기호 외, 2016)

관련 도서
《처음 읽는 플랜트 엔지니어링 이야기》, 박정호, 플루토
《해양플랜트(오일&가스)》, 손승현 외, 씨아이알

관련 계열 및 학과
- 공학계열: 기계공학과, 에너지공학과, 원자력공학과, 전기공학과, 조선해양공학과
- 자연계열: 물리학과, 수학과, 지구환경과학과, 화학과, 환경학과

관련 교과
- 교육계열: 과학교육과, 기술교육과, 물리교육과, 화학교육과, 환경교육과

2022 개정 교육과정: 물리학, 역학과 에너지, 물질과 에너지, 로봇과 공학세계, 창의 공학 설계

2015 개정 교육과정: 물리학 I, 물리학 II, 통합과학, 융합과학, 공학 일반

내 코드가 그렇게 이상한가요?

센바 다이야 | 인사이트 | 2023

이 책은 나쁜 코드 사례를 통해 좋은 코드 설계 방법을 알려 주는 IT 분야 인기 도서이다. 객체 지향 설계를 통해 코드의 가독성을 높이고 유지 보수를 쉽게 하며 오류 발생을 줄이는 방법을 다룬다. 코드를 설계할 땐 코드의 이상적인 구조를 알고 설계하며, 복잡한 논리 구조를 구분하고 정리해야 한다. 질서 정연한 구조로 개선하는 다양한 설계 기법을 통해 소프트웨어의 성장 가능성을 높이도록 개발자들이 겪는 어려움을 도와주는 도서이다.

탐구 주제

주제1 클래스 설계의 기본은 모델링에서 좌우된다. 기능성을 결정하고 확장할 수 있기 때문이다. 소프트웨어 코딩에서의 디자인 패턴 및 모델링 기법에 관한 내용을 학습하고, 현재 한국 소프트웨어 공학 분야에서 주목하는 디자인 패턴 및 모델링 기법과 사례를 조사해 보자.

주제2 코드를 설계할 땐 가독성이 높아야 하고 구조가 명확해야 한다. 구조가 명확하고 가독성이 높은 코드는 오류 발생 시 수정과 유지·보수가 쉽다. 코드 설계하기에 앞서 설계 원칙과 관련 지식을 공부해야 좋은 코드가 만들어진다. 좋은 코드와 나쁜 코드의 차이점을 비교 분석해 보자.

주제3 실제 사용 중인 상용 소프트웨어의 개발 과정에 관한 탐구

주제4 소프트웨어의 객체 지향 설계 개념과 필요성에 대한 탐구

학생부 기록 예시 (교과세특)

'내 코드가 그렇게 이상한가요?(센바 다이야)'를 읽고 클래스 설계의 중요성과 모델링을 통해 기능성을 결정하고 확장하는 방법을 공부함. 소프트웨어 코딩에서 디자인 패턴 및 모델링 기법에 관한 내용을 학습하고, 한국 소프트웨어 공학 분야에서 주목하는 디자인 패턴과 모델링 기법을 조사함. 조사한 내용을 소프트웨어 개발에 적용할 수 있는 실질적인 방안을 동아리 친구들과 함께 분석하여 수업 시간에 친구들과 공유함.

'내 코드가 그렇게 이상한가요?(센바 다이야)'를 읽고 코드 설계 시 가독성, 구조의 중요성 등을 고려하여 설계하는 방법을 학습함. 코드 설계 원칙과 관련 지식을 공부하여 좋은 코드를 만드는 방법을 탐구함. 좋은 코드와 나쁜 코드의 차이점을 비교 분석하고, 좋은 코드를 만들기 위해 고려해야 할 요소를 정리함. 실제 코드 설계에 적용할 수 있는 방안을 분석하여 친구들과 공유하며 소프트웨어 공학에 대한 진로에 확신을 둠.

관련 논문
웹 소프트웨어의 순환복잡도에 대한 정량적 분석(김지현, 2014)

관련 도서
《쉽게 배우는 소프트웨어 공학》, 김치수, 한빛미디어
《소프트웨어 장인 정신 이야기》, 로버트 C. 마틴, 인사이트

관련 계열 및 학과
- 공학계열: 소프트웨어공학과, 소프트웨어학과, 정보보안학과, 정보통신공학과, 컴퓨터공학과
- 사회계열: 광고홍보학과, 국제통상학과, 금융보험학과, 무역학과, 문화콘텐츠학과
- 교육계열: 과학교육과, 기술교육과, 수학교육과, 초등교육과, 컴퓨터교육과

관련 교과

2022 개정 교육과정: 수학과제 탐구, 인공지능 수학, 창의 공학 설계, 정보, 인공지능 기초

2015 개정 교육과정: 수학, 수학과제 탐구, 인공지능 수학, 정보, 공학 일반

인문계열

사회계열

자연계열

공학계열

의약계열

예체능계열

교육계열

다시 생각하는 원자력

어근선 | 엠아이디 | 2022

이 책은 원자력의 역사부터 현대적 활용, 사건·사고의 기록, 원자력 현황 등 방대한 데이터를 종합적으로 다루며, 원자력 전문가의 진솔한 제언과 에너지 정책을 균형 잡힌 시각으로 살펴볼 수 있는 책이다. 오랜 시간 동안 원자력 업계에서 업무 경험을 쌓아온 전문가로서 에너지원으로서의 원자력을 다양한 측면에서 다루고 있다. 인류에게 찾아온 원자력의 안전성 문제와 더 안전하게 쓰는 방법 등에 대해 다시 생각해보는 계기가 될 것이다.

탐구 주제

주제1 핵융합 발전은 핵분열 발전과 원리가 다르다. 이 발전은 수소와 같은 가벼운 원소들의 핵이 결합하며 헬륨처럼 무거운 원소를 형성하고, 이때 발생하는 에너지를 이용한 발전 방식이다. 핵융합 발전의 원리를 탐구하고 세계적인 핵융합 발전 기술의 현황과 특징을 분석해 보자.

주제2 원자력 발전은 핵분열이 연쇄적으로 반응을 일으키며 발생한 에너지를 이용하는 발전 방식이다. 원자력 발전에 대한 여러 나라의 현황과 정책을 조사하고, 우리나라 원자력 발전의 역사와 현황, 그리고 전망을 탐구하여 우리나라가 나아갈 방향을 토론해 보자.

주제3 주요국의 사용후핵연료 배출량 및 관리 현황 탐구

주제4 핵분열 소형 모듈 원자로(SMR)와 핵융합 토카막에 대한 고찰

학생부 기록 예시 (교과세특)

'다시 생각하는 원자력(어근선)'을 읽고 가벼운 수소가 어떻게 결합하여 무거운 원소를 형성하며 에너지를 생산하는지 핵융합의 원리를 전문가답게 탐구함. 전 세계에서 진행 중인 핵융합 발전 기술 연구 및 개발 프로젝트를 조사하고 각각의 특징과 장단점을 분석하여 최근까지의 기술적인 동향을 주제로 토론함. 핵융합 발전 기술의 향후 발전 방향과 우리나라의 가능성을 친구들과 함께 협의하며 핵융합 공학자로 진로를 결정함.

'다시 생각하는 원자력(어근선)'을 읽고 여러 나라의 원자력 발전 현황과 각 나라의 정책을 조사하고 분석함. 우리나라의 원자력 발전 역사와 현재 상황에 관하여 논리적이고 체계적으로 분류하고 고찰함. 세계 여러 나라의 정책과 조사한 각종 분석 자료를 기반으로, 우리나라가 앞으로 나아갈 방향에 대해 깊이 있게 토론하고 의견을 교환함. 원자력을 전문적으로 공부하여 자신의 가치관을 제대로 정립하겠다는 계획을 밝힘.

관련 논문

TRL과 AHP를 적용한 핵융합 실증로 핵심기술 도출(장한수 외, 2014)

관련 도서

《원자력, 무엇이 문제일까?》, 김명자, 동아엠앤비
《수소 에너지와 핵융합 에너지》, 일본 뉴턴프레스, 아이뉴턴

관련 계열 및 학과	• 공학계열 : 기계공학과, 에너지공학과, 원자력공학과, 전기공학과, 환경공학과
	• 자연계열 : 대기과학과, 물리학과, 수학과, 지구환경과학과, 환경학과
관련 교과	• 교육계열 : 과학교육과, 기술교육과, 물리교육과, 지구과학교육과, 환경교육과

2022 개정 교육과정 : 물리학, 역학과 에너지, 물질과 에너지, 로봇과 공학세계, 창의 공학 설계

2015 개정 교육과정 : 물리학Ⅰ, 물리학Ⅱ, 통합과학, 융합과학, 공학 일반

데이터통신과 네트워킹

조성호 | 인피니티북스 | 2022

이 책은 통신의 기본 개념과 주요 용어들을 그림과 캐릭터를 활용하여 쉽게 이해할 수 있도록 설명하며, OSI 7계층 모델의 전체적인 구조와 특징을 순서대로 다루고 있다. 또한 네트워크 보안에 대한 중요성을 강조하며 다양한 비유와 1267개의 연습 문제를 제공하여 스스로 학습한 내용을 점검할 수 있도록 도와준다. 최신 기술까지 빠짐없이 포함되어 있어 데이터 통신과 네트워크에 대한 기초 지식부터 최신 기술까지 모두 학습할 수 있다.

탐구 주제

주제1 데이터 처리 기술, 데이터 전송량과 속도, 네트워크 구축 등 정보 통신 기술이 발달하면서 유선 통신보다는 무선 통신이 주목을 받고 있다. 와이파이, 블루투스, RFID, NFC, 지그비(zigbee) 등 무선 통신 시스템의 종류를 조사하고 용도와 특징을 비교 분석하여 친구들과 토론해 보자.

주제2 정보 통신 기술이 발달하고 인간-인간, 인간-사물, 사물-사물이 네트워크로 연결되면서 네트워크 보안은 매우 중요해졌다. 특히 개인정보 유출, 네트워크 무단 침입 등은 반드시 예방해야 할 최우선 과제가 되어 있다. 최신 네트워크 보안 기술 및 동향을 조사하고 중요성을 토론해 보자.

주제3 OSI 7계층 모델의 전체적인 구조와 각 계층의 특징 탐구

주제4 근거리통신망(LAN) 및 와이파이(Wi-Fi) 보안에 관한 고찰

학생부 기록 예시 (교과세특)

'데이터통신과 네트워킹(조성호)'을 읽고 와이파이, 블루투스, RFID, NFC, 지그비(zigbee) 등 다양한 무선통신 시스템을 조사하고 정보를 수집함. 특히 주변에서 널리 사용하는 정보 기기를 예로 들어 무선통신 시스템의 특징과 장단점을 비교 분석하고, 친구들과 협력하여 토론 자료를 만들고 공유함. 미래 사회에 꼭 필요한 통신 방식으로 인식하며 같은 동아리 학생들과 함께 정보 통신 전문가가 되겠다고 공언함.

'데이터통신과 네트워킹(조성호)'을 읽고 해킹, 피싱, 디도스, 개인정보 유출, 무단 침입 등을 예방하기 위한 최신 네트워크 보안 기술을 조사하고 자료를 수집함. 정보 통신 기술의 발달에 따른 현재의 네트워크 보안 동향을 분석하고, 공유 자료를 만들어 친구들과 보안의 중요성에 대하여 열정적으로 토론에 임함. 평소 컴퓨터공학에 관심이 많았으나 앞으로는 네트워크 보안도 함께 공부하는 전문가가 되겠다고 포부를 밝힘.

관련 논문

무선통신시스템에 기반한 특허동향 분석을 통한 활용가능 기술에 관한 연구(박문수, 2020)

관련 도서

《데이터 통신》, Behrouz A. Forouzan, McGraw-Hill Education
《데이터 통신과 컴퓨터 네트워크》, 박기현, 한빛아카데미

관련 계열 및 학과
- 공학계열: 소프트웨어공학과, 소프트웨어학과, 정보보안학과, 정보통신공학과, 컴퓨터공학과
- 자연계열: 데이터과학과, 디지털보안학과, 물리학과, 수학과, 통계학과

관련 교과
- 교육계열: 과학교육과, 기술교육과, 물리교육과, 수학교육과, 컴퓨터교육과

2022 개정 교육과정: 인공지능 수학, 물리학, 로봇과 공학세계, 정보, 인공지능 기초

2015 개정 교육과정: 인공지능 수학, 물리학 I, 융합과학, 정보, 공학 일반

인문계열

사회계열

자연계열

공학계열

의약계열

예체능계열

교육계열

도시는 왜 불평등한가

리처드 플로리다 | 매일경제신문사 | 2023

세계적인 경제학자 리처드 플로리다가 도시의 문제에 관하여 파헤친 책이다. 도시가 형성되고 자본과 인재가 모이는 건 자연스러운 현상이지만, 돈과 사람이 도시로 모일수록 불평등은 심화된다. 이 책은 현대 도시가 가진 문제의 근본 원인을 살펴보고, 이를 해결하려는 방법을 제시하여 도시의 불평등 문제에 대한 인식을 높이고 중산층의 재건과 지속 가능한 발전을 위한 해법을 제시하고 있다.

탐구 주제

주제1 어느 국가든 대도시에는 부동산 가격 상승, 소득 격차, 지역 간 발전 격차 등 불평등한 현상이 존재한다. 성장하는 도시는 계층 분리로, 쇠퇴하는 도시는 경기 침체로 고통받는다. 그러면 우리는 어떠한가? 우리나라의 대도시에서 벌어지는 다양한 불평등 현상을 조사하고 분석해 보자.

주제2 자본과 사람이 도시로 모일수록 도시 경제는 활발하게 성장하는 경향을 보인다. 하지만 성장의 이면에는 환경 문제, 자원의 사용과 고른 분배 문제, 친환경 에너지와 에너지 효율 문제 등을 생각하지 않을 수 없다. 도시 경제의 성장과 지속 가능성 사이의 관계를 탐구하고 토론해 보자.

주제3 미래 사회의 창조적인 도시 정책과 해결 방법에 관한 연구

주제4 해외의 대도시와 서울에서 발생하는 문제에 관한 비교 분석

학생부 기록 예시 (교과세특)

'도시는 왜 불평등한가(리처드 플로리다)'를 읽고 뉴욕, 도쿄, 런던, 서울의 부동산 가격 상승 현상, 고소득층과 저소득층 사이의 격차에 대해 조사 분석함. 불평등 문제에 대한 원인을 탐구하고 원인별로 통계 자료를 찾아 제시함. 특히 우리나라의 저출산, 취업률, 주거, 임금 등 주요 문제를 통계청 자료를 활용하여 논리적으로 분석하여 제시함. 어떤 과제든 공식 통계 자료를 수집하고 분석하는 능력이 향상되었다며 자신감을 보임.

'도시는 왜 불평등한가(리처드 플로리다)'를 읽고 도시 경제의 성장이 주는 환경 문제와 자원 사용을 조사하고 분석함. 도시 경제의 부가가치가 어떻게 분배되는지 조사하고, 부의 고른 분배 방안을 동아리 친구들과 협력하여 자료를 정리함. 친환경 도시로 성장하기 위하여 성장과 지속 가능성 사이의 가장 적합한 정책에 관해 토론하며 대학원까지 진학하여 전문적인 도시공학자의 꿈을 키워 나가겠다고 다짐함.

관련 논문

대도시 내 지역 박탈과 소득불평등이 미충족의료에 미치는 영향에 관한 다수준 분석 (김희언, 2016)

관련 도서

《어반 정글》, 벤 윌슨, 매일경제신문사
《짓기와 거주하기》, 리처드 세넷, 김영사

관련 계열 및 학과
- 공학계열: 건축공학과, 교통공학과, 도시공학과, 산업공학과, 환경공학과
- 사회계열: 경제학과, 공공행정학과, 도시행정학과, 사회학과, 행정학과

관련 교과
- 교육계열: 가정교육과, 교육학과, 기술교육과, 사회교육과, 환경교육과

2022 개정 교육과정: 경제 수학, 실용 통계, 사회와 문화, 경제, 도시의 미래 탐구

2015 개정 교육과정: 인공지능 수학, 물리학 I, 융합과학, 정보, 공학 일반

로봇의 지배

마틴 포드 | 시크릿하우스 | 2022

인공지능은 우리 삶의 많은 부분에 긍정적인 영향을 미치고 있지만, 부정적인 측면과 위험성도 존재한다. 이 책은 인공지능의 발전이 우리의 노동, 경제, 사회, 국제, 정치, 문화, 생활에 어떤 영향을 미칠지 분석하고 안전하고 공정한 사용을 위한 규제와 관리 감독의 필요성을 강조하고 경고한다. 인공지능이 편향을 학습하여 더욱 편향시키는 문제, 딥페이크 기술의 악용 문제 등 인공지능의 위험성에 대해서도 다루고 있다.

탐구 주제

주제1 정보 통신 기술의 발달로 인공지능 기술은 비약적으로 발전하고, 에너지 효율성 향상, 범죄 예방, 환경 개선, 서비스 제공 등 다양한 분야에서 활용할 수 있게 되었다. 로봇과 인공지능 기술의 발전으로부터 사회와 경제 전반에 가져올 수 있는 긍정적인 영향에 관하여 연구해 보자.

주제2 인공지능 기술은 우리의 삶을 편리하게 하고 다양한 분야에서 서비스를 제공해 줄 수 있다. 하지만 인공지능 기술은 사회적 문제를 초래할 수도 있다. 얼굴 인식 기술과 딥페이크가 개인정보 보호를 무력화시킬 수도 있다. 인공지능 기술이 사회적인 문제를 초래할 가능성을 탐구해 보자.

주제3 인공지능 기술이 직업과 노동시장에 미칠 영향 조사·예측

주제4 인공지능 기술의 편의성으로 유발되는 갈등에 대한 탐구

학생부 기록 예시 (교과세특)

'로봇의 지배(마틴 포드)'를 읽고 인공지능 기술로 기계와 장치의 에너지 효율성을 향상하고, 우리 사회를 친환경 사회로 유지하기 위한 방안을 다양하게 조사함. 특히 얼굴 인식 알고리즘을 이용하여 범죄를 예방하는 등 국방과학 분야와 관련된 많은 자료를 조사 정리함. 평소 관심이 많은 인공지능 기술을 깊이 있게 공부하여 내로라하는 전문가가 되고, 인공지능을 제대로 관리하며 발전시켜 좋은 사회로 만들겠다는 포부를 밝힘.

'로봇의 지배(마틴 포드)'를 읽고 인공지능 기술의 독점, 과의존 현상 등의 문제를 폭넓게 조사함. 특히 중국과 같이 인공지능 기술을 활용한 얼굴 인식 시스템의 지나친 활용으로 개인정보가 노출되는 문제에 관하여 다양한 사례를 찾아 공유함. 음성뿐만 아니라 사진, 영상, 글 등을 생성하는 데까지 이용되는 딥페이크 기술로 사회의 혼란을 초래할 수 있다며 진로를 프로그래머에서 인공지능 전문가로 결정함.

관련 논문

인공지능이 인간사회에 미치는 영향에 대한 연구(김주은, 2019)

관련 도서

《AI 이후의 세계》, 헨리 키신저 외, 윌북
《제2의 기계 시대》, 에릭 브린욜프슨, 앤드루 맥아피, 청림출판

관련 계열 및 학과
- 공학계열: 메카트로닉스공학과, 소프트웨어공학과, 소프트웨어학과, 전자공학과, 컴퓨터공학과
- 사회계열: 경제학과, 공공행정학과, 도시행정학과, 사회학과, 행정학과

관련 교과
- 교육계열: 과학교육과, 기술교육과, 수학교육과, 윤리교육과, 컴퓨터교육과

2022 개정 교육과정: 인공지능 수학, 수학과제 탐구, 윤리문제 탐구, 로봇과 공학세계, 인공지능 기초

2015 개정 교육과정: 인공지능 수학, 수학과제 탐구, 생활과 윤리, 정보, 공학 일반

인문계열

사회계열

자연계열

공학계열

의약계열

예체능계열

교육계열

로켓의 과학적 원리와 구조

데이비드 베이커 | 하이픈 | 2021

이 책은 지구 궤도를 돌거나 태양계를 넘어 먼 우주를 탐사하는 인공위성과 우주선을 쏘아 올리는 로켓 발사체의 기술과 역사를 다룬 책이다. 로켓을 작동시키는 기본적인 기술적 원리와 구조는 물론 로켓의 역사를 이끌어온 다양한 로켓과 발사체들을 만날 수 있다. 우리나라가 독자 개발한 한국형 발사체의 성공으로 로켓 발사체에 관심이 높은 시기에, 우주 개발과 우주 여행이 가능한 만큼 로켓의 중요성과 역사적인 의미를 이해할 수 있다.

탐구 주제

주제1 한 국가가 독자적으로 우주 프로그램을 추진하기도 하지만, 우주개발이나 실험을 위해서는 여러 국가가 힘을 합쳐 우주 프로그램을 계획하고 추진하는 것이 좋다. 우주 개발 초창기부터 현재까지 국제적으로 협력하여 추진한 우주 프로그램과 민간 우주 산업에 관하여 탐구해 보자.

주제2 지구 주변의 인공위성이나 달 탐사선, 우주 정거장 등은 우리에게 매우 익숙한 우주 탐사 장치들이다. 하지만 우주 멀리 태양계의 태양이나 행성을 탐사하기 위한 우주 탐사선도 수없이 많다. 인공위성, 우주 망원경, 우주 정거장, 우주 탐사선 등 우주 탐사 장치를 조사하여 토론해 보자.

주제3 로켓 발사체와 우주개발이 자연환경에 미치는 영향 탐구

주제4 우리나라의 발사체와 달 탐사 계획과 실행에 대한 고찰

학생부 기록 예시 (교과세특)

'로켓의 과학적 원리와 구조(데이비드 베이커)'를 읽고 국제우주정거장(ISS), 유럽우주기구(ESA)의 로켓 등 국제적으로 협력하여 추진되는 우주 프로그램을 탐구함. 여러 국가의 협력을 통해 이루어진 성공적인 우주 프로젝트를 조사하고, 주도적인 역할을 하는 국가나 기관, 우리나라의 참여도와 기술력 등을 연관 지어 자료를 풍부하게 정리함. 국가가 주도뿐 아니라 민간 주도 우주 산업도 탐구하며 우주 개발에 대한 포부를 밝힘.

'로켓의 과학적 원리와 구조(데이비드 베이커)'를 읽고 인공위성의 역할과 종류, 활용 분야 등을 조사하고, 동아리 친구들의 도움을 받아 현재 사용 중인 인공위성에 관한 토론용 자료를 제작해 공유함. 우주 망원경의 종류와 용도는 물론 국제 우주 정거장의 경과에 대한 모형을 만들어 학급에 전시함. 각국의 우주 탐사선을 그림으로 정리하여 토론에 임함. 관심이 있는 영역인 만큼 대학원까지 진학하여 항공우주연구원이 되겠다고 밝힘.

관련 논문

국내외 우주탐사 프로그램 및 관련 기술의 개발현황 (주광혁, 2016)

관련 도서

《우주탐사 매뉴얼》, 김성수, 위즈덤하우스
《우주미션 이야기》, 황정아, 플루토

관련 계열 및 학과
- 공학계열: 메카트로닉스공학과, 소프트웨어공학과, 컴퓨터공학과, 항공우주공학과, 항공운항학과
- 자연계열: 물리학과, 수학과, 천문우주학과, 항공관광학과, 항공운송학과

관련 교과
- 교육계열: 과학교육과, 기술교육과, 물리교육과, 수학교육과, 컴퓨터교육과

2022 개정 교육과정: 수학과제 탐구, 물리학, 역학과 에너지, 융합과학 탐구, 로봇과 공학세계

2015 개정 교육과정: 수학과제 탐구, 물리학 I, 물리학 II, 융합과학, 공학 일반

모터의 테크놀로지

김응채 외 | HJ골든벨타임 | 2018

이 책은 회전형 모터를 중심으로 기본적인 회전 원리부터 그 기구의 제어 방법에 관해 설명한 책이다. 총 7단원으로 나뉘어 있으며 모터의 기초, 직류/교류 모터, 반도체 제어와 서보모터, 구동 회로로 움직이는 모터, 직선운동을 하는 모터, 일상생활에서의 모터 활용 사례 등 이론과 사례를 다루고 있다. 실제 사진과 그림으로 쉽게 이해할 수 있도록 구성되어 있어 모터를 공부하고 싶은 고등학생부터 전문가에게 추천하는 도서이다.

탐구 주제

주제1 우리 생활을 편리하게 해 주는 전기자동차, 에어컨, 세탁기, 데스크톱 컴퓨터 등에는 다양한 형태의 모터가 사용된다. 우리도 모르게 모터는 중요한 역할을 하고 있다. 학교, 가정은 물론 일상생활에 사용되는 다양한 모터 활용 사례를 조사하고 모터의 작동 원리와 역할을 탐구해 보자.

주제2 주변에서 흔하게 접하는 일반적인 모터는 전기 스위치를 켜야 작동하지만, 입력되는 신호에 따라 작동하는 모터도 있다. 자동화 산업 분야에 없어서는 안 될 서보모터이다. 서보모터는 반도체로 신호를 제어한다. 서보모터의 작동 원리와 활용 사례를 조사해 보자.

주제3 직류(DC) 모터와 교류(AC) 모터의 특징과 용도에 대한 비교 분석

주제4 스테핑모터 구동 회로로 회전 운동하는 모형의 제어 방법 탐구

학생부 기록 예시 (교과세특)

'모터의 테크놀로지(김응채 외)'를 읽고 전기자동차, 전기자전거 등 교통수단의 모터, 에어컨, 냉장고 등 가전제품의 모터 등을 폭넓게 조사함. 특히 교류와 직류, 소형과 대형, 가정용과 산업용, 구조와 형태 등 다양한 분류 방식으로 모터를 분류하고 활용 사례를 정리함. 모터를 종류별로 유목화하여 작동 원리와 구조적인 역할을 시청각 자료로 제작하여 친구들에게 공유함. 전기공학에 대해 꾸준하게 공부해 나가길 희망함.

'모터의 테크놀로지(김응채 외)'를 읽고, 입력된 신호에 따라 정밀한 위치 조절이 가능한 서보모터의 작동 원리를 조사하고, 서보모터가 사용되는 자동문을 예로 들어 전기 회로와 구성 요소를 친구들에게 설명함. 동아리 친구와 함께 식당에 사용되는 서빙 로봇의 작동 원리를 탐구하여 방과 후에 전기·전자공학이나 로봇에 관심이 높은 친구들에게 자동 제어 분야에서 서보모터의 중요성을 친절하게 설명하며 자신의 꿈을 키워 나감.

관련 논문

BLDC 모터구동시스템 기술동향(양일석 외, 2014)

관련 도서

《모터제어》, 김상훈, 복두출판사
《문과생도 볼 수 있는 모터란 무엇인가》, GB기획센터, 골든벨

관련 계열 및 학과
- 공학계열: 기계공학과, 메카트로닉스공학과, 전기공학과, 전자공학과, 제어계측공학과
- 자연계열: 물리학과, 에너지과학과, 전자물리학과, 지구환경과학과, 철도운전제어학과

관련 교과
- 교육계열: 과학교육과, 기술교육과, 물리교육과, 수학교육과, 컴퓨터교육과

2022 개정 교육과정: 물리학, 역학과 에너지, 전자기와 양자, 융합과학 탐구, 로봇과 공학세계

2015 개정 교육과정: 물리학 I, 물리학 II, 융합과학, 생활과 과학, 공학 일반

인문계열

사회계열

자연계열

공학계열

의약계열

예체능계열

교육계열

무엇을 먹을 것인가

콜린 캠벨, 토마스 캠벨 | 열린과학 |
2020

이 책은 건강과 영양에 관한 새로운 기준을 제시하는 책으로, 현대인들이 마주하는 성인병의 위험에 대한 실제적인 해결 방안을 제시한다. 지나친 동물 단백질 섭취가 암 발생을 유발하는 것을 지적하며, 식물 단백질이 암을 유발하지 않는다는 중국의 'The China Study' 연구를 인용하고 있다. 건강과 관련된 근거 없는 믿음과 잘못된 정보를 떨쳐 버리고 간결하고 분명한 희망의 메시지를 제시하는 건강서이자 길라잡이이다.

탐구 주제

주제1 현대에 들어서 우리나라 사람의 사망 원인 1위는 암이었다. 캠벨은 중국의 농촌 지역을 대상으로 20여 년간 수행한 암에 관한 연구 'The China Study'에서 단백질이 암 발생의 스위치 역할을 한다는 결론을 내렸다. 중국에서 수행한 'The China Study' 연구 내용을 고찰해 보자.

주제2 우리는 각자의 식습관에 따라 비만과 영양실조, 또는 질병을 만들어 내곤 한다. 특히 선진국에서는 비만이 사회적인 문제로 대두되고 있다. 올바른 식습관이 비만 예방 및 관리에 어떤 영향을 미치는지 조사하고, 음식을 올바르게 먹기 위한 원칙에 관해 토론해 보자.

주제3 자동면역 질환과 식단 간의 연관성에 관한 조사·분석

주제4 정부의 영양 권장량 설정 방식에 미치는 외부 요인에 관한 탐구

학생부 기록 예시 (교과세특)

'무엇을 먹을 것인가(콜린 캠벨 외)'를 읽고 중국의 농촌 지역에서 20여 년간 수행한 'The China Study'를 찾아 공부하며 암과 단백질의 상관 관계를 연구함. 냉전 시대에 미국과 중국이 협력하여 이룬 공동의 결과물이라며 도서관에서 탐구에 열정을 보임. 우리에게 필요한 단백질을 어디에서 섭취해야 하는지 발표 자료를 만들어 친구들에게 공유함. 식품공학 이외에 영양학에도 관심이 커졌다며 넓고 깊게 공부하겠다고 다짐함.

'무엇을 먹을 것인가(콜린 캠벨 외)'를 읽고 과잉 열량 섭취나 과다하고 불균형한 음식 섭취 등 비만의 원인으로 작용하는 요소들을 조사하여 식습관과 어떤 관련이 있는지 분석함. 300명 이상의 사람들에게 식단과 식습관, 건강 상태를 인터뷰하여 건강한 식습관의 중요성에 대해 분석하고, 고등학생에 알맞은 8가지 원칙을 제작하여 교실에 게시함. 우리 학교의 식품영양학 전문가로서 역할을 제대로 했다며 자긍심을 가짐.

관련 논문

식사 질과 영양섭취상태가 사망위험에 미치는 영향에 관한 12년 추적연구(김혜련, 2016)

관련 도서

《나를 채우는 한 끼》, 임성용, 책장속북스
《인체 영양학 교과서》, 가와시마 유키코, 보누스

관련 계열 및 학과
- 공학계열: 도시공학과, 생명공학과, 식품공학과, 화학공학과, 환경공학과
- 자연계열: 농생물학과, 동물자원과학과, 생명과학과, 식물자원학과, 축산학과
- 의약계열: 간호학과, 보건관리학과, 약학과, 의예과, 한의예과

관련 교과

2022 개정 교육과정: 확률과 통계, 사회문제 탐구, 세포와 물질대사, 생물의 유전, 생태와 환경

2015 개정 교육과정: 확률과 통계, 사회문제 탐구, 생명과학 I, 생명과학 II, 가정과학

배터리의 미래

M. 스탠리 위팅엄 외 | 이음 | 2021

이 책은 최종현학술원에서 열린 과학혁신 국제 심포지엄에서 리튬이온배터리 연구로 노벨화학상을 수상한 M. 스탠리 위팅엄 교수와 세계적 석학들이 최신 연구 동향과 미래 전망을 소개하는 내용으로 구성되었다. 리튬이온배터리, 양극재 개발, 실시간 배터리 모니터링 등을 일반인들도 이해할 수 있도록 쉽게 풀어 설명하였다. 첨단 배터리 분야에서 이미 중요한 업적을 이룬 우리나라 학자들의 활약상도 소개하는 책이다.

탐구 주제

주제1 리튬이온 전지는 충전해서 사용할 수 있는 2차 전지로 스마트기기, 노트북 등에 많이 사용된다. 다른 전지에 비해 가벼울 뿐만 아니라 사용이 편리하지만, 자칫 폭발의 위험도 존재한다. 리튬이온 전지의 기본 원리를 알아보고 우리 미래에 어떤 영향을 미칠 수 있는지 탐구해 보자.

주제2 전기자동차에 사용하는 전지는 스마트기기에 사용되는 전지와 차이가 있다. 모두 충전해서 사용하는 2차 전지에 속하지만, 분명히 종류가 다르다. 전지가 장착된 자동차에는 전기차와 하이브리드차가 있다. 전기자동차에 사용되는 전지의 특징을 알아보고 작동 원리를 탐구해 보자.

주제3 비정질 암염(DRX)을 이용한 양극재 개발에 대한 고찰

주제4 층상 양극재를 사용한 리튬이온배터리 기술에 대한 연구

학생부 기록 예시 (교과세특)

'배터리의 미래(M. 스탠리 위팅엄 외)'를 읽고 리튬이온 전지의 충전과 방전 과정에서 일어나는 화학 반응이나 기본 원리를 탐구함. 다른 전지에 비하여 장점이 많으나 폭발 위험이 있어 이 단점을 해결하려는 국내외 연구를 조사하고 친구들과 함께 공유함. 현재 리튬이온 전지가 널리 사용되는 분야에 대해 분석하고, 배터리 기술 발전이 일상생활과 산업에 어떤 영향을 줄 수 있는지 체계적으로 분석하며 동아리 친구들과 함께 공부함.

'배터리의 미래(M. 스탠리 위팅엄 외)'를 읽고 전기자동차에 사용되는 리튬계열 전지와 수소연료 전지 등을 조사해 각각의 특징과 장단점을 분석함. 하이브리드 자동차, 전기 자동차, 연료 전지 자동차 등의 차이점을 조사하고 각각의 작동 원리와 배터리 시스템 구성을 분석함. 미래의 산업으로 주목받는 배터리에 대한 관심이 많았으나, 최근에는 배터리 재활용 분야도 함께 공부하고 있으며 대학에서 화학공학을 전공하길 희망함.

관련 논문
리튬 2차전지용 전해질 소재의 개발 동향(이영기, 김광만, 2008)

관련 도서
《K 배터리 레볼루션》, 박순혁, 지와인
《배터리 전쟁》, 루카스 베드나르스키, 위즈덤하우스

관련 계열 및 학과
· 공학계열 : 메카트로닉스공학과, 에너지공학과, 자동차공학과, 전기공학과, 화학공학과
· 자연계열 : 물리학과, 생명과학과, 생화학과, 화학과, 환경학과

관련 교과
· 교육계열 : 과학교육과, 기술교육과, 물리교육과, 화학교육과, 환경교육과

2022 개정 교육과정 : 역학과 에너지, 물질과 에너지, 화학반응의 세계, 융합과학 탐구, 로봇과 공학세계

2015 개정 교육과정 : 통합과학, 융합과학, 화학 I, 화학 II, 공학 일반

사이버네틱스

노버트 위너 | ITTA | 2023

"반드시 읽어야 할
우리 시대 가장 중요한 고전 중 하나."
- 정재승(이론 신경과학자, KAIST 뇌인지과학과 교수)

이 책은 수학자 노버트 위너가 1948년 출간한 초판과 1961년에 출간한 2판을 아우르는 책으로 제어공학, 신경생리학, 사회학 등 다양한 분야를 가로지르며 전기·기계 계, 생물의 신경계, 개체가 모여 생성되는 사회 등 다양한 사례를 다루고 있다. 서로 다른 영역에 속하는 현상이 정보 교환으로 되먹임 고리가 형성되며 계의 제어가 이루어지는 과정을 설명한다. 제어와 커뮤니케이션의 두 축으로 통합하는 새로운 관점을 만날 수 있는 도서이다.

탐구 주제

주제1 과학자마다 시간에 대한 개념을 다르게 주장한다. 17세기에는 뉴턴과 라이프니츠, 20세기에는 베르그송과 아인슈타인이 시간 개념에 대해 언쟁을 벌였다. 뉴턴과 베르그송의 시간에 관한 개념을 조사하고 이러한 시간 개념이 인간과 기계 간에 어떻게 다를 수 있는지 탐구해 보자.

주제2 컴퓨터와 인터넷의 발달로 정보는 넘쳐나고 있다. 개인이나 사회의 가치관, 문화, 역사, 신념 등이 반영되어 언어의 표현으로 나타난다. 정보, 언어, 사회 간의 상호작용에 대해 알아보고, 디지털 시대에서 정보 전달과 의사소통 방식 변화가 사회적인 영향을 어떻게 미치는지 연구해 보자.

주제3 스스로 학습하고 증식하는 기계의 발전 가능성과 윤리 문제 고찰

주제4 정보 통신 기술의 발전이 정신 건강에 미치는 영향 분석

학생부 기록 예시 (교과세특)

'사이버네틱스(노버트 위너)'를 읽고 뉴턴의 절대적인 시간 개념을 연구해 시간이 어떻게 자연 현상 설명에 영향을 미치는지 분석함. 시간을 공간화하고 수량화하는 것을 비판한 베르그송의 상대적인 시간 개념과 비교하며 조사함. 인간과 기계 간에 시간 인식 및 처리 방식 차이를 탐구하고, 인간의 시간적인 경험 해석과 컴퓨터의 계산 절차에 대하여 분석하며 능력 있는 물리학자가 되겠다고 각오를 다짐.

'사이버네틱스(노버트 위너)'를 읽고 정보와 언어 간의 관계를 탐구하여 언어 표현이 개인 및 집단의 가치관과 신념을 반영하는 방식을 조사하고 분석함. 디지털 시대에서 발전하는 의사소통 방식에 관해 연구하고, 이러한 변화가 사회 구조와 문화 형성에 어떤 영향을 미칠 수 있는지 친구들과 토론함. 인터넷에 나타나는 다양한 의견 형성과 정보 조작 등이 공론장 형성 및 정보 신뢰도 등에 어떤 영향을 줄 수 있는지 분석함.

관련 논문

사이버네틱스의 인식론과 메타-과학적 지위(문장수, 2018)

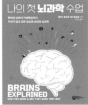

관련 도서

《두 뇌, 협력의 뇌과학》, 우타 프리스 외, 김영사
《나의 첫 뇌과학 수업》, 앨리슨 콜드웰, 미카 콜드웰, 롤러코스터

관련 계열 및 학과

• 공학계열: 기계공학과, 메카트로닉스공학과, 생명공학과, 정보통신공학과, 제어계측공학과

• 자연계열: 뇌공학과, 뇌인지과학과, 생명과학과, 생물학과, 수학과

관련 교과

• 교육계열: 과학교육과, 기술교육과, 물리교육과, 화학교육과, 환경교육과

2022 개정 교육과정: 인공지능 수학, 생명과학, 융합과학 탐구, 로봇과 공학세계, 인공지능 기초

2015 개정 교육과정: 인공지능 수학, 통합과학, 융합과학, 생명과학 I, 생명과학 II

생명과학, 공학을 만나다

유영제 | 나녹 | 2019

인공지능과 바이오 시대를 위한 생명과학 이야기

생명과학, 공학을 만나다

유영제 지음

왜
그리고 어떻게를
묻고 토론하다

이 책은 최근 많이 보급되고 있는 STEAM 개념과 내용을 포함하여 청소년과 일반인 모두가 생명과학과 공학에 대해 이해하고 과학적 마인드를 갖게 해 준다. 생명과학 분야에서 중요한 주제들을 다루며 과학적 기초를 단단히 다지고 융합적 사고를 할 수 있는 방법을 제시한다. 또한 생각해 볼 질문들을 제시하여 과학적 사고와 비판적 사고를 키울 수 있도록 도와준다. 미래 사회에서 중요한 역할을 할 바이오 공학도를 위한 도서이다.

탐구 주제

주제1 생명공학은 혁신적이고 여러 공학 분야로 응용할 수 있어 사회의 이목을 집중시키는 학문이다. 하지만 생명공학의 윤리 문제와 환경 영향은 주목해야 할 중요한 문제다. 생명공학에서 일어나는 사회적인 문제를 알아보고, 바이오산업의 경제적인 영향을 관련 직업별로 탐구해 보자.

주제2 개인의 유전자 정보를 분석하여 맞춤으로 진단과 치료법에 접근하는 방법이 주목받고 있다. 개인의 유전적 특성과 질병 위험 요소를 파악해 질병 예방 및 치료 전략을 짜는 것이다. 유전자 검사와 개인화 의료에 대해 알아보고, 유전자 정보 활용 치료법의 발전 가능성을 토론해 보자.

주제3 단백질 합성의 원리와 의료 분야에서 인슐린의 역할에 관한 탐구

주제4 쓰레기와 환경 오염을 방지할 수 있는 혁신적인 농업 방식 연구

학생부 기록 예시 (교과세특)

'생명과학, 공학을 만나다(유영제)'를 읽고 생명공학과 관련된 윤리적, 환경적 문제를 인식해 이를 해결하는 방안을 모색함. 바이오산업과 관련된 직업을 탐색하고 바이오산업이 발전하는 정도에 따라, 바이오산업과 관련된 직업군에 영향을 미치는 정도에 따라 3단계로 분류하여 자료를 제작하여 공유함. 바이오산업과 경제를 매우 밀접한 관련이 있다며 장래 희망인 유전자 전문 연구원이 되겠다는 의지를 보임.

'생명과학, 공학을 만나다(유영제)'를 읽고, 유전자 검사의 종류와 방법, 활용 분야 등을 조사함. 개인의 유전적 특성과 질병 위험 요소를 파악하고, 예방 및 치료 전략을 수립하는 개인화 의료에 관해 탐구함. 유전자 가위, 유전자 치료 등 유전자 정보 활용 치료법의 발전 가능성을 토론함. 유전자 정보 활용에 따른 개인정보와 윤리 문제에 대하여 진지하게 토론하며 유전자 분야의 전문가가 되겠다는 포부를 밝힘.

관련 논문

한국의 생명공학 기술과 산업 (현병환, 1999)

관련 도서

《내가 된다는 것》, 아닐 세스, 흐름출판
《만들어진 진화》, 양은영, EBS BOOKS

관련 계열 및 학과
- 공학계열: 도시공학과, 산업공학과, 생명공학과, 식품공학과, 환경공학과
- 자연계열: 농생물학과, 미생물학과, 분자생물학과, 생명과학과, 생물학과
- 의약계열: 간호학과, 보건관리학과, 약학과, 의예과, 한의예과

관련 교과

2022 개정 교육과정: 생명과학, 세포와 물질대사, 생물의 유전, 생활과학 탐구, 생태와 환경

2015 개정 교육과정: 통합과학, 융합과학, 생명과학 I, 생명과학 II, 환경

세계사를 바꾼 12가지 신소재

사토 겐타로 | 북라이프 | 2019

이 책은 인류의 발전과 역사를 혁신적인 물질의 발견과 함께 다시 살펴 보는 내용이다. 미시적인 관점에서 금, 도자기, 콜라겐, 철, 실리콘 등 열두 가지 혁신적 재료들이 어떻게 발견되었는지, 어떤 사건으로 세계가 연결되고 바뀌었는지를 꿰뚫는 한편, 해박한 지식으로 역사와 과학을 긴밀하게 연결한다. 현재를 살아가는 우리에게 미래의 새로운 발견을 기대하며 무한 경쟁 시대에서 살아남는 방법을 찾을 수 있는 기회를 제공한다.

탐구 주제

주제1 신소재는 세계 여러 나라에 많은 변화를 가져왔다. '금, 도자기, 콜라겐, 철, 종이, 탄산칼슘, 비단, 고무, 자석, 알루미늄, 플라스틱, 실리콘'이라는 열두 가지 신소재가 한국 사회의 기술 혁신, 경제 발전, 생활 방식에 어떤 영향을 미쳤는지 탐구하고 분석해 보자.

주제2 세계사를 바꾼 '금, 도자기, 콜라겐, 철, 종이, 탄산칼슘, 비단, 고무, 자석, 알루미늄, 플라스틱, 실리콘'이라는 열두 가지 신소재 중 지속 가능성과 환경 친화성을 갖춘 소재들에 대해 알아보고, 인류의 문제 해결과 지속 가능한 발전을 위해 어떻게 활용될 수 있는지 탐구해 보자.

주제3 우리나라의 역사를 바꾼 혁신적인 소재의 발견 사례와 활용 탐구

주제4 미래에 등장할 새로운 재료와 과학 기술 발전 가능성에 관한 예측

학생부 기록 예시 (교과세특)

'세계사를 바꾼 12가지 신소재(사토 겐타로)'를 읽고 금, 도자기, 철, 자석, 실리콘 등의 신소재가 기술 혁신에 기여한 내용을 탐구해 콜라겐, 탄산칼슘, 비단, 고무, 알루미늄 등의 신소재가 경제 발전에 기여한 내용을 분석함. 종이, 플라스틱 등의 신소재가 생활 방식에 미친 영향과 미래의 신소재 개발과 활용에 대한 전망을 함께 발표하며, 신소재공학과 진학과 대학원에서 박사 과정까지 공부하겠다는 포부를 밝힘.

'세계사를 바꾼 12가지 신소재(사토 겐타로)'를 읽고 지속 가능성과 환경 친화성을 갖춘 신소재인 도자기, 종이, 비단, 고무, 자석, 플라스틱 등에 대하여 탐색하고 동아리 친구들과 협력하여 게시 자료를 제작함. 지속 가능성과 환경 친화성을 갖춘 소재들에 대한 이해를 높이고, 인류의 문제 해결과 지속 가능한 발전을 위한 활용 방안을 탐구함. 신소재별로 우리나라에 도입되어 사용되는 사례와 산업 분야를 분석함.

관련 논문
복합신소재의 개발과 활용 (윤순종, 2010)

관련 도서
《거의 모든 물질의 화학》, 김병민, 현암사
《신소재, 4차 산업혁명을 이끄는 힘》, 한상철 외, 도서출판 홍릉

관련 계열 및 학과
• 공학계열 : 금속공학과, 반도체공학과, 신소재공학과, 화학공학과, 환경공학과

• 자연계열 : 나노에너지화학과, 신소재화학과, 화학과, 화학신소재학과, 환경학과

관련 교과
• 교육계열 : 과학교육과, 기술교육과, 사회교육과, 화학교육과, 환경교육과

2022 개정 교육과정 : 세계사, 화학, 화학반응의 세계, 융합과학 탐구, 생활과학 탐구

2015 개정 교육과정 : 세계사, 통합과학, 화학 I, 화학 II, 융합과학

인문계열

사회계열

자연계열

공학계열

의약계열

예체능계열

교육계열

시간과 공간의 연결, 교통이야기

대한교통학회 | 씨아이알 | 2018

대한교통학회 출간 사업으로 제작된 교통학 개론으로, 도로, 철도, 항공, 대중교통, ITS, 녹색교통, 물류 등 7개 주제를 다루며 과거, 현재, 미래의 교통 모습을 보여 주는 책이다. 교통 전문가들의 해설과 함께 많은 그림과 사진을 통해 교통과학의 신기한 현상과 앞으로 다가올 미래 교통의 변화에 대하여 쉽게 이해할 수 있도록 구성되어 있다. 교통공학에 관심이 있는 사람이나, 전공을 고민하는 학생에게 추천한다.

탐구 주제

주제1 우리나라는 좁은 국토 면적에 비해 대다수의 사람이 중도시나 대도시에 집중되어 생활하고 있다. 이로 인해 발생하는 다양한 교통 문제에 대하여 알아 보자. 교통 체증, 대중교통 개선, 환경친화적인 교통 방식 등에 교통 문제에 대한 개선 방안에 관하여 탐구해 보자.

주제2 미래도시는 첨단 교통수단 도입 등 계획도시로 발전할 가능성이 크다. 지능형 교통 시스템(ITS), 녹색교통 등과 같은 미래의 교통공학 기술과 도시 계획에 관하여 알아 보자. 자율주행 자동차, 교통 허브 구축, 스마트 신호 제어 시스템 등에 첨단 교통공학 기술에 관해 탐구해 보자.

주제3 철도, 항공, 대중교통 등 교통수단의 발전 과정에 대한 탐구

주제4 교통수단이 환경에 미치는 영향과 녹색 교통의 사례에 관한 연구

학생부 기록 예시 (교과세특)

'시간과 공간의 연결, 교통이야기(대한교통학회)'를 읽고 우리나라의 국토 면적과 인구 분포에 따른 교통 문제를 인식해 교통 체증, 대중교통 개선, 환경친화적인 교통 방식 등에 대한 탐구를 진행함. 교통 문제의 원인과 해결 방안을 모색하기 위해 관련 자료를 수집하고 분석함. 탐구 결과를 바탕으로 교통 문제를 개선하기 위한 정책 제안과 더불어 미래 교통수단과 도시 계획에 대하여 다양한 방안을 친구들에게 제시함.

'시간과 공간의 연결, 교통이야기(대한교통학회)'를 읽고 미래의 교통수단과 도시 계획에 관한 관심이 생겨, 동아리 친구들과 협력하여 지능형 교통 시스템(ITS), 녹색교통 등에 대한 탐구를 진행함. 자율주행 자동차, 개인용 수송 수단, 스마트 도시, 스마트 신호 제어 시스템 등에 첨단 교통공학 기술에 관해 탐구함. 미래의 교통수단과 도시 계획에 대하여 발표하며 자신의 진로가 교통공학과 도시공학이라고 처음 밝힘.

관련 논문
미래 모빌리티 체계 변화 예측 및 서비스 방향 연구(권영민 외, 2020)

관련 도서
《한국 철도의 역사와 발전》, 이용상 외, BG북갤러리
《알기쉬운 도시교통》, 원제무, 박영사

관련 계열 및 학과	• 공학계열: 도시공학과, 산업공학과, 생명공학과, 식품공학과, 환경공학과
	• 자연계열: 농생물학과, 미생물학과, 분자생물학과, 생명과학과, 생물학과
관련 교과	• 의약계열: 간호학과, 보건관리학과, 약학과, 의예과, 한의예과

2022 개정 교육과정: 사회와 문화, 사회문제 탐구, 역학과 에너지, 창의 공학 설계, 생태와 환경

2015 개정 교육과정: 사회문화, 사회문제 탐구, 통합과학, 공학 일반, 환경

인문계열

사회계열

자연계열

공학계열

의약계열

예체능계열

교육계열

신소재 이야기

김영근, 안진호 | 자유아카데미 | 2021

이 책은 인류 문명의 발전에 큰 역할을 한 다양한 신소재들의 역사와 발전 과정을 소개하는 책이다. 수정 구슬, 반도체, 자석, 탄소소재, 복합소재, 생체모방소재, 나노소재 등 다양한 신소재들의 탄생과 발전 과정을 다룬다. 신소재에 대한 전반적인 이해를 높이고, 미래의 신소재 개발에 대한 전망과 발전 방향을 모색하는 데 도움이 될 것이다. 주제마다 다양한 사진과 그림이 수록되어 있어 쉽게 접근할 수 있는 도서이다.

탐구 주제

주제1 개발된 신소재는 우리 생활이나 산업에 많은 영향을 미친다. 개발된 신소재들이 어떻게 산업 혁신과 경제 발전에 기여했는지 알아보자. 특히 우리나라의 반도체 기술과 관련하여 반도체 산업 성장과 미래 전자기기 발전에 어떤 영향을 끼치고 있는지 현황을 분석하고 미래를 예측해 보자.

주제2 나노 기술은 우리 생활에 많은 영향을 주고 있다. 단순하게 농업이나 식품, 포장 기술 등에도 활용하지만, 정보통신공학, 생명공학, 환경공학, 우주공학 등 다양한 방면에 사용된다. 우리나라의 나노 기술 현황을 조사하고, 나노 기술을 통해 개발된 신소재나 응용 사례를 탐구해 보자.

주제3 다양한 신소재의 특징과 인류 문명에 미치는 영향에 관한 탐구

주제4 개발된 신소재의 발전 과정에서 발견된 기술에 관한 연구

학생부 기록 예시 (교과세특)

'신소재 이야기(김영근 외)'를 읽은 뒤 신소재가 우리 생활이나 산업에 미치는 영향을 알아 보고, 신소재 개발이 산업 혁신과 경제 발전에 이바지하는 방법을 탐구함. 우리나라의 반도체 기술과 관련하여 반도체 산업 성장과 미래 전자기기 발전에 어떤 영향을 끼치는지 현황을 분석하고 미래를 예측함. 친구들과 탐구하며 신소재 개발의 중요성을 깨닫고, 열심히 공부하여 신소재 전문가가 되겠다는 포부를 말함.

'신소재 이야기(김영근 외)'를 읽은 후 나노 기술이 우리 생활에 많은 영향을 주고 있다는 것을 이해하고 농업이나 식품, 포장 기술 등 다양한 방면에 활용되는 것을 탐구함. 정보통신공학, 생명공학, 환경공학, 우주공학 등 다양한 분야에서 나노 기술이 활용되는 것을 조사함. 우리나라의 나노 기술 현황을 조사하고 나노 기술을 통해 개발된 신소재와 응용 사례를 발표하며, 미래의 나노 기술 발전에 대한 자기 생각을 밝힘.

관련 논문

다공성 탄소나노튜브 섬유를 이용한 차세대 복합소재 연구 (이균배 외, 2022)

관련 도서

《모든 것에 화학이 있다》, 케이트 비버도프, 문학수첩
《위험한 과학자, 행복한 과학자》, 정용환, 행복에너지

관련 계열 및 학과	• 공학계열 : 금속공학과, 반도체공학과, 신소재공학과, 화학공학과, 환경공학과
	• 자연계열 : 나노에너지화학과, 신소재화학과, 화학과, 화학신소재학과, 환경학과
관련 교과	• 교육계열 : 과학교육과, 기술교육과, 사회교육과, 화학교육과, 환경교육과

2022 개정 교육과정 : 화학, 화학반응의 세계, 융합과학 탐구, 생활과학 탐구, 생태와 환경

2015 개정 교육과정 : 통합과학, 화학 I, 화학 II, 융합과학, 환경

어둠 속의 추적자들

앤디 그린버그 | 에이콘출판 | 2023

이 책은 비트코인, 블록체인의 비밀을 깬 수사관들이 다크웹의 범죄자들을 추적하는 이야기를 다루고 있다. 유례를 찾아볼 수 없는 범죄와 그런 범죄를 추적하는 내용으로 구성되어 있다. 이 책의 작가는 비트코인 범죄 수사와 관련된 연방 수사 요원들과 관련 업계 사람들을 폭넓게 취재한 결과를 바탕으로 거대한 범죄 제국의 성장과 몰락의 역사를 흥미진진하게 펼쳐 보인다. 디지털 암시장에서 벌어지는 범죄와 추적의 승부를 느낄 수 있다.

탐구 주제

주제1 2009년에 발행된 P2P 기반의 암호화폐 중 하나인 비트코인이라는 용어는 컴퓨터의 단위인 비트(bit)와 화폐를 뜻하는 코인(coin)에서 유래되었다. 비트코인과 암호화폐를 중심으로 한 범죄와 규제를 조사하고, 우리나라의 법적인 영역과 관련된 사례를 분석해 보자.

주제2 블록체인이란 블록에 데이터를 담아 체인 형태로 연결하여 수많은 컴퓨터에 동시에 이를 복제해 저장하는 데이터 분산 처리 기술을 의미한다. 블록체인과 같은 디지털 신기술이 범죄 예방 및 추적에 어떻게 활용될 수 있는지 우리나라와 외국의 사례와 프로젝트를 연구해 보자.

주제3 디지털 수사에 사용되는 기법과 전문성 영역에 관한 탐구

주제4 다크웹 역사와 범죄에 사용되는 국내외 사례 연구

학생부 기록 예시 (교과세특)

'어둠 속의 추적자들(앤디 그린버그)'을 읽고 비트코인과 암호화폐를 중심으로 한 범죄와 규제에 대한 탐구활동을 실시함. 비트코인의 유래와 함께 P2P(Peer to Peer) 기반의 암호화폐를 조사하고 이를 바탕으로 암호화폐가 범죄에 악용되는 국내외 사례와 규제의 필요성에 대해 깊이 있게 탐구함. 우리나라의 사례를 분석하여 암호화폐 규제에 대한 자신의 의견을 정리하여 발표하며, 정보보안 전문가에 대한 장래 희망을 밝힘.

'어둠 속의 추적자들(앤디 그린버그)'을 읽고 블록체인과 같은 디지털 신기술이 범죄 예방 및 추적에 어떻게 활용될 수 있는지에 대한 탐구활동을 실시함. 블록체인의 정의와 함께 디지털 신기술이 범죄 수사에 어떻게 도움이 될 수 있는지 조사하였으며, 이를 바탕으로 국내외의 실제 사례를 조사하고 예방 프로젝트를 탐구함. 중학교 2학년부터 꿈꿔온 국내 제일의 정보보안 전문가를 위해 박사 과정까지 공부하겠다는 포부를 밝힘.

관련 논문
블록체인과 가상(암호)화폐 관련 범죄에 대한 최근 이슈와 형사법적 대처방안의 모색 (이정훈, 2022)

관련 도서
《보이지 않는 위협》, 김홍선, 한빛미디어
《네트워크 보안》, Du, Wenliang, 생능출판

관련 계열 및 학과	• 공학계열: 소프트웨어공학과, 소프트웨어학과, 정보보안학과, 정보통신공학과, 컴퓨터공학과
	• 사회계열: 경영학과, 경찰행정학과, 금융보험학과, 법학과, 언론정보학과
관련 교과	• 교육계열: 과학교육과, 기술교육과, 사회교육과, 윤리교육과, 컴퓨터교육과

2022 개정 교육과정: 독서와 작문, 주제 탐구 독서, 인공지능 수학, 금융과 경제생활, 인공지능 기초

2015 개정 교육과정: 독서, 언어와 매체, 인공지능 수학, 사회문제 탐구, 정보

언제나 파일럿

정인웅 | 루아크 | 2022

이 책은 현직 국제선 기장의 경험과 비결을 담은 비행 관련 수필로 조종사의 업무와 삶, 민항기 기장으로 사는 생활과 고민을 가감 없이 들려 준다. 작가는 고등학교 때 영어를 좋아해 대학에서 영어영문학을 전공했지만, 졸업 후 공군에 입대하며 항공기와 인연을 맺은 생생한 경험을 풀어 놓는다. 조종사의 삶을 동경하거나 꿈꾸는 학생들, 조종사의 역할이 궁금한 이들에게 큰 울림을 줄 만한 이야기나 경험들이 수록되어 있다.

탐구 주제

주제1 항공기 조종사는 책임감도 무겁지만 다양한 업무를 해야 한다. 비행을 준비하는 과정, 이륙이나 착륙 절차, 또는 비상 상황 발생 시 원칙을 지켜 대응하면서도 상황판단 능력이 탁월해야 한다. 항공기 조종사의 업무와 책임을 알아 보고, 항공기 운항 절차 및 안전 규정을 탐구해 보자.

주제2 항공기 안전 사고는 자동차 안전 사고보다 발생률이 현저하게 낮은 편이지만, 대형 사고인 경우가 많다. 항공기 안전사고를 방지하는 것은 항공사의 큰 과제이기도 하다. 항공기 운항의 안전 관리 체계와 항공 안전에 영향을 미치는 요소들을 분석해 보자.

주제3 항공기 조종사와 직원 간의 의사소통과 협업에 관한 탐구

주제4 항공기 성능 개선과 환경친화적인 비행 기술에 관한 조사

학생부 기록 예시 (교과세특)

'언제나 파일럿(정인웅)'을 읽고 항공기 조종사의 업무와 책임에 대한 탐구활동을 실시함. 항공기 조종사가 수행하는 다양한 업무와 책임, 비행 준비 과정, 이륙 및 착륙 절차, 비상 상황 대응 원칙 등을 조사함. 또한 항공기 운항 절차 및 안전 규정을 탐구하여 항공기 안전을 주제로 토론하고, 친구들에게 상황판단 능력의 중요성을 강조하며 전투기 조종사가 되겠다는 자신의 진로 계획도 함께 발표함.

'언제나 파일럿(정인웅)'을 읽고 항공기 안전 사고 방지에 대한 탐구활동을 실시함. 항공기 안전 사고의 발생률과 대형 사고인 경우가 많은 이유를 조사하고, 항공기 운항의 안전 관리 체계와 항공 안전에 영향을 미치는 요소들을 분석함. 분석한 내용을 친구의 도움을 받아 게시 자료로 제작해 공유하며 항공 안전에 대한 인식을 개선하고자 교내 봉사활동을 실시함. 국내외 항공사를 막론하고 반드시 기장이 되겠다는 의지를 밝힘.

관련 논문
외국항공사 안전관리체계 제도개선 연구(강현우, 2012)

관련 도서
《항공우주학개론》, 한국항공우주학회, 경문사
《비행이론》, 국토교통부, 진한엠앤비

관련 계열 및 학과
• 공학계열: 교통공학과, 기계공학과, 정보통신공학과, 항공우주공학과, 항공운항학과

• 사회계열: 경영학과, 관광학과, 국제통상학과, 무역학과, 항공서비스학과

• 교육계열: 과학교육과, 기술교육과, 물리교육과, 지리교육과, 환경교육과

관련 교과

2022 개정 교육과정: 독서와 작문, 독서토론과 글쓰기, 세계시민과 지리, 물리학, 생활과학 탐구

2015 개정 교육과정: 독서, 실용 국어, 세계 지리, 통합과학, 공학 일반

에너지가 바꾼 세상

후루타치 고스케 | 에이지21 |
2022

이 책은 현대 사회가 직면한 다양한 문제들을 에너지의 관점에서 조명하고, 미래 인류가 나아갈 길을 제시하는 책이다. 자본주의, 식량, 탈탄소화, 기후 혼돈, 환경 재앙 등 다양한 문제들을 다루며, 이를 해결하려는 방안을 찾고자 했다. 이 책은 일본에서 경제경영 에너지 분야 최고 도서로 선정되기도 했다. 인류가 직면한 위협적인 문제들에 대해 생각해 볼 좋은 기회를 제공하는 도서이다.

탐구 주제

주제1 인류가 주로 사용하는 에너지원이 무엇인지에 따라 인류의 문화와 생활은 급격하게 변화해 왔다. 주된 에너지원에 따라 에너지 혁명으로 부르기도 한다. 재생에너지, 핵에너지, 신에너지 기술 등을 중심으로 국내외 사례를 조사하고 친환경 에너지 전환에 관하여 탐구해 보자.

주제2 지속 가능한 발전을 위하여 친환경에너지로의 대전환은 필수로 여겨진다. 이에 범세계적으로 신재생에너지로 전환하고자 노력하고 있다. 신재생에너지와 관련된 외국 정부 정책 및 국가 비전을 알아보고, 우리나라의 신재생에너지 산업 발전 현황과 비교하여 분석해 보자.

주제3 첨단 에너지 저장 기술과 스마트그리드 시스템에 관한 연구

주제4 생활 방식과 경제활동이 에너지산업에 미치는 영향에 관한 탐구

학생부 기록 예시 (교과세특)

'에너지가 바꾼 세상(후루타치 고스케)'을 읽고, 에너지 혁명에 대한 탐구활동을 실시함. 인류가 사용해 온 다양한 에너지원과 그에 따른 문화와 생활의 변화를 조사하고, 재생에너지, 핵에너지, 신에너지 기술 등을 중심으로 국내외 사례를 수집하여 분석함. 전 지구적인 친환경에너지 전환이 필요하며 이에 발맞춰 우리나라도 에너지 전환 정책을 추진해야 한다고 주장함. 친환경 생활을 실천하자며 학교 안팎에서 캠페인 활동을 함.

'에너지가 바꾼 세상(후루타치 고스케)'을 읽고, 신재생에너지에 대한 탐구활동을 실시함. 신재생에너지의 정의와 종류를 조사하였으며, 외국 정부의 신재생에너지 정책과 비전을 탐구함. 우리나라의 신재생에너지 산업 발전 현황을 조사하여 외국 자료와 비교 분석함. 우리나라 에너지산업과 경제, 환경, 인구 등을 비교한 시청각 자료를 제작하여 게시하고, 동아리 친구들과 우리나라 미래의 발전 방향에 대해 깊이 있게 토론함.

관련 논문

신재생에너지 확대 정책과 문제점 : 미국과 EU사례를 중심으로(안상욱, 2016)

관련 도서

《에너지 자원의 위기와 미래》, 조윤수, 일진사
《에너지의 불편한 미래》, 라스 쉐르니카우, 윌리엄 헤이든 스미스, 어문학사

관련 계열 및 학과	• 공학계열: 도시공학과, 산업공학과, 에너지공학과, 전기공학과, 환경공학과
	• 자연계열: 대기과학과, 물리학과, 지구환경과학과, 화학과, 환경학과
관련 교과	• 교육계열: 과학교육과, 기술교육과, 물리교육과, 지구과학교육과, 환경교육과

2022 개정 교육과정: 도시의 미래 탐구, 역학과 에너지, 물질과 에너지, 로봇과 공학세계, 창의 공학 설계

2015 개정 교육과정: 경제 수학, 통합사회, 통합과학, 융합과학, 공학 일반

인문계열

사회계열

자연계열

공학계열

의약계열

예체능계열

교육계열

연금술개론

브라이언 코트노어 | 좋은글방 |
2019

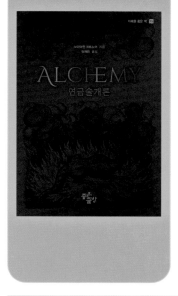

이 책은 진정한 연금술이란 무엇인지 이론을 보여 주고, 연금술사가 추구하고자 했던 변성에 대하여 상세하게 안내하는 입문서이다. 연금술사들은 모든 행동에 상응해서 구체적인 반응이 나타난다는 상응 법칙을 면밀하게 살펴보며 이른바 '납을 금으로 만드는' 작업을 통해 변성을 끌어내고자 하였다. 막연하게 알고 있는 연금술에 대하여 초보자들이 쉽게 이해할 수 있게 구성되어 있는 책이다.

탐구 주제

주제1 연금술은 물질의 반응을 일으켜 전혀 다른 물질로 만들어 내는 목적에서 출발하였다. 납으로 금을 만들어 내는 것이 가장 대표적인 연금술로 알려져 있다. 연금술사들과 그들의 저작 활동에 대해 알아보고, 중세 유럽에서의 연금술 운동과 관련된 사례와 오컬티즘에 관하여 탐구해 보자.

주제2 연금술은 일반적인 이론이 존재한다. 연금술이 성공하기 위한 주변의 조건, 요소, 원리 등이 맞아야 하고, 일정한 시기나 시간을 맞추어야 하며 연금술사가 실천하는 행위도 존재해야 한다. 중세 유럽에서 유행한 연금술의 기본적인 이론과 갖추어야 할 요소와 조건 등을 탐구해 보자.

주제3 연금술의 상징과 은유의 해석과 문화와의 연관성 연구

주제4 연금술의 변성과 변화 원리에 관한 과학적 탐구·분석

학생부 기록 예시 (교과세특)

'연금술개론(브라이언 코트노어)'을 읽고 중세 유럽에서 유행한 연금술에 관해 관심을 가짐. 연금술의 기본적인 이론과 갖추어야 할 요소와 조건 등을 조사하고, 이를 현대 화학에 적용할 수 있는 방안을 조사함. 현대 화학공학의 도전 과제를 분석하며 연금술 실험의 화학적 원리와 화학공학의 새로운 물질 합성 원리를 연관을 지어 탐구함. 화학공학과 금속공학에 대한 자신의 진로 고민이 더 신중해졌음을 밝힘.

'연금술개론(브라이언 코트노어)'을 읽고, 연금술의 역사적 배경과 발전 과정, 대표 연금술사들과 이론, 연금술 원리가 현대 화학에 미친 영향 등을 탐구함. 연금술사들의 저작 활동을 조사하고, 연금술 운동과 관련된 다양한 사례를 조사함. 연금술을 조사하며 물질의 변화와 변환을 통해 새로운 지식을 발견하고 탐구하는 학문인 오컬티즘에 관하여 알게 되어 화학공학과 금속공학에 관심 있는 1학년 후배들에게 2시간 동안 강의를 함.

관련 논문

연금술의 관점에서 본 『연금술사』(박원복, 2009)

관련 도서

《연금술》, 마리-루이제 폰 프란츠, 한국융연구원
《금속상변태》, David A. Porter 외, 교보문고

관련 계열
및 학과

- 공학계열: 금속공학과, 산업공학과, 신소재공학과, 화학공학과, 환경공학과

- 자연계열: 나노에너지화학과, 신소재화학과, 화학과, 화학신소재학과, 환경학과

관련 교과

- 교육계열: 과학교육과, 기술교육과, 사회교육과, 화학교육과, 환경교육과

2022 개정 교육과정: 세계사, 물질과 에너지, 화학, 화학반응의 세계, 로봇과 공학세계

2015 개정 교육과정: 통합사회, 통합과학, 과학사, 융합과학, 공학 일반

오늘날 우리는 컴퓨터라 부른다

마틴 데이비스 | 인사이트 | 2023

이 책은 17세기부터 20세기까지 약 300년에 걸친 컴퓨터의 발전 과정을 담은 책이다. 전체 9장으로 구성되어 있으며, 1장의 라이프니츠부터 9장의 딥 블루까지 자세하게 다룬다. 초기 컴퓨터의 명령어들이 어떻게 수학과 연결되었는지부터 현대 컴퓨터의 바탕을 이루는 아이디어와 그들이 처했던 삶의 배경까지 나와 있다. 놀라운 이야기들로 가득한 컴퓨터 기술의 발전에 영향을 준 인물과 그 업적의 의미를 되짚어 볼 수 있는 도서이다.

탐구 주제

주제1 논리와 수학의 발전은 컴퓨터 과학의 든든한 기초가 되어 주었다. 범용의 수학 언어로 세상의 지식을 표현하려 한 라이프니츠, 논리 대수를 연구한 조지 불, 논리 추론 규칙을 만든 프레게 등의 학자들이 기여한 논리와 수학의 발전을 탐구하고 컴퓨터 과학에 미친 영향을 연구해 보자.

주제2 컴퓨터의 동작은 알고리즘이 완벽해야 작동한다. 튜링, 폰 노이만 등의 학자들에 대해 알아보고 이들이 개발한 컴퓨터에 대해 알아보자. 초기 컴퓨터 시스템 구조와 프로그래밍 개념을 조사하고, 현재의 컴퓨팅 기술과 비교하여 발전 방향성과 한계에 관하여 탐구해 보자.

주제3 칸토어의 대각선 논법과 튜링의 범용 기계의 유사성에 관한 연구

주제4 튜링이 제시한 튜링 머신이 현대 컴퓨터의 개념에 미치는 영향

학생부 기록 예시 (교과세특)

'오늘날 우리는 컴퓨터라 부른다(마틴 데이비스)'를 읽고 수업 시간에 학습한 수학적 개념과 원리를 바탕으로 논리와 수학의 발전이 컴퓨터 과학에 미친 영향을 탐구함. 라이프니츠, 조지 불, 프레게 등의 학자들이 논리와 수학 분야에서 이룬 업적을 조사하고, 이를 컴퓨터 과학에 적용한 사례를 분석함. 친구들과 수학, 논리, 컴퓨터와의 연계성을 공부하고, 컴퓨터공학의 발전 과정에 미친 영향을 토론하며 컴퓨터공학에 몰입함.

'오늘날 우리는 컴퓨터라 부른다(마틴 데이비스)'를 읽고 수학 관련 과목에서 학습한 수학적 개념과 원리를 바탕으로 컴퓨터의 동작 원리와 알고리즘에 관하여 연구함. 튜링, 폰 노이만 등의 학자들이 개발한 컴퓨터와 초기 컴퓨터 시스템 구조를 조사하고, 현재의 컴퓨팅 기술과 비교하여 발전 방향성과 한계를 탐구함. 컴퓨터공학을 함께 공부하는 동아리 친구들과 컴퓨터 전문가를 꿈꾸며 대학과 대학원 진학을 진지하게 고민함.

관련 논문

컴퓨터 발전 초기과정에 영향을 준 수학자들에 관한 고찰(이승우, 2014)

관련 도서

《한 권으로 읽는 컴퓨터 구조와 프로그래밍》, 조너선 스타인하트, 책만
《처음 읽는 양자컴퓨터 이야기》, 다케다 순타로, 플루토

관련 계열 및 학과
- 공학계열: 기계공학과, 소프트웨어공학과, 소프트웨어학과, 정보통신공학과, 컴퓨터공학과
- 자연계열: 데이터정보학과, 물리학과, 수학과, 응용수학과, 정보수학과

관련 교과
- 교육계열: 과학교육과, 기술교육과, 수학교육과, 초등교육과, 컴퓨터교육과

2022 개정 교육과정: 공통수학 1, 공통수학 2, 인공지능 수학, 인공지능 기초, 논리와 사고

2015 개정 교육과정: 수학, 인공지능 수학, 정보, 공학 일반, 논리학

올 댓 코스메틱

김동찬 | 이담북스 | 2021

이 책은 화장품 연구원으로서 10여 년간 일한 저자가 그동안 습득한 수많은 정보와 경험을 바탕으로 화장품에 대한 다양한 궁금증을 해결해 주는 도서이다. 화장품을 구성하는 대표적인 성분들과 다양한 종류의 화장품에 대한 설명을 담고 있다. 또한 피부 유형별 고민에 따른 화장품 추천과 상황에 맞는 화장품 사용법을 제시해 준다. 화장품의 과거 역사와 미래에 관한 내용도 제시하여 화장품에 관심이 있는 학생에게 유용한 책이다.

탐구 주제

주제1 피부가 나빠지는 화장품은 좋은 화장품이 아니며, 화장품은 피부에 좋은 영향을 끼쳐야 한다. 피부 유형별 고민과 사용하는 화장품 성분을 조사하고, 피부 유형과 화장품의 연관성을 정리해 보자. 이를 바탕으로 건성, 지성 등의 피부 유형에 알맞은 화장품의 종류와 성분을 연구해 보자.

주제2 화장품은 피부 건강은 물론 사용하는 사람의 건강을 해치지 않아야 한다. 특히 사람마다 알레르기 반응이나 이상이 발생하는 원인은 다양하게 나타난다. 화장품의 안전성과 부작용에 관한 사례와 관련 정보를 조사하고, 특정 성분이나 제조 공정이 건강에 미치는 영향을 분석해 보자.

주제3 상황에 맞는 화장품 사용법과 관리 방법에 관한 탐구

주제4 환경친화적인 화장품의 발전 동향 및 지속 가능성 모색

학생부 기록 예시 (교과세특)

'올 댓 코스메틱(김동찬)'을 읽고 건성, 지성, 중성 등 다양한 피부 유형에 대한 고민을 조사하고, 친구들의 개인 경험과 관련 질문을 수집함. 보습제, 산화방지제, 자외선 차단제 등 화장품 성분을 공부하고, 각 성분이 피부에 어떤 영향을 미치는지 분석함. 수집한 피부 유형별 고민과 화장품 성분 정보를 바탕으로 알맞은 화장품 종류와 성분을 정리하여 열 가지 게시 자료를 제작하여 친구들에게 도움이 되도록 전시회를 개최함.

'올 댓 코스메틱(김동찬)'을 읽고 화장품 사용으로 발생한 부작용이나 알레르기 반응 등의 사례를 조사해 성분이나 제조 공정이 건강에 미치는 영향을 파악함. 색소, 방부제, 향료 등 다양한 화장품 성분에 관해 연구하고, 각 성분이 인체에 미치는 영향과 가능한 부작용을 분석함. 제조 과정에서 발생할 수 있는 유해 물질 배출, 오염 등의 원인을 조사하며 환경친화적인 화장품을 연구하는 공학자가 되겠다고 다짐함.

관련 논문

국내외 지속 가능한 친환경 화장품 패키지 사례 연구(이지민, 김승인, 2020)

관련 도서

《고르고 고른 천연 화장품 레시피 290》, 채병제 외, 팬앤펜

《깐깐한 화장품 사용설명서》, 리타 수티엔스, 전나무숲

관련 계열 및 학과

· 공학계열: 산업공학과, 생명공학과, 식품공학과, 화장품공학과, 화학공학과

· 자연계열: 농생물학과, 분자생물학과, 생명과학과, 의류학과, 화학과

관련 교과

· 교육계열: 가정교육과, 과학교육과, 미술교육과, 생물교육과, 화학교육과

2022 개정 교육과정: 사회와 문화, 화학, 화학반응의 세계, 운동과 건강, 기술·가정

2015 개정 교육과정: 사회문화, 화학 I, 화학 II, 융합 과학, 가정과학

요즈음 건축

국형걸 | 효형출판 | 2022

이 책은 건축가 국형걸의 고민과 실천을 담은 책으로, 건축의 본질에 대한 탐구와 현장에서의 경험을 다루고 있다. 저자는 우리 건축계가 외면하고 있는 문제를 지적하며, 기존 통념과 관행에서 벗어나지 않으면 우리 건축의 미래는 어떨지 제시한다. 이 책은 건축 현장에서의 상상력과 혁신을 다루며, 건축의 가벼움과 친근함을 강조한다. 깊게 바라보고 넓게 생각하며 새로움과 조화로움을 강조하며 건축을 실천하도록 하고 있다.

탐구 주제

주제1 최근의 건축에서는 지속 가능성과 에너지 효율성이 중요한 요소로 자리를 잡고 있다. 환경을 파괴하지 않도록 지속 가능한 건축 재료를 사용하거나 건축 재료를 재활용하기도 한다. 지속 가능한 건축 재료와 에너지 절약 기술을 조사하고, 친환경 건축물인지 평가하는 방안을 탐구해 보자.

주제2 건축물을 설계하거나 완성하는데 인간의 창의성은 매우 중요한 역할을 한다. 하지만 자연 속이나 동식물로부터 영감을 받아 친환경 구조물과 디자인 아이디어를 완성하기도 한다. 자연환경에서 영감을 얻어 활용한 건축 기법, 에너지 활용, 건축 재료 등을 조사하여 토의해 보자.

주제3 자연 형태와 원리를 참조하는 바이오모픽 디자인에 관한 탐구

주제4 교실 디자인과 환경이 학습에 미치는 영향에 관한 연구

학생부 기록 예시 (교과세특)

'요즈음 건축(국형걸)'을 읽은 뒤 최근의 건축 동향에서 사용되는 다양한 지속 가능 건축 재료를 조사하고, 친환경적인 건축을 위한 에너지 절약 기술에 관해 연구하였음. 친환경 건축물 인증을 조사하고 평가 척도를 탐구하고 분석하여 발표하며, 친환경 건축이 왜 중요한지, 지속 가능한 건축 재료와 에너지 절약 기술이 왜 필요한지 진지하게 설명함. 친환경에 대한 더 많은 실천력과 참신함으로 건축에 대한 탐구를 이어가길 희망함.

'요즈음 건축(국형걸)'을 읽고 자연 속이나 동식물로부터 영감을 받아 개방적이고 친환경적인 건축기법들에 관해 연구함. 친환경 구조물을 설계하고 운영하기 위한 태양광, 태양열, 풍력, 지열 등 에너지 활용 방안을 조사하고 자연 에너지의 잠재력과 적용 가능성을 탐구함. 자연 소재 또는 재활용된 재료 등 친환경적인 건축 재료에 관해 탐구하고 친구들과 토론함. 관심 분야인 친환경 설계에 대한 능력을 계속 공부할 의사를 밝힘.

관련 논문

친환경 저에너지 건축을 위한 노르웨이 주거환경의 변화(김문근, 2023)

관련 도서

《건축과 기후윤리》, 백진, 이유출판
《네옴시티(Neom City)》, 이종호, 진한엠앤비

관련 계열 및 학과
- 공학계열: 건축공학과, 건축학과, 도시공학과, 에너지공학과, 환경공학과
- 사회계열: 경영학과, 공공행정학과, 도시행정학과, 사회복지학과, 지리학과

관련 교과
- 자연계열: 농생물학과, 물리학과, 식물자원학과, 조경학과, 지구환경과학과

2022 개정 교육과정: 기하, 물리학, 역학과 에너지, 기술·가정, 창의공학설계, 생태와 환경

2015 개정 교육과정: 기하, 실용 수학, 물리학 I, 공학 일반, 환경

유체역학

Yunus A. Cengel 외 |
McGraw-Hill | 2021

이 책은 우리가 사는 지구에서 물과 공기와 같은 유체가 어떻게 움직이는지에 대한 학문인 유체역학을 다룬 책이다. 유체역학은 현대 문명을 대표하는 기계 시스템의 설계, 제작, 운전에 필수적인 지식으로 적용 분야가 광범위하다. 유체역학은 수학적 표현 방법이 까다롭고 추상적인 개념이 많이 포함되어 기본 역학 과목 중 어려운 과목으로 통하지만, 이 책은 그림이나 도표 등 시각 자료를 많이 사용하여 학생들이 쉽게 이해할 수 있도록 했다.

탐구 주제

주제1 항공기, 선박, 자동차 등 다양한 운송 수단과 발전소, 풍력 터빈 시스템과 같은 기계 시스템에 대해 학습하고, 항공기의 날개 구조나 자동차의 공기 저항을 줄이기 위한 설계 개선 사례를 조사해 보자. 이를 바탕으로 시스템에서 유체역학적 지식이 어떻게 적용되는지 탐구해 보자.

주제2 풍력 발전 시스템의 회전하는 날개 모형에 가시화 기술을 적용하여 학생들이 에너지 변환 과정을 직접 확인하고 분석할 수 있다. 유동 가시화, CFD 애니메이션 등 가시화 기술을 활용하여 복잡한 유체 유동 현상을 쉽게 이해할 수 있는 시각 자료를 연구해 보자.

주제3 유체역학적 원리를 이용한 물 절약하는 장치에 관한 연구

주제4 항공우주공학 분야에서 유체역학이 활용되는 사례 조사

학생부 기록 예시 (교과세특)

'유체역학(Yunus A. Cengel 외)'을 읽고 유체역학에 대한 이해를 바탕으로 운송 수단과 기계 시스템에 적용되는 유체역학적 원리를 조사함. 항공기 날개 구조와 자동차의 공기 저항을 줄이는 설계 개선 사례를 탐구하여 시스템의 성능 향상에 유체역학이 어떻게 활용되는지 친구들과 토론하며 동아리 게시 자료를 제작함. 유체역학적 지식을 활용하여 플랜트를 설계하는 공학자가 되겠다며, 공과대학에 진학하려는 확고한 의지를 보임.

'유체역학(Yunus A. Cengel 외)'을 읽고 풍력 발전 시스템의 날개 모형에 가시화 기술을 적용하여 에너지 변환 과정을 분석함. 유동 가시화, 전산유체역학(CFD) 애니메이션 등 가시화 기술을 활용하여 복잡한 유체 유동 현상을 쉽게 이해할 수 있는 시각 자료를 제작하여 교실에 게시함. 유체역학적 지식을 실제 기계 시스템에 적용하는 방법을 공부하며, 가시화 기술을 활용하여 복잡한 현상을 시각적으로 표현하는 능력을 기름.

관련 논문

아음속 항공기 날개 최적 설계 기술 개발(김철완, 최동훈, 2011)

관련 도서

《유체역학》, 박원규 외, 퍼스트북
《쉽게 배우는 유체역학》, Donald F. Young 외, 도서출판 홍릉

관련 계열 및 학과
- 공학계열: 기계공학과, 에너지공학과, 자동차공학과, 제어계측공학과, 화학공학과
- 자연계열: 나노에너지화학과, 물리학과, 에너지과학과, 전자물리학과, 화학과

관련 교과
- 교육계열: 과학교육과, 기술교육과, 물리교육과, 수학교육과, 화학교육과

2022 개정 교육과정: 물리학, 화학, 역학과 에너지, 융합과학 탐구, 로봇과 공학세계

2015 개정 교육과정: 통합과학, 물리학 I, 물리학 II, 융합 과학, 과학탐구 실험

인문계열
사회계열
자연계열
공학계열
의약계열
예체능계열
교육계열

음식의 영혼, 발효의 모든 것

샌더 엘릭스 카츠 | 글항아리 |
2021

이 책은 제임스 비어드상을 수상한 저자가 발효에 관한 모든 것을 꼼꼼하게 집대성한 책이다. 발효의 역사와 개념, 제조 과정을 파악할 수 있으며, 전 세계 다양한 발효 음식과 발효 과정, 기법, 그리고 발효가 차지하는 위상까지 다룬다. 채소, 곡물, 육류, 어류, 달걀 등 다양한 식자재를 이용한 발효 과정과 기법을 소개한다. 발효가 유형별로 정리되어 있어 발효에 대한 기초부터 고차원적인 발효법까지 제대로 이해할 수 있는 필독서이다.

탐구 주제

주제1 현대를 살아가는 사람들은 대부분 건강에 관한 관심이 매우 높다. 건강 관련 TV 프로그램이 모든 방송사에 편성될 정도이다. 면역력, 노화 방지, 피부미용, 혈액 순환, 소화 등 인간의 건강 문제에 도움이 되는 현대적인 발효 음식을 조사하고 그 효능과 장점을 탐구해 보자.

주제2 발효는 음식물 이외에도 쓰레기 처리, 음식 쓰레기 처리, 에너지 생산 등 다양한 분야에 활용되는 기술이다. 음식 쓰레기를 활용한 발효 과정이 자원 순환에 어떻게 이바지하는지 공부하고, 음식 쓰레기를 이용한 퇴비 제조나 바이오가스 생산 등의 사례를 조사해 보자.

주제3 외국의 발효 음식 역사와 문화적 배경 조사 및 분석

주제4 발효 과정에서 미생물의 역할과 발효식품의 영양학적 가치 분석

학생부 기록 예시 (교과세특)

'음식의 영혼, 발효의 모든 것(샌더 엘릭스 카츠)'을 읽고 발효에 대한 기본 개념과 원리에 대해 깊이 있게 공부함. 현대인의 건강에 관한 관심이 높다는 점에 착안하여 면역력, 노화 방지, 피부미용, 혈액 순환, 소화 등 건강 문제에 도움이 되는 현대적인 발효 음식을 조사하고 그 효능과 장점을 탐구함. 발효 음식의 제조법과 효능을 과학적으로 분석하고, 이를 바탕으로 건강에 좋은 발효 음식을 직접 만들어 친구들에게 나눔을 실천함.

'음식의 영혼, 발효의 모든 것(샌더 엘릭스 카츠)'을 읽고 발효가 음식물 이외에도 쓰레기 처리, 에너지 생산, 의료 등 다양한 분야에 활용되는 내용을 친구들과 협력하여 조사함. 음식 쓰레기를 활용한 발효 과정이 자원 순환에 어떻게 이바지하는지 연구하고, 음식 쓰레기를 이용한 퇴비 제조나 바이오가스 생산 등의 사례를 조사함. 발효 기술을 활용하여 자원을 재활용하는 방법을 찾아 교육 자료를 만들어 환경 보호 캠페인을 벌임.

관련 논문
발효식품의 건강기능성 증진효과 (박건영, 2012)

관련 도서
《식탁 위의 미생물》, 캐서린 하먼 커리지, 현대지성
《발효 음식의 세계》, 홀리 데이비스, 미호

관련 계열 및 학과	• 공학계열 : 생명공학과, 식품공학과, 식품생명공학과, 화학공학과, 환경공학과
	• 자연계열 : 농생물학과, 미생물학과, 분자생물학과, 생명과학과, 식품영양학과
관련 교과	• 교육계열 : 가정교육과, 과학교육과, 생물교육과, 화학교육과, 환경교육과

2022 개정 교육과정 : 생명과학, 화학, 화학반응의 세계, 세포와 물질대사, 기술·가정

2015 개정 교육과정 : 생명과학 I, 생명과학 II, 화학 I, 화학 II, 농업 생명과학

인문계열

사회계열

자연계열

공학계열

의약계열

예체능계열

교육계열

인공지능시대의 건축: 건축가들을 위한 AI 입문

Neil Leach | 시공문화사 | 2023

이 책은 현재의 인공지능 혁명이 건축 분야에 미칠 영향을 탐구하는 내용으로 구성되어 있다. 인공지능이 무엇인지, 인공지능의 역사가 어떻게 되는지, 어떻게 작동하는지, 미래에는 어떻게 될지를 설명한다. 인공지능은 이미 건축 분야에서 강력한 디자인 도구로 사용되고 있으며, 인공지능 기반 정보 시스템이 건물과 도시 디자인을 변화시킬 것이다. 건축과 설계에 관심이 있는 학생뿐만 아니라 건축가와 디자이너에게도 추천하는 도서이다.

탐구 주제

주제1 인공지능, 사물인터넷 등이 발달하면서 도시 안의 모두가 연결되고 있다. 스마트 도시와 생활 환경 지능 등의 개념을 학습하고 스마트 도시 구축 및 교통 체계 최적화와 관련된 사례를 조사해 보자. 이를 바탕으로 인공지능이 도시 계획과 관리에 어떻게 이바지할 수 있는지 탐구해 보자.

주제2 인공일반지능(AGI)은 인간 수준의 사고가 가능하여 주제에 구애받지 않고 성공적으로 문제를 해결할 수 있다. 현재까지 발전한 인공지능(AI) 기술에서부터 미래의 인공일반지능까지 학습하고, 인공일반지능이 건축 디자인이나 공간 계획 같은 건축 분야에 끼칠 영향을 탐구해 보자.

주제3 디자인 프로그램과 자동화 기술이 건축가에게 미치는 영향 탐구

주제4 인공지능이 건축 분야에 활용되고 있는 사례 연구

학생부 기록 예시 (교과세특)

'인공지능시대의 건축: 건축가들을 위한 AI 입문(Neil Leach)'을 읽고 스마트 도시와 사물인터넷, 빅데이터, 인공지능에 대한 개념을 공부함. 스마트 도시 구축 및 교통 체계 최적화와 관련된 사례를 조사하고, 인공지능이 도시 계획과 관리에 이바지하는 방안을 탐구함. 교통 체증, 환경오염, 범죄 예방 등 도시 문제를 해결하기 위해 인공지능을 활용하는 방안을 발표하며, 건축가와 인공지능 전문가라는 진로 결정에 대해 상담함.

'인공지능시대의 건축: 건축가들을 위한 AI 입문(Neil Leach)'을 읽고 인공지능의 발전 과정을 학습하며 인공일반지능의 개념과 특징까지 확장하여 탐구함. 현재까지 발전한 인공지능에서부터 미래의 인공일반지능까지 동아리 친구들과 협력하여 깊이 있게 공부함. 인공일반지능이 건축 분야에 끼칠 영향을 분석하여 발표하며, 인공지능 기술을 활용하는 건축가가 되어 생산성과 창의성을 높이는 데 이바지하겠다고 포부를 밝힘.

관련 논문

인간, 기술 그리고 건축 - AI로봇기술의 변화와 건축서비스산업(변순용, 2017)

관련 도서

《현대 건축의 이해》, 앤토니 래드포드 외, 북세일즈
《공간의 위상학》, 장용순, ESA

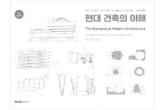

관련 계열 및 학과
- 공학계열: 건축공학과, 건축학과, 도시공학과, 컴퓨터공학과, 환경공학과
- 사회계열: 경영학과, 공공행정학과, 도시행정학과, 문화콘텐츠학과, 지리학과

관련 교과
- 자연계열: 농생물학과, 물리학과, 식물자원학과, 조경학과, 지구환경과학과

2022 개정 교육과정: 인공지능 수학, 기하, 인공지능 기초, 창의공학설계, 생태와 환경

2015 개정 교육과정: 기하, 실용 수학, 인공지능 수학, 공학 일반, 환경

자연과 문명의 조화 토목공학

대한토목학회 출판위원회 |
KSCE PRESS | 2018

이 책은 대한토목학회 출간사업의 하나로 제작된 신개념의 토목공학 개론이다. 초판에서는 12개의 주제로 토목공학에 대한 과거, 현재, 그리고 미래의 모습을 제시했으나 개정판에서는 건설관리 전공에 관한 내용을 추가하여 13개의 주제를 다루고 있다. 일상생활 속의 토목공학 이야기와 우리가 잘 모르고 지나쳤던 흥미로운 이야기도 수록되어 있다. 토목공학 관련 지식을 스스로 공부하는 학생이나 일반인도 쉽게 읽을 수 있다.

탐구 주제

주제1 사람들의 의도와는 다르게 도시는 점점 거대하게 발달한다. 하지만 과도한 도시화는 오히려 자연환경을 훼손하기 쉽다. 인류가 직면한 도시화와 지속 가능성 문제를 연구하며 친환경 스마트 도시에 대해 알아 보고, 토목공학이 지속 가능한 도시 개발에 이바지할 수 있는지 탐구해 보자.

주제2 건축물을 짓는 것과 다르게 토목 공사는 기반 시설의 범위가 넓고 공사 규모가 큰 특징을 지니고 있다. 토목 기술을 활용한 방재 시스템 설계나 친환경 기법 등을 조사하고, 토목공학을 활용하여 자연재해와 환경 문제를 예방하거나 대처하는 방법에 관하여 연구해 보자.

주제3 지하 공간 개발 사례와 환경에 미치는 영향 탐구

주제4 해양에너지 및 자원 개발 관련 토목공학 기술 조사·분석

학생부 기록 예시 (교과세특)

'자연과 문명의 조화 토목공학(대한토목학회 출판위원회)'을 읽고, 도시화와 지속 가능성 문제에 관해 관심을 가지고 탐구하는 모습을 보임. 현재 인류가 직면한 도시화 문제를 해결하기 위해 친환경 스마트 도시를 조사하였으며, 토목공학이 지속 가능한 도시 개발에 어떻게 이바지할 수 있는지 친구들과 토론하며 고민함. 친환경 스마트 도시를 구현하는 데 필요한 기술과 제도적 개선 방안에 대해 더 깊게 공부하겠다는 의지를 밝힘.

'자연과 문명의 조화 토목공학(대한토목학회 출판위원회)'을 읽고, 토목공학이 환경 보호에 어떻게 이바지할 수 있는지에 대해 탐구함. 동아리 친구들과 함께 토목 기술을 활용한 방재 시스템 설계나 친환경 기법 등을 조사하고, 토목공학을 활용해 자연재해와 환경 문제를 예방하고 대처하는 방법을 토론함. 토목공학이 인간의 삶의 질을 향상하는 데 중요한 역할을 한다며 지속 가능한 발전을 위해 노력하는 공학도가 되겠다고 다짐함.

관련 논문

스마트그린시티를 활용한 미래주거단지 변화분석 (엄기복, 2016)

관련 도서

《토목공학의 역사》, 한스 스트라우브, 대한토목학회
《더 나은 세상을 디자인하다》, 장승필 외, KSCE PRESS

관련 계열 및 학과	· 공학계열 : 건축공학과, 건축학과, 도시공학과, 토목공학과, 환경공학과
	· 사회계열 : 경영학과, 공공행정학과, 도시행정학과, 사회복지학과, 지리학과
관련 교과	· 자연계열 : 농생물학과, 물리학과, 식물자원학과, 조경학과, 지구환경과학과

2022 개정 교육과정 : 기하, 물리학, 역학과 에너지, 기술·가정, 창의공학설계, 생태와 환경

2015 개정 교육과정 : 기하, 실용 수학, 물리학 I, 공학 일반, 환경

인문계열

사회계열

자연계열

공학계열

의약계열

예체능계열

교육계열

재생에너지와의 공존

안희민 | 크레파스북 | 2022

이 책은 기후 변화 대응의 중요성과 재생에너지의 필요성에 대해 쉽게 이해할 수 있도록 구성된 책이다. 정부의 친환경에너지 전환 정책과 함께 재생에너지의 국내외 현황과 가격 보상 체계 등을 다루며, 전문가의 생생한 기록과 통계, 정책적 분석을 담고 있다. 경제·경영 서적에 머물지 않고 학술 영역까지 다루면서도 지루하지 않으며, 에너지 관련 산업현장에서 10년 이상을 발로 뛴 기자로의 흥미롭고 날카로운 식견이 가득 담겨 있다.

탐구 주제

주제1 태양, 수력, 풍력, 조력, 지열 등을 흔히 재생에너지로 분류한다. 재생에너지 도입이 경제적으로 어떤 효과를 가져오는지 조사하고, 지역 사회 및 산업 구조에 어떤 변화를 가져올 수 있는지, 재생에너지 산업의 성장과 일자리 창출, 에너지 비용 절감 측면에서 분석해 보자.

주제2 세계의 흐름에 발맞추어 우리나라도 신재생에너지 정책을 펼치고 있다. 탄소 중립이나 기후 위기는 빠르게 대처해야 하는 문제이기 때문이다. 우리나라의 신재생에너지 보급 정책과 관련하여 그린 뉴딜정책, 탄소 중립을 중심으로 신재생에너지 정책의 방향성과 추진 전략을 탐구해 보자.

주제3 재생에너지 발전의 도전 과제와 극복하는 방안 탐구

주제4 신재생에너지 집적화단지 제도의 쟁점과 개선 방안 연구

학생부 기록 예시 (교과세특)

'재생에너지와의 공존(안희민)'을 읽고 재생에너지 도입이 경제적, 사회적으로 어떤 효과를 가져오는지에 대해 탐구함. 재생에너지 산업의 성장과 일자리 창출, 에너지 비용 절감 등의 측면에서 분석하였으며, 이를 바탕으로 재생에너지의 보급을 촉진하기 위한 정책적 지원 방안을 제안함. 재생에너지의 보급이 지역 사회 및 산업 구조에 미치는 영향을 학습하며, 우리나라 지역 맞춤형 재생에너지 정책을 만들겠다고 희망을 밝힘.

'재생에너지와의 공존(안희민)'을 읽고 우리나라의 신재생에너지 보급 정책에 관하여 탐구함. 탄소 중립과 기후 위기 대응을 위해 추진 중인 그린 뉴딜정책을 중심으로 신재생에너지 정책의 방향성과 추진 전략을 분석하였으며, 이를 바탕으로 재생에너지의 보급을 촉진하기 위한 다양한 방안을 제안함. 대학과 대학원에서 에너지공학을 전공하여 전세계에서 알아 주는 신재생에너지 공학자로서 꿈을 이루겠다는 포부를 밝힘.

관련 논문
2050 탄소중립을 위한 재생에너지 보급 정책 연구(최준희, 2023)

관련 도서
《2050 에너지 제국의 미래》, 양수영, 비즈니스북스
《재생에너지 비즈니스 바이블》, 정성민, 라온북

관련 계열 및 학과
• 공학계열: 도시공학과, 산업공학과, 에너지공학과, 전기공학과, 환경공학과
• 자연계열: 대기과학과, 물리학과, 지구환경과학과, 화학과, 환경학과

관련 교과
• 교육계열: 과학교육과, 기술교육과, 물리교육과, 지구과학교육과, 환경교육과

2022 개정 교육과정: 도시의 미래 탐구, 역학과 에너지, 물질과 에너지, 로봇과 공학세계, 창의 공학 설계

2015 개정 교육과정: 경제 수학, 통합사회, 통합과학, 융합과학, 공학 일반

처음 읽는 2차전지 이야기

시라이시 다쿠 | 플루토 | 2021

이 책은 전기자동차 시장의 성장과 함께 급부상하고 있는 2차 전지 시장에 관한 책이다. 리튬이온 전지를 중심으로 전극 소재, 양극 물질, 음극 물질, 전해질, 분리막 등의 소재 기업들이 주목을 받고 있으며, 우리나라 정부가 국내 소재 기업을 적극적으로 지원하고 있다는 내용도 담겨 있다. 리튬이온 전지 관련 산업은 전기자동차의 발전으로 더욱 성장할 전망이다. 이 책을 읽으며 전기자동차와 관련된 산업에 대한 이해를 높일 수 있다.

탐구 주제

주제1 리튬이온을 이용하여 충전과 방전을 반복하여 사용할 수 있는 리튬이온 전지는 전기자동차에 많이 사용되고 있다. 리튬이온 전지를 중심으로 다양한 차세대 이온 전지를 조사하고, 이를 바탕으로 다양한 이온 전지의 성능 향상과 친환경적인 재활용의 관점에서 탐구해 보자.

주제2 미래 사회는 기후 위기를 극복하기 위한 환경친화적인 에너지와 전기 관련 산업이 발전할 것으로 예상한다. 신재생에너지 시스템에서 2차 전지의 역할과 활용 방안에 대해 알아 보고, 신재생에너지 저장 및 공급 안정성을 위한 2차 전지 시스템 설계와 관련된 사례를 조사하고 분석해 보자.

주제3 이온 전지의 충전과 방전 원리 및 열화 현상 방지 방법 탐구

주제4 배터리 관리 시스템(BMS)의 역할과 최적화 방안 연구

학생부 기록 예시 (교과세특)

'처음 읽는 2차전지 이야기(시라이시 다쿠)'를 읽고 리튬이온 전지를 중심으로 다양한 차세대 이온 전지를 조사함. 이를 바탕으로 이온 전지의 성능 향상과 친환경적인 재활용 방안에 관해 탐구함. 지속 가능한 에너지 저장 시스템 개발과 환경 보호 측면에서 이 탐구에 의미를 두고, 전기 자동차의 주행 거리를 늘리는 데 필요한 기술과 제도적 개선 방안에 대해 2차 전지와 관련된 공부에 더욱 매진하겠다는 의지를 보임.

'처음 읽는 2차전지 이야기(시라이시 다쿠)'를 읽고 미래 사회에서 2차 전지의 역할과 활용 방안을 탐구함. 신재생에너지 시스템에서 2차 전지의 활용 사례를 조사하고, 이를 바탕으로 동아리 친구들과 협력하여 신재생에너지 저장 및 공급 안정성을 위한 2차 전지 시스템 설계 방안을 발표하고 자료를 전시함. 대학에서 에너지와 전지 연구를 하며 2차 전지의 성능을 향상하기 위한 기술 개발과 상용화, 그리고 창업에 대한 포부를 밝힘.

관련 논문

리튬이온전지 고에너지밀도 구현을 위한 화학적 사전리튬화 기술(홍지현, 2021)

관련 도서

《이해하기 쉬운 2차전지》, 오서영 외, 동화기술
《노벨화학상 요시노 박사의 리튬이온전지 발명 이야기》, 요시노 아키라, 성안당

관련 계열 및 학과	• 공학계열 : 도시공학과, 산업공학과, 에너지공학과, 전기공학과, 환경공학과
	• 자연계열 : 대기과학과, 물리학과, 지구환경과학과, 화학과, 환경학과
관련 교과	• 교육계열 : 과학교육과, 기술교육과, 물리교육과, 화학교육과, 환경교육과

2022 개정 교육과정 : 도시의 미래 탐구, 역학과 에너지, 물질과 에너지, 로봇과 공학세계, 창의 공학 설계

2015 개정 교육과정 : 경제 수학, 통합사회, 통합과학, 융합과학, 공학 일반

인문계열

사회계열

자연계열

공학계열

의약계열

예체능계열

교육계열

최리노의 한 권으로 끝내는 반도체 이야기

최리노 | 양문 | 2022

국내 반도체 소자 연구의 대가인 최리노 교수가 집필한 입문서로, 반도체 소자에 대한 근본적인 이해를 위해 필요한 내용을 담고 있다. 반도체 소자가 발전해 온 역사와 왜 반도체 소자가 필요한지, 앞으로 인공지능과 같은 시스템이 발전하면 반도체 소자는 어떤 기술이 필요할지 등을 설명한다. 반도체를 처음 접하는 사람들도 쉽게 이해할 수 있도록 매끄럽고 흥미진진하게 쓰여 있어 반도체에 관심 있는 학생에게 추천하는 책이다.

탐구 주제

주제1 반도체와 공학의 관계는 뗄 수 없다. 특히 전기·전자공학, 컴퓨터공학, 제어·계측공학 등에서는 반도체가 매우 중요하다. 주목할 만한 사례를 탐구하며 집적회로의 탄생과 무어의 법칙에 대해 알아 보고, 무어의 법칙과 MOSFET의 관계를 탐구해 보자.

주제2 집적회로의 등장으로 컴퓨터와 반도체 기술은 눈부시게 발달하였다. 반도체 집적 공정과 소자 미세화에 대해 알아 보고, 현재까지 달성된 최소 크기와 한계에 다가가는 문제점을 분석해 보자. 반도체 소자에 사용되는 나노 기술 및 다양한 제조 방식에 관한 연구 동향도 함께 조사해 보자.

주제3 이종 집적 기술의 발전 동향과 차세대 반도체 소자에 관한 탐구

주제4 현재 반도체 산업의 주요 동향 및 미래의 반도체 산업 예측

학생부 기록 예시 (교과세특)

'최리노의 한 권으로 끝내는 반도체 이야기(최리노)'를 읽고 전기·전자공학, 컴퓨터공학, 제어·계측공학 등에서 반도체가 어떻게 활용되는지 알아보고, 전기회로 설계 및 성능 향상 측면에서 주목할 만한 사례를 탐구함. 집적회로와 반도체의 역사를 조사하며 무어의 법칙과 MOSFET의 관계를 이해하기 쉽게 그림 자료로 제작하여 발표함. 발표 자료를 학교 안에 전시하며 반도체공학 박사가 되겠다고 밝힘.

'최리노의 한 권으로 끝내는 반도체 이야기(최리노)'를 읽고 반도체 집적회로의 등장이 컴퓨터와 반도체 발전에 끼친 영향을 공부함. 반도체 집적 공정에 대해 알아 보며 현재까지 달성된 최소 크기와 한계에 다가가는 문제점을 분석함. 반도체 소자에 사용되는 나노 기술 및 다양한 제조 방식에 관한 연구 동향도 조사하여 발표함. 이를 계기로 나노 기술을 더 깊게 공부하여 반도체 소자 미세화에 이바지하는 인물이 되겠다고 다짐함.

관련 논문

시스템 반도체 소자 기술(김동원 외, 2015)

관련 도서

《칩워, 누가 반도체 전쟁의 최후 승자가 될 것인가》, 크리스 밀러, 부키
《반도체 인사이트 센서 전쟁》, 한국반도체산업협회, 교보문고

관련 계열 및 학과
· 공학계열 : 메카트로닉스공학과, 반도체공학과, 전기공학과, 전자공학과, 컴퓨터공학과
· 자연계열 : 반도체물리학과, 물리학과, 수학과, 화학과, 환경학과

관련 교과
· 교육계열 : 과학교육과, 기술교육과, 물리교육과, 화학교육과, 환경교육과

2022 개정 교육과정: 인공지능 수학, 전자기와 양자, 로봇과 공학세계, 인공지능 기초, 창의 공학 설계

2015 개정 교육과정: 인공지능 수학, 물리학 I, 물리학 II, 통합과학, 정보, 공학 일반

플라잉

임재한 | 어크로스 | 2023

이 책은 인간이 자연 상태에서 할 수 없는 비행의 원리와 기술적인 측면을 쉽고 흥미롭게 설명하는 책이다. 항공우주 엔지니어인 저자는 고래의 지느러미와 골프공처럼 상관없어 보이는 소재에서 비행의 원리에 대한 단서들을 찾아내 공기역학을 이해할 수 있도록 도와준다. 비행과 관련된 바람, 힘, 비상, 기술 영역의 스물한 가지 주제로 구성되어 과학 기술의 발전 과정과 함께 비행의 원리를 쉽고 재미있게 이해할 수 있는 책이다.

탐구 주제

주제1 비행기는 추진력과 항력이 있어야 이륙하여 비행할 수 있다. 하지만 비행기 동체와 날개의 모양 및 구조에 따라 비행의 조건은 달라진다. 비행기의 공기 저항과 날개 모양에 대한 최적의 디자인을 조사해 보고, 비행 성능 향상을 위한 설계 요소를 분석해 보자.

주제2 인구가 증가하고 인간의 활동 영역이 넓어지며 항공기는 점차 대형화되는 추세이다. 그렇다고 무작정 대형화만 할 수 있는 것은 아니다. 항공기 엔진의 크기와 무게 증가에 따른 효율성 변화를 조사하고, 연료를 절약하기 위한 기술적인 개선 방안을 다양한 방면에서 탐구해 보자.

주제3 항공기가 음속을 돌파할 때 일어나는 현상과 해결 방안 연구

주제4 골프공과 혹등고래의 공통점과 비행기에 적용된 원리 탐구

학생부 기록 예시 (교과세특)

'플라잉(임재한)'을 읽고 비행기의 추력과 항력, 그리고 안정적인 비행에 영향을 미치는 요소들에 대한 탐구활동을 수행함. 비행기의 공기 저항과 날개 모양에 대한 최적의 디자인을 조사하고, 비행 성능 향상을 위한 설계 요소를 분석함. 비행기의 공기 저항에 대한 이해를 바탕으로 친구들과 최적의 날개 디자인을 탐구하며 항공 운송 수단의 안전성과 효율성 증진에 이바지할 수 있는 전문가가 되겠다는 의지를 밝힘.

'플라잉(임재한)'을 읽고 항공기의 대형화 추세와 엔진의 크기와 무게 증가에 따른 효율성 변화를 조사함. 이를 통해 항공기의 발전 방향을 찾아보고, 연료를 절약하기 위한 기술적인 개선 방안을 탐구함으로써 항공 산업에 대한 이해를 높이고 문제 해결 능력을 향상시킴. 또한 항공기 엔진의 크기와 무게가 효율성에 미치는 영향을 파악하고, 친구와 협력하여 엔진의 성능을 높이는 기술을 조사하여 실제 항공기에 적용하는 방안을 고민함.

관련 논문

소형 항공기 복합재 주익 구조의 기본 설계(박상윤 외, 2004)

관련 도서

《미래에서 온 남자 폰 노이만》, 아난요 바타차리야, 웅진지식하우스
《비행기 구조 교과서》, 나카무라 간지, 보누스

관련 계열 및 학과
- 공학계열: 기계공학과, 신소재공학과, 에너지공학과, 항공우주공학과, 항공운항학과
- 사회계열: 항공경영학과, 항공관광학과, 항공물류학과, 항공서비스학과, 항공운송학과

관련 교과
- 교육계열: 과학교육과, 기술교육과, 물리교육과, 지리교육과, 환경교육과

2022 개정 교육과정: 물리학, 역학과 에너지, 로봇과 공학세계, 스포츠 과학, 창의 공학 설계

2015 개정 교육과정: 물리학 I, 물리학 II, 통합과학, 기술·가정, 공학 일반

인문계열

사회계열

자연계열

약학계열

의약계열

예체능계열

교육계열

향수 A to Z
콜렉티프 네 | 미술문화 | 2022

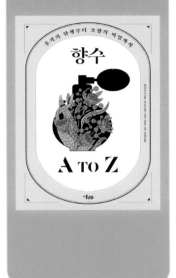

이 책은 향수에 대한 역사부터 새로운 향수의 탄생까지를 모두 설명하는 향수 산업에 대한 교양서이다. 향기에 얽힌 역사와 원료의 생산과 추출 방법, 조향사와 디자이너의 영감과 의도도 엿볼 수 있다. 또한 조향사의 손을 거친 향수가 제조 단계에 접어들고 각종 규제를 통과한 후, 어떤 방식으로 소비자에게 전달되는지 또 어떤 매장으로 가게 되는지 상세하게 설명하고 있다. 향수에 관심 있는 학생에게 추천한다.

탐구 주제

주제1 인류가 향수를 쓴 역사는 상당히 오래되었다. 개인마다 좋아하거나 싫어하는 향기가 다르겠지만 개인차가 거의 없는 향기도 존재한다. 향수의 화학적 성분과 향기 원리를 조사하고 다양한 향료와 조향 방법을 탐구해 보자. 향수의 중요한 성분과 상호작용을 함께 연구해 보자.

주제2 향수를 사용하는 사람마다 목적과 용도가 다를 수 있다. 최근 개별 소비자의 취향과 선호도를 고려한 맞춤형 향수 제작 서비스가 주목받고 있다. 이런 개인 맞춤형 제작 서비스가 발전하는 이유와 관련 기술 동향을 연구하고, 소비자 만족도 증진 방안을 탐구해 보자.

주제3 냄새의 전달 역학 및 냄새 감지에 영향을 미치는 요인 탐구

주제4 향수에 사용되는 다양한 조향 원료와 특성 탐구

학생부 기록 예시 (교과세특)

'향수 A to Z(콜렉티프 네)'를 읽고 향수의 역사와 화학적 성분, 그리고 조향 방법에 대한 탐구활동을 수행함. 향수의 화학적 성분과 향기 원리를 조사하고, 다양한 향료와 조향 방법을 탐구함으로써 향수에 대한 깊은 지식을 쌓아감. 또한, 향수의 중요한 성분과 상호작용을 연구하여 향수 제조에 대한 지식을 넓히며, 중학생부터 갖고 있던 조향사라는 장래 희망을 이루기 위하여 다양한 독서와 경험을 갖겠다는 의지를 드러냄.

'향수 A to Z(콜렉티프 네)'를 읽고 개인 맞춤형 향수 제작 서비스의 발전 이유와 관련 기술 동향을 연구하고, 소비자 만족도 증진 방안을 탐구하는 활동을 수행함. 탐구활동을 통해 개인 맞춤형 향수 제작 서비스가 발전하는 이유를 파악하고, 관련 기술 동향을 조사함. 소비자 만족도 증진 방안을 모색하기 위해 다양한 사례를 조사·분석하고, 친구들에게 자신이 생각하는 새로운 아이디어를 제안하며 자신감을 가짐.

관련 논문
맞춤형 화장품과 조제 관리사 인식 및 선호도에 따른 맞춤형 화장품 발전방향이 구매의도에 미치는 영향(한혜주, 2020)

관련 도서
《니꼴라드바리의 예술적 향수》, 니꼴라드바리, 샹다롬 에디션
《향료와 향수 마스터》, 김민준, 이햇님, 북앤미디어 디엔터

관련 계열 및 학과	· 공학계열: 산업공학과, 생명공학과, 식품공학과, 화장품공학과, 화학공학과
	· 자연계열: 동물자원과학과, 분자생물학과, 생명과학과, 식물자원학과, 화학과
관련 교과	· 교육계열: 가정교육과, 과학교육과, 생물교육과, 화학교육과, 환경교육과

2022 개정 교육과정: 사회와 문화, 화학, 생명과학, 화학반응의 세계, 생활과학 탐구

2015 개정 교육과정: 사회문화, 화학 I, 화학 II, 통합과학, 가정과학

AI 2041

리카이푸, 천치우판 | 한빛비즈 | 2023

이 책은 미래에 인공지능이 다양한 분야에서 어떻게 사회를 변화시킬 수 있는지를 소설로 보여 주는 책이다. 마이크로소프트, 구글, 애플에서 인공지능을 연구했던 전문가 리카이푸와 SF 작가 천치우판이 함께 집필했다. 딥러닝, 첨단 조작 기술, 자연어, 양자컴퓨터 등의 소재를 가지고 세계 여러 곳을 배경으로 한 SF소설 10편으로 구성된 이 책을 읽고 나면, 인공지능에 관해 다시 한번 생각하게 될 것이다.

탐구 주제

주제1 컴퓨터 스스로 외부 데이터를 조합하고 분석하여 학습하는 딥러닝의 등장으로 인공지능이 획기적으로 발전하게 되었다. 딥러닝 기술의 발전은 혁신적인 결과를 가져왔지만, 그로 인해 발생하는 부정적인 외부 효과도 있다. 부정적인 외부 효과를 조사하고 해결 방안을 탐구해 보자.

주제2 딥페이크(deepfake)는 인공지능 기술을 이용해 사진이나 동영상에 등장하는 사람을 다른 사람으로 대체하고 합성하는 기술을 의미한다. 사진이나 동영상에 딥페이크 기술이 악용될 때 발생하는 문제에 대응하기 위한 효과적인 방안과 이를 탐지하는 방법을 탐구해 보자.

주제3 자연어 처리를 위한 인공지능 기술의 동향과 전망 연구

주제4 확장 현실(AR) 기술이 초래할 수 있는 윤리적 사회문제 연구

학생부 기록 예시 (교과세특)

'AI 2041(리카이푸 외)'을 읽고 인공지능의 발전으로 인한 부정적 외부 효과를 조사하고, 이를 해결하는 방안을 탐구하는 활동을 수행함. 탐구활동을 통해 인공지능의 발전이 사회에 미치는 영향을 인식함. 이를 해결하기 위한 다양한 방안을 모색하고 그 중에서도 딥러닝 기술의 개선과 인공지능의 윤리적 문제 해결 등에 초점을 맞추어 탐구하며, 미래 인공지능 전문가의 꿈을 꼭 이루겠다고 다짐함.

'AI 2041(리카이푸 외)'을 읽고 딥페이크 기술의 악용으로 인한 문제에 대응하기 위한 방안과 이를 탐지하는 방법을 탐구하는 활동을 수행함. 탐구활동을 통해 딥페이크 기술의 악용 사례와 이를 주제로 다루는 영화나 드라마를 조사하고, 악용 사례를 막기 위한 효과적인 방안을 도식화하여 발표하고 학급에 게시함. 딥페이크 탐지 기술을 조사하고 실제 적용하는 방안을 고민하며 인공지능을 전문적으로 공부하겠다는 포부를 밝힘.

관련 논문
데이터 기반 딥페이크 탐지기법에 관한 최신 기술 동향 조사(김정호 외, 2020)

관련 도서
《박태웅의 AI 강의》, 박태웅, 한빛비즈
《인간을 진화시키는 AI》, 리드 호프만, 알에이치코리아

관련 계열 및 학과	• 공학계열: 소프트웨어공학과, 소프트웨어학과, 정보보안학과, 정보통신공학과, 컴퓨터공학과
	• 사회계열: 경영학과, 공공행정학과, 국제통상학과, 문화콘텐츠학과, 소비자학과
관련 교과	• 교육계열: 과학교육과, 교육공학과, 기술교육과, 수학교육과, 컴퓨터교육과

2022 개정 교육과정: 인공지능 수학, 로봇과 공학세계, 인공지능 기초, 데이터 과학, 소프트웨어와 생활

2015 개정 교육과정: 인공지능 수학, 융합과학, 정보, 기술·가정, 공학 일반

AI는 인문학을 먹고 산다

한지우 | 미디어숲 | 2021

이 책은 인공지능 시대 인문학적 통찰력의 중요성과 이를 기르는 방법을 다룬 책이다. 실리콘밸리에서는 인문학적 소양을 갖춘 인재를 찾기 위해 필사적으로 노력하며, 인공지능이 대체할 수 없는 인문학적 역량을 강조하고 있다. 4장으로 구성되어 각각 암흑 이후의 세계, 르네상스 소사이어티, 코로나19가 앞당긴 4차 산업 혁명, 인공지능에 대체되지 않는 법 등을 다루는 이 책은 21세기 새로운 르네상스를 만들어 갈 청소년들의 필독서이다.

탐구 주제

주제1 세계적으로 코로나19 감염병이 대유행하면서 우리 생활에는 많은 변화가 있었다. 포스트 코로나 시대에서 결정적인 역할을 하는 리스크 소사이어티, 그린 소사이어티, 드림 소사이어티에 대해 연구하고 이들이 사회 구조와 가치관에 어떤 영향을 미치는지 분석해 보자.

주제2 코로나19 감염병이 몇 년 동안 대유행하면서 또다시 자연 환경이 파괴되고 또 다른 감염병이 유행할지 모른다는 불안감이 있다. 감염병 대유행으로 인한 패러다임 변화를 조사하고, 자연 환경을 복원하기 위한 그린뉴딜 정책과 환경 문제를 해결하는 방안을 탐구해 보자.

주제3 인공지능 시대에 인문학의 중요성과 인문학적 소양에 관한 연구

주제4 4차 산업 혁명과 함께 발전하는 인공지능 기술에 관한 탐구

학생부 기록 예시 (교과세특)

'AI는 인문학을 먹고 산다(한지우)'를 읽고 코로나19 감염병의 대유행이 가져온 사회 변화에 관해 탐구함. 몇 년의 대유행 이후 시대에서 중요한 역할을 하는 세 가지 대주제인 '리스크 소사이어티', '그린 소사이어티', '드림 소사이어티'에 대해 탐구하고, 이들이 사회 구조와 가치관에 미치는 영향을 분석함. 미래 사회에 대한 예측 사항을 친구들과 철학과 심리학의 관점에서 토론하고, 관련 자료를 전시물로 제작하여 학교에 게시함.

'AI는 인문학을 먹고 산다(한지우)'를 읽고 코로나19 감염병 대유행이 가져온 사회 변화와 환경 문제에 관해 탐구함. 팬데믹이 불러온 패러다임의 변화를 조사하고, 초록의 자연환경을 지닌 지구를 복원하기 위한 '그린뉴딜 정책'과 환경 문제를 해결하는 방안을 연구함. 이를 통해 미래 사회를 다양한 관점에서 예측하며 환경 문제와 연결하여 다양한 대안을 제시함. 인공지능과 인문학을 함께 공부하며 최고의 전문가가 되겠다고 밝힘.

관련 논문

한국형 그린뉴딜의 특징과 과제 : 주요 국가 그린뉴딜 사례와의 비교 분석(염지선, 2022)

관련 도서

《청소년을 위한 AI 최강의 수업》, 김진형 외, 매경주니어북스
《메타인지의 힘》, 구본권, 어크로스

관련 계열 및 학과

- 공학계열: 소프트웨어공학과, 소프트웨어학과, 정보보안학과, 정보통신공학과, 컴퓨터공학과
- 사회계열: 경영학과, 공공행정학과, 문화콘텐츠학과, 미디어커뮤니케이션학과, 소비자학과
- 교육계열: 과학교육과, 교육공학과, 국어교육과, 기술교육과, 컴퓨터교육과

관련 교과

2022 개정 교육과정: 인공지능 수학, 로봇과 공학세계, 인공지능 기초, 데이터 과학, 소프트웨어와 생활

2015 개정 교육과정: 인공지능 수학, 융합과학, 정보, 기술·가정, 공학 일반

의약계열

순번	도서명	저자명	출판사명
1	10대를 위한 의학을 이끈 결정적 질문	예병일	다른
2	거의 모든 안경의 역사	트래비스 엘버러	유유
3	그들만의 치아 관리법	이수진	북스고
4	나는 간호사입니다	천정은	마음세상
5	나는 공중보건의사입니다	김경중	행성B
6	나는 날마다 성장하는 물리치료사입니다	안병택	푸른들녘
7	나는 보건교사입니다	나애정	생각의빛
8	나는 치과위생사로 살기로 했다	허소윤	나비의활주로
9	나를 위한 미술치료	정은주	학지사
10	나의 직업은 치과기공사	이푸름	설렘
11	난생처음 응급구조	이태양	군자출판사
12	내 안경이 왜 이래	최병무	라온북
13	동물복지 수의사의 동물 따라 세계 여행	양효진	책공장더불어
14	디지털 헬스케어: 의료의 미래	최윤섭	클라우드나인
15	만화로 보는 수의사의 세계	수의사 기역	한빛비즈
16	물리치료사는 이렇게 말한다	최명원	청년의사
17	뮤지엄 미술치료	미트라 레이하니 가덤 외	안그라픽스
18	방사선과 원소	정완상	성림원북스
19	방사선으로 치료할 수 있는 7가지 암	임채홍	중앙생활사
20	병원에서 언어재활사로 살아남기	강영애 외	충남대학교 출판문화원
21	부모코칭 언어치료 가이드북	조여진, 박석원	휴먼북스
22	생명과학, 바이오테크로 날개 달다	김응빈	한국문학사
23	술, 질병, 전쟁: 미생물이 만든 역사	김응빈	교보문고
24	알면 약 모르면 독	김태희 외	생각비행
25	약은 우리 몸에 어떤 작용을 하는가	야자와 사이언스오피스	전나무숲
26	언어치료사가 말하는 자폐, ADHD 부모상담서	이명은	율도국
27	왜 누구는 오래 살고 누구는 일찍 죽을까	손인철, 백성호	미류책방
28	의학의 대가들	앤드루 램	상상스퀘어
29	인수공통 모든 전염병의 열쇠	데이비드 콰먼	꿈꿀자유
30	일상을 바꾼 14가지 약 이야기	송은호	카시오페아
31	잠 못들 정도로 재미있는 이야기: 인체의 신비	오기노 다카시	성안당
32	정신건강을 위해 작업치료를 더하다	김영욱 외	마음세상
33	좋은 약, 나쁜 약, 이상한 약	박성규	나무를심는사람들
34	진료실에 숨은 의학의 역사	박지욱	휴머니스트
35	청소년 생활습관의학 안내서	베스 프레이츠 외	대한생활습관의학교육원
36	출동 중인 119구급대원입니다	윤현정	알에이치코리아
37	치과위생사로 살아가는 법	최유리, 박성희	메소드
38	프셉마음: 혈액검사 해석 및 간호편	이재왕, 김지희	드림널스
39	학교에는 작업치료가 필요합니다	나카마 치호	케렌시아
40	한의대로 가는 길	윤소정	흔들의자
41	한의원 밖으로 나간 한의사들	대만드	메디스트림
42	현대 의료커뮤니케이션	안상윤 외	보문각
43	호주물리치료사의 13가지 체형교정법	라이프에이드 연구소	용감한북스

인문계열

사회계열

자연계열

공학계열

의약계열

예체능계열

교육계열

10대를 위한 의학을 이끈 결정적 질문
예병일 | 다른 | 2022

'줄기세포가 불치병 치료의 열쇠로 각광 받는 이유는 무엇일까?' 등 의학의 성취를 이루기까지 인류가 해결하고자 한 과제들을 질문 형식으로 다루며 의학의 역사를 쉽고 간결하게 설명하는 책이다. 바이러스와 세균의 차이점부터 최신 과학 기술까지 다양한 궁금증을 난이도별로 정리하고 있다. 생각을 열고 호기심을 자극하는 다양한 질문들이 있어 더욱 자유롭고 유연하게 의학에 대해 생각하고 질문할 수 있도록 도와준다.

탐구 주제

주제1 파스퇴르는 S자 플라스크 실험을 통해 생물속생설을 증명하였고 많은 누에를 죽인 미립자병의 원인이 세균에 감염된 누에의 알임을 증명해 미립자병을 막을 수 있었다. 파스퇴르의 S자 플라스크 실험 과정과 그 의의를 홍보하는 카드 뉴스를 제작해 보자.

주제2 세균과 바이러스의 정의와 특징을 비교해 보자. 세균성 질환과 바이러스성 질환의 대표적인 사례별 증상, 예방법과 치료법을 비교하여 세균과 바이러스에 감염되었을 때 우리 몸에서 일어나는 면역 반응의 공통점과 차이점을 구분하여 정리해 보자.

주제3 인공지능을 활용한 진단 사례와 정확성 분석

주제4 건강검진을 통한 조기 발견율이 높은 질병과 그 이유에 대한 탐구

학생부 기록 예시 (교과세특)

'10대를 위한 의학을 이끈 결정적 질문(예병일)'을 읽고 파스퇴르의 S자 플라스크 실험 과정과 그 의의를 홍보하는 카드 뉴스를 제작하여 발표함. 질병을 신의 벌이라고 여기던 시절에 질병의 원인을 과학적으로 규명한 점을 높이 평가하여 강조함. '과연 그럴까?'라는 호기심을 가지고 실험을 설계하고, 창의적 발상으로 현상을 증명하기 위해 노력하는 과학자가 되고 싶다는 자신의 포부를 당당히 밝힘.

'10대를 위한 의학을 이끈 결정적 질문(예병일)'을 읽고 세균과 바이러스의 구조, 크기, 치료약물의 작용 원리 등을 구체적으로 조사하여 발표함. 세균성 폐렴과 독감의 감염 원인, 증상, 치료법을 비교 정리했으며 세균은 독립된 생명체로 백신 개발이 비교적 쉽고 효과가 있지만 바이러스는 핵산과 단백질로 구성되어 숙주를 필요로 하며 변이가 쉽게 일어나 백신 개발이 어려운 이유를 정확하게 이해하고 논리적으로 설명함.

관련 도서

《만화로 배우는 의학의 역사》, 장 노엘 파비아니, 한빛비즈
《이토록 재밌는 의학 이야기》, 김은중, 반니
《서민 교수의 의학 세계사》, 서민, 생각정원

관련 계열 및 학과	• 의약계열 : 의예과, 치의예과, 한의예과, 약학과, 제약학과, 간호학과, 수의예과
	• 자연계열 : 화학생명과학과, 생명과학과, 생화학과, 분자생물학과, 유전학과, 미생물학과
관련 교과	• 공학계열 : 바이오메디컬화학공학과, 화공생물공학과, 시스템생명공학과, 의생명공학과

2022 개정 교육과정 : 통합과학, 과학탐구실험, 화학, 생명과학, 과학의 역사와 문화, 융합과학탐구, 보건

2015 개정 교육과정 : 통합과학, 과학탐구실험, 화학 I, 생명과학 I, 생명과학 II, 과학사, 융합과학, 보건

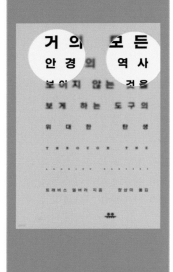

거의 모든 안경의 역사

트래비스 엘버러 | 유유 | 2022

많은 사람의 일상에 깊이 자리해 마치 신체의 일부처럼 떼어 놓을 수 없는 안경. 하지만 우리는 안경에 대해 얼마나 알고 있을까? 이 책은 그동안 제대로 다뤄진 적 없는 안경의 역사부터 안경을 통해 볼 수 있는 사회, 문화 나아가 철학을 다룬다. 넓게 아우르고 깊게 파고드는 저자의 집요함은 안경의 생애를 생생하게 그려 보인다. 사람들의 안경에 대한 인식의 변화를 다양한 사례를 들어 설명한다.

탐구 주제

주제1 시력을 교정하기 위한 안경은 1280년경 이탈리아에서 발명되었다. 15세기 말에 대량 생산되기 시작했고, 16세기 초에 근시용 안경이 제작됐으며, 지금처럼 귀에 걸어 사용하는 안경은 1850년 이후에 개발되었다. 우리나라에 최초로 안경이 도입된 시기와 배경을 탐구해 보자.

주제2 일부 사람들은 자신의 이미지를 위해 안경테만 착용하기도 한다. 안경테의 재료와 디자인도 다양해 사람들은 안경을 선택할 때 시력 보완 기능뿐 아니라 얼굴형에 어울리는 디자인을 고려해 고른다. '나에게 맞는 안경 렌즈와 안경테 고르기'를 주제로 안내 책자를 제작해 보자.

주제3 안경 렌즈의 발달 과정과 종류에 대한 탐구

주제4 사람들이 안경을 선택하는 기준에 대한 탐구

학생부 기록 예시 (교과세특)

'거의 모든 안경의 역사(트래비스 엘버러)'를 읽고 인류가 안경을 쓰게 된 역사에 대해 알게 되어 우리나라에 최초로 안경이 도입된 시기와 배경을 조사해 발표함. 안경은 임진왜란 전후로 중국에서 수입되어 조선에 알려졌으며 17세기에 양반들에게 인기를 얻고, 18세기에 서민들에게도 유행했음을 안경을 쓰고 있는 역사 속 인물이나 풍속도를 보여 주며 발표함. 자신의 관심 분야와 관련된 역사를 흥미롭게 풀어낸 점이 우수함.

'거의 모든 안경의 역사(트래비스 엘버러)'를 읽고 안경이 사람들에게 주는 다양한 효과에 흥미를 느껴 최근 안경이 패션 도구로 인식되는 사실을 토대로 친구들에게 안경을 선택하는 기준을 조사함. 설문조사 결과를 바탕으로 '나에게 맞는 안경 렌즈와 안경테 고르기'라는 제목의 안내 책자를 제작함. 시력과 눈 건강 상태에 따른 렌즈 고르는 방법과 얼굴형과 피부색에 맞는 안경테 고르는 방법을 다양한 예시를 들어 쉽게 표현함.

관련 논문
시력교정술 후 써클콘택트렌즈 착용이 시력의 질에 미치는 영향(권기남, 2015)

관련 도서
《우리가 몰랐던 눈이 좋아지는 하루 5분 시력 트레이닝》, 로버트 마이클 카플란, 중앙생활사
《안경 피팅의 정석》, 손재환, 라온북

관련 계열 및 학과
- 의약계열 : 안경광학과, 간호학과, 보건관리학과, 약학과, 의예과, 치의예과, 한의예과
- 공학계열 : 바이오메디컬화학공학과, 생체의공학과, 시스템생명공학과, 의생명공학과

관련 교과
- 사회계열 : 경제학과, 국제의료경영학과, 법학과, 보건의료경영학과, 사회학과, 심리학과

2022 개정 교육과정 : 통합과학, 과학탐구실험, 생명과학, 융합과학 탐구, 인문학과 윤리, 인간과 심리, 보건

2015 개정 교육과정 : 통합과학, 과학탐구실험, 생명과학 I, 융합과학, 생활과 윤리, 심리학, 보건

인문계열

사회계열

자연계열

공학계열

의약계열

예체능계열

교육계열

그들만의 치아 관리법

이수진 | 북스고 | 2020

치아는 끊임없이 일하지만 제대로 치아를 관리하는 사람은 적다. 이가 썩고, 신경이 손상되고, 잇몸에 염증이 일어나기도 한다. 100세 시대, 90년 가까이 영구치를 관리해야 하는 인간은 올바른 치아 관리법을 알아야 할 필요가 있다. 치아 관리에 대한 정확한 정보와 임플란트, 신경치료, 충치 치료 등 적재적소에 필요한 치과 치료에 대한 설명이 담겨 있는 이 책이 있다면 올바르게 치아를 관리할 수 있을 것이다.

탐구 주제

주제1 치아우식증은 치아의 표면이나 내부의 부식으로 인한 손상, 치아 구조의 파괴로 나타나는 치과 질환이다. 질병관리청 국가건강정보포털에 접속하여 치아우식증의 원인, 증상, 진단 및 검사, 치료 및 예방법을 알아보고 스트레스가 치아 건강에 미치는 영향을 알아보는 실험을 수행해 보자.

주제2 사람의 입속은 36.5℃이고 침이 있어 세균이 서식하기 좋은 환경이다. 실제 구강 내에는 1억~10억 마리의 세균이 산다고 한다. 구강 내 세균 중 유해균과 유익균의 대표적인 예를 찾아 생물학적 특징과 치아 건강에 미치는 영향을 비교하고, 구강건강을 위한 실천 방법을 제시해 보자.

주제3 구취 감소에 효과가 있는 과일과 채소의 종류 및 하루 섭취량 분석

주제4 청소년들의 하루 양치 횟수와 치과 질환 치료 횟수의 관계 분석

학생부 기록 예시 (교과세특)

'그들만의 치아 관리법(이수진)'을 읽고 스트레스가 치아 건강에 미치는 영향을 알아보고자 지필고사 일자를 기준으로 스트레스 단계를 5단계로 구분하여 시험 한 달 전, 보름 전, 일주일 전, 시험 기간, 시험 이후에 하루 음식물 섭취 후 양치질 횟수를 설문 조사함. 그 결과 시험 기간이 가까워질수록 음식물 섭취 후 양치질 횟수가 줄어들었음을 확인함. 스트레스가 치아 건강에 미치는 영향을 알아보고자 한 아이디어가 돋보임.

'그들만의 치아 관리법(이수진)'을 읽고 구강 내 유익균과 유해균에 대해 발표함. 유익균은 유산균 막을 생성해 유해균 침투를 막고, 먹이 경쟁을 통해 유해균의 번식을 억제하는 반면 뮤탄스균은 산성 물질을 분비해 치아를 부식시켜 충치를 유발하며, 진지발리스균은 콜라겐 분해 효소를 분비해 잇몸 조직을 녹게 만든다고 핵심 내용만 추려 쉽게 설명하였고, 유해균 제거를 위한 올바른 구강 관리 방법까지 자세히 설명함.

관련 논문

한국 청소년의 음료 섭취와 구강건강에 관한 융합적 연구(윤정원, 2020)

관련 도서

《입속에서 시작하는 미생물 이야기》, 김혜성, 파라사이언스
《한국 치과의 역사》, 치과의사학교수협의회와 연구팀, 역사공간

관련 계열 및 학과	• 의약계열: 치의예과, 치위생학과, 한의예과, 의예과, 수의예과, 약학과, 간호학과
	• 자연계열: 미생물학과, 분자생물학과, 생명과학과, 생화학과, 유전학과, 축산학과
관련 교과	• 공학계열: 바이오메디컬화학공학과, 생체의공학과, 시스템생명공학과, 의생명공학과

2022 개정 교육과정: 통합과학, 과학탐구실험, 화학, 생명과학, 세포와 물질대사, 인간과 심리, 보건

2015 개정 교육과정: 통합과학, 과학탐구실험, 화학 I, 생명과학 I, 생명과학 II, 심리학, 보건

나는 간호사입니다
천정은 | 마음세상 | 2022

20년 차 간호사의 생생한 경험담을 바탕으로 의료계의 고질적인 문제와 변화하는 세상에서 의료인들이 제자리걸음만 하는 것에 대해 느낀 점을 담았다. 죽음을 넘나드는 환자들과 초조해서 제대로 잠도 못 자는 보호자들의 입장에서 의료인을 바라보며 적극적인 대처가 필요하다는 메시지를 전한다. 의료인으로서의 자질과 의료계의 문제점, 그리고 환자와 보호자의 입장을 이해하는 의료인들이 되기를 바란다는 응원의 메시지가 담겨 있다.

탐구 주제

주제1 간호사가 환자를 직접 대면하는 직무를 분석하고, 간호사 서비스 경험 문항별 응답 비율 등을 검색하여 환자들의 간호 서비스에 대한 만족도 통계를 분석해 보자. 환자들이 간호사에게 요구하는 역량을 추출하여 환자나 보호자를 대하는 간호사의 바람직한 자세를 제안해 보자.

주제2 교내 간호사를 희망하는 학생들을 대상으로 간호사를 희망하게 된 계기, 희망하는 이유, 직무에 대한 이해도를 설문 조사해 보자. 설문조사 결과를 바탕으로 간호사를 희망하는 학생들이 간호사의 직무를 어느 정도 이해하고 준비하는지 분석해 보자.

주제3 간호·간병 통합 병동과 일반 병동에 입원한 환자와 보호자의 간호 서비스 만족도 비교 분석

주제4 입원 환자와 간호사의 갈등 상황 사례 조사

학생부 기록 예시 (교과세특)

'나는 간호사입니다(천정은)'를 읽고 간호 서비스에 대한 환자들의 만족도가 궁금하여 국가통계포털, 대한간호협회 등에서 통계 자료를 찾아 객관적인 근거를 바탕으로 발표 자료를 제작함. 환자들이 원하는 간호사의 역량을 갖추기 위해서는 환자와 보호자의 입장에서 어떤 간호를 필요로 하는지 생각해야 하며, 그에 못지않게 근무 여건 및 처우도 뒷받침되어야 한다고 자신의 의견을 논리적으로 발표함.

'나는 간호사입니다(천정은)' 중 '나는 간호사를 선택한 이유가 무엇일까?'를 읽고 자신 역시 간호사를 희망하는 이유가 무엇인지 정리함. 진지한 성찰을 바탕으로 교내 간호사를 희망하는 학생들을 대상으로 간호사를 희망하게 된 계기, 희망하는 이유, 직무에 대한 이해 정도를 조사함. 설문조사를 분석하여 간호사의 직무에 대한 이해도가 높을수록 간호학과 지원 동기가 구체적임을 발표함.

관련 논문
간호간병통합병동과 일반병동의 간호서비스 만족도와 중요도, 간호 근무환경, 간호사 재직의도 비교(박인숙 외, 2018)

관련 도서
《고등학교 간호의 기초》, 김현하 외, 포널스출판사
《간호 보건 계열 진로 로드맵: 심화편》, 배수정 외, 미디어숲

관련 계열 및 학과
- 의약계열: 간호학과, 보건관리학과, 의예과, 치의예과, 한의예과, 약학과, 한약학과, 수의예과
- 자연계열: 생명과학과, 분자생물학과, 유전학과, 생화학과, 미생물학과, 바이오·한약자원학과
- 공학계열: 바이오메디컬화학공학과, 시스템생명공학과, 의생명공학과, 줄기세포재생공학과

관련 교과

2022 개정 교육과정: 통합과학, 과학탐구실험, 화학, 생명과학, 윤리와 사상, 인간과 심리, 보건

2015 개정 교육과정: 통합과학, 과학탐구실험, 화학 I, 생명과학 I, 윤리와 사상, 심리학, 보건

인문계열

사회계열

자연계열

공학계열

의약계열

예체능계열

교육계열

나는 공중보건의사입니다

김경중 | 행성B | 2021

이 책은 청년 의사가 보건소에서 3년 동안 공중보건의로 근무하며 겪은 일들을 담은 생생한 현장 기록이다. 청년 의사들은 대체 복무의 일환으로 시골 보건소, 질병관리본부, 교도소 등에서 활동하며 의료선을 타고 배 위에서 진료하거나 역학조사관으로 근무하기도 한다. 짧은 기간이지만 3년 동안 코로나19 선별 진료소에서 근무했던 의사로서 공중보건의사에 대한 오해와 편견을 없애고자 하는 바람을 글로 담았다.

탐구 주제

주제1 보건복지부에서 발행한 '공중보건의사제도 운영지침'을 찾아 공중보건의사가 배치되는 의료시설의 종류와 규모, 구체적인 업무 등을 찾아보고, 우리나라의 의료 취약지역의 개념과 의료 취약지역 현황을 파악하여 우리나라의 지도상에 표시해 보자.

주제2 올해의 신규 공중보건의사 배치 관련 보건복지부의 보도자료를 찾아 읽고, 최근 5년간 신규 편입 공중보건의사 현황과 공중보건의사 복무 현황을 확인해 공중보건의사 자원감소의 원인을 다양한 각도에서 분석하고 대안을 제시해 보자.

주제3 보건소의 노인 대상 예방 교육 프로그램 현황 파악

주제4 우리나라와 해외의 감염병 역학조사 시스템 비교분석

학생부 기록 예시 (교과세특)

'나는 공중보건의사입니다(김경중)'를 읽고 우리나라의 공중보건의사 제도에 대해 궁금증이 생겨 운영지침을 찾아 봄. 공중보건의사가 배치되는 의료시설의 종류를 나열하였고, 우리나라는 공공의료에 관한 법률에 근거하여 의료취약지 분석지표로 해당 지역의 인구수, 접근성, 관내 이용률, 기준시간 내 의료 이용률 등을 사용함을 발표하여 친구들이 공공의료에 관심을 가질 수 있는 계기를 제공함.

'나는 공중보건의사입니다(김경중)'를 읽고 올해의 신규 공중보건의사 배치 관련 보건복지부의 보도자료를 찾아 최근 5년간 신규 편입 공중보건의사 현황과 공중보건의사 복무 현황을 통해 공중보건의사 자원 감소를 그래프로 제시함. 많은 연봉을 제시해도 의사가 지원하지 않는 지역병원의 실태 뉴스와 연관 지어 도·농간 균형 있는 의료 서비스 지원을 위해 비대면 진료와 순환 의사 제도를 제시한 점이 우수함.

관련 논문

농어촌 보건의료서비스 개선을 위한 중장기 계획 수립 (이주열 외, 2017)

관련 도서

《섬 의사의 사계절》, 문푸른, 모모북스
《죽기는 싫으면서 천국엔 가고 싶은》, 에이미 거트먼, 조너선 D.모레노, 후마니타스

관련 계열 및 학과
- 의약계열: 간호학과, 보건관리학과, 수의예과, 약학과, 의예과, 치의예과, 한의예과
- 자연계열: 미생물학과, 분자생물학과, 생명과학과, 생화학과, 유전학과, 축산학과
- 사회계열: 미술심리치료학과, 심리상담치료학과, 심리운동·상담학과, 심리치료학과, 심리학과

관련 교과

2022 개정 교육과정: 통합과학, 과학탐구실험, 화학, 생명과학, 윤리와 사상, 인간과 심리, 보건

2015 개정 교육과정: 통합과학, 과학탐구실험, 화학 I, 생명과학 I, 윤리와 사상, 심리학, 보건

나는 날마다 성장하는 물리치료사입니다

안병택 | 푸른들녘 | 2022

물리치료사가 되기 위해 필요한 모든 정보를 담고 있는 책이다. 물리치료사가 하는 일부터 치료 방법, 업무에 대한 설명과 노하우, 생각들까지 꼼꼼하게 다루고 있다. 또한 진로 문제로 고민하는 청소년과 대학생들을 위해 물리치료사라는 멋진 직업의 세계를 안내해 준다. 치료를 잘하고 싶은데 어떻게 하면 잘할 수 있을지에 대한 유용한 팁을 담고 있어, 물리치료사로서 성장하고 싶은 사람들에게 꼭 필요한 책이다.

탐구 주제

주제1 치료의 시작은 관찰이다. 신체의 구조적인 변형은 근육 불균형을 유발하고, 근육 불균형은 구조적인 변화를 초래한다. 올바른 정적 자세의 기준을 확인하는 동영상을 찾아보고 자신의 정적 자세를 관찰한 후 올바른 정적 자세와 비교한 후 관찰일지를 작성해 보자.

주제2 올바른 정적 자세의 발, 발목, 무릎, 허리-골반-엉덩이 복합체, 머리, 목뼈의 전면, 후면, 측면 사진을 게시하여 올바른 자세를 홍보하고, 학급 친구들의 정적 자세를 관찰하여 바른 자세를 알려 주고 옳지 않은 자세에 따른 통증의 여부를 조사해 보자.

주제3 청소년들이 주로 호소하는 근골격계 통증 분류

주제4 통증 부위와 증상에 따른 가장 효과적인 찜질의 온도와 그 이유에 대한 탐구

학생부 기록 예시 (교과세특)

'나는 날마다 성장하는 물리치료사입니다(안병택)'를 읽고 물리치료사가 병원에서 다루는 물리치료 기기의 명칭과 그 기능을 꼼꼼하게 작성하였고, 물리치료사에게 필요한 역량인 전문적인 기술과 환자들과의 의사소통 능력의 중요성을 잘 정리함. 특히 관찰의 중요성을 깨닫고 자신의 정적 자세를 올바른 자세와 비교하여 꼼꼼하게 비교 분석해 보는 등 배운 것을 자신의 삶에 적용한 점이 훌륭함.

'나는 날마다 성장하는 물리치료사입니다(안병택)'를 읽고 바른 정적 자세의 발, 발목, 무릎, 허리-골반-엉덩이 복합체, 머리, 목뼈의 전면, 후면, 측면 사진을 게시하여 학급 친구들에게 홍보함. 또한 친구들의 자세와 통증의 여부를 조사하여 올바른 자세를 안내하고 올바른 자세와 관련된 동영상을 학급 조회 시간에 보여 주고 아침 체조를 제안하는 등 학급의 물리치료사로서 적극적으로 활동함.

관련 논문

정형도수물리치료에 대한 물리치료 전공 대학생의 직업 인식도(정효창 외, 2020)

관련 도서

《베스트 물리치료사》, 안소윤 외, 학지사메디컬
《궁금해요 물리치료사》, 심재훈 외, 학지사메디컬

관련 계열 및 학과	• 의약계열 : 물리치료학과, 작업치료학과, 재활학과, 간호학과, 의예과, 한의예과, 약학과
	• 예체능계열 : 스포츠건강과학과, 스포츠과학과, 스포츠웰빙학부, 스포츠의학과, 스포츠재활학과
관련 교과	• 교육계열 : 특수교육과, 유아특수교육과, 초등특수교육과, 중등특수교육과, 청각학전공

2022 개정 교육과정 : 통합과학, 과학탐구실험, 생명과학, 세포와 물질대사, 운동과 건강, 스포츠 과학, 보건

2015 개정 교육과정 : 통합과학, 과학탐구실험, 생명과학 I, 융합과학, 운동과 건강, 체육 탐구, 보건

인문계열

사회계열

자연계열

의학계열

의약계열

예체능계열

교육계열

나는 보건교사입니다

나애정 | 생각의빛 | 2022

학교의 점심시간은 보건교사에게 가장 바쁜 시간이다. 수업 시간 중에도 보건교사는 대기 상태를 유지한다. 어떤 시간, 상황에서도 응급환자가 발생할 수 있기 때문이다. 식사할 때도 식당으로 아이들이 찾아오고 화장실에서도 전화 연락을 받는다. 이 책은 현직 보건교사의 생생한 경험과 보건 업무의 노하우를 담았다. 보건교사를 희망하거나 준비하는 예비 보건교사, 신규 보건교사에게 유익한 정보가 될 것이다.

탐구 주제

주제1 보건교사가 되기 위해서는 간호사 면허증, 2급 정교사 자격증, 한국사능력검정시험 3급 이상을 취득한 후 임용고시에 합격해야 한다. 따라서 교직 이수가 가능한 간호대학에 입학해야 한다. 보건 선생님께 진로 상담을 신청하여 간호사와 보건교사의 장단점을 비교해 보자.

주제2 보건교사는 다치거나 아픈 학생들의 응급 처치와 간호뿐 아니라 신체검사, 비만, 위생 관리, 금연, 성교육, 감염병 관련 교육 및 관리 등 교직원들과 학생들의 건강 관리와 보건교육을 담당한다. 우리 학교의 연간 보건교육 프로그램을 알아보고 새로운 프로그램을 기획해 보자.

주제3 월별 보건실 방문 학생 수와 호소하는 통증의 종류 분석

주제4 우리나라의 유·초·중등학교의 보건교사 배치 현황과 문제점 분석

학생부 기록 예시 (교과세특)

'나는 보건교사입니다(나애정)'를 읽고 보건교사 되기 위한 준비 과정을 로드맵으로 깔끔하게 잘 정리하였고, 교직 이수가 가능한 간호학과 설치 대학들 명단을 작성하여 자신의 진로를 구체적으로 설계하기 위해 노력함. 보건 선생님께 직접 상담을 신청하여 간호사와 보건교사의 직업적 장단점을 인터뷰하고 핵심을 잘 정리한 후 발표해 간호사나 보건교사를 희망하는 친구들에게 의미 있는 진로 진학 정보를 공유해 줌.

'나는 보건교사입니다(나애정)'를 읽고 보건교사의 직무를 파악하여 월별 주요 업무를 표로 정리한 연간 보건 업무 계획서를 작성함. 교내 보건교육 프로그램을 나열한 후 전교생을 대상으로 꼭 필요한 보건교육과 유의미한 교육 방법에 대한 설문조사를 실시하였고 결과를 교내에 공유함. 금연교육, 건강한 체중 관리, 올바른 성교육을 주제로 매달 실천 가능한 목표를 제시하고 실천을 유도하는 동영상을 찍어 동영상 플랫폼에 공유함.

관련 논문

신종감염병 대유행 시 보건교사의 감염병 예방·위기대응 실태 (권영지, 2022)

관련 도서

《간호장교를 간직하다》, 조원경, 김다혜, 드림널스
《한의사가 본 현대인의 질병과 치료법》, 양기호, 아마존북스

관련 계열 및 학과
- 의약계열: 간호학과, 보건관리학과, 의예과, 치의예과, 한의예과, 약학과, 수의예과
- 자연계열: 생명과학과, 분자생물학과, 유전학과, 생화학과, 미생물학과, 축산학과
- 공학계열: 바이오메디컬화학공학과, 생체의공학과, 시스템생명공학과, 의생명공학과

관련 교과

2022 개정 교육과정: 통합과학, 과학탐구실험, 화학, 생명과학, 윤리와 사상, 인간과 심리, 보건

2015 개정 교육과정: 통합과학, 과학탐구실험, 화학 I, 생명과학 I, 윤리와 사상, 심리학, 보건

나는 치과위생사로 살기로 했다

허소윤 | 나비의활주로 | 2018

10년간 치과위생사로서 치열하게 살아온 저자의 경험담을 풀어낸 책이다. 특히 치과위생사는 오더를 받아야 진료 행위를 할 수 있기 때문에 자신의 삶에서조차 독립적이고 주체적이지 못한 경우가 많다며, 치과위생사를 삶의 중심에 두고 주체적으로 살아갈 수 있는 방법에 초점을 두고 있다. 선배로부터 치과위생사의 꿈을 키운 이야기와 치과위생사로 일하며 깨달은 노하우를 듣고 싶은 학생에게 추천하는 책이다.

탐구 주제

주제1 치과 이용 증가와 국가의 구강 보건 정책이 치료 위주에서 예방 위주로 전환되면서 예방 처치 및 구강 보건 교육을 수행하는 치과위생사의 수요는 꾸준히 증가할 전망이다. 3년제와 4년제의 차이점, 직업의 장단점을 비교하여 치위생사를 희망하는 친구들에게 도움이 되는 진로 정보를 제공해 보자.

주제2 한국고용정보원의 '2019-2029 중장기 인력수급전망'에 따르면, 치과위생사는 2019년 약 5만 명에서 2029년 약 6만 명으로 향후 10년간 계속 증가할 것으로 전망된다. 보건복지통계연보를 참고하여 치과위생사와 관련된 다양한 통계 자료를 정리해 보자.

주제3 국내외 치과위생사 교육제도 비교 분석

주제4 연령대별 필요한 구강 검진의 종류

학생부 기록 예시 (교과세특)

'나는 치과위생사로 살기로 했다(허소윤)'를 읽고 치과위생사를 꿈꾸는 자신과 친구들의 진로 설계를 도와주고자 치위생과 3년제와 치위생학과 4년제의 차이를 알아 봄. 각각의 교육과정, 졸업 후 진출 분야 등을 꼼꼼하고 구체적으로 조사하여 표와 그래프로 명료하게 정리함. 신뢰할 수 있는 통계 자료 등을 근거로 제시하여 발표의 신뢰도와 수준이 높았고, 선택 기준과 진학 조언까지 덧붙여 실질적인 도움을 주는 발표를 진행함.

'나는 치과위생사로 살기로 했다(허소윤)'를 읽고 보건복지부 홈페이지에 게시된 보건복지통계연보에서 자신에게 필요한 정보를 꼼꼼하게 읽고 요약 정리함. 치과 병·의원 개수, 치과의원, 치과병원, 치과대학 부속 치과병원, 종합병원의 차이점을 비교하고, 치과위생사의 남녀 비율 등 치과위생사 취업에 필요한 정보를 수집함. 치과위생사의 직무를 분석하여 필요한 역량으로 전문성 향상을 위한 노력과 의사소통 역량을 추출함.

관련 논문
우리나라 치과위생사 인력정책 현황 및 과제(이효진 외, 2019)

관련 도서
《치과 상담 스킬 업!》, 김영준, 헤세의서재
《치과위생사는 이렇게 일한다》, 정은지, 청년의사

관련 계열 및 학과
- 의약계열: 치위생학과, 치기공학과, 치의예과, 간호학과, 한의예과, 약학과, 응급구조학과
- 공학계열: 바이오메디컬화학공학과, 생체의공학과, 시스템생명공학과, 의생명공학과
- 사회계열: 공공안전학과, 공공행정학과, 사회안전학과, 사회복지학과, 경영학과, 경제학과

관련 교과

2022 개정 교육과정: 통합과학, 과학탐구실험, 생명과학, 융합과학 탐구, 인문학과 윤리, 인간과 심리, 보건

2015 개정 교육과정: 통합과학, 과학탐구실험, 생명과학 I, 융합과학, 생활과 윤리, 심리학, 보건

인문계열

사회계열

자연계열

공학계열

의약계열

예체능계열

교육계열

나를 위한 미술치료

정은주 | 학지사 | 2023

자신의 마음을 치유할 수 있도록 돕는 미술치료 워크북이다. 인지행동 미술치료는 목표로 하는 문제를 분명하게 인식하는 것에서부터 시작한다. 어떤 생각을 했고, 어떤 감정을 느꼈고, 어떻게 행동했는지에 대해 초점을 맞춘다. 부정적 감정이 고통스러울 때, 인지행동 미술치료를 통해 문제의 본질을 파악하면 해결할 수 있다. 인지행동 미술치료로 더 많은 사람이 자유로워지길 바라는 마음을 담은 책이다.

탐구 주제

주제1 인지행동 미술치료는 미술 활동을 통해 인지, 정서, 행동의 긍정적인 변화를 유도하는 치료이다. 인지행동 미술치료의 이론적 배경인 인지행동 치료의 도입 배경, 개념, 적용 범위 등을 조사하여 카드 뉴스를 제작해 친구들에게 홍보해 보자.

주제2 색채심리는 인간의 심리적 과정과 행동 그리고 이 둘 사이의 상호작용을 색의 과학적 연구로서 이해하는 심리 학문이다. 색채심리를 기반으로 한 색채 치료를 통해 색으로 내 마음을 이해하고 통찰할 수 있다. 색채 치료의 이론적 배경과 효과를 탐구해 보자.

주제3 미술치료를 적용한 프로그램의 활용 방안에 대한 탐구

주제4 컬러에 따라 신체가 받는 영향 분석

학생부 기록 예시 (교과세특)

'나를 위한 미술치료(정은주)'를 읽고 인지행동 미술치료의 이론적 배경인 인지행동 치료의 도입 배경, 개념, 적용 범위 등을 조사하여 친구들의 시선을 끄는 디자인과 색감을 활용한 가독성이 높은 카드 뉴스를 제작하여 학급에 게시함. 미술을 활용한 교육과 치료에 에 관심이 많은 학생으로 미술치료에 대한 깊이 있는 이해를 위해 이론적 배경을 꼼꼼하게 탐색하고 그 결과를 친구들에게 공유한 점이 우수함.

'나를 위한 미술치료(정은주)'를 읽고 색으로 마음을 이해하고 통찰할 수 있다는 점에 호기심을 느껴 색채심리를 기반으로 한 색채 치료의 이론적 배경과 효과에 대해 조사 발표함. '왜? 유치원 원복은 노란색일까?', '왜 스쿨존은 노란색으로 색칠했을까?'와 같이 흥미를 유발하는 발문으로 집중을 유도하였고, 색과 심리 상태를 재미있게 설명하여 친구들이 색과 심리를 연계한 색채 치료에 관심을 가지는 계기를 제공함.

관련 논문

컬러테라피를 활용한 색채 미술 수업이 고등학교 1학년 학생들의 스트레스와 정서안정에 미치는 영향(이예슬, 2021)

관련 도서

《재미있고 쉬운 인지행동 미술치료》, 안명현 외, 학지사
《청소년을 위한 미술치료》, 주리애, 윤수현, 아트북스

관련 계열 및 학과

- 예체능계열 : 미술심리치료학과, 예술심리치료학과, 미술학과, 아동미술학과

- 의약계열 : 간호학과, 보건관리학과, 의예과, 치의예과, 한의예과, 약학과, 수의예과

관련 교과

- 사회계열 : 국제의료경영학과, 법학과, 보건의료경영학과, 사회학과, 심리학과, 언어재활심리학과

2022 개정 교육과정 : 통합과학, 과학탐구실험, 생명과학, 융합과학 탐구, 미술과 매체, 인간과 심리, 보건

2015 개정 교육과정 : 통합과학, 과학탐구실험, 생명과학, 과학사, 융합과학, 미술, 심리학, 보건

나의 직업은 치과기공사

이푸름 | 설렘 | 2023

현직 치과기공사가 직접 그리는 그들의 세계와 예비 치과기공사들에게 전하고 싶은 말을 담았다. 1부에서는 실제 치과기공사가 어떤 환경에서 어떻게 일하는지에 대해 일상 속 단상의 형태로 쓰여 있으며, 2부에서는 현업에 종사하고 있는 동료들을 향한 이야기, 예비 치과기공사들에게 선배로서 전하는 이야기가 담겨 있다. 예비 치과기공사인 청소년들에게 치과기공사의 삶을 잠시나마 엿볼 수 있는 작은 창이 되어 줄 책이다.

탐구 주제

주제1 치과기공사가 감염으로 인해 패혈증으로 사망한 사건이 있었다. B형 간염은 세계적으로도 치과 종사자들이 일반인보다 높은 감염 위험성을 가지고 있는 것으로 보고되고 있다. 치과 종사자들이 주의해야 할 감염 질환과 예방 방법에 대해 조사해 보자.

주제2 치과기공사의 주요 업무인 크라운, 포세린, 덴처, 교정의 개념과 치료 목적을 각각 정리하여 학급 친구들에게 소개하는 안내문을 작성해 보자. 학급 친구들이 주로 받는 치과 진료를 설문조사 하여 치과기공사의 도움을 받는 진료의 이해를 도와주자.

주제3 100세 시대, 틀니와 임플란트의 차이점 비교

주제4 캐드캠, 3D 프린터를 활용한 보철물 제작 현황 분석

학생부 기록 예시 (교과세특)

'나의 직업은 치과기공사(이푸름)'를 읽고 현직 치과기공사의 생생한 체험을 통해 자신의 꼼꼼하고 부지런한 면이 치과기공사에게 필요한 역량과 일치함을 확인함. 치과 종사자들은 환자의 타액과 혈액에 노출되어 감염 위험이 높은 직업임을 깨닫고 주의해야 할 감염 질환과 예방 방법을 찾아 보고서를 제출함. 독서를 통해 자신의 진로를 구체화하고, 미래의 치과기공사로서 감염의 위험을 예방하려는 방법을 모색한 점이 훌륭함.

'나의 직업은 치과기공사(이푸름)'를 읽고 학급 친구들에게 치과 치료의 경험을 조사하여 크라운, 포세린, 덴처, 교정 치료별로 분류함. 각 치료의 개념과 목적을 알기 쉽게 잘 정리하여 친구들에게 설명해 주고, 치료 후 주의할 점을 꼼꼼하게 안내함. 치아 건강을 위한 좋은 칫솔 고르기, 적당한 치약의 양, 올바른 양치법을 알리는 동영상을 직접 기획 및 제작하여 발표하는 등 자신이 배운 지식을 친구들에게 공유하는 태도가 훌륭함.

관련 논문
치과기공사의 감염에 대한 인식과 관리 실태 연구(한효진 외, 2020)

관련 도서
《치과의사도 모르는 진짜 치과 이야기》, 김동오, 에디터
《명함도 없이 일합니다》, 지민채, 마누스

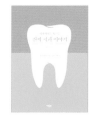

관련 계열 및 학과	• 의약계열: 치기공학과, 치위생학과, 간호학과, 보건관리학과, 약학과, 치의예과, 한의예과
	• 공학계열: 바이오메디컬화학공학과, 생체의공학과, 시스템생명공학과, 의생명공학과
관련 교과	• 사회계열: 경제학과, 국제의료경영학과, 법학과, 보건의료경영학과, 사회학과, 심리학과

2022 개정 교육과정: 통합과학, 과학탐구실험, 화학, 생명과학, 인문학과 윤리, 인간과 심리, 보건

2015 개정 교육과정: 통합과학, 과학탐구실험, 화학 I, 생명과학 I, 생활과 윤리, 심리학, 보건

인문계열

사회계열

자연계열

공학계열

의약계열

예체능계열

교육계열

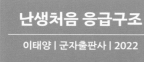

난생처음 응급구조

이태양 | 군자출판사 | 2022

수백 곳이 넘는 다양한 일터에서 일하는 응급구조사에게는 현장에서 알아야 할 정보들이 수없이 많다. 응급구조사가 알아야 할 기초의학, 응급의학, 내과와 외과의 임상 정보, 특수 응급 상황, 여성과 소아 응급 관련 정보뿐만 아니라 선배 응급구조사로서 생사의 경계를 넘나드는 현장에서 일하는 응급구조사의 노하우와 취업 정보를 진솔하게 전하는 책이다.

탐구 주제

주제1 신경계와 내분비계의 조절 작용으로 체온, 혈압, 혈당량은 일정하게 유지된다. 응급구조사는 체 내 항상성이 깨질 만한 문제들을 빨리 파악하여 현장에서 처치하는 것이 중요하다. 체온, 혈압, 혈당량의 정상 범위를 알아보고 정상 범위를 벗어났을 때 응급처치 방법을 포스터로 만들어 보자.

주제2 구급대원의 중요 임무는 기도 확보, 심폐 소생, 중추신경 보호다. 우리나라의 12인승 구급차는 기도 확보와 심폐 소생을 하기에 좁다. 15인승 구급차는 뚱뚱해서 골목길에 들어가기 어렵다. 우리나라와 미국의 구급차를 비교하여 환자를 위한 구급차의 외부와 내부를 디자인해 보자.

주제3 연간 119 구급차 하루 평균 출동 건수와 환자 이송 건수 분석

주제4 119 구급차 이송 환자의 유형 분석

학생부 기록 예시 (교과세특)

'난생처음 응급구조(이태양)'를 읽고 사람의 체온, 혈압, 혈당량이 신경계와 내분비계의 상호작용으로 일정하게 유지되는 원리를 과학적으로 설명함. 체온, 혈압, 혈당량이 정상으로 유지되어야 하는 이유와 함께 각각이 정상 범위보다 높거나 낮을 때 나타나는 신체 증상들을 알아보기 쉽게 정리하였고, 상황에 맞는 응급처치 방법을 직관적인 그림으로 표현하여 쉽게 따라 할 수 있도록 포스터를 제작하여 게시함.

'난생처음 응급구조(이태양)'를 읽고 우리나라 구급차의 문제점에 관심이 생김. 구급대원들을 대상으로 한 설문조사 결과 임무 수행 중 44.8%가 가장 힘든 점으로 '치료 행위 중 몸 흔들림'을 꼽았다는 객관적인 데이터를 제시하며 문제점을 인식시킴. 미국의 구급차 기준을 제시하며 우리나라 구급차에도 환자실의 구조와 규격뿐 아니라 디자인, 무게, 적재하중, 제동장치 등 현재의 문제점을 개선한 기준안이 필요함을 제시함.

관련 논문

119구급대원의 현장 및 이송 중 응급처치 경험에 대한 현상학적 연구 (권혜지 외, 2022)

관련 도서

《응급구조사 어떻게 되었을까?》, 캠퍼스멘토, 캠퍼스멘토
《집에서 할 수 있는 확실한 응급처치법》, 쇼난 ER, 시그마북스

관련 계열 및 학과

- 의약계열: 응급구조학과, 안전보건학과, 간호학과, 의예과, 치의예과, 한의예과, 약학과
- 자연계열: 재난안전경영학과, 생명과학과, 분자생물학과, 유전학과, 생화학과, 미생물학과

관련 교과

- 사회계열: 공공안전학과, 공공행정학과, 사회안전학과, 사회복지학과, 경영학과, 경제학과

2022 개정 교육과정: 통합과학, 과학탐구실험, 생명과학, 융합과학 탐구, 인문학과 윤리, 운동과 건강, 보건

2015 개정 교육과정: 통합과학, 과학탐구실험, 생명과학Ⅰ, 융합과학, 생활과 윤리, 운동과 건강, 보건

내 안경이 왜 이래

최병무 | 라온북 | 2019

안경 사용자들이 자신에게 가장 적합한 안경을 찾는 데 도움을 주는 책이다. 안경 사용자들은 종종 올바른 안경 착용법을 모르거나 잘못된 안경을 사용해 시력을 더 나빠지게 한다. 이 책에는 10년째 안경사로 일하는 전문 안경사인 저자가 알려 주는 올바른 안경 착용법, 자신에게 가장 적합한 안경을 찾는 방법 등이 담겨 있다. 안경을 사용하는 사람들에게 큰 도움이 될 책이다.

탐구 주제

주제1 난시의 유무와 정도에 따라 글을 읽는 속도가 34%나 차이가 나고, 난시가 있으면 학업 능력이 12% 떨어진다고 한다. 눈의 구조와 기능, 시각의 성립 과정을 정리하고, 난시가 집중력을 낮추는 메커니즘과 원리에 대해 탐구해 보자.

주제2 2014년 조사 결과 우리나라 12~18세 청소년의 근시 비율은 80.4%이다. 우리 학급 친구들의 근시 비율과 현재 우리나라 12~18세 청소년의 근시 비율을 비교해 보자. 약 10년 사이 우리나라 청소년의 근시 비율의 변화와 근시 비율이 높은 이유를 분석해 보자.

주제3 근시, 원시, 난시의 개념과 원인, 증상, 치료법, 예방법 비교

주제4 시력과 안경 렌즈의 상관관계 분석

학생부 기록 예시 (교과세특)

'내 안경이 왜 이래(최병무)'를 읽고 난시의 유무와 정도에 따라 글을 읽는 속도와 학업 능력에 차이가 있다는 결과를 보고, 시력이 집중력에 미치는 영향이 궁금하여 눈의 구조와 기능, 시각의 성립 과정을 글과 그림으로 요약하여 정리함. 특히 난시와 눈의 조절 능력 약화가 칠판과 책을 번갈아 볼 때 초점이 늦게 맺혀 집중력이 떨어진다는 점을 강조하여 시력과 집중력의 관계를 이해하기 쉽게 논리적으로 잘 설명함.

'내 안경이 왜 이래(최병무)'를 읽고 우리나라뿐 아니라 세계적으로 난시 인구가 증가하고 있다는 내용을 접함. 특히 2014년 조사 결과 우리나라 12~18세 청소년의 근시 비율은 80.4%임을 알고 학급 친구들의 근시 비율과 현재 우리나라 12~18세 청소년의 근시 비율을 비교 분석함. 근시 비율이 증가한 원인으로 점점 짧아지는 디지털 기기와 눈 사이의 거리를 제시하며 문제를 인지시키고 건강한 눈 운동법을 소개함.

관련 논문
국민건강영양조사 자료를 이용하여 분석한 근시 정도와 안압의 관계 (허민구, 2022)

관련 도서
《안경이 인생을 바꾸다》, 김태옥, 에이피피커뮤니케이션즈
《우리들이 궁금했던 시력&안경이야기》, 박창원, 대학서림

관련 계열 및 학과	• 의약계열: 안경광학과, 간호학과, 보건관리학과, 약학과, 의예과, 치의예과, 한의예과
	• 공학계열: 바이오메디컬화학공학과, 생체의공학과, 시스템생명공학과, 의생명공학과
관련 교과	• 사회계열: 경제학과, 국제의료경영학과, 법학과, 보건의료경영학과, 사회학과, 심리학과

2022 개정 교육과정: 통합과학, 과학탐구실험, 생명과학, 융합과학 탐구, 인문학과 윤리, 인간과 심리, 보건

2015 개정 교육과정: 통합과학, 과학탐구실험, 생명과학 I, 융합과학, 생활과 윤리, 심리학, 보건

인문계열

사회계열

자연계열

공학계열

의약계열

예체능계열

교육계열

동물복지 수의사의 동물 따라 세계 여행

양효진 | 책공장더불어 | 2022

동물원에서 5년간 일하던 수의사가 일하며 만난 동물들은 불행해 보였다. 방문객들은 동물에 대해 제대로 알지 못하고, 자연을 존중하는 마음을 갖지 못한 채 동물원을 떠났다. 동물원에서 일할 때 동물들이 "내가 왜 여기에 있는 줄 알아요?" 묻는 것 같았다. '왜 동물이 갇혀 있는가?'라는 질문에 스스로 답을 찾고자 5년간 19개국 178곳을 돌아다녔다. 지금도 작가는 세계 곳곳에서 여러 모습으로 살아가는 동물들을 찾아가고 있다.

탐구 주제

주제1 노르웨이 오슬로 대학의 박노자 교수는 동물원은 인간의 야만성을 보여 주는 제국주의 과학의 상징이라고 했다. 동물원은 인간이 동물을 어떻게 인식하고 대하는지를 드러낸다. 동물원 관람 태도와 관련된 질문지를 작성하여 우리나라의 동물원 관람 문화의 실태를 조사해 보자.

주제2 우리나라의 동물보호법은 동물의 생명보호, 안전보장 및 복지증진을 꾀하고 건전하고 책임 있는 사육문화를 조성함으로써 생명 존중의 국민 정서를 기르고 사람과 동물의 조화로운 공존에 이바지함을 목적으로 한다. 제3조 동물 보호의 기본 원칙을 홍보하는 영상을 제작해 보자.

주제3 야생동물과 동물원 및 수족관 동물의 평균 수명 차이 비교 분석

주제4 동물원 내 수입 동물의 비율과 수입 과정에서의 사망률 분석

학생부 기록 예시 (교과세특)

'동물복지 수의사의 동물 따라 세계 여행(양효진)'을 읽고 동물원 관련 자료를 찾던 중 동물원에 갇혀 자유를 잃고 우울증에 걸린 동물들의 사진을 보고 동물도 정신적, 육체적 고통을 느끼는 생명체임을 강조하여 발표함. 올바른 관람 문화에 필요한 자세를 질문 형태로 만들어 설문조사를 실시하였고, 그 결과를 공유하여 각자의 동물원 관람 태도를 성찰하고 올바른 관람 태도를 익히는 계기를 제공함.

'동물복지 수의사의 동물 따라 세계 여행(양효진)'을 읽고 다양한 국가의 동물원 제도를 통해 동물복지에 관심을 가지고 우리나라의 동물보호법을 찾아봄. 2023년에 시행된 동물보호법의 제3조에서 제시한 동물을 사육·관리 또는 보호할 때 준수해야 할 5가지 기본 원칙을 숙지하고 각 기본 원칙을 실천할 수 있는 구체적인 실천 강령을 친구들과 함께 구상하고 이를 홍보하는 동영상을 만들어 동영상 공유 플랫폼에 게시함.

관련 논문

동물복지를 고려한 진주 진양호동물원의 공간 재배치에 관한 연구(문다휘, 2023)

관련 도서

《동물원 동물은 행복할까?》, 로브 레이들로, 책공장더불어
《동물생명공학》, 중앙대학교 동물생명공학과 BK21 사업단, 한국학술정보

관련 계열 및 학과
- 의약계열: 수의예과, 약학과, 제약학과, 의예과, 치의예과, 한의예과, 간호학과
- 자연계열: 반려동물보건학과, 동물보건복지학과, 동물산업융합학과, 동물생명자원과학과
- 공학계열: 축산식품생명공학과, 바이오메디컬화학공학과, 줄기세포재생공학과

관련 교과

2022 개정 교육과정: 통합과학, 과학탐구실험, 화학, 생명과학, 세포와 물질대사, 윤리와 사상, 보건

2015 개정 교육과정: 통합과학, 과학탐구실험, 화학 I, 생명과학 I, 생명과학 II, 윤리와 사상, 보건

디지털 헬스케어: 의료의 미래

최윤섭 | 클라우드나인 | 2020

인공지능, 사물인터넷, VR 등 디지털 기술 혁신이 의료와 융합되면서 태동한 혁신 분야 '디지털 헬스케어'에 대해 포괄적이면서도 상세하게 설명하고 있다. 디지털 헬스케어의 기본 개념부터 최신 기술, 그리고 원격의료와 개인 유전정보 분석 및 규제 혁신과 같은 민감한 이슈까지 다루고 있어 디지털 혁신이 의료 분야를 어떻게 혁신하는지 알고 싶은 사람들에게 추천하는 책이다.

탐구 주제

주제1 헬스케어 산업과 ICT가 융합되어 개인 건강과 질환을 관리하는 산업 영역을 '디지털 헬스케어'라고 정의한다. 우리나라의 공공분야와 민간분야에서 추진 중인 디지털 헬스케어 사례를 비교 분석해 보고, 이로 인해 야기되는 윤리적 쟁점들을 알아보자.

주제2 치료에서 예방 중심으로 변화하고 있는 보건의료 패러다임 속에서 만성질환 등을 지속적으로 관리 및 예방하고, 발병률을 낮추는 디지털 헬스케어의 중요성은 나날이 높아지고 있다. 디지털 헬스케어 산업의 구조를 탐색하여 지식 나눔 프로젝트를 해 보자.

주제3 디지털 헬스케어 관련 국내외 동향 및 미래 전망 탐색

주제4 디지털 헬스케어의 윤리적 쟁점 탐구

학생부 기록 예시 (교과세특)

'디지털 헬스케어: 의료의 미래(최윤섭)'를 읽고 디지털 헬스케어의 개념과 우리나라의 공공분야와 민간분야에서 추진 중인 디지털 헬스케어 사례를 비교 분석함. 건강, 영양, 운동 및 환자 관리 등을 위해 개인 건강 및 의료 정보를 제공할 수 있는 의료기기, 의료 정보 시스템 및 헬스케어 플랫폼 등 의료와 IT산업의 융합으로 탄생한 신산업 분야인 디지털 헬스케어에 대한 이해를 바탕으로 현황과 전망을 설명함.

'디지털 헬스케어: 의료의 미래(최윤섭)'를 읽고 디지털 헬스 산업의 구조를 탐색하여 지식 공유나눔 프로젝트를 실천함. 소비자의 건강 관련 데이터를 전문기업이 획득 및 분석해 의료 및 건강 관리 기업에 제공하고, 이를 신속하고 정확한 의료결정에 도움이 되는 데이터로 활용함으로써 자문과 치료행위가 가능하도록 하는 디지털 헬스산업의 구조와 이에 따른 윤리적 쟁점을 파악하여 카드 뉴스로 제작하여 홍보함.

관련 논문
4차 산업혁명시대의 디지털 헬스케어 산업에 대한 연구(김기봉 외, 2020)

관련 도서
《의료 인공지능》, 최윤섭, 클라우드나인
《디지털 헬스케어를 위한 웨어러블 기술》, Raymond Kai-Yu Tong, 라임하우스

관련 계열 및 학과
- 의약계열: 의예과, 치의예과, 한의예과, 약학과, 간호학과, 보건관리학과, 수의예과
- 공학계열: 바이오메디컬화학공학과, 생체의공학과, 시스템생명공학과, 의생명공학과

관련 교과
- 사회계열: 경제학과, 국제의료경영학과, 법학과, 보건의료경영학과, 사회학과, 심리학과

2022 개정 교육과정: 통합과학, 과학탐구실험, 화학, 생명과학, 인문학과 윤리, 인간과 심리, 보건

2015 개정 교육과정: 통합과학, 과학탐구실험, 화학 I, 생명과학 I, 생활과 윤리, 심리학, 보건

인문계열

사회계열

자연계열

공학계열

의약계열

예체능계열

교육계열

만화로 보는 수의사의 세계

수의사 기역 | 한빛비즈 | 2023

현직 수의사인 기역이 진짜 수의사 생활을 만화로 그린 책이다. 수의사가 되기까지의 과정과 여러 방면에서 일하고 있는 수의사의 모습, 그리고 웃음과 눈물이 가득한 현장에서의 에피소드를 담고 있다. 반려동물과 함께하려면 필요한 고급 정보를 제공하기도 하고, 때로는 사람들에게 일침을 가하며 생각할 거리를 던져 준다. 수의사로서의 삶을 진하게 느낄 수 있는 책이다.

탐구 주제

주제1 수의사는 동물병원뿐 아니라 육가공업체, 동물 약품 회사, 사료 회사, 가축을 번식시키는 종축장, 동물원 등으로 진출할 수 있다. 동물들과 국민의 건강을 위해 검역이나 방역을 담당하는 수의사를 필요로 하는 국가기관 및 연구소를 탐색해 보자.

주제2 매년 4월 마지막 주 토요일은 세계 수의사의 날이다. 코로나19 대응 시 수의사들의 노고를 실은 신문 기사를 찾아 코로나19 방역 시 의사와 수의사의 역할 차이를 비교해 보고 기후변화에 따라 동물들의 서식지 환경이 급변하는 시대에 수의사의 사회적 역할을 탐구해 보자.

주제3 1인 가구 및 고령 인구 증가가 반려동물 산업에 미치는 영향 탐구

주제4 동물의 질병이 사람에게 감염된 사례 분석을 통한 예방법 모색

학생부 기록 예시 (교과세특)

'만화로 보는 수의사의 세계(수의사 기역)'를 읽고 수의사의 다양한 진출 분야를 구체적으로 탐색하여 표로 정리함. 특히, 동물들뿐 아니라 국민의 건강을 위해 검역이나 방역을 담당하는 시·도 축산위생연구소 및 가축위생시험소, 국립수의과학검역원, 국립보건 안전연구원, 국립보건원, 축산기술연구원, 국립환경연구원의 주요 업무와 정책들을 정리한 보고서를 작성하여 발표함.

'만화로 보는 수의사의 세계(수의사 기역)'를 읽고 코로나19 방역 시 수의사들이 수행한 역할을 실은 기사를 찾아봄. 수의사는 확진자 동선 관리나 감염된 사람들에 대한 역학조사 등 과학에 근거한 업무를 수행했으며 군집 단위에서의 방역에 집중했다고 발표함. 특히 기후 변화로 인한 환경 파괴로 인수공통감염병 발생이 가속화될 것으로 예측되는 현실에서 수의사의 역할을 구체적이고 논리적으로 잘 설명함.

관련 논문

수의사의 직무스트레스가 심리적 소진에 미치는 영향: 성별과 진료직무의 조절효과(김무석, 2023)

관련 도서

《동물과 수의학》, 임동주, 마야
《수의사는 오늘도 짝사랑 중》, 김명철, 김영사

관련 계열 및 학과	• 의약계열 : 수의예과, 약학과, 제약학과, 의예과, 치의예과, 한의예과, 간호학과
	• 자연계열 : 반려동물보건학과, 동물보건복지학과, 동물산업융합학과, 동물생명자원과학과
관련 교과	• 공학계열 : 축산식품생명공학과, 바이오메디컬화학공학과, 줄기세포재생공학과

2022 개정 교육과정 : 통합과학, 과학탐구실험, 화학, 생명과학, 윤리와 사상, 인간과 심리, 보건

2015 개정 교육과정 : 통합과학, 과학탐구실험, 화학 I, 생명과학 I, 윤리와 사상, 심리학, 보건

물리치료사는 이렇게 일한다

최명원 | 청년의사 | 2022

물리치료사라는 직업에 대한 탐구와 준비를 하고자 하는 이들을 위한 책으로 대학 안내, 면허 시험, 취업 현황 등은 물론 좋은 물리치료사가 되기 위한 유용한 정보들이 수록되어 있다. 물리치료사는 주로 통증을 호소하는 환자들을 돌보는 치료사이자, 환자가 장애로 인해 신체적 움직임에 제한이 있을 때 재활 전문가로서의 역할을 한다. 익숙하면서도 낯선 물리치료사의 세계에 대해 구체적으로 알려 주는 책이다.

탐구 주제

주제1 의료기사법 시행령에서 정의한 물리치료사의 업무는 '온열치료, 전기치료, 광선치료, 수치료, 기계 및 기구치료, 마사지, 기능훈련, 신체 교정 운동 및 재활훈련에 필요한 기기, 약품의 사용과 관리 등 물리요법적 치료'이다. 의료 영역 내 물리치료가 적용되는 분야를 조사하자.

주제2 물리치료의 영어 명칭은 1887년 스웨덴에서 세계 최초로 공식적으로 사용되었고, 물리치료는 스웨덴식 체조에서 파생되었다. 환자의 건강 관리 및 손상된 기능을 회복시키거나 증진시키는 물리치료 행위의 기원을 탐색해 보고, 스웨덴식 체조가 물리치료로 발전한 과정을 알아보자.

주제3 고령화 인구 증가와 정형외과 진료환자 수의 상관관계 분석

주제4 연령대별 연간 물리치료 경험 횟수와 물리치료의 종류 비교 분석

학생부 기록 예시 (교과세특)

'물리치료사는 이렇게 일한다(최명원)'를 읽고 의료기사법 시행령을 찾아 물리치료사가 수행하는 업무의 직무를 확인하고 정형외과 외 물리치료가 적용되는 분야를 조사함. 물리치료의 적용 분야를 근골격계, 신경계, 소아, 흉부, 산부인과, 스포츠 물리치료로 분류했고 각 물리치료의 대상 환자와 치료 방법을 표로 비교 정리하여 이해하기 쉽게 발표함으로써 친구들에게 물리치료사의 진출 분야에 대해 구체적으로 안내함.

'물리치료사는 이렇게 일한다(최명원)'를 읽고 물리치료 행위의 기원을 탐색함. 기원 전 5세기경 고대 그리스 의사의 도수치료 처방을 시작으로 물리치료의 형태가 시대에 따라 다양하게 변했음을 논리적으로 설명함. 물리치료가 파생된 스웨덴식 체조를 미용식, 의학적, 군사적, 교육적 체조 영역으로 구분하여 의학적 체조가 현대 물리치료를 일컫는 용어가 되었음을 설명하는 등 친구들의 흥미를 유발하며 발표함.

관련 논문
가정방문 물리치료사의 직무분석 연구(유원종, 2014)

관련 도서
《물리치료사로 살아가기》, 오덕원 외, 학지사메디컬
《30일 체형 교정》, 남궁형, 유성현, 한국경제신문i

관련 계열 및 학과
- 의약계열: 물리치료학과, 작업치료학과, 재활학과, 간호학과, 의예과, 한의예과, 약학과
- 예체능계열: 스포츠건강과학과, 스포츠과학과, 스포츠웰빙학부, 스포츠의학과, 스포츠재활학과

관련 교과
- 교육계열: 특수교육과, 유아특수교육과, 초등특수교육과, 중등특수교육과, 청각학전공

2022 개정 교육과정: 통합과학, 과학탐구실험, 생명과학, 융합과학 탐구, 인문학과 윤리, 운동과 건강, 보건

2015 개정 교육과정: 통합과학, 과학탐구실험, 생명과학 I, 융합과학, 생활과 윤리, 운동과 건강, 보건

인문계열

사회계열

자연계열

공학계열

의약계열

예체능계열

교육계열

뮤지엄 미술치료

미트라 레이하니 가딤 외 |
안그라픽스 | 2023

세계의 다양한 미술관과 박물관에서 실천되고 있는 미술치료의 혁신적인 사례들을 소개한다. 미술을 통해 지역사회의 복지와 행복에 적극적으로 참여하며 영역을 확장해 가는 박물관, 미술관의 접근 방식과 전략, 미술치료 분야의 학제 간 협동과 박물관의 다양한 프로젝트, 프로그램을 소개한다. 미술치료 분야뿐 아니라 교육, 미술관과 박물관 연구, 복지 등의 분야와 연관 분야 종사자, 더불어 우리 모두에게 필요한 안내서이다.

탐구 주제

주제1 회복력 있는 환경의 네 가지 요소는 거리감, 규모감, 매혹감, 적합성으로 이 네 가지 요소를 갖출수록 회복 가능성이 크게 증가한다. 네 가지 요소를 모두 충족시킬 수 있는 공간이 박물관, 미술관이다. 미술과 공간이 사람의 심리에 미치는 영향에 대해 탐색해 보자.

주제2 뮤지엄 미술치료는 사람들의 치유와 성장을 돕기 위한 지역사회 내 비임상적 서비스와 연계한 사회적 처방이다. 우리 학교 내에서 예술적 경험을 통해 스트레스를 감소시키고 친구들과의 친목을 도모할 수 있는 프로그램을 찾아보고, 새로운 프로그램 아이디어 기획서를 작성해 보자.

주제3 뮤지엄의 치료 접근 프로그램 도입 배경과 사례 분석

주제4 범죄 소년을 위한 뮤지엄 미술치료 프로그램과 효과 분석

학생부 기록 예시 (교과세특)

'뮤지엄 미술치료(미트라 레이하니 가딤 외)'를 읽고 박물관이나 미술관이 미술치료에 활용되는 점, 미술과 공간이 사람의 심리에 미치는 영향에 호기심이 생겨 탐구함. 미술 작품 속 인물의 표정 등을 통해 자신의 내면을 성찰할 수 있고, 천장이 높을수록 창의적인 문제를 더 잘 풀었다는 연구 사례를 통해 사람의 심리를 고려한 공간을 만드는 신경 건축학에 대해서도 알게 되었다며 독서를 통한 지식의 확장 경험을 발표함.

'뮤지엄 미술치료(미트라 레이하니 가딤 외)'를 읽고 예술적 경험을 통해 스트레스를 감소시키고 친목을 도모할 수 있는 교내 프로그램을 찾기 위해 연간 행사 및 동아리 활동을 분석함. 체육 한마당, 시화전, 도서전 등 기존의 교내 활동을 예술적 체험으로 접근한 점이 인상적임. 모든 일상이 예술적 경험이 될 수 있음을 강조하였고, 매달 주제를 정해 학생들의 작품을 전시하는 '나도, 너도 예술가' 프로그램을 기획함.

관련 논문

장애아동의 사회적 적응 향상을 위한 뮤지엄 교육: 런던 4개 뮤지엄 사례를 중심으로(김윤아, 2016)

관련 도서

《미술치료학》, 주리애, 학지사
《미술치료, 트라우마 그리고 신경과학》, Juliet L. King, 학지사

관련 계열 및 학과

· 예체능계열 : 미술치료학과, 미술심리치료학과, 예술치료학과, 음악치료학과, 통합치유학과

· 사회계열 : 보건보육상담과, 보육복지상담과, 사회복지계열(재활상담복지전공), 심리학과

관련 교과

· 의약계열 : 간호학과, 보건관리학과, 의예과, 치의예과, 한의예과, 약학과, 수의예과

2022 개정 교육과정 : 통합과학, 과학탐구실험, 생명과학, 융합과학 탐구, 미술과 매체, 인간과 심리, 보건

2015 개정 교육과정 : 통합과학, 과학탐구실험, 생명과학 I, 융합과학, 미술, 심리학, 보건

과학자들은 우연히 혹은 끊임없는 실험으로 새로운 발견을 해내고 그 결과를 논문으로 세상에 펼쳐 보인다. 이 책은 마리 퀴리가 남편과 함께 1898년 노벨 물리학상을 받은 최초의 논문과 단독으로 노벨 화학상을 받은 첫 번째 논문에 초점을 맞추었다. 두 논문 모두 새로운 자연 방사능 원소 폴로늄과 라듐을 발견한 내용이다. 과학자들이 논문을 완성하기까지 실험을 반복하고 결론을 도출하는 과정을 통해 과학적 탐구력을 배워 보자.

탐구 주제

주제1 우라늄이나 코발트 같은 방사성 물질들이 방사선을 낼 수 있는 능력을 방사능이라고 한다. 원자로 등에서 누출되는 방사능은 아무리 소량이라도 돌연변이를 일으킬 수 있어 위험하다. 우리나라의 의료방사선 종사자들의 연간 방사선 노출량과 관련된 기사를 작성해 보자.

주제2 1차 세계대전 당시 마리 퀴리는 부상당한 병사들의 몸 어디에 총알이 박혔는지 알기 위해 X선 장비를 이용하여 몸에 박힌 파편을 찾을 수 있도록 도왔다. 뢴트켄은 X선의 발견으로 제1회 노벨 물리학상을 받았다. X선 검사로 진단이 가능한 질병과 그 원리를 카드 뉴스로 제작해 보자.

주제3 일본 원전 오염수 방류 위험성의 과학적 근거 제시

주제4 방사선 치료의 목적과 효과 및 부작용 사례 분석

학생부 기록 예시 (교과세특)

'방사선과 원소(정완상)'를 읽고 우리나라의 의료방사선 관계 종사자들은 피폭으로부터 안전한지 궁금하여 1년 동안 방사선 노출량을 알아보고 기사를 작성함. 방사선기사, 영상의학의사, 치과의사 등 의료인을 희망하는 친구들에게 의미 있는 정보를 전달함. 피폭 선량한도를 유효선량 기준 연간 50mSv 이하임을 제시하고 직종별 평균 피폭선량을 수치와 그래프로 제시하여 정보를 쉽게 알아볼 수 있는 기사를 꼼꼼하게 작성함.

'방사선과 원소(정완상)'를 읽고 X선의 발견과 원리, 활용 범위를 배우고 X선을 이용해 진단이 가능한 질병과 그 원리에 대한 카드 뉴스를 제작함. X선은 소량의 방사선을 사용하는데, X선이 몸을 통과할 때 밀도가 높은 뼈는 흰색으로 보여 주로 골격 관련 질병을 진단하지만, 황산바륨이나 염료를 투여하면 장기가 뚜렷하게 나타나 감염이나 종양의 진단에도 활용됨을 알려 누구나 접하는 X선에 대해 알기 쉽게 설명함.

관련 논문

진단용 엑스선 촬영 장치에서 발판 스위치의 사용성 평가 (권혁진, 2018)

관련 도서

《방사선 방사능 이야기》, 타다 준이치로, 성안당
《방사선 피폭의 역사》, 나카가와 야스오, 무명인

관련 계열 및 학과	• 의약계열 : 방사선학과, 의예과, 치의예과, 수의예과, 한의예과, 대체의학과, 간호학과
	• 자연계열 : 물리학과, 화학과, 생화학과, 생명과학과, 환경학과, 유전학과, 축산학과
관련 교과	• 공학계열 : 신재생에너지공학과, 원자력공학과, 원자력및양자공학과, 원자력방재학과

2022 개정 교육과정 : 통합과학, 과학탐구실험, 화학, 생명과학, 융합과학 탐구, 데이터 과학, 보건

2015 개정 교육과정 : 통합과학, 과학탐구실험, 화학 I, 생명과학 I, 융합과학, 정보, 보건

인문계열

사회계열

자연계열

공학계열

의약계열

예체능계열

교육계열

방사선으로 치료할 수 있는 7가지 암

임채홍 | 중앙생활사 | 2019

최첨단 항암 치료 기술인 방사선 치료에 대한 오해와 진실, 그리고 생생한 완치 사례를 다루고 있다. 이 책은 방사선종양학과 의사인 저자가 암 전반에 관한 지식을 비전공자들도 쉽게 이해할 수 있도록 다루어, 방사선 치료에 대한 불필요한 오해를 덜어 내고 방사선 치료를 제대로 인식할 수 있는 계기를 제공한다. 암으로 고생하는 환자나 그들의 완치를 간절히 바라는 가족들과 의료 종사자들에게 큰 도움이 될 책이다.

탐구 주제

주제1 기본 건강검진 시에는 평균 2.49mSv, 추가 선택 검진 시에는 평균 14.82mSv의 방사능에 노출되어 일반인에게 허용하는 연간 인공방사선 노출량(1mSv)을 넘는다. 건강검진 검사 항목별 방사선 노출량을 조사하고 피폭량을 최소화할 수 있는 안내서를 제작해 보자.

주제2 통계청 발표 자료에 의하면 우리나라 40대 이후 사망 원인 1위는 암이다. 암은 유전적 요인이나 흡연, 잘못된 식습관과 생활 습관으로 생긴 돌연변이가 축적되어 세포가 무한정 분열하는 질병이다. 다양한 암 치료 방법을 알아보고 방사선 치료의 오해를 바로잡는 카드 뉴스를 만들어 보자.

주제3 방사선 치료와 항암제 치료의 차이점 비교

주제4 방사선사들의 의료 방사선 피폭 안전성 분석

학생부 기록 예시 (교과세특)

'방사선으로 치료할 수 있는 7가지 암(임채홍)'을 읽고 막연한 방사선 노출에 대한 불안보다는 정확한 수치를 통해 확인하고 안심하는 것이 좋을 것 같다는 생각에 건강검진 시 방사선 노출량을 조사하고 안전한 건강검진에 대한 의견을 제시함. 검사별 방사선 노출량을 표와 그래프로 제시하여 가독성을 높임. CT 촬영 시 노출량이 많음을 확인하고, 증상이 없음에도 과도하게 검사하는 것을 지양해야 한다는 의견을 논리적으로 제시함.

'방사선으로 치료할 수 있는 7가지 암(임채홍)'을 읽고 암을 치료하는 주요 방법인 수술, 방사선 치료, 항암제 치료 각각의 개념과 치료 방법을 비교하여 정리함. 방사선 치료는 표적 암세포나 주변 위험 부위에만 방사선을 조사하기 때문에 항암제 치료보다 국소적이지만 효과가 강하고, 전신적인 체력 저하, 구역질, 탈모 등은 대부분 나타나지 않음을 분명하게 제시하여 방사선 치료에 대한 막연한 불안을 해소할 수 있는 정보를 제공함.

관련 논문

MCNP 코드를 이용한 우리나라 국민의 의료방사선 피폭선량 평가(김경호, 2015)

관련 도서

《방사선 치료와 함께하는 암 극복의 여정》, 금기창, 연세대학교 대학출판문화원
《머릿속에 쏙쏙! 방사선 노트》, 고다마 가즈야, 시그마북스

관련 계열 및 학과	• 의약계열: 의예과, 치의예과, 수의예과, 방사선학과, 한의예과, 대체의학과, 간호학과
	• 자연계열: 물리학과, 화학과, 생화학과, 생명과학과, 환경학과, 유전학과, 축산학과
관련 교과	• 공학계열: 신재생에너지공학과, 원자력공학과, 원자력및양자공학과, 원자력방재학과

2022 개정 교육과정: 통합과학, 과학탐구실험, 화학, 생명과학, 융합과학 탐구, 데이터 과학, 보건

2015 개정 교육과정: 통합과학, 과학탐구실험, 화학 I, 생명과학 I, 융합과학, 정보, 보건

병원에서 언어재활사로 살아남기

강영애 외 | 충남대학교출판문화원 | 2023

병원 내 수많은 직업군 중 언어재활사의 세계를 간접적으로 느껴보도록 7인의 선배 언어재활사가 자신들의 경험담을 담았다. 언어재활사 생활은 실패와 도전의 연속이지만 보람 있는 일이다. 병원에서 언어재활사로 근무하길 희망하는 뒷세대의 언어재활사들이 조금 더 안정적으로 병원에 적응하여 성숙한 언어재활사가 되길 바라는 마음을 담아 쓴 책이다.

탐구 주제

주제1 한국 보건의료인 국가시험원 홈페이지에 게시된 언어재활사의 정의는 '생애 발생할 수 있는 의사소통의 어려움이 있는 대상자들의 중재와 재활을 담당하는 전문가'이다. 언어재활사의 도움이 필요한 의사소통 장애를 분류하고 교육과정을 확인하여 언어재활사 직업 카드를 만들어 보자.

주제2 2022년 서울시와 대한소아청소년정신의학회가 어린이집에 다니는 0~5세 454명을 조사한 결과 인지발달에서 25%, 언어 발달에서 35%가 위험군에 속했고, 약 35%는 전문가 치료나 도움이 필요하다고 분석했다. 실내 마스크 의무 착용이 영유아의 언어 발달에 미친 영향을 분석해 보자.

주제3 뇌 손상과 인지 : 의사소통 장애 특성에 관한 문헌 고찰

주제4 언어 지연 아동들의 인지 프로세스와 언어의 관계 분석

학생부 기록 예시 (교과세특)

'병원에서 언어재활사로 살아남기(강영애)'를 읽고 의사소통의 장애를 분류하고 교육과정 및 진출 분야, 장단점 등 언어재활사와 관련된 진로직업정보를 구체적으로 조사하여 핵심 내용만 정리한 언어재활사 직업 카드를 학급에 게시함. 친구들에게 생소한 언어재활사에 대한 이해를 높였고 다양한 사례를 제시하여 선천적인 장애뿐 아니라 후천적으로도 누구나 의사소통에 어려움을 겪을 수 있다는 점을 강조함.

'병원에서 언어재활사로 살아남기(강영애)'를 읽고 언어 발달 과정에 관심이 생김. 서울과 경기 국·공립 어린이집 교사 대상 설문조사 결과 마스크로 인해 언어 노출과 발달 기회가 감소했다는 응답이 74.9%였다는 결과를 제시함. 유아들의 언어발달 단계를 설명하며 언어 발달의 지연은 사회적 상호작용, 공감 능력 등 사회성 발달에도 악영향을 끼치므로 발달 지연을 보완할 구체적이고 다양한 대책이 필요하다는 의견을 제시함.

관련 논문
청년층의 멀티미디어기기 사용 정도와 인지 언어능력 간의 관계 (김시우, 2022)

관련 도서
《언어재활사는 이렇게 일한다》, 우정수, 청년의사
《0~5세 언어 발달 엄마가 알아야 할 모든 것》, 정진옥, 코리아닷컴

관련 계열 및 학과	• 의약계열 : 언어병리학전공, 언어청각치료학과, 언어재활학과, 의예과, 한의예과, 간호학과
	• 교육계열 : 국어교육과, 특수교육과, 아동교육상담학과, 유아교육과, 아동청소년교육학과
관련 교과	• 인문계열 : 언어인지과학과, 언어정보학과, 언어학과, 국제언어다문화학과, 국어국문학과

2022 개정 교육과정 : 화법과 언어, 독서와 작문, 문학, 매체 의사소통, 언어생활 탐구, 통합과학, 보건

2015 개정 교육과정 : 화법과 작문, 독서, 문학, 언어와 매체, 실용국어, 심화 국어, 통합과학, 보건

인문계열

사회계열

자연계열

공학계열

의약계열

예체능계열

교육계열

부모코칭 언어치료 가이드북

조여진, 박석원 | 휴먼북스 | 2023

아이의 언어 발달을 지원할 수 있도록 돕는 언어 치료의 방법을 설명하는 책이다. 아이의 언어 발달에 대한 이해, 부모가 직접 실천할 수 있는 행동 계획 등 언어 치료에 필요한 정보와 지식을 제시하여 부모와 언어 치료사가 함께 아이의 언어 발달을 지원할 수 있도록 돕는다. 이 책을 통해 언어 치료의 이론뿐만 아니라 실제로 어떤 치료기법들이 활용되는지 구체적으로 알 수 있다.

탐구 주제

주제1 언어 치료란 언어장애가 있어 의사소통이 어려운 사람들의 발달 상태 및 언어능력을 평가하여 원활한 언어 발달 및 의사소통이 이루어지도록 돕는 치료법이다. 언어 치료의 대상을 증상과 원인에 따라 분류하고 각 대상의 언어 장애의 원인과 그에 따른 치료 방법을 정리해 보자.

주제2 언어 치료사는 언어 및 청각 장애 환자와 상담 및 검사를 통해 장애의 원인을 진단하여 치료하고, 보호자 상담과 지도 활동을 한다. 우리나라 언어 치료사의 진출 분야를 공공과 민간으로 구분하여 조사하고, 각 분야의 종사자 수를 비교해 보자.

주제3 코로나19로 인한 마스크 착용이 유아의 언어 발달 지연에 미친 영향 탐구

주제4 스마트 기기를 활용한 의사소통 장애 아동의 치료 방법 모색

학생부 기록 예시 (교과세특)

'부모코칭 언어치료 가이드북(조여진 외)'을 읽고 언어 치료의 대상을 증상과 원인에 따라 청각 장애, 언어발달 장애, 지적 장애, 단순언어 장애, 조음운동 장애로 분류해 각각의 치료 방법을 정리함. 원인에 따른 증상과 치료법을 제시한 방법이 논리적이고 책 내용을 바탕으로 본인만의 치료 계획을 제시한 점이 돋보임. 같은 장애의 아동이라도 개인마다 흥미, 학습 유형, 의사소통 방식이 달라 면밀한 관찰이 치료의 시작임을 강조함.

'부모코칭 언어치료 가이드북(조여진 외)'을 읽고 장애 아동들의 의사소통 능력을 키워 대인관계 역량까지 향상시킬 수 있는 다양한 치료 방법이 있음을 배우고, 관심이 생겨 우리나라 언어 치료사의 취업률, 졸업 후 진출 분야 등에 대해 구체적으로 조사함. 교육, 언론, 사회복지, 경찰, 소방직 및 군인으로의 진출이 61.5%, 보건 의료직으로의 진출이 13.2%임을 포함한 다양한 조사 결과를 그래프로 정리하여 명료하게 전달함.

관련 논문

증강현실 기반 언어중재 프로그램이 단순언어장애 아동의 언어능력 개선에 미치는 효과(이예지, 2020)

관련 도서

《문제행동 언어재활》, 한지연, 학지사
《우리 아이 언어발달 ABA 치료 프로그램》, 메리 린치 바르베라, 예문아카이브

관련 계열 및 학과
- 의약계열: 언어병리학전공, 언어청각치료학과, 언어재활학과, 의예과, 한의예과, 간호학과
- 교육계열: 국어교육과, 특수교육과, 아동교육상담학과, 유아교육과, 아동청소년교육학과

관련 교과
- 인문계열: 언어인지과학과, 언어정보학과, 언어학과, 국제언어다문화학과

2022 개정 교육과정: 화법과 언어, 독서와 작문, 문학, 매체 의사소통, 언어생활 탐구, 통합과학, 보건

2015 개정 교육과정: 화법과 작문, 독서, 문학, 언어와 매체, 실용 국어, 심화 국어, 통합과학, 보건

생명과학, 바이오테크로 날개 달다

김응빈 | 한국문학사 | 2021

포스트 코로나 시대를 준비하는 인류를 위한 생명과학책이다. 인문학, 경제학, 건축, 수학, 의학, 과학, 통계학, 화학 등 다양한 학문과의 융합과 바이러스, 인간과 자연의 관계, 생명 현상 등에 대한 궁금증을 다룬다. 생태계 흐름을 거스르는 인간의 욕망이 발생시킨 코로나19 사태를 수습하고 다시 인류의 삶을 건강하고 행복하게 지키는 것 역시 인간만이 가진 과학적 무기, 즉 생명과학의 몫이라는 것을 강조한다.

탐구 주제

주제1 레드 바이오는 바이오 의약품 생산 기술에서부터 유전자 및 줄기세포 치료와 바이오 인공 장기, 바이오 의료 기기 생산 기술까지 포함하여 개인 맞춤형 예방과 치료를 추구한다. 최근 우리나라에서 실시한 파킨슨병의 줄기세포 치료 임상 사례를 찾아 카드 뉴스로 제작해 보자.

주제2 인체는 각 기관계의 통합적 작용으로 생명 활동에 필요한 물질과 에너지를 공급하고 노폐물을 제거하여 생명 활동이 조절 및 유지된다. 인체 내 각 기관계의 통합적 작용을 마인드맵으로 작성하고, 각 기관계의 기능이 저하되었을 때 나타나는 대표적인 질병의 원인과 증상을 발표하자.

주제3 최첨단 바이오 기술의 현황과 전망 파악

주제4 바이오 인공장기의 동향 및 발전 전망 분석

학생부 기록 예시 (교과세특)

'생명과학, 바이오테크로 날개 달다(김응빈)'를 읽고 최근 우리나라에서 실시한 파킨슨병의 줄기세포 치료 임상 사례를 카드 뉴스로 제작함. 배아 줄기세포와 성체 줄기세포의 개념을 정확하게 비교 설명하였고, 도파민을 분비하는 뇌세포가 파괴되어 운동장애를 겪는 파킨슨병 환자의 뇌에 태아의 뇌에서 추출한 도파민 줄기세포를 이식한 결과 도파민을 분비하여 파킨슨 환자의 증상이 완화된 과정을 논리적으로 차분히 잘 설명함.

'생명과학, 바이오테크로 날개 달다(김응빈)'를 읽고 인체 내 각 기관계를 그림으로 나타내 각 기관계가 서로 유기적으로 연결되어 통합적으로 작용함을 한눈에 볼 수 있는 마인드맵을 제작함. 인체 내 각 기관계의 구조적 특징을 잘 살려 그렸고 핵심 기능을 잘 요약함. 각 기관계에 대한 정확한 이해를 바탕으로 설명하였고, 각 기관계의 기능이 저하되면 어떤 증상이 일어날지 유추하여 친구들이 질병을 맞출 수 있도록 발표를 진행함.

관련 논문

배아줄기세포 연구의 윤리적 쟁점에 관한 비판적 고찰(이향연, 2018)

관련 도서

《완벽에 대한 반론》, 마이클 샌델, 와이즈베리
《생명과학, 공학을 만나다》, 유영제, 나녹

관련 계열 및 학과
- 공학계열: 나노화학생명공학과, 생체의공학과, 시스템생명공학과, 의생명공학과, 식품공학과
- 의약계열: 의예과, 치의예과, 한의예과, 약학과, 수의예과, 간호학과, 보건관리학과

관련 교과
- 자연계열: 생명과학과, 생화학과, 유전학과, 미생물학과, 분자생물학과, 축산학과

2022 개정 교육과정: 통합과학, 과학탐구실험, 화학, 생명과학, 생물의 유전, 융합과학 탐구, 윤리와 사상

2015 개정 교육과정: 통합과학, 과학탐구실험, 화학 I, 생명과학 I, 생명과학 II, 융합과학, 윤리와 사상

인문계열

사회계열

자연계열

공학계열

의약계열

예체능계열

교육계열

술, 질병, 전쟁: 미생물이 만든 역사

김응빈 | 교보문고 | 2021

이 책은 지구에서 가장 오랜 역사를 가진 생명체인 미생물의 영향력을 다룬다. 미생물이 인류의 음식, 의학, 전쟁사를 바꾸어 놓은 역사를 살펴보면서 우리와 미생물의 관계를 다시 생각해 볼 수 있다. 코로나19 같은 감염병을 일으켜 인류를 공포와 혼란으로 몰아넣기도 하지만 음식과 술을 만들고 생명을 구하는 등 든든한 아군이 되어 주기도 했다는 내용을 살피다 보면 미생물의 중요성을 깨달을 수 있을 것이다.

탐구 주제

주제1 코로나19 확산으로 면역력에 관심이 많다. 히포크라테스는 "건강은 장 속에 있는 미생물에 의해 결정된다."라고 했다. 체내 면역세포의 70%는 장에 분포하고 있어 면역력을 키우려면 장이 건강해야 한다. 장 면역에 도움을 주는 장내 미생물의 유익한 기능을 탐구해 보자.

주제2 파스퇴르는 현미경 관찰을 통해 정상 술에는 동그란 입자들이 가득하지만 변질되어 시어진 술에는 막대 모양의 입자들이 많이 섞여 있다는 사실을 발견하고 효모의 알코올 발효와 아세트산균의 존재를 밝혔다. 술과 식초의 제조 과정을 비교하여 공통점과 차이점을 비교해 보자.

주제3 건강한 사람의 장에 서식하는 장내미생물 분석

주제4 스트레스가 인체의 장내미생물 구성에 미치는 영향 탐구

학생부 기록 예시 (교과세특)

'술, 질병, 전쟁: 미생물이 만든 역사(김응빈)'를 읽고 오랫동안 지구상에 존재해 온 다양한 미생물들이 질병을 일으키기도 하지만 술도 만들고 페니실린 같은 치료제도 만든다는 사실에 미생물의 영향력을 소개함. 미생물이 건강에 미치는 영향에 관심이 생겨 면역력과 관련된 유익한 장내미생물의 기능을 구체적으로 조사함. 장내미생물의 약 30%인 유익균의 기능과 유해균의 증식을 촉진하는 잘못된 생활 습관을 논리적으로 설명함.

'술, 질병, 전쟁: 미생물이 만든 역사(김응빈)'를 읽고 효모의 알코올 발효로 술이 만들어지는 과정과 술을 공기 중에 방치하면 산소를 이용하는 아세트산균에 의해 아세트산발효가 일어나 식초가 만들어지는 과정을 화학식을 이용해 설명함. 파스퇴르가 효모와 아세트산균을 발견한 과정을 자세히 소개하면서 관찰력, 호기심, 추론력, 끈기가 과학자에게 필요한 역량임을 강조하고 각자 자신만의 호기심 노트를 작성해 보자고 제안함.

관련 논문

In vitro 상에서 식품이 장내미생물에 미치는 영향(전다빈 외, 2021)

관련 도서

《내 속엔 미생물이 너무도 많아》, 에드 용, 어크로스
《한 권으로 읽는 미생물 세계사》, 이시 히로유키, 사람과나무사이

관련 계열 및 학과
- 자연계열: 미생물학과, 생명과학과, 생화학과, 유전학과, 분자생물학과, 축산학과
- 의약계열: 의예과, 치의예과, 한의예과, 약학과, 수의예과, 간호학과, 보건관리학과
- 공학계열: 바이오메디컬화학공학과, 시스템생명공학과, 의생명공학과, 식품공학과

관련 교과

2022 개정 교육과정: 통합과학, 과학탐구실험, 화학, 생명과학, 융합과학 탐구, 과학의 역사와 문화

2015 개정 교육과정: 통합과학, 과학탐구실험, 화학 I, 생명과학 I, 생명과학 II, 융합과학, 과학사

알면 약 모르면 독

김태희 외 | 생각비행 | 2023

약사의 조언을 제대로 듣지 않는 문제를 다룬 책이다. 복약 상담을 단순히 '하루 세 번, 식사 후 복용'으로 끝내는 것이 아니라 처방된 약에 대해 궁금한 사항을 묻고 복용 방법, 보관 방법, 주의 사항 등을 자세히 들어야 한다는 것을 강조한다. 진료를 받았더라도 약을 바르게 사용하지 않으면 병을 치료할 수 없다는 사실을 상기시키며, 약사와 나누는 복약 상담이 질병의 치료에 중요하다는 메시지를 전달한다.

탐구 주제

주제1 펜타닐은 수술한 환자나 암 환자의 통증 경감을 위해 사용되는 마약성 진통제 성분이다. 우리나라의 펜타닐 처방 건수는 2018년 891,434건에서 2021년 1,488,325건으로 67% 늘었다. 펜타닐의 부작용과 중독의 원인을 알아보고, 그 위험성을 알리는 캠페인을 실시해 보자.

주제2 13세 이상 청소년의 하루 카페인 권장량은 2.5mg/kg이다. 학급 친구들을 대상으로 각성효과를 위해 시험 기간에 섭취한 음료의 종류와 양, 부작용 경험을 조사해 보자. 카페인 섭취 시 체내에서 일어나는 반응 과정과 그로 인한 효과와 부작용을 발표해 보자.

주제3 처방 약, 일반의약품, 건강기능식품의 개념과 차이점 비교

주제4 초고령 사회 진입에 따른 약사와 약국의 역할 고찰

학생부 기록 예시 (교과세특)

'알면 약 모르면 독(김태희)'을 읽고 최근 사회적으로 큰 이슈인 펜타닐의 약리 작용과 부작용에 대해 발표함. 펜타닐 때문에 제대로 걷지도 못하는 사람들의 영상을 보여 주며 위험성을 각인시키고, 단 한 번 마약성 진통제를 사용하는 것으로도 우리 몸의 엔도르핀 분비에 변화가 생겨 근육통, 구역과 구토, 의식 혼란이 오며 약 없이는 일상생활이 불가능하게 된다는 점을 강조하여 경각심을 불러 일으킴.

'알면 약 모르면 독(김태희)'을 읽고 친구들이 시험 전·후 섭취하는 음료의 종류와 양을 설문조사 함. 조사 결과를 표와 그래프로 제시하여 가독성을 높였고, 몸무게가 60kg인 청소년의 카페인 최대 일일 섭취 권고량은 150mg인데 카페인 음료 한 캔에는 60~100mg의 카페인이 들어 있다고 구체적인 수치를 제시하면서 '하루에 한 캔만! 마셔요. 2캔 마시면 수면장애로 공부한 거 다 날아가요'라는 문구로 캠페인을 실시함.

관련 논문

약사의 상담능력과 약국 환경이 약료 서비스의 신뢰에 미치는 영향(김종환, 2020)

관련 도서

《한 권으로 이해하는 독과 약의 과학》, 사이토 가쓰히로, 시그마북스
《세계사를 바꾼 10가지 약》, 사토 겐타로, 사람과나무사이

관련 계열 및 학과

- 의약계열: 약학과, 미래산업약학전공, 제약학과, 바이오제약산업학부, 의예과, 치의예과
- 자연계열: 화학생명과학과, 생명과학과, 생화학과, 분자생물학과, 유전학과, 미생물학과
- 공학계열: 바이오메디컬화학공학과, 화공생물공학과, 시스템생명공학과, 의생명공학과

관련 교과

2022 개정 교육과정: 통합과학, 과학탐구실험, 화학, 화학 반응의 세계, 생명과학, 세포와 물질대사, 보건

2015 개정 교육과정: 통합과학, 과학탐구실험, 화학 I, 화학 II, 생명과학 I, 생명과학 II, 보건

약은 우리 몸에 어떤 작용을 하는가

야자와 사이언스오피스 | 전나무숲 | 2021

약의 잘못된 상식을 바꾸고 일반인이 자주 복용하는 최신 약 열네 가지를 선정하여 이들 약에 대한 이해를 돕는 책이다. 약의 기본 지식뿐 아니라 약이 우리 몸에 들어가면 어떻게 작용하는지, 어떤 효능이 있는지, 약물 부작용은 왜 생기는지, 어떤 경우에 독이 되는지 등 약에 대한 다양한 의문에 대해 하나하나 풀어 썼다.

탐구 주제

주제1 스테로이드는 부신피질에서 생성되는 호르몬으로, 신체의 각종 염증, 알레르기, 기관지 천식, 폐렴, 피부병, 알레르기 질환 등 다양한 질병의 치료 약으로도 사용되는 물질이다. 스테로이드의 체내 작용 원리와 올바른 스테로이드 사용법을 발표해 보자.

주제2 국내 우울증 환자의 수는 점점 증가하는 추세이다. 국내에서 사용 중인 항우울제 5군의 종류별 약리 작용을 알아보고 효과와 부작용을 바탕으로 '항우울제의 작용기작과 부작용'을 주제로 한 기사를 작성해 보자.

주제3 전체 약효분류별 의약품 사용 현황 분석

주제4 바이오의약품의 개념과 종류, 글로벌 바이오의약품 산업의 동향

학생부 기록 예시 (교과세특)

'약은 우리 몸에 어떤 작용을 하는가(야자와 사이언스오피스)'를 읽고 스테로이드의 체내 작용 원리와 올바른 스테로이드 사용법을 발표함. 스테로이드는 강한 항염, 면역 억제 효과로 인해 내분비 질환, 알레르기성 질환 등 다양한 질환에 사용되지만, 면역 억제 기능으로 인해 면역력 결여로 몸이 쉽게 감염될 수 있는 상태가 되는 등의 다양한 부작용을 스테로이드의 약리 작용과 연계하여 이해하기 쉽게 논리적으로 잘 설명함.

'약은 우리 몸에 어떤 작용을 하는가(야자와 사이언스오피스)'를 읽고 항우울증제의 작용기작과 부작용 등을 탐구하여 '항우울증제의 작용기작과 부작용'을 주제로 기사를 작성, 항우울제에 대한 이해를 도움. 행복감을 느끼는 세로토닌의 분비량이 적어지거나 수용체에 결합하지 못하면 우울증이 되므로 항우울제는 세로토닌의 분비량 증가, 재흡수 억제, 분해 억제, 수용체의 활성화를 유도함을 논리정연하게 발표함.

관련 논문
노인 환자에서 다빈도 부작용 보고 약물의 안전성에 대한 정보 검토(강영민, 2020)

관련 도서
《생명과 약의 연결고리》, 김성훈, 웅진지식하우스
《위대하고 위험한 약 이야기》, 정진호, 푸른숲

관련 계열 및 학과
- 의약계열: 약학과, 미래산업약학전공, 제약학과, 바이오제약산업학부, 의예과, 치의예과
- 자연계열: 화학생명과학과, 생명과학과, 생화학과, 분자생물학과, 유전학과, 미생물학과
- 공학계열: 바이오메디컬화학공학과, 화공생물공학과, 시스템생명공학과, 의생명공학과

관련 교과

2022 개정 교육과정: 통합과학, 과학탐구실험, 화학, 화학 반응의 세계, 생명과학, 세포와 물질대사, 보건

2015 개정 교육과정: 통합과학, 과학탐구실험, 화학 I, 화학 II, 생명과학 I, 생명과학 II, 보건

언어치료사가 말하는 자폐, ADHD 부모 상담서

이명은 | 율도국 | 2023

현실적인 자폐, ADHD, 발달장애, 언어장애에 대한 이해와 대처, 그리고 학습까지 망라하여 안내하는 책이다. 이론뿐만 아니라 경험담과 사례를 스토리텔링으로 들려주어 자폐, 경계성 발달장애에 대한 정보를 제공하며, 놀이 치료, 인지행동 치료, 언어 치료의 방법을 구체적으로 제시하고 안내한다. 언어 장애 등에 대한 이해를 높이고 더 좋은 발달 환경을 조성하는 데 도움을 줄 수 있다.

탐구 주제

주제1 자폐 스펙트럼 장애는 아동기에 사회적 상호작용의 장애, 언어성 및 비언어성 의사소통의 장애, 상동적인 행동, 관심을 특징으로 하는 질환이다. 언어 발달 이론의 주요 특징과 치료 사례를 조사하고 특수학급 선생님을 만나 실제 특수학급 친구들의 언어 치료 방법과 비교해 보자.

주제2 ADHD에서 일관되게 이상 소견이 발견되는 인지 조절 네트워크의 기능 저하는 집중력 저하와 관련이 있다. 이는 생각을 정리하고 대화에 집중하는 능력에 영향을 미칠 수 있어 ADHD는 언어 문제가 동반될 수 있다. ADHD의 언어 문제 징후와 상황 이야기 중재에 대해 조사해 보자.

주제3 연령대별 추정 언어 치료 대상자 수와 실제 언어 치료 경험자 수 비교 분석

주제4 언어 치료사와 국어 교사의 필요한 역량 차이 분석

학생부 기록 예시 (교과세특)

'언어치료사가 말하는 자폐, ADHD 부모 상담서(이명은)'를 읽고 유·아동들이 언어를 습득하는 과정에 관심이 생겨 언어 발달을 설명하는 행동주의, 인지주의, 사회문화 이론의 주요 특징과 장단점을 분석함. 세 이론이 모두 언어 발달을 설명할 수 있으므로 세 이론을 모두 활용하여 치료 계획을 세우는 것이 좋겠다는 의견을 밝히고, 실제 치료 사례를 조사하여 교내 특수학급 친구들의 언어 치료 방법과 비교한 보고서를 제출함.

'언어치료사가 말하는 자폐, ADHD 부모 상담서(이명은)'를 읽고 주의력 결핍 과잉행동 장애(ADHD)와 자폐 아동의 일상생활을 관찰한 영상을 제시해 또래 아동들과 비교하면서 언어 발달 지연이 단순히 언어만 늦는 것이 아니라 집중력, 교우관계에도 영향을 미치는 문제점을 명확히 제시함. 상황 이야기 중재 예시문을 보여 주며 사회적 상황에 대한 이해와 적절한 행동을 교육하는 것이 중요하다고 강조함.

관련 논문
자폐성장애 학생의 사회적 기술 향상을 위한 상황이야기 애플리케이션 개발(김소리, 2019)

관련 도서
《언어발달》, Patricia J. Brooks, 학지사
《영유아교사를 위한 언어발달장애》, 이현정 외, 동문사

관련 계열 및 학과	• 의약계열 : 언어병리학전공, 언어청각치료학과, 언어재활학과, 의예과, 한의예과, 간호학과
	• 교육계열 : 국어교육과, 특수교육과, 아동교육상담학과, 유아교육과, 아동청소년교육학과
관련 교과	• 인문계열 : 언어인지과학과, 언어정보학과, 언어학과, 국제언어다문화학과, 국어국문학과

2022 개정 교육과정 : 화법과 언어, 독서와 작문, 문학, 매체 의사소통, 언어생활 탐구, 통합과학, 보건

2015 개정 교육과정 : 화법과 작문, 독서, 문학, 언어와 매체, 실용국어, 심화 국어, 통합과학, 보건

왜 누구는 오래 살고 누구는 일찍 죽을까

손인철, 백성호 | 미류책방 | 2023

이 책은 건강에 관심이 많은 사람들에게 꼭 필요한 책이다. 저자 손인철은 50년 가까이 수도자와 한의사로 일하며 몸의 이치를 탐구한 전문가이다. 이 책에서는 '내 몸에 문제와 답이 같이 있다'를 강조하고, 내 몸이 돌아가는 근본 원리와 건강법에 대해 알려 준다. 신의 손이라 불리는 저자의 지혜로운 조언을 통해 건강한 삶을 살아가는 방법을 배울 수 있다.

탐구 주제

주제1 《왜 누구는 오래 살고 누구는 일찍 죽을까》에서는 특정 부위의 증상을 치료하는 것만으로는 건강 문제가 해결되는 것은 아니며 몸의 조화가 중요하다는 것을 강조한다. 서로 다른 의학 분야들을 결합하여 전체론적 치료 방법을 탐구해 보자.

주제2 《왜 누구는 오래 살고 누구는 일찍 죽을까》를 읽으면 생활 습관 방식이 어떻게 상호작용하며 건강에 영향을 미치는지 이해할 수 있다. 학급 친구들을 대상으로 하루 식단, 운동 빈도 및 유형, 수면 패턴 등을 알아보기 위한 설문조사를 수행하고 통계보고서를 작성해 보자.

주제3 한의학을 통한 면역력 강화 방법 탐구

주제4 조선 시대 생물학 연구와 전통 한의학의 발전

학생부 기록 예시 (교과세특)

한의사가 되기를 희망하는 학생으로서, 학급 게시판을 활용하여 청소년기 건강을 관리하는 방법에 대한 다양한 정보를 공유함. '왜 누구는 오래 살고 누구는 일찍 죽을까(손인철 외)'를 참고하여 한의학적 시각에서 신체 부위별 건강을 유지하고 치료하는 방법을 격주로 소개함. 건강한 생활 습관과 운동, 올바른 식습관, 정신적 안정을 유지하는 방법 등을 소개하여 건강한 습관을 실천하는 학급 분위기 조성에 크게 기여함.

'왜 누구는 오래 살고 누구는 일찍 죽을까(손인철 외)'를 읽고 친구들에게 건강한 생활 습관의 중요성을 알리기 위해 캠페인 활동을 진행함. 하루 식단, 운동 빈도, 운동 종류가 컨디션에 미치는 영향을 알아보고자 학급 친구들을 대상으로 설문조사를 실시한 후 유의미한 결론을 도출한 보고서를 제출함. 또한 건강한 생활 습관을 촉진하는 카드 뉴스를 교실에 게시함으로써 건강한 생활 습관에 대한 인식과 관심을 높이는 데 기여함.

관련 논문

한의학 이론을 적용한 산림치유프로그램 개발(김웅진, 2023)

관련 도서

《몸, 한의학으로 다시 태어나다》, 안세영, 조정래, 와이겔리
《체질을 알고 체질대로 살아라》, 구환석, 지식과감성

관련 계열 및 학과

- 의약계열 : 한의예과, 한약학과, 의예과, 간호학과, 건강관리학과, 보건관리학과, 임상병리학과
- 자연계열 : 생물학과, 유전공학과, 생명나노공학과, 식품영양학과, 가정아동복지학과

관련 교과

- 교육계열 : 생물교육과, 화학교육과, 가정교육과, 체육교육과, 교육학과

2022 개정 교육과정: 화학, 생명과학, 화학 반응의 세계, 세포와 물질대사, 생물의 유전, 융합과학 탐구

2015 개정 교육과정: 화학 I, 생명과학 I, 화학 II, 생명과학 II, 생활과 과학, 융합과학, 농업생명과학

의학의 대가들

앤드루 램 | 상상스퀘어 | 2023

시대적 상황과 한계 속에서 뛰어난 업적을 이루기 위해 고군분투하는 인물들의 생각과 욕망을 생생하게 담아냈다. 의학 소설을 읽는 듯한 기분에 자연스럽게 빠져들게 된다. 이 모든 이야기가 허구가 아닌 사실이라는 점을 깨달으면 인류의 발전과 의학의 진보를 향한 동기부여가 피어 오를 것이다. 의학에 관한 교양, 역사를 파고드는 재미, 의학에 관한 폭넓은 지식을 얻으면서도 몰입과 흥미를 경험할 수 있는 책이다.

탐구 주제

주제1 심장 박동의 자동성이란 건강한 심장의 자율박동 세포가 자발적으로 자극을 생성하여 규칙적인 심장 리듬이 발생하는 현상이다. 부정맥은 심장 근육에 비정상적인 전기적 신호가 전달되기 때문에 생긴다. 자율박동 세포의 자발적 자극 생성 원리와 연계한 자살 예방 캠페인을 기획해 보자.

주제2 우리나라의 당뇨병 환자 수는 2023년 기준 600만 명을 넘겼고, 당뇨병 위험군까지 포함하면 약 2000만 명에 이른다. 우리나라 소아당뇨병의 발병률과 원인을 조사하고, 당뇨 관리에 중요한 나이와 체중에 맞는 열량의 식단 섭취를 위한 하루 식단을 제시해 보자.

주제3 세균성 감염과 바이러스성 감염의 차이점 비교

주제4 우리나라 국민의 연령대별 발병 질환의 종류와 비율 분석

학생부 기록 예시 (교과세특)

'의학의 대가들(앤드루 램)'을 읽고 '심장박동 자동성의 원리'를 주제로 탐구보고서를 제출함. 자율박동 세포의 자발적인 자극은 불안정한 세포막 전위에 의해 생기고, 심장수축 세포의 활동전위 발생 시 나트륨 이온과 함께 칼슘 이온이 유입되어 칼슘 경직 없이 심장이 규칙적으로 박동할 수 있음을 정확하게 이해하고 설명함. 나를 위해 쉬지 않고 뛰고 있는 심장에 고마움을 표현하는 그림과 문구로 자살 예방 캠페인 포스터를 제작함.

'의학의 대가들(앤드루 램)'을 읽고 당뇨병의 위험성을 인지하여 우리나라와 전 세계 소아 청소년 당뇨병의 발병률을 조사함. 우리나라와 전 세계 모두 소아 청소년의 1형, 2형 당뇨병 발생률이 증가 추세임을 객관적인 자료의 수치를 바탕으로 제시하여 심각성을 일깨움. 또한 당뇨병 학생이 학교생활에서, 특히 체육 시간과 급식 시간에 주의할 점을 명시한 '당뇨병 학생의 학교생활 안전 수칙'을 만들어 게시함.

관련 논문

소아 1형 당뇨의 한약과 양약 병용 치료에 대한 체계적 문헌 고찰 및 메타분석(김미연 외, 2020)

관련 도서

《질병이 바꾼 세계의 역사》, 로날트 D. 게르슈테, 미래의창
《청소년을 위한 의학 에세이 : 의학 인물 편》, 서민, 해냄

관련 계열 및 학과
- 의약계열: 의예과, 치의예과, 한의예과, 약학과, 제약학과, 간호학과, 수의예과
- 자연계열: 화학생명과학과, 생명과학과, 생화학과, 분자생물학과, 유전학과, 미생물학과

관련 교과
- 공학계열: 바이오메디컬화학공학과, 화공생물공학과, 시스템생명공학과, 의생명공학과

2022 개정 교육과정: 통합과학, 과학탐구실험, 화학, 생명과학, 화학 반응의 세계, 세포와 물질대사, 보건

2015 개정 교육과정: 통합과학, 과학탐구실험, 화학 I, 생명과학 I, 화학 II, 생명과학 II, 보건

인수공통 모든 전염병의 열쇠

데이비드 콰먼 | 꿈꿀자유 | 2022

닭을 몰살시키고 사람의 건강까지 위협하는 조류 독감, 전 세계를 공포에 떨게 했던 사스, 2900만 명의 사망자를 낳은 에이즈, 2015년 우리나라 전체를 마비시켰던 메르스의 공통점은 무엇일까? 모두 동물의 병원체가 인간에게 건너와 생기는 병인 인수공통감염병이라는 점이다. 인수공통감염병에 대한 이해를 돕는 이 책을 읽으면 앞으로 우리 사회가 맞닥뜨릴 전염병에 대해 이해하고 예방할 수 있을 것이다.

탐구 주제

주제1 1798년 제너는 소젖을 짜다가 우두에 걸린 사람은 천연두에는 걸리지 않는다는 사실로부터 백신을 착안했다. 백신의 원리와 병원체에 대응하는 면역 체계에 대한 이해를 바탕으로 유전자 수보다 생성하는 항체의 수가 더 많을 수 있는 이유를 탐구해 보자.

주제2 코로나19가 유행한 초기에는 전 세계적으로 셧다운과 같은 강력한 조치를 취했지만 현재의 코로나19 대응 방식은 그렇지 않다. 코로나19 대응 방식이 달라진 이유를 전염력, 면역력 등 다양한 측면에서 비교 분석해 보고 향후 올바른 대응 방식에 대해 토의해 보자.

주제3 인수공통전염병의 사례별 증상과 감염 위험성 비교 분석

주제4 국가별 인수공통 전염병에 대한 대응 방식과 효과 비교 분석

학생부 기록 예시 (교과세특)

'인수공통 모든 전염병의 열쇠(데이비드 콰먼)'를 읽고 책의 핵심 내용을 마인드맵으로 제시했으며 인수공통 전염병의 사례를 들어 설명함. 후천적 면역 반응의 원리를 정확하게 이해한 뒤 유전자 수보다 만들 수 있는 항체 수가 더 많다는 사실에 호기심을 갖고 유전자로부터 항체가 만들어지는 과정과 '항체 다양성 생성에 대한 유전적 원리'의 발견으로 노벨상을 수상한 사례를 구체적으로 설명함.

'인수공통 모든 전염병의 열쇠(데이비드 콰먼)'를 읽고 언제든 코로나19처럼 또 다른 전염병이 발생할 수 있다는 저자의 의견을 논리적으로 설명함. 코로나19 발생 초기부터 지금까지 우리나라의 코로나19 방역 대책의 변화 과정과 그에 따른 감염자 수 변화를 신문 기사 분석을 통해 비교 분석함. 많은 양의 정보를 수집한 뒤 이해하기 쉽게 도식화시켜 효과적인 방역 대책을 제시한 점이 우수함.

관련 논문

한국의 사회적 거리두기 정책이 코로나19 확진자 및 사망자 수에 미치는 영향(이은경, 2023)

관련 도서

《코로나19, 어디에서 왔는가?》, 이성희, 메이킹북스
《코로나19의 과학》, 서울의대 코로나19 과학위원회, 새로운사람들

관련 계열 및 학과	• 의약계열: 의예과, 치의예과, 한의예과, 약학과, 수의예과, 간호학과, 보건관리학과
	• 자연계열: 미생물학과, 생명과학과, 생화학과, 유전학과, 분자생물학과, 축산학과
관련 교과	• 공학계열: 바이오메디컬화학공학과, 시스템생명공학과, 의생명공학과, 줄기세포재생공학과

2022 개정 교육과정: 통합과학, 과학탐구실험, 화학, 생명과학, 생물의 유전, 융합과학 탐구, 보건

2015 개정 교육과정: 통합과학, 과학탐구실험, 화학 I, 생명과학 I, 생명과학 II, 융합과학, 보건

일상을 바꾼 14가지 약 이야기

송은호 | 카시오페아 | 2020

일상에서 매일 먹는 약들의 이야기를 다룬 책이다. 약에 대한 흥미진진한 사건, 사회적 이슈뿐만 아니라 약에 대한 속설과 이를 바로잡는 올바른 정보, 몸 상태와 증상에 맞는 약 찾기까지 다양한 정보를 담았다. 아스피린, 비타민, 소화제 등 일상이 된 약부터 소독제, 구충제, 마스크 등 현대인들에게 필요한 약 이야기는 일상에서 먹는 약들에 대한 지식을 넓혀 일상을 더욱 건강하고 행복하게 만들어 줄 것이다.

탐구 주제

주제1 약물은 여러 가지 경로로 신체에 투여된다. 경구, 정맥, 근육, 척수 주위 공간, 눈, 귀, 비강, 코를 통한 폐로 호흡, 피부에 바르기 등 다양한 약물의 투여 경로를 조사하고 각 경로의 고유한 용도 및 장단점을 알아보자.

주제2 영양제는 식사를 보충하기 위해 투여하는 영양소이다. 건강을 유지하고 영양의 균형을 위해 가장 많이 섭취하는 영양제는 비타민과 미네랄이다. 친구들과 선생님들을 대상으로 연령대별 복용 중인 영양제의 종류와 선택한 이유를 조사하고, 올바른 영양제 찾기와 복용법을 발표해 보자.

주제3 우리나라의 1인 경영 방식 소규모 약국 체계의 문제점 탐구

주제4 약의 투여 형태(정제, 캡슐, 좌약, 경피 패치, 용액)에 따른 체내 효과 분석

학생부 기록 예시 (교과세특)

'일상을 바꾼 14가지 약 이야기(송은호)'를 읽고 약물의 투여 경로와 체내 약물의 변화 과정에 호기심이 생겨 탐구함. 체내로 유입된 약물은 다양한 대사 과정을 거쳐 변화하고, 약물의 대사 과정과 생체 이용률을 고려하여 약물 투여법이 결정됨을 과학적으로 설명함. 효과적인 치료를 위해서는 투여한 약물이 목표 부위에 도달해 효과를 내야 하므로 약물이 목표 부위에 도달하는 투여 경로와 제제가 중요함을 논리적으로 설명함.

'일상을 바꾼 14가지 약 이야기(송은호)'를 읽고 '복용하는 영양제가 정말 도움이 되는 것일까?', '자신에게 필요한 영양제는 어떻게 선택하는가?'에 대한 호기심이 생겨 탐구함. 선생님들과 친구들에게 복용 중인 영양제의 종류와 선택 방법을 조사한 결과 자신의 건강 상태를 확인해 구매하기보다는 광고를 보고 선택한다는 결과를 얻음. 식품의약품안전처에서 추천한 연령대별 영양제를 안내하며 약사와 상담 후 복용할 것을 강조함.

관련 논문

올바른 영양제 중복 섭취 방법을 위한 패키지 디자인 제안(서지희 외, 2022)

관련 도서

《텐 드럭스》, 토머스 헤이거, 동아시아

《전쟁과 약, 기나긴 악연의 역사》, 백승만, 동아시아

관련 계열 및 학과	
	• 의약계열: 약학과, 미래산업약학전공, 제약학과, 바이오제약산업학부, 의예과, 치의예과
	• 자연계열: 화학생명과학과, 생명과학과, 생화학과, 분자생물학과, 유전학과, 미생물학과
관련 교과	• 공학계열: 바이오메디컬화학공학과, 화공생물공학과, 시스템생명공학과, 의생명공학과

2022 개정 교육과정: 통합과학, 과학탐구실험, 화학, 화학 반응의 세계, 생명과학, 세포와 물질대사, 보건

2015 개정 교육과정: 통합과학, 과학탐구실험, 화학 I, 화학 II, 생명과학 I, 생명과학 II, 보건

인문계열

사회계열

자연계열

공학계열

의약계열

예체능계열

교육계열

잠 못들 정도로 재미있는 이야기: 인체의 신비

오기노 다카시 | 성안당 | 2022

우리 몸의 다양한 수수께끼와 비밀을 흥미로운 질문과 함께 소개하는 책이다. '왜 나이가 들면 건망증이 생기는 걸까?', '콧구멍은 왜 두 개일까?'와 같은 엉뚱하면서도 사소한 질문들을 다루며, 이를 신체 기관별로 묶어 그림과 함께 설명한다. 이 책을 통해 우리 몸이 생명 현상을 유지하는 방법, 몸속 기관계의 상호 작용을 더 깊이 이해하고 건강한 생활을 영위할 수 있다.

탐구 주제

주제1   세포 자살은 세포예정사의 일종이다. 특히 세포독성 T세포는 감염된 세포를 인지하여 감염된 세포에 구멍을 내 감염된 세포를 사멸시켜 면역 반응에도 중요하다. 미토콘드리아에 세포자살 신호가 전달되는 경로를 알아보고 세포 자살을 활용한 치료 사례를 조사해 보자.

주제2   건강한 삶을 위해서는 정확한 건강 정보를 바탕으로 건강한 생활습관을 유지하기 위해 노력해야 한다. 잘못된 건강 상식은 오히려 건강을 해칠 수도 있다. 잘못된 건강 상식을 과학적으로 반박한 기사 등을 찾아 올바른 건강 상식을 홍보해 보자.

주제3   항노화 기술의 연구 사례 및 기술 동향 파악

주제4   뇌에서 정보를 처리하는 방식을 토대로 효율적인 학습 방법 제안

학생부 기록 예시 (교과세특)

'인체의 신비(오기노 다카시)'를 읽고 인체의 생명유지 시스템, 특히 세포 자살에 흥미가 생겨 자세히 탐구하고 정리함. 세포가 죽는 두 가지 방법인 세포 자살과 괴사의 차이점을 정확히 설명하였고, 태아의 발생 과정에서 손가락과 발가락 사이에 있는 물갈퀴 구성 세포들이 세포 자살에 의해 떨어져 나감을 예로 들어 설명함. 세포 자살 경로를 세포 호흡 과정과 연관 지어 설명하였고, 암세포의 자살을 유도한 암 치료 방법을 소개함.

'인체의 신비(오기노 다카시)'를 읽고 잘못된 건강 상식을 바로 잡고자 친구들에게 잘못된 건강 상식에 대한 설문조사를 함. 설문조사 결과를 공유하며 근거 없는 건강 상식의 위험성을 강조함. 잘못된 건강 상식을 바로잡은 신문 기사를 모아 '청소년 건강 생활 습관 YES or NO'라는 제목의 포스터를 제작하고 출처를 밝혀 신뢰도를 높임. 특히 질병관리청 국가건강정보포털에서 올바른 건강 상식을 찾는 방법까지 자세히 안내함.

관련 논문
지역일간지에 보도된 건강캠페인 내용분석 연구(양나미, 2020)

관련 도서
《인체에 관한 모든 과학》, 대니얼 M. 데이비스, 에코리브르
《인체 구조 교과서》, 다케우치 슈지, 보누스

관련 계열 및 학과	• 의약계열 : 의예과, 치의예과, 한의예과, 약학과, 수의예과, 간호학과, 보건관리학과
	• 자연계열 : 생명과학과, 유전학과, 분자생물학과, 생화학과, 미생물학과, 축산학과
관련 교과	• 공학계열 : 바이오메디컬화학공학과, 생체의공학과, 시스템생명공학과, 줄기세포재생공학과

2022 개정 교육과정: 통합과학, 과학탐구실험, 화학, 생명과학, 생물의 유전, 융합과학 탐구, 보건

2015 개정 교육과정: 통합과학, 과학탐구실험, 화학 I, 생명과학 I, 생명과학 II, 융합과학, 보건

정신건강을 위해 작업치료를 더하다

김영욱 외 | 마음세상 | 2023

병원, 아동센터, 치매안심센터 등 작업치료사라는 직업이 수행하는 역할은 다양하다. 그 중 정신과에서 근무하는 작업치료사는 1% 미만이다. 이 책에는 저자들이 의료기관에서 근무하며 작업치료사로서 역할과 가치관에 대한 여러 딜레마를 겪었던 경험을 바탕으로 정신건강 작업치료사가 되기 위한 시행착오에 대한 이야기가 담겨 있다. 작업치료사에 대한 사고를 확장하고 관련 정보를 얻을 수 있는 유용한 책이다.

탐구 주제

주제1 2020년 작업치료사가 정신건강 전문요원으로 활동할 수 있는 법이 제정되었고, 2022년 정신건강 전문요원에 작업치료사가 포함되었다. 정신건강 전문요원 양성 및 누적 배출 인원 현황과 정신건강 전문요원들의 역할을 소개하는 포스터를 작성해 보자.

주제2 보건복지부, 국립정신건강센터에서 발간한 '2023년 중독 주요 지표 모음집'을 참고하여 청소년 관련 중독 현황과 중독관리통합지원센터 등록자의 연령대별 현황을 분석하고, 알코올 사용 장애, 마약류 사용 장애, 인터넷·스마트폰 과의존 청소년을 위한 정책을 제안해 보자.

주제3 정신건강 작업치료사의 직무 스트레스에 영향을 주는 요인에 대한 체계적 고찰

주제4 국내외 정신건강 작업치료사 1인당 평균 담당 환자 수 비교 분석

학생부 기록 예시 (교과세특)

'정신건강을 위해 작업치료를 더하다(김영욱)'를 읽고 우리나라의 정신건강 전문요원 제도에 관심을 보임. 보건복지부 사이트에서 정신건강사업 안내 책자를 직접 찾아 정신건강 전문요원 제도와 정신건강 서비스 전달 체계 및 기관 등 우리나라의 정신건강 사업의 전반적인 시스템을 확인함. 누구나 필요할 때 쉽게 떠올릴 수 있도록 홍보하기 위해 정신건강 전문요원 인력 현황과 구체적인 역할을 정리하여 포스터를 작성함.

'정신건강을 위해 작업치료를 더하다(김영욱)'를 읽고 청소년 관련 중독 현황에 관심을 보임. 질병관리청에서 발간한 응급실 기반 중독 심층 실태조사 보고서를 바탕으로 연령별 중독 물질의 종류 및 빈도, 증상과 징후 발현 빈도 등 객관적인 자료를 제시함. 음주·흡연·약물·게임 중독뿐 아니라 청소년 도박과 마약 중독의 위험성을 알리는 예방 캠페인을 실시했고, 중독의 유혹에 빠졌을 때 도움을 받을 수 있는 기관 홍보 영상을 제작함.

관련 논문

정신건강 분야에서 작업치료의 평가 현황조사 (장상익, 2022)

관련 도서

《작업치료를 고민하는 당신에게, 두 번째 이야기》, 김재욱, 부크크
《궁금해요! 작업치료사》, 연세대학교 작업치료학과 편집위원회, 학지사메디컬

관련 계열 및 학과
- 의약계열: 작업치료학과, 재활건강증진학과, 재활보건학과, 간호학과, 보건관리학과, 의예과
- 예체능계열: 스포츠건강과학과, 스포츠웰빙학부, 스포츠의학과, 스포츠재활학과

관련 교과
- 교육계열: 교육심리학과, 유아교육과, 중등교육학과, 초등교육과, 특수교육과

2022 개정 교육과정: 통합과학, 과학탐구실험, 생명과학, 융합과학 탐구, 인문학과 윤리, 운동과 건강, 보건

2015 개정 교육과정: 통합과학, 과학탐구실험, 생명과학 I, 융합과학, 생활과 윤리, 운동과 건강, 보건

인문계열

사회계열

자연계열

공학계열

의약계열

예체능계열

교육계열

좋은 약, 나쁜 약, 이상한 약

박성규 | 나무를심는사람들 | 2022

천연물 약학으로 박사 학위를 받은 약학자가 청소년들에게 약의 발전사와 원리를 쉬운 용어와 일화를 통해 생생하게 들려준다. 가짜 약으로 시작된 약의 탄생에서부터 진통제와 항생제가 어떤 과정을 거쳐 오늘날 약의 형태로 정착되었는지 등 약에 대한 모든 것을 꼼꼼하게 짚어 주어 약이란 무엇인지를 생각해 보게 한다. 의대와 약대를 지망하는 학생들의 필독서로 추천하는 책이다.

탐구 주제

주제1 위약 효과로 번역되는 '플라시보 효과'는 약효가 없는 거짓 약을 진짜 약이라고 속여 환자에게 복용케 했을 때 환자의 병세가 호전되는 효과를 말한다. 플라시보 효과가 뇌에서 어떻게 이뤄지는지 규명한 연구 결과를 찾아 읽고 이 결과를 통증 치료에 활용할 수 있는 방법을 제안해 보자.

주제2 진통제는 비교적 쉽게 복용하는 약이다. 그러나 모든 진통제가 다 같지 않아 통증의 원인에 알맞은 진통제를 복용해야 한다. 친구들이 쉽게 복용하는 진통제의 종류를 조사하고 진통제의 종류, 작용 원리, 부작용을 정리한 카드 뉴스를 게시하여 올바른 진통제 복용법을 알려 보자.

주제3 우리나라의 신약 개발 사례 및 신약 개발 과정에 대한 탐구

주제4 약물의 치료 효과 향상을 위한 약물전달시스템의 분류

학생부 기록 예시 (교과세특)

'좋은 약, 나쁜 약, 이상한 약(박성규)'을 읽고 '플라시보 효과와 노시보 효과가 뇌에서 어떤 과정을 거쳐 일어나는지 증명할 수 있을까?'라는 호기심이 생겨 관련 실험에 참가한 실험자들의 뇌를 고해상의 기능성 자기공명 영상으로 스캔한 연구 결과를 찾아 과학적으로 증명된 효과임을 설명함. 통증 치료의 방법으로 환자의 긍정적인 마음과 뇌에서 일어나는 통증 정보 전달 시스템의 연구가 필요하다고 논리적으로 제안함.

'좋은 약, 나쁜 약, 이상한 약(박성규)'을 읽고 누구나 쉽게 구할 수 있는 진통제의 종류, 부작용, 올바른 복용법을 카드 뉴스로 만들어 홍보함. 아세트아미노펜 성분의 해열진통제와 이부프로펜 성분의 소염진통제로 구분하여 증상에 따른 진통제 선택과 부작용, 부작용을 최소화하기 위한 복용량, 복용 시간 간격, 복용 방법, 다른 약 성분과 중복 여부 확인하기 등 일상에서 쉽게 접하는 진통제의 오남용에 대한 경각심을 일깨워 줌.

관련 논문
기존 국내 약물유전체 관련 가이드라인 개선 방안 연구(정나현, 2019)

관련 도서
《인류를 구한 12가지 약 이야기》, 정승규, 반니
《약국 안의 세계사》, 키스 베로니즈, 동녘

관련 계열 및 학과
- 의약계열: 약학과, 미래산업약학전공, 제약학과, 바이오제약산업학부, 의예과, 치의예과
- 자연계열: 화학생명과학과, 생명과학과, 생화학과, 분자생물학과, 유전학과, 미생물학과
- 공학계열: 바이오메디컬화학공학과, 화공생물공학과, 시스템생명공학과, 의생명공학과

관련 교과

2022 개정 교육과정: 통합과학, 과학탐구실험, 화학, 생명과학, 화학 반응의 세계, 세포와 물질대사, 보건

2015 개정 교육과정: 통합과학, 과학탐구실험, 화학 I, 생명과학 I, 화학 II, 생명과학 II, 보건

진료실에 숨은 의학의 역사

박지욱 | 휴머니스트 | 2022

이 책은 진료실과 병원을 구성하는 다양한 의료 기구, 의료 서비스의 과정에서 시작해 19세기 이전의 의학부터 현재의 안전하고 지속적인 의료 시스템까지의 발전 과정을 설명하는 책이다. 해부학, 외과학, 역학, 미생물학 등 과학·의학의 세부 분야의 발견과 작은 혁신들이 쌓여서 현재의 의료 시스템이 완성된 것을 알려 준다. 의학의 역사를 통해 예비 의료인, 환자, 보호자 모두 의료 시스템에 대한 이해를 높일 수 있다.

탐구 주제

주제1 19세기 후반에 마취제와 소독법이 수술에 도입되었고 위암, 신장암, 직장암을 떼어 내는 수술에 성공했다. 20세기에는 심장, 폐, 간, 췌장 이식 수술, 1983년에는 인공 심장이식에 성공했다. 현재까지 인공장기 이식 수술의 성공 사례를 찾아보고 앞으로의 발전 가능성을 조사해 보자.

주제2 과거에는 지금과 같은 수혈이 금지되었다. 동물의 피를 수혈받거나 혈액형 구분 없이 무작위로 수혈받다 보니 사망률이 높았기 때문이다. 금지되었던 수혈이 가능해진 것은 란트슈타이너가 발견한 ABO식 혈액형 덕분이다. 헌혈의 종류가 전혈과 혈장 헌혈로 구분되는 이유를 알아보자.

주제3 로봇 수술의 적용 사례 현황과 전망 파악

주제4 면역계가 Self와 Non-Self를 구분하는 메카니즘 분석

학생부 기록 예시 (교과세특)

'진료실에 숨은 의학의 역사(박지욱)'를 읽고 우리나라의 첫 인공심장 이식수술 성공 사례 기사를 소개함. 환자의 실제 심장은 뛰지 않지만 인공심장의 작동으로 건강을 되찾은 사례를 통해 인공장기의 개발이 필요하다고 주장함. 인공장기는 이종 장기, 세포 기반 장기, 전자 인공장기로 구분되는데 면역 거부 반응을 최소화하기 위해 세포 기반 장기가 차세대 기술로 주목받고 있다는 최근의 동향도 함께 발표함.

'진료실에 숨은 의학의 역사(박지욱)'를 읽고 ABO식 혈액형별 적혈구 막단백질인 응집원과 혈장 속 응집소의 종류, 서로 다른 혈액형 사이의 수혈 관계 성립 여부를 논리적으로 정확하게 설명함. 전혈 헌혈과 성분 헌혈의 방식, 용도, 회복 시간 등 두 헌혈의 차이점을 알아보고 표로 일목요연하게 정리하여 공유함. 헌혈 정보를 꼼꼼하게 제공하여 친구들이 헌혈 방법을 선택할 수 있도록 도움을 줌.

관련 논문

인체의 물리적 성질을 이용한 인공장기 개발 연구(이승복, 2022)

관련 도서

《항생물질 이야기》, 스튜어트 B.레비, 전파과학사
《수술의 탄생》, 린지 피츠해리스, 열린책들

관련 계열 및 학과	• 의약계열: 의예과, 치의예과, 한의예과, 약학과, 제약학과, 간호학과, 수의예과
	• 자연계열: 화학생명과학과, 생명과학과, 생화학과, 분자생물학과, 유전학과, 미생물학과
관련 교과	• 공학계열: 바이오메디컬화학공학과, 화공생물공학과, 시스템생명공학과, 의생명공학과

2022 개정 교육과정: 통합과학, 과학탐구실험, 화학, 생명과학, 화학 반응의 세계, 세포와 물질대사, 보건

2015 개정 교육과정: 통합과학, 과학탐구실험, 화학 I, 생명과학 I, 화학 II, 생명과학 II, 보건

인문계열

사회계열

자연계열

공학계열

의약계열

예체능계열

교육계열

청소년 생활습관의학 안내서

베스 프레이츠 외 |
대한생활습관의학교육원 | 2021

청소년들의 건강과 웰빙을 위한 생활습관의학 교육서이다. 근거에 기반한 정보를 제공하며 건강을 위한 변화를 촉진하는 방법을 전한다. 건강한 삶을 위한 원칙들을 교육하는 것뿐만 아니라 즉시 적용할 수 있는 실천적인 내용에도 집중하며 다양한 층의 독자들에게 지속 가능한 건강한 삶을 살아갈 수 있는 태도를 안내하고 있다.

탐구 주제

주제1 학교에서 아플 때 가장 먼저 찾는 곳은 보건실이다. 과연 우리 학교 학생들은 주로 어떤 증상으로 보건실에 방문하며 어떤 응급 처치를 받을까? 보건 선생님께 허락을 받고 일주일 동안 보건실에 방문한 학생들의 증상을 분류한 뒤 처치 방법에 대해 알아보자.

주제2 연령대별로 주로 호소하는 질병의 종류가 다르다. 과연 10대 청소년들이 주로 호소하는 질병의 종류와 그 원인은 무엇일까? 국민건강보험 보도자료 등을 탐색하여 알아보고, 학급 친구들이 최근 1년간 병원에 간 증상을 설문조사 하여 비교 분석해 보자.

주제3 코로나 19 전·후 고등학생들의 정서행동특성 검사 통계 결과 비교분석

주제4 우리나라 청소년의 하루 운동량과 체육교과 시수의 적절성 분석

학생부 기록 예시 (교과세특)

'청소년 생활습관의학 안내서(베스 프레이츠)'를 읽고 건강한 삶을 위해 신경 써야 할 생활 습관의 범주를 운동, 영양, 수면, 스트레스, 마음의 평화, 사교 활동 등으로 분류하였고, 몸과 마음의 건강과 주변 사람들과의 긍정적인 인간관계가 건강한 삶의 기초임을 강조함. 학생들이 복통, 두통, 찰과상, 염좌 등 예상보다 훨씬 더 다양한 증상으로 보건실을 방문하고 있음을 확인하고 개인 건강 관리의 중요성을 강조함.

'청소년 생활습관의학 안내서(베스 프레이츠)'를 읽고 교육부에서 발표한 학생 건강검사 및 청소년건강행태조사 결과를 바탕으로 가독성 높은 PPT를 제작하여 발표함. 특히 전자담배 사용률 증가와 과체중 및 비만 학생 비율의 증가를 심각하게 받아들이고 체지방 계산 방법을 공유하여 스스로 체중 관리를 할 수 있도록 안내하고, '효과적인 금연 교육 방법'을 학급 회의 안건으로 제안함.

관련 논문

청소년의 흡연량과 식습관 관련 특성이 주관적 건강수준에 미치는 영향(김다애, 2020)

관련 도서

《생생 청소년 건강보감》, 권오희, 미래를소유한사람들
《청소년에게 심리학이 뭔 소용이람?》, 이남석, 우리교육

관련 계열 및 학과

· 의약계열 : 간호학과, 보건관리학과, 의예과, 치의예과, 한의예과, 약학과, 수의예과

· 자연계열 : 생명과학과, 분자생물학과, 유전학과, 생화학과, 미생물학과, 생명과학기술학부

관련 교과

· 교육계열 : 전 교육계열

2022 개정 교육과정 : 통합과학, 과학탐구실험, 화학, 생명과학, 융합과학 탐구, 인간과 심리, 보건

2015 개정 교육과정 : 통합과학, 과학탐구실험, 화학Ⅰ, 생명과학Ⅰ, 융합과학, 심리학, 보건

출동 중인 119구급대원입니다

윤현정 | 알에이치코리아 | 2021

다친 사람들을 구조하고 이송하는 구급대원의 이야기를 담은 책이다. 저자는 여성 구급대원으로, 일분일초를 다투는 생활 속에서도 자신의 직업에 대한 이야기를 사람들과 공유하기 위해 펜을 들었다. 응급 현장에서 만난 사람들, 배운 교훈, 유용한 응급처치 지식 등을 담고 있으며, 응급 현장의 민낯을 보여 주는 보기 드문 작품이다. 치열하고 열정적인 어느 소방관의 고군분투기이자 현장 적응기이다.

탐구 주제

주제1 소방서나 119안전센터의 대원들은 현장으로 출동하면서 정확한 위치와 구체적인 현장 상황을 파악하기 위해서 다시 신고자에게 전화한다. 당황한 신고자들이 정확한 정보를 제공하지 못하면 골든타임을 놓칠 수도 있다. 교내 소방 훈련 시 모의 신고 및 접수 시나리오를 작성해 보자.

주제2 119 신고 전화 중 장난 전화의 비율과 피해 사례를 찾아보고 소방청에서 만든 '119구급대원 현장응급처치 표준지침'에서 구급대 요청에 거절할 수 있는 지침을 찾아 홍보물로 제작하여 필요한 경우에만 119구급 요청을 하는 성숙한 시민의식 함양을 위한 캠페인을 실시해 보자.

주제3 우리나라의 한 해 구급 요청 사례 건수와 유형 분석

주제4 일반인과 소방공무원의 외상 후 스트레스 장애(PTSD) 비율 비교

학생부 기록 예시 (교과세특)

'출동 중인 119구급대원입니다(윤현정)'를 읽고 다양한 출동 사례를 접하면서 우리나라의 구급 요청 사례 건수와 유형 분류에 궁금증이 생김. 소방청이 발표한 '2022년 전국 119 신고 접수 건에 대한 분석 결과'를 토대로 최근 3년간 119 신고 접수 건수와 유형을 정확한 수치로 구체적으로 제시하였고, 신고할 때 놓쳐서는 안될 중요한 정보를 정확하게 전달하기 위한 올바른 신고 요령 문구를 제작함.

'출동 중인 119구급대원입니다(윤현정)'를 읽고 공공데이터 포털의 119 신고 전화 유형에서 장난 전화, 무응답 비율과 장난 전화로 출동한 사례를 제시하며 성숙한 시민의식의 중요성을 강조함. 거짓 신고 시 최대 500만 원의 과태료를 부과되는 점과 구급 요청을 거절할 수 있는 비응급환자에 해당하는 경우를 제시한 안내문을 교내에 게시하여 장난 전화의 경각심을 높이고 신고 전화가 필요한 경우를 분별할 수 있도록 도움을 줌.

관련 논문

경기지역 소방공무원 외상후스트레스장애(PTSD) 경향분석(김사라 외, 2018)

관련 도서

《응급구조사는 이렇게 일한다》, 이태양, 청년의사
《응급실 간호사의 30일》, 김효진, 지식과감성

관련 계열 및 학과
- 의약계열: 응급구조학과, 안전보건학과, 간호학과, 의예과, 치의예과, 한의예과, 약학과
- 자연계열: 재난안전경영학과, 생명과학과, 분자생물학과, 유전학과, 생화학과, 미생물학과
- 사회계열: 공공안전학과, 공공행정학과, 사회안전학과, 사회복지학과, 경영학과, 경제학과

관련 교과

2022 개정 교육과정: 통합과학, 과학탐구실험, 생명과학, 융합과학 탐구, 인문학과 윤리, 운동과 건강, 보건

2015 개정 교육과정: 통합과학, 과학탐구실험, 생명과학 I, 융합과학, 생활과 윤리, 운동과 건강, 보건

치과위생사로 살아가는 법

최유리, 박성희 | 메소드 | 2023

현직 치과위생사가 전문직업의 세계를 솔직하게 들려준다. 입학과 대학 생활, 졸업 후 인턴 및 취업, 진료실 및 실장 업무, 연봉 협상하는 법 등 세세한 정보를 제공한다. 치과 이외에 관련 회사 취업, 공무원 임용 등 색다른 진로와 해외에서 치과위생사로 일할 수 있는 방법까지 안내한다. 치과를 고르는 기준, 치과에 대한 오해, 임플란트와 미백 시술 등에 대한 솔직한 고백도 담겨 있다.

탐구 주제

주제1 보건직 공무원은 행정업무와 함께 보건 위생검열 등의 업무를 담당하고, 의료기술직 공무원은 의료 면허증을 소지한 전문 지식이 있는 사람만 선발하며, 치무 군무원은 군대에서 구강질환 예방과 위생에 대한 업무를 담당한다. 각 공무원의 응시 자격과 시험과목 등 준비 방법을 비교해 보자.

주제2 매년 5000명씩 신규 치과위생사가 배출되고 있지만 국내 활동 치과위생사의 비율은 50% 이하로, 상당수가 자신의 직업을 장기적으로 이어가지 못하고 중도 이탈한다. 치과위생사들의 중도 이탈에 영향을 미치는 요인과 중도 이탈이 국민의 구강 건강에 미치는 영향을 조사해 보자.

주제3 보건의료 인력들의 해외 진출 및 취업에 관한 선행연구 탐색

주제4 치과위생사들의 중도 이탈 방지 대책 마련에 대한 의견 제시

학생부 기록 예시 (교과세특)

'치과위생사로 살아가는 법(최유리)'을 읽고 보건직 공무원, 의료기술직 공무원, 치무 군무원의 직무 분석, 직업 환경, 장점 및 단점, 준비 방법 등에 대해 구체적으로 탐색하여 정리함. 치과위생사의 해외 취업에도 관심이 생겨 국내·외 치과위생사의 업무와 권한을 비교함. 치과위생사의 구강 보건 업무 범위가 국가마다 다른데 특히 우리나라의 경우 미국에 비해 전문성과 자율성을 인정받지 못하고 있는 점을 문제점으로 제시함.

'치과위생사로 살아가는 법(최유리)'을 읽고 치과위생사는 선호 직업임에도 불구하고 보건의료 직종 중 근속 연수가 가장 짧고 중도 이탈률이 높은 편이라는 사실에 중도 이탈률에 영향을 미치는 요인과 이들의 중도 이탈이 국민의 구강 건강에 미치는 영향을 알아봄. 치과 인력난 해소 및 구강 의료 서비스의 질 향상을 위해서는 응당한 처우를 받아 치과위생사 자신이 직무에 높은 만족도를 느끼는 것이 중요함을 논리정연하게 발표함.

관련 논문
치과위생사의 해외취업의사에 영향을 미치는 요인(유자혜 외, 2013)

관련 도서
《오늘도 이 닦으며 천만 원 법니다》, 김선이, 넥서스BOOKS
《입속세균에 대한 17가지 질문》, 김혜성, 파라사이언스

관련 계열 및 학과
- 의약계열 : 치위생학과, 치기공학과, 치의예과, 간호학과, 한의예과, 약학과, 응급구조학과
- 공학계열 : 바이오메디컬화학공학과, 생체의공학과, 시스템생명공학과, 의생명공학과
- 사회계열 : 공공안전학과, 공공행정학과, 사회안전학과, 사회복지학과, 경영학과, 경제학과

관련 교과

2022 개정 교육과정: 통합과학, 과학탐구실험, 생명과학, 융합과학 탐구, 인문학과 윤리, 인간과 심리, 보건

2015 개정 교육과정: 통합과학, 과학탐구실험, 생명과학 I, 융합과학, 생활과 윤리, 심리학, 보건

프섭마음: 혈액검사 해석 및 간호편

이재왕, 김지희 | 드림널스 | 2022

임상병리와 간호의 전문성을 담은 가이드북으로, 혈액검사 정보와 간호 케이스를 통해 이해하기 쉽게 구성되어 현장에서 적용할 수 있는 실무 팁을 제공한다. 17개로 세분화된 구성에 따라 혈액검사를 총정리하여, 임상병리와 간호사로 구성된 저자와 자문감수단으로 신뢰성을 높였다. 혈액검사 해석과 간호를 모두 담은 일석이조의 교재로, 임상 분야에서 일하는 사람들에게 매우 유용한 책이다.

탐구 주제

주제1 만 20세 이상 국민은 건강검진을 통해 질병을 예방하거나 조기 발견할 수 있다. 건강검진 혈액 검사에 포함된 항목은 혈색소, 공복혈당, 혈청 크레아티닌, 신 사구체 여과율, 간 기능, 콜레스테롤이다. 혈액 성분의 구조와 기능을 바탕으로 혈액 검사로 진단할 수 있는 질병을 정리해 보자.

주제2 암은 정상세포에 돌연변이가 일어나 세포 분열이 조절되지 않아 빠르게 증식함으로써 덩어리를 이루고 다른 기관으로 전이되기도 하는 병으로 조기 진단이 중요하다. 혈액을 이용해 암을 진단할 수 있는 종양표지자 검사의 원리와 정확성에 대해 알아보자.

주제3 소변검사만으로도 알 수 있는 건강 상태에 대한 탐구

주제4 임상병리사가 담당하는 건강검진 항목과 검사원리에 대한 탐구

학생부 기록 예시 (교과세특)

‘프섭마음 : 혈액검사 해석 및 간호편(이재왕 외)’을 읽고 건강검진 전날 주의 사항인 8시간 공복 유지하기, 무리한 운동하지 않기, 당뇨약 복용하지 않기가 필요한 이유를 과학적으로 설명함. 각 주의 사항을 지키지 않았을 때 검사 결과에 어떤 영향을 미치는지 논리적으로 잘 설명함. 혈액 구성 성분의 명칭과 기능에 대한 정확한 이해를 바탕으로 혈액검사 항목의 결과 수치가 정상 범위를 벗어났을 때 해석하는 방법이 논리적임.

‘프섭마음 : 혈액검사 해석 및 간호편(이재왕)’을 읽고, 혈액 검사를 통해 암을 진단할 수 있는 종양표지자 검사의 원리와 정확성, 진단이 가능한 암의 종류에 호기심이 생겨 조사함. 정상세포와 암세포의 에너지 생성 과정을 비교하면서 암세포가 빠른 속도로 에너지를 얻기 위해 생성된 젖산염 때문에 면역세포를 피하고 암세포가 생산하는 단백질 등의 수치 변화를 통해 암의 존재와 진행 정도를 추적할 수 있음을 논리적으로 발표함.

관련 논문

COVID-19 사태에 따른 감염관리 전문임상병리사 제도의 필요성(장청원, 2021)

관련 도서

《암 진단 A to Z》, 조상래, 한국경제신문
《암, 너는 누구냐?》, 문창식, 담아

관련 계열 및 학과
- 의약계열: 임상병리학과, 간호학과, 보건관리학과, 의예과, 치의예과, 한의예과, 약학과
- 자연계열: 생명과학과, 분자생물학과, 유전학과, 생화학과, 미생물학과, 바이오·한약자원학과

관련 교과
- 공학계열: 바이오메디컬화학공학과, 생체의공학과, 시스템생명공학과, 줄기세포재생공학과

2022 개정 교육과정: 통합과학, 과학탐구실험, 화학, 생명과학, 세포와 물질대사, 인간과 심리, 보건

2015 개정 교육과정: 통합과학, 과학탐구실험, 화학 I, 생명과학 I, 생명과학 II, 심리학, 보건

인문계열

사회계열

자연계열

공학계열

의약계열

예체능계열

교육계열

학교에는 작업치료가 필요합니다

나카마 치호 | 케렌시아 | 2023

이 책은 문제행동의 해결보다는 아이가 할 수 있는 것, 하기를 원하는 것에 초점을 맞춘 '도달하고 싶은 교육'을 주제로 학교에서 작업치료가 어떻게 실천되는지, 작업치료사가 학교에서 어떤 역할을 수행하는지 구체적이고 상세하게 설명한다. 작업치료사가 학교에서 수행하는 역할을 통해 교사와 학생이 교육의 본질을 회복하고, 학생 참여의 주체가 되는 데 작업치료를 어떻게 활용하는지를 보여 주고 있다.

탐구 주제

주제1 작업치료사는 의미와 목적이 있는 모든 종류의 정신적, 육체적, 사회적 활동에 장애가 있는 사람들을 일상생활로 복귀할 수 있도록 도와주는 치료사이다. 우리나라의 아동과 노인을 위한 재활 분야 관련 사회복지제도에 대해 탐색한 보고서를 제출해 보자.

주제2 작업치료사는 주로 재활의학과에서 환자의 정보를 파악하여 인지훈련, 일상생활 동작 훈련, 감각기능 훈련, 구강 운동 훈련 등 훈련을 통한 치료를 담당한다. 물리치료사와 작업치료사의 직무의 공통점과 차이점을 비교 분석해 보자.

주제3 요양기관 종별 작업치료사 인력 현황 파악

주제4 의료 접근성이 떨어지는 지역의 원격작업치료의 가능성 탐구

학생부 기록 예시 (교과세특)

'학교에는 작업치료가 필요합니다(나카마 치호)'를 읽고 일본의 학교에서 작업치료사가 하는 일을 구체적으로 정리하였고, 학생 개개인의 발달 단계에 따른 교육이 필요하다는 저자의 의견에 적극적으로 공감을 표함. 최근 우리나라의 교권 침해와 관련된 일부 아동들의 치료를 위해서도 도입이 필요하다고 강조함. 현재 우리나라의 아동과 노인을 위한 재활 분야 관련 사회복지 제도를 이해하기 쉽게 정리하여 발표함.

'학교에는 작업치료가 필요합니다(나카마 치호)'를 읽고 물리치료사와 작업치료사의 하는 일은 비슷한데 다른 직업인 이유가 궁금하여 물리치료학과와 작업치료학과를 살펴 각각의 진출 분야, 직무를 꼼꼼하게 분석한 보고서를 제출함. 작업치료사는 인지 훈련, 일상생활 동작 훈련, 감각기능 훈련, 구강운동 훈련 등 일상생활의 복귀를 돕는 훈련을 통한 치료를 담당하여 물리치료사에 비해 적용 대상이 더 다양하다고 발표함.

관련 논문

지역사회 작업치료사의 업무 특성 및 실태 조사 : 보건소 근무 작업치료사를 중심으로(민경철 외, 2020)

관련 도서

《작업치료사가 글을 씁니다》, 글쓰는 치료사, 부크크
《작업치료를 고민하는 당신에게》, 김재욱, 부크크

관련 계열 및 학과
- 의약계열: 작업치료학과, 재활건강증진학과, 재활보건학과, 간호학과, 의예과, 한의예과
- 예체능계열: 스포츠건강과학과, 스포츠웰빙학부, 스포츠의학과, 스포츠재활학과

관련 교과
- 교육계열: 교육심리학과, 유아교육과, 중등교육학과, 초등교육과, 특수교육과

2022 개정 교육과정: 통학과학, 생명과학, 융합과학 탐구, 인문학과 윤리, 운동과 건강, 스포츠 과학, 보건

2015 개정 교육과정: 통합과학, 생명과학 I, 융합과학, 생활과 윤리, 운동과 건강, 체육 탐구, 보건

한의대로 가는 길

윤소정 | 흔들의자 | 2021

한의사를 꿈꾸는 학생들에게 한의대, 한의사, 한의학에 대해 알려 주는 책이다. 한의사가 되려면 청소년기에 어떤 것에 관심을 가지고 준비하면 좋을지, 한의대에 들어간 후에는 무엇을 배우는지, 한의사가 되기 위한 시험은 언제 어떻게 치르는지, 한의학은 양방의학과 무엇이 다른지, 한의학 치료법만의 장점은 무엇인지, 한의사 면허를 딴 후 선택할 수 있는 다양한 진로는 무엇인지 등 한의사에 대한 객관적이고 구체적인 답을 제시한다.

탐구 주제

주제1 한의학은 한국에서 기원하고 발전한 인체의 구조와 기능을 탐구하여 보건의 증진, 질병의 치료와 예방 등에 대한 방법과 기술을 연구하는 전통 의학으로 수천 년간 한민족의 건강을 책임졌음에도 불구하고 비과학적이라는 오해를 종종 받는다. 한의학의 과학적 근거를 포스터로 작성해 보자.

주제2 한의사는 질병의 근본적인 원인을 찾기 위해 '망문문절' 진찰법을 사용한다. '망문문절'이란 눈으로 살피는 망진, 귀로 듣는 문진, 문답하는 문진, 맥을 잡거나 몸을 만지는 절진을 의미한다. 한의학과 서양의학의 공통점과 차이점을 비교하여 바람직한 병원 선택의 기준을 제안해 보자.

주제3 청소년들의 한의원 방문 계기, 목적, 횟수, 인식에 대한 탐구

주제4 과학적 데이터를 기반으로 한 인공지능 한의사 시스템 구축 현황

학생부 기록 예시 (교과세특)

'한의대로 가는 길(윤소정)'을 읽고 한의학은 비과학적이라는 비판에 대해 '오랜 세월 우리 민족의 건강을 책임진 경험 의학이 과연 비과학적일까?'라는 의문이 생겨 한의학의 과학적 근거를 찾아 봄. 의료기기가 없던 과거에는 증상을 자세히 관찰하고 처방을 기록했기 때문에 풍부한 임상 사례가 축적되어 있는 점과 최근 한의학계에서 과학성을 입증한 사례들을 제시하며 한의학에 대해 정확히 알아야 한다는 내용의 포스터를 제작함.

'한의대로 가는 길(윤소정)'을 읽고 '몸이 아플 때 일반 병원과 한의원 중 어디를 가는 게 더 좋을까?'라는 의문이 생겨 서양의학과 한의학의 차이점을 비교함. 서양의학은 첨단의료기기와 영상의학을 활용해 질병이 원인을 찾아 수술이나 약물로 원인을 제거하는 반면 한의학은 환자별 체질이나 생활 습관, 환경과의 균형을 복구하고 면역력을 향상하는 방법으로 치료한다고 질병에 접근하는 방식과 치료 방법의 차이를 명료하게 비교함.

관련 논문
의학전문대학원생의 보완대체의학과 한의학에 대한 인식 (유효현 외, 2016)

관련 도서
《저는 퇴사하고 한의사합니다》, 대만드 브랜드강화팀 외, KMD
《우리 동네 한의사》, 권해진, 보리

관련 계열 및 학과
- 의약계열: 한의예과, 한약학과, 약학과, 제약학과, 의예과, 치의예과, 간호학과, 수의예과
- 자연계열: 바이오·한약자원학과, 생명과학과, 분자생물학과, 유전학과, 생화학과, 미생물학과
- 공학계열: 바이오메디컬화학공학과, 시스템생명공학과, 줄기세포재생공학과, 식품공학과

관련 교과

2022 개정 교육과정: 통합과학, 과학탐구실험, 화학, 생명과학, 생물의 유전, 인간과 심리, 보건

2015 개정 교육과정: 통합과학, 과학탐구실험, 화학 I, 생명과학 I, 생명과학 II, 심리학, 보건

인문계열

사회계열

자연계열

공학계열

의약계열

예체능계열

교육계열

한의원 밖으로 나간 한의사들

대만드 | 메디스트림 | 2022

한의사들이 다양한 분야로 진출하며 성장하는 이야기를 담고 있다. 미국에서 통합의학을 꿈꾸고 국제보건을 공부하며 다양한 국가로 진출하는 현재 상황과 한의학과 문화를 연계한 사례들, 공공기관에서 표준지침을 만드는 사례, 연구자 사례, 스포츠 한의학, 요가나 필라테스와 연계한 한의학 치료 등 한의사 선배들이 한의학을 다양한 분야와 융합하여 성장하는 사례를 바탕으로 다양한 진출 분야를 간접적으로 경험할 수 있다.

탐구 주제

주제1 　미국이나 유럽에서 서양의학의 한계를 극복하고자 한의학 등 기타 의학 체계를 바라보는 시각이 변화하고 있다. 보완 대체의학과 통합의학을 지칭하는 영어 표현의 변화와 정의가 변화되는 과정을 통해 미국이나 유럽에서 한의학을 바라보는 시각이 어떻게 변해 왔는지 탐구해 보자.

주제2 　'OECD 보건 통계 2022'에 의하면 한의사를 포함한 우리나라의 임상 의사는 인구 1000명당 2.5명으로 OECD 국가 중 하위권에 속하였고, 국민 1인당 외래 진료 횟수는 연간 14.7회로 OECD 국가 중에서 가장 높았다. 환자 1인당 진료 시간이 의료의 질에 미치는 영향을 탐구해 보자.

주제3 　한의학의 세계화 현황 파악과 전망

주제4 　한국한의학연구원의 주요 연구 과제 주제 분석

학생부 기록 예시 (교과세특)

'한의원 밖으로 나간 한의사들(대만드)'을 읽고 미국이나 유럽에서 한의학에 대해 어떻게 평가하는지 궁금증이 생겨 탐구함. 1990년대 초반 보완 대체의학을 지칭하는 다양한 영어 표현과 각 용어의 정의를 비교했고, 1995년도 이후 보완 대체의학을 지칭하는 용어가 CAM으로 지정되기까지 용어의 개념이 어떻게 변해 왔는지 구체적으로 조사하여 미국이나 유럽에서의 한의학에 대한 인식 변화 과정을 이해하기 쉽게 잘 설명함.

'한의원 밖으로 나간 한의사들(대만드)'을 읽고 한의원에서 진료 시간이 길었던 경험을 바탕으로 '진료 시간이 치료 효과에 영향을 미칠까?'라는 궁금증이 생김. 통계 수치와 연구 자료를 근거로 진료 시간이 짧을수록 약물의 과잉 처방, 항생제 남용 등이 증가하고 진단과 치료의 적절성은 떨어져 환자 만족감도 낮아진다고 발표함. 국내의 15분 진료 사례를 담은 신문 기사를 인용하며 의사와 환자의 신뢰가 치료에 영향을 미침을 강조함.

관련 논문

한의의료서비스 소비자행복에 관한 연구(김보민, 2020)

관련 도서

《우리 인체가 궁금하다면 한의사》, 안수봉, 토크쇼
《한의사, 한약으로 말하다》, 곽도원, 생각나눔

관련 계열 및 학과

- 의약계열 : 한의예과, 한약학과, 약학과, 제약학과, 의예과, 치의예과, 간호학과, 수의예과
- 자연계열 : 바이오·한약자원학과, 생명과학과, 분자생물학과, 유전학과, 생화학과, 미생물학과
- 공학계열 : 바이오메디컬화학공학과, 시스템생명공학과, 줄기세포재생공학과, 식품공학과

관련 교과

2022 개정 교육과정 : 통합과학, 과학탐구실험, 화학, 생명과학, 생물의 유전, 인간과 심리, 보건

2015 개정 교육과정 : 통합과학, 과학탐구실험, 화학 I, 생명과학 I, 생명과학 II, 심리학, 보건

현대 의료커뮤니케이션

안상윤 외 | 보문각 | 2022

보건의료인이 환자와 원활한 커뮤니케이션을 하기 위해 필요한 기초 지식과 기술을 다룬 입문서이다. 의료 커뮤니케이션은 질병 진단의 정확성과 치료 가능성을 높이는 등 임상의학 측면에서도 의료 행위의 핵심 요소 중 하나이다. 이 책을 통해 의료 커뮤니케이션의 기초 지식과 기술을 습득하고, 환자 중심의 커뮤니케이션 기법을 활용하여 신뢰받는 보건의료인으로 성장할 수 있다.

탐구 주제

주제1 미국의 의학교육 인증평가원과 캐나다의 전문의 협회에서는 각각 '대인관계 및 의사소통 기술'과 '의사소통가(communicator)'를 전공의 교육의 필수 요소 중 하나로 꼽고 있다. 우리나라 의예과 교육과정 중 의사소통 관련 과목의 개설 현황을 분석해 보자.

주제2 간호사는 환자의 요구를 정확하게 파악하여 간호를 제공해야 하고, 어려운 의료 용어를 쉽게 전달해야 하므로 과학적 지식뿐 아니라 환자와의 효과적인 의사소통 능력이 필요하다. 노인 환자와 효과적으로 의사소통을 하기 위해 필요한 의사소통 기술을 역할극을 통해 추출해 보자.

주제3 의사와 환자 사이 커뮤니케이션의 현황과 문제점 분석

주제4 효과적인 의료 커뮤니케이션이 환자와 의료인에게 미치는 영향 분석

학생부 기록 예시 (교과세특)

'현대 의료커뮤니케이션(안상윤)'을 읽고 관심 대학의 의예과 교육과정을 확인한 결과 의사소통 과목이 필수 과목이 아닌 사실을 파악함. 의사소통 역량은 모든 직업인에게 필수적인 요소로 특히 의사처럼 전문 용어와 어려운 개념을 누구나 이해하기 쉽게 설명하기 위해서는 꼭 필요한 교과목임을 강조함. 의사는 정보 전달 위주의 의사소통보다는 환자의 불안을 이해하고 치료에 긍정적인 마음을 가질 수 있도록 도와야 한다고 강조함.

'현대 의료커뮤니케이션(안상윤)'을 읽고 고령화 시대 노인 환자 급증에 따라 노인 환자와의 효과적인 의사소통 기술이 필요함을 강조하고자 건강보험 통계 연보를 근거로 2021년 65세 이상 노인 진료비는 41조 5042억원으로 전체 진료비의 43.4%이며 2017년 대비 46% 증가했음을 제시함. 의사나 간호사뿐 아니라 의료인들은 노인 환자에 대한 배려가 필요하며 천천히 크게, 쉽고 명확하게 설명하는 연습이 필요하다고 발표함.

관련 논문

전공의 의료커뮤니케이션 능력과 진료수행 자기효능감, 공감능력과의 상관관계(김도형 외, 2021)

관련 도서

《우리 병원 대화는 건강한가?》, 멜라니 시어스, 한국NVC출판사
《메디 커뮤니케이션》, 유승철 외, 학지사

관련 계열 및 학과	• 의약계열: 의예과, 치의예과, 한의예과, 약학과, 제약학과, 간호학과, 재활심리학과
	• 사회계열: 심리상담치료학과, 사회심리학과, 산업심리학과, 의료심리학과, 청소년상담심리학과
관련 교과	• 교육계열: 전 교육계열

2022 개정 교육과정: 통합과학, 과학탐구실험, 융합과학 탐구, 생명과학, 윤리와 사상, 인간과 심리, 보건

2015 개정 교육과정: 통합과학, 과학탐구실험, 융합과학, 생명과학 I, 윤리와 사상, 심리학, 보건

인문계열

사회계열

자연계열

공학계열

의약계열

예체능계열

교육계열

호주물리치료사의 13가지 체형교정법

라이프에이드 연구소 | 용감한북스 |
2021

거북목, 골반 전방 경사 등 열세 가지 체형의 발생 원인을 이론과 과학적인 평가를 통해 정확하게 찾아 나가는 방법을 제시하는 책이다. 평가를 통해 원인을 확인한 후 체형별로 어떤 운동을 적용해야 하는지, 교정 운동 솔루션 노하우까지 제시한다. 그림과 사진 자료를 풍부하게 수록하여 해부학 용어를 몰라도 이해할 수 있다. 이 책을 완독하고 이해하면 체형 교정 전문가로 성장하기 위한 기본기를 모두 갖추게 될 것이다.

탐구 주제

주제1 테이핑 요법은 수술이나 약물복용 없이도 근육의 통증을 완화할 수 있고 운동할 때 몸의 균형을 잡아 주면서 부상도 예방할 수 있다. 또 인대가 늘어나거나 근육의 수축과 이완 효율이 떨어졌다면 큰 효과를 볼 수 있다. 다양한 테이핑 요법과 효과에 대한 과학적 근거를 찾아보자.

주제2 거북목증후군은 과도한 학습에 시달리는 청소년들이 주의해야 하는 신체 불균형 문제 중 하나이다. 거북목증후군의 의학적 정의, 원인, 발생 시 문제점, 평가 방법, 교정 운동 방법과 예방법을 정리한 카드 뉴스를 학급에 게시하여 거북목증후군 예방법을 친구들과 함께 실천해 보자.

주제3 스마트폰 보급률과 거북목증후군 진료 환자 수의 상관관계 분석

주제4 거북목증후군의 두통 유발 비율 및 과학적 원인 분석

학생부 기록 예시 (교과세특)

'호주물리치료사의 13가지 체형교정법(라이프에이드 연구소)'을 읽고 운동선수들이 경기 전에 하는 테이핑 치료 효과의 과학적 근거를 찾아봄. 스트레칭으로 근육을 늘린 상태에서 테이프를 부착하여 혈액과 림프액의 순환을 증가시키고, 지속적으로 물리적 자극을 가해 통증이 완화되는 원리와 근육의 자세를 조절하여 평형 조절을 돕는 테이핑 치료의 효과를 과학적이고 논리적으로 설명하여 친구들의 이해를 도움.

'호주물리치료사의 13가지 체형교정법(라이프에이드 연구소)'을 읽은 뒤 최근 거북목증후군 환자가 증가하고 있다는 뉴스를 보고 거북목증후군의 정의, 원인, 증상, 예방법을 꼼꼼하게 작성한 카드 뉴스를 만들어 학급에 게시함으로써 친구들에게 도움을 줌. 스마트폰 사용 증가로 거북목증후군이 증가하고 있어 본인과 친구들에게 필요한 정보를 제공하고, 독서를 통해 습득한 지식을 문제해결에 활용한 점이 훌륭함.

관련 논문

테이핑 요법이 수술실 간호사의 통증, 유연성 및 피로에 미치는 효과(손지영, 2018)

관련 도서

《나는 대한민국 물리치료사다》, 이문환, 책과나무
《물리치료사 되기》, 안소윤, 학지사메디컬

관련 계열 및 학과	• 의약계열 : 물리치료학과, 작업치료학과, 재활학과, 간호학과, 의예과, 한의예과, 약학과
	• 예체능계열 : 스포츠건강과학과, 스포츠과학과, 스포츠웰빙학부, 스포츠의학과, 스포츠재활학과
관련 교과	• 교육계열 : 특수교육과, 유아특수교육과, 초등특수교육과, 중등특수교육과

2022 개정 교육과정 : 통합과학, 과학탐구실험, 화학, 생명과학, 윤리와 사상, 인간과 심리, 보건

2015 개정 교육과정 : 통합과학, 과학탐구실험, 화학Ⅰ, 생명과학Ⅰ, 윤리와 사상, 심리학, 보건

예체능계열

순번	도서명	저자명	출판사명
1	5퍼센트 법칙	조태룡, 강승문	페이퍼로드
2	그래픽디자인이 처음이라면	김나운, 강현주	미진사
3	나는 스포츠로 창업을 꿈꾼다	윤거일, 양은희	국일미디어
4	내 곁에 미술	안동선	모요사
5	내 일기장 속 영화음악	김원중	꿈공장플러스
6	디스 이즈 어 뮤지컬	최지이	라곰
7	문학과 음악이 이야기한다	오에 겐자부로, 오자와 세이지	포노
8	방구석 뮤지컬	이서희	리텍콘텐츠
9	버려지는 디자인 통과되는 디자인: 웹&앱 디자인	신승희	길벗
10	사실은 이것도 디자인입니다	김성연	한빛미디어
11	사용자 중심 디자인을 위한 인간공학	윤명환 외	생능출판
12	사진적 성장을 위한 사진 강의 노트	김원섭	푸른세상
13	생활예술	강윤주 외	살림
14	성악을 알면 노래가 쉽다	김정현	한국경제신문
15	수학을 품은 야구공	고동현 외	영진닷컴
16	스포츠 리터러시	최의창	레인보우북스
17	스포츠 에이전트, 천사인가 악마인가?	박성배	인물과사상사
18	스포츠 커뮤니케이션 인사이트	김기한 외	한울아카데미
19	스포츠 트레이너 어떻게 되었을까	이가은	캠퍼스멘토
20	스포츠도 인공지능이다	김명락	미문사
21	스포츠마케팅 쪼개기 2020	이승용	북마크
22	심리음향학	오세진	수문사
23	연극에서 감정은 어떻게 작용하는가	리처트 코트니	박이정
24	영화교육과 영화 리터러시	이아람찬	아모르문디
25	우리가 몰랐던 우리 음악 이야기	박소영	구름서재
26	인공지능이 스포츠 심판이라면	스포츠문화연구소	다른
27	인문학으로 읽는 국악이야기	하응백	휴먼앤북스
28	일본 애니메이션의 크리에이터들	박기령	이담북스
29	장애학생의 체육을 위한 유니버설 디자인	Lauren J. Lieberman	레인보우북스
30	재즈의 계절	김민주	북스톤
31	젊은 예술가에게	기돈 크레머	포노
32	진화하는 발레 클래스	정옥희	플로어웍스
33	코드진행 레시피	사이토 오사무	서울음악출판사
34	타이포그래피 천일야화	원유홍 외	안그라픽스
35	패션 디자이너, 미래가 찬란한 너에게	박민지	크루
36	패션, 색을 입다	캐롤라인 영	리드리드출판
37	피나 바우쉬	마리온 마이어	을유문화사
38	한 권으로 읽는 국제 스포츠 이야기	유승민 외	가나출판사
39	한복 짓는 시간	이정수	이담북스
40	화가가 사랑한 바다	정우철	오후의서재
41	Jazz It Up!	남무성	서해문집
42	K-기악과 실크로드	구중회	한국민속극박물관
43	MIT 음악수업	스가노 에리코	현익출판

인문계열

사회계열

자연계열

공학계열

의약계열

예체능계열

교육계열

5퍼센트 법칙

조태룡, 강승문 | 페이퍼로드 |
2018

이 책은 프로스포츠계의 스타 CEO 조태룡의 성공 비결 '5퍼센트 법칙'을 담은 책이다. 어떤 일을 시도할 때 성공 확률은 대부분 시도 횟수의 5퍼센트에 해당한다는 것으로, 성공을 위해서는 많은 시도와 실패가 필요하다는 의미를 담고 있다. 이 책을 통해 프로스포츠계의 현실을 이해하고 성공을 위한 자세를 배워 스포츠 분야에서의 다양한 진로에 대해 고민해 볼 수 있다.

탐구 주제

주제1 프로스포츠는 치열한 경쟁을 특징으로 한다. 이러한 경쟁은 선수들에게 동기부여와 발전의 기회를 제공하기도 하지만, 한편으로는 압박과 스트레스를 유발하기도 한다. 프로스포츠의 치열한 경쟁이 선수들에게 미치는 심리적 영향 분석을 통한 법적, 제도적 개선 방안을 모색해 보자.

주제2 프로스포츠는 팬들의 관심과 사랑을 바탕으로 발전해 왔다. 팬들은 선수들의 경기력과 스포츠 문화에 다양한 영향을 미친다. 프로축구 팬들의 욕구가 선수들의 경기력과 스포츠 발전에 미치는 관계를 탐구하고, 축구 팬들의 욕구 분석을 통한 선수들의 경기력 향상 방안을 모색해 보자.

주제3 스포츠 상업화의 스포츠 공정성과 팬들 권익 침해에 대한 고찰

주제4 스포츠 경영의 윤리적 측면을 강화 할 수 있는 방안 모색

학생부 기록 예시 (교과세특)

프로스포츠 팬들의 욕구를 분석하기 위해 설문조사와 문헌 연구를 하면서 선수들의 경기력과 스포츠 발전의 상관관계에 대한 호기심을 가짐. 이 과정에서 스포츠 공정성과 팬의 권익 침해로 이어질 수 있는 문제점을 인식함. 스포츠 상업화와 스포츠 경영의 윤리적 측면을 개선하기 위해 투명한 의사소통, 팬 권익 보호 등의 정책을 제안하고, 소셜 미디어 팔로워들과 함께 해시태그를 사용하여 관련 이슈에 관한 대화 활동에 참여함.

프로스포츠 선수들의 치열한 경쟁이 선수들에게 미치는 영향을 탐구함. 인터뷰, 관련 논문 및 기사를 통한 학술적인 연구 결과를 분석함. 이를 통해 선수들에게 미치는 부상과 심리적 문제의 심각성을 인식하고 심리적 건강 관리, 부상 예방 교육, 훈련 프로그램 개발 등의 방안을 제시하며 프로스포츠 선수들의 건강과 안전에 대한 관심을 바탕으로 자신의 진로에 대한 구체적인 목표를 설정함.

관련 논문
응용윤리 관점에서 바라본 스포츠윤리 (김은혜 외, 2021)

관련 도서
《아웃라이어》, 말콤 글래드웰, 김영사
《성공하는 사람들의 7가지 습관》, 스티븐 코비, 김영사

관련 계열 및 학과
- 예체능계열: 스포츠경영학과, 사회체육학과, 스포츠마케팅학과, 레저스포츠산업학과
- 인문계열: 국어국문학과, 영어영문학과, 철학과, 심리학과, 인류학과

관련 교과
- 사회계열: 경영학과, 사회학과, 심리학과, 미디어커뮤니케이션학과, 디지털미디어학과

2022 개정 교육과정: 체육, 경제, 사회와 문화, 윤리문제 탐구, 사회문제 탐구

2015 개정 교육과정: 스포츠 생활, 체육, 운동과 건강, 사회문제 탐구, 생활과 윤리

그래픽디자인이 처음이라면

김나운, 강현주 | 미진사 | 2020

이 책은 그래픽디자인의 정의와 범주를 알기 쉽게 설명하며 국내외 그래픽디자인 역사에서 한 획을 그은 디자이너와 그들의 위대한 작품을 핵심적으로 소개한다. 로고 디자인, 패키지 디자인 등 기본적인 요소부터 실제 사례까지 다양한 분야의 그래픽디자인을 다룬다. 그래픽디자인을 알기 쉽게 설명하고 있어 그래픽디자인 개념들을 정리하는 데 도움이 되는 책이다.

탐구 주제

주제1 그래픽디자인은 광고, 마케팅, 문화 홍보 등 다양한 분야에서 중요한 역할을 한다. 또한 그래픽디자인은 시각적으로 매력적이고 강력한 메시지 전달 도구의 기능을 한다. 그래픽디자인이 사회와 문화에 미치는 영향력에 대해 탐구해 보고 특정한 사례나 예시를 통해 분석해 보자.

주제2 인터랙션디자인은 사용자와 컴퓨터가 서로 소통하며 편리하고 즐거운 경험을 제공하는 디자인 분야이다. 인터랙션디자인 분야에서 일어난 혁신과 발전에 대해 조사하고, 인공지능, 가상현실 등 새로운 기술 동향이 어떻게 인터랙션디자인을 변화시켜갈 수 있는지 예측해 보자.

주제3 소비 문화와 시각 매체를 활용하여 제작되는 광고의 근거와 예시탐구

주제4 광고나 포스터에서의 이미지 조작과 신뢰성 문제 논의

학생부 기록 예시 (교과세특)

그래픽디자인이 사회와 문화에 미치는 영향력을 탐구하기 위해 광고 캠페인과 문화 홍보물을 분석함. 광고가 특정 사회 이슈에 대한 인식 형성과 문화적 변화를 주도하는 역할을 한다는 것을 파악함. 이를 바탕으로 환경 보호를 위한 메시지를 전달하는 광고 캠페인을 디자인하고 전시함. 그래픽디자인은 사회적 메시지 전달과 문화적 가치 형성에 중요한 역할을 한다는 점을 깨닫고 이를 통해 사회에 미치는 영향력과 중요성을 인지함.

인터랙션디자인 분야의 혁신과 발전은 새로운 기술 동향에 의해 크게 영향받고 있음을 알게 됨. 특히 인공지능 기술의 진보로 인해 사용자 맞춤형 서비스와 자동화된 상호작용이 가능해지고 있지만 동시에 개인정보 보호 및 권익 침해 등의 우려 사항을 언급함. 또한 자동화된 상호작용이 증가함에 따라 일부 직업군에서는 일자리 감소와 같은 사회적 영향을 예상하는 보고서를 작성하고 발표함.

관련 논문

디지털 플랫폼 광고의 현황과 이에 대한 전문가의 인식 연구(이경렬 외, 2017)

관련 도서

《소셜 미디어와 마케팅》, 서여주, 백산출판사
《폴 랜드의 디자인 예술》, 폴 랜드, 안그라픽스

관련 계열 및 학과
- 예체능계열 : 산업디자인학과, 시각디자인학과, 패션디자인학과, 미술학과, 연극영화학과
- 인문계열 : 심리학과, 문화인류학과, 철학과, 역사학과, 법학과
- 사회계열 : 문화콘텐츠학과, 사회학과, 광고홍보학과, 신문방송학과

관련 교과

2022 개정 교육과정 : 미술 창작, 미술감상과 비평, 미술과 매체, 창의 공학 설계, 사회문제 탐구

2015 개정 교육과정 : 미술 창작, 미술 감상과 비평, 미술, 창의 경영, 지식 재산 일반

인문계열

사회계열

자연계열

공학계열

의약계열

예체능계열

교육계열

나는 스포츠로 창업을 꿈꾼다

윤거일, 양은희 | 국일미디어 | 2018

스포츠 창업에 대한 인터뷰와 성공한 창업자들의 이야기를 담은 책이다. 다양한 분야에서 활약한 창업자들이 자신의 전문 분야와 스포츠 아이템을 결합하여 창업한 과정과 노하우를 담았다. 또한 스포츠에 대한 열정과 자신의 분야에서의 전문성, 다양한 경험을 통해 창업 과정에서 얻은 귀중한 조언을 전달하고 있다. 성공적인 스포츠 창업자들의 경험과 더불어 스포츠에 대한 애정과 자기 분야의 전문성이 얼마나 중요한지를 배울 수 있다.

탐구 주제

주제1 스포츠 산업에서 발생하는 자원 소모와 환경 오염과 같은 문제의식과 지속 가능성에 대한 관심과 요구가 커지고 있다. '지속 가능한 스포츠 창업 : 환경 친화적인 비즈니스 모델'의 SWOT 분석을 기반으로 현 상황을 분석하고 해결책을 설계해 보자.

주제2 스포츠 산업은 글로벌 경제에서 큰 영향력을 가지며 창업 기회와 가능성이 많다. 따라서 스포츠 창업에 대한 이해와 분석력은 비즈니스 역량 강화, 문제 해결 능력 등의 역량 향상에 도움이 된다. '스포츠 창업의 성공 요인과 실패 요인에 대한 분석' 주제를 탐구하고 보고서를 작성해 보자.

주제3 스포츠파크가 지역 주민의 건강 증진과 주민 통합에 미치는 영향

주제4 기술 혁신이 스포츠 창업에 미치는 영향에 대한 조사

학생부 기록 예시 (교과세특)

스포츠 창업에 관심을 가지고 스포츠 창업의 성공 요인과 실패 요인을 분석함. 성공적인 스포츠 창업 사례와 실패 사례를 비교 분석하여 공통된 패턴과 핵심 요인을 도출하는 과정을 통해 스포츠 창업에 대한 이해와 분석력이 향상됨. 더 나아가 실제로 스포츠 창업을 계획하기 위해 온라인 커뮤니티 가입, 관련된 책이나 영상 자료 등을 활용하여 학습하고 경제 동향 등의 데이터를 지속적으로 수집함.

스포츠 창업 분야에서의 환경친화적인 비즈니스 모델에 대한 호기심과 관심을 가짐. SWOT 분석 방법론을 활용하여 지속 가능한 스포츠 창업 모델을 설계하기 위해 다양한 자료들을 조사하고 정보를 수집함. 이를 통해 친환경 인증 제도와 에너지 절약 기술 등에 대해서도 새롭게 공부함. 지속 가능한 스포츠 창업 모델에 대한 이해와 분석력을 적용한 스타트업으로 모의 비즈니스 계획을 세워 투자 설명회 시간에 우수 팀으로 선정됨.

관련 논문

스타트업의 초기 성공을 결정하는 요인에 관한 연구 (이현호 외, 2017)

관련 도서

《스포츠 마케팅 4.0》, 문개성, 박영사

《성공하는 스포츠 비즈니스》, 박성배, 북카라반

관련 계열 및 학과

- 예체능계열 : 스포츠경영학과, 체육교육학과, 스포츠과학과, 생활체육학과
- 인문계열 : 문화인류학, 법학과, 철학과, 심리학과, 인류학과

관련 교과

- 사회계열 : 정치학과, 사회복지학과, 사회학과, 경영학과, 벤처경영학과, 미디어학과

2022 개정 교육과정 : 스포츠 생활, 직무 의사 소통, 실용 통계, 법과 사회, 사회문제 탐구

2015 개정 교육과정 : 스포츠 생활, 체육 탐구, 운동과 건강, 지식 재산 일반, 창의 경영

내 곁에 미술

안동선 | 모요사 | 2023

《내 곁에 미술》은 현대 미술 작품에 대한 이해를 가볍고 생생한 이야기로 전달하는 책이다. 아티스트나 큐레이터와의 만남을 통해 작품의 의도와 이유를 설명하고, 다양한 미술 이벤트에 대한 의견을 풀어 놓는 저자의 이야기를 읽다 보면 미술에 대한 흥미와 탐구욕이 솟는다. 실용적이면서도 재미있는 방식으로 동시대 미술 탐구를 시작할 수 있는 좋은 안내서이다.

탐구 주제

주제1 사회적 이슈를 다루는 현대 미술 작품들은 우리의 사회와 문화에 큰 영향을 미친다. 예술이 어떻게 사회 변화에 기여할 수 있는지 생각하며 '사회적 이슈를 다루는 현대 미술 작품들의 사회 변화에 대한 영향 분석'을 주제로 탐구하고 사회 변화를 위한 해결방안을 제시해 보자.

주제2 현대 미술 작품들은 강력한 메시지를 전달하며, 미디어아트 등 다양한 매체에서 환경 문제와 사회적 이슈에 대한 다양한 시각을 제시한다. '환경 문제와 관련된 현대 미술 작품들의 메시지와 영향력 연구'라는 주제로 탐구하고 대중의 참여를 유도하는 방안을 마련해 보자.

주제3 아티스트와 큐레이터의 역할과 협업관계에 대한 분석

주제4 미디어 아트와 전통적인 미술 표현 방식 간의 장단점 비교

학생부 기록 예시 (교과세특)

현대 미술 작풍 중 폐기물 재활용과 지속 가능한 에너지 등의 주제로 제작된 작품들을 조사하고 탐구함. 탐구 과정에서 배운 디자인 원리와 창의적인 접근법으로 작품을 통해 환경 문제를 다루고 사회적 변화를 이끌어 낼 수 있는 방안을 모색함. 동아리 부원들과 주제와 관련된 전시를 진행하여 지식 공유 및 인식 개선에 기여하고, 일상생활 속에서 환경 보호에 기여할 수 있는 실천 방안들을 제시함.

'내 곁에 미술(안동선)'을 읽고, 예술의 다양성과 창의력 개발에 관심을 가짐. 미디어 아트와 전통적인 미술 표현 방식의 개념과 사례를 분석하고 차이점과 장단점을 탐구해 토론을 진행함. 특히 예시를 통해 실제 작품들을 분석하여 이해도를 높임. 보고서를 요약하여 학급에서 발표하고 학우들과 함께 토론 및 의견 공유를 진행하여 예술의 다양성과 역할에 대한 인식 개선에 기여함.

관련 논문
버려진 것들의 귀환: 동시대 미술의 이질학적 전략과 그 확장(정은영, 2023)

관련 도서
《현대미술이란 무엇인가》, 오자키 테츠야, 북커스
《발칵 뒤집힌 현대 미술》, 수지 호지, 마로니에북스

관련 계열 및 학과
- 예체능계열: 조형예술학과, 그래픽디자인학과, 산업디자인학과, 미술학과
- 인문계열: 문화예술학과, 문화인류학, 사회학과, 문화인류학과, 심리학과
- 공학계열: 환경과학, 환경공학, 인공지능학과, 컴퓨터공학과, 소프트웨어학과

관련 교과

2022 개정 교육과정: 미술과 매체, 미술 창작, 미술 감상과 비평, 문학과 영상, 사회와 문화

2015 개정 교육과정: 미술, 미술 감상과 비평, 미술 창작, 문학, 사회·문화

인문계열

사회계열

자연계열

예체능계열

의약계열

예체능계열

교육계열

내 일기장 속 영화음악

김원중 | 꿈공장플러스 | 2021

《내 일기장 속 영화음악》은 20세기 영화 음악의 명작들과 그에 대한 이야기를 다룬 음악 에세이이다. 음악은 우리를 행복했던 추억 속으로 빠져들게 하고, 음악을 듣던 시간과 장소를 떠올리게 한다. 영화 음악도 마찬가지로 감명 깊게 본 영화와 함께했던 순간을 상기시켜 주는 마법 같은 존재다. 음악에 얽힌 재미있는 에피소드와 함께 영화와 그 시대의 이야기를 전해 주는 책이다.

탐구 주제

주제1 영화가 만들어진 시대와 배경을 파악하여 해당 작품이 어떤 사회적 맥락에서 탄생하고 어떤 영향을 받았는지 이해하는 것은 중요하다. '영화 음악과 문화적 배경 연관성'에 대한 구체적인 사례를 분석하고 이를 토대로 영화 음악이 사회·문화에 미치는 영향을 보고서로 작성해 보자.

주제2 영화 음악은 영상과 함께 특정 장면이나 감정을 강조한다. 또한 관객의 감정을 이끌어 내고, 영화의 메시지를 이해하는 데 도움을 준다. '영화음악의 감성과 추억'이라는 주제로 탐구하며 영화음악의 심리적 효과를 탐색해 보자.

주제3 클래식 음악 vs. 현대 음악: 두 장르의 가치와 중요성 비교

주제4 영화음악에서 사용되는 기법과 스타일, 활용 방법 조사

학생부 기록 예시 (교과세특)

영화 음악이 어떻게 특정 시대와 문화적 맥락에서 탄생하며 작품에 어떤 영향을 미치는지 탐구함. 영화 '대부'의 제작 시대와 문화적 배경을 조사하고, 음악 선택 및 스타일이 배경과 어떻게 연결되는지 분석하는 과정에서 작품에 대한 이해가 높아짐. 추가로 영화 '기생충'의 음악을 통해 작품의 사회적 맥락을 이해하고 학우들과 영화 음악에 대한 지식을 공유하여 영화를 더욱 풍부하게 감상함.

명작들이 우리의 감성을 자극하고 추억을 불러 일으키는 방식에 대해 호기심을 갖고 탐구함. 명작 영화 음악들이 어떻게 우리의 감성을 자극하는지, 음악과 영상이 특정 장면이나 감정을 강조하는 방법을 분석함. 음악이 우리가 추억을 기억하고 공감하는 데 어떤 역할을 하는지 깨닫고 개인적인 경험도 발표함. 선택한 장면이나 감정을 자신만의 그림 작품으로 표현하여 음악과 그림을 결합한 자신만의 창작물을 만듦.

관련 논문

영화음악이 영상에 미치는 효과(강효욱, 2017)

관련 도서

《아는 음악 몰랐던 영화》, 김상혜, 정현혜, 형설출판사
《스코어 오리지널 인터뷰집》, 맷 슈레이더, 컴인

관련 계열 및 학과	• 예체능계열: 음악학과, 영화학과, 연극영화과, 미디어영상학과, 실용음악과
	• 인문계열: 문헌정보학과, 문예창작과, 문화콘텐츠학과
관련 교과	• 사회계열: 광고기획과, 언론홍보학과, 디지털미디어과

2022 개정 교육과정: 음악 감상과 비평, 연극, 음악과 미디어, 문학과 영상, 세계 문화와 영어

2015 개정 교육과정: 음악 감상과 비평, 음악, 문학, 지식 재산 일반, 사회·문화

디스 이즈 어 뮤지컬

최지이 | 라곰 | 2023

《디스 이즈 어 뮤지컬》은 뮤지컬 전문가가 99개의 작품과 350여 개의 다양한 뮤지컬의 세계를 안내하는 책이다. 국내외에서 사랑받는 고전부터 최신 작품까지 폭넓게 다루고 뮤지컬 용어, 오디션 현장과 무대 뒤편의 이야기, 영화와 드라마에서 강조되는 뮤지컬 요소 등을 포함하여 여러 가지 흥미로운 내용을 담고 있다. 뮤지컬에 대한 이해로 자신만의 창작력과 역량을 발전시킬 수 있는 입문서와 같다.

탐구 주제

주제1 인권 문제나 사회 문제와 관련된 뮤지컬 작품은 관객들로 하여금 그 문제에 공감하고 생각해보도록 유도한다. 뮤지컬 〈레미제라블〉을 감상하고, 인권과 사회 문제에 대한 새로운 시각을 제시하고 이를 바탕으로 사회적 변화를 위한 방안을 제시해 보자.

주제2 뮤지컬은 예술의 한 형태로서 대중들에게 큰 인기를 얻고 있다. 성공한 뮤지컬 작품들은 많은 관객을 유치하며, 사회적인 영향력도 상당하다. 〈해리 포터〉, 〈라이언킹〉, 〈위키드〉 등의 작품 성공 요인과 독특한 콘텐츠를 분석하여 성공 요인을 도출하고 성공 작품의 공통점을 제시해 보자.

주제3 뮤지컬 작품의 상업성과 예술성의 균형 방법 토론

주제4 음악의 학문적인 공부와 실전 경험의 조화로운 방법에 대한 토론

학생부 기록 예시 (교과세특)

뮤지컬 '레미제라블'을 감상 후, 인권과 사회 문제에 대한 새로운 시각을 제시하고 사회적 변화를 위한 방안을 제시하는 활동을 함. 뮤지컬 작품의 성공 요인과 독특한 콘텐츠를 분석하여 성공 작품의 공통점을 도출하고, 뮤지컬 작품이 대중에게 어필할 수 있는 방법을 제시함. 뮤지컬 작품의 상업성과 예술성의 균형 방법과 음악의 학문적인 공부와 실전 경험의 조화로운 방법에 대한 토론을 통해 뮤지컬 작품의 발전 방향을 모색함.

뮤지컬은 대중적인 예술 장르이며, 이를 통해 사회적 변화를 위한 방안을 모색하는 데 기여할 수 있다는 생각에 관심을 갖게 됨. 뮤지컬 '레미제라블' 속 장발장의 인권 투쟁을 통해 인권의 중요성을 강조하였고, 혁명으로 인해 혼란에 빠진 프랑스 사회의 모습을 통해 사회 문제에 대한 새로운 시각을 제시함. 이러한 시각을 바탕으로 사회적 변화를 위한 방안으로 사회적 이슈에 대한 토론회를 진행하고 캠페인 활동을 함.

관련 논문

즉흥뮤지컬의 대중 미학-〈오늘 처음 만드는 뮤지컬〉을 중심으로(박혜성, 2019)

관련 도서

《뮤지컬의 탄생》, 고희경, 마인드빌딩
《마법 같은 뮤지컬 생활 안내서》, 홍악가, 파이퍼프레스

관련 계열 및 학과
- 예체능계열: 음악학과, 영화학과, 연극영화과, 미디어영상학과, 실용음악과
- 인문계열: 문헌정보학과, 문예창작과, 심리학과, 인류학과

관련 교과
- 사회계열: 광고기획과, 언론홍보학과, 디지털미디어과, 문화콘텐츠학과

2022 개정 교육과정: 음악 연주와 창작, 매체 의사소통, 문학과 영상, 음악과 미디어, 인공지능 기초

2015 개정 교육과정: 음악 감상과 비평, 음악 연주, 연극, 지식 재산 일반, 고전 읽기

인문계열

사회계열

자연계열

공학계열

의약계열

예체능계열

교육계열

문학과 음악이 이야기한다

오에 겐자부로, 오자와 세이지 |
포노 | 2018

이 책은 오자와 세이지와 오에 겐자부로라는 두 예술가의 이야기를 담고 있다. 그들은 여든을 넘어서도 예술적인 열정과 책임감으로 활동하며, 미래의 예술가들을 양성하는 일에 힘쓰고 있다. 오자와 세이지는 페스티벌과 오케스트라를 이끌고 있고, 오에 겐자부로는 작품과 글로 사람들을 감동시킨다. 젊은이들에게 자긍심과 책임감을 가지도록 동기부여 하며, 문학과 음악이 서로 만나 어떻게 이야기를 나누는지를 다룬다.

탐구 주제

주제1 다양한 장르와 문체에서 소리(음악)와 글쓰기가 만나면 새로운 표현 방식이 탄생한다. 다양한 장르에서 소리(음악)의 영향력에 대한 구체적인 사례를 분석하고, 음악적인 구조에 맞추어 이야기를 전개하는 소설과 같은 다양한 방식으로 새로운 자신만의 표현 방식을 탐구해 보자.

주제2 인공지능과 가상현실은 음악 분야에 혁신적인 영향을 미치고 있다. 현재와 미래의 문화 예술 산업에서 성장할 수 있는 열린 시야와 전문 지식을 갖출 필요가 있다. 인공지능이나 가상 현실같은 최신 기술이 음악 분야에 미치는 영향과 가능성에 대한 구체적 사례를 분석해 보자.

주제3 인터넷 시대의 저작권 도덕성에 대한 찬반 토론

주제4 다문화 사회 속에서 예술의 풍토성을 공유할 수 있는 방법 모색

학생부 기록 예시 (교과세특)

음악과 글쓰기에 관심을 가지고 창작에 도전함. 관련 자료와 예시 작품을 조사하여 음악이 텍스트에 영감을 주거나 이야기를 강화하는 방법과 작가들이 음악과 글쓰기를 결합하여 독특하고 강력한 작품을 만드는 방식을 탐구함. 이러한 새로운 표현 방식들을 활용하여 짧은 이야기나 시 등 다양한 형태로 자유롭게 작성하며 음악적인 요소를 적극 활용함. 결과물들을 동료들과 공유하고 서로의 창작 경험에 대해 피드백을 나눔.

인공지능과 가상현실이 음악 분야에 미치는 영향과 가능성에 대해 탐구함. 음악 창작, 제작, 퍼포먼스 등에서 인공지능 기술이 활용되는 사례를 조사하고, 예술과 기술의 융합으로 다양한 장르와 문체에서 소리(음악)와 글쓰기가 만나면 어떤 새로운 표현 방식이 탄생할 수 있는지도 이해함. 탐구를 통해 얻은 인사이트를 바탕으로 자신만의 창작 작업에 도전하고 공유하였으며, 저작권 윤리에 대한 찬반 토론을 진행함.

관련 논문

문학과 음악-바그너에 관한 에세이를 중심으로(윤순식, 2020)

관련 도서

《음악으로 자유로워지다》, 류이치 사카모토, 청미래
《나는 음악에게 인생을 배웠다》, 빅터 우튼, 반니

관련 계열 및 학과

- 예체능계열: 연극영화과, 미디어영상학과, 실용음악과, 사진영상학과, 작곡과
- 인문계열: 문화인류학과, 창작문학과, 문화콘텐츠학과, 디지털미디어과

관련 교과

- 공학계열: ICT융합학과, 컴퓨터공학과, 인공지능학과, 소프트웨어학과

2022 개정 교육과정: 음악감상과 비평, 문학과 영상, 매체 의사 소통, 독서 토론과 글쓰기, 인공지능 기초

2015 개정 교육과정: 음악 감상과 비평, 음악 연주, 독서, 고전 읽기, 고전과 윤리

방구석 뮤지컬

이서희 | 리텍콘텐츠 | 2022

뮤지컬 30편을 인문학적으로 해석한 힐링 에세이 여행서이다. 이 책은 시대와 운명에도 불구하고 항상 앞으로 나아가는 뮤지컬 속 인물들을 통해 우리에게 다양한 인생의 통찰과 감동을 전달한다. 뮤지컬의 배경과 서사, 아름다운 가사 등을 소개함으로써 공연장에서 있는 듯한 현장감도 전달한다. QR코드를 통해 명작 뮤지컬을 감상할 수 있어, 직접 음악과 연결된 감성적인 경험도 할 수 있다.

탐구 주제

주제1 명작 뮤지컬들은 각자의 스토리와 캐릭터, 대사 등에서 문학적인 요소를 풍부하게 사용한다. 그러한 요소들을 분석하고 해석하며 작품의 의미와 메시지를 깊게 이해할 수 있다. 뮤지컬을 선정하여 작품 속에 내포된 사회적 의미를 분석하고, 현대 사회의 문제와 연결하여 탐구해 보자.

주제2 인터넷과 소셜미디어 시대에서는 콘텐츠의 무단 복제와 유포가 쉽게 이루어진다. 이러한 환경은 예술 산업에 큰 영향을 미치고 있으며, 뮤지컬 산업도 예외는 아니다. 인터넷과 소셜미디어가 뮤지컬 산업에 미치는 영향에 대해 탐구하고 보고서를 작성해 보자.

주제3 인공지능 생성 음악 작품의 진정한 예술성 여부 토론

주제4 공유 경제로 작품 제작자들의 지속적인 창작활동 방안 탐구

학생부 기록 예시 (교과세특)

뮤지컬 '레미제라블'을 선택하여 문학적 요소와 사회적 메시지를 탐구함. 극본과 대사를 분석하여 작품의 시대적 배경과 작가의 의도를 해석하고 뮤지컬에서 사용된 문학적인 요소들을 살펴봄. '레미제라블'이 담고 있는 사회적 메시지와 예술적 가치에 대해 이해함. 현대 사회에서 직면하는 문제들을 발견하고 예체능과 인문학의 융합을 경험함. 탐구 결과를 바탕으로 '레미제라블'을 관람한 후 리뷰 작성과 토론 참여로 생각을 나눔.

창작자 보호 및 예술적 가치를 인정하는 인식 개선을 위해 인터넷과 소셜미디어로 인한 무단 복제와 유포 문제에 호기심을 갖고 뮤지컬 산업의 특이성을 탐구함. 작품 제작, 홍보 방식, 관객 모집 전략 등 다양한 측면에서 인터넷과 소셜미디어의 변화와 도전 요소를 분석하며, 콘텐츠 공유와 창작자의 보상 문제도 함께 조사함. 작성한 보고서를 발표하여 예체능 영역에서 사회 문제에 대한 비판적 사고력과 창의성을 발전시킴.

관련 논문

온택트를 통한 뮤지컬 관람 연구: 뮤지컬 〈모차르트!〉온라인 관객을 중심으로(강주영, 2021)

관련 도서

《뮤지컬 인문학》, 송진완 외, 알렙
《만인의 인문학》, 도정일, 사무사책방

관련 계열 및 학과
- 예체능계열: 뮤지컬학과, 연극 및 영화학과, 디자인학과, 문화예술경영학과, 음악학과
- 사회계열: 문화인류학과, 경제학, 문화사회학, 문화콘텐츠학과, 디지털미디어과
- 공학계열: 컴퓨터공학과, 인공지능학과, 데이터사이언스학과, 소프트웨어학과

관련 교과

2022 개정 교육과정: 음악과 미디어, 음악 연주와 창작, 문학과 영상, 매체 의사소통, 인공지능 기초

2015 개정 교육과정: 음악 연주, 음악 감상과 비평, 연극, 문학, 세계사

인문계열

사회계열

자연계열

공학계열

의약계열

예체능계열

교육계열

버려지는 디자인 통과되는 디자인: 웹&앱디자인

신승희 | 길벗 | 2019

이 책은 웹디자인과 앱디자인 작업에 관한 내용으로, 실제 디자인 작업에서 버려진 디자인과 통과된 디자인 시안을 통해 실무 이야기를 전한다. 명확한 기준을 세우고 디자인 이론을 제시하여 디자이너로 성장할 수 있도록 도와준다. 색상, 그리드, 타이포그래피, 그래픽 요소, 사용자 경험(UX) 등 다양한 주제를 다루며 89개의 디자인 시안 아이템을 비교 분석하고 있다.

탐구 주제

주제1   디자이너는 창작물이 사회에 미치는 영향과 디자이너의 윤리적 책임에 관심을 가져야 한다. 예술과 디자인은 사회와 상호작용하는 방식을 통해 창작물의 의미와 가치를 형성한다. 디자이너의 윤리적 책임과 디자이너의 창작물이 사회에 미치는 영향을 분석해 보자.

주제2   디자인을 할 때는 색상 선택이 감정 전달에 영향을 미친다. 컬러 심리학과 관련하여 다양한 색상 조합과 그 의미를 이해하고, 디자인 작업에서 감정적 효과를 활용할 수 있어야 한다. 웹&앱디자인에서의 색상 선택과 감정 전달의 의미와 효과를 분석해 보자.

주제3   다양한 문화 배경에서 색상의 의미 탐구

주제4   버려지는 디자인과 통과되는 디자인의 기준 분석

학생부 기록 예시 (교과세특)

예술과 디자인이 사회와 상호작용하는 방식을 통해 창작물의 의미와 가치를 형성한다는 점에 호기심을 가짐. 인터뷰나 조사 등 다양한 자료 수집 방법을 활용하여 디자이너의 윤리적 책임과 디자이너의 창작물이 사회에 미치는 영향을 탐구하고 주장을 구체화함. 디자인은 문화, 가치관 및 사회 변화와 관련성을 가지며 사회에 영향력을 행사한다는 것을 알게 됨. 디자인에서 윤리적 책임을 준수하는 방법에 대한 토론에 참여함.

웹&앱디자인에서 색상 선택이 감정 전달에 영향을 미친다는 주장에 호기심을 가짐. 색채 심리학 도서를 참고하여 문화 배경에서 색상의 의미와 디자인에서의 감정 전달 효과를 탐구함. 웹&앱 디자인에서 색상 조합이 사용자 경험 및 인식에 미치는 영향을 이해함. 음악 스트리밍 서비스인 대표적인 앱과 숙박 시설 공유 서비스 앱을 선택하여 감정 전달력과 사용자 경험 및 인식 부분을 분석하고 비판활동을 추가로 진행함.

관련 논문

유니버설 웹 디자인의 색채 가이드라인 연구(안상락, 2010)

관련 도서

《디자인, 이렇게 하면 되나요?》, 오자와 하야토, 제이펍
《좋아 보이는 것들의 비밀: 편집&그리드》, 이민기, 길벗

관련 계열 및 학과

· 예체능계열: 시각디자인학과, 산업디자인학과, 웹디자인학과, 게임그래픽디자인학과

· 사회계열: 경영학과, 소비자학과, 심리학과, 광고홍보학과, 디지털콘텐츠학과

관련 교과

· 공학계열: 컴퓨터공학과, 응용소프트웨어학과, 산업공학과, 인공지능학과

2022 개정 교육과정: 미술과 매체, 미술 창작, 매체 의사소통, 소프트웨어와 생활, 인간과 심리

2015 개정 교육과정: 미술 창작, 미술, 공학 일반, 창의 경영, 지식 재산 일반

사실은 이것도 디자인입니다

김성연 | 한빛미디어 | 2023

이 책은 디자인에 대한 새로운 시각을 제시한다. 일상 속에서 우리가 경험하는 모바일 앱, 디지털 프로덕트 등 다양한 요소들이 사실은 의도된 디자인의 결과라는 사실을 알려 준다. 넷플릭스와 같은 무한 재생 콘텐츠를 소비하고, 윤리적 신념을 중시하는 브랜드에 매료되는 이유를 설명한다. 우리가 이러한 요소들에 반응하는 것은 모든 것이 '디자인'되어 있기 때문이라는 것을 인식할 수 있다.

탐구 주제

주제1 인스타그램은 소셜미디어 플랫폼 중 하나로, 많은 사람이 일상을 공유하고 소통하는 도구로 사용한다. 이러한 성공에는 디자인의 역할이 크다. 인스타그램의 사용자 경험, 색상 선택, 그리드 레이아웃 등을 분석하여 소셜미디어 플랫폼의 성공 요인과 사회적 영향에 대해 탐구해 보자.

주제2 공공 교통 시스템은 많은 사람이 이용하는 중요한 공공 시설이다. 도시 내 버스 정류장, 지하철역 등 공공 교통 시스템의 디자인 요소와 색상 선택에 관한 다양한 예시를 찾고 탐구를 통해 사용자 편의성 및 안전성을 개선하는 방안을 모색해 보자.

주제3 유명 패션 브랜드의 로고와 색상을 분석하여 이미지와 가치 탐색

주제4 게임 UI/UX 디자인과 윤리적 고려 사항을 찾고 대안 모색

학생부 기록 예시 (교과세특)

소셜 네트워크 서비스 성공에는 디자인의 영향이 크다는 것에 궁금증을 가지고 소셜미디어 플랫폼의 성공 요인과 사회적 영향에 대해 탐구함. 구체적 플랫폼의 사용자 분석, 색상 선택 분석, 레이아웃 분석을 함. 디자인 요소가 소셜미디어 플랫폼의 성공과 사용자 참여에 영향을 미치고 사회적 연결성 강화 가능이 있다고 판단함. 디지털 시대에서 발생하는 사회 변화와 윤리 문제에 대한 후속 탐구를 진행함.

공공 교통 시스템에서 디자인이 중요함을 느껴 탐구 활동을 함. 런던 지하철과 서울 버스 버스 정류장의 디자인 분석, 지하철역 색상 선택 분석을 함. 시각적인 디자인 요소와 색상 선택이 사용자의 편의성 및 안전성에 적합한 영향을 미친다는 것을 알게 됨. 학교 내 공지사항 게시판 디자인을 일관된 레이아웃, 명확한 구분 선, 직관적인 아이콘 등을 활용하여 학우들이 쉽게 원하는 정보를 찾을 수 있도록 개선함.

관련 논문

사회적 약자를 고려한 디자인 접근 방식의 다양성 검토(이주형, 박광재, 2023)

관련 도서

《기획하는 일, 만드는 일》, 장수연, 터틀넥프레스
《성공하는 브랜드 실패하는 브랜드》, 최영인, 길벗

관련 계열 및 학과
- 예체능계열 : 시각디자인학과, 산업디자인학과, 의상디자인학과, 조형미술학과
- 사회계열 : 소비자학과, 심리학과, 광고홍보학과, 미디어콘텐츠학과

관련 교과
- 공학계열 : 컴퓨터공학과, 컴퓨터그래픽디자인학과, IT디자인학과

2022 개정 교육과정 : 미술과 매체, 미술 창작, 창의공학 설계, 인간과 심리, 소프트웨어와 생활

2015 개정 교육과정 : 미술, 미술 창작, 미술 감상과 비평, 사회문제 탐구, 심리학

인문계열

사회계열

자연계열

공학계열

의약계열

예체능계열

교육계열

사용자 중심 디자인을 위한 인간공학

윤명환 외 | 생능출판 | 2021

이 책은 인간공학 교육과 실무에서의 필요성을 고려하여 제작되었다. 이 책의 저자들은 인체 측정치를 기반으로 인간공학, 디자인 문제와 사용자 경험 연구 등 다양한 분야에 경험을 갖고 있다. 다양한 사례와 응용 기술을 제시하여 디자인, 심리학, 컴퓨터 등 관련 분야와 관련된 전공자에 도움이 되는 사용자 중심 디자인을 위한 기본 안내서이다.

탐구 주제

주제1 현대 사회에서는 기술과 기계를 더 많이 활용하고 의존하는 추세이다. 그러나 일부 사용자들은 기계와의 상호작용에 어려움을 겪고 있다. 이를 개선하기 위해 인간과 기계 간의 상호작용을 개선하기 위한 디자인 요소와 방법을 조사하고 보고서로 작성해 보자.

주제2 유행하는 디자인은 빠른 소비와 폐기로 인해 자원 소모와 환경 문제를 야기할 수 있다. 반면에 지속 가능성을 고려한 디자인은 지속 가능한 사회 및 환경을 위해 기여할 수 있다. 유행하는 디자인과 지속 가능성을 고려한 디자인 중 어느 것이 우선되어야 하는지 장단점을 비교해 보자.

주제3 디지털 아트와 전통 아트를 비교하여 장단점 토론

주제4 가상현실이 사용자 경험에 미치는 영향과 잠재력에 대한 탐구

학생부 기록 예시 (교과세특)

기계와의 상호작용에서 어려움을 겪는 문제에 관심을 갖고 인간과 기계의 상호작용을 개선하는 디자인 요소와 방법에 대해 탐구함. 자료와 실제 사용자들의 피드백 등 정보를 수집하고 구체적인 방안을 제시함. 제품이나 서비스를 디자인할 때 사용자의 시각적 피로도 고려, 아이콘이나 그래픽을 사용하여 제품이나 서비스의 기능을 명확하게 전달하는 방안 등을 제시함. 다양한 분야의 전문 지식과 협업이 필요성도 깨달음.

유행하는 디자인과 지속 가능성을 고려한 디자인 사이에서 우선되어야 할 측면을 탐구함. 환경 문제, 자원 절약, 사용자 만족도 등 다양한 측면에서 차이를 분석함. 조사 결과, 유행하는 버스 정류장 디자인은 많은 에너지와 자원이 필요하며 지속 가능성을 고려한 버스 정류장 디자인은 재활용 가능한 소재로 제작하여 친환경적이라고 분석함. 토론을 진행하여 주제에 대한 이해도를 높이고 생각을 정리함.

관련 논문

4차 산업혁명시대의 인문학의 역할: 인간 중심의 서비스 디자인 공학을 중심으로 (채행석, 2017)

관련 도서

《문제 해결력을 키우는 디자인 씽킹》, 이정현, 송태란, 한빛아카데미
《스타트업 디자인 씽킹》, 고은희, 유엑스리뷰

관련 계열 및 학과

- 예체능계열: 시각디자인학과, 산업디자인학과, 조형미술학과, 미술학과

- 사회계열: 사회학과, 심리학과, 광고홍보학과, 경영학과, 문화인류학

관련 교과

- 공학계열: 컴퓨터공학과, 컴퓨터그래픽디자인학과, IT디자인학과

2022 개정 교육과정: 미술 창작, 미술과 매체, 창의공학 설계, 인간과 심리, 인공지능 기초

2015 개정 교육과정: 미술, 미술 창작, 미술 감상과 비평, 사회문제 탐구, 심리학

이 책은 사진을 찍는 데 어려움을 겪는 많은 사람을 위해 출간되었다. 좋은 사진은 쉽게 나오지 않으며, 공부와 경험적인 학습이 필요하며 세상을 보는 안목이 필요하다. 대학원에서 사진 공부를 하고 여행 사진 기자로 활동하며 다양한 경험과 지식을 쌓은 작가는 이 책에서 좋은 사진의 특성과 빛의 탐구, 카메라 기능 응용법 등 다양한 주제를 다루고 있다.

탐구 주제

주제1 현대 사회에서 기술은 예술과 긴밀하게 연결되어 있다. 인공지능, 가상현실 및 증강현실과 같은 기술은 사진 창작 프로세스와 작품 표현 방식을 혁신할 수 있는 도구이다. 시각적 효과와 창의적인 아이디어를 구현할 수 있는 최신 기술 발전이 사진 예술에 미치는 영향에 대해 탐구해 보자.

주제2 도시는 다양한 건축물과 공공장소로 구성되어 있으며, 사진 표현을 통해 시각적 메시지를 전달할 수 있다. 건축물의 선명한 형태나 공공장소의 시각적 요소는 창작활동에 자극제가 된다. 도시 환경에서 디자인 요소로서의 사진이 어떤 역할을 수행할 수 있는지 조사하고 분석해 보자.

주제3 카메라 모델 및 렌즈의 종류에 대한 조사를 바탕으로 한 카메라 비교 분석

주제4 색감이 사진 작품에 미치는 영향 탐구

학생부 기록 예시 (교과세특)

현대 사회에서 기술과 예술이 연결된 사진 창작에 대한 호기심을 가짐. 인공지능, 가상현실 등의 기술은 시각적 효과와 창조적인 아이디어를 구현하는 데 장점을 제공하며, 예술 표현의 다양성을 높일 수 있음을 알게 됨. 인공지능의 활용으로 예측할 수 없는 시각적 요소를 추가하는 등 의외의 결과를 얻을 수 있다는 것도 발견함. 사진 편집 소프트웨어 및 온라인 리소스와 강좌를 활용하여 지속적으로 자신만의 작품 활동을 함.

건축물의 형태와 공공장소의 시각적 요소에 호기심을 가짐. 도시에서 촬영된 사진들을 분석하면서 건축물과 공공장소의 시각적 특징이 창작자들에게 아이디어를 제공할 뿐만 아니라 시각적 메시지를 전달하는 수단으로 작용하고 있다고 판단함. 탐구한 내용을 바탕으로 교통 혼잡, 대중교통 이용의 어려움 등을 시각적으로 전달하고, 관람객들에게 문제 인식과 공감을 일으키는 사회 문제 해결을 위한 사진 전시회 계획을 구상함.

관련 논문
사진가 조문호의 도시 빈민 다큐멘터리 작업의 의미 : 니체 예술론 위버멘쉬 개념을 중심으로 (이광수, 2023)

관련 도서
《오늘도 스마트폰으로 인생사진을 찍습니다》, 방쿤, 티더블유아이지
《사진, 빛으로 그린 이야기》, 이강신, 종이향기

관련 계열 및 학과
- 예체능계열 : 사진영상학과, 광고사진영상학과, 사진영상콘텐츠학과, 사진미디어전공
- 사회계열 : 사회학과, 도시계획학과, 광고홍보학과, 환경디자인학과, 도시환경미술학과
- 공학계열 : 환경공학과, 건축공학과, 도시교통공학전공, 컴퓨터공학과

관련 교과

2022 개정 교육과정 : 미술 감상과 비평, 미술과 매체, 미술 창작, 소프트웨어와 생활, 인간과 심리

2015 개정 교육과정 : 미술 창작, 미술 감상과 비평, 미술, 사회문제 탐구, 심리학

인문계열

사회계열

자연계열

공학계열

의약계열

예체능계열

교육계열

생활예술

강윤주 외 | 살림 | 2017

생활예술의 다양성을 받아들이면서도 과감한 해석과 제언을 시도한 책이다. 생활예술의 필수적 요소, 국내의 대표적인 생활예술 사례 분석, '옥수바람' 모임에서 함께 읽었던 책들을 생활예술적 관점으로 소개하는 글들로 구성되어 있다. 생활예술의 다양성을 포용하면서도 과감한 해석과 제언을 시도하여 창작활동에 풍요로운 영감을 선사한다.

탐구 주제

주제1 도시 내에서 예술을 활용한 재생 프로젝트의 성공적인 사례들이 많다. 이러한 사례들은 도시의 이미지 개선, 관광 산업 활성화, 지역 경제 활성화 등 긍정적인 영향을 미친다. 예술을 활용한 도시 재생 프로젝트가 도시 발전과 사회적 경제적 측면에서 어떤 영향을 미치는지 분석해 보자.

주제2 예술적 창작과 문화 활동은 도시 공간에 직·간접적인 영향을 끼침으로써 도시 재생의 핵심 요소가 될 수 있다. 도시 재생 프로젝트의 성공 요소 중 하나는 다양한 이해 관계자들과 협력의 중요성을 강조한다. 도시 내에서 예술을 활용한 재생 프로젝트의 성공적인 사례들을 탐구해 보자.

주제3 주거 문제 해결을 위해 예술 프로젝트가 활용될 수 있는 방안 논의

주제4 여성들의 안전한 이동을 위해 개선할 도시 환경 요소 방안 토론

학생부 기록 예시 (교과세특)

도시 재생과 예술의 상생에 대한 관심으로 도시 재생 프로젝트의 영향에 대해 탐구하고 분석함. 주변 도시의 사례를 통해 예술 재생 프로젝트가 도시의 이미지 개선, 관광 산업 활성화, 지역 경제 발전 등에 긍정적인 영향을 주는 것을 확인함. 특히 버스 정류장에 설치된 작가들의 공공예술 작품은 도심의 문화적인 명소로 인식된 사례를 찾아 설명하고, 자신의 진로 분야로 도시 재생과 예술의 상생에 관심을 갖고 지속적으로 탐구함.

예술은 지역 주민들의 삶의 질 향상, 도시 이미지 개선, 지역 경제 활성화에 기여할 수 있음을 배우고 재생 프로젝트의 성공적인 사례들을 탐구함. 서울 롯데월드타워 주변 야외 예술 공간 조성과 폐선된 철도를 재활용하여 만든 뉴욕 하이라인 공원 조성 등 예술을 활용한 도시 재생 프로젝트의 성공 사례를 분석함. 이러한 사례들을 탐구함으로써 예술의 가치와 중요성을 이해하고, 자신의 진로와 삶에 적용할 수 있는 아이디어를 얻음.

관련 논문

도시재생활성화계획의 사업추진전략 특성에 관한 연구: 부산시 내 도시재생사업을 중심으로 (제창휘, 우신구, 2023)

관련 도서

《연결하는 미디어, 융합하는 예술들》, 한국문화기술연구소, 푸른사상
《마을에서 지역으로 도시 재생의 사회학》, 주대관, 한울

관련 계열 및 학과

• 예체능계열: 미술학과, 조형디자인학과, 음악학과, 디지털디자인학과, 그래픽디자인학과

• 사회계열: 사회학과, 도시계획학과, 광고홍보학과, 환경디자인학과, 건축학과

관련 교과

• 공학계열: 건축공학과, 컴퓨터공학과, 도시교통공학전공

2022 개정 교육과정: 미술 감상과 비평, 미술과 매체, 음악과 미디어, 창의 공학 설계, 인간과 심리

2015 개정 교육과정: 미술 창작, 미술 감상과 비평, 미술, 음악, 사회문제 탐구

성악을 알면 노래가 쉽다

김정현 | 한국경제신문 | 2021

이 책은 성악이란 장르에서 목소리와 음색, 공명, 호흡 등 다양한 요소들을 이해할 수 있도록 풀어냈다. 성악은 인간의 몸 자체를 악기로 사용하며, 성악가들은 자신만의 방법으로 몸을 갈고 닦아 연주한다. 성악을 공부한다는 것은 음색뿐 아니라 공명과 호흡에도 집중해야 하며, 성대에만 집중하기보다는 몸 전체와 사람 자체를 악기로 사용해야 한다고 강조하는 책이다.

탐구 주제

주제1 성악은 다양한 스타일과 장르를 포괄하는 분야로, 독특한 특징과 음악적 언어를 가지고 있다. 클래식 성악은 감정의 표현과 고전적인 언어로 구성된 곡들이 많다. 팝 성악은 더욱 자유롭고 개인적인 표현이 강조된다. 클래식 성악과 팝 성악을 비교하여 그 차이점을 분석해 보자.

주제2 성악과 악기 연주 모두 음악의 요소들을 이해하고 해석하는 작업이 필요하다. 리듬, 멜로디, 조화 등 공통된 음악 원리에 대한 이해는 양쪽 모두에서 중요하다. 몸 자체를 악기로 사용하는 성악가와 악기 연주자 간 예술적 창작 과정에서의 차이점과 유사점을 찾아 보자.

주제3 목소리 발전을 위한 건강 관리 방법에 대한 토론

주제4 성악을 배우면서 동기부여와 스트레스 해소 방법 비교 분석

학생부 기록 예시 (교과세특)

성악의 다양한 스타일과 장르에는 각각 고유한 특징과 음악적 언어가 있다는 사실에 호기심을 가지게 됨. 다양한 스타일과 장르의 음악을 듣고 비교 분석함. 음색, 리듬, 멜로디, 가사 등을 중점적으로 예시 곡들을 들으며 차이점을 파악함. 성악가와 팝 가수들의 음악적인 표현 방식 및 무대 퍼포먼스도 비교 분석함. 특히 푸치니의 아리아와 에릭 클랩튼의 'Tears in Heaven'를 듣고 연습하면서 탐구한 내용을 적용함.

성악가와 악기 연주자 간 예술적 창작 과정에서의 차이점과 유사점을 탐구함. 성악가는 음악적 표현에 몸 전체를 활용한다는 점, 가사의 내용과 감정을 정확하게 이해하고 표현하는 것이 중요함을 알게 됨. 유사점으로는 공통된 음악 원리에 대한 이해의 중요성과 예술적인 해석 및 표현력이 모두에게 필수적임을 알게 됨. 성악가들의 몸 사용 및 자세에 따른 음악적 표현을 꾸준히 비교 분석하여 자신의 역량을 향상함.

관련 논문

19세기 독일 음악축제들과 성악실내악 장르들(임채흥, 2014)

관련 도서

《디어 마이 오페라》, 백재은, 그래도봄
《소프라노가 사랑한 노래》, 어은정, 모요사

관련 계열 및 학과
- 예체능계열: 성악과, 연극영화학과, 무용학과, 가야금과, 실용음악과
- 인문계열: 음악교육과, 국어국문학과, 문화인류학과, 철학과, 문예창작과
- 사회계열: 문화콘텐츠학과, 문헌정보학과, 예술경영학과, 방송언론학과

관련 교과

2022 개정 교육과정: 음악과 미디어, 음악 감상과 비평, 음악 연주와 창작, 문학과 영상, 매체 의사소통

2015 개정 교육과정: 음악, 음악 감상과 비평, 음악 연주, 연극, 고전 읽기

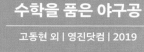

수학을 품은 야구공

고동현 외 | 영진닷컴 | 2019

야구 팬이라면 누구나 경기를 관람하며 숫자들과 기록들을 만나게 된다. 그런 숫자와 기록들을 수학적인 개념과 연결하여 설명한다. 수, 도형, 미적분, 확률, 통계 등 다양한 수학 분야를 야구에 접목시켜 설명한다. 더불어 현장의 목소리와 함께 야구와 수학의 뒷이야기를 담았다. 야구를 통해 수학적 사고력과 창의력을 발전시킬 수 있는 책이다.

탐구 주제

주제1 통계 지표를 활용하여 선수의 기여도와 경기력을 수치화하고 분석함으로써 야구에 대한 이해와 판단력을 기를 수 있다. 예를 들어 OPS와 WAR 같은 지표는 선수들의 성적을 평가하는 도구로 사용된다. 야구의 다양한 통계 지표들을 활용한 선수 평가 방법의 발전 과정을 분석해 보자.

주제2 야구장의 크기, 외야 벽의 높이와 거리 등은 선수들과 경기 결과에 영향을 미친다. 외야 벽의 높이가 높으면 홈런을 치는 것이 어렵고, 외야 거리가 멀면 안타나 홈런 등의 기록에 영향을 줄 수 있다. 야구장 설계와 물리학적인 요소들 사이의 관계를 탐구해 보자.

주제3 타자의 의사결정과 판단 과정 탐구

주제4 야구에서 전략이 경기 결과에 어떤 영향을 미치는지 조사

학생부 기록 예시 (교과세특)

선수들의 성적을 정확하게 비교하고 평가하기 위해 야구에서 사용되는 통계 지표를 활용하여 선수의 기여도와 경기력을 분석하는 방법을 탐구함. 야구 경기 데이터를 수집하고 OPS와 WAR 같은 통계 지표를 계산하여 홈런왕과 타격왕 비교, 선발 투수와 불펜 투수 비교를 함. 통계 분석 방법과 도구를 학습하며, 다양한 선수들 간의 비교와 평가를 통해 정확한 판단력과 깊이 있는 야구 이해를 위해 지속적으로 노력함.

야구 경기에서 야구장 설계의 물리학적인 요소에 대해 탐구함. 외야 벽의 높이와 거리는 야구공의 운동에 영향을 미치기에 외야 벽의 높이가 높은 야구장은 홈런이 적게 나오는 경향을 파악함. 야구장 외에도 농구 골대의 높이는 야구공보다 크기가 작고 무게가 가벼운 농구공이 더 멀리 날아가기에, 골대의 높이를 높여 골을 넣기 어렵게 만든 것이라는 물리학적인 요소를 찾음. 이러한 요소들을 이해하여 야구 경기를 깊이 있게 이해함.

관련 논문

스포츠 빅데이터 활용과 전망(조정환, 2012)

관련 도서

《오타니 쇼헤이》, 선수 에디터스 외, 브레인스토어
《타격의 과학》, 테드 윌리엄스, 이상미디어

관련 계열 및 학과

• 예체능계열: 체육학과, 스포츠과학과, 국제스포츠학과, 사회체육학과, 스포츠심리학

• 사회계열: 경제학과, 경영학과, 언론홍보학과, 정치외교학과, 커뮤니케이션학과

관련 교과

• 공학계열: 컴퓨터공학과, 소프트웨어공학과, 빅데이터공학과, IOT소프트웨어학과

2022 개정 교육과정: 운동과 건강, 스포츠 과학, 스포츠 문화, 데이터 과학, 인공지능 기초

2015 개정 교육과정: 운동과 건강, 체육, 스포츠 생활, 체육탐구, 인공지능 수학

스포츠 리터러시
최의창 | 레인보우북스 | 2018

《스포츠 리터러시》는 체육교육과 최의창 교수가 집필한 책으로, 운동 소양에 대한 개념을 확장하여 정신적·인문학적 소양과 운동 향유력을 포함한 스포츠 리터러시를 소개한다. 스포츠에 대한 기초 소양을 넓히고, 다양한 방식으로 스포츠를 즐길 수 있는 내용을 담았다. 스포츠의 참맛과 다양성을 경험하며 그것을 진정으로 즐길 수 있는 방법에 대해 안내하고 있는 책이다.

탐구 주제

주제1 스포츠 리터러시는 스포츠에 대한 기초 소양과 정신적·인문학적 소양을 포함한 개념이다. 청소년들은 다양한 온라인 환경에서 스포츠를 접하고 경험한다. 이에 따라 디지털 매체와 기술을 활용하여 청소년들의 스포츠 리터러시를 어떻게 개발하고 장려할 수 있는지에 대해 토의해 보자.

주제2 문학과 예술은 스포츠 경험을 풍부하게 표현하고 감상할 수 있는 도구로 활용된다. 또한 창작활동을 통해 개인의 창의성과 표현력을 발전시킬 수 있다. 문학과 예술을 활용한 스포츠 리터러시 확장의 효과적인 방안을 탐색해 보자.

주제3 청소년들의 스포츠 리터러시 함양 방법 논의

주제4 스포츠 리터러시의 교육적 가치와 필요성에 대한 토론

학생부 기록 예시 (교과세특)

청소년들의 온라인 스포츠 경험에서 스포츠 리터러시 개발의 활용 방안을 탐구함. 온라인 스포츠 콘텐츠, 웹사이트, 소셜미디어 플랫폼 등 디지털 도구와 기능을 조사하고 분석함으로써 창의적이고 유효한 학습 경험 제공이 가능함을 깨달음. 이를 바탕으로 온라인 스포츠 리터러시 교육 플랫폼과 가상현실 스포츠 체험 프로그램 개발 아이디어를 창의적으로 제시함. 온라인 스포츠로 발생하는 사회적 문제 해결 분야에 연구 의지를 밝힘.

문학과 예술을 통한 스포츠 리터러시 확장 방안을 탐색하고 실천함. 문학과 예술이 스포츠 리터러시에 어떻게 기여할 수 있는지에 대한 호기심으로 다양한 매체를 조사하고 분석하여 방법을 탐구함. 이를 통해 스포츠 리터러시를 확장할 수 있다는 것을 깨닫고 학급에서 프로그램을 제안하고 진행함. 스포츠와 관련된 시, 소설 등의 작품을 창작하여 자신의 창의성을 발휘하고 동시에 스포츠에 대한 이해와 감상력을 향상시킴.

관련 논문
스포츠와 미디어 리터러시: 미디어에 나타난 은유적 함의(강영훈, 2022)

관련 도서
《인간은 어떻게 움직임을 배우는가》, 롭 그레이, 코치라운드
《스포츠 인문학》, 김현용, 안티쿠스

관련 계열 및 학과
- 예체능계열: 체육학과, 무용학과, 음악학과, 사회체육학과, 연극영화학과
- 사회계열: 경제학과, 경영학과, 정치외교학과, 커뮤니케이션학과, 문화인류학과

관련 교과
- 공학계열: 컴퓨터공학과, 소프트웨어공학과, 빅데이터공학과, 소프트웨어학과

2022 개정 교육과정: 스포츠 과학, 스포츠 문화, 스포츠 생활, 문학, 인간과 철학

2015 개정 교육과정: 스포츠 생활, 체육, 운동과 건강, 체육 탐구, 고전 읽기

인문계열

사회계열

자연계열

공학계열

의약계열

예체능계열

교육계열

스포츠 에이전트, 천사인가 악마인가?

박성배 | 인물과사상사 | 2017

이 책은 스포츠 에이전트의 역할과 필요성을 탐구하며 국내외 스포츠 에이전트 산업의 현황과 미래를 조망한다. 선수, 협회 등 다양한 의견을 수집하여 성공적인 에이전트 제도 도입을 위한 방안을 논의한다. 해외 리그에서 이미 정착된 에이전트 제도와 그에 대한 연구를 바탕으로 한국형 에이전트 제도 구축에 필요한 요소와 방안 등을 학습할 수 있다.

탐구 주제

주제1 스포츠 에이전트는 선수들의 이익을 보호하고 최적의 조건으로 계약을 체결하여 성공적인 경력 개발에 도움을 주는 역할을 한다. 스포츠 에이전트의 역할은 무엇이며 그 영향은 스포츠 산업에 어떤 영향을 미치는지 분석해 보자.

주제2 인터넷과 소셜미디어의 발달로 선수들의 정보 접근성이 증가하고, 경쟁력을 유지하기 위해 디지털 마케팅과 데이터 분석 등의 기술적 역량이 필요하다. 기술 발달과 변화하는 시장 환경 속에서 미래 스포츠 에이전트 산업의 변화와 대응 방안을 분석해 보자.

주제3 스포츠팀 선수들은 직접 계약 협상권을 가질 필요가 있는지에 대한 토의

주제4 스포츠팀 선수들의 마케팅 및 상업활동에 대한 제약 사항 토론

학생부 기록 예시 (교과세특)

스포츠 에이전트가 선수와 구단 간의 중개자로서 어떤 역할을 수행하는지, 스포츠 산업에 어떤 영향을 미치는지 탐구함. 스포츠 에이전트의 역할, 계약 협상 등에 대해 조사하고 분석함. 토트넘 핫스퍼와 장기계약을 체결한 프로 선수와 그의 스포츠 에이전트의 사례를 구체적으로 분석하며 에이전트의 역할, 글로벌 네트워크 구축, 계약 협상부터 마케팅 활동까지 성공적인 경력 개발에 기여한 사실을 확인함.

인터넷과 소셜미디어의 발달로 선수들의 정보 접근성이 증가하고, 디지털 마케팅과 데이터 분석 등의 기술적 역량이 스포츠 에이전트에게 필수적인 요소라는 것을 알게 됨. 관련 도서, 논문을 조사하여 스포츠 에이전트 산업의 현재 상황과 미래 전망을 분석함. 이러한 조사 내용을 토대로 관심 있는 선수의 경기 기록, 실력 지표, 부상 이력 등 다양한 데이터를 직접 수집하고 분석하여 개별 성과와 팀 내 비교 분석 자료를 제작함.

관련 논문

프로스포츠계약의 문제점과 스포츠 에이전시 (백승흠, 2008)

관련 도서

《스포츠 마케팅, 광고주에게 팔리는 제안서》, 노창기, 박영사
《스포츠 돋보기 스포츠는 산업이다 2》, 정문현, 충남대학교출판문화원

관련 계열 및 학과
- 예체능계열: 체육학과, 스포츠과학과, 국제스포츠학과, 스포츠경영학과, 스포츠마케팅학과
- 사회계열: 경제학과, 경영학과, 정치외교학과, 커뮤니케이션학과

관련 교과
- 공학계열: 컴퓨터공학과, 소프트웨어공학과, IOT소프트웨어학과, 빅데이터공학과

2022 개정 교육과정: 스포츠 과학, 스포츠 문화, 스포츠 생활, 법과 사회, 경제

2015 개정 교육과정: 스포츠 생활, 체육, 운동과 건강, 체육 탐구, 경제

스포츠 커뮤니케이션 인사이트

김기한 외 | 한울아카데미 | 2022

이 책은 한국의 독특한 역사와 국제적인 위상에 기반하여 기록되고 분석되어야 할 다양한 내용을 제공한다. 21세기 스포츠는 세계화와 대중화로 인해 지리, 사회, 문화, 정치, 경제적인 장벽을 넘어 전 세계인이 공유하는 언어가 되었다. 스포츠뿐만 아니라 미디어, 커뮤니케이션, 저널리즘과 같은 영역과 결합하여 새로운 이론과 통찰력을 제공하며 한국 사회 전반에 대한 이해를 돕는다.

탐구 주제

주제1 현대 사회에서는 세상의 변화와 동향을 파악하고 자신의 생각을 발전시킬 수 있어야 한다. 스포츠에서 뿐만 아니라 디지털 시대의 사회적 변화와 소통 방식에 대한 이해가 중요하다. 인스타그램을 통해 스포츠 팬들의 사회적 참여와 영향력을 분석해 보자.

주제2 스포츠 미디어는 현대사회에서 많은 관심과 인기를 끌며, 대중의 인식과 행동에 큰 영향을 미친다. 어떻게 스포츠 미디어가 사회적인 영향력을 가지며, 대중의 인식과 행동에 어떤 영향을 미치는지 탐구하고 보고서로 정리해 보자.

주제3 스포츠 미디어의 편향성과 공정성에 대한 논의

주제4 스포츠 소비와 소셜미디어 영향 탐구

학생부 기록 예시 (교과세특)

사진 공유 소셜미디어의 스포츠 팬들의 활동과 소통 방식, 커뮤니티 형성에 대해 탐구함. 해시태그, 댓글 등을 통해 스포츠 팬덤의 활발한 활동과 상호작용에 기여하는 방법을 이해하고, 소셜미디어가 스포츠 관련 커뮤니티 형성 및 영향력에 어떻게 기여하는지 파악함. 팬들에게 검증되지 않은 소문에 주의를 당부하는 캠페인이나 안내 메시지 등을 활용하여 정확성과 신뢰성을 강조하는 창의적인 해결 방법을 제안함.

스포츠 미디어가 대중의 인식과 행동에 미치는 영향력에 대해 탐구함. 스포츠 경기 결과 및 선수들의 이미지 형성에 스포츠 미디어가 큰 역할을 한다는 사실을 알게 됨. 소셜미디어를 통한 참여형 콘텐츠 생산과 공유가 활발하게 이루어진다는 점에 착안하여 스포츠 선수들의 정신적 건강과 악성 댓글 대응 방안으로 팬들 온라인 에티켓 교육, 긍정적인 응원 문화 확립 방안, 건전한 커뮤니티 문화를 형성 방안을 제시함.

관련 논문

온라인 커뮤니티 활동과 커뮤니케이션 형태와 공동체 역할에 관한 연구: 스포츠 커뮤니티를 중심으로(이재신, 2007)

관련 도서

《이스포츠 인사이트》, 김기한 외, 한울아카데미
《최고를 넘어 완벽으로》, 황용필, 대한미디어

관련 계열 및 학과
- 예체능계열: 체육학과, 사회체육학과, 레저스포츠학과, 스포츠경영학과, 스포츠마케팅학과
- 사회계열: 경제학과, 경영학과, 정치외교학과, 커뮤니케이션학과

관련 교과
- 공학계열: 빅데이터공학과, 컴퓨터공학과, 소프트웨어공학과, 정보보호학과

2022 개정 교육과정: 운동과 건강, 스포츠 과학, 스포츠 문화, 스포츠 생활, 경제

2015 개정 교육과정: 스포츠 생활, 체육, 운동과 건강, 체육 탐구, 경제

인문계열

사회계열

자연계열

공학계열

의약계열

예체능계열

교육계열

스포츠 트레이너 어떻게 되었을까

이가은 | 캠퍼스멘토 | 2020

자신이 꿈꾸는 미래의 직업인 스포츠 트레이너에 관심을 가지고 있는 학생들에게 형, 누나처럼 조언해 주는 책이다. 스포츠 트레이너라는 직업에 대해 더욱 깊이 알고 싶은 독자들은 이 책을 통해 전문적인 지식과 실제 현장에서의 경험을 얻을 수 있다. 또한, 스포츠 트레이너로 성공하기 위해 필요한 자질과 역량, 교육 및 인증 과정 등에 대해서도 다루고 있어 더욱 유용하다.

탐구 주제

주제1 과학적 사고력과 실험 능력을 통해 최적의 스포츠 트레이닝 방법을 찾는 것은 중요하다. 다양한 스포츠 트레이닝 방법과 그 효과에 대한 실험 연구를 조사하고, 스포츠 트레이너의 역할과 책임에 대해 조사해 보자.

주제2 인공지능 기술은 데이터 분석과 패턴 인식 등의 영역에서 뛰어난 성과를 보인다. 인공지능 기술 발전으로 인해 스포츠 트레이너 직업은 다양한 변화를 겪을 것으로 예상된다. 스포츠 트레이너 직업은 어떻게 변화하게 될 것인지 예상하고 토의해 보자.

주제3 스포츠 트레이너의 성장호르몬 사용에 대한 윤리적 문제 토론

주제4 다양한 스포츠 트레이닝 방법과 그 효과 탐구

학생부 기록 예시 (교과세특)

최적의 스포츠 트레이닝 방법에 대한 호기심을 갖고 스포츠 트레이닝 방법과 그 효과에 대해 조사함. 스포츠 트레이너의 역할과 책임에 대해 깊이 있는 조사를 수행하면서 유산소 운동의 효과에 관심을 가짐. 관련된 문헌 자료와 전문가들의 의견을 분석한 결과 선수 개인별 맞춤형 프로그램 설계가 성공적인 성능 개선에 중요한 요소임을 알게 됨. 이를 바탕으로 자신의 진로 방향을 결정하기 위한 계획을 세움.

인공지능 기술의 발전으로 스포츠 트레이너 직업의 변화에 관심을 가짐. 인공지능 기술의 데이터 분석 및 패턴 인식 영역에서 스포츠 트레이너 직업에 어떤 변화가 예상되는지 탐구함. 인공지능 기술을 활용하여 선수 데이터 분석과 맞춤형 프로그램 제시가 가능해진다는 것을 알게 됨. 스포츠 트레이너 직업의 변화와 함께 성장호르몬 사용, 도핑 등의 윤리적인 쟁점과 사회적 영향력에 대해 추가로 조사함.

관련 논문

선수트레이너 개인정보처리자로서의 건강정보 관리 역량 강화를 위한 정책 연구(이보애, 2023)

관련 도서

《초보트레이너가 꼭 알아야 할 7가지》, 이민우, 비엠북스
《New 근육운동가이드》, 프레데릭 데라비에, 삼호미디어

관련 계열 및 학과
- 예체능계열: 운동재활학과, 체육교육학과, 스포츠의학과, 사회체육학과, 스포츠재활학과
- 사회계열: 경제학과, 경영학과, 사회학과, 법학과
- 공학계열: 빅데이터공학과, 컴퓨터공학과, 소프트웨어공학과, 정보통신공학과, 게임공학과

관련 교과

2022 개정 교육과정: 운동과 건강, 스포츠 과학, 스포츠 문화, 스포츠 생활, 생활과학 탐구

2015 개정 교육과정: 체육, 스포츠 생활, 운동과 건강, 체육 탐구, 실용 영어

스포츠도 인공지능이다

김명락 | 미문사 | 2021

이 책은 4차 산업 혁명 시대에 인공지능을 스포츠 발전 수단으로 활용하는 방법을 다룬 책이다. 스포츠 선수들은 인공지능을 통해 체계적이고 효율적인 분석과 관리를 할 수 있다. 스포츠 팬들은 실시간 경기 결과와 선수 기여도 계산 등의 인공지능 분석으로 몰입감을 높일 수 있으며, 다양한 관련 콘텐츠를 제공받을 수 있다. 저자의 연구와 경험을 바탕으로 현재의 도전과 가능성이 엿보이는 내용들로 가득 차 있다.

탐구 주제

주제1 기술을 올바르게 활용하기 위해서는 기술의 한계와 오류를 이해하고, 개인 정보 보호와 공정성 등 사회적 문제에 대한 인식을 갖추어야 한다. 인공지능과 빅데이터를 활용한 스포츠 예측 시스템의 정확성과 윤리적인 측면은 어떻게 평가할 수 있을까를 논평하고 글로 작성해 보자.

주제2 스포츠 경기는 상황마다 유연한 판단과 경험이 필요할 수 있다. 인공지능은 주어진 데이터와 규칙에 따라 작동하므로 주관적 요소를 반영하지 않는다. 인공지능이 스포츠 경기 중 판정과 심판 역할에 참여한다면 공정성과 신뢰성에 대한 문제를 해결하는 방안을 모색해 보자.

주제3 인간 심판과 인공지능 심판 간의 장단점 비교

주제4 인공지능 스포츠 심판이 공정한 판단을 보장하는가에 관한 토의

학생부 기록 예시 (교과세특)

스포츠 인공지능 및 빅데이터 분석에 대한 탐구를 통해 인식의 필요성을 강조하고, 개인정보 보호와 공정성 등의 문제에 대해 파악함. 개인정보가 무분별하게 수집되거나 부당하게 활용될 경우 개인의 권리와 자유가 침해될 수 있음을 우려함. 이를 해결하기 위해 선수들의 식별 가능한 개인정보는 익명화·암호화되어야 하며, 데이터 사용 목적과 법적 근거가 명확히 공지되고 동의 절차가 이루어져야 함을 대안으로 제시함.

인공지능이 판정 및 심판 역할을 수행하는 시스템의 장단점과 한계, 적용 사례를 탐구함. 인공지능이 판정과 심판 역할에 참여한다면 정확성과 일관성 측면에서는 이점이 있을 수 있으나, 주관적 요소와 경험 등의 편견을 반영하지 못한다는 한계도 알게 됨. 이러한 한계와 오류를 극복하기 위해 다양한 데이터 소스와 규칙 기반 시스템을 융합하여 사용하는 방안, 기술에 대한 의존과 인간의 역할 등도 새롭게 알아냄.

관련 논문

인공지능기반 스포츠 승부조작 위험성 탐지 시스템 구현을 위한 모형개발 및 설계(이지용 외, 2023)

관련 도서

《AI 이후의 세계》, 헨리 키신저 외, 윌북
《스포츠 산업과 ICT》, 이봉규 외, 청송미디어

관련 계열 및 학과

• 예체능계열 : 체육학과, 뷰티헬스케어학과, 산업스포츠학과, 사회체육학과

• 사회계열 : 통계학과, 경영학과, IT통계학과, 데이터경영학과

• 공학계열 : 인공지능학과, 컴퓨터공학과, 데이터사이언스학과, 스마트IT전공

관련 교과

2022 개정 교육과정 : 운동과 건강, 스포츠 과학, 스포츠 문화, 인공지능 기초

2015 개정 교육과정 : 체육, 운동과 스포츠 생활, 체육 탐구, 인구지능 수학

인문계열

사회계열

자연계열

공학계열

의약계열

예체능계열

교육계열

스포츠마케팅 쪼개기 2020
이승용 | 북마크 | 2019

이 책은 스포츠 마케팅에 대한 현실적인 정보와 입시, 유학, 취업에 대한 통합 지침서이다. 스포츠 마케팅의 개념과 종류, 기업, 취업 준비 방법 등을 상세하게 설명한다. 또한 저자의 생생한 경험담을 통해 스포츠마케터가 되기 위한 준비 과정을 이해할 수 있다. 특히 스포츠 산업 기업별 소개와 채용 정보가 담겨 있어 스포츠 마케터가 되기 위한 유용한 정보를 얻을 수 있는 도서이다.

탐구 주제

주제1 스포츠 마케팅은 사회적 가치를 존중하고, 스포츠의 본질을 해치지 않는 방식으로 이루어져야 한다. 또한 대중에게 부정적인 영향을 미치지 않도록 해야 한다. 스포츠 마케팅 활동의 공정성과 투명성을 위한 스포츠 마케팅의 윤리적 기준은 무엇인지 탐구하고 글로 작성해 보자.

주제2 스포츠 마케팅은 지역 사회의 발전과 주민의 삶의 질 향상에 기여할 수 있다. 지역사회에 스포츠를 접목함으로써 지역경제 활성화와 사회 통합에도 영향을 미친다. 스포츠 마케팅이 지역 사회에 기여한 사례를 찾아 분석하고, 이를 바탕으로 노력 방안을 제시해 보자.

주제3 스포츠 마케팅과 사회경제적 불평등에 관한 토론

주제4 스포츠 마케팅과 환경 보호 방안 탐구

학생부 기록 예시 (교과세특)

스포츠 마케팅의 윤리적 기준에 대한 탐구 활동을 함. 탐구를 통해 스포츠의 윤리적 기준을 설정하고 스포츠의 불공정 경쟁, 소비자 기만이 있다는 사실도 알게 됨. 맨체스터 유나이티드의 지역 주민을 위한 프로그램, 한국 프로 농구의 지역아동센터 어린이들을 위한 농구 교실 운영 등 사례를 분석함. 스포츠 마케팅 관계자들의 윤리의식 강화와 정부의 규제 강화 필요성 주장과 윤리기준을 준수하는 실천 방안을 제시함.

스포츠 마케팅이 지역 사회에 어떻게 기여할 수 있는지 궁금증을 가짐. 먼저 사례 조사를 통해 스포츠 이벤트 개최, 스포츠 시설 조성, 스포츠 교육 프로그램 운영 등 다양한 방법으로 기여할 수 있음을 알게 됨. 스포츠를 통해 지역 주민들이 함께 소통하고 화합할 수 있다는 점에 관심을 가짐. 탐구를 통해 지역 사회에 대한 관심과 이해가 깊어졌고, 스포츠 마케팅을 활용하여 지역 사회에 기여하고 싶다는 진로 목표를 구체화함.

관련 논문
프로스포츠 구단의 윤리 경영실천에 대한 스포츠팬 인식이 팬시민행동 및 장기지향성에 미치는 영향(차재혁 외, 2019)

관련 도서
《글로벌 스포츠경영》, 이정학, 한국학술정보
《스포츠 경영》, 문개성, 박영사

관련 계열 및 학과
- 예체능계열 : 산업스포츠학과, 스포츠마케팅학과, 스포츠경영학과, 글로벌스포츠산업전공
- 사회계열 : 사회학과, 광고홍보학과, 광고미디어학과, 산업광고심리학과, 광고이벤트학과

관련 교과
- 공학계열 : 산업공학과, 기술융합공학과, 디지털융합경영학과, 산업안전공학과

2022 개정 교육과정 : 스포츠 문화, 스포츠 과학, 스포츠 생활, 인간과 심리, 기후변화와 지속가능한 세계

2015 개정 교육과정 : 스포츠 생활, 운동과 건강, 체육, 체육 탐구, 심리학

심리음향학
오세진 | 수문사 | 2022

이 책은 음향의 물리적 특성과 인간의 청각 기관, 그리고 인간이 소리를 어떻게 인식하는지에 대한 심리적 특성을 다루고 있다. 음악을 전공하기 위해서는 소리에 대한 기본적인 이해가 필요하다. 소리의 물리적 특성과 인간의 청각 기관에 대한 이해를 바탕으로, 인간이 소리를 어떻게 인식하는지 설명한다. 이를 통해 음악을 더 풍부하고 생동감 있게 표현할 수 있게 된다.

탐구 주제

주제1 음악과 기술의 융합은 음악의 표현 가능성을 확장하고, 음악의 대중화를 가속하는 데 기여하고 있다. 따라서 음악을 보다 쉽게 접하고 즐길 수 있는 환경이 조성되고 있다. 음악과 기술의 융합이 음악의 표현 가능성을 어떻게 확장하는지 사례를 찾고 탐구해 보자.

주제2 음악과 기술의 융합으로 음악의 대중화는 음악의 저변 확대에 기여하지만, 한편으로는 음악의 질적 저하를 가져올 수 있다는 우려도 있다. 음악의 대중화와 질적 저하 해결을 조화롭게 이룰 수 있는 방법에 대해 토론하고 정책 제안을 제시해 보자.

주제3 음악과 기술의 융합의 긍정적인 측면과 부정적인 측면 토론

주제4 음악과 기술의 융합이 음악에 미치는 영향 탐구

학생부 기록 예시 (교과세특)

음악과 기술의 융합이 음악의 표현 가능성을 확장하고 음악의 대중화에 미치는 영향을 탐구함. 특히 증강현실을 활용하여 음악 공연에 3D 가상 이미지와 영상을 추가하여 표현의 가능성을 확장한 K-pop 가수의 'Love Yourself: Speak Yourself World Tour'를 대표적인 사례로 분석하고 발표함. 영화, 드라마, 전시, 공연 등 다양한 분야에서 창의적이고 효과적으로 표현할 수 있는 방법을 연구하는 것을 진로 분야로 정함.

음악과 기술의 융합이 음악의 질적 저하에 영향을 끼칠 수 있다는 우려로 탐구를 시작함. K-pop이 한국음악의 대중화에 기여하였으나 일부 가수들은 화려한 비주얼이나 안무에만 치중한다는 지적과 대중의 취향에 맞춘 음악만이 주목받고 있는 사례를 분석함. 탐구 과정에서 음악의 대중화와 질적 저하 해결을 조화롭게 이룰 방법으로 음악의 본질을 이해하고, 음악의 다양한 장르를 존중하는 문화가 필요함을 알게 됨.

관련 논문
소리는 음악의 무엇을 전달하는가?-21세기 한국 현대음악의 소리 연구(강지영, 2023)

관련 도서
《스피커 총론》, 오세진, 석학당
《음향학의 기초》, Lawrence E. Kinsler 외, 도서출판 홍릉

관련 계열 및 학과	• 예체능계열 : 음악학과, 음악콘텐츠학과, 공연음악학과, 무대미술과
	• 사회계열 : 사회학과, 도시계획학과, 광고홍보학과, 환경디자인학과, 도시환경미술학과
관련 교과	• 공학계열 : 환경공학과, 건축공학과, 도시교통공학전공, 컴퓨터공학과

2022 개정 교육과정 : 음악 연주와 창작, 음악 감상과 비평, 음악과 미디어, 창의 공학 설계, 인간과 심리

2015 개정 교육과정 : 음악 연주, 음악 감상과 비평, 음악, 진로와 직업, 심리학

인문계열

사회계열

자연계열

공학계열

의약계열

예체능계열

교육계열

연극에서 감정은 어떻게 작용하는가

리처트 코트니 | 박이정 | 2023

이 책은 연극의 본질을 이해하고 감정을 표현하는 데 있어 연극이 어떻게 활용될 수 있는지 설명한다. 연극은 감정을 표현하고 전달하는 데 있어 가장 효과적인 예술 형식 중 하나이다. 연극에서 감정이 어떻게 작용하는지, 그리고 감정이 어떻게 인간의 발달에 영향을 미치는지에 대한 심도 있는 내용을 담고 있다.

탐구 주제

주제1 연극은 사회적 갈등을 표현하고 공유함으로써 사회 구성원들이 서로의 입장을 이해하고 공감하는 데 도움이 될 수 있다. 이러한 관점에서 〈미스 리플리〉연극을 관람 후 연극을 통해 감정을 표현하는 방법이 개인과 사회에 미치는 영향에 대해 생각해 보자.

주제2 연극을 통해 배우들은 다양한 감정을 표현하고, 관객들은 이러한 감정을 이해하고 공감한다. 코로나19로 인해 지친 현대인들의 일상을 다룬 작품 〈우아하고 호화로운 휴가〉연극을 관람하고 극의 감정 변화를 파악해 현대인들에게 필요한 것이 무엇인지 생각해 보자.

주제3 연극을 통해 사회 구성원들의 감수성을 키울 수 있는 방법 모색

주제4 연극이 사회 구성원들의 소통과 협력을 증진시키는 효과 연구

학생부 기록 예시 (교과세특)

연극을 통해 감정을 표현하는 방법을 분석하고 연극이 개인과 사회에 미치는 영향을 설명하여 학우들에게 많은 호응을 받음. 주인공의 정체성 찾기 여정을 따라가는 작품인 연극 '미스 리플리'를 관람하고 감정을 표현하는 방법을 분석함. 배우의 연기, 극의 전개, 관객의 공감을 통해 감정을 효과적으로 표현한 부분을 분석하고, 감정이 관객들의 공감과 이해를 돕고 연극의 주제와 메시지를 전달하는 중요한 요소임을 깨달음.

코로나19로 인해 지친 현대인들의 일상을 다룬 연극 '우아하고 호화로운 휴가'를 관람하고, 감정을 표현하는 방법을 탐구함. 연극을 통해 현대인들의 다양한 감정을 이해하고 다른 사람의 감정을 공감하는 방법을 파악하고 배우의 표현과 극의 내용을 이해하며 감상함. 탐구 결과를 바탕으로 연극을 통해 감정 표현과 이해에 기여하는 방법에 대한 글을 작성하고, 자신의 생각과 새롭게 알게 된 내용을 학우들과 공유함.

관련 논문

연극활동을 통한 감정적 몰입 경험이 도덕적 정체성 형성에 미치는 영향(이준오, 2023)

관련 도서

《마이클 케인의 연기 수업》, 마이클 케인, 바다출판사
《묘사하는 마음》, 김혜리, 마음산책

관련 계열 및 학과	• 예체능계열 : 연극영화과, 공연예술학부, 뮤지컬학과, 연기예술학과, 방송연예과
	• 인문계열 : 문예창작학과, 서사창작과, 문학문화콘텐츠학과, 국어국문창작학과
관련 교과	• 사회계열 : 미디어학과, 광고영상미디어학과, 디지털미디어학과, 사회학과

2022 개정 교육과정 : 연극, 음악과 미디어, 음악 감상과 비평, 미술과 매체, 매체 의사소통

2015 개정 교육과정 : 연극, 음악 감상과 비평, 고전 읽기, 문학, 화법과 작문

영화교육과 영화 리터러시

이아람찬 | 아모르문디 | 2021

이 책은 영화를 이해하는 데 필요한 이론적 담론들을 주제별로 나누어 담은 영화학 입문서이다. 가장 기본적인 이론부터 최신의 논의까지, 다양한 비평적 접근을 통해 영화에 대한 이해를 돕는다. 이 책의 가장 큰 장점은 영화를 보는 눈을 키워 준다는 것이다. 영화를 단순히 재미있게 보는 것이 아니라, 영화의 이론과 비평을 통해 영화를 더욱 깊이 이해하고 영화를 통해 세상을 바라보는 새로운 시각을 얻을 수 있다.

탐구 주제

주제1 영화 리터러시란 영화를 이해하고 해석할 수 있는 능력이다. 영화 리터러시를 통해 관객들은 이러한 요소들을 분석하고 이해함으로써 영화를 보다 깊이 이해하고 해석할 수 있다. 영화 〈기생충〉을 통해 사회 문제인 빈부격차를 이해하고, 이를 해결하기 위한 방안을 제시해 보자.

주제2 영화는 화려한 영상과 세련된 스타일을 통해 관객들의 소비 욕구를 자극한다. 영화 〈써니〉는 1980년대의 학창 시절을 배경으로 한 영화로, 극 중에서 청춘들의 패션과 문화를 보여준다. 영화 〈써니〉가 소비 문화에 미친 영향을 분석하고 소비 욕구를 조장하는 메커니즘을 제시해 보자.

주제3 영화를 통해 자신의 진로를 발견할 수 있는 방법 탐색

주제4 영화의 음향 효과가 관객에게 미치는 영향 탐구

학생부 기록 예시 (교과세특)

영화 리터러시를 통해 영화를 이해하는 능력과 사회 문제에 대한 관심, 문제해결 능력을 키움. 영화 '기생충'을 여러 번 관람하고 시각적, 청각적, 서사적 요소를 분석함. 기택 가족이 김씨 가족의 저택에 처음 방문하는 장면 등을 분석하며 빈부격차는 단순히 부자와 가난한 사람의 대립이 아니라 구조적인 문제라고 분석함. 학우들과 영화 리터러시에 대해 토론하면서 빈부격차 심각성을 인식하고 실천 방안을 제시함.

1980년대의 패션과 문화를 보여주는 영화 '써니'를 관람하고 당시 유행하던 상품과 서비스들을 자연스럽게 노출하는 방식이 관객들의 소비 욕구를 자극한다는 것을 알게 됨. 화려한 영상과 세련된 스타일을 통해 관객들의 눈길을 사로잡고, 당시 유행하던 상품과 서비스들을 노출시키는 것은 소비 문화를 확산하는 데 효과적이라고 분석함. 이러한 메커니즘으로 영화가 소비 욕구를 조장하는 역할을 한다고 분석함.

관련 논문
학교 영화교육과 영화 리터러시 (이아람찬, 2019)

관련 도서
《스토리 : 흥행하는 글쓰기》, 오기환, 시공사
《영화 스토리텔링》, 김윤아, 아모르문디

관련 계열 및 학과
· 예체능계열 : 연극영화학과, 뮤지컬학과, 공연예술전공, 영화영상학과, 영화학과
· 인문계열 : 문예창작학과, 서사창작과, 문학문화콘텐츠학과, 국어국문학과

관련 교과
· 사회계열 : 미디어커뮤니케이션학과, 저널리즘전공, 디지털미디어학과, 미디어문학전공

2022 개정 교육과정 : 음악 연주와 창작, 음악 감상과 비평, 문학과 영상, 매체 의사소통, 인문학과 윤리

2015 개정 교육과정 : 음악 감상과 비평, 독서, 문학, 고전 읽기, 사회문제 탐구

인문계열

사회계열

자연계열

공학계열

의약계열

예체능계열

교육계열

우리가 몰랐던 우리음악 이야기

박소영 | 구름서재 | 2018

이 책은 우리 음악인 국악을 즐기는 방법을 가르쳐 준다. 국악은 흔히 지루하고 어렵고 낯선 음악으로 여겨진다. 하지만 국악을 즐기는 음악으로 만나면 국악이 얼마나 세련된 음악인지 알 수 있다. 국악의 다양한 장르와 역사 그리고 그 속에 담긴 이야기들을 알고, 책에서 추천하는 200여 곡의 음악들을 듣고 따라 부르며 체험한다면 국악의 아름다움을 알게 될 것이다.

탐구 주제

주제1 국악은 우리 문화의 중요한 유산이다. 하지만 현대 사회에서 국악은 점점 사라져 가고 있다. 국악에 대한 관심과 이해가 부족하기 때문이라고 할 수 있다. 국악의 사라짐이 역사적, 사회적으로 어떤 영향을 미치는지 탐구하고, 국악의 보존과 계승을 위한 방안을 제시해 보자.

주제2 국악은 우리 문화의 정체성을 형성하는 중요한 요소이다. 국악에 대한 인식이 부족하면 우리 문화의 다양성과 풍요로움을 제대로 이해하기 어렵다. 따라서 국악의 가치와 중요성을 인식하고 국악을 대중화하기 위한 노력이 필요하다. 국악을 대중화하기 위한 구체적 방법을 모색해 보자.

주제3 ‘국악은 어려운 음악이다’ 라는 고정관념에 대한 토론

주제4 국악이 우리 문화의 정체성과 어떤 관계가 있는지 탐구하고 토론

학생부 기록 예시 (교과세특)

국악의 소멸이 우리 역사와 문화에 미칠 영향을 탐구함. 국악의 역사와 발전 과정을 조사하고, 다양한 장르와 특성을 파악함. 사례로 ‘판소리’는 우리나라를 대표하는 전통 공연예술이지만, 대중문화의 영향으로 사라져 가고 있음을 지적함. 이는 우리 문화의 다양성과 풍요로움을 잃게 만드는 결과를 초래한다고 분석함. 국악의 대중화와 보존을 위해 국악을 현대적으로 재해석한 콘텐츠를 개발하는 분야로의 진로 설계를 구체화함.

국악의 대중화를 통해 우리 문화의 다양성과 정체성을 지킬 방법에 대해 탐구함. 국악 공연과 교육 기회 확대, 국악의 장르와 특성을 쉽게 이해할 수 있는 콘텐츠 개발, 국악을 현대적으로 재해석하여 새로운 가치를 창출하는 등의 방안을 제시함. 논리적인 발표로 학우들에게 국악에 대한 관심과 참여를 유도함. 현대 사회의 문화 다양성의 상실과 문화적 정체성의 혼란이라는 현상을 해결하기 위해 노력하고 싶다고 발표함.

관련 논문

국악-재즈 크로스오버와 전통 확장 이데올로기 (박종현, 2023)

관련 도서

《국악에 기술 한 방울》, 심영섭, 동락
《해석이 있는 민요》, 공윤주, 예솔

관련 계열 및 학과

• 예체능계열 : 연극영화과, 공연예술학부, 뮤지컬학과, 연기예술학과, 방송연예과

• 인문계열 : 문예창작학과, 서사창작과, 문학문화콘텐츠학과, 국어국문창작학과

관련 교과

• 사회계열 : 미디어학과, 광고영상미디어학과, 디지털미디어학과, 사회학과

2022 개정 교육과정 : 연극, 음악과 미디어, 음악 감상과 비평, 미술과 매체, 매체 의사소통

2015 개정 교육과정 : 연극, 음악 감상과 비평, 고전 읽기, 문학, 화법과 작문

인공지능이 스포츠 심판이라면

스포츠문화연구소 | 다른 | 2020

이 책은 스포츠 규칙의 변화 과정과 최신 과학기술로 생긴 논쟁거리를 통해 스포츠의 진정한 가치를 탐구한다. 4차 산업 혁명으로 스포츠 경기에도 다양한 변화가 일어나고 있다. 그중에서도 인공지능 심판의 도입은 스포츠의 공정성 논쟁을 불러일으키고 있다. 이 책은 인공지능 심판의 장단점과 그에 따른 사회적 영향에 대해 균형 잡힌 시각으로 살펴본다. 스포츠에 대한 이해를 넓히고 진로를 설계하는 데 도움을 주는 책이다.

탐구 주제

주제1 인공지능 심판의 도입은 스포츠의 공정성을 높이는 데 기여할 수 있지만, 스포츠의 흥미를 떨어뜨릴 수도 있다는 우려가 있다. 문헌 조사를 통해 인공지능 심판의 기술적 발전과 도입 현황을 파악한 후 인공지능 심판의 도입이 스포츠의 공정성과 흥미에 미치는 영향을 탐구해 보자.

주제2 스포츠에서의 승부 조작은 공정성과 신뢰를 훼손하는 심각한 문제이다. 승부 조작의 주 원인은 결과의 금전적 이익을 노리는 사람들이다. 승부 조작이 적발된 종목을 선정하여 승부 조작이 발생하는 원인을 파악하고, 이를 예방하기 위한 방안을 모색해 보자.

주제3 스포츠 경기의 상업화에 따른 문제점 토론

주제4 스포츠의 사회적 가치 이해를 위한 스포츠와 사회관계 토론

학생부 기록 예시 (교과세특)

인공지능 심판 도입이 스포츠에 미치는 영향을 탐구함. 문헌 조사를 통해 기술적 발전과 도입 현황을 파악한 결과, 인공지능 심판은 오심을 줄여 공정성을 높이지만 드라마틱한 요소를 줄일 수 있다는 점을 알게 됨. 인공지능 심판의 판정에 대한 선수와 팬들의 의견을 반영하여 스포츠의 드라마틱한 요소를 유지하는 방안을 제시하고 스포츠의 공정성을 높이고 여가 문화 발전에도 기여하고 싶다고 발표함.

스포츠의 승부 조작 예방 방안을 모색하면서 승부 조작의 발생 원인으로 선수의 경제적 어려움, 구단의 경영난, 심판의 부패 등이 있으며, 승부 조작의 위험성을 인식하지 못한 선수나 구단의 관리 소홀도 원인으로 분석함. 프로축구 승부 조작 사건 등 스포츠의 공정성을 해치는 사례를 분석하고 내용을 설명함. 해외 베팅 시장을 규제하는 국제적인 협력과 선수나 구단에 대한 관리 감독을 강화하는 방안을 제시함.

관련 논문

로봇심판 적용에 대한 야구팬의 인식 : 인간-로봇 심판 상호작용 관점에서 (이민영 외, 2022)

관련 도서

《인공지능과 빅데이터로 읽는 미래 스포츠 이야기》, 천제민, 부크크
《데이터 과학자의 일》, 손승우 외, 휴머니스트

관련 계열 및 학과
- 예체능계열: 체육학과, 스포츠융합과학과, 스포츠과학과, 스포츠응용산업학과
- 사회계열: 경제학과, 경영학과, e비즈니스학과, 스포츠산업경영학과, 산업경영학과

관련 교과
- 공학계열: 지능로봇공학과, 데이터사이언스학과, 빅데이터공학과, 컴퓨터정보공학과

2022 개정 교육과정: 스포츠 과학, 스포츠 문화, 스포츠 생활, 데이터 과학, 소프트웨어와 생활

2015 개정 교육과정: 체육 탐구, 스포츠 생활, 운동과 건강, 인공지능 수학, 확률과 통계

인문계열

사회계열

자연계열

공학계열

의약계열

예체능계열

교육계열

인문학으로 읽는 국악이야기

하응백 | 휴먼앤북스 | 2020

국악 노랫말을 인문학적 관점에서 분석한 책으로, 국악의 아름다움을 더 깊이 이해할 수 있다. 민요의 발생과 전승 과정, 민요의 노랫말에 담긴 다양한 이야기, 민요와 문학, 역사 등의 내용으로 구성되었다. 특히 민요의 노랫말을 해석하는 방법을 제시하며 방언, 문헌 조사, 전설 등을 종합적으로 고려하여 민요의 내용을 살펴봄으로써 민요의 중요성을 다시 한번 느낄 수 있는 책이다.

탐구 주제

주제1 〈아리랑〉은 한국을 대표하는 민요로, 그 가치와 의미가 현대 사회에서도 여전히 유효하다. 〈아리랑〉이 활용된 사례를 통해 〈아리랑〉의 가치와 의미가 어떻게 드러나는지 분명하게 파악하고 현대 사회에서 활용될 수 있는 방안을 모색해 보자.

주제2 국악은 한국인의 정서와 문화가 깃들어 있는 소중한 문화유산이다. 그러나 현대 사회의 변화에 따라 그 가치와 위상이 위협받고 있다는 우려의 목소리도 있다. '국악의 전통성과 현대성을 어떻게 조화시킬 수 있을까?'라는 주제로 토의하고 지속 가능한 실천 방안을 제시해 보자.

주제3 한류열풍을 통해 국악을 알리는 방법과 지원 체계 모색

주제4 디지털 시대에 맞는 국악 홍보 전략 모색

학생부 기록 예시 (교과세특)

국악에 대한 관심과 이해가 깊은 학생으로 국악은 소중한 문화유산으로 그 역할과 가치가 중요하다고 판단하고 탐구함. 학술 논문과 기사 등을 분석하여 국악의 역할과 전망에 대한 정보를 수집하며 국악의 역사, 이론, 장르 등 폭넓은 지식을 쌓음. '아리랑'이 활용된 사례를 조사하고 분석하여, '아리랑'의 가치가 현대 사회에서도 유효함을 입증함. 국악의 대중화 방안으로 창의적인 아이디어를 제시하여 주목을 받음.

국악과 현대 음악의 융합에 관심이 많아, 다양한 예시와 연구 자료를 조사하여 편곡 기술, 리듬 패턴 등의 국악적인 요소를 현대 음악 스타일과 결합하는 방법을 제시함. 국악의 노랫말을 인문학적 관점에서 분석한 책을 읽고 민요의 발생과 전승 과정, 민요의 노랫말에 담긴 다양한 이야기 해석, 민요와 문학, 역사, 언어학의 관계에 대해 깊이 있게 탐구함. 이를 통해 국악을 더 깊이 이해하고 국악의 대중화에 대한 새로운 시각을 제시함.

관련 논문

한국 전통 민요의 현대화 방안 연구: 경기민요 소리꾼 이희문을 중심으로(박서영, 2020)

관련 도서

《해석이 있는 민요》, 공윤주, 예솔
《국악, 그림에 스며들다》, 최준식, 송혜나, 한울

관련 계열 및 학과
- 예체능계열: 국악과, 음악과, 공연예술학과, 뮤지컬학과, 방송연예과, 실용음악과
- 인문계열: 한국사학과, 심리학과, 문화인류학과, 문예창작학과, 법학과
- 사회계열: 문화콘텐츠학과, 사회학과, 광고홍보학과, 신문방송학과, 사회학과

관련 교과

2022 개정 교육과정: 음악, 음악 감상과 비평, 음악과 미디어, 동아시아 역사 기행, 세계사

2015 개정 교육과정: 음악, 음악 연주, 음악 감상과 비평, 한국사, 세계사

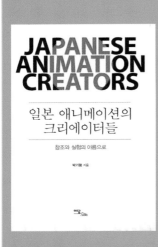

일본 애니메이션은 전 세계적으로 사랑받는 대중문화의 한 장르이다. 그 인기의 배경에는 뛰어난 기술력과 독창적인 작품 세계를 구축한 크리에이터들의 노력이 있다. 이 책은 미야자키 하야오, 오시이 마모루, 신카이 마코토 등 각 시대를 대표하는 크리에이터들을 소개한다. 이 책을 통해 일본 애니메이션의 역사와 발전 과정을 이해하고, 애니메이션의 매력을 한층 더 깊이 느낄 수 있을 것이다.

탐구 주제

주제1 미야자키 하야오의 초현실적인 세계관, 오시이 마모루의 정치적 메시지, 신카이 마코토의 서정적 영상미 등 각 시대를 대표적인 애니메이션 작품을 통해 일본 애니메이션이 창의성과 실험성의 측면에서 어떤 특징이 있는지 탐구하고 비교 분석해 보자.

주제2 일본 애니메이션은 한국 애니메이션 산업의 주요 경쟁 상대로, 일본 애니메이션의 저작권 침해는 한국 애니메이션 산업의 성장을 저해할 수 있다. 일본 애니메이션의 저작권 침해의 심각성을 인식하고, 이를 막기 위한 실천 가능한 방안을 모색해 보자.

주제3 일본 애니메이션의 폭력성을 규제하는 방안 토론

주제4 일본 애니메이션의 교육 현장에서 활용 방안 모색

학생부 기록 예시 (교과세특)

일본 애니메이션의 창의성과 실험성이 한국 사회에 미치는 영향을 각 시대를 대표하는 크리에이터들의 작품을 중심으로 탐구함. 일본 애니메이션에 대한 이해를 넓히고 일본 애니메이션의 창의성과 실험성에 대한 글을 작성하여 교내 신문에 기고함. 한국의 전통 설화나 민담을 바탕으로 한 애니메이션을 제작하거나, 한국의 전통 의상이나 문화를 사실적으로 표현한 애니메이션을 제작하는 방안을 제시하고 실천함.

한국 애니메이션 산업이 일본에 비해 상대적으로 규모가 작다는 점을 알고, 일본 애니메이션의 저작권 침해가 한국 애니메이션 산업의 성장을 저해할 수 있다는 점에 의문을 가짐. 이를 확인하기 위해 일본 애니메이션의 저작권 침해의 유형과 피해 사례를 조사. '2022년 불법콘텐츠 유통실태조사'에 따라 일본 애니메이션이 불법 콘텐츠 유통의 주요 대상 중 하나로 조사된 사례를 제시하고 저작권 침해 방안 모색을 위한 토론을 진행함.

관련 논문

3D 애니메이션 제작 생산성 향상에 관한 연구(박헌진, 2021)

관련 도서

《애니메이션 프로듀서가 되자!》, 후쿠하라 요시타다, ㅁㅅㄴ
《영화식 만화 만들기》, 오쓰카 에이지, 북바이북

관련 계열 및 학과

• 예체능계열: 애니메이션영상학과, 웹툰콘텐츠학과, 웹툰영화학과, 게임·웹툰전공

• 사회계열: 미디어커뮤니케이션학과, 디지털미디어학과, 문화미디어전공, 미디어·광고학부

관련 교과

• 공학계열: 게임공학과, 게임애니메이션공학전공, 게임소프트웨어학과

2022 개정 교육과정: 미술 창작, 미술과 매체, 미술 감상과 비평, 지식 재산 일반, 매체 의사소통

2015 개정 교육과정: 미술 창작, 미술 감상과 비평, 미술, 지식 재산 일반, 언어와 매체

인문계열

사회계열

자연계열

공학계열

의약계열

예체능계열

교육계열

장애학생의 체육을 위한 유니버설 디자인

Lauren J. Lieberman |
레인보우북스 | 2020

장애 학생도 일반 학생들과 함께 체육 수업에 참여할 수 있어야 한다. 하지만 장애 학생의 신체적, 지적, 정서적 특성을 고려하지 않은 체육 수업은 장애 학생의 참여를 저해할 수 있다. 저자는 '유니버설 디자인'이라는 개념을 사용하여 체육 환경과 수업 방식을 모든 학생들이 참여할 수 있도록 설계할 것을 제안한다. 모두가 함께 즐길 수 있는 체육 수업을 위한 방안을 모색하는 데 도움이 될 것이다.

탐구 주제

주제1 유니버설 디자인은 모든 사람을 배려하는 디자인을 의미하며, 체육 수업에 적용하면 장애 학생의 참여를 향상시키는 데 도움이 될 수 있다. 유니버설 디자인을 적용한 체육 수업은 장애 학생의 참여를 어떠한 방식으로 향상시킬 수 있는지 탐구해 보자.

주제2 장애 학생과 일반 학생이 함께 참여하는 통합체육 수업은 교사의 역량에 따라 수업의 성공 여부가 좌우된다. 장애 학생과 일반 학생이 함께 참여하는 통합체육 수업을 위한 교사의 역량 강화 방안은 무엇인지 탐구하고 글로 작성해 보자.

주제3 장애 학생의 체육 수업 참여를 위한 사회 인식 개선 방안

주제4 장애 학생의 체육 수업 참여를 위한 정책적 지원 조사

학생부 기록 예시 (교과세특)

유니버설 디자인을 적용한 체육 수업이 장애 학생의 참여를 향상시킬 수 있는지를 탐구함. 연구자료 분석 결과 장애 학생의 신체적, 인지적, 정서적 특성을 고려한 수업 운영은 장애 학생의 참여를 향상시킬 수 있음을 알게 됨. 유니버설 디자인을 적용한 체육 수업이 장애 학생과 비장애 학생이 함께 성장할 수 있는 기회임을 깨닫고 유니버설 디자인에 대한 인식을 확산시키기 위한 활동 계획을 발표하고 홍보 캠페인을 진행함.

장애 학생과 일반 학생이 함께하는 통합체육 수업은 교사의 역량에 따라 수업의 성공 여부가 좌우된다는 내용을 배우고 교사 역량 강화 방안을 탐구함. 탐구 결과 교사는 장애 학생의 신체적, 인지적, 정서적 특성 이해 후 수업 운영을 해야 하고, 장애에 대한 인식 개선, 장애 학생 특성 이해, 통합체육 수업 운영 역량 강화가 필요함을 강조함. 통합체육 수업 관련 학습 자료를 읽고 장애에 대한 강연을 듣는 등 지속적인 후속 활동을 함.

관련 논문

장애학생 체육활동 활성화를 위한 특수교육과 장애인체육 연계방안(김민창, 2020)

관련 도서

《느린 학습자를 위한 문해력》, 박찬선, 학교도서관저널
《자폐 스펙트럼 청소년 효과적으로 지원하기》, 변관석, 이담북스

관련 계열 및 학과
- 예체능계열 : 체육학과, 사회체육학과 , 운동건강관리학과, 융합디자인학과
- 인문계열 : 특수교육과, 중등특수교육과, 유아특수교육과, 초등특수교육과, 교육공학과
- 공학계열 : 건축·사회환경공학과, 건축기계설비공학과, 컴퓨터과학과

관련 교과

2022 개정 교육과정: 운동과 건강, 스포츠 과학, 스포츠 문화, 스포츠 생활, 교육의 이해

2015 개정 교육과정: 스포츠 생활, 운동과 건강, 체육 탐구, 사회문제 탐구, 심리학

재즈의 계절

김민주 | 북스톤 | 2022

재즈는 단순한 음악 장르가 아니라 삶의 이야기이다. 영화, 다큐멘터리, 광고 등 다양한 분야에서 재즈의 흔적을 찾아 볼 수 있다. 시나리오 작가인 저자는 다양한 분야의 창작자들과 만나 그들이 재즈에서 무엇을 얻었는지 물으며 창작자들이 재즈에서 영감을 얻는 방법을 이야기한다. 재즈 거장들의 삶과 음악을 통해 삶의 의미와 창작의 가치에 대해 생각해 볼 수 있다.

탐구 주제

주제1 재즈의 특성을 이해하는 것은 창작에 대한 통찰력을 얻을 수 있는 한 가지 방법이다. 재즈의 즉흥성, 자유로움, 다양성은 다른 창작 분야에서도 중요한 요소로 작용한다. 재즈의 다양성이 다른 창작 분야에 어떠한 방식으로 영향을 미치고 있는지 예시를 찾아 탐구해 보자.

주제2 현대 사회는 사회적 불평등과 차별, 자원 고갈과 기후 변화, 정보와 기술의 발전으로 인한 사생활 침해와 사이버 범죄 등 많은 사회적 갈등이 심화되고 있다. 재즈가 현대 사회의 다양한 문제 해결에 기여할 수 있는 방법을 탐구해 보자.

주제3 재즈가 단순한 음악 장르인지, 아니면 삶의 이야기인지에 대한 토론

주제4 재즈 거장들의 삶과 음악을 통한 삶의 의미 탐구

학생부 기록 예시 (교과세특)

재즈의 특성인 다양성, 즉흥성, 자유로움을 이해하고 재즈의 특성과 창작과의 관계에 대해 탐구함. 재즈가 다른 창작 분야에 어떤 영향을 미치고 있는지 헤밍웨이의 '노인과 바다'와 영화 '기생충'을 예시로 들며 재즈의 다양성이 기존의 틀을 벗어난 작품을 창조하는 데 기여하고 있음을 분석함. 재즈에 대한 이해를 심화하기 위해 재즈 거장들의 삶과 음악을 살펴 재즈의 장르와 역사를 탐구하고 보고서로 제출함.

재즈는 다양한 문화와 배경의 영향을 받은 음악으로 사회적 갈등을 해결하기 위한 새로운 시각과 접근을 제공할 수 있다고 생각하여 탐구함. 다양한 사례를 통해 그 가능성을 확인함. 사회적 불평등과 차별, 자원 고갈과 기후 변화, 사이버 범죄에 대한 대응책을 모색하기 위해 미국의 뮤지션들이 재즈를 사용한 사례를 조사하고 정리함. 재즈를 통해 다양한 사회문제 해결에 기여하는 자신의 진로 방향을 구체화함.

관련 논문
재즈(Jazz) 이미지를 응용한 패션 디자인 (이언주, 이연희, 2005)

관련 도서
《밥보다 재즈》, 김광현, 책밥상
《마감하면서 듣는 음악》, 전은경, 워크룸프레스

관련 계열 및 학과	• 예체능계열: 성악과, 실용음악과, 뮤지컬학과, 디자인과, 미술학과
	• 사회계열: 미디어커뮤니케이션학과, 미디어·광고학부, 미디어&엔터테인먼트전공
관련 교과	• 공학계열: IT미디어공학과, ICT융합공학과, IT콘텐츠학과, 컴퓨터공학과

2022 개정 교육과정: 음악 연주와 창작, 음악 감상과 비평, 음악과 미디어, 미술 감상과 비평, 미술 창작

2015 개정 교육과정: 음악 연주, 음악 감상과 비평, 음악, 미술, 미술 감상과 비평

인문계열

사회계열

자연계열

공학계열

의약계열

예체능계열

교육계열

젊은 예술가에게

기돈 크레머 | 포노 | 2017

이 책은 음악가뿐 아니라 모든 예술가를 꿈꾸는 청년들에게 값진 조언을 전한다. 저자는 예술가의 길이 결코 쉽지 않지만 그만큼 보람 있는 길이라고 말한다. 그리고 예술가로서 성공하기 위해서는 연주 실력뿐만 아니라 음악에 대한 진정한 열정과 헌신이 필요하다고 강조한다. 이 책을 통해 예술가로서의 꿈을 키우고, 진정한 예술을 향한 여정을 시작할 수 있을 것이다.

탐구 주제

주제1 예술은 사람들의 마음을 열고 새로운 시각을 제시하며, 사회 변화를 촉진할 수 있다. 저자는 예술은 단순히 즐거움을 위한 것이 아니라 세상을 바꾸는 힘이 있다고 말한다. 예술가의 역할과 책임, 그리고 예술가로서 사회에 기여할 수 있는 방법을 탐구하고 토론해 보자.

주제2 예술은 인간의 삶을 풍요롭게 하고 타인에 대한 이해와 공감을 높일 수 있다. 저자는 예술은 인생의 모든 부분을 포괄하는 것이어야 한다며 예술 교육의 중요성을 말한다. 예술 교육의 필요성과 효과를 탐구하고 보고서를 작성해 보자.

주제3 예술은 현실을 반영하는가, 아니면 변화시키는가에 대한 토론

주제4 예술과 사회의 관계 탐구

학생부 기록 예시 (교과세특)

예술이 사회 변화에 기여할 수 있는 역할을 이해하고 사회 문제에 대한 인식과 해결을 위한 노력을 실천함. 기후 변화의 심각성을 표현한 사진전을 소개하고 감상 후 토론을 진행함. 또한 영국 사회의 불평등을 풍자적으로 묘사한 '위대한 유산(찰스 디킨스)'을 읽고 예술이 세상을 바꿀 수 있는 가능성을 평가하고 발표함. 학우들과 환경 보호 캠페인, 빈곤층의 삶을 조명하는 사진전 계획을 구체적으로 수립함.

예술 교육의 필요성과 효과를 탐구한 결과, 필요성은 인간의 창의성 발휘 기회 제공, 문제해결 능력 향상, 창의적인 해결책 모색이며, 효과는 공감 능력 향상, 삶의 의미와 가치 발견이라고 분석함. 이솝 우화 중 하나인 '여우와 신포도' 동화를 선정하여 여우는 신포도를 따기 위해 다양한 관점에서 문제를 바라보고, 창의적인 해결책 보여 주었다고 분석함. 예술작품을 모티브로 한 새로운 작품을 만들어 보는 활동을 꾸준하게 시도함.

관련 논문
21세기 예술가는 무엇인가 (박미경, 2018)

관련 도서
《음악, 당신에게 무엇입니까》, 이지영, 글항아리
《음악을 한다는 것》, 베네데타 로발보, 지노

관련 계열 및 학과
- 예체능계열 : 관현악과, 한국음악과, 융합실용기악과, 실용음악과, 예술학과
- 인문계열 : 국어국문학과, 문화인류학과, 고고문화인류학과, 문화콘텐츠학과

관련 교과
- 사회계열 : 미디어커뮤니케이션학과, 미디어·광고학부, 디지털미디어학과

2022 개정 교육과정 : 음악 연주와 창작, 음악과 미디어, 미술 창작, 미술과 매체, 지식 재산 일반

2015 개정 교육과정 : 음악 감상과 비평, 음악 연주, 미술 창작, 미술 감상과 비평, 연극

진화하는 발레 클래스

정옥희 | 플로어웍스 | 2022

발레에 대한 풍부한 의미와 역사적인 흐름을 소개하는 도서이다. 르네상스 시대부터 현재까지의 발레 교육과정, 메소드들의 변화 등을 다루며, 왜 춤을 배웠으며 어떻게 훈련되었는지에 대한 이야기를 전한다. 발레 클래스가 단순한 테크닉 연마가 아니라 많은 사람의 삶과 경험이 담긴 문화적인 산물이자, 사람들이 만나고 소통하는 장소임을 강조한다.

탐구 주제

주제1 최근 발레가 대중화되면서 다양한 문화적 배경과 신체적 조건을 가진 사람들이 발레를 배우고 있다. 변화하는 사회에서 발레 클래스가 다양한 학생들의 요구를 충족하려면 어떻게 해야 할까? 발레 클래스의 전통적인 방식과 현대적 방식의 장단점을 문헌 조사를 통해 비교해 보자.

주제2 발레 클래스는 기술의 발전, 사회문화의 변화, 인식의 변화 등에 따라 계속해서 변화하고 있다. 이러한 변화를 바탕으로 발레 클래스의 미래에 대한 전망을 제시하고, 발레 클래스가 변화에 어떻게 대응해야 하는지를 주제로 토론해 보고서를 작성해 보자.

주제3 발레 클래스의 문화적 다양성과 포용성 증진 방안 토론

주제4 발레 클래스가 문화적 전통과 가치를 계승하고 있는 방법 분석

학생부 기록 예시 (교과세특)

발레에 대한 관심으로 발레 교육 방식을 모색함. 문헌 조사, 분석, 토론 등의 방법을 사용하여 전통적인 방식은 발레 기술의 발전을 이끌어 왔고, 현대적 방식은 발레의 예술성을 높인다고 분석하고 두 방식을 조화시킬 필요성을 알게 됨. 후속 활동으로 '흑조의 호수: 흑조의 반전'이라는 제목으로 발레 작품의 특징을 살려 아름다운 발레 장면을 묘사하는 발레와 문학이 융합된 글쓰기 창작활동을 함.

발레 클래스의 미래에 대한 전망과 변화에 대응하기 위한 방안을 제시함. 문헌 조사를 통해 발레 클래스가 변화에 대응하기 위해 기술을 활용한 교육 방식의 개발, 다양한 문화의 수용, 대중의 인식 개선 등 노력의 필요성을 제안함. 학우들과 발레 '백조의 호수' 음악을 배경으로 환경 캠페인 영상 제작, '돈키호테'를 활용하여 인권의 중요성을 알리는 포스터 제작, '지젤'의 음악을 배경으로 여성 인권에 대한 캠페인 영상 제작을 진행함.

관련 논문

한국 국립발레단의 영상 콘텐츠 제작 활성화 방안(조언위, 안남일, 2023)

관련 도서

《발레 작품의 세계》, 한지영, 플로어웍스
《날고 싶은 인간의 욕망, 발레》, 조기숙, 이화여자대학교출판문화원

관련 계열 및 학과
- 예체능계열: 무용과, 발레전공, 공연예술무용과, 무용예술학과, 글로벌예술학부
- 인문계열: 역사학과, 미학과, 문예창작학과, 영어영문학과, 러시아어학과

관련 교과
- 사회계열: 문화콘텐츠학과, 문화예술경영학과, 관광경영학과, 국제관계학과, 광고홍보학과

2022 개정 교육과정: 스포츠 문화, 스포츠 과학, 음악과 미디어, 세계 문화와 영어, 러시아 문화

2015 개정 교육과정: 스포츠 생활, 연극, 음악 감상과 비평, 영미 문학 읽기, 러시아어 I

인문계열

사회계열

자연계열

공학계열

의약계열

예체능계열

교육계열

코드진행 레시피

사이토 오사무 | 서울음악출판사 |
2020

음악 이론을 모르더라도 쉽게 코드 진행을 배울 수 있는 책이다. 코드 진행을 이해하면 다양한 장르의 음악을 작곡하고 편곡할 수 있다. 책에 수록된 다양한 코드 진행을 DAW(digital audio workstation) 프로그램으로 열면 곡의 기본 구조를 만들 수 있다. 이후 DAW의 기능을 배우며 자유롭게 음악을 편곡할 수 있는 작곡·편곡의 입문서이다.

탐구 주제

주제1 코드 진행은 작곡과 편곡의 기본이 되는 개념이다. 코드 진행의 유형과 특징을 이해하면 다양한 장르의 음악을 작곡하고 편곡할 수 있다. 또한, 코드 진행은 음악의 분위기와 느낌을 만드는 데 중요한 역할을 한다. 곡 하나를 선정하여 코드 진행의 유형과 특징을 분석해 보자.

주제2 Queen의 〈보헤미안 랩소디〉는 다양한 유형의 코드 진행을 혼합하여 다양한 분위기를 표현한다. 〈보헤미안 랩소디〉를 중심으로 코드 진행의 교육적 가치를 토론하고, 코드 진행을 활용한 음악 교육의 방안을 모색하여 보고서를 작성해 보자.

주제3 코드 진행의 발전과 미래를 전망하고, 새로운 코드 진행 개발 모색

주제4 코드 진행이 기술의 발전과 함께 어떻게 변화하고 있는지 탐구

학생부 기록 예시 (교과세특)

코드 진행에 관심을 가지고 다양한 장르의 음악을 통해 코드 진행의 유형과 특징을 분석함. 존 레논의 'Imagine'을 선정하여 코드 진행을 분석함. 장조와 단조 코드 진행이 혼합된 반복 코드 진행 사용과 코드 진행의 순서와 지속 시간에 따라 음악의 분위기와 느낌이 어떻게 달라지는지를 분석함. 탐구 후 기존의 코드 진행을 응용하여 새로운 코드 진행을 개발하고, 이를 활용하여 다양한 음악을 작곡하고 편곡하는 실험을 함.

다양한 장르의 음악을 통해 코드 진행의 유형과 특징을 이해한 후 '보헤미안 랩소디'를 선정하여 코드 진행을 분석함. 다양한 코드 진행을 혼합하여 음악을 풍부하게 표현하였다고 평가함. 코드 진행의 교육적 가치에 대해 토론하고, 코드 진행을 활용한 음악 교육의 방안을 모색함. 음악에 대한 관심과 열정으로 동아리를 개설하고 코드 진행에 대한 지식을 학우들과 공유함.

관련 논문
편곡 및 재작업(reworking)과 관련한 리스트의 용어들과 그 의미(김현주, 2023)

관련 도서
《요즘 아이들을 위한 요즘 K-POP 작사 수업》, 안영주, 더디퍼런스
《밴드랩을 이용한 누구나 작곡하기》, 이정원, 알파미디어

관련 계열
및 학과
- 예체능계열: 작곡과, 뉴미디어작곡과, 작곡·실용음악과, K-POP학과
- 사회계열: 미디어커뮤니케이션학과, 미디어문예창작학과, 미디어창작학과

관련 교과
- 공학계열: 미디어소프트웨어학과, 응용소프트웨어공학과, 인공지능소프트웨어학과

2022 개정 교육과정: 음악 연주와 창작, 음악 감상과 비평, 음악과 미디어, 독서와 작문, 문학

2015 개정 교육과정: 음악 연주, 음악 감상과 비평, 음악, 독서, 문학

타이포그래피 천일야화

원유홍 외 | 안그라픽스 | 2019

이 책은 타이포그래피와 타입의 차이, 타이포그래피의 역사, 타이포그래피의 기본 요소, 타이포그래피의 실무 등을 알기 쉽게 설명한다. 또한, 타이포그래피의 다양한 활용 사례를 통해 타이포그래피의 중요성을 이해할 수 있다. 컴퓨터 기술의 발전으로 시각적 커뮤니케이션의 중요한 도구로 더욱 주목받는 타이포그래피의 기본 개념을 이해하는 데 도움이 되는 책이다.

탐구 주제

주제1 타이포그래피란 글자를 시각적으로 표현하는 방법이다. 스티브 맥커리는 미국의 그래픽 디자이너로, 'Apple'의 로고를 디자인한 것으로 유명하다. 타이포그래피의 기본 요소와 원리가 'Apple'의 로고에 어떻게 적용되었는지 분석하고 보고서를 작성해 보자.

주제2 타이포그래피는 시각적 커뮤니케이션의 중요한 요소이다. 삼성전자 '갤럭시 S22'와 LG전자 'LG그램' 광고에서 타이포그래피를 통해 다양한 시각적 효과를 표현하는 방법과 이러한 효과가 커뮤니케이션에 미치는 영향을 분석하고 비교해 보고서를 작성해 보자.

주제3 컴퓨터 기술의 발전과 함께 할 타이포그래피의 새로운 가능성 모색

주제4 타이포그래피를 통해 사회적 메시지를 전달하는 방법 탐구

학생부 기록 예시 (교과세특)

타이포그래피의 기본 요소와 원리에 관심이 많아 글로벌 테크 기업의 로고를 분석함. 모 기업의 로고는 굵은 고딕체를 사용하여 강인하고 남성적인 느낌을 표현하고 붉은색과 녹색으로 생명력과 활력을 표현했다고 분석함. 글꼴의 종류, 색상 등을 조합한 타이포그래피는 시각적 효과뿐 아니라 기업의 이미지와 가치 표현에 중요한 역할을 한다는 것을 알게 됨. 타이포그래피 관련 서적이나 웹사이트를 통해 지속적으로 공부하고 실습함.

타이포그래피를 통한 시각적 커뮤니케이션 효과에 관심을 가지고 대기업의 최신 휴대폰 광고를 분석함. A사 제품은 강렬함과 역동성을 통해 제품의 뛰어난 카메라 성능을 강조한 반면, B사 제품은 가벼움과 편안함을 통해 제품의 휴대성과 사용성을 강조함을 파악함. 타이포그래피는 단순히 글자를 표현하는 수준을 넘어 제품이나 서비스의 특징을 효과적으로 전달하고 소비자의 관심을 끌어낼 수 있는 커뮤니케이션 도구임을 알게 됨.

관련 논문
동시출현단어 분석을 통한 타이포그래피 연구 동향 분석(박장호, 2022)

관련 도서
《좋은 디자인을 만드는 33가지 서체 이야기》, 김현미, 세미콜론
《로고 대백과》, 마이클 에바미, 유엑스리뷰

관련 계열 및 학과
- 예체능계열: 시각디자인학과, 산업디자인학과, 생활디자인학과, 실내디자인학과
- 사회계열: 언론정보학과, 광고홍보학과, 마케팅학과, 산업경영학과, 산업·광고심리학과

관련 교과
- 공학계열: 컴퓨터공학과, 멀티미디어공학과, 디지털미디어공학과, 미디어기술콘텐츠학과

2022 개정 교육과정: 미술 창작, 미술과 매체, 창의 공학 설계, 지식 재산 일반, 인간과 심리

2015 개정 교육과정: 미술 창작, 미술 감상과 비평, 창의 경영, 지식 재산 일반, 심리학

패션 디자이너, 미래가 찬란한 너에게

박민지 | 크루 | 2022

이 책은 패션 디자이너가 되기 위해 알아야 할 기본적인 지식을 전달한다. 학과 선택, 인턴십과 아르바이트, 포트폴리오 준비, 면접 등 패션 디자이너가 되기 위한 단계별 준비 과정을 자세히 설명한다. 패션 디자이너의 창의적인 아이디어 발산 방법, 상품 기획 과정, 패션 트렌드의 변화 등 패션 디자이너가 되기 위해 필요한 실무적인 지식을 습득할 수 있다.

탐구 주제

주제1 패션 디자이너는 단순히 옷을 만드는 사람이 아니라 사회의 트렌드를 반영하고 삶의 질을 높이는 데 기여하는 사람이다. 패션 디자이너는 사회에 책임을 다하는 디자인을 해야 한다. 패션 디자이너의 역할과 사회적 영향에 대해 알아 보고, 그 내용을 체계적으로 정리해 보자.

주제2 환경 오염과 노동 착취는 패션 산업의 대표적인 사회적 문제이다. 따라서 패션 디자이너는 지속 가능한 디자인을 실천해야 한다. 패션 디자이너의 지속 가능한 디자인 실천을 위한 구체적인 방안을 모색하고 보고서를 작성해 보자.

주제3 패션 디자인과 문화 다양성에 대한 탐구

주제4 패션 디자이너의 직업 전망에 대한 토의

학생부 기록 예시 (교과세특)

패션 디자이너의 역할과 사회적 영향에 대해 탐구함. 조사 결과 패션 디자이너는 환경 오염과 노동 착취 등 사회적 문제를 야기할 수 있다는 것을 알게 됨. 또한 패션 디자이너는 단순히 옷을 만드는 사람이 아니라 사회에 책임을 다하는 디자인을 해야 한다는 것을 깨달음. 친환경 소재와 공정, 쓰레기 없는 제품이나 서비스를 제공하는 패션 브랜드를 찾아 학우들에게 홍보하고 직접 실천함.

패션 디자이너가 지속 가능한 디자인 실천에 기여할 수 있는 방법을 탐구함. 친환경 소재와 공정을 사용하고, 공정한 임금과 노동 환경을 보장하는 등 다양한 방안을 모색함. 친환경 소재로는 유기농 면, 텐셀, 리넨 등이 있으며, 염색 과정에서 화학 물질을 사용하지 않는 공정을 파악함. 후속 활동으로 친환경 패션 브랜드 홍보, 업사이클링 활동 등 지속 가능한 패션의 중요성을 알리기 위한 캠페인을 진행함.

관련 논문

초연결사회에서 패션디자이너와 패션혁신자의 역할–인스타그램, 패션 인플루언서를 중심으로(이윤경, 2022)

관련 도서

《패션브랜드와 커뮤니케이션》, 고은주 외, 교문사

《옷이 당신에게 말을 걸다》, 김윤우, 페이퍼스토리

관련 계열 및 학과	• 예체능계열 : 패션디자인학과, 의류디자인학과, 의상디자인학과, 디자인융합학과
	• 인문계열 : 의류학과, 문예창작학과, 역사학과, 웹문예학과, 동화미디어콘텐츠학과
관련 교과	• 사회계열 : 사회학과, 미디어커뮤니케이션학과, 문화콘텐츠학과, 광고홍보학과

2022 개정 교육과정 : 미술 창작, 미술과 매체, 생활과학 탐구, 사회문제 탐구, 사회와 문화

2015 개정 교육과정 : 미술 창작, 미술 감상과 비평, 기술·가정, 사회문화, 한국사

패션, 색을 입다

캐롤라인 영 | 리드리드출판 | 2023

열 가지 색을 주제로 인류 문화를 관통하는 매혹적 패션 이야기를 풀어내는 책이다. 검은색은 추모의 색에서 궁극의 우아함을 나타내는 색으로, 분홍색은 인스타그램 세대를 대표하는 색으로 변해 왔다. 이러한 색의 상징성이 어떻게 변화해 왔는지, 색채가 패션에서 어떤 역할을 하는지를 흥미롭게 설명하는 이 책을 읽다 보면 색에 담긴 역사와 문화적 배경을 이해할 수 있을 것이다.

탐구 주제

주제1 패션과 미디어는 사회에 영향을 미친다. 미디어는 패션 트렌드를 형성하고, 패션은 사회의 문화와 가치를 반영한다. 따라서 패션과 미디어에 대한 이해는 사회를 이해하는 데 도움이 된다. TV, 잡지, SNS, 인터넷 등 다양한 미디어가 패션 트렌드를 형성하는 방식을 탐구해 보자.

주제2 패션은 문화적 다양성을 나타내는 중요한 요소이다. 그러나 한편으로 패션 산업은 서구 문화를 우월하게 여기는 사고방식을 강화한다는 비판을 받기도 한다. 문화적 다양성을 존중하는 패션 산업의 사례 분석을 통해 문화적 다양성을 존중하는 패션 산업의 특징을 파악해 보자.

주제3 패션이 개인의 자유인지 또는 사회적 규범 인가에 대한 토론

주제4 패션이 개인의 정체성을 표현 하는 방법 탐구

학생부 기록 예시 (교과세특)

패션 트렌드 형성에 미치는 미디어의 영향을 탐구함. 탐구를 통해 미디어가 패션 정보를 대중에게 전달하고 사람들의 관심과 호기심을 유발하여 패션 트렌드를 형성하는 구조를 이해함. TV 프로그램, 잡지, SNS, 인터넷 등 다양한 미디어를 통해 패션 정보에 접근함. 한때 연예인이 자신의 SNS에 선보여 유행한 청청 패션과 레트로 패션의 사례를 평가함. 패션과 미디어의 관계에 대한 이해를 넓히고, 다양한 미디어를 활용하는 방법을 익힘.

문화적 다양성을 존중하는 패션 산업의 사례를 찾아 분석함. 문화적 다양성을 존중하는 패션 산업의 중요성을 인식하고 스웨덴 패션 기업의 다양한 문화권의 전통 의상을 현대적으로 재해석한 패션쇼 개최, 다양한 인종과 성별의 모델을 기용한 프랑스의 기업 등 패션을 통해 다양성을 표현하고자 한 사례를 분석함. 문화적 다양성을 존중하는 패션 산업은 사회의 다양한 목소리를 담아낼 수 있음을 깨닫고 캠페인을 진행함.

관련 논문

색 선호도에 따른 패션상품 구매행동에 관한 연구 (임도연, 2019)

관련 도서

《배색사전》, 구노 나오미, 북커스
《컬러의 힘》, 캐런 할러, 월북

관련 계열 및 학과
- 예체능계열 : 의상디자인학과, 섬유미술학과, 뷰티패션디자인학과, 공연예술패션학과
- 사회계열 : 의류학과, 패션디자인학과, 문화콘텐츠학과, 사회학과, 미학과
- 공학계열 : 섬유공학과, 화학공학과, 섬유시스템공학과, 섬유소재공학과

관련 교과

2022 개정 교육과정 : 미술 창작, 미술과 매체, 미술, 사회와 문화, 기후변화와 지속가능한 세계

2015 개정 교육과정 : 미술 창작, 미술 감상과 비평, 미술, 사회문제 탐구, 사회문화

인문계열

사회계열

자연계열

공학계열

의약계열

예체능계열

교육계열

피나 바우쉬
마리온 마이어 | 을유문화사 |
2023

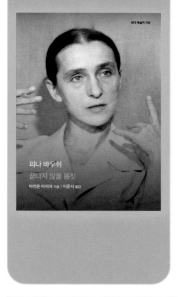

현대무용의 거장 피나 바우쉬의 생애와 작품을 담은 책이다. 그녀는 고전무용의 형식에서 벗어나 일상적인 동작과 움직임을 통해 인간의 감정을 표현하는 '탄츠테아터'라는 새로운 무용 장르를 창시하였다. 무용, 음악, 연극 등 다양한 장르를 결합하여 인간의 내면과 사회를 조명하는 그녀의 작품은 현대 사회를 살아가는 우리에게 보다 나은 삶을 위한 방향을 모색하도록 돕는다.

탐구 주제

주제1 인간의 내면을 있는 그대로 표현하기 위한 피나 바우쉬의 대표작 중 하나인 〈봄의 제전〉은 일상적인 동작과 움직임으로 인간의 본능적인 욕망과 충동을 표현하였다. 작품에 나타난 인간의 내면을 분석하고 인간 존중의 가치를 함양하는데 기여한 바를 탐구하고 보고서로 작성해 보자.

주제2 피나 바우쉬의 작품은 전쟁, 폭력, 차별, 성 소수자에 대한 편견 등 현대 사회의 부조리와 모순을 고발하는 데 앞장섰다. 그녀의 작품이 어떻게 사회의 부조리와 모순을 고발하고 사회 변화를 촉구하는데 기여했는지 탐구하고 그 결과를 토의해 보자.

주제3 〈봄의 제전〉을 감상하고 가해자와 피해자의 심리 비교 분석

주제4 피나 바우쉬 작품을 바탕으로 현대 사회 문제해결 방안 모색

학생부 기록 예시 (교과세특)

피나 바우쉬의 '봄의 제전'을 통해 현대무용을 이해하고, 작품에 나타난 인간의 본능적인 욕망과 충동, 억압과 갈등 의미를 분석해 예술작품이 인간 존중의 가치를 함양하는 데 기여할 수 있다고 평가함. 작품의 주제에 대한 토론을 통해 예술이 인간의 삶과 사회를 이해하는 데 도움이 될 수 있다는 공감대를 형성함. 이후 예술이 차별과 편견을 없애고, 사회 변화를 위한 도구가 될 수 있다는 점을 시사하는 기사를 작성함.

피나 바우쉬의 작품 속에 나타난 사회의 부조리와 모순에 관심을 가지게 됨. 특히 전쟁, 폭력, 차별, 성 소수자에 대한 편견 등 현대 사회의 다양한 문제들을 다루는 작품에 주목해 예술 작품이 사회 변화를 촉구하는 데 기여한 사례를 조사하여 토론을 진행함. 토론을 통해 예술 작품이 사회 변화에 기여할 수 있는 가능성을 발견하고, 작품을 감상할 수 있는 기회를 학교와 지역 사회에 알리는 활동을 계획함.

관련 논문
무용연극 '탄츠테아터'의 현대미학적 의의(이승건, 안용규, 2008)

관련 도서
《현대무용의 역사》, 박혜란, 청풍출판사
《현대무용에 대한 과거의 조명 그리고 비전》, 정은주, 소리숲

관련 계열 및 학과
- 예체능계열: 무용학과, 뮤지컬학과, 방송연예과, 연극영화학과
- 인문계열: 문예창작과, 심리학과, 철학과, 서사창작과, 국어국문창작학과

관련 교과
- 사회계열: 문화콘텐츠학과, 사회학과, 미디어커뮤니케이션학과

2022 개정 교육과정: 운동과 건강, 스포츠 문화, 음악 연주와 창작, 음악과 미디어, 사회문제 탐구

2015 개정 교육과정: 음악, 미술, 연극, 체육, 사회문제 탐구

한 권으로 읽는 국제 스포츠 이야기

유승민 외 | 가나출판사 | 2021

스포츠는 우리 삶에서 떼려야 뗄 수 없는 중요한 부분이다. 올림픽과 월드컵과 같은 국제 대회는 전 세계인의 관심을 한 몸에 받고, 다양한 종목의 경기들은 우리에게 즐거움과 감동을 선사한다. 이 책은 올림픽 등 주요 국제 대회의 역사와 규칙, 그리고 그 속에 숨겨진 흥미로운 이야기들을 다룬다. 스포츠에 대한 이해를 넓히고, 세계를 바라보는 시야를 넓히는 데 도움이 되는 책이다.

탐구 주제

주제1 스포츠는 공정성과 정정당당함을 바탕으로 하는 활동이다. 그러나 스포츠 도핑은 이러한 가치를 훼손하고, 부정적으로 왜곡한다. 스포츠 도핑의 문제점을 파악하고, 이를 해결하기 위한 방안을 모색하여 스포츠의 가치를 지키는 방법을 제시해 보자.

주제2 스포츠는 국가 간 경계를 넘어 사람들을 하나로 모으는 힘을 가지고 있다. 스포츠를 통한 국가 간 교류와 협력의 다양한 사례를 조사하고, 이를 선수, 관중, 관계자 등 다양한 측면에서 탐구하여 스포츠의 사회적 가치를 탐구해 보자.

주제3 스포츠를 통한 성 차별과 인종 차별의 문제점 해결 방안 탐구

주제4 스포츠 스타의 사회운동이 미치는 영향력 탐구

학생부 기록 예시 (교과세특)

스포츠 도핑의 문제점에 관심을 가지고 스포츠의 가치를 지키기 위한 방법을 모색함. 스포츠 도핑이 스포츠의 공정성과 정정당당함을 훼손하고, 선수의 건강을 위협하는 문제임을 알게 됨. 선수와 관계자에 교육과 홍보 강화, 강력한 처벌, 국제적 협력을 강화하여 도핑 근절을 위한 방안을 제시함. 스포츠 도핑의 문제점을 인식하고 스포츠의 가치를 지키고, 스포츠 발전에 기여하고 싶은 진로 방향을 구체화함.

스포츠를 통한 국가 간 교류와 협력의 대표적인 사례인 국제 스포츠 대회에 대해 선수, 관중, 관계자 등 다양한 측면에서 탐구를 진행함. 국제 스포츠 대회가 국가 간 이해와 협력을 증진하는 데 기여한 사례를 분석하고 효과와 한계를 정리함. 스포츠를 통한 국가 간 교류와 협력은 세계 평화와 발전에 기여할 수 있음을 깨닫고 스포츠가 세계 평화와 발전에 기여할 수 있는 방법을 제시하는 글을 작성해 학급 신문에 기고함.

관련 논문
국제스포츠중재절차에 있어 스포츠선수의 권익 보호에 관한 소고 (유소미, 2021)

관련 도서
《국제스포츠 행정》, 이광훈, 박영사
《현대사회와 스포츠》, 문개성, 박영사

관련 계열 및 학과
- 예체능계열 : 국제스포츠학부, 스포츠지도학과, 산업스포츠학과, 스포츠경영학과
- 사회계열 : 국제산업정보학과, 광고홍보콘텐츠학과, 글로벌비즈니스학과

관련 교과
- 공학계열 : 컴퓨터공학과, 인공지능학과, 정보통신공학과, 소프트웨어공학과

2022 개정 교육과정 : 스포츠 문화, 스포츠 과학, 세계 문화와 영어, 법과 사회, 윤리문제 탐구

2015 개정 교육과정 : 스포츠 생활, 운동과 건강, 체육 탐구, 영어권 문화, 사회·문화

인문계열

사회계열

자연계열

공학계열

의약계열

예체능계열

교육계열

한복 짓는 시간
이정수 | 이담북스 | 2019

이 책은 한복을 직접 만드는 방법을 알려 주는 책이다. 초보자도 쉽게 따라 할 수 있도록 다양한 이미지를 수록해 한복을 만드는 방법을 자세하게 설명하고 있다. 한복을 만들기 전에 준비해야 할 기본적인 것에서부터 섬세한 부분까지 이해하기 쉽도록 설명하고 있어 한복에 대해 잘 모르는 사람도 쉽게 이해할 수 있다. 이 책을 통해 한복의 아름다움과 멋을 느껴볼 수 있을 것이다.

탐구 주제

주제1 한국의 대표적인 전통 의상인 한복은 그 제작과 착용에 많은 자원이 사용된다. 이러한 자원의 효율적인 사용과 환경 친화성을 향상시키고 한복의 지속 가능성을 높이기 위해, 한복 제작과 착용 과정에서 자원 효율화와 친환경성을 탐구해 보자.

주제2 한국의 대표적인 전통 의상인 한복의 문화적 가치와 중요성을 알리고 한복의 지속 가능한 발전에 기여하기 위한 노력이 필요하다. 한국의 대표적인 전통 의상인 한복의 역사와 문화에 대해 탐구하고 한복의 지속 가능한 발전에 기여하기 위한 방안을 제시해 보자.

주제3 한복을 일상생활에서 쉽게 접할 수 있도록 하는 방안 모색

주제4 한복의 세계화의 필요성과 그 의미 토의

학생부 기록 예시 (교과세특)

한복은 제작과 착용에 많은 자원이 사용된다는 점에 호기심을 갖고, 한복의 지속 가능성을 위한 방안을 탐구함. 한복의 제작 과정과 착용 과정에 사용되는 자원의 종류와 양을 조사해 친환경 소재 사용 확대, 제작과 착용 과정에서의 자원 절약 등 방안을 모색함. 한복의 지속 가능성은 미래 세대를 위한 지속 가능한 사회를 만드는 데에도 기여할 수 있다는 것을 깨닫고, 한복의 착용 방법을 단순화하여 자원 사용을 줄이는 방법을 토론함.

자료 조사를 통해 한복의 역사와 문화에 대한 다양한 정보를 수집하여 한복의 역사와 문화에 대한 이해를 넓힘. 한복은 한국의 역사와 문화를 반영하는 의상으로 다양한 형태와 의미를 지니고 있음을 알게 됨. 탐구를 통해 한복의 문화적 가치와 중요성을 새롭게 인식하고, 한복의 지속 가능한 발전을 위한 노력의 필요성을 깨달음. 교내 축제에서 한복 패션쇼나 전시회를 기획하고, 이를 통해 한복의 문화적 가치를 알리고 공유함.

관련 논문
성인 기성복 패션한복 브랜드의 스타일 유형에 관한 연구(윤소정, 2023)

관련 도서
《한국 복식과 한복의 역사》, 박가영, 이경미, 한국방송통신대학교출판문화원
《한복을 입은 역사와 미디어》, 최정, 경춘사

관련 계열 및 학과
- 예체능계열: 한국복식과학학과, 섬유·패션디자인학과, 의상디자인학과, 패션디자인학과
- 사회계열: 역사학과, 문화인류학과, 복식문화학과, 전통공예학과, 문화콘텐츠디자인학과

관련 교과
- 공학계열: 섬유공학과, 컴퓨터공학과, 전자공학과, 신소재공학과

2022 개정 교육과정: 미술 창작, 미술과 매체, 미술 감상과 비평, 역사로 탐구하는 현대 세계, 사회와 문화

2015 개정 교육과정: 미술 창작, 미술 감상과 비평, 미술, 사회·문화, 기술·가정

화가가 사랑한 바다
정우철 | 오후의서재 | 2023

스타 도슨트 정우철의 해설과 함께 101점의 바다 그림을 감상할 수 있는 책이다. 각각의 화가들은 자신만의 스타일과 감성으로 바다를 그렸다. 저자는 바다 그림은 단순한 풍경화를 넘어서 각 화가들의 생애와 성격, 마음을 보여주는 거울 같은 역할을 한다고 설명한다. 화가들의 개성과 이야기에 대해 깊이 이해하고 감상할 수 있는 기회를 제공하는 책이다.

탐구 주제

주제1 화가들은 다양한 표현 방법과 기법을 사용하여 바다의 아름다움과 신비로움을 표현해 왔다. 모네의 〈인상, 일출〉, 고흐의 〈별이 빛나는 밤〉, 폴록의 〈바다〉 작품을 중심으로 바다를 표현하는 다양한 방법과 기법을 이해하고, 바다에 대한 화가들의 인식과 감정을 비교해 보자.

주제2 추상 작품은 감정, 움직임, 분위기 등을 강조하고, 실제 사물을 재현한 작품은 사물의 구체적인 요소를 표현한다. 사실주의 밀레의 〈이삭줍기〉와 추상화 몬드리안의 〈구성〉을 중심으로 차이점과 장단점을 비교하고, 예술가들이 자신의 의도와 메시지를 전달하는 방법을 글로 표현해 보자.

주제3 바다 환경 문제에 대한 예술가들의 역할과 책임에 관한 토의

주제4 바다 예술 작품의 상업화와 예술성 사이의 균형에 대한 토론

학생부 기록 예시 (교과세특)

바다를 소재로 한 작품을 감상하고 비교 분석하여 다양한 요소를 활용해 바다의 신비로움을 표현하는 방법을 탐구함. 클로드 모네, 빈센트 반 고흐, 잭슨 폴록의 작품을 통해 바다는 움직임, 빛, 분위기, 파도, 에너지 등 다양한 요소를 가지고 있기 때문에 표현하는 다양한 방법이 있음을 배움. 이러한 작품 분석을 통해 바다의 아름다움을 표현하는 다양한 방법을 이해하고 바다를 표현하는 연습을 지속함.

사실주의와 추상화의 대표적인 밀레의 '이삭줍기'와 몬드리안의 '구상' 작품을 비교하고 분석함으로써 사실주의와 추상화의 개념과 특징을 이해하고, 예술가들이 자신의 의도와 메시지를 시각적으로 표현하는 방법을 이해함. 또한 '예술가는 왜 농촌 노동자의 삶을 주제로 삼았을까?'와 '기하학적인 형태를 통해 어떤 느낌을 표현하고 싶었을까?'라는 주제로 학우들과의 토론을 통해 작가의 의도와 메세지를 더욱 깊이 있게 이해함.

관련 논문
미술관의 사회적 역할에 대한 탐색적 연구: 서울시립미술관 전시 사례를 중심으로(양지연, 김혜진, 2022)

관련 도서
《친절한 미술관》, 정연은, 북클로스
《그림 감상도 공부가 필요합니다》, 이명옥, 북커스

관련 계열 및 학과	• 예체능계열: 서양화과, 큐레이터학과, 미술학과, 현대미술학과, 미술콘텐츠학과
	• 인문계열: 고고미술사학과, 국어국문학과, 역사학과, 미학과, 문예창작학과, 교양학과
관련 교과	• 사회계열: 융합인재학과, 미디어커뮤니케이션학과, 디지털미디어학과, 방송미디어학과

2022 개정 교육과정: 미술과 매체, 미술 감상과 비평, 지식 재산 일반, 역사로 탐구하는 현대, 세계사

2015 개정 교육과정: 미술 감상과 비평, 미술 창작, 세계사, 세계지리, 프랑스어I

인문계열

사회계열

자연계열

공학계열

의약계열

예체능계열

교육계열

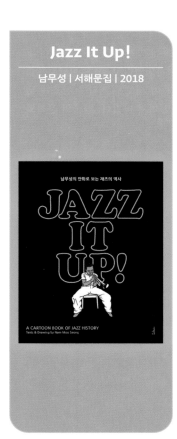

Jazz It Up!

남무성 | 서해문집 | 2018

재즈의 역사와 대표적인 뮤지션들을 만화로 풀어내 재즈에 한 걸음 다가갈 수 있는 책이다. 1900년대부터 시작하여 스윙, 비밥, 쿨재즈, 하드 밥, 프리재즈, 퓨전 재즈 등 다양한 재즈 스타일을 소개한다. 루이 암스트롱, 빌리 홀리데이, 찰리 파커, 마일스 데이비스 등 재즈계를 대표하는 거장들의 이야기를 통해 재즈에 대한 열정과 창의성을 느낄 수 있다.

탐구 주제

주제1 재즈는 미국에서 탄생한 음악으로 미국 대중문화의 중요한 부분을 차지하고 있다. 또한 다양한 장르의 음악뿐만 아니라 미국의 사회, 문화, 정치에도 영향을 미쳤다. 재즈가 미국 대중문화에 어떠한 방식으로 영향을 미쳤는지 탐구하고 토론해 보자.

주제2 재즈는 아프리카계 미국인들의 음악으로 인종 차별에 저항하고 평화와 화합을 추구하는 음악으로 사람들의 인식을 변화시키는 데 기여했다. 재즈가 인권과 평화운동에 어떠한 방식으로 영향을 미쳤는지 사례를 들어 분석하고 자신의 생각을 정립해 보자.

주제3 재즈가 포스트모더니즘을 반영해 온 방법 탐구

주제4 재즈는 현대 음악에 미친 영향 탐구하고 토의

학생부 기록 예시 (교과세특)

재즈가 미국 대중문화에 끼친 영향에 관심을 가지고 탐구를 진행함. 재즈는 스윙, 프리재즈 등 다양한 스타일로 발전하면서 팝, 록, 힙합 등 대중음악 장르에 영향을 주었고, 즉흥 연주, 리듬의 자유 등 음악적 특성이 현대 대중음악의 발전에 영향을 준 사실을 파악함. 또한 재즈 거장들이 인종 차별에 대한 인식 변화에 기여한 사례를 발표하며 재즈를 통해 인종 차별에 대한 문제를 공론화하고, 인식을 변화시키기 위한 토론을 진행함.

재즈의 인권과 평화 운동에 주목하고 탐구를 진행함. 재즈의 역사와 발전 과정, 재즈 거장들의 활동, 재즈가 인권과 평화 운동에 미친 영향에 대한 자료를 조사함. 루이 암스트롱, 엘라 피츠제럴드 등 재즈 거장들이 인종 차별에 대해 강력하게 비판한 사례들을 찾아 가사의 의미와 상황 등을 함께 발표함. 재즈가 인권과 평화 운동에 중요한 역할을 한 사실을 알고 재즈를 통해 인권과 평화 운동의 인식 변화를 위한 캠페인 계획을 수립함.

관련 논문

재즈 스탠다드(jazz standard) 개념의 기원과 미학적 원리 : 미적 범주들의 포괄적 정의를 위한 시론(남정우, 2022)

관련 도서

《어쩌다 보니 재즈를 듣게 되었습니다》, 이강휘, 42미디어콘텐츠
《재즈로 숨을 쉽니다》, 최수진, 아트레이크

관련 계열 및 학과
- 예체능계열 : 실용음악학과, 융합예술실용음악학과, K-POP학과, 성악과, 뮤지컬학과
- 인문계열 : 문예창작학과, 국어국문학과, 영어영문학과, 역사학과

관련 교과
- 사회계열 : 문화콘텐츠학과, 방송영상학과, 미디어학과, 문화예술경영학과, 공연기획학과

2022 개정 교육과정 : 음악 연주와 창작, 음악 감상과 비평, 음악과 미디어, 문학과 영상, 영미 문학 읽기

2015 개정 교육과정 : 음악 연주, 음악 감상과 비평, 음악, 영어권 문화, 연극

K-기악과 실크로드

구중회 | 한국민속극박물관 | 2022

이 책은 한국의 기악 형성과 발전 과정 그리고 세계 음악 문화에 끼친 영향을 다룬 책이다. 저자는 한국 기악이 불교의 전파와 함께 실크로드를 통해 전파되었다고 한다. 실크로드를 따라 이동한 불교 승려들은 한국 기악을 현지 문화와 결합하여 새로운 기악을 창조해 냈다. 이러한 과정을 통해 기악은 한국을 넘어 아시아 전역으로 퍼져 나갔다. 한국의 문화와 역사에 대한 이해를 넓히는 데 도움이 될 것이다.

탐구 주제

주제1 한국 기악의 전파와 발전은 한국 문화를 세계에 알리고 우수성을 알리는 데 기여했다. 한국의 전통 음악은 기악을 중심으로 발전해 왔고, 기악은 한국인의 정서와 감성에 깊이 뿌리 내려 있다. 한국 기악의 전파와 발전이 한국인의 생활 방식에 어떤 영향을 미쳤는지 탐구해 보자.

주제2 한국 기악의 보존과 발전을 위한 정책과 제도는 보존과 발전을 위한 중요한 과제다. 한국 기악은 한국 고유의 음악 문화를 대표하는 요소이며 한국 기악은 한국 문화의 세계화를 위한 중요한 수단이기도 하다. 한국 기악의 보존과 발전을 위한 정책과 제도의 필요성을 모색해 보자.

주제3 기악은 한국 고유의 음악인가에 대한 근거 제시

주제4 기악을 통한 한국과 세계의 문화 교류 방안

학생부 기록 예시 (교과세특)

한국 전통 음악의 역사와 기악의 발전 과정을 조사하고 한국 기악의 다양한 장르와 연주법에 대해 탐구함. 한국 기악의 전파와 발전이 한국인의 생활 방식에 미친 영향을 분석한 결과, 문화 생활의 다양성 증가와 한국 문화의 우수성 알리기에 기여했음을 알게 됨. 탐구 경험을 통해 한국 기악의 역사와 발전 과정에 대해 추가로 조사하고 '판소리와 기악의 만남' 공연을 감상하는 등 한국 문화에 대한 이해와 관심을 더욱 가짐.

한국 기악이 한국 문화의 세계화를 위한 중요한 수단이라는 것을 인식함. 한국 기악의 역사와 전통을 조사하고 현대적 발전 사례를 탐구·분석한 결과 기악의 보존과 발전을 위해서는 정책과 제도가 필요함을 알게 됨. 탐구 결과를 학우들과 공유하고 토론을 진행하여 기악의 디지털화와 온라인 보급 확대, 기악의 장르 간 융합과 발전 지원, 기악인의 권익 보호와 지원 확대라는 방안을 제시하고 이를 실현하기 위한 활동 계획을 수립함.

관련 논문

국악 기악교육의 발전방안에 대한 고찰-현악기를 중심으로(이소일, 오사민, 2022)

관련 도서

《정약용의 음악이론》, 김세중, 민속원
《그림으로 듣는 한국음악》, 조석연, 지금풍류

관련 계열 및 학과

- 예체능계열: 국악과, 한국음악학과, 전통공연예술학과, 전통연희학과, 음악학과
- 인문계열: 고고미술사학과, 국사학과, 역사학과, 동양사학과, 문화인류학과

관련 교과

- 사회계열: 문화재보존학과, 국제통상학과, 디지털미디어학과, 방송미디어학과

2022 개정 교육과정: 음악 연주와 창작, 음악 감상과 비평, 동아시아 역사 기행, 세계사, 사회와 문화

2015 개정 교육과정: 음악 연주, 음악 감상과 비평, 동아시아사, 세계사, 세계지리

인문계열

사회계열

자연계열

공학계열

의약계열

예체능계열

교육계열

MIT 음악수업
스가노 에리코 | 현익출판 | 2022

The Music Program in MIT

MIT 음악 수업

미래 교육을 위한
음악과 과학의 인문학적 융합

스가노 에리코 지음
한세희 옮김

AI 시대를 맞아 과학과 예술의 융합을 통한 창의적 문제 해결이 중요해지고 있다. 세계 최고의 공과대학 MIT는 음악 교육을 통해 창의적인 인재를 양성한다. 인간의 문화와 역사를 음악적으로 접근하는 '서양 음악사'부터 테크놀로지와 음악을 융합해 새로운 것을 만들어내는 '인터랙티브 뮤직 시스템'까지, 음악의 다양한 측면을 탐구할 수 있는 MIT의 음악 수업을 소개한다.

탐구 주제

주제1 음악과 과학은 서로 다른 영역이지만 창의적 문제 해결에 필요한 다양한 능력을 함양하는 데 도움이 된다. 미래 사회는 창의적 문제 해결 능력이 더욱 중요해질 것으로 예상된다. 음악과 과학의 융합을 통해 창의적 문제 해결이 가능해지는 구체적인 사례를 조사하고 발표해 보자.

주제2 인공지능은 이미 다양한 분야에서 혁신을 일으키고 있으며 음악 분야도 예외는 아니다. 인공지능은 음악 창작, 연주, 감상 등 다양한 영역에 활용될 수 있다. 인공지능이 음악에 미치는 구체적인 영향과 그 전망을 조사하고, 그에 따른 구체적인 도전과 과제를 논술해 보자.

주제3 음악이 환경 보호와 기후 변화에 대응 위한 기여 방안 토의

주제4 음악 교육이 개인의 삶에 미치는 영향 논술

학생부 기록 예시 (교과세특)

음악과 과학의 융합을 통한 창의적 문제 해결의 가능성을 조사하고 그 가능성을 실현하기 위한 방안을 모색함. 연구 자료, 뉴스 기사 등을 검토하고 사례를 분석함. 미국과 한국의 환경 단체가 음악을 이용해 진행한 환경 보호 캠페인, 홀로그램 콘서트와 가상현실 콘서트 등 음악이 사회에 기여 가능성을 확인함. 학우들과 음악을 이용하여 환경 문제에 대한 노래를 작곡하고, 영상을 제작하여 환경 보호 캠페인을 개최함.

인공지능이 음악에 미치는 영향과 전망에 대한 탐구 활동을 함. 연구자료, 뉴스 기사 등을 검토하고 인공지능을 이용한 음악 창작, 연주, 감상 등의 사례를 분석함. 음악 창작의 자동화, 개인화 등을 통해 음악의 창의성과 표현력 향상 가능성을 알게 됨. 인공지능의 음악 분야 활용이 가져올 사회적 현상까지 고려하여 창의적이고 깊이 있는 논술을 작성함. 음악에 대한 관심이 더욱 깊어져 새로운 음악적 시도를 하고 싶다는 소감을 밝힘.

관련 논문
4차 산업혁명시대 음악교육의 가치요소에 관한 연구(윤성원, 2021)

관련 도서
《수학이 사랑한 음악》, 니키타 브라긴스키, 생각지도
《음악에서의 AI와 포스트휴머니즘 미학》, 오희숙 외, 모노폴리

관련 계열 및 학과
- 예체능계열 : 음악학과, 음악교육학과, 음악치료학과, 공연예술학과, 뮤지컬학과
- 사회계열 : 사회학과, 문화콘텐츠학과, 심리학과, 법학과, 디지털미디어학과
- 공학계열 : 컴퓨터공학과, 전자공학과, 기계공학과, 인공지능학과, 게임공학과

관련 교과

2022 개정 교육과정 : 음악과 미디어, 음악 연주와 창작, 인공지능 기초, 데이터 과학, 정보

2015 개정 교육과정 : 음악 연주, 음악 감상과 비평, 인공지능 수학, 정보, 공학 일반

교육계열

순번	도서명	저자명	출판사명
1	10대와 통하는 기후 정의 이야기	권희중, 신승철	철수와영희
2	10대와 통하는 스포츠 이야기	탁민혁, 김윤진	철수와영희
3	곽재식의 유령 잡는 화학자	곽재식	김영사
4	괜찮아, 과학이야	임소정	필름
5	교사의 시선	김태현	교육과실천
6	그래서 우리는 음악을 듣는다	히사이시 조, 요로 다케시	현익출판
7	기후의 힘	박정재	바다출판사
8	나노화학	장홍제	휴머니스트
9	내 장은 왜 우울할까	윌리엄 데이비스	북트리거
10	넷플릭스 세계사	오애리, 이재덕	푸른숲
11	노 휴먼스 랜드	김정	창비
12	똑똑! 정치 클래스	이형석	북트리거
13	만일 물리학으로 세상을 볼 수 있다면	정창욱	콘텍트
14	메타버스	김상균	플랜비디자인
15	미끄러지는 말들	백승주	타인의사유
16	미디어 리터러시 쫌 아는 10대	금준경	풀빛
17	미적분의 쓸모	한화택	더퀘스트
18	불안을 이기는 철학	브리지드 딜레이니	더퀘스트
19	사계절 기억책	최원형	블랙피쉬
20	사진, 삶과 지리를 말하다	전국지리교사모임	푸른길
21	선생님, 오늘 체육 뭐해요?	성기백	학토재
22	세상에서 수학이 사라진다면	매트 파커	다산사이언스
23	세포부터 나일까? 언제부터 나일까?	이고은	창비
24	아름다운 혁명가 체 게바라	박영욱	자음과모음
25	아이가 사라지는 세상	조영태 외	김영사
26	안녕, 지구의 과학	소영무	에이도스
27	언어라는 세계	석주연	곰출판
28	언택트 교육의 미래	저스틴 라이시	문예출판사
29	열여덟을 위한 세계 혁명사	오준호	알렙
30	예술의 사회학적 읽기	최샛별, 김수정	동녘
31	왜요, 그 뉴스가 어때서요?	김청연	동녘
32	우아한 분자	장피에르 소바주	에코리브르
33	우주에서 전합니다, 당신의 동료로부터	노구치 소이치	알에이치코리아
34	우주탐사의 물리학	윤복원	동아시아
35	인간을 탐구하는 수업	사토 지에	다산북스
36	인간의 교육	프리드리히 프뢰벨	지식을만드는지식
37	젊은 교사에게 보내는 편지	조너선 코졸	문예출판사
38	지리 덕후가 떠먹여주는 풀코스 세계 지리	서지선	크루
39	지혜로운 교사는 어떻게 말하는가	칙 무어만, 낸시 웨버	한문화
40	창조적 인간으로 살아가기	최광진	현암사
41	책 제대로 읽는 법	정석현	씽크스마트
42	최고의 교육	로베르타 골린코프, 캐시 허시-파섹	예문아카이브
43	클래식 음악, 뭔데 이렇게 쉬워?	마카가와 유스케	리듬문고

인문계열

사회계열

자연계열

공학계열

의약계열

예체능계열

교육계열

10대와 통하는 기후 정의 이야기

권희중, 신승철 | 철수와영희 | 2021

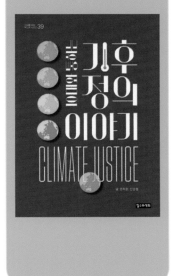

이 책은 기후 변화와 기후 위기가 무엇을 의미하는지, 기후 변화로 인해 지구에 무슨 일이 생기고 있는지 등을 다룬다. 또한 파리 협정과 국제 기후 협약, 재생 에너지, 그린 뉴딜, 기후 금융 등 탄소 중립을 위한 정책들에 대해서도 쉽게 설명하고 있다. 이 책을 통해 현실에서 기후 정의를 실현하고 기후 위기로 인한 파국을 막을 수 있는 방법들을 알 수 있다.

탐구 주제

주제1 기후 위기로 인해 생태, 재산, 인명 피해가 커지고 있는 상황에서 정부는 기후 위기에 적극적으로 대응하기 위한 대책을 마련하고 있다. 탄소 중립 목표 달성, 탄소 중립 경제로의 전환을 위한 정책들은 어떤 것이 있는지 탐구해 보자.

주제2 여름 폭염과 겨울 혹한은 심각한 기후 변화 때문이다. 이러한 기후 위기 속에 국제 사회는 기후 위기에 제대로 대처하지 않는 국가를 '기후 악당 국가'로 규정하고 있다. 청소년들이 생활 속에서 기후 위기에 대응하기 위해 실천할 수 있는 방법은 어떤 것이 있는지 토의해 보자.

주제3 기후 변화 교육을 위한 수업 방법 제시

주제4 기후 위기로 인해 발생하는 다양한 현상 탐구

학생부 기록 예시 (교과세특)

'10대와 통하는 기후 정의 이야기(권희중 외)'를 읽고 기후 위기의 원인과 대응 방안에 대해 논의함. 급증하는 이산화탄소로 인한 온실 효과로 기온이 상승하여 가뭄, 홍수, 폭염, 혹한 등의 이상기후가 발생하고 있다는 점을 지적. 국가적인 차원에서의 탄소 중립 정책도 중요하지만 생활 속에서 일회용품 사용 줄이기, 쓰레기 재활용하기 등 개인이 실천하는 노력도 중요하다는 의견을 제시함.

최근 심각해지고 있는 기후 위기 현상에 대해 우려하여 '10대와 통하는 기후 정의 이야기(권희중 외)'를 읽고 보고서를 작성함. 세계 곳곳에서 발생하는 홍수, 폭염, 혹한, 산불 등의 기후 변화는 개발을 위한 무분별한 자연환경 훼손이 원인임을 주장함. 자연은 인간의 소유물이 아니라 함께 공생하는 관계이므로 환경 보전과 개발 사이의 균형과 조화가 필요하며, 환경 의식 교육이 절실하다는 생각을 밝힘.

관련 논문

기후정의 실현을 위한 한국의 기후변화 원조 전략(남지민, 2009)

관련 도서

《파란하늘 빨간지구》, 조천호, 동아시아
《10대와 통하는 환경과 생태 이야기》, 최원형 외, 철수와영희

관련 계열 및 학과	• 교육계열: 사회교육과, 과학교육과, 물리교육과, 지구과학교육과, 환경교육과
	• 사회계열: 공공행정학과, 무역학과, 글로벌무역학과, 사회학과
관련 교과	• 자연계열: 대기과학과, 지구환경과학과, 환경학과, 생명환경학과, 해양생태환경학과

2022 개정 교육과정: 통합과학 1, 생명과학, 지구과학, 생태와 환경, 기후변화와 지속가능한 세계, 기후변화와 환경생태

2015 개정 교육과정: 통합과학, 생명과학 I, 지구과학 I, 생명과학 II, 지구과학 II, 융합과학

10대와 통하는 스포츠 이야기

탁민혁, 김윤진 | 철수와영희 | 2019

다양한 스포츠 이야기를 통해 스포츠의 역사와 문화, 불평등과 저항에 대해 말하는 책이다. 올림픽 순위, 육상 경기의 흑인 선수들, 월드컵 축구 대회에서의 영국의 출전 팀, 마라톤 대회에서의 여성 참여 등 스포츠에 관한 다양한 이야기를 다루고 있는 이 책을 통해 스포츠를 즐기고, 스포츠의 주인이 되기 위한 올바른 태도와 삶의 지혜를 배울 수 있다.

탐구 주제

주제1   체육교육의 중요성은 나날이 증가하고 있다. 다양한 스포츠 경험을 통해 학생들은 신체 능력을 기르고, 스스로 건강한 삶을 영위할 수 있는 지식과 기술을 익힌다. 이러한 체육교육이 세계 여러 나라에서는 어떻게 이루어지고 있는지 조사해 보자.

주제2   4차 산업 혁명 시대에는 신기술의 발전으로 인해 스포츠 세계도 큰 변화를 겪을 것으로 예상된다. 이러한 변화는 체육교육의 내용과 방법에도 영향을 줄 것이다. 4차 산업 혁명 이후 학교 체육교육은 어떻게 변화해야 할 것인지 토의해 보자.

주제3   인생 나이대별 스포츠의 역할 탐구

주제4   다문화 사회에서 스포츠 활용 방안 제시

학생부 기록 예시 (교과세특)

'10대와 통하는 스포츠 이야기(탁민혁 외)'를 읽고 스포츠 세계에 숨어 있는 편견과 차별에 대해 논의함. 세계적인 복싱 선수가 세계 챔피언 자리에 있을 때 정부로부터 참전 요구를 받았던 부분을 언급하며 스포츠는 인종, 국적과 상관없이 누구에게나 공평해야 한다고 주장함. 정부의 차별적인 요구에 굴하지 않고 평등을 위해 투쟁한 후 무죄를 얻은 복서의 확고한 신념과 의지가 존경스럽다는 생각을 나타냄.

'10대와 통하는 스포츠 이야기(탁민혁 외)'를 읽고 보고서를 작성함. 이 책의 '스포츠는 다 큰 어른이 되어서도 어린이의 마음으로 놀고 싶은 사람들이 만든 인류의 발명품'이라는 부분이 가장 인상적이었다고 밝힘. 이러한 스포츠의 속성을 활용하여 가정은 물론 사회와 국가의 남녀노소가 스포츠를 통해 소속감과 친밀감을 강화하는 데 이바지하는 체육인이 될 것이라는 진로 의지를 확고히 함.

관련 논문
미래 교육환경 변화에 대비한 스포츠교육 연구와 실천(고문수, 2020)

관련 도서
《스포츠, 네버엔딩 스토리》, 황용필, 이담북스,
《인공지능이 스포츠 심판이라면》, 스포츠문화연구소, 다른

관련 계열 및 학과	• 교육계열 : 체육교육과, 특수체육교육과, 초등교육과
	• 의약계열 : 작업치료학과, 재활학과, 스포츠재활학과, 운동재활학과
관련 교과	• 예체능계열 : 사회체육학과, 스포츠과학과, 스포츠레저학과, 체육학과, 스포츠상담재활학과

2022 개정 교육과정 : 체육 1, 체육 2, 운동과 건강, 스포츠 문화, 스포츠 과학, 스포츠 생활 1, 스포츠 생활 2

2015 개정 교육과정 : 체육, 운동과 건강, 스포츠 생활, 체육 탐구

인문계열

사회계열

자연계열

공학계열

의약계열

예체능계열

교육계열

곽재식의 유령 잡는 화학자

곽재식 | 김영사 | 2022

MBC〈심야괴담회〉에서 다양한 괴담과 미스터리 사건들을 파헤쳤던 곽재식 박사가 초자연 현상에 대한 과학적 원리를 전한다. 물귀신, 심령 사진, 악령 들린 인형, 점성술 등 우리를 휩쓸고 있는 다양한 두려움의 정체를 밝히며 괴담과 기이한 일에 과학적 지식을 더해 그 신비함의 베일을 벗긴다. 우리 주변의 초자연적인 현상을 과학적 분석을 통해 유쾌하게 풀어내는 책이다.

탐구 주제

주제1 이 책을 읽으면 다양한 초자연적인 현상들이 사실은 과학적으로 설명이 가능하다는 것을 알 수 있다. 막연히 신기하다고 여기던 기이한 현상에는 또 어떤 것들이 있는지 조사해 보고, 그 현상이 발생하게 된 이유를 과학적 근거를 들어 설명해 보자.

주제2 화학적 원리는 반도체, 에너지, 의약품 등 현대인의 삶 속 다양한 영역에서 직접적으로 혹은 간접적으로 활용되고 있다. 화학 물질이 인간들에게 주는 긍정적인 효과와 부정적인 효과는 어떤 것이 있는지 조사하여 발표해 보자.

주제3 화학을 활용한 식량 문제 해결 방안 제시

주제4 화학 수업을 위한 효과적인 동기부여 방법 탐구

학생부 기록 예시 (교과세특)

'곽재식의 유령 잡는 화학자(곽재식)'를 읽고 기이하고 모호해 보이는 것도 얼마든지 과학적인 설명이 가능하다는 것을 깨닫고, 저자가 제시한 사례 이외에 막연히 신기하게만 여기던 현상에는 어떤 것들이 있는지 살펴봄. 수학여행 중 찍었던 사진에서 친구의 눈이 빨갛게 보여 무서워했던 적이 있다는 경험을 말하며 이러한 사진 속 눈의 적목 현상을 과학적 근거를 들어 친구들에게 설명하여 큰 호응을 얻음.

'곽재식의 유령 잡는 화학자(곽재식)'를 읽고 보고서를 작성함. 혼자 탄 엘리베이터에서 갑자기 정원 초과 벨이 울리는 이유, 흉가에 다녀온 후 이유 없이 몸이 아픈 이유, 창백한 얼굴에 검은 갓을 쓴 저승사자의 정체 등을 과학적으로 설명한 것을 매우 흥미롭게 여김. 다양한 초자연적인 현상을 학습의 동기부여를 위한 소재로 활용하여 딱딱하게 느껴지는 과학 공부에 대한 학습 효과를 높였다고 평가함.

관련 논문

남한과 북한의 화학교육 내용 요소 비교 연구(민병욱, 박현주, 2022)

관련 도서

《세상에서 가장 재미있는 화학》, 크레이그 크리들 외, 궁리출판
《화학이란 무엇인가》, 피터 앳킨스, 사이언스북스

관련 계열 및 학과
- 교육계열: 과학교육과, 생물교육과, 화학교육과
- 자연계열: 화학과, 물리학과, 반도체물리학과, 응용물리학과, 미생물학과

관련 교과
- 공학계열: 화학공학과, 그린화학공학과, 화장품공학과, 환경공학과

2022 개정 교육과정: 통합과학 1, 통합과학 2, 화학, 화학 반응의 세계
2015 개정 교육과정: 통합과학, 화학 I, 화학 II, 과학사, 생활과 과학, 융합과학

괜찮아, 과학이야

임소정 | 필름 | 2022

과학을 통해 삶의 방향성을 찾아가는 작가의 근거 있는 해법을 담고 있는 책이다. 저자는 부모의 그늘에서 벗어날 수 없다고 생각할 때 쌍둥이 유전자의 발현을 보여 주고, 절망을 이겨내는 방법으로 단어 암기 실험의 결과를 들려준다. 삶에서 부딪히는 복잡한 감정과 고민의 실마리를 과학에서 찾으며 위로를 건네 독자들에게 감동을 전하고 있다.

탐구 주제

주제1 지구상의 모든 생물은 유전자를 지니고 있고, 다양한 유전 형질에 의해 부모와 자녀는 많이 닮았다. 하지만 부모와 자녀의 모든 특징이 똑같이 일치하지는 않는다. 유전 이외에 인간의 특성과 발달에 영향을 주는 요소에는 어떤 것들이 있는지 토론해 보자.

주제2 요즘 반려동물뿐만 아니라 반려식물에 대한 관심이 어느 때보다 뜨겁다. 실내 장식으로만 여겨졌던 식물이 키우는 즐거움을 넘어 정서적 교감의 대상이 된 것이다. 반려 식물의 종류에는 어떤 것들이 있는지 조사하고 어떤 장점이 있는지 탐구해 보자.

주제3 유전자의 정의와 역할 조사하기

주제4 문학적 소양과 과학, 융합 교육 방법 연구

학생부 기록 예시 (교과세특)

'괜찮아, 과학이야(임소정)'를 읽고 객관적인 사실을 바탕으로 풀어내는 다른 과학 도서와는 달리 사람의 감성을 건드리며 과학을 이해하도록 돕는 책이라는 내용의 소감문을 작성함. 특히 유전적 독립 부분에서 부모에게서 물려받은 유전자가 나의 외모를 결정할 수도 있지만 나의 전부가 부모에게 물려받은 것은 아닌 것을 언급하며 확고한 의지나 교육을 통해 더욱 성숙한 자신이 되기 위해 노력하겠다는 능동적인 태도를 보임.

'괜찮아, 과학이야(임소정)'를 읽고 관상용 식물에 대해 자신이 가지고 있던 생각을 반성하고 바로 잡는 계기를 가짐. 관상용 식물이 어떤 환경에 있어야 하는지는 고려하지 않은 채 어디에 두어야 예쁜지만 생각해 왔던 것을 깨닫고, 더 이상 관상용 식물을 인테리어 소품으로 여기지 않고 이동하지 않을 뿐이지 다른 생물과 같이 역동적으로 주변 환경에 반응하는 생명체로 인식하겠다는 생각을 밝힘.

관련 논문
무기력의 심리에 관한 신경과학적 접근(정은, 신민정, 2014)

관련 도서
《객관성의 칼날》, 찰스 길리스피, 새물결
《과학 도시락》, 김정훈, 은행나무

관련 계열 및 학과	• 교육계열: 과학교육과, 물리교육과, 생물교육과, 화학교육과, 환경교육과
	• 인문계열: 심리학과, 상담심리학과, 사회복지상담심리학과, 청소년상담심리학과, 인류학과
관련 교과	• 자연계열: 농생물학과, 생명과학과, 식물생명과학과, 원예생명과학과, 식물자원학과

2022 개정 교육과정: 통합과학 1, 통합과학 2, 과학탐구실험 1, 과학탐구실험 2

2015 개정 교육과정: 통합과학, 과학탐구실험, 생활과 과학, 융합과학

인문계열

사회계열

자연계열

공학계열

의약계열

예체능계열

교육계열

교사의 시선

김태현 | 교육과실천 | 2020

《교사의 시선》은 교사들이 자신의 내면을 세우고 수업을 성찰하며, 일상에서 잃어버린 자기 자신을 되찾도록 도와주는 책이다. 이 책의 저자는 교사가 매일 경험하는 일상과 그 가치를 깊이 들여다 보며, 교사이기 이전에 한 인간으로서 겪어야 하는 보편적인 고통에 대해서도 생각해 본다. 교육에 대한 새로운 시선을 제시하며 교육의 미래에 대한 담론을 다루고 있다.

탐구 주제

주제1 문명이 발전하기 위해서는 사람들이 습득하는 기술이 향상되어야 하고 학교 현장에서도 상응하는 교육이 이루어져야 한다. 하지만 무엇을 가르치든지 변하지 말아야 할 가치들이 있다. 참교육의 밑바탕이 되는 교육의 기본 가치에는 어떤 것들이 있는지 논의해 보자.

주제2 코로나19는 사회, 경제, 문화, 종교 등 다양한 방면에 영향을 끼쳤다. 교육도 예외가 아니다. 수업 방법, 수업 도구 등 학교 현장도 큰 변화를 겪었다. 코로나19가 가져온 학교교육의 변화를 조사하고, 긍정적인 변화와 부정적인 변화에 대해 탐구해 보자.

주제3 교사가 가져야 할 자질 조사하기

주제4 학생과 교사의 상호 인권 보장을 위한 방안 고찰

학생부 기록 예시 (교과세특)

희망 진로 분야인 교육 관련 도서를 꾸준히 읽음. '교사의 시선(김태현)'을 읽고 교육자가 잊지 말아야 할 기본 가치에 대해 생각하는 시간을 가짐. 급변하는 시대에 교사는 다양한 기술과 지식을 습득하며 끊임없이 성장해야 한다는 압박을 받고 있음을 지적하며, 학생들과의 교감, 서로의 마음을 이해하는 공감 등 교육에서 가장 중요하고도 기본적인 가치를 잊지 말아야 할 것을 강조함.

'교사의 시선(김태현)'을 읽고 교사가 가져야 할 자질과 역할에 대해 보고서를 작성하고 발표함. 학습 목표에 맞게 수업을 디자인하고 적절한 수업 도구를 활용하여 학생 수준에 맞게 효율적으로 내용을 전달하는 것도 교사가 해야 할 일이지만, 교육자로서 인간이 어떻게 살아가고 있고 앞으로 살아갈 것인지를 깊이 있게 성찰하는 시선을 가지는 것이 교사의 본질적인 자질임을 설득력 있는 자세로 주장함.

관련 논문
미래 교사교육에서의 교육심리학의 역할 (최지영, 2015)

관련 도서
《그림의 진심》, 김태현, 교육과실천
《가르칠 수 있는 용기》, 파커 J. 파머, 한문화

관련 계열 및 학과

- 교육계열: 교육학과, 아동교육학과, 아동심리교육학과, 미술교육과, 초등교육과
- 인문계열: 상담심리학과, 심리학과, 청소년상담심리학과, 철학과

관련 교과

- 사회계열: 공공인재학과, 문화콘텐츠학과, 사회학과

2022 개정 교육과정: 공통국어 1, 공통국어 2, 화법과 언어, 직무 의사소통, 인간과 심리, 교육의 이해

2015 개정 교육과정: 국어, 화법과 작문, 독서, 문학, 진로와 직업, 심화 국어, 심리학, 교육학

그래서 우리는 음악을 듣는다

히사이시 조, 요로 다케시 |
현익출판 | 2023

현대 클래식 음악가 히사이시 조와 뇌과학자인 요로 다케시가 함께한 책이다. 음악과 뇌과학의 교차로에서 인간과 사회를 바라보며 음악을 비롯한 예술, 과학, 철학, 사회학 등 다양한 분야를 다룬다. 유쾌하면서도 예리한 두 거장의 대화는 현대 사회를 살아가는 우리의 모습을 돌아보게 한다. 히사이시 조의 음악적 사상과 음악과 인간을 잇는 섬세하고도 감각적인 연결고리에 흥미를 느끼는 이들에게 추천한다.

탐구 주제

주제1 옛날부터 사람들은 음악과 함께 살아 왔다. 가사를 통해 즐거움과 위로를 얻기도 하고, 음악의 선율만으로도 에너지를 얻고 감동하기도 한다. 자신이 좋아했던 음악을 떠오려 보고 음악 제목, 좋아하는 이유, 관련된 에피소드 등에 대해 이야기해 보자.

주제2 최근 과학자들이 음악을 듣는 사람의 뇌파를 측정하고 분석한 뒤 인공지능을 활용하여 그 사람이 들은 음악을 그대로 재현한 일이 이슈가 되고 있다. 음악의 가사, 리듬, 하모니 등 음악적 요소들을 처리하는 뇌의 부위와 뇌파의 변화에 대해 조사하고 발표해 보자.

주제3 음악의 종류와 역사에 대한 탐구

주제4 다양한 도구를 활용하여 나만의 음악 만들기

학생부 기록 예시 (교과세특)

'그래서 우리는 음악을 듣는다(히사이시 조 외)'를 읽고 자신이 살아 오면서 음악에 감동한 순간을 떠올림. 아버지 자동차에서 흘러 나오던 노래 선율에 자신도 모르게 흐느꼈던 경험의 이유를 설명할 수 없었는데 책을 통해 '음악은 언어로 명확하게 표현할 수 없는 예술'이라는 문구에서 해답을 찾았다고 표현함. 학생들에게 말로 설명할 수 없는 감동을 주는 음악의 매력을 알리는 교사가 되고 싶다는 포부를 밝힘.

'그래서 우리는 음악을 듣는다(히사이시 조 외)'를 읽고 뇌과학과 음악의 관련성에 깊은 흥미를 느끼고 심화 탐구활동을 함. 인공지능을 활용해 인간의 뇌를 분석하여 노래를 재현한 내용의 신문 기사를 읽고 노래 가사, 리듬, 하모니 등 음악적 요소를 처리하는 뇌의 부위와 뇌파의 변화에 대해 명확하게 알기 위해 관련 서적과 논문을 찾으며 궁금증을 해결하는 모습에서 깊은 탐구력과 자기주도학습 역량을 확인함.

관련 논문
인공지능(AI) 음악생성기(Music Generator)의 발달에 따른 음악창작교육의 지향(박은비, 양종모, 2023)

관련 도서
《완전한 연주》, 캐니 워너, 현익출판
《케이팝의 시간》, 태양비, 지노

관련 계열 및 학과
· 교육계열: 음악교육과, 교육학과, 초등교육과, 윤리교육과, 유아교육과, 과학교육과

· 사회계열: 관광학과, 광고홍보학과, 문화콘텐츠학과, 미디어커뮤니케이션학과, 신문방송학과

관련 교과
· 예체능계열: 관현악과, 뮤지컬학과, 방송연예과, 성악과, 실용음악학과, 음악학과, 작곡과

2022 개정 교육과정: 음악, 음악 연주와 창작, 음악 감상과 비평, 음악과 미디어, 인간과 심리, 교육의 이해, 생명과학

2015 개정 교육과정: 음악, 음악 연주, 음악 감상과 비평, 사회·문화, 철학, 심리학, 교육학, 생명과학

인문계열

사회계열

자연계열

공학계열

의약계열

예체능계열

교육계열

기후의 힘

박정재 | 바다출판사 | 2021

한반도의 기후와 환경, 인류의 역사를 하나로 엮어 한반도의 탄생을 다룬 책이다. 인류의 진화와 이동, 인류의 한반도 유입, 농경 문화의 전파, 송국리 문화의 일본 전파, 홍경래의 난 등 구체적인 사례들을 통해 기후가 늘 우리의 운명을 결정해 왔다는 것을 보여 주고 있다. 지구 온난화의 위협이 현실로 다가온 지금, 모두가 한 번쯤은 살펴야 할 필독서이다.

탐구 주제

주제1 기후는 인류의 발전에 다양하고 광범위하게 영향을 미친다. 기후의 변화는 우리가 먹는 음식, 입는 옷, 사는 건물뿐만 아니라 동물과 식물을 포함한 생태계의 모습도 변화시킨다. 기후의 변화가 가져온 우리 사회의 변화 모습을 조사하고 발표해 보자.

주제2 최근 일본 정부는 원전의 오염수 저장 탱크의 포화 상태를 이유로 후쿠시마 오염수의 해양 방류를 결정했다. 후쿠시마 오염수의 개념, 오염수가 생긴 원인, 우리나라에 미칠 영향에 대해 조사하고 후쿠시마 오염수 방류를 주제로 찬반 토론을 진행해 보자.

주제3 해수면 상승 원인과 대책 조사하기

주제4 지속 가능한 환경 조성을 위한 실천 규약 작성하기

학생부 기록 예시 (교과세특)

'기후의 힘(박정재)'을 읽고 인류의 역사에 기후가 큰 영향을 끼쳤다는 내용의 보고서를 작성함. 과거 한반도에서의 인간 거주 시작과 농경의 기원과 전파, 고대 사회의 흥망성쇠가 한반도 기후의 역사에 기인함을 설명함. 특히 동북아시아의 가뭄, 폭우, 지진 등의 기후 변화에 대응하던 과거 사람들의 모습에서 앞으로 미래에 닥쳐올 기후 변화에 따른 우리의 모습을 예견하고 위기 의식을 가져야 한다고 주장함.

지구온난화로 인한 기후 변화를 우려하며 '기후의 힘(박정재)'을 읽음. 인간의 역사는 기후의 역사와 함께한다는 사실을 절감하고, 지속 가능한 환경을 조성하기 위해 노력하겠다는 의지를 나타냄. 모둠원들과 함께 환경 보호를 위해 화학 비료와 농약을 사용하지 않고 재배된 유기농 식품을 섭취하고, 샤워 시간을 단축하는 습관을 갖겠다는 등의 실천 규약을 작성하고 함께 구호를 외침.

관련 논문
고등학생들의 기후변화 소양 조사-기후변화 관련 과학 개념을 중심으로(이세연 외, 2021)

관련 도서
《두 번째 지구는 없다》, 타일러 라쉬, 알에이치코리아
《지구는 괜찮아, 우리가 문제지》, 곽재식, 어크로스

관련 계열 및 학과

- 교육계열: 환경교육과, 과학교육과, 교육학과, 역사교육학과, 지리교육과, 지구과학교육과
- 인문계열: 사학과, 인류학과, 고고인류학과, 고고문화인류학과, 문화인류학과, 철학과
- 자연계열: 농생물학과, 대기과학과, 동물자원과학과, 생명과학과, 화학과, 환경학과

관련 교과

2022 개정 교육과정: 통합과학 1, 통합과학 2, 지구과학, 지구시스템과학, 기후변화와 환경생태

2015 개정 교육과정: 통합과학, 생명과학Ⅰ, 지구과학Ⅰ, 지구과학Ⅱ, 융합과학

나노화학

장홍제 | 휴머니스트 | 2023

미래를 결정짓는 작은 화학인 나노 물질에 대해 쉽고 친절하게 설명하는 책이다. 나노미터 단위의 물질이 우리의 삶과 미래를 어떻게 바꾸고 있는지, 나노 화학의 원리와 가능성, 의료, 환경, 에너지, 전자산업 등 다양한 분야에서의 활용과 전망을 다루고 있다. 미래를 준비하는데 필수적인 지식들이 담겨 있어 나노 과학에 대한 이해를 넓히고자 하는 사람들에게 추천한다.

탐구 주제

주제1   인류의 사회와 경제를 뒤바꾸고 있는 나노 과학 기술의 핵심에는 나노 화학이 있다. 의료산업, 전자산업, 환경, 식품, 에너지 분야 등에서 다양하게 나노 화학이 활용되고 있다. 언급한 각 분야에서의 나노 화학 활용 사례를 조사해 보자.

주제2   일상생활 속에서 나노 기술의 활용도가 높아짐에 따라 나노 기술에 대한 사람들의 인식도 점점 높아지고 있다. 나노 기술의 역사, 나노 입자 관찰, 나노 물질 합성과 특성 등 나노 화학 기초 이론을 학습한 후 나노 기술의 긍정적인 영향과 부정적인 영향에 대해 탐구해 보자.

주제3   나노 기술을 활용한 에너지 효율 향상 방안

주제4   플라스틱 재활용을 위한 최신 기술 조사하기

학생부 기록 예시 (교과세특)

‘나노화학(장홍제)’을 읽고 나노 기술이 의료, 에너지, 환경 등 다양한 부분에서 활용된다는 사실을 알게 되었다고 이야기함. 특히 나노 로봇을 이용하여 약물을 운반하고 암세포만 공격하여 부작용 없이 암을 치료하는 내용이 흥미로웠다고 표현함. 정전기로 전기를 만들고 물속 중금속을 제거하는 나노 기술을 예로 언급하며 이론적으로만 느꼈던 화학이 실용적인 학문임을 깨닫게 되었다는 생각을 밝힘.

‘나노화학(장홍제)’을 읽고 생활 속에 다양하게 활용되는 나노 기술에 대한 기초이론을 익히고, 나노 기술의 영향에 대해 조사함. 의료, 에너지, 환경 부분에서 긍정적인 효과가 있는 것은 인정하지만, 나노물질의 호흡기나 피부를 통한 인체 유입, 나노 물질의 체내 축적 등의 부작용도 있음을 지적하며 과학 기술의 발전에 따른 이면의 부정적인 영향도 숙지하고 주의해야 한다고 주장함.

관련 논문

나노재료기술의 윤리적 고찰과 관련 정책제안(이정일 외, 2010)

관련 도서

《숫자로 끝내는 화학 100》, 조엘 레비, GBrain
《물리·화학 대백과 사전》, 사와 노부유키, 동양북스

관련 계열 및 학과

- 교육계열: 화학교육과, 과학교육과, 물리교육과

- 자연계열: 물리학과, 나노전자물리학과, 응용물리학과, 분자생물학과, 화학과

관련 교과

- 공학계열: 산업공학과, 신소재공학과, 나노신소재공학과, 에너지공학과, 화학공학과

2022 개정 교육과정: 통합과학 1, 통합과학 2, 화학, 화학 반응의 세계, 융합과학 탐구

2015 개정 교육과정: 통합과학, 물리학 I, 화학 I, 화학 II, 융합과학

인문계열

사회계열

자연계열

공학계열

의약계열

예체능계열

교육계열

내 장은 왜 우울할까

윌리엄 데이비스 | 북트리거 |
2023

이 책은 장 건강의 중요성을 강조하며 현대인의 생활 방식이 어떻게 우리 위장 속 미생물
군 구성을 무너뜨렸는지를 알기 쉽게 설명하고, 그로 인해 초래되는 과민대장증후군, 노
화, 비만, 당뇨병 등의 질병에 대해 다룬다. 장내 미생물 불균형을 해결할 수 있는 4주 프로
그램과 건강한 식단 및 장보기 목록도 제공하고 있어 건강한 삶을 추구하는 사람에게 매우
유용한 책이다.

탐구 주제

주제1 사람의 장 속에는 다양한 미생물이 살고 있다. 이 중에는 인체에 이로운 역할을
하는 미생물들도 있고 해로운 역할을 하는 미생물도 있다. 사람의 장 속에 사는
미생물의 종류를 조사하고, 이러한 미생물이 생기는 원인과 인체에 주는 영향을
조사하여 발표해 보자.

주제2 장내 미생물군과 뇌의 연관성에 대한 연구들이 늘어나고 있다. 장 속 미생물과
면역세포의 상호작용이 정신 건강에 영향을 준다는 것이다. 장 속의 미생물을
'장 속의 뇌', '제2의 뇌'로 부르기도 한다. 장내 미생물과 뇌와의 연관성을 보여
주는 사례와 그 원리를 연구해 보자.

주제3 장 속 미생물과 공생 방법 탐구

주제4 뇌 건강에 영향을 주는 다양한 요인 조사

학생부 기록 예시 (교과세특)

'내 장은 왜 우울할까(윌리엄 데이비스)'를 읽고 장의 미생물이
단순히 인체의 배변활동뿐만 아니라 뇌 건강에도 영향을 준다
는 사실을 깨달았다는 소감을 발표함. 장내 미생물이 인간의 낙
관적인 생각, 다른 사람들에 대한 공감력, 사회적 상호작용 능력
에도 중요한 작용을 하고 인간의 노화와 장수의 요인이 될 수 있
다는 것을 새롭게 알게 되었다며 장 속 미생물과 뇌가 연결되는
원리에 신비로움과 경이로움을 표현함.

'내 장은 왜 우울할까(윌리엄 데이비스)'를 읽고 자신의 식습관
을 점검하고 건강한 음식 섭취를 위한 실천 방법을 알게 됨. 인
스턴트 음식과 패스트푸드를 즐겨 먹는 현재의 식습관이 해로
운 미생물로 위장관 전체를 채우고 염증 반응을 일으키는 원인
이 되었다는 것을 깨달음. 인체에 유익한 미생물의 증식을 위해
서는 건강한 음식을 먹는 것이 중요함을 유념하여 일상생활 속
에서 균형 있는 식사를 할 것을 다짐함.

관련 논문

장내 미생물이 비만에 대한 상호 작용 및 효과에 대한 통찰(박진한 외, 2021)

관련 도서

《생명은 어떻게 작동하는가》, 박문호, 김영사
《와일드 후드》, 바버라 내터슨 호로위츠, 캐스린 바워스, 쌤앤파커스

관련 계열 및 학과	• 교육계열: 생물교육과, 과학교육과, 물리교육과, 화학교육과
	• 사회계열: 동물자원과학과, 미생물학과, 생명과학과, 생물학과, 화학과, 응용화학과
관련 교과	• 공학계열: 생명공학과, 융합생명공학과, 의생명공학과, 식품공학과, 화학공학과

2022 개정 교육과정: 통합과학 1, 통합과학 2, 생명과학, 화학, 물질과 에너지, 세포와 물질대사

2015 개정 교육과정: 통합과학, 과학탐구실험, 화학 I, 생명과학 I, 화학 II, 생명과학 II

넷플릭스 세계사
오애리, 이재덕 | 푸른숲 | 2023

미국, 멕시코, 스웨덴 등 세계 각국에서 제작된 20편의 콘텐츠를 통해 인종 차별, 빈부 격차, 전쟁, 테러, 사상으로 인한 갈등 등 오늘날의 세계 이슈를 어렵지 않게 다루고 있는 책이다. 국내외에서 찬사를 받은 영화와 다큐멘터리에 등장한 세계사의 가장 특별하고 중요한 순간들을 담고 있어 더욱 흥미롭다. 영상을 즐기는 재미와 함께 세계사를 배울 수 있는 좋은 책이다.

탐구 주제

주제1 학교 수업에도 다양한 영상이 활용된다. 영상을 이용하여 학생들에게 수업에 대한 동기를 부여하거나, 수업의 몰입도를 높여 학습효과를 향상시키기도 한다. 영상이 학교 교육의 어떤 분야에서 어떻게 활용되고 있는지 사례를 조사하고 장단점을 토의해 보자.

주제2 국내 OTT산업은 빠르게 성장하고 있다. OTT 서비스는 인터넷을 통해 방송 프로그램, 영화, 뉴스 등 각종 미디어 콘텐츠를 제공하는 서비스이다. 이러한 OTT 서비스를 수업에 활용할 수 있는 방법을 탐구해 보고 OTT 콘텐츠 하나를 선택해 수업지도안을 작성해 보자.

주제3 현대판 노예 제도의 원인과 해결 방안 연구

주제4 대중 매체 속에 드러난 인종 차별 양상 탐색

학생부 기록 예시 (교과세특)

'넷플릭스 세계사(오애리 외)'를 읽고 평소 즐겨 보던 영화나 드라마의 역사적 배경과 진실들을 알게 되어 좀 더 깊이 있게 세계의 역사를 이해하게 되었다고 이야기함. 특히 흑인과 인디언을 향한 차별적 행위를 배경으로 한 작품에서 인디언들이 권리를 지키기 위해 투쟁해 왔던 여정을 확인하며 인종 차별에 대한 아픔을 느꼈고, 한국 사회의 이주민에 대한 차별적인 시선에 대해 되돌아보게 되었다는 소감을 밝힘.

'넷플릭스 세계사(오애리 외)'를 읽고 미래의 역사 교사로서 온라인 동영상 서비스 플랫폼 콘텐츠는 학생들의 학습 효과를 향상할 수 있는 훌륭한 수업자료가 될 것이라는 생각을 나타냄. 세계의 역사적 사건들을 텍스트 자료만으로 전달하기보다는 생생한 영상 자료를 활용하면 학습 동기를 올리고, 사건의 흐름을 이해하는 데 훨씬 도움이 될 것이라고 말하고 영상 하나를 선택하여 수업지도안을 작성하겠다는 계획을 나타냄.

관련 논문
미디어 콘텐츠 속 한·중·일 젊은 세대의 역사문화갈등과 대안모색(김기덕, 2011)

관련 도서
《영화보다, 세계사》, 송영심, 풀빛
《썬킴의 영화로 들여다보는 역사》, 썬킴, 시공아트

관련 계열 및 학과
- 교육계열: 역사교육과, 교육학과, 사회교육과, 윤리교육과
- 인문계열: 사학과, 인류학과, 철학과

관련 교과
- 사회계열: 문화콘텐츠학과, 미디어커뮤니케이션학과, 신문방송학과, 언론정보학과, 정치외교학과

2022 개정 교육과정: 통합사회 1, 통합사회 2, 세계사, 사회와 문화, 현대사회와 윤리, 역사로 탐구하는 현대 세계

2015 개정 교육과정: 통합사회, 세계사, 동아시아사, 정치와 법, 사회·문화, 사회문제 탐구

인문계열

사회계열

자연계열

공학계열

의약계열

예체능계열

교육계열

노 휴먼스 랜드

김정 | 창비 | 2023

이 책은 한국형 기후 소설로, 아무도 없는 서울에 나타난 정체불명의 존재들과 기후 난민 청소년 '미아'가 멸망한 한국에서 겪는 모험을 다룬 작품이다. 빠르게 전개되는 서사와 독보적인 상상력으로 몰입감을 선사하며, 전 지구적 규모로 펼쳐지는 흥미진진한 서사와 기후 재난 속에서 분투하는 인물들의 모습이 인상적이다. 기후 위기 시대를 살아가는 우리에게 서늘한 공감을 불러일으키는 책이다.

탐구 주제

주제1 소설 속에서는 노 휴먼스 랜드의 야생화가 기후 위기 완화에 크게 기여한다. 지구의 더 많은 육지를 노 휴먼스 랜드로 지정할수록 더 빨리 지구가 회복하는 원리이다. 노 휴먼스 랜드의 지구 치유 방법을 과학적 근거를 들어 설명해 보자.

주제2 소설의 배경이 되는 기후 재난은 우리에게 시급한 기후 위기 문제에 대해 고민하게 한다. 전 지구적 폭염, 한파, 가뭄, 홍수, 허리케인과 산불은 더 이상 먼 미래의 일이 아니다. 최근 중요한 화두로 등장하고 있는 '기후 불평등'의 사례와 해결 방안에 대해 토의해 보자.

주제3 과학 기술의 양면성에 대한 사례 찾기

주제4 과학과 자연의 관계에 대한 인식론적 주장 고찰

학생부 기록 예시 (교과세특)

'노 휴먼스 랜드(김정)'를 읽고 기후 위기가 현실화된 세상의 비참한 모습과 자연이 지구의 인간에게 던지는 기후 재난에 대한 강한 경고의 메시지를 확인할 수 있었다는 소감문을 작성함. 특히 식량 생산량의 급감과 치명적인 대기근으로 인한 기후 난민 발생은 미래의 일이 아닌 이미 현실의 문제라고 지적하며 지구가 아무도 살지 않는 땅이 되기 전에 환경 보존을 위한 대책을 세워야 함을 주장함.

'노 휴먼스 랜드(김정)' 속 황폐해진 지구의 모습을 보고 자연과 인간의 관계를 숙고한 후 과학 기술의 발전, 지구 온난화, 이상 기후의 확산 등은 현대인의 자연에 대한 의식 문제에서 출발한다고 발표함. 자연을 인간 편의를 위한 도구로 인식하기보다는 자연이 없으면 인간의 생존이 위협받는 사실을 명심하고 인류의 지속적인 생존을 위해 생태계와 조화를 이뤄 내야 한다는 의견을 제시함.

관련 논문

기후, 에너지 및 환경 위기시대의 지질과학의 역할(이진용, 2021)

관련 도서

《지구 끝의 온실》, 김초엽, 자이언트북스
《달빛소녀와 죽음의 도시》, 박기복, 행복한나무

관련 계열 및 학과	• 교육계열 : 환경교육과, 지구과학교육과, 과학교육과, 교육학과, 생물교육과, 윤리교육과
	• 사회계열 : 문화콘텐츠학과, 사회학과, 지리학과, 신문방송학과
관련 교과	• 공학계열 : 생명공학과, 화학공학과, 환경공학과

2022 개정 교육과정 : 통합과학 1, 통합과학 2, 생명과학, 지구과학, 기후변화와 환경생태

2015 개정 교육과정 : 통합과학, 생명과학 I, 지구과학 I, 생명과학 II, 지구과학 II, 생활과 과학

똑똑! 정치 클래스

이형석 | 북트리거 | 2023

이 책에는 "공부를 왜 할까?"라는 자녀의 물음에 공부하는 이유에 대해 납득할 만한 이야기를 들려주고 싶었던 저자의 마음이 담겨 있다. 〈오징어 게임〉, 〈기생충〉부터 방탄소년단, 블랙핑크, 뉴진스, 피아니스트 임윤찬의 활약에 이르기까지 생생한 사례를 소개하면서 공부와 정치를 긴밀하게 연결하고, 청소년의 삶과 관련한 정치의 역할과 기능을 알기 쉽게 알려 준다.

탐구 주제

주제1 정치로 경제적 불평등을 해소하는 방법에 대한 찬반이 갈리고 있다. 부의 분배를 시장의 원리에만 맡기면 빈익빈 부익부 현상이 심해진다는 입장과 기업이 자유롭게 이윤을 추구하여 매출이 늘어나면 국민 전체에게 돌아가는 몫도 커진다는 입장으로 나누어 토론해 보자.

주제2 정치는 어른들만의 이야기가 아니다. 우리 눈앞에 놓인 공부, 입시, 진학도 정치에 의해 만들어진 것이다. 이렇게 청소년의 삶과 일상에 정치는 가까이 있다. 매체를 통해 보았거나 생활 속에서 경험했던 정치 이야기를 떠올려 보고 정치의 역할에 대해 발표해 보자.

주제3 미세 플라스틱 저감을 위한 정책 방안

주제4 국내 정치가 외교 정책 의사결정에 미치는 영향 고찰

학생부 기록 예시 (교과세특)

'똑똑! 정치 클래스(이형석)'를 읽고 경제적 불평을 해소하는 방법에 대한 토론에 참여함. 심해지는 경제적 양극화를 줄이기 위해 정부가 적극적으로 개입해야 한다는 입장에서 자신의 주장을 펼침. 시장의 원리에만 맡기면 빈익빈 부익부 현상이 심화할 것이기 때문에 부자와 기업을 상대로 세금을 더 많이 걷고, 경쟁이 어려운 중소기업과 노동자, 사회적 약자의 이익을 보호하는 공공서비스를 확대해야 한다고 역설함.

'똑똑! 정치 클래스(이형석)'를 읽고 영화 속에 나타난 제도의 불평등에 대해 비판하고 정치가 가져야 할 역할에 대해 생각해 봄. 영화 '히든 피겨스'의 주인공은 능력이 뛰어남에도 흑인 여자라는 이유로 능력을 펼치기 어려웠던 것을 언급하며 자신이 선택할 수 없는 인종과 성에 의해 차별받는 것은 옳지 않음을 지적하고 정치 제도는 빈부, 성, 인종, 노소 등과 상관없이 공정하게 적용되어야 한다고 주장함.

관련 논문

청소년 정치참여의 의미와 학교교육의 방향(남미자, 장아름, 2020)

관련 도서

《평등에 숨겨진 이야기》, 황규성, 내일을여는책
《수상한 질문, 위험한 생각들》, 강양구, 북트리거

관련 계열 및 학과	· 교육계열: 사회교육과, 교육학과, 역사교육과, 윤리교육과, 초등교육과
	· 인문계열: 사학과, 심리학과, 인류학과, 철학과, 문헌정보학과, 문예창작학과, 문화재학과
관련 교과	· 사회계열: 사회학과, 정치외교학과, 공공인재학과, 공공행정학과, 문화콘텐츠학과

2022 개정 교육과정: 통합사회 1, 통합사회 2, 사회와 문화, 현대사회와 윤리, 정치, 법과 사회, 사회문제 탐구

2015 개정 교육과정: 통합사회, 정치와 법, 사회·문화, 생활과 윤리, 사회문제 탐구, 교육학

만일 물리학으로 세상을 볼 수 있다면
정창욱 | 콘택트 | 2023

우리의 생활을 과학의 관점으로 관심을 기울이고 관찰하면 보이지 않는 것들을 발견할 수 있다. 이 책은 일상의 숨은 과학적 원리와 최소한의 물리 지식을 바탕으로 우리가 사는 삶, 물질, 우주에 질문을 던지며 절대적 과학 법칙은 없으며 과학이 삶을 위해 존재할 때 가치가 있음을 말한다. 과학은 정답이 있는 것이 아닌 과정과 태도 그 자체이고 지식이 아닌 지혜를 얻는 과정임을 이야기하는 책이다.

탐구 주제

주제1 우리는 생활 속에서 물리적 순간을 경험하며 살아간다. 그러나 물리적 순간을 포착하고 호기심을 제기하기보다는 무심코 넘겨 버리는 경우가 대부분이다. 과학자의 시선으로 일상생활을 되돌아보고 물리적 순간을 포착해 사례를 찾아 과학적 원리로 설명해 보자.

주제2 최근 유튜브 과학 채널과 과학 커뮤니케이터가 인기를 끌며 과학에 대한 대중적인 관심이 늘어나고 인공지능의 등장, 챗 GPT의 개발 등 과학 기술도 하루하루 발전하고 있다. 최첨단 과학 기술의 시대에 과학적 윤리가 필요한 이유를 알아보자.

주제3 LED의 원리와 성능 탐구

주제4 물리적 원리를 이용하는 수업 방법 연구

학생부 기록 예시 (교과세특)

'만일 물리학으로 세상을 볼 수 있다면(정창욱)'을 읽고 과학자의 눈은 특별한 실험을 통해서가 아니라 일상에서 시작한다는 것을 깨달았다는 내용의 소감문을 작성함. 공감과 고유 진동수 원리, 인간 생존 법칙과 용수철 법칙, 남녀평등과 대칭성의 원리 등 일상에서 물리학의 원리가 작동되고 있음이 매우 흥미로웠고 작은 관심만 기울인다면 과학적으로 세상을 바라보기가 어렵지 않음을 알게 되었다는 생각을 밝힘.

'만일 물리학으로 세상을 볼 수 있다면(정창욱)'을 읽고 과학 기술의 윤리적 책임 문제에 대해 조사함. 현대 과학 기술이 전문화되고 개인과 사회에 대한 영향력이 증가하면서 과학 기술 윤리도 함께 중요해지고 있음을 언급하며, 유전자 조작 기술, 인공지능 기술의 개발 등이 가져오는 효과만을 강조하기보다 과학 기술의 보급에 따른 환경 오염이나 인권 침해 문제 등의 부작용을 충분히 검토하고 대처해야 한다고 주장함.

관련 논문
물리 교육을 위한 ChatGPT 활용 방안 탐색 : 고등학교와 일반물리 수업 중심으로(김주인, 유훈, 2023)

관련 도서
《물리는 어떻게 진화했는가》, 알베르트 아인슈타인, 레오폴트 인펠트, 서커스
《양자역학 이야기》, 팀 제임스, 한빛비즈

관련 계열 및 학과
• 교육계열 : 물리교육과, 과학교육과, 교육학과, 생물교육과, 지구과학교육과, 윤리교육과
• 자연계열 : 대기과학과, 물리학과, 분자생물학과, 생명과학과, 지구환경과학과, 천문우주학과
• 공학계열 : 반도체공학과, 생명공학과, 에너지공학과, 전자공학과, 환경우주공학과

관련 교과
2022 개정 교육과정 : 통합과학 1, 통합과학 2, 물리학, 지구과학, 역학과 에너지, 물질과 에너지
2015 개정 교육과정 : 통합과학, 과학탐구실험, 물리학 I, 지구과학 I, 물리학 II, 지구과학 II, 융합과학, 교육학

메타버스

김상균 | 플랜비디자인 | 2020

> 디지털 지구, 뜨는 것들의 세상
> # 메타버스
> 김상균 지음
> METAVERSE
> 당신은 메타버스에 살고 있는가?
> 늦기 전에 디지털 지구―메타버스에 올라타라

이 책은 IT 기술의 발전으로 우리가 살아가는 세상이 어떻게 변화하는지를 다루는 책이다. 메타버스의 기본 개념과 각 영역을 쉽게 설명하고, 실제 IT 서비스와 기업의 사례를 들어 소개하고 있다. 메타버스가 인간에게 새로운 기회와 흥미를 제공하는 세상으로 작동할 수 있는 가능성을 보여 주면서, 현실 세계의 인간에게 영향을 미치는 부분에 대해서도 생각해 볼 수 있도록 도와주는 책이다.

탐구 주제

주제1 최근 한 교육청에서 '교육용 메타버스 공간 및 활용 지원 자료'를 개발하고 보급한다고 밝혔다. 메타버스와 에듀테크를 활용하여 디지털 교육의 저변 확대를 지원하고 교실 수업을 개선하기 위해서이다. 메타버스와 에듀테크 활용 학교 교육 프로그램 개발 방안에 대해 연구해 보자.

주제2 기술의 발전과 함께 메타버스가 주목받으며 메타버스를 통한 온라인 게임, 플랫폼 서비스 등 디지털 세계로의 영역이 확장되고 있다. 그러나 메타버스의 긍정적 활용을 위해서는 문제점과 부작용도 알고 있어야 한다. 메타버스의 부작용은 어떤 것이 있는지 조사해 보자.

주제3 메타버스와 관련된 기술과 직업 탐색

주제4 메타버스의 개념, 종류, 활용 방안 연구

학생부 기록 예시 (교과세특)

'메타버스(김상균)'를 읽고 교사 희망 학생으로서 메타버스와 에듀테크 활용 학교 교육 방법에 대한 탐구를 진행함. 메타버스 활용 수업은 영상 기반 원격 수업을 넘어 가상현실 기술을 적용하여 현장감 있는 자료를 제공하고 수업의 참여도를 높여 교육 격차를 줄이는 데 효과 있음을 밝힘. 그러나 현실 세계의 공감과 소통을 기반으로 메타버스를 활용하는 것은 좋지만 메타버스 교육으로의 전적인 전환에 대해서는 우려를 표함.

'메타버스(김상균)'를 읽고 메타버스의 교육, 경제적 측면의 긍정적인 효과는 부각되지만 부작용은 간과되고 있다는 점을 지적함. 특히 청소년기에 메타버스 활동에 깊이 빠져들면 현실 세계를 등한시하고 아바타와 현실의 자기 모습 사이에 혼란을 일으키는 등의 사회적 문제가 될 수 있다고 주장함. 메타버스 콘텐츠의 지적 재산권 침해 문제, 저작권 사용료 문제, 개인정보 유출 문제, 성범죄 등도 해결해야 할 과제임을 밝힘.

관련 논문

메타버스 교육 플랫폼에 관한 연구: 사례 분석과 제언(나해찬 외, 2022)

관련 도서

《챗GPT 메타버스와 미디어》, 미래방송연구회, 북스타
《메타버스의 시대》, 이시한, 다산북스

관련 계열 및 학과	• 교육계열: 교육공학과, 교육학과, 기술교육과, 사회교육과, 윤리교육과, 컴퓨터교육과
	• 사회계열: 경영학과, 경제학과, 금융보험학과, 무역학과, 사회학과, 소비자학과
관련 교과	• 공학계열: 소프트웨어공학과, 소프트웨어학과, 정보보안학과, 정보통신공학과, 컴퓨터공학과

2022 개정 교육과정: 기술·가정, 정보, 로봇과 공학세계, 인공지능 기초, 데이터 과학, 소프트웨어와 생활

2015 개정 교육과정: 기술·가정, 정보, 공학 일반, 창의 경영, 교육학, 심리학, 진로와 직업

인문계열

사회계열

자연계열

공학계열

의약계열

예체능계열

교육계열

미끄러지는 말들

백승주 | 타인의사유 | 2022

사회언어학자가 너무나 익숙한 한국어를 '외계인'의 눈으로 바라보며 다양한 한국어들을 발견하는 일상 언어 관찰기이다. '다라이', '벤또', '빵꾸', '구루마' 같은 말이 식민 시대의 잔재인지, 지역 방언인지에 대해 의문을 제기하는 등 수많은 의심과 탐구를 통해 성별, 연령, 국가 등 다양한 언어 사용자들이 살아가는 사회와 삶의 얽히고설킨 관계를 섬세하게 들여다보고 있다.

탐구 주제

주제1 남북한의 언어는 '한글'이라는 같은 뿌리를 가지고 있다. 그러나 분단 이후 남한과 북한의 언어는 지역, 정치 체제 및 이념, 언어 정책 등의 차이로 인해 점차 달라지고 있다. 남북한 언어를 비교하고, 남북한 언어의 차이를 극복하는 방법에 대해 탐구해 보자.

주제2 우리의 삶은 정보 혁명으로 바뀌고 있다. 정보와 매체의 변화는 사고의 변화, 의식의 변화를 초래하여 세대 간, 계층 간, 성별 간 소통이 어려운 사회를 만들고 있다. 이러한 시대에 국어 정책과 국어 교육이 어떤 방향으로 나아가야 할지 토론해 보자.

주제3 외래어와 외국어 차이점 연구

주제4 다문화 학생을 위한 한국어교육 방안 탐구

학생부 기록 예시 (교과세특)

'미끄러지는 말들(백승주)'을 읽고 일상적으로 사용하는 단어의 의미와 유래에 대해 다시 한번 생각하게 되었다는 소감을 밝힘. '공갈빵', '커밍아웃', '주린이' 등의 단어는 혐오와 차별의 단어인데 재미있다는 이유로 자연스럽게 사용되고 이 외에도 방언, 외국어, 외래어가 다양하게 섞여 한국 사회의 언어가 되고 있음을 알게 됨. 자신이 평소 사용하는 단어에서 상대방을 깎아내리거나 배제하는 언어가 없는지 반성하는 계기가 됨.

'미끄러지는 말들(백승주)'을 읽고 미래 국어교육자로서 매체 변화 시대의 국어 정책 및 교육의 방향에 대해 조사해 봄. 매체의 다양화와 소통 방식의 변화에 따라 세대, 계층, 성별 간 소통이 어려운 사회가 되고 있음을 지적하며 매체 언어 실태를 정확하게 조사한 후 욕설이나 비방 같은 무례 언어를 사용하지 않도록 윤리적 인식교육과 협상하고 조정하는 화법교육이 강화되어야 한다고 발표함.

관련 논문

한국어 교육을 위한 한국어 교육 정책 연구(조현용, 2018)

관련 도서

《어느 언어학자의 문맹 체류기》, 백승주, 은행나무
《감정 어휘》, 유선경, 앤의서재

관련 계열 및 학과

- 교육계열: 국어교육과, 교육학과, 사회교육과, 초등교육과, 한문교육과
- 인문계열: 국어국문학과, 문예창작학과, 심리학과, 언어학과, 인류학과, 철학과
- 사회계열: 문화콘텐츠학과, 미디어커뮤니케이션학과, 사회학과, 신문방송학과, 언론정보학과

관련 교과

2022 개정 교육과정: 공통국어 1, 공통국어 2, 화법과 언어, 독서와 작문, 문학, 문학과 영상, 언어생활 탐구

2015 개정 교육과정: 국어, 화법과 작문, 언어와 매체, 독서, 문학, 실용 국어, 심화 국어, 교육학

미디어 리터러시 쫌 아는 10대

금준경 | 풀빛 | 2020

청소년들의 미디어 이해도를 높이고 미디어 문해력을 기르기 위한 방법을 제시하는 책이다. 가짜 뉴스와 나쁜 뉴스를 가려내 좋은 뉴스를 골라 읽는 방법, 미디어 속에 감춰진 편견과 차별 의식, 혐오 표현에 대한 경각심을 기르는 이야기들을 담고 있다. 미디어 사용자로서 능동적인 태도를 가지기 위한 크고 작은 행동의 요령을 제안하며 청소년들이 현대 사회를 현명하게 살아갈 수 있도록 돕는 책이다.

탐구 주제

주제1 정보가 범람하는 시대에 살아남는 도구는 미디어 리터러시이다. 미디어 리터러시는 사람들이 미디어 메시지를 해석하고 비판적으로 평가하는 능력이다. 미디어 리터러시의 중요성을 탐구하고, 미디어 리터러시를 향상시키기 위한 전략에 대해 논의해 보자.

주제2 텔레비전, 신문, 잡지 등 광고 매체는 다양하다. 그러나 최근 인터넷 디지털 매체의 광고가 꾸준히 증가하는 추세이다. 디지털 매체를 통한 광고가 증가하는 원인을 조사하고, 디지털 매체를 통한 광고의 사례를 조사하여 발표해 보자.

주제3 능동적 미디어 사용자 행동 요령

주제4 인공지능과 미디어의 관련성 연구

학생부 기록 예시 (교과세특)

'미디어 리터러시 쫌 아는 10대(금준경)'를 읽고 미디어가 전하는 뉴스와 광고를 비판적으로 읽는 능력의 중요성을 확인하게 되었다는 소감을 밝힘. 친구가 공유한 기사는 올바른 정보라고 인식하고 다른 친구에게 공유했던 일, 사진과 영상은 객관적인 자료라고 믿었던 일을 떠올리며 왜곡된 사실이나 편견과 선입견을 가진 정보가 아닌지 판단하는 시각을 길러야 한다는 의견을 제시함.

'미디어 리터러시 쫌 아는 10대(금준경)'를 읽고 우리는 단순히 미디어 이용자가 아니라 콘텐츠의 정보 제공자이므로 올바른 미디어 사용자로서 책임감 있는 행동을 해야 함을 주장함. 우리가 사용하는 4세대 소셜미디어는 쌍방향 다대다 방식의 소통이므로 자신이 남긴 글과 영상은 타인에게 영향을 주고, 자칫 피해를 줄 수 있기에 좋은 콘텐츠를 소비하고 생산하기 위한 공동체적 책임을 가져야 한다고 역설함.

관련 논문

미디어 교육 경험과 미디어 리터러시가 비판적 사고 성향에 미치는 영향: 중고등학생의 사례를 중심으로(이원섭, 2014)

관련 도서

《미디어 리터러시 수업》, 김광희 외, 휴머니스트
《뉴스를 보는 눈》, 구본권, 풀빛

관련 계열 및 학과	• 교육계열: 사회교육과, 교육학과, 교육공학과, 윤리교육과, 초등교육과
	• 인문계열: 국어국문학과, 문예창작학과, 문헌정보학과, 심리학과, 언어학과, 철학과
관련 교과	• 사회계열: 광고홍보학과, 언론정보학과, 미디어커뮤니케이션학과, 법학과, 사회학과

2022 개정 교육과정: 통합사회 1, 통합사회 2, 사회와 문화, 법과 사회, 사회문제 탐구, 교육의 이해

2015 개정 교육과정: 통합사회, 사회·문화, 생활과 윤리, 사회문제 탐구, 심리학, 교육학

인문계열

사회계열

자연계열

공학계열

의약계열

예체능계열

교육계열

미적분의 쓸모

한화택 | 더퀘스트 | 2022

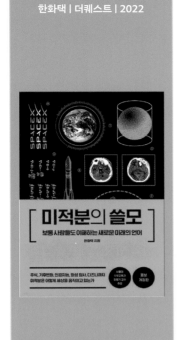

수학에 대한 두려움을 떨치고 미적분을 비롯한 수학의 개념을 충분히 이해할 수 있도록 도와주는 책이다. 우주공학, 컴퓨터그래픽 등 세상에서 일어나고 있는 변화를 미적분으로 바라보고 풀어내며 공학을 전공하지 않은 사람들도 미적분의 개념만큼은 충분히 이해할 수 있도록 쉽게 설명되어 있다. 수학의 활용 범위를 넓혀 주고 수학에 대한 두려움을 덜어내는 데 도움이 되는 좋은 안내서이다.

탐구 주제

주제1 세상 속에 존재하는 것들은 모두 변화한다. 미적분으로 사고하면 이러한 과학, 자연, 사회 현상 등의 변화를 이해할 수 있기에 미적분을 세상의 변화를 설명하는 언어라고 부르기도 한다. 생활 속 미적분 활용 사례를 조사하여 보고서를 작성해 보자.

주제2 지속 가능한 사회를 만들기 위한 연구들이 활발히 진행되고 있다. 사회의 다양한 쟁점을 이해하고 해결하기 위해서는 사회, 윤리, 수학, 지구과학, 환경 분야와 융합된 지식이 필요할 것이다. 미래의 교육학자로서 지속 가능한 사회를 위한 수업을 설계해 보자.

주제3 의료 분야 미적분 활용 사례 조사

주제4 4차 산업 혁명 시대 미적분 활용 방안 연구

학생부 기록 예시 (교과세특)

'미적분의 쓸모(한화택)'를 읽고 수학이 이론 학문이 아니라 실용 학문이라는 것을 깨닫게 되었다는 소감을 밝힘. 지금까지 수학 문제를 풀어 오면서 '수학을 어디에 사용할 수 있을까?'라는 생각을 자주 해 왔지만, 책을 통해 코로나 확진자 수의 예측, 만화 영화 속 인물의 자연스러운 움직임 연출 등 실생활의 다양한 분야에서 미적분 원리가 활용됨을 알게 되어 수학 공부에 강한 동기부여가 되었다고 표현함.

'미적분의 쓸모(한화택)'를 읽고 4차 산업 혁명 시대의 미적분 활용 방안에 대해 심화 탐구를 진행하여 자율주행 자동차의 경로 계획, 제어 시스템, 속도 제어, 최적화 등을 위해 미적분이 활용되는 원리를 자세하게 조사하고 발표함. 차량의 현재 속도와 목표 속도 사이의 오차를 계산하고 미분을 통해 가속도를 조절하는 제어 시스템이 특히 흥미로웠고 직접 자율주행 자동차를 제작하고 싶다는 생각을 밝힘.

관련 논문
학습자 중심의 미적분 교육과정과 교실 문화 (권오남 외, 2015)

관련 도서
《수학이 필요한 순간》, 김민형, 인플루엔셜
《미적분의 힘》, 스티븐 스트로가츠, 해나무

관련 계열 및 학과	• 교육계열: 수학교육과, 교육학과, 교육공학과, 컴퓨터교육과, 과학교육과, 사회교육과
	• 사회계열: 경영학과, AI빅데이터융합경영학과, 경제학과, 금융보험학과, 무역학과, 세무학과
관련 교과	• 공학계열: 건축공학과, 건축학과, 기계공학과, 반도체공학과, 산업공학과, 항공우주공학과

2022 개정 교육과정: 공통수학 1, 공통수학 2, 기본수학 1, 기본수학 2, 미적분 I, 미적분 II, 수학과제 탐구

2015 개정 교육과정: 수학 I, 수학 II, 미적분, 기하, 인공지능 수학, 실용수학, 수학과제 탐구

불안을 이기는 철학

브리지드 딜레이니 | 더퀘스트 |
2022

이 책은 스토아 철학을 통해 감정과 생각으로부터 자유로워지는 방법을 소개하는 책이다. 저자는 세네카, 에픽테토스, 아우렐리우스의 지혜를 통해 걱정과 불안을 덜어 주는 순간을 경험할 수 있도록 도와준다. 우리를 우울하게 만드는 일상에서 스토아 철학을 적용하고 경험한 변화를 담고 있다. 나를 흔드는 감정과 생각들로부터 자유로워지길 원하는 이에게 추천한다.

탐구 주제

주제1 사회는 선천적으로 타고난 특성이 다른 사람들로 구성되어 있다. 이렇게 다른 사람들을 이해하고 조화를 이루며 살아가기 위해서는 먼저 자신의 성격에 대해 성찰해 볼 필요가 있다. 자신의 장단점을 파악하고 단점을 극복하기 위해 어떠한 노력을 할 수 있는지 생각해 보자.

주제2 인생은 항상 굴곡이 있다. 항상 행복한 것도 아니고 항상 불행한 것도 아니다. 인생 그래프는 상승할 때도 있으며 하강할 때도 있다. 자신의 인생 그래프를 그려 보고, 불행했던 순간을 극복하게 된 힘이 무엇이었는지 성찰해 보자.

주제3 동서양 철학자 비교 고찰

주제4 포스트 코로나 시대 교육 정책과 학교의 변화

학생부 기록 예시 (교과세특)

'불안을 이기는 철학(브리지드 딜레이니)'을 읽고 자신의 장단점을 분석하는 시간을 가짐. 한 번 이해한 것은 장기간 정확하게 기억한다는 점을 자신의 장점으로 내세웠으나, 이에 반해 이해하지 못한 것은 암기력이 현저히 떨어지는 것을 단점으로 제시함. 단점 극복을 위해 평소 독서를 통해 이해력을 향상하고, 교과 공부 시 개념 정리를 확실히 하고 원리를 이해하기 위해 노력하겠다는 전략을 세움.

'불안을 이기는 철학(브리지드 딜레이니)'을 읽고 인생 곡선을 그리는 활동에 참여하여 자신의 과거와 현재 및 미래의 모습을 성찰함. 인생은 기쁨, 슬픔, 분노, 희망 등의 순간이 함께 있음을 확인하며 기쁨의 순간에 자만하지 않고, 슬픔의 순간에도 희망을 믿고 포기하지 않아야겠다는 소감을 나타냄. 감정 기복이 큰 사람이 되기보다 일정하게 안정감을 느끼는 삶의 기술을 익히기 위해 노력하겠다는 의지를 밝힘.

관련 논문

인성교육의 실천적 조건-스토아 철학의 '자기 배려'(조수경, 2015)

관련 도서

《더 좋은 삶을 위한 철학》, 마이클 슈어, 김영사
《인생이 막막할 땐 스토아 철학》, 요나스 잘츠게버, 시프

관련 계열 및 학과	• 교육계열: 윤리교육과, 가정교육과, 교육학과, 아동보육학과, 유아교육과, 특수교육과
	• 인문계열: 철학과, 상담심리학과, 심리학과, 교육심리학과, 인류학과, 종교학과
관련 교과	• 사회계열: 경영학과, 문화콘텐츠학과, 사회복지학과, 사회학과, 소비자학과, 정치외교학과

2022 개정 교육과정: 통합사회 1, 통합사회 2, 현대사회와 윤리, 윤리와 사상, 인문학과 윤리, 윤리문제 탐구

2015 개정 교육과정: 통합사회, 생활과 윤리, 윤리와 사상, 고전과 윤리, 철학, 심리학, 교육학, 종교학

인문계열

사회계열

자연계열

공학계열

의약계열

예체능계열

교육계열

사계절 기억책

최원형 | 블랙피쉬 | 2023

생태, 환경, 에너지 전문가인 저자가 사라져 가는 존재들을 기억하기 위해 희미해지는 계절을 담아낸 책이다. 자연 속 크고 작은 생명들의 생명력 넘치는 이야기와 직접 그린 100여 점의 세밀화가 함께 수록되어 있다. 인간의 욕심으로 고통받거나 사라져가는 자연의 존재들에 주목하며, 기후 위기와 멸종 위기로부터 자연을 지켜 가겠다는 일념으로 펴낸 책이다.

탐구 주제

주제1 무분별한 개발과 소비로 인한 기후 위기 상황에서 환경을 보호하기 위한 다양한 시도가 있다. 이 중 도시 생태 복원 사업은 도시 내 훼손된 생태계를 복원해 생물 다양성 감소와 기후 환경 문제 해결을 도모하기 위한 사업이다. 성공적인 도시 생태 복원 사업의 사례를 조사해 보자.

주제2 생물 다양성이란 지구상의 생물종 다양성, 생물이 서식하는 생태계의 다양성, 생물이 지닌 유전자의 다양성을 총체적으로 지칭하는 말이다. 이러한 생물 다양성은 지구에 중요한 역할을 하고 있다. 생물 다양성이 지구에게 왜 중요한지 토의해 보자.

주제3 기후 변화와 ESG 경영 사례 조사

주제4 생물 다양성을 위한 국가적, 개인적 방안 고찰

학생부 기록 예시 (교과세특)

'사계절 기억책(최원형)'을 읽고 생물의 다양성이 무엇을 의미하며 지구에 어떤 역할을 하는지 조사함. 이 활동을 통해 기후가 생물의 다양성에 영향을 주지만 생물 또한 기후를 조절하는 기능을 함으로써 이상 기후를 예방하는 효과가 있다는 것을 알게 됨. 생물 다양성은 환경 오염 물질을 흡수하고 분해하여 대기와 수질 정화에 결정적 역할을 하므로 자연 기반 탄소흡수원인 생물의 다양성 보존을 반드시 지켜야 한다고 역설함.

'사계절 기억책(최원형)'을 읽고 기후 위기로 인한 폭염, 폭우 등의 이상 기상 현상이 생물을 다양성을 훼손하고 생물의 멸종은 지구의 생존과 직결되므로 환경 보존을 위한 대책이 절실함을 지각함. 길어진 여름과 겨울로 봄과 가을이 짧아지는 현상은 인간의 삶에만 영향을 미치는 것이 아니라 지구의 모든 생명체에 영향을 주므로 생태계 복원을 위한 국가적, 개인적 차원의 노력이 시급함을 주장함.

관련 논문
자연과의 공생과 연대, 그리고 제휴기술(조영준, 2016)

관련 도서
《인간 없는 세상》, 앨런 와이즈먼, 알에이치코리아
《공생, 멸종, 진화》, 이정모, 나무나무

관련 계열 및 학과
- 교육계열: 환경교육과, 지구과학교육과, 과학교육과, 교육학과, 생물교육과, 윤리교육과
- 인문계열: 문예창작학과, 상담심리학과, 심리학과, 교육심리학과, 인류학과, 철학과
- 자연계열: 환경학과, 원예학과, 농생물학과, 동물자원과학과, 생명과학과, 지구환경과학과

관련 교과

2022 개정 교육과정: 기후변화와 환경생태, 통합과학 1, 통합과학 2, 생명과학, 독서와 작문, 생태와 환경

2015 개정 교육과정: 환경, 통합과학, 생명과학 I, 생명과학 II, 화법과 작문, 문학, 교육학

사진, 삶과 지리를 말하다

전국지리교사모임 | 푸른길 | 2021

이 책은 지리 교사들이 찍은 259장의 지리 사진을 통해 세상에 대한 이야기를 전달하는 책이다. 현장에서 찍은 사진들을 통해 지리적인 지식을 쉽게 습득할 수 있으며 지리 교육을 즐겁고 흥미롭게 만들어 줄 수 있다. 세상 밖에서 마주친 지리 사진 속에 담긴 이야기를 통해 지리적 안목을 길러 보자.

탐구 주제

주제1 이 책에 나오는 259장의 사진을 통해 자연과 인간에 대한 따뜻한 마음과 지리 현상에 대한 깊은 이해를 느낄 수 있다. 책 속의 사진을 한 장 한 장 유심히 살펴보고 가장 인상 깊은 사진을 고르고 이유를 설명해 보자.

주제2 길 속에 세상이 있다. 지리 속에 담긴 세상 이야기를 통해 지리적 안목을 기를 수 있다. 국내외 매력적인 생태 및 자연 여행을 주제로 소개하고 싶은 지역을 선정하고, 그 지역의 지형, 교통, 역사, 경제, 문화재 현황 등 매력적인 가치를 조사하여 발표해 보자.

주제3 사진 활용 지리 수업 설계

주제4 국내외 생태 보호 구역 사례 연구

학생부 기록 예시 (교과세특)

'사진, 삶과 지리를 말하다(전국지리교사모임)'를 읽고 책에 수록된 259장의 사진 중 가장 인상 깊은 사진을 고르는 활동에 참여함. 가장 인상 깊은 사진으로 표지 사진을 고르고, 그 이유로 학교를 마치고 풀밭 사이 비포장도로를 따라 집으로 돌아가는 학생들을 담은 사진에서 평화로움을 느꼈고, 지구상의 모든 생명체에게 집은 돌아갈 편안한 휴식처이고, 자연은 곧 인간의 집이라는 생각이 들어서라고 밝힘.

'사진, 삶과 지리를 말하다(전국지리교사모임)'를 읽고 국내 매력적인 자연 여행 장소로 순천만을 조사하고 발표함. 순천만의 습지는 우리나라 갯벌 가운데 염습지가 남아있는 유일한 갯벌이므로 자연생태사 측면에서 높은 보존 가치를 지니고 있음을 소개함. 특히 흑두루미를 비롯한 세계적으로 희귀한 멸종위기 조류들이 순천만습지에서 서식하고 있을 뿐만 아니라 인간과 자연의 공생을 위한 중요한 해양자원임을 밝힘.

관련 논문

지역의 자연환경 분석과 지리교육에의 적용(공우석, 2005)

관련 도서

《지리의 쓸모》, 전국지리교사모임, 한빛라이프
《세상을 담는 여행지리》, 김인철 외, 푸른길

관련 계열 및 학과

- 교육계열: 지리교육과, 지구과학교육과, 과학교육과, 미술교육과, 생물교육과, 환경교육과
- 자연계열: 농생물학과, 대기과학과, 산림학과, 조경학과, 지구환경과학과, 환경학과
- 공학계열: 건축학과, 교통공학과, 토목공학과, 건축공학과, 도시공학과, 환경공학과

관련 교과

2022 개정 교육과정: 통합사회 1, 통합사회 2, 세계시민과 지리, 한국지리 탐구, 여행지리, 지구과학

2015 개정 교육과정: 통합사회, 한국지리, 세계지리, 여행지리, 지구과학 I, 지구과학 II, 교육학, 환경

인문계열

사회계열

자연계열

의학계열

이의약계열

예체능계열

교육계열

선생님, 오늘 체육 뭐해요?

성기백 | 학토재 | 2023

열정기백쌤이 10년 이상의 체육 수업 경험을 바탕으로 쓴 책으로, 체육에 진심인 아이들과 신나게 수업하고 싶은 예비교사에게 추천한다. 체육 수업의 방향, 방법, 활동을 꼼꼼하게 담고 있으며 유튜브 채널 '열정기백쌤'에서 함께 나눈 교사들의 진지한 고민과 솔루션도 다루고 있다. 이 책을 읽고 나면 아침마다 "선생님, 오늘 체육 뭐해요?"라고 묻는 아이들의 초롱초롱한 눈을 보며 당당히 대답할 수 있을 것이다.

탐구 주제

주제1 최근 체육교육에 대한 관심이 높아지고 있다. 지금까지 우리가 받아온 체육 시간을 떠올려 보자. 축구, 피구, 배구, 배드민턴 등 다양한 스포츠 기술과 정신을 배웠을 것이다. 체육 시간에 했던 활동 중 기억에 남는 스포츠 활동을 제시하고 이유를 설명해 보자.

주제2 학교 스포츠 클럽은 스포츠 활동의 체험을 통해 올바른 인성 요소를 내면화하고, 학교생활에 적용하기 위해 도입되었다. 2007년부터 초·중·고 전 학교에서 운영되고 있는 학교 스포츠 클럽의 효과는 인정받고 있다. 학교 스포츠 클럽의 교육적 의의를 탐구해 보자.

주제3 스포츠맨십의 의미와 사례 조사

주제4 한국 스포츠 외교 현황 및 강화 방안 탐색

학생부 기록 예시 (교과세특)

'선생님, 오늘 체육 뭐해요?(성기백)'를 읽고 미래의 체육 교사로서 스포츠가 학생들에게 미치는 영향에 대해 성찰함. 자신의 경험을 토대로 체육활동을 통해 체력 향상, 스트레스 해소뿐만 아니라 규칙 준수, 협동심, 배려심을 기를 수 있었다고 발표함. 스포츠는 학생들의 인성 교육에 탁월한 효과가 있다고 강조하며 학생들의 체력증진과 공동체 의식을 함양할 수 있는 자신만의 체육 수업을 설계하고 싶다는 포부를 밝힘.

'선생님, 오늘 체육 뭐해요?(성기백)'를 읽고 스포츠맨십에 대해 토의함. 스포츠맨십의 중요한 가치 중 하나가 마지막 순간까지 겸손하게 경기에 임하는 것이라며 최근 한 경기에서 1등이라 생각해 여유롭게 레이스를 하던 선수가 뒤쫓아오던 2등 선수에 의해 역전패당한 경기를 예로 제시함. 이 경기를 통해 경기는 끝날 때까지 끝난 것이 아니므로 끝까지 방심하지 않고 최선을 다해야 한다는 교훈을 얻게 되었다는 생각을 나타냄.

관련 논문

학교체육을 통한 인성교육: 학교문화와 스포츠의 역할(서재복, 박해우, 김성일, 2019)

관련 도서

《나는 체육교사입니다》, 김정섭 외, 성안당
《서준호 선생님의 강당 운동장 놀이 189》, 서준호, 지식프레임

관련 계열 및 학과

- 교육계열: 체육교육과, 교육학과, 초등교육과, 유아교육과, 윤리교육과
- 인문계열: 상담심리학과, 심리학과, 철학과, 심리운동·상담학과, 심리치료학과, 교육심리학과

관련 교과

- 예체능계열: 무용학과, 사회체육학과, 스포츠과학과, 스포츠레저학과, 스포츠의학과, 체육학과

2022 개정 교육과정: 체육 1, 체육 2, 운동과 건강, 스포츠 생활 1, 스포츠 생활 2, 교육의 이해

2015 개정 교육과정: 체육, 운동과 건강, 스포츠 생활, 체육 탐구, 심리학, 교육학, 보건

세상에서 수학이 사라진다면

매트 파커 | 다산사이언스 | 2023

이 책은 일상 속에서 놓치기 쉬운 수학의 존재를 재미있는 이야기로 담아내어 수학의 중요성과 즐거움을 알리고자 한다. 수학이 없다면 벌어질 수 있는 기상천외한 대참사들을 통해 수학의 필요성을 강조하며, 일상에서의 수학적인 사고와 응용력을 키우는 데 도움을 주는 책이다. 수학에 대한 부정적인 인식을 바꾸는 데 큰 도움이 될 것이다.

탐구 주제

주제1 미래 사회는 4차 산업 혁명과 관련이 깊다. 지능화, 초연결 사회, 가상화 등의 4차 산업 혁명 시대의 수학교육에서 무엇을 해야 할지 고민해 볼 필요가 있다. 다양한 국제기구에서 제안하는 미래 시대 필요 역량과 미래 수학교육의 방향에 대해 탐색해 보자.

주제2 책에서는 간단한 수학 실수로 인해 사소한 인터넷 댓글 분쟁부터 주식시장에서 수억 원, 수조 원 단위의 손실을 가져오는 일까지 발생한다고 이야기한다. 일상생활 속에서 수학적 실수 혹은 지혜로 손해나 이익을 본 사례에 대해 생각하고 토의해 보자.

주제3 삼각함수의 실생활 활용 예시 조사

주제4 인터넷 지도 활용 학교 운동장 면적 구하기

학생부 기록 예시 (교과세특)

'세상에서 수학이 사라진다면(매트 파커)'을 읽고 관심 진로인 미래 수학교육과 미래 인재의 역량에 관한 자료를 조사함. 미래 사회를 살아가기 위해 제시된 다양한 미래 역량 중 도구를 상호작용적으로 활용하는 역량이 미래 수학 교사로서 자신이 먼저 가져야 할 역량이라고 판단하고, 이를 위해 숫자뿐만 아니라 언어, 기호, 텍스트를 잘 활용하고 최신 기술에 뒤떨어지지 않기 위해 노력할 것이라고 발표함.

'세상에서 수학이 사라진다면(매트 파커)'을 읽고 수학 관련 도서라 지루할 줄 알았는데 시간 가는 줄 모르고 단숨에 읽었다는 소감을 이야기함. 몇 개의 너트로 최신 호텔이 무너진 사건, 컴퓨터에 정보를 입력해도 계속 삭제당하는 인적 사항, 800km 밖으로는 가지 않는 이메일 등 사소한 수학 실수가 경미하거나 중대한 결과를 가져오는 사례가 아주 재미있었다며 자신의 일상생활 속 수학적 실수와 지혜 사례를 생각해 봄.

관련 논문

교육 목적으로서의 수학적 사고에 관한 고찰(황재우, 2022)

관련 도서

《수학의 기쁨, 혹은 가능성》, 김민형, 김영사
《수학과 그림 사이》, 홍채영, 궁리

관련 계열 및 학과
- 교육계열: 수학교육과, 교육학과, 초등교육과
- 사회계열: 경영학과, 경제학과, 국제통상학과, 금융보험학과, 무역학과, 세무학과, 회계학과
- 자연계열: 수학과, 통계학과, 수학통계학과, 수학물리학부, IT금융학과, 데이터응용수학과

관련 교과

2022 개정 교육과정: 공통수학 1, 공통수학 2, 기본수학 1, 기본수학 2, 수학과 문화, 수학과제 탐구

2015 개정 교육과정: 수학, 수학 I, 수학 II, 미적분, 확률과 통계, 기본수학, 실용수학, 수학과제 탐구

인문계열

사회계열

자연계열

공학계열

의약계열

예체능계열

교육계열

세포부터 나일까? 언제부터 나일까?

이고은 | 창비 | 2023

이 책은 생명과학의 관점에서 '나'와 '우리'에 대한 철학적인 질문 열 가지를 다룬다. 1부에서는 자아 정체성과 생명의 시작, 기원 등을 살피며 '나'를 탐색하고, 2부에서는 다름과 평등, 존재의 가치에 대해 다루며 '우리'를 탐색한다. 가볍고 신선한 과학 교양서이면서도 비문학 과학 지문을 익숙하게 읽어내고 과학 논술을 어려워하지 않을 수 있도록 안내하는 마중물이 될 것이다.

탐구 주제

주제1 태아를 언제부터 인간으로 보아야 하는지에 대한 의견이 분분하다. 수정한 후부터인지, 착상한 후부터인지, 출산 이후인지에 대한 개개인의 의견뿐만 아니라 법조계와 종교계를 비롯한 여러 단체의 입장도 다르다. 여러 단체의 입장을 조사하고 자기 생각을 발표해 보자.

주제2 한 사람이 모든 것을 잘할 수 없다. 우리의 세포나 생태계의 구성요소들이 상호 협력하고 의존하는 관계를 맺는 것처럼 공동체도 관계를 맺을 수밖에 없다. 공동체 구성원의 재능을 잘 활용하면 행복한 공동체가 될 수 있다. 행복한 학급이 되기 위해 구성원의 재능을 활용하여 1인 1역을 정해 보자.

주제3 생명체의 구성요소와 기능 조사

주제4 동물 복제 기술의 윤리적 문제점 고찰

학생부 기록 예시 (교과세특)

'세포부터 나일까? 언제부터 나일까?(이고은)'를 읽고 태아가 언제부터 생명의 가치를 지니는지 탐구활동을 진행함. 이 활동을 통해 자신은 책의 제목에서 단순 호기심이 생겨 조사를 시작했지만, 태아의 생명 가치에 대한 논란은 법조계, 종교계 등 여러 단체 사이에서 민감한 문제라는 것을 알게 됨. 수정 후 4시간이면 개인의 유전자가 완성된다는 사실을 근거로 수정 후부터 생명의 가치가 있다는 입장을 밝힘.

'세포부터 나일까? 언제부터 나일까?(이고은)'를 읽고 자신이 누구인지에 대한 질문에서부터 시작해서 내가 속한 공동체 구성원뿐만 아니라 생태계가 서로 유기적으로 연결되어 있다는 것을 과학적인 원리를 통해 깨닫게 해주는 책이라는 소감을 밝힘. 공동체는 상호 연결되어 의존할 수밖에 없는 사회임을 깨닫고 자신이 속한 학급 공동체가 행복하기 위해서는 자신과 친구들의 장점이 잘 발휘되는 학급이어야 한다는 의견을 제시함.

관련 논문

유전자의 발현 조절 관련 연구의 현황과 미래 교육과정 (유금복 외, 2018)

관련 도서

《DNA의 거의 모든 과학》, 전방욱, 이상북스
《과학이 우주를 만났을 때》, 제임스 진스, 돋을새김

관련 계열 및 학과
- 교육계열: 과학교육과, 생물교육과, 화학교육과, 교육학과, 초등교육과, 가정교육과
- 자연계열: 농생물학과, 동물자원과학과, 분자생물학과, 생명과학과, 생물학과, 수산생명의학과

관련 교과
- 의약계열: 간호학과, 방사선학과, 약학과, 응급구조학과, 의료공학과, 의예과, 임상병리학과

2022 개정 교육과정: 통합과학 1, 통합과학 2, 생명과학, 세포와 물질대사, 생물의 유전, 교육의 이해

2015 개정 교육과정: 통합과학, 과학탐구 실험, 생명과학 I, 생명과학 II, 융합과학, 교육학, 보건

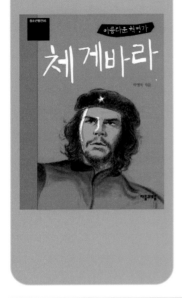

아름다운 혁명가 체 게바라

박영욱 | 자음과모음 | 2017

이 책은 체 게바라의 혁명가적인 삶과 꿈을 그린 작품이다. 체 게바라는 의사로서 안정된 삶을 포기하고 가난한 민중들을 위한 혁명을 일으키기 위해 아메리카 대륙 횡단 여행, 멕시코에서의 게릴라 훈련, 쿠바 혁명 등을 거쳐 영원한 혁명가로 39년을 살아 왔다. 체 게바라의 열정과 이상, 그리고 혁명가로서의 삶을 다루며, 혁명의 의미와 가치에 대해 고찰하는 책이다.

탐구 주제

주제1 체 게바라는 의사였으나 아메리카 횡단 여행 중 가난한 민중들의 삶을 지켜보면서 인간의 질병을 치료하는 것보다 본질적인 세계의 모순을 치료해야 한다고 생각하고 혁명가의 삶을 살게 된다. 체 게바라와 같은 역사적 영웅 한 명을 골라 조사하고 발표해 보자.

주제2 2022년 동학 농민 혁명 128주년을 맞아 전라북도 정읍에서 '제1회 세계의 혁명 도시 연대회의'가 개최되었다. 이 행사는 민중의 의로운 전쟁의 역사를 공유한 도시들과 혁명의 진정한 가치를 기억하기 위함이다. 쿠바 아바나의 게릴라전과 동학 농민 혁명을 비교해 보자.

주제3 사료 비판 분석과 방법 연구

주제4 위인 중심 역사 수업 프로그램 설계

학생부 기록 예시 (교과세특)

'아름다운 혁명가 체 게바라(박영욱)'를 읽고 관심 진로인 보건 의료 분야에서 체 게바라처럼 훌륭한 위인을 조사해 나이팅게일, 프란츠 파농, 루쉰 등의 업적에 대해 자세하게 알게 됨. 특히 각종 질병으로 신음하는 사람들을 위해 자신의 인생을 바쳐 백신을 개발한 이종욱 사무총장의 도전 정신과 봉사 정신을 본받아 자신도 각종 전염병을 예방하는 약을 개발하는 의료인이 되고 싶은 포부를 밝힘.

'아름다운 혁명가 체 게바라(박영욱)'에서 체 게바라가 이끈 게릴라전을 읽으며 우리나라의 동학 농민 운동과 유사한 점을 발견하고 자료를 찾아 정리함. 두 사건은 민중의 힘으로 부정부패에 대항하여 역사를 바꾼 의로운 전쟁임을 제시하고, 두 혁명의 발생지인 쿠바 아바나와 전라북도 정읍을 중심으로 민중의 정신을 기억하고 계승해 나가야 한다는 의견과 함께 세계 각국의 민중 혁명에 대한 후속 탐구 의지를 밝힘.

관련 논문

다문화 사회의 세계사 교육(정동연, 2022)

관련 도서

《식탁 위의 세계사》, 이영숙, 창비
《효기심의 권력으로 읽는 세계사: 유럽 편》, 효기심, 다산초당

관련 계열 및 학과

- 교육계열: 역사교육과, 교육학과, 사회교육과, 초등교육과, 윤리교육과

- 인문계열: 사학과, 인류학과, 고고인류학과, 고고학과, 역사문화학과, 역사·문화콘텐츠학과

관련 교과

- 사회계열: 문화콘텐츠학과, 미디어커뮤니케이션학과, 언론정보학과, 정치외교학과

2022 개정 교육과정: 통합사회 1, 통합사회 2, 세계사, 정치, 사회와 문화, 사회문제 탐구, 교육의 이해

2015 개정 교육과정: 통합사회, 세계사, 사회·문화, 정치와 법, 사회문제 탐구, 교육학

아이가 사라지는 세상

조영태 외 | 김영사 | 2019

우리나라의 가장 뜨거운 사회적 이슈 중 하나인 저출생 현상을 다룬 융합 프로젝트이다. 인구학자, 진화학자, 동물학자, 행복심리학자, 임상심리학자, 빅데이터 전문가, 역사학자의 시선으로 저출생과 인구 변화, 청년 세대, 지속 가능한 미래를 종합적으로 고찰하고 조망한다. 인간 본성과 사회 시스템의 변화, 저출생 현상에 대한 깊은 이해를 바탕으로 우리나라가 나아가야 할 방향을 알 수 있을 것이다.

탐구 주제

주제1 과거 1960~70년대에는 '아들딸 구별 말고 둘만 낳아 잘 기르자'라는 표어가 있었다. 자녀 여럿이 아닌 둘만 낳기를 장려한 시대였다. 불과 30년이 지난 현재 우리나라는 세계 최고 수준의 저출생 국가다. 저출생 현상의 원인과 문제점에 대해 조사해 보자.

주제2 우리나라의 저출생 및 고령화 현상은 점점 더 심각해지고 있다. 2023년 10월은 합계출산율 0.7명이라는 엄청난 수치를 기록했다. 2020년 합계출산율 1.1명보다 더 줄어든 수치이다. 이러한 저출생 및 고령화 문제를 해결하기 위한 방안에 대해 탐구해 보자.

주제3 저출생 대응 교육 정책 수립을 위한 전략

주제4 해외 저출생 문제 해결방법 사례와 한국에의 시사점

학생부 기록 예시 (교과세특)

'아이가 사라지는 세상(조영태 외)'을 읽고, 저출생 문제에 경각심을 가지고 원인과 문제점에 관해 조사함. 저출생의 원인 중 경제적 어려움을 가장 심각한 것으로 제시함. 높은 물가로 인해 자기 삶을 돌보기도 벅찬 상황에서 큰 비용이 소모되는 자녀 양육에 엄두를 내지 못하는 현실을 지적함. 특히 교육열이 높은 한국에서 사교육비로 높은 비용이 지출되어 부담이 가중되고 있음을 우려함.

'아이가 사라지는 세상(조영태 외)'을 읽고 저출생·고령화 현상의 해결 방안에 대한 후속 탐구를 진행함. 신혼부부나 미혼 출산자의 주거 안정을 제공하는 신생아 특별공급 정책과 육아휴직 급여 제도의 기간 연장으로 맞벌이 부부의 육아 부담을 줄여 주는 정책을 소개함. 여성의 사회 진출이 증가함에 따라 여성이 육아와 직장 생활을 병행할 수 있는 제도를 마련하는 등 실효성 있는 저출생 해결 정책을 마련해야 한다고 주장함.

관련 논문
지속가능발전지향 유아 창의인성 교육 프로그램 개발(서현정 외, 2018)

관련 도서
《유아, 삶에서 과학을 만나다》, 정정희, 양서원
《유아의 심리적 탄생》, 마가렛 S.말러 외, 한국심리치료연구소

관련 계열 및 학과

• 교육계열: 유아교육과, 초등교육과, 가정교육과, 사회교육과, 교육학과, 아동보육학과

• 인문계열: 상담심리학과, 심리학과, 인류학과, 철학과, 문화인류학과, 사회심리학과

관련 교과

• 사회계열: 공공행정학과, 공공인재학과, 문화콘텐츠학과, 법학과, 사회복지학과, 사회학과

2022 개정 교육과정: 통합사회 1, 통합사회 2, 사회와 문화, 사회문제 탐구, 인간과 심리, 교육의 이해

2015 개정 교육과정: 통합사회, 사회·문화, 사회문제 탐구, 생명과학 I, 생명과학 II, 심리학, 교육학

안녕, 지구의 과학

소영무 | 에이도스 | 2023

이 책은 지구과학을 가르치는 선생님과 함께 다시 읽는 지구과학 교과서로, 지구과학의 핵심 개념과 함께 저자가 학생들과 공부하며 깨달은 것들을 생생하게 담고 있다. 저자는 교과서에 나오는 과학 지식을 인간의 역사, 문화와 예술, 삶에 대한 이야기로 확장한다. 지구의 땅과 돌과, 바람과 비와 물, 하늘과 우주의 이야기에 관심이 있는 독자라면 누구나 흥미롭게 읽을 수 있는 책이다.

탐구 주제

주제1 바닷물의 염류 중 하나인 염화나트륨은 나트륨과 염소의 이온결합 결과물이다. 가장 바깥 전자껍질의 전자가 1개와 7개인 나트륨과 염소가 안정적으로 결합하여 서로 상생한 것이다. 이러한 이온결합의 원리가 인간 사회에게 주는 시사점은 무엇인지 토의해 보자.

주제2 대기의 순환은 해류의 분포와 밀접한 관계가 있다. 대기의 온도와 기압의 불균형으로 바람이 생겨나고, 이러한 바람의 영향으로 해수는 끊임없이 이동한다. 기압, 바람, 해수의 발생 원인을 조사해 보고 서로 어떻게 영향을 미치는지 보고서를 작성해 보자.

주제3 별의 표면 온도와 광도 사이의 관계 비교

주제4 2022 개정 과학과 교육과정 개선 방향 고찰

학생부 기록 예시 (교과세특)

'안녕, 지구의 과학(소영무)'을 읽고 보이지 않는 원자의 화학 반응과 인간 삶의 관련성에 대해 고찰함. 바깥 전자가 1개인 나트륨과 7개인 염소가 서로 상생하기 위해 결합한 결과물이 바닷물의 구성요소인 염화나트륨인 것처럼, 사람도 서로 부족하거나 남는 부분을 채우거나 나눔으로써 더욱 발전할 수 있음을 언급하며 사람도 전자 1개의 존재와 다른 바 없이 거대한 생태계의 작은 구성 요소로 느껴진다는 소감을 밝힘.

'안녕, 지구의 과학(소영무)'을 읽고 대기와 해수의 상호작용에 호기심이 생겨 심화 탐구함. 탐구 결과 지구의 기후 패턴이 고기압과 저기압의 상호작용과 지구의 자전에 의한 전향력에 의해 형성되는 과정, 기후가 해수의 흐름에 영향을 미쳐 해류가 형성되는 원리를 자세하게 이해함. 이러한 대기의 대순환과 해수의 이동에 관한 내용을 이해하기 쉽게 그림으로 나타내고 설명하여 친구들로부터 큰 호응을 받음.

관련 논문
미래사회 대비 지구과학교육의 방향과 지구과학과 핵심개념에 대한 교사들의 인식 (홍석영, 곽영순, 2022)

관련 도서
《지구의 마지막 숲을 걷다》, 벤 롤런스, 엘리
《지구파괴의 역사》, 김병민, 포르체

관련 계열 및 학과	• 교육계열: 지구과학교육과, 과학교육과, 물리교육과, 생물교육과, 환경교육과, 초등교육과
	• 자연계열: 대기과학과, 생명과학과, 산림학과, 지구환경과학과, 천문우주학과, 환경학과
관련 교과	• 공학계열: 건축공학과, 도시공학과, 산업공학과, 생명공학과, 토목공학과, 항공우주공학과

2022 개정 교육과정: 통합과학 1, 통합과학 2, 화학, 지구과학, 지구시스템과학, 행성우주과학

2015 개정 교육과정: 통합과학, 과학탐구 실험, 화학 I, 지구과학 I, 화학 II, 지구과학 II, 융합과학

인문계열

사회계열

자연계열

공학계열

의약계열

예체능계열

교육계열

언어라는 세계
석주연 | 곰출판 | 2022

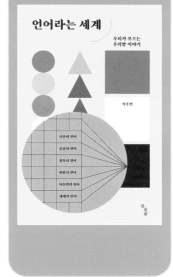

이 책은 언어의 역사부터 인공지능과의 대화까지 다양한 주제를 다루며, 우리가 일상에서 사용하는 언어가 얼마나 중요한지를 다시 한번 생각해 볼 수 있게 해 준다. 언어가 우리의 삶에 미치는 영향과 언어의 다양성 및 중요성을 알려줌으로써 나 자신을 찾아가는 기회를 제공하는 책이다.

탐구 주제

주제1 언어는 특정 문화권의 문화를 담고 있다. 내가 어떤 언어를 사용하느냐에 따라서 같은 것을 보더라도 다르게 생각할 수 있다는 의미이다. 어떤 언어를 사용하느냐에 따라 그 사람의 사고방식이 달라진다. 한국어와 외국어 예문을 통해 사고방식의 차이를 설명해 보자.

주제2 언어 교육은 수업 목적, 내용, 학습자, 환경 등에 따라 교수법이 달라진다. 교수법이란 교사의 수업 설계, 개발, 실행, 평가를 포함하는 수업 활동 방법을 총괄하는 말이다. 한국어 교수법의 변천사에 대한 보고서를 작성해 보자.

주제3 한글 맞춤법의 필요성과 원리 조사

주제4 훈민정음 창제 배경과 목적 및 역사적 의의 탐색

학생부 기록 예시 (교과세특)

'언어라는 세계(석주연)'를 통해 언어가 사고방식에 영향을 미친다는 내용을 접하고 추가 예문을 조사함. 한국과 미국에서 자신의 엄마를 '우리 엄마'와 'my mother'로 표현하는데, 한국어에서 어떤 대상과 친밀한 관계임을 나타내는 '우리' 단어를 사용하는 것은 한국인이 집단을 중요시하기 때문이라고 판단함. 다른 언어를 쓰면 다르게 생각할 수 있음을 인정하고 '다름'을 '틀림'으로 읽지 않아야겠다는 다짐을 표현함.

'언어라는 세계(석주연)'를 읽고 한글이 만들어진 배경과 역사적 의의에 관심이 생겨 심화 탐구를 진행함. 한글은 단순하면서도 논리적이라 쉽게 배울 수 있어 한글을 통한 지식과 문화가 폭넓게 보급되었고, 대중 교육이 가능하게 되어 사회적, 교육적 격차를 해소하고 한국 사회의 발전으로 이어졌음을 알게 됨. 한글의 소중함을 다시 한번 깨닫고 바른 언어 생활을 할 것을 다짐함.

관련 논문
온라인-언택트 시대의 언어 사용 양상과 적절한 언어 사용 교육에 대한 메타적 연구(이재현, 2022)

관련 도서
《보통의 언어들》, 김이나, 위즈덤하우스
《부자의 언어》, 존 소포릭, 월북

관련 계열 및 학과
- 교육계열: 국어교육과, 교육학과, 사회교육과, 초등교육과, 한문교육과, 윤리교육과
- 인문계열: 국어국문학과, 문예창작학과, 심리학과, 언어학과, 인류학과, 철학과

관련 교과
- 사회계열: 문화콘텐츠학과, 미디어커뮤니케이션학과, 사회학과, 신문방송학과, 언론정보학과

2022 개정 교육과정: 공통국어 1, 공통국어 2, 화법과 언어, 독서와 작문, 문학, 언어생활 탐구

2015 개정 교육과정: 국어, 언어와 매체, 화법과 작문, 독서, 문학, 실용 국어, 심화 국어, 교육학, 논리학

언택트 교육의 미래

저스틴 라이시 | 문예출판사 | 2021

이 책은 코로나 팬데믹 이후 대두된 혁신적 교육기술에 대한 MIT 교수의 명쾌한 평가보고서로, 에듀테크에 대한 대중의 과도한 기대와 매혹을 바로잡으며 언택트 시대가 놓친 에듀테크의 핵심 쟁점들을 다룬다. 비대면 교육이 상수가 된 '위드 코로나' 시대에서 기술만으로 교실을 바꿀 수 없는 이유와 최상의 교육 콘텐츠를 더 많은 학생에게 더 쉽고 빠르게 제공할 수 있는 방법을 제시한다.

탐구 주제

주제1 코로나19와 함께한 지난 3년을 되돌아보자. 감염병 확산을 최소화하면서 수업을 지속하기 위해 교사, 학생, 학부모는 각종 온라인 플랫폼 사용법을 익혀 비대면 수업으로 전환하였다. 코로나 시대 언택트 수업 상황을 되돌아보고 장단점을 토론해 보자.

주제2 온라인 공개강좌 'MOOC(massive open online course)'를 통해 교육 격차를 해소하고 시·공간에 제약받지 않는 교육이 가능할 것으로 예측하였으나 기대와 달리 결과는 실망스럽다. 에듀테크 활용 교육의 성과와 한계, 이상적인 활용 방법에 대해 조사해 보자.

주제3 언택트 시대 인성 교육 방안 탐색

주제4 4차 산업 혁명 시대의 교육 기술 연구

학생부 기록 예시 (교과세특)

'언택트 교육의 미래(저스틴 라이시)'를 읽고 온라인 공개 강좌의 성과와 한계에 대해 분석함. 온라인 공개 강좌는 양질의 교육을 온라인에 저렴한 비용으로 제공하여 교육 격차를 해소하는 교육 기술의 혁신으로 보이지만, 이면에 교육 소외 계층이 접근할 수 없는 학습 장벽이 있음을 파악함. 온라인 공개 강좌에 접근할 수 있는 기술적 환경이 해결되지 않는 이상 교육 격차 해소가 아닌 교육 불평등을 심화하는 맹점을 지적함.

'언택트 교육의 미래(저스틴 라이시)'를 읽고 미래의 교사로서 4차 산업 혁명 시대의 교육 기술에 대해 정리하는 시간을 가짐. 미래 사회에는 인공지능 활용 학습 시스템으로 개별 맞춤형 교육이 가능하고 가상현실 기술을 활용하여 실제로 경험하는 듯한 학습 환경을 구축해 학습 효과를 극대화할 수 있으나, 학생들이 습득해야 하는 가장 중요한 역량은 첨단 기계가 할 수 없는 협업과 소통 능력임을 잊지 말아야 함을 역설함.

관련 논문

언택트 교육의 시대: 온라인 교육을 위한 준비(허묘연, 2020)

관련 도서

《예고된 변화 챗GPT 학교》, 송은정, 테크빌교육
《인공지능 수업 혁명》, 신정, 포르체

관련 계열 및 학과	• 교육계열: 교육학과, 교육공학과, 기술교육과, 컴퓨터교육과, 윤리교육과, 초등교육과
	• 인문계열: 문헌정보학과, 상담심리학과, 심리학과, 인류학과, 철학과, 교육심리학과
관련 교과	• 공학계열: 소프트웨어공학과, 컴퓨터공학과, 컴퓨터정보공학과, 정보보안학과

2022 개정 교육과정: 통합사회 1, 통합사회 2, 기술·가정, 정보, 소프트웨어와 생활, 교육의 이해

2015 개정 교육과정: 통합사회, 기술·가정, 정보, 공학 일반, 생활과 윤리, 교육학, 사회문제 탐구

인문계열

사회계열

자연계열

공학계열

의약계열

예체능계열

교육계열

열여덟을 위한 세계 혁명사

오준호 | 알렙 | 2016

영화를 소재로 세계 역사를 바꿔온 굵직한 저항 사건들을 풍부하게 설명하는 책이다. 혁명의 역사에 대한 관심은 세상이 어떻게 만들어졌는지, 어디로 가고 있는지를 알기 위해 중요하다. 이 책은 평범한 사람들의 행동 하나하나가 역사 진보의 주역이라고 말하며 더 나은 세상을 위해 우리의 작은 힘을 보태는 것이 중요하다는 메시지를 전달하고 있다.

탐구 주제

주제1 세상은 탁월한 한두 명의 인간이나 세력으로 바뀌는 것이 아니다. 점이 모여 선이 되고, 선이 모여 면이 되는 것처럼 평범한 사람들의 행동 하나하나가 역사 진보의 주역이다. 자기 삶에서 불의에 맞서 실천해 옮긴 행동을 떠올려 보고, 상황과 과정, 결과 등에 관해 이야기해 보자.

주제2 이 책을 통해 역사적 사건을 영화라는 이미지를 통해 생생하게 떠올릴 수 있고, 저항의 역사적 배경과 저항자들의 고뇌를 이해할 수 있다. 책에서 소개된 혁명 중 한 사건을 골라 영화를 시청하고, 영화와 역사적 사료의 내용과 비교해 보자.

주제3 현대 세계의 지구적 과제와 노력 고찰

주제4 훈민정음 창제 배경과 목적 및 역사적 의의 탐색

학생부 기록 예시 (교과세특)

'열여덟을 위한 세계 혁명사(오준호)'를 읽고 불의에 맞서 용감하게 행동했던 경험을 떠올림. 시험 기간에 습관적으로 노트를 빌려 가는 친구에게 자신이 내용을 설명할 테니 스스로 정리하는 건 어떠냐고 제안했던 일을 언급하며, 이 일을 계기로 내내 마음이 불편했던 친구와 더 가까워지고 함께 성적도 올랐음을 이야기함. 역사적으로 거창한 사건은 아니지만 이런 작은 행동과 실천이 모여 더 나은 세상을 만드는 것이라고 발표함.

'열여덟을 위한 세계 혁명사(오준호)'를 읽고 숭고한 희생을 통한 혁명의 역사로 이루어 낸 현대 세계 과제를 고찰해 봄. 사회 불평등 심화, 불투명한 일자리, 기후 변화, 자원 고갈, 환경 파괴 등의 다양한 현대 사회의 과제에 대해 사회적 관심과 협력이 중요함을 인식하고, 과거 혁명에 참여한 시민 영웅처럼 개인의 이익을 넘어 사회의 이익을 생각하고 행동해야 한다고 주장함.

관련 논문

역사를 왜 배워야 할까?–2022 개정 역사과 교육과정 : 세계사(김대보, 2022)

관련 도서

《식탁 위의 세계사》, 이영숙, 창비
《한 컷 세계사》, 이성호 외, 해냄에듀

관련 계열 및 학과
- 교육계열 : 역사교육과, 사회교육과, 교육학과, 윤리교육과, 초등교육과
- 인문계열 : 사학과, 고고학과, 인류학과, 철학과, 문예창작학과, 문헌정보학과, 심리학과
- 사회계열 : 공공인재학과, 문화콘텐츠학과, 미디어커뮤니케이션학과, 사회학과, 정치외교학과

관련 교과

2022 개정 교육과정: 통합사회 1, 통합사회 2, 세계사, 정치, 사회문제 탐구, 역사로 탐구하는 현대 세계

2015 개정 교육과정: 통합사회, 세계사, 동아시아사, 정치와 법, 사회문제 탐구, 교육학, 심리학

예술의 사회학적 읽기

최샛별, 김수정 | 동녘 | 2022

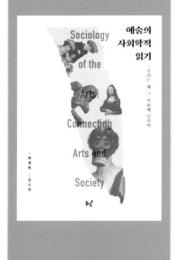

이 책은 예술 작품이 '진짜 예술'로 인정받는 과정에서 당대의 정치, 경제 등을 반영하며 사회를 변화시키는 과정을 설명한다. 또한 그림, 음악, 영화 등 어떤 예술 영역도 홀로 존재하지 않으며, 이들이 어떻게 상호작용하며 형성되는지에 대해 알 수 있다. 예술과 사회를 함께 살피며 작품이 어떻게 사회적인 영향력을 끼치며 탄생하는지에 대해서도 알 수 있는 책이다.

탐구 주제

주제1 최근 기후 위기 대응 등 문화예술의 사회적 역할 수행을 강조하는 정책 흐름이 두드러진다. 이것은 예술이 정치적, 사회적인 문제를 다루는데 매우 강력한 도구로 작용한다는 의미이다. 문화예술이 사회에 미치는 영향에 대해 사례 중심으로 탐색하고 토의해 보자.

주제2 인공지능 기술의 발달은 우리의 문화 영역 곳곳에 영향을 주고 있다. 미술 분야도 예외는 아니다. 많은 예술가가 이미 인공지능 기술을 적극적으로 활용하여 창작 활동을 하고 있다. 미술 영역에서 인공지능 기술이 활용되는 사례와 관련된 이슈를 조사해 보자.

주제3 지역 간 문화 격차 해소 방안

주제4 포스트 코로나 시대의 미술교육의 변화와 사례 연구

학생부 기록 예시 (교과세특)

'예술의 사회학적 읽기(최샛별, 김수정)'를 읽고 예술 작품은 당대 사회의 정보를 담아내고 사회를 변화시키기에 작품을 이해하는 안목을 기르기 위해서는 작품의 정치적, 사회적 배경을 알아야 함을 깨달음. 최근 장애인 변호사가 주인공인 드라마를 통해 장애인에 대한 편견 극복에 대한 사회적 문제가 제기되었음을 언급하며, 문화예술 작품이 인종 차별, 성평등, 환경 보호 등의 문제에서 변화를 도모하는 중요한 역할을 한다고 주장함.

'예술의 사회학적 읽기(최샛별, 김수정)'를 읽고 인공지능을 활용한 다양한 예술 작품과, 관련 이슈에 대해 탐구함. 최근 인공지능 프로그램으로 그린 그림이 한 미술 박람회에서 우승해 화제가 된 사례를 발견하고 사람이 그리지 않은 그림이 수상작으로 정당한가에 대한 의문을 제기함. 예술 작품은 단순한 이미지의 재현이 아니라 예술적 경험의 산물이므로 인간에 대한 역사적 공감이 없는 예술 작품은 인정할 수 없다는 입장을 밝힘.

관련 논문

포스트 코로나 시대, 미래 교육 전환을 위한 미술 교육의 과제(최성희, 2021)

관련 도서

《사연 있는 그림》, 이은화, 상상출판
《그림 감상도 공부가 필요합니다》, 이명옥, 북커스

관련 계열 및 학과	
• 교육계열 : 미술교육과, 사회교육과, 교육학과, 음악교육과, 역사교육과, 윤리교육과	
• 인문계열 : 문예창작학과, 문화재학과, 사학과, 심리학과, 인류학과, 철학과, 종교학과	

관련 교과	• 예체능계열 : 공예학과, 만화애니메이션학과, 미술학과, 사진학과, 서양화과, 조소과

2022 개정 교육과정 : 통합사회 1, 통합사회 2, 사회와 문화, 현대사회와 윤리, 미술, 미술 감상과 비평

2015 개정 교육과정 : 통합사회, 사회·문화, 미술, 미술 창작, 미술 감상과 비평, 교육학, 심리학

인문계열

사회계열

자연계열

공학계열

의약계열

예체능계열

교육계열

왜요, 그 뉴스가 어때서요?

김청연 | 동녘 | 2021

이 책은 청소년들이 뉴스를 올바르게 이해하고 비판적으로 볼 수 있도록 도와주는 책이다. 불명확한 정보와 가짜 뉴스가 난무하는 혼란스러운 뉴스 환경에서 뉴스의 속성을 잘 이해하고, 뉴스를 비판적으로 볼 수 있는 방법을 제시하고 있다. 미디어 리터러시를 강조하며 4차 산업 혁명 시대에 창의융합형 인재로 성장할 수 있도록 도와준다.

탐구 주제

주제1 미디어 리터러시는 4차 산업 혁명 시대 청소년들이 갖추어야 하는 핵심 역량이다. 교육 선진국에서는 이미 그 중요성을 인식하고 관련 교육 프로그램을 개발하고 실행하고 있다. 청소년을 창의융합형 인재로 기르기 위한 미래 교육 방향에 대해 고찰해 보자.

주제2 온라인 시대, 각종 SNS가 발달하면서 뉴스 채널도 다양해졌다. 같은 이슈라도 객관적인 보도를 추구하려고 노력하는 채널도 있고, 사실과 거리가 먼 뉴스들을 생산하는 매체도 있다. 이슈 하나를 정해 각 매체의 보도 내용, 같은 점, 다른 점 등을 조사하고 토론해 보자.

주제3 뉴스가 만들어지는 과정 조사

주제4 기사형 광고 현황과 개선 방안 연구

학생부 기록 예시 (교과세특)

'왜요, 그 뉴스가 어때서요?(김청연)'를 읽고 학교의 미디어 리터러시 교육의 방향에 대해 고찰함. 교과서뿐 아니라 디지털 미디어를 통해 수많은 정보를 접하는 현실 속에서는 단순히 학생들을 보호하는 교육이 근본적인 해결책이 아님을 지적함. 학생들 스스로 현명한 이용자가 되는 것이 중요함을 인식하고, 정보를 비판적으로 활용하고 문제 해결 방안을 창의적으로 창출해 나가는 교육이 필요함을 역설함.

'왜요, 그 뉴스가 어때서요?(김청연)'를 읽고 기사형 광고의 문제점에 대해 조사함. 특정 분야 전문가를 앞세워 관련 제품이나 기업을 홍보하는 기사형 광고는 구성이나 내용, 편집 방법 등으로 '광고'가 아닌 '기사'로 오인하게 만들어 독자를 기만하고 피해를 유발할 수 있는 문제를 언급함. 기사와 광고를 혼동하지 않도록 명확하게 구분하여 편집하고 광고임을 명시하는 등의 규제를 강화해야 한다고 주장함.

관련 논문

사회과 미디어 리터러시 교육 체계화 연구(은지용, 송미리, 2023)

관련 도서

《뉴스, 믿어도 될까?》, 구본권, 풀빛
《이대로 속고만 살 수 없다》, 박민영, 오승현, 북트리거

관련 계열 및 학과
- 교육계열 : 사회교육과, 교육학과, 윤리교육과, 초등교육과, 국어교육과
- 인문계열 : 문예창작학과, 상담심리학과, 심리학과, 언어학과, 인류학과, 철학과
- 사회계열 : 공공행정학과, 문화콘텐츠학과, 미디어커뮤니케이션학과, 언론정보학과

관련 교과

2022 개정 교육과정 : 통합사회 1, 통합사회 2, 사회와 문화, 현대사회와 윤리, 윤리문제 탐구

2015 개정 교육과정 : 통합사회, 정치와 법, 사회·문화, 생활과 윤리, 사회문제 탐구, 심리학, 교육학

우아한 분자

장피에르 소바주 | 에코리브르 |
2023

화학의 신비로운 세계를 소개하는 이 책은 노벨 화학상 수상자인 프랑스의 장피에르 소바주의 연구 인생과 화학자로서 최고의 영예인 노벨상을 수상하기까지의 탐구 일대기를 담고 있다. 대중들이 가지고 있는 화학에 대한 오해와 고정 관념을 깨뜨리고, 화학이 우리 생활과 삶에서 어떠한 역할을 하는지를 알려 준다. 삶과 호기심에 대한 찬사이자, 화학의 매력을 잘 전달하는 좋은 책이다.

탐구 주제

주제1 5mm 이하의 작은 플라스틱 조각인 미세 플라스틱은 플라스틱 제품의 부식이나 가공 과정에서 발생한다. 미세 플라스틱은 환경 오염의 원인이 되거나 생물체에 축적되어 건강에 악영향을 미칠 수 있다. 미세플라스틱 발생 원인과 예방 방안에 대하여 탐구해 보자.

주제2 GMO 식품은 유전자를 재조합하여 만든 식품이다. 자연적으로 유전자 교배가 된 식품과 다르기 때문에 안전하지 않다는 주장도 있지만 GMO 식품을 통해 식량 문제를 해결하거나 영양분이 더 우수한 식품을 개발할 수 있다. GMO 식품의 종류와 장단점에 대해 발표해 보자.

주제3 유용한 탄소 화합물 활용 사례 조사

주제4 이온 결합의 특징과 이온 화합물의 성질 연구

학생부 기록 예시 (교과세특)

'우아한 분자(장피에르 소바주)'를 읽은 후 환경 오염으로 인한 기후 위기 문제에 대해 경각심을 가짐. 작은 플라스틱 입자인 미세 플라스틱이 생태계를 파괴할 뿐만 아니라 생명체에도 악영향을 미친다는 것을 알고 발생 원인과 해결 방안에 대한 후속 탐구를 진행함. 세탁 시 의류에서 플라스틱 섬유가 분리되어 미세 플라스틱이 발생한다는 사실을 알게 되어 친환경 소재의 옷과 세제를 사용하기 위해 노력하겠다고 다짐함.

'우아한 분자(장피에르 소바주)'를 읽고 유전자 변형 식품에 대해 호기심을 가지고 조사함. 유전자 조작 식품이 식량 위기 극복에 도움이 될 수 있지만, 유전자 재조합 식품으로 인해 그 식물을 이기는 돌연변이가 해충이나 예측하지 않은 생물이 생겨나 생태계가 교란될 수 있다는 점을 지적하며 눈앞의 문제를 급하게 해결하기보다는 충분한 검토와 실험을 거쳐 장기적으로 안전한 식품을 생산하는 것이 중요하다는 입장을 밝힘.

관련 논문

디자인씽킹 기반 고등학교 화학 수업의 효과 연구(양희선 외, 2020)

관련 도서

《분자 조각가들》, 백승만, 해나무
《꿈의 분자 RNA》, 김우재, 김영사

관련 계열 및 학과

- 교육계열 : 과학교육과, 화학교육과, 생물교육과, 물리교육과, 교육학과, 초등교육과
- 자연계열 : 농생물학과, 동물자원과학과, 물리학과, 분자생물학과, 생명과학과, 화학과
- 공학계열 : 건축공학과, 금속공학과, 기계공학과, 반도체공학과, 산업공학과, 생명공학과

관련 교과

2022 개정 교육과정 : 통합과학 1, 통합과학 2, 화학, 생명과학, 화학 반응의 세계, 물질과 에너지

2015 개정 교육과정 : 통합과학, 과학탐구 실험, 생명과학 I, 화학 I, 생명과학 II, 화학 II, 교육학

우주에서 전합니다, 당신의 동료로부터

노구치 소이치 | 알에이치코리아 | 2023

2020년 일론 머스크의 스페이스X가 세계 최초로 민간 유인 우주선을 지구 궤도에 보내면서 시작되는 우주 여행 이야기를 담았다. 우주인의 비범한 생활과 보통의 인간으로서 느끼는 이야기들을 통해 우주 탐사의 의미와 중요성을 다시 한번 되새기게 한다. 민간 주도로 우주 개발이 이루어지며 우주 탐사에 대한 관심이 점점 높아지고 있는 시대에 우주에 대한 흥미를 가지게 하는 좋은 책이다.

탐구 주제

주제1 인간의 우주 여행은 전 인류의 오랜 염원이었다. 그 꿈을 위해 사람들은 연구에 몰두했고 드디어 로켓을 타고 우주 정거장에 머물 수 있는 시대가 왔다. 자신이 우주 여행을 와 있다고 상상하고 친구에게 편지를 써 보자.

주제2 인간은 오래전부터 우주에 있는 태양, 달, 행성들의 움직임을 관측해 왔다. 인공위성과 탐사선을 발사하여 우주의 비밀에 대해 알고, 지구와 우주 환경에 관해 더 깊이 이해하기 위해 노력하고 있다. 인간이 우주를 탐사하는 의의와 가치를 조사해 보자.

주제3 20세기 국내외 우주 탐사의 역사와 미래 탐색

주제4 우주 항공 기술(발사체, 인공위성 등) 중 관심 분야 집중 연구

학생부 기록 예시 (교과세특)

'우주에서 전합니다, 당신의 동료로부터(노구치 소이치)'를 읽고 우주 탐사의 과학적인 의의와 가치에 대해 숙고해 봄. 단순히 과학적 지식을 우주 공간으로 넓히고 지구에서 얻기 힘든 지하자원을 채취하는 것에만 의미를 두지 않고, 우주 탐사를 통해 우주의 기원, 진화를 알고 새로운 행성이나 은하계를 발견하여 지구만이 아닌 복잡하고 광활한 우주 속에서 인류의 역할과 자기 존재의 의미를 찾는 노력이 중요하다는 생각을 밝힘.

'우주에서 전합니다, 당신의 동료로부터(노구치 소이치)'를 읽고 국내외 우주 탐사의 역사와 미래에 대해 탐색함. 조사 중 한국 최초의 달 탐사선 '다누리'에 크게 관심을 가짐. 우리나라 최초의 달 탐사선 다누리가 달 궤도 진입에 성공하여 달 상공에서 촬영한 달 표면 영상을 보내 온 것은 후속 우주 탐사 추진에 중요한 의미를 가진다고 설명하고 관련된 전기·전자, 물리, 화학, 소프트웨어 기술 등 세부 공학적 기술을 탐구함.

관련 논문

우주와 국제개발협력: 우주기술을 활용한 지속가능발전목표 달성에 대한 탐색적 분석 (정헌주 외, 2022)

관련 도서

《90일 밤의 우주》, 김명진 외, 동양북스
《다정한 물리학》, 해리 클리프, 다산사이언스

관련 계열 및 학과
- 교육계열: 지구과학교육과, 과학교육과, 화학교육과, 물리교육과, 생물교육과, 환경교육과
- 자연계열: 대기과학과, 물리학과, 생명과학과, 생물학과, 지구환경과학과, 천문우주학과
- 공학계열: 생명공학과, 에너지공학과, 항공우주공학과, 항공운항학과, 화학공학과, 환경공학과

관련 교과

2022 개정 교육과정: 통합과학 1, 통합과학 2, 지구과학, 지구시스템과학, 행성우주과학, 생태와 환경

2015 개정 교육과정: 통합과학, 과학탐구실험, 생명과학 I, 생명과학 II, 지구과학 I, 지구과학 II, 교육학

우주탐사의 물리학

윤복원 | 동아시아 | 2023

과거, 현재, 미래의 우주 탐사에 필요한 과학 지식을 다루는 책이다. 중력, 무중력, 로켓 추진 없이도 우주선 속도를 높일 수 있는 중력 도움 항법 등을 꼼꼼하게 설명하며 외계행성을 찾는 방법, 블랙홀이 합쳐질 때 발생하는 중력과 관측 등의 내용도 담고 있다. 우주에 대한 호기심을 자극하며 우주 탐사에 관심이 있는 독자들에게 유용한 지식을 제공한다.

탐구 주제

주제1   우주는 인류에게 끊임없는 호기심과 탐구의 대상이다. 그중에서 가장 흥미로운 주제는 외계 생명체에 관한 것이다. 우주에 생명체가 살고 있을 것이라는 가능성을 제기하는 근거에 대해 알아보자.

주제2   인간은 우주정거장을 만들고 탐사선이나 인공위성을 보내어 우주 공간을 탐사하고 있다. 우주 탐사를 위한 이러한 인간의 노력 결과 머지않아 '우주 대항해 시대'에 도달할 것이라는 예측도 나온다. 이러한 우주 탐사의 긍정적인 영향과 부정적인 영향에 관해 조사하고 발표해 보자.

주제3   우주 탐사 기술 발전 전망 및 방향 고찰

주제4   태양계와 은하계의 구성과 운영체계 탐구

학생부 기록 예시 (교과세특)

'우주탐사의 물리학(윤복원)'을 읽고 우주의 생명체와 새로운 행성에 관해 관심을 가짐. 생명체가 살 수 있는 환경을 가진 외계 행성에 대해 추가 조사한 후 지구의 환경과 비슷할 가능성이 있는 '생명체 거주 가능 행성'이 있다면 이미 그곳에서 사는 생명체가 있을 수 있다고 판단함. 우주 생명체는 더 이상 공상과학영화의 주제인 것이 아니라 가까운 미래에 존재가 확인될 수 있다는 생각을 나타냄.

'우주탐사의 물리학(윤복원)'을 읽고 우주 탐사의 긍정적인 영향과 부정적인 영향에 대해 고찰해 봄. 지구를 넘어 태양계, 은하계를 탐구하여 광활한 우주의 비밀을 발견하는 것이 인류에게 도움이 될 수도 있지만, 인공위성이 촬영한 자료의 정보보안 문제와 인공위성과 다른 비행체와의 충돌로 우주 쓰레기가 생겨나거나 지구로 떨어질 수 있음을 염려하며 우주 탐사의 부작용도 심도 있게 고려해야 한다고 지적함.

관련 논문

미래문제해결기반 '우주탐사'에 대한 과학 교육프로그램의 개발(양현희, 손정주, 2018)

관련 도서

《우리 우주의 첫 순간》, 댄 후퍼, 해나무
《청소년을 위한 코스모스》, 에마뉘엘 보두엥, 카트린 에벙 보두엥, 생각의길

관련 계열 및 학과

• 교육계열: 과학교육과, 물리교육과, 지구과학교육과, 초등교육과, 화학교육과, 환경교육과

• 자연계열: 대기과학과, 물리학과, 생명과학과, 지구환경과학과, 천문우주학과, 환경학과

관련 교과

• 공학계열: 에너지공학과, 원자력공학과, 정보통신공학과, 항공우주공학과, 환경공학과

2022 개정 교육과정: 통합과학 1, 통합과학 2, 물리학, 역학과 에너지, 전자기와 양자, 교육의 이해

2015 개정 교육과정: 통합과학, 과학탐구 실험, 물리학 I, 물리학 II, 화학 I, 융합과학, 교육학

인문계열

사회계열

자연계열

공학계열

의약계열

예체능계열

교육계열

인간을 탐구하는 수업

사토 지에 | 다산북스 | 2019

혁신, 리더십, 마케팅, 협상술 등 자기브랜딩과 비즈니스에 필요한 기술들을 심리학과 뇌과학, 경제학 등 여러 측면으로 분석한 책이다. 초일류, 최첨단 기술에 초점을 맞추기보다는 격변하는 시대에 소홀하기 쉬운 인간의 기본에 집중하며 자신과 사회의 근본을 되돌아본다. 이 책을 통해 스탠퍼드대학 핵심 명강의의 비밀인 사람의 기본적인 욕구 속에서 깨달아야 할 것을 들여다 보자.

탐구 주제

주제1 이 책에 따르면 행복한 조직이 인간의 욕구를 충족시켜 행복한 직원을 만든다. 이러한 원리를 학교에 적용해 보자. 학교는 학생, 교사, 학부모 3주체로 구성되어 있다. 행복한 학생, 교사, 학부모가 되기 위해 어떤 노력을 기울여야 할지 탐구해 보자.

주제2 뇌과학, 심리학이 비즈니스에서 다각적으로 활용되고 있다. 효과적인 마케팅을 위해서는 인간의 심리작용과 뇌의 상호작용에 대한 연구가 바탕이 되어야 한다는 의미이다. 마케팅에서 뇌과학, 심리학이 사용되는 사례를 조사하고 발표해 보자.

주제3 상담에서 필요한 대화술 이해하기

주제4 자신이 행복한 순간 포착하고 이유 찾기

학생부 기록 예시 (교과세특)

'인간을 탐구하는 수업(사토 지에)'을 읽고 성공하는 마케팅은 인간 뇌의 연구에서 시작한다는 사실을 깨달았다는 내용의 소감문을 작성함. 카페에 방문했을 때 많은 종류의 디저트 중에서 선택의 어려움을 겪었던 경험을 떠올리며, 당시 경험이 뇌의 인지부조화 현상에 기인한 것이라고 분석함. 마케팅의 핵심은 심플해야 하며 그 카페는 디저트의 종류를 다양화할 것이 아니라 시그니처 메뉴를 만들어야 한다는 의견을 제시함.

'인간을 탐구하는 수업(사토 지에)'을 읽고 자신이 진정으로 행복한 시간은 아무것도 하지 않을 때가 아니라 해야 할 일을 하고 있을 때였음을 깨달음. 책 속의 '인간이 행복을 느낄 때는 휴식할 때가 아니라 한 가지 일에 집중할 때'라는 문구가 특히 와 닿았음을 밝히며 시험공부를 하지 않고 있을 때 몸은 편하지만, 마음은 불안했던 것과 공부를 계획에 따라 할 때 안도감과 성취감을 느꼈던 것을 예시로 제시함.

관련 논문

내러티브, 인성, 교육의 인간학적 전일성 연구(고요한, 2018)

관련 도서

《세이노의 가르침》, 세이노, 데이원
《원씽》, 게리 켈러, 제이 파파산, 비즈니스북스

관련 계열 및 학과

• 교육계열: 교육학과, 사회교육과, 윤리교육과, 초등교육과

• 인문계열: 교육심리학과, 사회심리학과, 산업심리학과, 상담심리학과, 심리학과, 인류학과

관련 교과

• 사회계열: 경영학과, 경제학과, 무역학과, 사회학과, 소비자학과, 호텔경영학과

2022 개정 교육과정: 사회와 문화, 현대 사회와 윤리, 법과 사회, 경제, 윤리와 사상, 사회문제 탐구

2015 개정 교육과정: 통합사회, 경제, 사회·문화, 생활과 윤리, 사회문제 탐구, 심리학, 교육학

인간의 교육

프리드리히 프뢰벨 |
지식을만드는지식 | 2015

이 책은 '킨더가르텐'이라는 단어를 처음 만든 유치원 교육의 아버지 프뢰벨의 교육학적 체계와 근거를 담고 있다. 어린이의 영혼에 대한 깊은 이해를 바탕으로 인간 교육의 진정한 의미를 알려 주고, 인간 교육에 대한 심도 있는 철학적 해석을 제시하고 있다. 진정한 의미의 '교육'이 퇴색되고 있는 오늘날, 저자가 실천하기를 원했던 어린이교육은 무엇인지 알 수 있는 책이다.

탐구 주제

주제1 프뢰벨은 인간은 스스로 표현할 수 있는 자기 활동적인 존재이며, 교육이란 인간이 내적 의식이나 법칙을 스스로 표현할 수 있는 능력이 발현되도록 도와주는 것이라고 하였다. 프뢰벨의 이론을 바탕으로 유아교육에서 교사의 역할에 관해 탐구해 보자.

주제2 최근 환경 보존에 대한 관심이 높아지면서 숲 유치원의 인기도 증가하고 있다. 숲 유치원의 자유 놀이는 프뢰벨의 교육사상과도 일맥상통하는 면이 있다. 프뢰벨의 교육 사상 관점에서 숲 유치원의 자유 놀이의 의미와 숲 유치원 교육의 발전 방향에 대해 조사해 보자.

주제3 프뢰벨과 몬테소리의 교육 철학 비교

주제4 장애 아동을 위한 유아교육 지원 방안 고찰

학생부 기록 예시 (교과세특)

'인간의 교육(프리드리히 프뢰벨)'을 읽고 미래 유치원 교사로서 자신의 역할에 대해 성찰함. 프뢰벨에 따르면 유아는 내면의 고유한 본성에 따라 발달하므로 교사는 자연 법칙에 따라 유아가 인간으로 발달할 수 있도록 조력해야 하지만 때로는 명령적인 교육 방법도 필요하므로, 상황에 따라 보조적인 역할과 지시적 교육 방법을 현명하게 사용하는 유아교육자가 되겠다는 의지를 나타냄.

'인간의 교육(프리드리히 프뢰벨)'을 읽고 프뢰벨의 교육 사상과 숲 유치원 교육 방침의 유사점을 발견함. 프뢰벨은 조화로운 인간을 형성하는 방법으로 동식물을 기르는 활동을 제안하였고, 숲 유치원은 숲과 자연이 최고의 교실, 교재, 교사라는 철학을 표방하고 있음을 설명함. 숲 유치원이 환경 보존의 의미를 넘어 자연 속 놀이 활동을 통해 배움의 과정을 겪는 프뢰벨의 교육 사상을 계승하고 있다는 생각을 밝힘.

관련 논문
미래교육을 위한 유아교사의 디지털 역량 탐색(박주연 외, 2022)

관련 도서
《괴물 부모의 탄생》, 김현수, 우리학교
《스트레스에 강한 아이의 비밀》, 스튜어트 쉥커, 테레사 바커, 북라이프

관련 계열 및 학과	• 교육계열 : 유아교육과, 초등교육과, 가정교육과, 교육학과, 아동보육학과
	• 인문계열 : 상담심리학과, 심리학과, 교육심리학과, 인류학과, 철학과, 아동심리학과
관련 교과	• 사회계열 : 공공인재학과, 공공행정학과, 문화콘텐츠학과, 사회복지학과, 사회학과

2022 개정 교육과정: 통합사회 1, 통합사회 2, 사회와 문화, 현대사회와 윤리, 인간과 심리, 교육의 이해

2015 개정 교육과정: 통합사회, 사회·문화, 생활과 윤리, 사회문제 탐구, 철학, 심리학, 교육학

인문계열

사회계열

자연계열

공학계열

의약계열

예체능계열

교육계열

젊은 교사에게 보내는 편지

조너선 코졸 | 문예출판사 | 2008

전미도서상 수상 작가이자 교육자인 저자가 초임 교사에게 교직의 즐거움과 어려움, 그리고 열정에 대한 보상에 대해 자상하게 들려주는 책이다. 교육 정책과 교육 전반에 관한 문제들을 짚어 내며 공교육의 역할을 다시금 확인할 수 있도록 하고 있다. 교직에 첫발을 내디딘 초임 교사에게는 물론 사회 정의가 무엇이고 공교육이 나아가야 할 방향이 무엇인지 고민하는 교사와 교육전문가, 학부모에게 많은 도움이 될 것이다.

탐구 주제

주제1 교육은 개개인의 인격 형성과 사회 발전을 위한 핵심적인 요소이고, 교사와 학생 간의 상호작용은 중요한 역할을 한다. 그러나 최근 교사와 학생 간 상호작용에서 교권이 침해되는 사례가 빈번하게 발생하고 있다. 교권 침해 사례와 원인, 해결 방안을 탐구해 보자.

주제2 신규 발령받는 초임 교사라고 가정해 보자. 경력 교사도 매년 다른 성격과 배경을 가진 학생들로 채워지는 학급을 1년 동안 사고 없이 운영하는 데 어려움을 겪는다. 시행착오를 최소화하기 위해 학급 운영을 위한 요건을 정하고 운영 계획안을 작성해 보자.

주제3 나만의 특색있는 학급 활동 설계

주제4 통합교육의 장단점과 성공 사례 연구

학생부 기록 예시 (교과세특)

'젊은 교사에게 보내는 편지(조너선 코졸)'를 읽고 최근 높아지고 있는 교사의 퇴직률에 관해 관심을 가짐. 교사의 퇴직률이 높아지는 이유로 고물가 시대 낮은 임금도 문제지만 부모의 과도한 보호, 맞벌이 부부의 증가로 인해 공교육의 범위가 보육까지 확대되는 것이라고 밝힘. 이 밖에도 정당하게 교육할 수 있는 권리를 법적으로 보장하는 제도의 미비로 인한 교사의 법적 무능력 문제가 심각하다고 지적함.

'젊은 교사에게 보내는 편지(조너선 코졸)'를 읽고 학급 운영 계획안을 작성함. 학급 운영 목표, 급훈, 담임 소개, 학급회 운영 및 역할, 학급 연간 계획 등으로 구성함. 초안은 먼저 작성하고 학급 구성원이 정해지면 학급 회의를 통해 세부적인 내용을 채우겠다는 계획을 밝힘. 미래의 담임 교사로서 학생들이 공동체 규칙 준수의 중요성을 깨닫고 실천할 수 있도록 학급을 운영하겠다는 포부를 나타냄.

관련 논문
학교 민주 시민교육 정책 방향 탐색: 미국 교과교육과정과 수업 유형을 중심으로(장수빈, 2018)

관련 도서
《훌륭한 교사는 무엇이 다른가》, 토드 휘태커, 지식의날개
《나는 대한민국의 교사다》, 조벽, 해냄

관련 계열 및 학과	• 교육계열: 교육학과, 초등교육과, 유아교육과, 아동보육학과, 윤리교육과, 특수교육과
	• 인문계열: 상담심리학과, 심리학과, 인류학과, 철학과, 아동심리학과, 교육심리학과
관련 교과	• 사회계열: 공공인재학과, 공공행정학과, 사회복지학과, 사회학과, 소비자학과, 정치외교학과

2022 개정 교육과정: 통합사회 1, 통합사회 2, 사회와 문화, 현대사회와 윤리, 인간과 심리, 교육의 이해

2015 개정 교육과정: 통합사회, 사회·문화, 생활과 윤리, 사회문제 탐구, 철학, 교육학, 심리학

지리 덕후가 떠먹여주는 풀코스 세계 지리

서지선 | 크루 | 2023

어렵게 느껴지는 세계 지리를 여행자의 시선으로 쉽게 풀어낸 지정학 입문서이다. 세계의 크고 작은 흥미로운 이야기를 모아 세계지도 똑똑이로 한 걸음 나아갈 수 있도록 설명하고 있다. 우리의 시선과 발이 넓은 세계와 만나면 세계를 탐험하는 재미가 시작된다. 세계지도를 읽으면서 세계 곳곳의 재미있는 이야기를 경험해 보자.

탐구 주제

주제1 세계의 기후와 지형은 다양하다. 어느 한 곳은 비와 태양이 번갈아 나타나는 열대 기후이고 또 다른 한 곳은 바다를 얼게 만드는 냉대기후이다. 세계지도를 보고 지형과 기후를 고려하여 여행 계획을 세워보자.

주제2 전 세계에서 수많은 사건이 끊임없이 발생한다. 어떤 곳은 축제 기간이고, 어떤 곳은 분쟁 중이기도 하다. 어떤 곳은 지진이 일어나고, 어떤 곳은 태풍이 불고 있다. 세계지도를 보며 현재 세계에서 일어나고 있는 사건들에 대해 조사하고 발표해 보자.

주제3 인공지능 활용 지리 정보 제공 기술 탐색

주제4 100년 후 세계지도의 변화 예측 및 원인 기술

학생부 기록 예시 (교과세특)

'지리 덕후가 떠먹여주는 풀코스 세계 지리(서지선)'를 읽고 세계 각 대륙의 기후와 지형에 대한 지식을 확장하고 모둠원들과 함께 여행계획서를 작성함. 바다와 사막을 볼 수 있는 베트남으로 목적지를 정하고 방문할 도시를 조사하던 중 바다의 사막화 현상에 대해 알게 됨. 바닷물이 뜨거워지면서 바다가 사막처럼 변하는 현상으로 기후 위기로 인한 자연변화가 육지뿐만 아니라 바닷속에서도 일어나고 있음을 우려함.

'지리 덕후가 떠먹여주는 풀코스 세계 지리(서지선)'를 읽고 지리 정보 제공 시스템의 변천사를 탐구함. 생활에 필요한 지리 정보를 컴퓨터 데이터로 변환하여 컴퓨터로 지리 정보를 제공하던 것부터 위성 이미지, 3차원 건물을 보여주는 웹 서비스를 지나 이제는 사물인터넷, 인공지능을 활용하는 단계에 이르렀음을 알게 되었고 자율주행 자동차 및 드론 활용 기술이 모두 지리 정보와 연계되어야 함을 깨달았다고 밝힘.

관련 논문

2022 개정 고등학교 융합선택과목 『여행지리』 교육과정 개발 과정과 주요 내용 (전보애, 범영우, 2023)

관련 도서

《에이든 세계지도로 세계여행 계획하기》, 이정기 외, 타블라라사
《틈만 나면 세계 일주》, 권보선, 도서출판이곳

관련 계열 및 학과	• 교육계열: 지리교육과, 교육학과, 과학교육과, 지구과학교육과, 초등교육과, 환경교육과
	• 사회계열: 관광학과, 문화콘텐츠학과, 지리학과, 호텔경영학과, 사회학과
관련 교과	• 자연계열: 대기과학과, 산림학과, 식물자원학과, 조경학과, 지구환경과학과, 환경학과

2022 개정 교육과정: 통합사회 1, 통합사회 2, 세계시민과 지리, 한국지리 탐구, 여행지리, 지구시스템과학

2015 개정 교육과정: 통합사회, 한국지리, 세계지리, 여행지리, 통합과학, 지구과학 I, 지구과학 II, 교육학

인문계열

사회계열

자연계열

공학계열

의약계열

예체능계열

교육계열

지혜로운 교사는 어떻게 말하는가

칙 무어만, 낸시 웨버 | 한문화 | 2013

교실 속 교사와 학생들의 대화에서 교사의 말이 차지하는 비중이 높다는 문제를 지적하며, 학생들과 더 효과적이고 평화롭게 소통할 수 있는 대화법을 제시하는 책이다. 자존감을 높이고 내면의 힘을 키우는 말, 선택과 책임을 가르치는 말 등 긍정적인 교사의 대화법뿐만 아니라 아이와의 갈등을 키우는 말, 아이를 무력하게 만드는 말 등 교사가 교실에서 사용하지 말아야 할 대화법도 담고 있다.

탐구 주제

주제1 선생님과 학생은 대화로 소통한다. 수업 시간에는 수업 내용을 주제로 대화하고, 면담을 통해 개인적인 고민을 털어놓고 조언을 얻기도 한다. 선생님이 하신 말씀에 위로를 받거나 반대로 상처를 받았던 적도 있을 것이다. 선생님의 말씀 중 다시 듣고 싶은 말들을 적어 보자.

주제2 교사는 학생들의 삶을 형성하는 데 중요한 역할을 한다. 단순히 지식을 전달하는 것뿐만 아니라 가치를 주입하거나 성격을 형성하기도 하고, 직업에도 영향을 미친다. 지금까지 만난 선생님을 생각해 보고 자신에게 어떤 영향을 주었는지 발표해 보자.

주제3 연령별 마음을 여는 대화 요령 탐구

주제4 상황별 교사 학생 간 역할극 대본 작성

학생부 기록 예시 (교과세특)

'지혜로운 교사는 어떻게 말하는가(칙 무어만 외)'를 읽고 미래의 교사로서 자기 언어를 되돌아보는 시간을 가짐. 책을 통해 학생들의 자존감을 높이는 말, 내면의 힘을 키우는 말, 갈등을 키우는 말, 무기력하게 만드는 말, 유대감을 키우는 말 등을 확인하고 학생들에게 긍정적인 영향을 주는 교사가 되기 위해 친구와의 대화에서도 이런 말들을 사용하고 습관화하기 위해 노력해야겠다는 의지를 나타냄.

'지혜로운 교사는 어떻게 말하는가(칙 무어만 외)'를 읽고 교사가 학생에게 미치는 영향을 경험과 관련지어 발표함. 중학교 시절, 일본어 선생님이자 담임선생님께서 일본어 발음이 좋다고 칭찬해 주셨던 일은 평소 조용하고 공부에 관심이 없던 자신에게 희망을 주었고 일본어를 좋아하고 일본어 교사가 되겠다는 꿈을 가지는 계기가 되었다고 밝히며 앞으로 학생들을 관심 있게 바라보며 장점을 발견하는 교사가 되고 싶다고 말함.

관련 논문

교사의 '격려'언어의 유용성 : 초등학교 교실수업에 대한 질적 접근(김선혜, 2006)

관련 도서

《수업 잘하는 교사는 루틴이 있다》, 유영식, 테크빌교육
《교사의 말공부》, 천경호, 우리학교

관련 계열 및 학과	• 교육계열: 교육학과, 초등교육과, 아동보육학과, 가정교육과, 윤리교육과, 특수교육과
	• 인문계열: 상담심리학과, 심리학과, 교육심리학과, 아동심리학과, 국어국문학과, 문예창작학과
관련 교과	• 사회계열: 공공인재학과, 공공행정학과, 사회복지학과, 사회학과, 항공서비스학과

2022 개정 교육과정: 통합사회 1, 통합사회 2, 사회와 문화, 현대사회와 윤리, 인간과 심리, 교육의 이해

2015 개정 교육과정: 통합사회, 사회·문화, 생활과 윤리, 철학, 심리학, 교육학, 진로와 직업

창조적 인간으로 살아가기

최광진 | 현암사 | 2023

예술 창작의 원리와 고유한 개성, 독창성을 추구하는 방법을 다양한 사례와 비유를 통해 알기 쉽게 풀어낸 책이다. 저자는 예술이 우리에게 어떤 의미를 가지는지, 현대 미술의 가치는 무엇인지에 대한 의문에 친절하게 답한다. 작가들이 참고할 수 있는 주제와 소재 설정 방법, 독창성의 세 가지 원리, 예술사 공부 및 레퍼런스 활용법 등을 다루며 예술을 통해 개성을 회복하고 자아실현에 이르도록 도와주는 책이다.

탐구 주제

주제1 창의적인 분야인 미술계에서도 인공지능의 역량은 뛰어나다. 기술의 발전으로 인공지능과 협업한 창의적인 예술 작품이 탄생하고 있고, 학교에서도 인공지능 활용 교육이 다양하게 도입되고 있다. 인공지능을 활용한 미술 수업을 설계해 보자.

주제2 미술관은 예술과 문화를 경험하고 즐기는 장소이다. 미술 작품이 세계 여행의 목적이 되는 경우도 많다. 각각의 미술관은 저마다의 독특한 매력과 내세울 만한 유명 화가의 원작으로 관광객을 끌어모으고 있다. 세계의 유명 미술관을 조사하고 특징을 알아보자.

주제3 시대별 미술작품의 특징과 배경 탐색

주제4 창조적 예술가의 자질 및 향상 방법 고찰

학생부 기록 예시 (교과세특)

'창조적 인간으로 살아가기(최광진)'를 읽고 미래의 미술 교사로서 인공지능을 활용한 창의적인 수업 기술을 습득함. 기술의 발달이 미술에도 영향을 주고 있음을 실감하며 미래를 살아갈 학생들에게는 인공지능 활용 작품의 사례를 조사하고 직접 인공지능을 활용하는 작품을 제작하는 교육이 필요하다고 판단함. 생성형 인공지능 서비스 사용법을 익힌 후 작품 제작 시 활용할 수 있는 에듀테크 기능을 숙지함.

'창조적 인간으로 살아가기(최광진)'를 읽고 위대한 예술가의 자질에 대해 생각함. 평소 좋아하던 피카소의 인생과 작품을 살펴보던 중 피카소의 '모든 아이는 예술가다. 단지 어른이 되면서 그 자질을 잃어버릴 뿐이다.'라는 말에 깊은 감동을 받음. 피카소만의 독특한 작품세계가 비뚤은 선, 점, 모양에서 그대로 드러나고 있음을 설명하며 자신도 예술에 대한 자신만의 열정과 본성을 살려 작품을 할 것이라는 다짐을 나타냄.

관련 논문

창조적 미술표현에 나타나는 미적탐구로써 문제해결의 교육적 의미 (박라미, 2014)

관련 도서

《예술이 내 것이 되는 순간》, 박모나, 에트르
《살롱 드 경성》, 김인혜, 해냄출판사

관련 계열 및 학과	• 교육계열: 미술교육과, 초등교육과, 유아교육과, 교육학과, 아동보육학과
	• 인문계열: 문예창작학과, 문화재학과, 사학과, 인류학과, 철학과, 심리학과
관련 교과	• 예체능계열: 만화애니메이션학과, 미술학과, 뷰티디자인학과, 사진학과, 서양화과, 조소과

2022 개정 교육과정: 미술, 미술 창작, 미술 감상과 비평, 미술과 매체, 인간과 철학, 인간과 심리

2015 개정 교육과정: 미술, 미술 창작, 미술 감상과 비평, 철학, 심리학, 교육학, 사회·문화

ろ

책 제대로 읽는 법

정석헌 | 씽크스마트 | 2023

책을 읽어도 내용을 기억하지 못하는 사람들을 위해 쓰인 책이다. 읽은 내용을 오래 기억하고 활용하기 위해서는 책을 그냥 읽는 것이 아닌 목적을 가지고 읽고, 쓰려고 읽어야 한다. 이 책의 저자는 책을 제대로 읽기 위한 방법으로 '쓰기가 먼저인 독서'를 주장하며 호기심을 회복하는 최고의 방법으로 쓰기를 제안하고 있다. 책을 읽는 방법을 알려주는 유용한 가이드북이다.

탐구 주제

주제1 저자는 '아는 것과 안다고 착각하는 것은 다르다. 안다는 건 내 언어로 말할 수 있다는 뜻이다.'라고 말한다. 읽거나 들었던 내용을 내 언어로 설명할 수 있을 때 자기 것이 된다. 모둠원과 학교에서 배운 과목의 내용을 서로 설명해 보자.

주제2 종이책뿐만 아니라 디지털 매체 등을 통해 읽는 방식이 다양해지고 있지만, 읽었는데 기억이 나지 않는 읽기 피상화 현상이 점점 늘어나고 있다. 해결책은 '쓰기 위해 읽는 것'이다. 책 부록에 제시된 '글쓰기에 유용한 100개의 질문' 중에 하나를 골라 글을 써 보자.

주제3 하루 15분 책 읽고 메모하기

주제4 쓰기를 위한 독서 수업모형 설계

학생부 기록 예시 (교과세특)

'책 제대로 읽는 법(정석헌)'을 읽고 효과적인 독서 방법과 효과적인 학습 방법의 유사점을 발견함. 읽은 내용을 내 언어로 말하거나 쓸 줄 아는 것이 책을 제대로 읽는 법이라는 점에서 배운 내용을 설명할 줄 알아야 제대로 이해하고 오래 기억하는 학습 방법과 비슷하다고 판단함. 모둠원과 서로 배운 내용을 설명하는 시간을 통해 알고 있다고 생각했는데 설명하지 못하는 부분을 깨닫고, 모르는 부분을 재확인함.

'책 제대로 읽는 법(정석헌)'을 읽고 잠깐이라도 읽고 메모하는 습관을 지닐 것을 다짐함. 한 번 읽으면 적어도 1시간은 읽어야 한다고 생각했는데 하루 15분 읽고 내용을 압축하는 활동이 효과가 있다는 것을 확인하고 하루 15분 읽기 계획을 세움. 15분 책 읽기 독서기록장을 써가며 독서 활동을 하니 내용을 요약하기 위해 글을 자세하게 읽게 되었고, 결과적으로 내용을 더 잘 이해하게 되었다는 소감을 밝힘.

관련 논문

인문 독서 교육을 통한 인성교육 연구(서기자, 2018)

관련 도서

《한석준의 말하기 수업》, 한석준, 인플루엔셜
《왜 읽었는데 기억나지 않을까》, 남낙현, 씽크스마트

관련 계열 및 학과
• 교육계열: 교육학과, 초등교육과, 국어교육과, 유아교육과, 가정교육과
• 인문계열: 국어국문학과, 문예창작학과, 문헌정보학과, 언어학과, 심리학과
• 사회계열: 문화콘텐츠학과, 미디어커뮤니케이션학과, 언론정보학과, 신문방송학과

관련 교과

2022 개정 교육과정: 공통국어 1, 공통국어 2, 화법과 언어, 독서와 작문, 문학, 독서 토론과 글쓰기

2015 개정 교육과정: 국어, 화법과 작문, 독서, 문학, 언어와 매체, 실용 국어, 심화 국어, 교육학, 논술

21세기에 성공하기 위해 아이들이 키워야 할 여섯 가지 핵심 역량인 '협력, 의사소통, 콘텐츠, 비판적 사고, 창의적 혁신, 자신감'을 소개하는 책이다. 4차 산업 혁명으로 인한 불확실성과 변화에도 6C 역량을 가진 아이들은 언제든지 적응해 경쟁력을 가질 수 있다. 각각의 역량을 키우는 구체적인 방법과 교육 시스템 개혁 방안 등을 과학적·심리학적 증거를 바탕으로 설명하고 있어 도움이 되는 책이다.

탐구 주제

주제1 세계 여러 나라의 교육은 4차 산업 혁명 시대에 맞춰 변화하고 있다. 미래의 국가 경쟁력을 확보하기 위해 교육 개혁을 단행하는 것이다. 세계 각국의 교육이 어떤 방향으로 변화를 시도하고 있는지 알아보고 세계의 혁신 교육 사례에 대한 보고서를 작성해 보자.

주제2 인공지능과 빅데이터로 대변되는 4차 산업 혁명 시대, 직업과 일자리에 대한 불안감이 커지고 있는 가운데 저자는 로봇과 함께 살아갈 아이들이 지녀야 할 역량으로 6C를 주장한다. 6C의 정의와 자신의 6C 역량의 상황을 파악하고 계발하기 위한 전략을 세워 보자.

주제3 6C 역량 함양을 위한 수업 방법 연구

주제4 미래 사라질 직업과 유망한 직업 조사

학생부 기록 예시 (교과세특)

'최고의 교육(로베르타 골린코프 외)'을 읽고 자신의 6C 역량을 점검하고 보완하기 위한 계획을 세움. 미래 시대에는 하드 스킬과 소프트 스킬을 포괄하는 6C 습득이 중요함을 확인하고 협력, 의사소통, 콘텐츠, 비판적 사고, 창의적 혁신, 자신감 중에서 자신이 보완해야 할 역량으로 자신감을 설정함. 실패를 통해 성공한 다양한 사례를 조사하고 실패해도 자신감을 잃지 않고 배움의 기회로 삼아야겠다는 의지를 밝힘.

'최고의 교육(로베르타 골린코프 외)'을 읽고 미래의 교육학자로서 6C 계발을 위한 수업 방법에 대해 고민하는 시간을 가짐. 게임의 특성과 수업을 접목한 '게임화 수업'이 민첩성뿐만 아니라 창의성과 협력 계발을 도모하고, 목표 달성을 통해 자신감을 길러줄 수 있다고 판단해 게임화 수업계획안을 작성함. 이후 친구들 앞에서 직접 수업 시연을 하고 수업의 몰입도와 동기부여 측면에서 큰 호응을 받음.

관련 논문

4차산업혁명을 준비하는 교육(박재환, 안지영, 2018)

관련 도서

《미래학교》, EBS 미래학교 제작진, 그린하우스
《최고의 학교》, 테드 딘터스미스, 예문아카이브

관련 계열 및 학과

• 교육계열: 교육학과, 기술교육과, 교육공학과, 유아교육과, 초등교육과, 사회교육과

• 인문계열: 상담심리학과, 심리학과, 인류학과, 아동심리학과, 교육심리학과

관련 교과

• 사회계열: 공공인재학과, 공공행정학과, 사회학과, 언론정보학과, 정치외교학과

2022 개정 교육과정: 통합사회 1, 통합사회 2, 기술·가정, 법과 사회, 인간과 심리, 교육의 이해

2015 개정 교육과정: 통합사회, 정치와 법, 사회·문화, 기술·가정, 사회문제 탐구, 심리학, 교육학

인문계열

사회계열

자연계열

공학계열

의약계열

예체능계열

교육계열

클래식 음악, 뭔데 이렇게 쉬워?

마카가와 유스케 | 리듬문고 | 2021

이 책은 모차르트, 베토벤, 비발디 등 위대한 작곡가의 음악과 생애를 담고 있다. 교과서에 나오는 클래식 음악의 어원과 역사, 클래식 악기의 종류, 악기가 내는 소리의 원리를 이해하기 쉽게 설명하는 이 책을 읽으면 교과목 시험 대비가 가능할 뿐 아니라 최소한의 필수 교양을 습득할 수 있다. 클래식 음악이 만들어진 배경과 메시지를 제대로 감상하고 싶은 사람들에게 추천하는 책이다.

탐구 주제

주제1 음악은 청소년기 행복의 원천 중 하나이다. 따라서 청소년기에 클래식 음악을 통하여 감동의 순간을 체험하는 것은 매우 중요하다. 클래식 음악의 정의와 클래식 음악이 청소년에게 어떤 역할을 하는지 탐구해 보자.

주제2 과거 한국 사회에서 클래식 음악은 고급 예술, 고급 문화로 인식되어 소수의 특수 계층이나 전문가의 독점물이었다. 그러나 현대에 이르러서는 고급 음악과 대중 음악 사이의 경계가 점점 사라지고 있다. 클래식 음악의 대중화 사례를 조사해 보자.

주제3 인공지능 활용 음악 교재 개발 방안

주제4 음악이 정신건강에 미치는 영향 고찰

학생부 기록 예시 (교과세특)

'클래식 음악, 뭔데 이렇게 쉬워?(마카가와 유스케)'를 읽고 클래식 음악이 학습에 미치는 영향을 탐구함. 음악을 들으며 공부할 때 가사가 있으면 집중하기 어려웠으나 클래식 음악은 공부에 방해되지 않았던 경험을 떠올림. 그 이유를 조사하여 노래 가사는 좌뇌 기능을 자극하여 집중을 방해하지만, 클래식 음악의 박자는 인간의 심장 박자와 비슷해 집중력과 기억력을 향상한다는 것을 알아내고 설득력있게 발표함.

'클래식 음악, 뭔데 이렇게 쉬워?(마카가와 유스케)'를 읽고 생활 속에서 접해 왔던 클래식 음악과 역할에 대해 조사함. 영화나 드라마 주제곡으로 클래식 음악을 사용하여 음악만 들어도 영상의 장면이 떠오르게 하거나, 대중가요에 익숙한 클래식을 섞어 신곡을 친근하게 느끼게 하는 효과도 있음을 알아냄. 대중화된 클래식 음악의 다양한 가치와 효과에 호기심을 느끼고 심화 탐구하고자 하는 의지를 보임.

관련 논문

교육여부에 따른 클래식 음악 청취방식의 차이에 관한 연구: 디지털화를 중심으로(고윤화 외, 2015)

관련 도서

《아빠, 음악이 뭐예요?》, 양일용, 윤정선, 예문당
《예술에 대한 여덟 가지 답변의 역사》, 김진엽, 우리학교

관련 계열 및 학과

· 교육계열: 음악교육과, 교육학과, 초등교육과

· 인문계열: 문예창작학과, 문화재학과, 사학과, 심리학과, 상담심리학과, 인류학과, 철학과

관련 교과

· 예체능계열: 관현악과, 뮤지컬학과, 성악과, 실용음악학과, 음악학과

2022 개정 교육과정: 음악, 음악 연주와 창작, 음악 감상과 비평, 음악과 미디어, 인간과 심리, 교육의 이해

2015 개정 교육과정: 음악, 음악 연주, 음악 감상과 비평, 철학, 심리학, 교육학

MEMO